PRAHL SÜLTER WALCH



# DIE STAR TREK CHRONIK

## TEIL 1

# STAR TREK ENTERPRISE

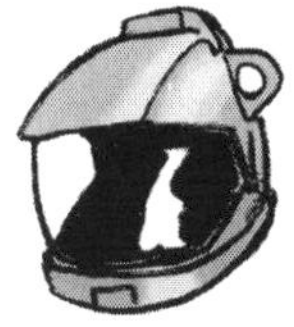

FRANCHISE-SACHBUCH
PRÄSENTIERT VON
**SYFY**

in Farbe und Bunt

# IMPRESSUM

**2. Auflage** | © 2020
in Farbe und Bunt Verlag
Am Bokholt 9 | 24251 Osdorf

www.ifub-verlag.de
www.ifubshop.com



Herausgeber: Björn Sülter
Lektorat: Telma Vahey
Cover- & Innenseitengestaltung: EM Cedes
Illustrationen: Ralph Sander
Autorenfoto T. Walch: Sabine Walch

Print-Ausgabe gedruckt von:
Bookpress.eu, ul. Lubelska 37c, 10-408 Olsztyn

ISBN (Print): 978-3-95936-192-7
ISBN (Ebook): 978-3-95936-193-4

# INHALTSVERZEICHNIS

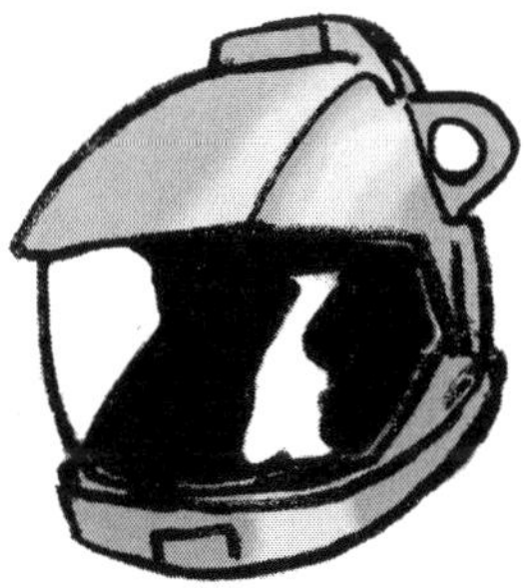

# VORWORT

# VON BJÖRN SÜLTER

Als Herausgeber und Co-Autor dieses Buches ist es mir eine besondere Freude und Ehre, Sie heute bei dieser neuen Reihe im *Verlag in Farbe und Bunt* willkommen zu heißen.

Meine geschätzten Freunde und Kollegen Prahl und Walch sowie meine Wenigkeit möchten Ihnen in den folgenden Jahren Nachschlagewerke zu allen Trek-Serien an die Hand geben, die sie beim Rewatch oder einfach nur zum Schwelgen in Erinnerungen begleiten sollen; genau wie uns beispielsweise *Das Star Trek Universum* von Ralph Sander in den 90er-Jahren begleitet hat.

Mit meinem *Es lebe Star Trek - Ein Phänomen, zwei Leben* habe ich 2018 das Ziel verfolgt, 52 Jahre Franchise-Geschichte in einem Buch abzubilden. Ich freue mich sehr darüber, wie gut dieses Buch angenommen wurde und, dass es auch weiterhin so eine starke Nachfrage erfährt. Diese neue Reihe soll dem Ganzen nun ergänzend noch mehr Tiefe verleihen, indem jede Serie die Behandlung erfährt, die sie verdient. Das wunderbare Uniform-Layout der Bücher geht übrigens auf eine Idee meines lieben Kollegen Torben Kessler zurück, dem ich hiermit herzlich für diesen Einfall danke!

*Star Trek: Enterprise* war 2001 die erste Serie, die ich komplett online rezensieren durfte. Auch war es *die* Trek-Serie, mit der ich meine liebe Frau zum Trekkie umschulen konnte. Sie kam jedoch in einer Phase, als viele Fans bereits unter Franchisemüdigkeit litten, ist aber definitiv besser als ihr Ruf. Die sympathische Crew auf ihren abwechslungsreichen Abenteuern zu begleiten ist dank der 16:9-Umsetzung und starken Effekten auch heute noch einen neuen (oder weiteren) Anlauf wert.

Sicher hat letztlich nicht alles gepasst, was man auch an der (zu) frühen Absetzung ablesen kann. Dennoch haben sich Archer und Co einen festen Platz in meinem Trekkie-Herzen erspielt und eignen sich nebenbei wunderbar dafür, Unbedarfte an dieses großartige Franchise heranzuführen. Daher haben wir uns auch entschieden, mit dieser Serie unsere Chronik-Reihe zu beginnen.

Wir lesen uns bald wieder, wenn wir im zweiten Teil der Reihe Kirk, Spock, McCoy und ihre Kollegen begleiten werden. Bleiben Sie uns gewogen!

## VON REINHARD PRAHL

*Enterprise* war für mich viele Jahre so etwas wie das zu Unrecht verpönte Stiefkind eines Übervaters namens *Star Trek*. Die Mehrheit der Fans war mit *Star Trek: The Next Generation* und seinen Nachfolgeserien und -filmen aufgewachsen. In Teilen des Fandoms hegte man daher eine nachvollziehbare, tiefverwurzelte Abneigung gegen ein Prequel.

Ich hatte *Star Trek* schon in den 70er-Jahren als Kind geliebt, mich aber auch immer gefragt, was in den Jahrhunderten vor dem Beginn der Fünf-Jahres-Mission der Enterprise wohl geschehen war. Daher gehörten Episoden wie *Metamorphose* und *Der schlafende Tiger* schon immer zu meinen persönlichen Favoriten. Für mich war *Star Trek: Enterprise* also die Erfüllung eines lang gehegten Traums. Endlich würden sich die Lücken füllen und meine Fragen beantwortet werden. Endlich konnte ich noch tiefer in mein Lieblingsserienuniversum abtauchen und ein noch größeres Verständnis für die Hintergründe der Star-Trek-Historie erlangen.

Als *Broken Bow (Aufbruch ins Unbekannte)* dann endlich am 15.03.2003 auf Sat.1 lief, war ich hellauf begeistert. Ich liebte das Setting, das Schiff und die Crew von Anfang an und obwohl ich im Laufe der Jahre fast schon zu viele eher durchschnittliche Episoden zu sehen bekam, bin ich der Serie doch bis heute verbunden. Natürlich haben sich nicht alle meine Erwartungen erfüllt. Vor allem die ersten drei Staffeln warfen eher neue Fragen auf, als dass sie alte beantworten. Doch ich liebte das Storytelling rund um den Andorianer-Vulkanier-Plot, mochte Archers Ambivalenz und freute mich darüber, wenn Porthos es wieder einmal schaffte, ein Stückchen Käse abzuschnappen. Auch die Xindi-Geschichte erlebte ich als überaus spannend, wenn es auch den ein oder anderen Lückenfüller zu viel in der dritten Staffel gab. Als Manny Coto das Ruder in Season vier übernahm, tat die Show endlich das, was ein Prequel tun sollte, nämlich eine Vorgeschichte zu diversen wichtigen Eckpunkten der Star-Trek-Geschichte zu erzählen. Leider blieb es bekanntermaßen bei vier Staffeln, einer Tatsache, der ich noch immer nachtrauere. Umso mehr freut es mich, Teil dieses fantastischen Projekts sein zu dürfen und Ihnen, liebe Leser, dieses umfassende Werk über eine meine liebsten Star-Trek-Serien an die Hand geben zu dürfen. Keep on trekkin‘.

## VON THORSTEN WALCH

*Star Trek: Enterprise* hatte unter den neueren Franchise-Serien den schwersten Stand. Schon bei ihrem Start sah sie sich übermächtiger Konkurrenz durch Reihen wie *Stargate Kommando SG-1* im TV und *Star Wars* im Kino gegenüber. Sogar eingefleischte Trekkies hörten recht bald die Abschiedsglocken für das neue *Star Trek* läuten: Nach Ende von Staffel 1 im Frühjahr 2002 wurde gemunkelt, dass ihr nur noch die vertraglich vereinbarte 2. folgen würde. Vielerlei Gerüchte über eine frühzeitige Beendigung der fünften Star-Trek-Serie begleiteten Captain Archer und seine Crew bis zur tatsächlichen Einstellung im Frühsommer 2005 – nach nur vier statt wie ursprünglich vorgesehen sieben Episodenstaffeln.

Was hatten die Produzenten falsch gemacht?

Kurz gesagt: Nicht viel. Nach *Star Trek: Voyager*, das oft wie eine »Over-Next Generation« daherkam, brachte *Star Trek: Enterprise* frischen Wind mit einer gehörigen Prise Retro-Charme in ein Franchise, dessen Fans durch die jahrelange Ausstrahlung gleich zweier Star-Trek-Shows und einer parallel dazu laufenden Kinofilmreihe an diesem Zeitpunkt schlicht übersättigt waren. Natürlich krankte *Star Trek: Enterprise* ebenso am »Prequel-Paradox« wie die zwei Jahre zuvor gestartete *Star Wars: Episode I*. Es war mitunter schwer vorstellbar, dass Captain Archer und die Mannschaft der Enterprise NX-01 knapp 100 Jahre vor der knallbunten 60er-Jahre-Welt von Kirk & Co. agierten. Aber davon abgesehen gab es bei *Star Trek: Enterprise* nicht viel mehr und vor allem nichts wirklich anderes zu bemängeln als bei den vorherigen Franchise-Serien.

Trotzdem war *Star Trek: Enterprise* lange mit einem Außenseiter-Status behaftet, ehe die Serie vor einer Weile zu einem echten Insider-Tipp im Streaming-Bereich avancierte; vermutlich einfach deshalb, weil viele Zuschauer sie noch immer nicht kennen und erst jetzt für sich entdecken. Ich wünsche mir, dass der erste Band unserer *Star-Trek-Chronik* dazu beiträgt, ihr diese verdiente Anerkennung auch weiterhin zu sichern.

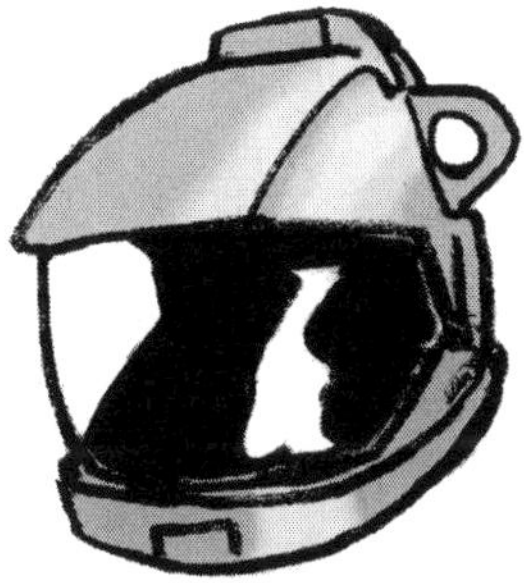

# KAPITEL 1
# VON DER IDEE ZUR SERIE

## DER NEUBEGINN

*Star Trek: Voyager* lief im fünften Jahr, da trat UPN im Juni 1999 an Rick Berman mit dem Wunsch nach einer weiteren Star-Trek-Show heran, die direkt im Anschluss an *Voyager* starten sollte. Viele Fans glauben heute, dass die Studiobosse aus Angst vor den ohnehin sinkenden Quoten auf den Zug der seinerzeit so beliebten Prequels aufspringen wollten. Tatsächlich dachte man aber in der Chefetage in eine ganz andere Richtung. Nach wie vor waren die Ratings trotz einiger Verluste insgesamt noch zufriedenstellend. Man wollte den sicheren Hafen des 24. Jahrhunderts also nicht unbedingt verlassen. So wünschten sich der damalige Paramount-Chef Kerry McCluggage und sein President of Paramount Network Television Gary Hart eine Serie, die entweder in der Next-Generation-Ära oder vielleicht im 26. Jahrhundert angesiedelt sein sollte. Die Antwort auf die Frage, warum *Enterprise* dann aber im 22. Jahrhundert spielte, heißt kurz und knapp: Rick Berman. Für ihn war es schlicht nicht denkbar, die in *Star Trek: The Next Generation* und ihren Folgeserien etablierte Zukunftsvision noch weiter auszubauen. Sollten die Ideale etwa noch höhergesteckt sein und die Spandex-Anzüge noch enger werden, die Raumschiffe schneller und die Phaser kleiner? Und überhaupt. Was sollte es nach *Voyager* noch zu erzählen geben? Bermans Fantasie reichte für eine Zukunft der Zukunft einfach nicht mehr. Er befürchtete den kreativen Tod des Franchise, für das er so lange gelebt und geatmet hatte.

## IDEEN ÜBER IDEEN

Hätte der Produzent sich etwas mehr in den Fanforen herumgetrieben, wären ihm die guten Ideen für ein weiteres Sequel nur so um die Ohren geflogen. Dort kursierten bereits seit Jahren Konzepte für eine weitere Show. Von Fans angedacht war beispielsweise eine Klingonen-Serie, gerne mit Captain Worf als Hauptfigur. Ein völlig anderer Ansatz drehte sich um ein Diplomatenschiff, das im Laufe von mehreren Staffeln viele Föderationswelten besuchen sollte, von denen man bislang nichts oder nur wenig gesehen hatte. Berman kannte die Idee, verfolgte den Gedanken aber nie ernsthaft. Dafür wurde er allerdings später vom Team rund um die bekannte Fanserie *Star Trek: Hidden Frontier* aufgegriffen und zumindest teilweise in der kurzlebigen Webserie *Star Trek: Federation One* umgesetzt. Wer sich die beiden rund 35-minütigen Web-TV-Folgen anschaut, bekommt eine Ahnung davon, was mit einer so spannenden Konzeption alles machbar gewesen wäre. Leider hat sich Hidden Frontier Productions nach den zwei Episoden vollständig auf Hörspiele verlegt, sodass die nächste Staffel mit insgesamt vier Folgen nur noch als Audiodatei vorliegt. Seit 2017 herrscht nun auf der Webseite der Fanfilmer vollständige Funkstille, sodass auch der Release neuer Hörspiele mehr als fraglich ist.

Ein weiterer heißer Kandidat, der auch in Hollywoods Gerüchteküche hoch im Kurs stand, war ein Projekt mit dem Arbeitstitel *Star Trek: Starfleet Academy*. Die Serie sollte auf dem Campus der Sternenflottenakademie, teilweise aber auch auf einem Schulungsschiff spielen, mit dem die Kadetten in so manches Abenteuer schlitterten. Diese Verjüngungskur hätte *Star Trek* vielleicht ganz gut getan, stieß aber im Fandom nicht überall unbedingt auf Gegenliebe. Ob sich in dieser Richtung jemals wirklich etwas getan hat, lässt sich abschließend nicht befriedigend beantworten. Manu Intiraymi erzählte uns zumindest in einem Interview, dass es Gespräche in dieser Richtung gegeben habe. Er hätte sich über eine entsprechende Show, in der unter anderem er, aber auch andere ehemalige Star-Trek-Kinder wie Vanessa Branch (Naomi Wildman als Erwachsene) auftauchen sollten, sehr gefreut. Wie dem auch sei. Fakt ist, dass *Star Trek* andere Wege ging und es das Konzept nicht einmal annähernd bis zur Serienreife brachte. Immerhin erschien dann bei Simon & Schuster ab 2010 eine gleichnamige Romanserie, die allerdings in der in *Star Trek* von 2009 etablierten alternativen Zeitlinie angesiedelt ist. Und derzeit befindet sich eine 3D-Animationsserie namens *Star Trek: Prodigy* unter den fähigen Händen von Dan und Kevin Hageman in der Entwicklung, in der es zumindest um einige Sternenflottenkadetten gehen soll.

## ALLES AUF ANFANG

Abseits zahlreicher Gedankenspielchen und Spekulationen, von denen Rick Berman sicherlich hier und da gehört hatte, schwebte dem langjährigen Kapitän des Star-Trek-Schiffs etwas völlig anderes vor. Interessanter als ein Trip in eine noch weiter entfernt liegende Zukunft erschien es ihm, sich mit Ereignissen zu befassen, die zwar in den vorherigen Shows mehr oder weniger kurz angerissen, aber nie primär thematisiert worden waren. Die Eugenischen Kriege und der dritte Weltkrieg waren bereits seit den 60er Jahren ein fester Bestandteil der Star-Trek-Welt. Wann der erste Warp-Flug stattfand, wer den Antrieb erfunden hatte und dass dieser den ersten Kontakt nach sich zog, war ebenfalls seit Jahrzehnten kein Geheimnis mehr. Auch Begriffe wie »medizinischer Tricorder« oder »Phaser« gehörten wie selbstverständlich zum gängigen Vokabular des Franchise. Doch wie war es zu all jenen geschichtlichen Ereignissen und technischen Errungenschaften gekommen? Oder genauer gefragt: Wie konnte man die imaginäre geschichtliche Lücke zwischen der Mitte des 21. Jahrhunderts und dem 23. Jahrhundert sinnvoll füllen? Berman fand die Schließung dieser Lücke geradezu verlockend.

Er ließ sich vom Film *Star Trek: First Contact (Star Trek: Der erste Kontakt)* von 1996 inspirieren, an dessen Ende der erste Kontakt zwischen Menschen und Vulkaniern gezeigt wird. Entsprechend wollte er, wie er es einmal nannte, »people in the mud« zeigen. Gemeint waren damit im Großen und Ganzen bodenständigere Figuren und eine Zukunft, die zeitlich und inhaltlich wesentlich näher an der Gegenwart lag. Eine Folge sollte beispielsweise in Chinatown in San Francisco im 21. Jahrhundert spielen. Die Helden der neuen Serie würden Jeans und Turnschuhe tragen und den Bau der Enterprise auf der Erde miterleben. Irgendwann im Verlauf der Serie sollte die Crew dann ihre ersten zaghaften Schritte in die Tiefen des Alls wagen. Die Besatzungsmitglieder würden Fehler über Fehler begehen, aber schließlich an ihren Aufgaben wachsen. Geschichten über die Oberste temporale Direktive hatten sich demnach zunächst genauso erledigt wie der Traum, die Enterprise-Z mit Warp 10 durch das All pflügen zu sehen.

## VERTRAUEN? FEHLANZEIGE!

Dass die Hintergrundstory von *Star Trek: Enterprise* letztlich im 22. Jahrhundert und nicht noch früher beginnt, haben wir wohl dem Einspruch Kerry McCluggages zu verdanken. Der gab auf Bermans wenig innovative Anwandlungen nämlich im Grunde keinen Pfifferling. Im Gegenteil betrachtete er ein Prequel mit großer Sorge. Der Paramount-Chef zeigte sich not amused und bat Berman, der mittlerweile den Star-Trek-Veteranen Brannon Braga an Bord geholt hatte, um Nachbesserung im Sinne von mehr Space und weniger Jeans. Das Produzentenduo war wiederum ein wenig enttäuscht über das mangelnde Vertrauen, sagte aber zähneknirschend zu. Allerdings dachten Berman und Braga nicht im Traum daran, ihr Konzept vollends ad acta zu legen. Stattdessen entschieden sie sich, die Geschichte einfach ein paar Jahrzehnte in die Zukunft zu verlegen. Aus einer auf der Erde gebauten Enterprise wurde nun die NX-01, die in einem Raumdock im Erdorbit lag und auf ihren ersten Flug wartete. Die menschlichen Hauptfiguren, Captain Archer, Malcom Reed, Trip Tucker, Travis Mayweather und Kommunikationsoffizier Hoshi Sato zeigten sich fehlerbehafteter und charakterlich wesentlich näher an den Menschen des frühen 21. Jahrhunderts. Das spiegelte sich weniger in der liberalen Einstellung als vielmehr in Kleinigkeiten wider. Die neuen Besatzungsmitglieder aßen beispielsweise Steak und Catfish, hatten Angst vor dem gerade erst für Biomaterie freigegebenen Transporter und gerieten auch mal in einen handfesten Streit. Captain Archer war sogar bisweilen ein wenig schroff. In der Pilotfolge *Broken Bow* (*Aufbruch ins Unbekannte*) gibt es einen kurzen Dialog zwischen T'Pol und Archer, in dem er sich so aufregt, dass er T'Pol darauf hinweist, sich stark zurückhalten zu müssen, um ihr nicht den Hintern zu versohlen. Nicht zuletzt baute Rick Berman einige Reminiszenzen an seinen ursprünglichen Entwurf ein. So sieht man im Pilotfilm etwa den jungen Jonathan Archer an einem Modell mit Schwerkraftregler arbeiten, und Phlox erwähnt in San Francisco, dass er chinesisches Essen liebt. In der Episode *First Flight* (*Erstflug*) erzählt Archer T'Pol außerdem in Form von Rückblenden die Geschichte seines verstorbenen Freundes Robinson, der gemeinsam mit ihm den ersten Warp-2-Flug schaffte.

## EIN SEQUEL IM PREQUEL

In zahlreichen – von Rick Berman so genannten – Pizza-Arbeitsmittagessen setzte sich der UPN-Vorstandsvorsitzende schließlich zumindest teilweise durch. Brannon Braga entwickelte auf Drängen der Vorstandsetage den Temporalen Kalten Krieg. Die Idee hatte schon einige Jahre lang in Bragas Kopf herumgespukt. Der Autor steht nach eigenen Angaben auf Zeitreisegeschichten und fand es cool, sich vorzustellen, wie die USA in einem alternativen Jahr 1997 Zeitreisen erfunden hätten. Die Chinesen und einige andere ostasiatische Nationen sollten die Technologie ebenfalls entwickelt haben. Der unkontrollierbare Wille, die Zeit zum eigenen Vorteil zu verändern, sollte schließlich zum Verlust von 20 Millionen Menschen führen und eine internationale Vereinbarung nach sich ziehen, die Zeitreisen streng reglementierte. Natürlich würde sich kein Land daran halten, und so wären Konflikte für eine vollständige abendfüllende Serie denkbar geworden.

Das Ganze klingt nicht ganz unbekannt, und Braga erzählte in mehreren Interviews freimütig, dass er den Pitch für *Enterprise* einfach nur modifizierte. Im finalen Plot ging es dann statt um Nationen auf der Erde um diverse Gruppen aus der Zukunft, die die Vergangenheit zu ihren Gunsten ändern wollten. Archer und seine Crew wurden allerdings bereits in der Pilotfolge in den Konflikt hineingezogen und immer wieder mit Zeitagenten diverser Fraktionen konfrontiert. Die Geschichte mündete in dem bekannten terroristischen Anschlag der Xindi auf die Erde, bevor Manny Coto sie dann zu Beginn der vierten Staffel mehr schlecht als recht auflöste. Die Idee an sich war eigentlich gar nicht übel und sorgte für einige spannende Episoden. Als Handlanger der Drahtzieher dachten sich die beiden Produzenten die mit einigen coolen genetischen Upgrades ausgestatteten Suliban aus. Teile der Spezies gehörten einer Untergrundorganisation namens Cabal an, als deren Anführer Silik man mit John Fleck keinen ganz unbekannten Star-Trek-Veteranen gecastet hatte. Da die am Temporalen Kalten Krieg beteiligten Splittergruppen aus dem 29., teilweise sogar dem 31. Jahrhundert stammten, spielte auch die Oberste temporale Direktive wieder eine gewisse Rolle. Durch diesen geschickten Kniff bekam so jeder, was er wollte. Rick Berman und Brannon Braga durften ihre Serie im 22. Jahrhundert belassen, während UPN im Gegenzug sozusagen ein Sequel im Prequel erhielt.

## DIE TROMMEL RUFT

Als alle Fragen rund um das Setting geklärt waren und das Duo Berman/Braga endlich ihr Go erhielten, trommelten sie ihr Produktionsteam zusammen. Es ist keine große Überraschung, dass Berman auf vorhandene Ressourcen zurückgriff und sich der Personalstab deshalb wie ein kleines Who's Who der Star-Trek-Geschichte liest. Merri D. Howard und Peter Lauritson, die beide schon seit TNG-Zeiten an Bord waren, sollten das Serienschiff als Supervising Producers mitsteuern. Auch Dawn Velazquez, Stephen Welke und Brad Yacobian hatten sich ihre Sporen bereits in den vorherigen Star-Trek-Serien verdient. Den Writers Room füllten außer den beiden Showrunnern unter anderem Michael Sussman und André Bormanis, die an je 23 Episoden mitschrieben, sowie Phyllis Strong mit 13 Folgen. Ins Team der Regisseure lud Berman neben vielen ehemaligen Stars wie Roxann Dawson, LeVar Burton, Michael Dorn und Robert Duncan McNeill auch wieder David Livingston, Allan Kroeker und Michael Vejar ein.

Weitere bekannte Namen sind Junie Lowry-Johnson, die die Verantwortung für das Casting übernahm, Robert Blackman, der sich erneut an den Kostümen versuchen durfte, und Suzanne Diaz-Westmore, die ihre Karriere bei *Star Trek* mit der DS9-Folge *Who mourns for Morn?* (*Wer trauert um Morn*) begonnen hatte. 1998 arbeitete sie an dem PC-Spiel *Star Trek: The Game Show* und stieß ab 1998 zum Team von *Star Trek: Voyager*. Doug Drexler, Michael Okuda und Alan Kobayashi waren ebenfalls wieder mit von der Partie. Natürlich durften auch Herman F. Zimmerman als leitender Produktionsdesigner und Michael Westmore als Makeup Supervisor in der langen Liste nicht fehlen.

## DIE BRÜCKE – VON DER IDEE ZUM BAU

Nachdem der Casting-Prozess erfolgreich abgeschlossen war (mehr dazu im nächsten Kapitel), begann allmählich die heiße Produktionsphase. Die Brücken der Sternenflottenraumschiffe waren bisher stets geräumig und fast schon gemütlich dahergekommen. Das sollte sich nun ändern. Wie wir aus zahlreichen Dokumentationen und Büchern wissen, ist das Leben und Arbeiten in einem Shuttle oder auf einer Raumstation im All in Wirklichkeit alles andere als komfortabel. Überall herrscht quälende Enge. Jeder Zentimeter wird genutzt. In jeder denkbaren Nische sind Gerätschaften untergebracht, und Bilder der International Space Station ISS verraten uns, dass Privatsphäre Mangelware ist. Da der Jungfernflug der NX-01 nur etwa 150 Jahre in der Zukunft lag, sollte auch auf der Enterprise Platz ein hohes Gut sein. Um sich ein besseres Bild vom Alltag unter solchen Lebensumständen zu machen, besuchten Herman Zimmerman, Brannon Braga und Rick Berman ein ausgedientes U-Boot in San Pedro (Los Angeles), das die US-Army in den 80er Jahren ausgemustert hatte. Zimmerman zeigte sich beeindruckt von der Effizienz der Bauweise. Vor allem der Bereitschaftsraum des Captains, der nur aus einer sehr kleinen Nische mit einem Tisch in der Mitte bestand, blieb ihm im Gedächtnis haften. Seine Eindrücke verarbeitete er letztlich im Brückendesign. Zwar bietet das Herz der Enterprise im Vergleich zu realen Verhältnissen noch immer geradezu üppig viel Platz und ähnelt mehr der Schaltzentrale eines Kreuzfahrtschiffs als eines U-Bootes. Dennoch gelang es Zimmerman sehr gut, die Grundkonzepte des U-Boot-Designs einfließen zu lassen. Schaut man sich beispielsweise den Ready-Room auf der Enterprise 1701-D genauer an, erfreut sich das Auge an bequemen Arbeitssesseln, einem einladend großen Tisch, Bildern an den Wänden und sogar einem Aquarium. Warme Farben unterstreichen das heimische Gefühl, das der Crew helfen soll, sich auf ihren jahrelangen Reisen wohlzufühlen. Captain Archers Besprechungen finden hingegen in einem kleinen, graublau gehaltenen Raum ohne Stühle statt. Lediglich ein kleiner Tisch trennt die Offiziere voneinander, und Archer muss jedes Mal den Kopf einziehen, wenn er das Besprechungszimmer betritt oder verlässt.

Die Brücke musste natürlich genug Platz für gute Kameraeinstellungen und Shots bieten. Dennoch wird bei genauerem Hinsehen auch hier deutlich, dass sich Herman Zimmerman an die Regeln der Effizienz hielt. Weder schwungvolle Linien noch eine Dreier-Sesselfront mit dem Captains-Stuhl in der Mitte und weiteren Plätzen für den ersten Offizier und den Counselor zieren den Raum. Stattdessen herrscht eine fast schon kühle Arbeitsatmosphäre auf der NX-01 vor. Das alles wirkt sehr glaubwürdig und gut durchdacht, und tatsächlich hielt sich der erfahrene Produktionsdesigner an eine seiner alten Grundregeln: Gestalte eine Raumschiffbrücke stets so, dass jedes Bedienelement einen Sinn ergibt und benutzbar ist. In den 60er Jahren war das Brückenkonzept der guten alten Enterprise 1701 so innovativ, dass sich das Militär für den Bau ihrer Flugzeugträger einiges von den Filmschaffenden abschaute. Wer weiß? Vielleicht orientiert man sich in einhundert Jahren für das erste interplanetare Raumschiff an der NX-01, wenn bis dahin endlich Schwerkraftkompensatoren erfunden worden sein sollten.

## DIE HEISSE PHASE BEGINNT

Als Filming-Location ließ sich Paramount auf keine Kompromisse ein. Die permanenten Sets inklusive der Brücke, des Maschinenraums und der Waffenkammer wurden in Halle 18 auf dem altehrwürdigen Gelände der Paramount Pictures Studios in Los Angeles, California gebaut. Stage 18 war bislang noch nie für eine Star-Trek-Produktion verwendet worden, ganz im Gegensatz zu den Stages 8 und 9, die für den Bau der temporären Sets herhalten durften. Es wäre natürlich eine schöne Hommage an die Originalserie gewesen, wenn auch die Studios 31 und 32 zum Einsatz gekommen wären, wo Kirk und Spock bereits zwischen 1966 und 1969 ihr Unwesen getrieben hatten. Allerdings hatte Gene Roddenberry bereits 1972 in den Hallen 8 und 9 gestanden und die Vorproduktionsphase der nie realisierten Serie *Star Trek: Phase II* überwacht. Außerdem waren hier, zumindest teilweise, die ersten vier Kinofilme entstanden, so dass die Produktion von *Enterprise* dann doch auf heiligem Star-Trek-Boden stattfand.

Um die Sets in den vorgegebenen Wochen fertigzustellen, benötigte Herman Zimmerman vor allem zwei Ressourcen: Personal und Geld. Beides stand glücklicherweise im ausreichenden Maße zur Verfügung, so dass der Setdesigner aus dem Vollen schöpfen konnte. Der dritte große Faktor hieß Zeit, denn innerhalb von fünf Wochen sollten die Sets in den drei Studios fertiggestellt sein. 130 bis 150 Personen arbeiteten von früh morgens bis teilweise tief in die Nacht hinein, um die Sets zu bauen, die wir heute in der Serie bewundern können. Die Anzahl des Personals erklärt sich aus dem hohen Aufwand, den es erfordert, eine neue Serienwelt von Grund auf neu gestalten zu müssen. Wenn erstmal alle grundlegenden Elemente erschaffen sind, reduziert sich das Team meistens auf die Stärke einer Wartungs- und Einsatz-Crew. So war es auch in diesem Fall. Während der vier produzierten Seasons standen zwischen 20 und 30 Handwerker ständig bereit, um Sets umzubauen, defekte Teile zu reparieren und auszutauschen oder temporäre Setteile für die Außendrehs zu kreieren.

Eine weitere beeindruckende Zahl ist nebenbei erwähnt die Geldsumme, die alleine die Kulissen verschlangen. Bis zum Start des Pilotfilms gab Zimmerman rund fünf Millionen Dollar dafür aus, die Enterprise zum Leben zu erwecken. Zu den permanenten Sets gehörten die Brücke mit dem Bereitschaftsraum, der Maschinenraum und die Waffenkammer. Doch die Zuschauer wollten natürlich auch die Kombüse und den Aufenthaltsraum, die Krankenstation, Kabinen, Gänge, Lagerräume und sogar das schiffseigene Fitnessstudio erleben. Also hieß es klotzen und nicht kleckern.

## AUS NEU MACH ALT, ODER UMGEKEHRT?

Eine Serie vor Gene Roddenberrys Originalserie spielen zu lassen, stellte designtechnisch eine große Herausforderung dar. Wie konnte man sich vom bunten Look der ursprünglichen Bedienelemente auf der Enterprise verabschieden, aber dennoch deutlich machen, dass die NX-01 einhundert Jahre früher gebaut worden war? Man durfte einerseits die altgedienten Fans nicht verärgern, wollte aber auch ein neues Publikum für *Star Trek* begeistern. Denise und Mike Okuda sowie Herman Zimmerman machten sich hierzu intensive Gedanken. Wichtig war es, den Zuschauern eine glaubwürdige Retro-Atmosphäre zu vermitteln, die noch in der Gegenwart verankert war, aber auch eine Verbindung zum 23. Jahrhundert schuf. Da sich auf der Enterprise 1701 der Warpkern nicht horizontal über zwei Decks erstreckt, sondern vertikal gebaut ist, fand Zimmerman, es sei eine gute Idee, dieses Design für das erste Warp 5 Schiff aufzugreifen. Die vornehmlich rot-blauen Lichter des Warpkerns der 66er-Enterprise übernahm er ebenfalls. Ein Blick ins Innenleben des Kerns der NX-01 verriet, wie das Ganze funktionierte. Innerhalb der Holzkonstruktion montierten die Handwerker links und rechts etwa in der Mitte zwei große, mit Aluminium umwickelte und drehbare Holzscheiben, auf die je nach Bedarf Lichtquellen reflektiert wurden. Man konnte das Licht dimmen oder die Farbe verändern, je nachdem, ob der Warpantrieb gerade hochfuhr, im Standby-Modus war oder die Enterprise mit Warp 5 durch das Weltall raste.

## MONITORE ÜBERALL

Denise und Mike Okuda waren außerdem der Ansicht, dass das Schiff vollgepackt mit Bildschirmen sein sollte, was sie vor allem auf der Brücke auch umsetzten. Möglicherweise war zum ersten Mal in einer TV-Serie überhaupt jeder Screen, der auf der Brücke zu sehen ist, an einen Computer angeschlossen und mit dem Kontrollraum direkt hinter dem Set verbunden. Die Schaltzentrale ist in einer der zahlreichen und informativen Dokumentationen auf der BluRay-Edition zu sehen und sieht mindestens ebenso beeindruckend aus wie das Schiff selbst. Elektronische Gerätschaften, Computer, Bildschirme, Bedienelemente und Kabel bilden ein wildes Durcheinander und scheinen sich bis zur Decke zu stapeln.

Es ist schon beeindruckend, was für die neue Star-Trek-Serie auf die Beine gestellt wurde. Denise Okuda erzählt im selben Special eine witzige Anekdote dazu. Bis zum ersten Drehtag für den Pilotfilm waren niemals alle Geräte des Kontrollraums gleichzeitig im Betrieb gewesen. Man war einfach davon ausgegangen, dass alles funktionieren würde. Als die Dreharbeiten aber um 04:30 Uhr morgens begannen, lief das System nicht wie geplant. Also mussten sich die Techniker erst einmal mit diesem Problem auseinandersetzen. Der Drehbeginn verzögerte sich, was bei einem Filmdreh immer viel Geld kostet. Schließlich gelang es aber, alles zum Laufen zu bringen, und die Arbeiten konnten beginnen.

## PROPS – ZUKUNFT DER VERGANGENHEIT

Ein weiteres wichtiges Thema war die Gestaltung der Props. Jeder kannte Uhuras Ohrstöpsel, Spocks Monitor und McCoys medizinischen Tricorder. All diese technischen Spielereien gehörten zu *Star Trek* und waren zu einem festen Bestandteil der Fan-Kultur geworden. Die Frage, ob Kommunikationsoffizier Hoshi Sato ein ähnliches Gerät tragen sollte, stellte sich also erst gar nicht. Allerdings entschied man sich für ein einem Hörgerät nicht unähnliches einseitiges Headset, das sich zwar stark von Uhuras riesigem Knopf im Ohr unterschied, aber eine logische Weiterentwicklung moderner Technologie der frühen 2000er Jahre darstellte. Ähnliches lässt sich über den ikonischen Kommunikator berichten, der in seiner Gestaltungsweise heute natürlich längst überholt ist. In den 60er Jahren war das Klapp-Handy-artige Konzept geradezu revolutionär. Im Jahr 2000 gab es allerdings bereits Handys, die so klein waren, dass sie in eine Hosentasche passten. Die Lösung des Problems war so simpel wie einfach. Man behielt das ursprüngliche Design grundlegend bei und versah es statt mit Drehknöpfen mit einem Display. Nur drei Jahre später erschienen übrigens das kultige Motorola RAZR und das Samsung SGH 700 Klapp-Handy auf dem Markt. So schnell kann die Gegenwart die Zukunft einholen.

Spocks bereits erwähnter berühmter Monitor, der optisch die Wissenschaftsstation dominierte, schaffte es ebenfalls in die Serie. Sehr viel ließ sich am Grunddesign allerdings nicht ändern. Die Neuerungen fielen daher eher unwesentlich aus. Das leuchtende Blau, das die Arbeitsbereitschaft des Geräts signalisierte, behielt Herman Zimmerman im Wesentlichen bei. Statt eines Drehknopfs an der rechten Seite ließ sich das Analysegerät nun allerdings ausfahren.

Der Look der Krankenstation erinnerte insgesamt stark an eine etwas modernere Variante heutiger Intensivstationen, die ebenfalls mit Bildschirmen und Sensoren vollgepackt sind. Es gab sinnvollerweise sogar ein Diagnosegerät, das einer Art von Computertomografieröhre sehr ähnlich war. Trotz aller ehrlichen Bemühungen gelang es aber nicht, diesem Schiffsbereich einen retrofuturistischen Look zu verpassen, der glaubwürdig als Vorläufer des 23. Jahrhunderts von 1966 herüberkam. Allerdings wurden die zahlreichen Tiere und Mittelchen des denobulanischen Arztes Phlox zu einem unterhaltsamen Running Gag der Show, der für so manchen Schmunzler sorgte.

Einen ähnlichen Effekt versprach man sich von den Phasenpistolen, deren zwei Modi »Betäubung« und »töten« Malcom Reed Captain Archer in der Pilotfolge erläutert. Auf dem Papier erschien es toll, die Energiewaffen als etwas völlig Neues einzuführen. Berman und Braga versprachen sich davon einen weiteren wiederkeh renden Hinweis auf den Prequel-Charakter der Show. In der Praxis erwies sich der Einfall dann als wenig innovativ. Archer benutzte die Waffen in der Pilotfolge ausgiebig, was dazu führte, dass sich der Gag um die Phasenpistolen bereits abgenutzt hatte und somit wertlos wurde. Das Design der Handfeuerwaffen ist übrigens überaus gut gelungen. Die Optik ähnelt noch immer der Form heutiger Schusswaffen, wirkt aber fortschrittlich genug, um sie den Science-Fiction-Fans als Zukunftsmusik verkaufen zu können. Andererseits lassen sich Kirks Phaser einhundert Jahre später einfach in einen Typ-2 und den handlicheren Typ-1-Phaser zerlegen, was diesen Waffentyp wesentlich ausgereifter wirken lässt.

## DON'T BEAM ME UP

Was den Transporter angeht, der in *Star Trek: The Original Series* noch eher als Gimmick zur Kostenreduzierung diente, bestanden Kerry McCluggage und Gary Hart – Bermans und Bragas Wünschen zum Trotz – darauf, dass er unbedingt auf das Schiff gehörte. Auch hier prallten wieder Welten aufeinander, da sich Berman ursprünglich fast komplett von den Vorgängerserien verabschieden wollte. Doch wer das Geld hat, hat das Sagen, und so entschied man sich letztlich für einen Kompromiss. Die Transportertechnologie hielt Einzug auf die Enterprise, Menschen wurden aber nur in seltenen Fällen auf Planeten oder zurück zum Schiff gebeamt. Stattdessen benutzten die Away-Teams Shuttles, um die Oberfläche fremder Welten zu erkunden und dorthin vorzustoßen, wo noch nie ein Mensch gewesen war. Die Entscheidung war Gold wert und hätte Gene Roddenberry ganz sicher glücklich gemacht. Es war immer sein Wunsch gewesen, seine Offiziere in Raumfähren auf die Planeten zu schicken, auf denen sie dann ihre Abenteuer erleben sollten. Doch Roddenberry standen nur rund 100.000 Dollar Budget pro Episode zur Verfügung, was für eine TV-Serie der 60er Jahre zwar nicht unbedingt Low Budget war, aber dennoch viel zu wenig Geld, um seine Visionen auch nur ansatzweise zu verwirklichen. Rick Berman und Brannon Braga standen in den ersten drei Staffeln 1,7 Millionen Dollar pro Folge zur Verfügung. Der Pilotfilm kostete 12 Millionen Dollar. Verglichen mit *Voyager* erscheint die Summe relativ gering. UPN hatte für die bis dato letzte im 24. Jahrhundert angesiedelte Star-Trek-Serie immerhin jeweils bis zu 3,3 Millionen Dollar springen lassen. Im Vergleich zu *The Original Series* handelte es sich aber immer noch um ein üppiges Budget. Allerdings kürzte das Network Manny Coto in der vierten Staffel noch einmal die Geldmittel, so dass er schließlich mit mageren 800.000 Dollar pro Episode auskommen musste.

## DIE OPENING SEQUENZ – ERFRISCHEND NEU UND DOCH VERKANNT

Natürlich brauchte die neue Star-Trek-Show eine erinnerungswürdige Eröffnungssequenz. Diese sollte sich aber von denen der bisherigen Serien angemessen unterscheiden. Statt sich auf die Enterprise NX-01 zu fokussieren und die Hauptfiguren vorzustellen, wollte Rick Berman gerne die Geschichte des menschlichen Forscherdrangs in Verbindung mit der Fliegerei bringen. Die Idee war genial, und so gab er eine wundervolle Montage in Auftrag, die zum vielleicht schönsten und mitreißendsten Intro aller Star-Trek-Serien wurde. Die Sequenz beginnt mit einem Blick aus dem erdnahen Orbit auf unseren Heimatplaneten und leitet dann zu einigen Diagrammen aus der Renaissance über. Ein polynesisches Auslegerkanu gleitet anschließend durch die Wellen und wird von einer Zeichnung der HMS Enterprise abgelöst, die sich in das reale Segelschiff verwandelt. Im weiteren Verlauf sind unter anderem die Spirit of St. Louis nach ihrer Landung in Paris, das Spaceshuttle Enterprise, ein Mond-Exkursionsmodul, die International Space Station ISS, Zefram Cochranes Flug mit der Phoenix und abschließend das frühe Warpschiff SS Emette sowie die NX-01 zu sehen.

In die Montage schafften es auch einige der berühmtesten Flugpioniere der Welt, so Amelia Earhart, Wilbur und Orville Wright, Chuck Yeager, Alan Shepard, Robert Goddard und Buzz Aldrin, der gerade seinen Fußabdruck auf dem Mond hinterlässt. Die Titelsequenz ist anrührend und bildkompositorisch hervorragend gestaltet. Eine kleine, aber nicht unwesentliche Randnotiz betrifft die International Space Station ISS. Diese hätte es nämlich um ein Haar gar nicht ins Intro geschafft. Der Titeleinspieler war schon fast fertiggestellt, da verfiel Rick Berman auf die Idee, dass die ISS ins Intro gehöre, aber nicht nur das, sondern zusätzlich auch ihr imaginärer Ausbau in der nahen Zukunft. Eine solche Aufgabe ließ sich nur am Computer bewältigen, also mussten einige Wochen vor der

Premiere des Pilotfilms unbedingt Pläne her. Doch woher nehmen und nicht stehlen? Glücklicherweise erwies sich Michael Okuda als ein wahres Organisationstalent. Berman rief ihn an, während er am anderen Ende von Los Angeles in einem Restaurant zu Abend aß. Okuda hatte einen Freund bei der NASA, den er sogleich anrief und der sich bereit erklärte, die Pläne herauszusuchen. Einige Stunden später bekam Berman zu seiner großen Erleichterung ein Fax, das er an die Firma weiterleitete, die für die Opening Credits verantwortlich zeichnete. So konnten sich die Programmierer letztlich doch noch an die Arbeit begeben und schafften es rechtzeitig, eines der größten Symbole menschlichen Schaffensgeistes in die Serie einfließen zu lassen.

## WHERE MY EAR WILL TAKE ME

Einen besseren Einstieg hätte man für eine Serie, die die Aufbruchsstimmung in eine neue Ära der Menschheit thematisiert, eigentlich gar nicht finden können. Blieb nur noch die richtige Musik. Den Auftrag erhielt zunächst Dennis McCarthy, der schon die wunderschöne Titelmusik zu *Deep Space Nine* komponiert hatte. Doch eine weitere kreative Anwandlung Rick Bermans führte dazu, dass McCarthy zwar ein wichtiger Bestandteil des Enterprise-Scores blieb, aber nicht die Eröffnungsmusik komponierte. Um einen Eindruck von der Wirkung der Titelsequenz zu erhalten, unterlegten Braga und Berman sie zunächst mit dem U2-Song *What a Beautiful Day*, dessen Refrain übersetzt etwa: »Es ist ein toller Tag, es scheint, als fällt der Himmel hernieder, doch es ist ein toller Tag, also lasse ihn nicht entkommen« lautet. Brannon Braga liebte den Song und fand ihn als Untermalung für das Intro ideal. Leider scheiterte die Verwendung an zwei wichtigen Details. Bono von U2 war nicht angetan davon, eines seiner Lieder als Titelsong einer Serie verwurstet zu sehen. Selbst wenn sich die Bandmitglieder bereit erklärt hätten, die Lizenzrechte an Paramount abzutreten, wäre der Preis dafür schlicht unerschwinglich gewesen.

Nachdem sich das Thema U2 also erledigt hatte, entschied sich Rick Berman dafür, Diane Warrens Song *Faith of the Heart* zu kaufen, der lediglich einen neuen Text und den Titel *Where my Heart Will Take Me* erhielt. Gesungen wurde er vom britischen Opernsänger Russel Watson, der sich auch als Popsänger einen Namen gemacht hatte. Die Entscheidung führte zu starken Fanprotesten, auf die wir in einem späteren Kapitel noch einmal näher eingehen werden. Berman steht auch heute noch hinter seiner Entscheidung, während Braga das Lied von Anfang an hasste. Er fand, dass ein gesungener Song zu sehr vom eigentlichen Intro ablenkte. Noch mehr missfiel ihm aber die Outro-Version des Liedes, die er des Öfteren mit seichter Fahrstuhlmusik verglich. Am 26. September 2001 spielten alle Mühen, die die Prä-Produktionsphase mit sich gebracht hatten, keine Rolle mehr. Von nun zählte nur noch die Meinung des Publikums.

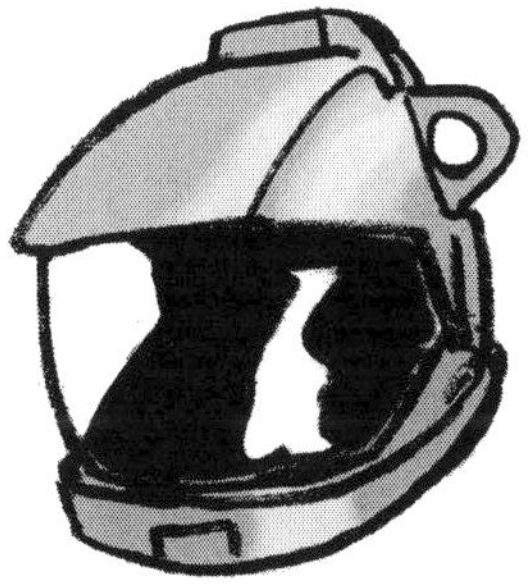

# KAPITEL 2
# CASTING

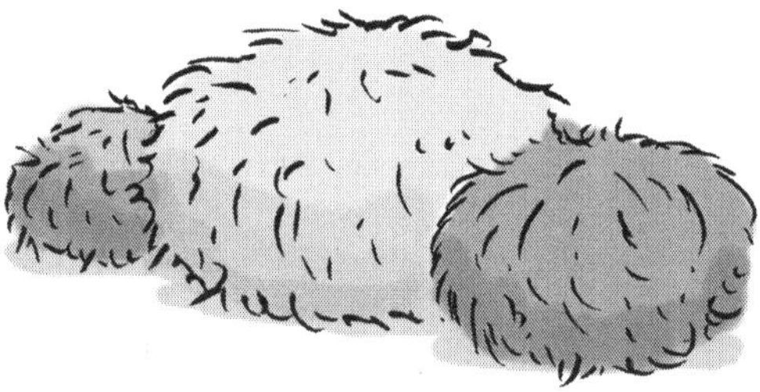

## DIE NAMEN HINTER DEN NAMEN

Als man um das frühe Jahr 2000 herum an die Besetzung der Haupt- und auch Nebenrollen für die geplante neue Star-Trek-Serie *Enterprise* ging, plante man seitens der beiden damaligen Showrunner Rick Berman und Brannon Braga vermutlich, ebenso vorzugehen wie im Falle der vorherigen drei Reihen *The Next Generation, Deep Space Nine* und *Voyager*: Die Hauptdarsteller sollten zumindest teilweise unverbrauchte und damit weniger bekannte Gesichter sein, die dem Publikum bestenfalls durch Gastauftritte in der einen oder anderen TV- und Kinoproduktion vom Sehen her bekannt waren. Viele spätere Star-Trek-Stars hatten ihre mal mehr, mal weniger anhaltende Bekanntheit erst durch ihre Mitwirkung in dem Franchise erlangt.

## WIR BRAUCHEN EINEN CAPTAIN!

Scott Bakula (geb. am 9. Oktober 1954) war als Captain Jonathan Archer von Beginn an der absolute Wunschkandidat von Rick Berman gewesen. Der Deal drohte jedoch eine Weile an unterschiedlichen Honorarvorstellungen zu scheiten. Als man sich geeinigt hatte ging alles ganz schnell. Bakulas Captain Archer sollte der Sohn des Mannes sein, der das Schiff basierend auf Zefram Cochranes Warp-Antrieb ursprünglich geplant und konstruiert hatte und seinem Sohn die Leidenschaft für das Projekt vererbte. Bereits einige Monate vor der offiziellen Bekanntgabe der Mitwirkung Bakulas kochte damals die Gerüchteküche diesbezüglich, doch sicherlich dürften nur wenige Fans wirklich daran geglaubt haben, da Bakula durch seine frühere TV-Rolle viel zu bekannt schien, um in den Star-Trek-Kosmos einzutauchen.

Zum Erstkontakt mit dem Science-Fiction-Genre kam es für Scott Bakula im 1986 von *Walt Disney* produzierten TV-Film *I-Man – Die Kampfmaschine aus dem All:* Hier hatte er einen Familienvater gespielt, der durch ein geheimes Regierungsprojekt zu einem unverwundbaren Superhelden wurde. Es folgten im Anschluss teilweise wiederkehrende Gastrollen in verschiedenen Fernsehserien der 80er-Jahre wie der Sitcom *Mann muss nicht sein* (1986-1988), der Comedy-Show *Gung Ho* (1986-1987) oder der Krimiserie *Matlock* (1987). Ab 1989 übernahm er eine der beiden männlichen Hauptrollen in der von Donald P. Belisario *(Airwolf, Magnum)* produzierten Sci-Fi-Dramedy *Quantum Leap*, die hier bei uns in

Deutschland unter dem Titel *Zurück in die Vergangenheit* lief und ab 1991 zu einem der größten Fernsehhits beim noch neuen Privatsender RTL plus wurde. Neben Dean Stockwell als der fast nur als Hologramm auftretende Wissenschaftler Albert »Al« Calavicci verkörperte Bakula dessen Kollegen Dr. Samuel Beckett. Nach einem nicht geglückten Zeitreiseexperiment muss dieser in die unterschiedlichsten Körper von Menschen aller Geschlechter schlüpfen und durch verschiedene Aktionen die Vergangenheit verändern, um schließlich wieder in seine Zukunft zurückkehren zu können. Die einzelnen Folgen gehörten den unterschiedlichsten Genres an: Es gab ebenso komödiantische Episoden wie hochdramatische oder auch menschlich tragische, und Scott Bakula konnte seine überaus sehenswerten schauspielerischen Fähigkeiten hier hervorragend anwenden. Die Serie wurde mit vielerlei Auszeichnungen bedacht und behielt ihren Kultstatus auch noch nach ihrer Einstellung, zu der es 1993 nach 5 Staffeln mit insgesamt 97 Episoden kam. Bakula blieb danach zwar als Darsteller in größeren und kleineren Rollen wie im Thriller *Color Of Night* (1994), dem Horrorfilm *Lords Of Illusion*, der TV-Neuauflage der Serie *Invasion von der Wega* mit dem Titel *The Invaders – Invasion aus dem All* (beide 1995) oder dem Oscar-preisgekrönten Drama *American Beauty* (1999) präsent, aber an die Erfolge von *Quantum Leap* konnte er nicht wieder anknüpfen. Vermutlich kam ihm deshalb das Rollenangebot des Captain Archer sehr recht: Schließlich hatte sein ebenfalls bereits aus einer früheren TV-Rolle (als *MacGyver)* bekannter Schauspielkollege Richard Dean Anderson ein paar Jahre zuvor als Hauptdarsteller in der Serie *Stargate Kommando SG-1* gleichfalls eine zweite Karriere gestartet.

## SCHWERE GEBURT AUF VULKANISCH

Weit weniger bekannt als der Darsteller des Captains war Jolene Blalock, geboren am 5. März 1975, welche für die Rolle der Sub-Commander T'Pol gecastet wurde, dem vom Planeten Vulkan stammenden weiblichen Ersten Offizier der neuen alten Enterprise. Damit entsprach sie wesentlich mehr dem ansonsten gebräuchlichen Casting-Schema für eine neue Star-Trek-Serie. Nach einer Karriere als Model und kleinen Rollen in verschiedenen Fernsehspots erhielt Blalock schließlich Gastrollen in TV-Serien wie *Veronica's Closet* (1998), *CSI: Den Tätern auf der Spur* (2000) sowie die weibliche Hauptrolle im TV-Mehrteiler *Jason und der Kampf um das Goldene Vlies* (ebenfalls von 2000), wo sie die willensstarke altgriechische Sagenfigur Medea darstellte. Bis heute sprechen mehr oder minder böse Zungen davon, dass Blalock die Rolle der T'Pol in erster Linie wegen zweier ganz bestimmter körperlicher Komponenten erhielt. Schließlich hatte man bei der Vorgängerserie von *Star Trek: Enterprise*, *Voyager*, mit der von Jeri Ryan gespielten Seven of Nine (der ähnliche Attribute eigen waren) eine insbesondere bei der männlichen Zuschauerschaft heißgeliebte Publikumsfavoritin an Bord gehabt. Berman und Braga berichteten später, dass man die Rolle der T'Pol erst ganz zum Schluß besetzen konnte, da die beide es äußerst schwierig fanden, die richtige Mimin zu finden.

## 3 IN 1: WOMANIZER, KUMPELTYP, MR. CHARMING

Dritter im Bunde sollte der Chefingenieur der Enterprise werden, Commander Charles Tucker III., genannt »Trip«. So wie einst der berühmte Dr. McCoy aus der klassischen Star-Trek-Originalserie sollte auch Trip Tucker zum einen der beste (menschliche) Freund des Schiffskommandanten sein und zum anderen ebenfalls aus den amerikanischen Südstaaten stammen. Nach dem üblichen Casting-Prozess nebst Vorsprechen etlicher potentieller Darsteller machte schließlich Connor Trinneer (geb. am 19. März 1969) das Rennen um die Rolle. Trinneer stammte aus Walla Walla im US-Bundesstaat Washington und war der gewünschten Mundart mächtig. Sein sportlicher Körperbau kam durch eine angestrebte Football-Karriere in seiner Jugend, die er jedoch aufgab, als er seine Ambitionen für eine Laufbahn als Schauspieler entwickelte. Auch Trinneers Karriere hatte am Theater begonnen, in seinem Fall bei der *Huntington Theatre Company* in Boston, wo er eine Hauptrolle in dem Stück *Arcadia* gespielt hatte. Danach war er zum Fernsehen gegangen und hatte zwischen 1996 und 2000 Gastauftritte in Serien und TV-Filmen wie der langlebigen Soap Opera *Liebe, Lüge, Leidenschaft*, dem Militär-Drama *Pensacola – Flügel aus Stahl* oder der Science-Fiction-Serie *Sliders – Das Tor in eine fremde Dimension* gehabt, in letztgenannter Serie erstmals in seinem kommenden Haupt-Genre.

## WO IST DER BRITE?

Fast schien es, als wolle man in der neuesten Serie des Franchise einige mehr als nur unterschwellige Referenzen zum klassischsten

*Star Trek* überhaupt, der berühmten Originalserie, unterbringen: Einen vulkanischen Ersten Offizier und einen US-Südstaatler (der zwar nicht der Chef-Arzt, dafür aber der Chef-Ingenieur war) hatte man bereits. Zur Komplettierung fehlte nun ein Crewmitglied von den britischen Inseln, wenn auch nicht unbedingt aus Schottland wie der berühmte Scotty. Somit machte man aus dem Taktischen Offizier, der für die Bedienung der Waffensysteme zuständig ist, den Engländer Malcolm Reed. Reed war allerdings nicht so geradlinig wie einstmals Scotty und hatte sogar die eine oder andere sprichwörtliche Leiche im Keller, was während der kontinuierlichen Serienhandlung herauskam. Die Rolle erhielt der am 1. Juli 1962 im englischen Leicester geborene Dominic Keating. Keating hatte ursprünglich am Londoner University College Geschichte studiert und mit einem Bachelor-Titel mit Auszeichnung abgeschlossen und erst später auf das Fach Schauspiel umgesattelt. Seine Karriere startete er in den USA mit einer Nebenrolle in der Filmkomödie *Aus dem Dschungel, in den Dschungel* (1997) und war danach vorwiegend in (Horror-) Fernsehserien wie *Poltergeist: Die unheimliche Macht* (1998), *Buffy: Im Bann der Dämonen* (1999) oder *Special Unit 2: Die Monsterjäger* (2001) zu sehen. In der ebenfalls dem Horror-Genre zugehörigen Serie *Immortal: Der Unsterbliche* spielte er zwischen 2000 und 2001 in 6 Episoden den wiederkehrenden Gastpart des Mallus. Rick Berman hatte sich den Darsteller bei einem Casting für *Star Trek: Voyager* gemerkt. Dort war ihm keine Gastrolle vergönnt gewesen, doch hatte Berman die Absage explizit mit dem Hintergedanken veranlasst, Keating später zu *Star Trek: Enterprise* zu holen.

## UHURAS ERBIN

Kommunikationsoffizierin der Enterprise sollte Fähnrich Hoshi Sato sein. Die junge Frau war eigentlich kein Mitglied der Sternenflotte, sondern Captain Archer durch ihre ungeheure Sprachbegabung und Auffassungsgabe aufgefallen und von ihm dazu überredet worden, an der Mission teilzunehmen. Linda Park, am 9. Juli 1978 in der südkoreanischen Hauptstadt Seoul geboren, aber im kalifornischen San Jose aufgewachsen, stand erstmals in ihrer High-School-Zeit auf der Bühne. An der Universität in Boston studierte sie schließlich Schauspielerei und schloss das Studium als Bachelor Of The Fine Arts ab. Ihrem Alter gemäß besaß die junge Schauspielerin die geringste Film- und Serien-Erfahrung. Vor *Star Trek: Enterprise* war sie einzig im Tier-Horrorfilm *Deadly Inva-*

*sion: The Killer Bee* (1995), der Jugendserie *Popular* sowie dem Film *Jurassic Park III* (beide 2001) in jeweils kleinen Rollen zu sehen gewesen.

## EXOTIK IM KITTEL

Etwas Besonderes hatte man sich für den Bordarzt ausgedacht: Nach einem menschlichen Mann, zwei menschlichen Frauen, einem erneut menschlichen Mann und einem Hologramm sollte der Medizinische Offizier in *Star Trek: Enterprise* erstmalig ein Alien sein. Die humanoiden Denobulaner, denen Dr. Phlox angehören sollte, unterscheiden sich trotz der äußerlichen Ähnlichkeit in vielem von den Menschen. Dr. Phlox und sein Heimatvolk entwickelten sich zu einem der allerersten Prequel-Paradoxa im Star-Trek-Universum, da er und sein Volk zu Zeiten der klassischen Originalserie und den auf ihr basierenden Kinofilmen niemals erwähnt worden waren. Dennoch gehört der schräge Bordarzt der Enterprise NX-01 bis heute zu den beliebtesten Figuren der ganzen Serie, was sicherlich auch an seinem quirligen Darsteller John Billingsley (geb. 20.05. 1960) liegt. Dieser besitzt ein vorwiegend komödiantisches, aber auch sehr tiefgründiges Potential. So wie fast alle seiner Kollegen kam auch Billingsley vom Theater und hatte mit dem *Book-It-Repertory Theatre* 1989 gar ein eigenes gegründet. Seinen ersten TV-Auftritt hatte er 1999 in einer Folge der 6. Staffel von *Akte X – Die unheimlichen Fälle des FBI*. Es folgten weitere in *Diagnose: Mord, Gilmore Girls* sowie der 13-teiligen Serie *The Others* (alle aus dem Jahr 2000), wo Billingsley als Professor Miles Ballard eine der Hauptrollen gespielt hatte. Ehe er als Dr. Phlox auf die Enterprise beamte, war er 2001 noch in einer Episode der Dramedy *Six Feet Under – Gestorben wird immer* zu sehen.

## JEMAND MUSS NOCH LENKEN!

Eine ungeschriebene Tradition innerhalb von *Star Trek* besagt, dass jede Serie stets sieben Hauptcharaktere besitzt, und davon sollte auch bei *Enterprise* nicht abgewichen werden. Siebter im Bunde wurde der junge Fähnrich Travis Mayweather, der als Kind eines Frachterkommandanten und seiner Frau im 22. Jahrhundert quasi im Weltraum aufgewachsen war. An Bord der Enterprise fungierte er als Steuermann. Der am 2. Juni 1971 in Indianapolis im US-Bundesstaat Indiana geborene Anthony Montgomery, auf den die Wahl fiel, hatte einen in der entsprechenden Musikszene sehr populären

Großvater: Wes Montgomery (1923-1968) gilt bis heute als einer der einflussreichsten Jazz-Gitarristen überhaupt. Allerdings lernte Anthony seinen berühmten Großvater niemals kennen, da dieser schon drei Jahre vor seiner Geburt verstarb. Enkel Anthony begann seine Karriere als Stand-Up-Comedian, verlegte sich jedoch schließlich auf die Schauspielerei. Wie schon seine Kollegin Linda Park war auch er in der Jugendserie *Popular* zu sehen gewesen (1999), danach erhielt er eine Nebenrolle im Fantasy/Grusel-Film *Leprechaun 5: In The Hood* (2000) sowie einer Episode der Serie *Charmed: Zauberhafte Hexen* (2001).

Wie schon bei *Star Trek: The Next Generation*, *Deep Space Nine* und *Voyager* war auch für *Enterprise* neben dem Haupt-Cast eine Reihe von wiederkehrenden Gastrollen geplant, welche die neuen Helden teils unterstützen und ihnen teils als Bösewichter gegenübertreten sollten.

## MANN AM SCHREIBTISCH

Auf ihre Reise geschickt wird die Enterprise vom charismatischen Admiral Maxwell Forrest (übrigens benannt nach dem ein Jahr vor den Serienplanungen verstorbenen Dr. McCoy-Darsteller DeForest Kelley), welcher bereits mit Captain Archers Vater, dem Erbauer des Schiffes, befreundet gewesen ist. Auch nach dem Pilotfilm sollte der Admiral immer wieder einmal auftauchen und dem Sohn seines alten Freundes mit Rat und Tat zur Seite stehen. In der 4. und letzten Staffel starb Admiral Forrest gar den Serientod. Ihn spielte Schauspieler Vaughn Armstrong (geb. am 7. Juli 1950), der als Rekordhalter in Sachen »Rollen in *Star Trek*« gilt: Seit *Star Trek: The Next Generation* war Vaughn Armstrong als 12 verschiedene Charaktere aus insgesamt acht verschiedenen Alien-Spezies zu sehen, unter anderem als drei verschiedene Klingonen, zwei verschiedene Cardassianer, ein Romulaner, ein Borg und ein Mensch. Auch ansonsten ist Vaughn Armstrong ein ausgesprochener TV-Veteran: Nach Anfängen in Serien wie *Lou Grant* (1978) oder *Simon & Simon* (1983) war er vor und während seiner Star-Trek-Auftritte in (unter vielem anderem) *Remington Steele* (1985), *Zurück in die Vergangenheit* (1992, hier übrigens erstmals neben Scott Bakula!), *Melrose Place* (1995) und *Emergency Room* (1999) sowie in Kinofilmen wie *Das Philadelphia Experiment* (1984) oder *Das Kartell* (1994) zu sehen.

## MANN IM HINTERGRUND

Eher undurchschaubarer Natur sollte der vulkanische Botschafter Soval sein, der die Mission der Enterprise seitens der in seinen Augen unreifen Menschheit für verfrüht hält und Archer und seiner Crew bei Weitem nicht immer positiv gegenübersteht. Sein Darsteller Gary Graham (geb. am 7. Juni 1950) konnte in *Star Trek: Enterprise* in dieser Rolle die Bandbreite seiner schauspielerischen Fähigkeiten erheblich erweitern, da er bisher in völlig anders strukturierten Rollen zu sehen gewesen war, darunter in einer weiteren Science-Fiction-Kultserie. Nach einer Nebenrolle im Sportlerdrama *Der richtige Dreh* (1983) erhielt Graham nämlich ab 1989 die (menschliche) Hauptrolle in der Science-Fiction-Krimi-Serie *Alien Nation* basierend auf dem ein Jahr davor erschienenen Kinofilm gleichen Titels (in welchem seine Rolle von Hollywoodstar James Caan gespielt wurde). Es folgte die Hauptrolle im *Transformers*-Vorläufer *Robot Jox: Die Schlacht der Stahlgiganten* (1990) sowie Auftritte in *Man Trouble: Auf den Hund gekommen* (1992) sowie mehreren Fortsetzungen von *Alien Nation* in Form von TV-Filmen (1994-1997).

## MANN MIT ANTENNEN

Ein immer wieder auftauchender Bösewicht in der Serie hingegen sollte Thy'lek Shran werden, der dem Volk der blauhäutigen, mit Fühlern versehenen Andorianer angehört. Die späteren Föderationsmitglieder sind im 22. Jahrhundert, in dem *Star Trek: Enterprise* angesiedelt ist, noch Antagonisten der Sternenflotte und entsprechend feindselig gesonnen. Erst im weiteren Serienverlauf wird Shran so etwas wie ein Verbündeter von Archer und seiner Crew. Auch ihn verkörperte ein ausgesprochener Veteran aus *Star Trek*: Jeffrey Combs (geb. 9. September 1954) spielte zwischen 1996 und 1999 in insgesamt 25 Folgen von *Star Trek: Deep Space Nine* den verschlagenen Vorta Weyoun in dessen unterschiedlichen Inkarnationen sowie in weiteren 8 Folgen zwischen 1995 und 1999 den gierigen Ferengi Brunt. Ansonsten ist Jeffrey Combs sehr auf das Horror-Genre abonniert und war in Filmen wie *Re-Animator* (1985), *From Beyond: Aliens des Grauens* (1986), *The Frighteners* (1996) oder *Haunted Hill* (1999) zu sehen.

## SCHLIMMLING MIT EXTRAS

Ein weiterer Antagonist, ähnlich wie Shran in bester Star-Trek-Manier jedoch nicht ausschließlich feindselig gestimmt, sollte Silik sein. Er gehört den geheimnisvollen Suliban an, welche Kontakt zu einer zeitreisenden Spezies aus der Zukunft aufgenommen haben, und kommt Captain Archer mehrmals gefährlich in die Quere. Sein Darsteller John Fleck (geboren am 7. Mai 1951) ist von Beruf nicht ausschließlich Schauspieler, sondern auch Performance-Künstler, was so wie bei seinem Kollegen Doug Jones aus *Star Trek: Discovery* eine ungeheure körperliche Beweglichkeit voraussetzt. Dementsprechend verschwindet auch John Flecks wahres Aussehen für viele seiner Rollen unter aufwendigen Kostümen und/oder dicken Make-Up-Schichten, so auch im Fall der Darstellung von Silik. Vor *Star Trek: Enterprise* sah man John Fleck neben mehreren Episoden der drei vorherigen Serien des Franchises in Kinofilmen wie *Howard – Ein tierischer Held* (1986), *Pink Cadillac* (1989) oder *Waterworld* (1995) sowie Serien wie *Polizeirevier Hill Street* (1987) und *Murder One* (1995-1996), wo er während der beiden ersten Staffeln eine feste Nebenrolle spielte, sowie *Ally McBeal* (1998).

## DIE ERWEITERTE CREW

Crewman Elizabeth Cutler, Entomologin und Exobiologin, sollte dagegen immer wieder einmal auf der Brücke der neuen Enterprise oder auch bei Landemissionen mit von der Partie sein, ohne dabei zum Hauptcast der Serie zu gehören. Außerdem fühlte sie sich von Bordarzt Dr. Phlox angezogen. Leider trat sie aus tragischen Gründen nur während der 1. Serienstaffel auf: Ihre Darstellerin Kellie Waymire, die Gastauftritte in Serien wie *Seinfeld* (1997) oder *Ally McBeal* und Kinofilmen wie *Leben und Lieben in L.A.* (beides 1998) gehabt hatte, verstarb 2003 im Alter von nur 36 Jahren infolge eines Herzstillstandes, der durch unerkannte Herzrhythmusstörungen hervorgerufen worden war.

In der 3. und 4. Serienstaffel schließlich, die in Kriegszeiten spielten (siehe die Episodenbesprechungen), kommt ein Trupp der MACO genannten Starfleet-Marines an Bord der Enterprise, welcher unter dem Kommando des energischen Major Hayes steht. Hayes wird gespielt von Steven Culp (geb. am 3. Dezember 1955), dem Sohn des bekannten TV-Schauspielers Robert Culp *(Tennisschläger und*

*Kanonen).* Steven Culp war zuvor in Filmen wie *Jason Goes To Hell – Die Endabrechnung* (1993), *James und der Riesenpfirsich* (1996) oder *Thirteen Days* (2000) zu sehen, im Fernsehen dagegen in *JAG: Im Auftrag der Ehre* (1997) oder *Pensacola: Flügel aus Stahl* (1998).

## NUR KURZ AN BORD

Im Laufe der Serie gab es selbstverständlich etliche Gastauftritte von Schauspielern, die aus unterschiedlichsten Rollen in Filmen oder Episoden von TV-Serien bekannt waren, darunter Melinda Clarke (geb. 24. April 1969) aus *Return Of The Living Dead III* (1993) oder *Firefly – Aufbruch der Serenity* (2002), Tommy »Tiny« Lister (geb. 24. Juni 1958), bekannt aus *Das fünfte Element* (1997) oder *Emergency Room* (1999), Jim Beaver (geb. 12. August 1950), bekannt als Bobby Singer aus der Serie *Supernatural* (2005 bis 2020), Clancy Brown (geb. 5. Januar 1959), bekannt aus *Highlander: Es kann nur einen geben* (1986) und *Die Verurteilten* (1994) oder Dean Stockwell (geb. 5. März 1936), bekannt aus *Zurück in die Vergangenheit* (1989 bis 1993) neben Scott Bakula. Die meisten von ihnen waren jedoch lediglich in einer Folge zu sehen. Einer der bekanntesten Gaststars in *Star Trek: Enterprise* war Film-Altstar Peter Weller (geb. am 24. Juni 1947), bekannt aus Filmen wie *Buckaroo Banzai: Die 8. Dimension* (1984) und *RoboCop* (1987), der in der Doppelfolge *Dämonen* und *Terra Prime* in der 4. und letzten Staffel die Rolle des faschistischen John Frederick Paxton spielte. Weller kehrte im Jahr 2013 noch einmal ins Star-Trek-Universum zurück: Im 12. Kinofilm *Star Trek Into Darkness* sah man ihn als den zwielichtigen Admiral Marcus.

Derart gerüstet, begab sich das neue Vorgängerschiff der klassischen (und somit nunmehr nachfolgenden) Enterprise von Captain Kirk auf ihre gefahrvolle Mission in ein Universum, in dem die Dinge noch bei Weitem anders lagen als rund 100 später – oder, in Realzeit, fast 40 Jahre zuvor. Lediglich vier statt der von den vorherigen Serien gewohnten sieben Staffeln ging die Enterprise an Orte, die niemand zuvor erblickt hatte. Wie es den Schauspielern, die durch die neue Serie zu Star-Trek-Stars wurden, danach erging und an welchen neuen Projekte sie arbeiteten, soll hingegen Thema eines anderen, eigenen Kapitels sein.

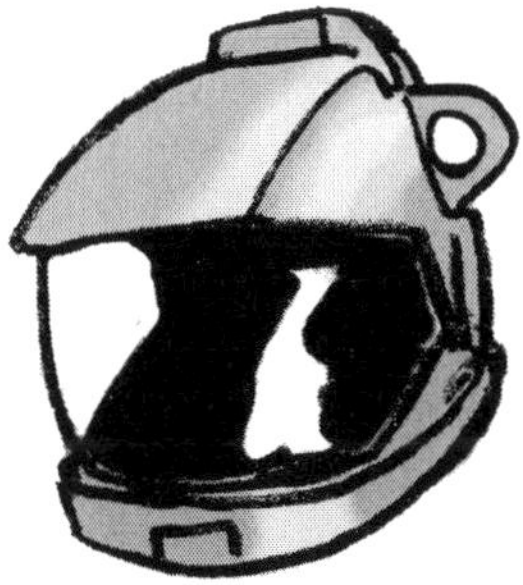

# KAPITEL 3
# SYNCHRONISATION

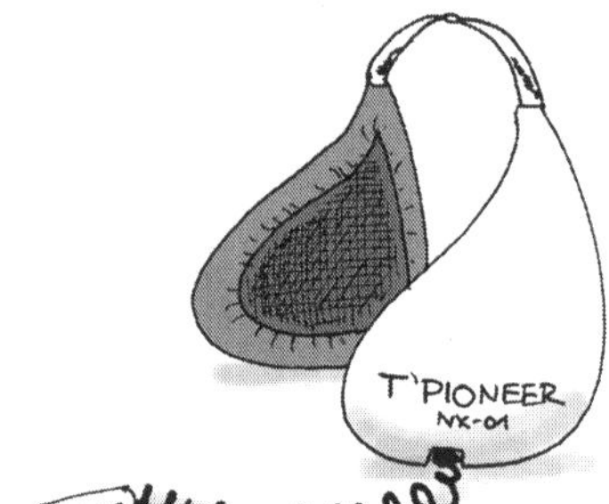
T'PIONEER
NX-01

## DIE DEUTSCHEN STIMMEN DER HELDEN

Für die deutsche Fassung von *Star Trek: Enterprise*, welche nach teilweiser vorheriger Veröffentlichung als Video-Premiere ab dem 15. März 2003 bei Sat.1 zu sehen war, zeichneten zwei verschiedene Synchron-Studios verantwortlich.

Staffel 1 wurde von Bavaria Synchron hergestellt, 2019 in Münchner Synchron GmbH umbenannt. Die Staffeln 2 bis 4 hingegen erhielten durch die renommierten Arena-Synchron-Studios ihre deutschen Versionen, welche unter vielem anderem bereits die drei vorhergehenden Serien *The Next Generation*, *Deep Space Nine* und *Voyager* für die hiesige Ausstrahlung bearbeitet hatten.

Die Dialogregie für *Star Trek: Enterprise* lag bei Michael Brennicke und Dr. Harald Wolff bei Staffel 1, ab Staffel 2 übernahm Ulrich Johannson diesen Part.

Für die deutschen Stimmen von Captain Archer & Co. verpflichtete man routinierte Sprecher, die man teilweise bereits durch verschiedene andere Sprechrollen kannte.

### JONATHAN ARCHER

Gudo Hoegel (geb. 1948), der Captain Archer sprach, war bereits Scott Bakulas Stammsprecher in *Zurück in die Vergangenheit (Quantum Leap)* und lieh ihm auch bei seinem Gastauftritt in der Serie *Desperate Housewives* seine Stimme. Ansonsten kennt man Gudo Hoegel unter anderem als Sprecher für den britischen Schauspieler Timothy Spall und seinen französischen Kollegen Daniel Auteuil. Als Schauspieler konnte man Gudo Hoegel in Serien wie *Inspektion Lauenstadt* (1976), *Derrick* (1979) oder bei RTL in *Der Clown* (2000) bewundern.

### T'POL

Subcommander T'Pol wurde synchronisiert von Susanna von Medvey (geb. 1961), die neben ihrer Tätigkeit als Sprecherin ebenfalls Schauspielerin ist und in TV-Serien wie *Ein Haus in der Toscana* (1991 bis 1994) oder *Der Bulle von Tölz* (1996) und dem Kinofilm *Das Zauberbuch* (ebenfalls 1996) zu sehen war. Ihre Stimme lieh sie auch den beiden französischen Schauspielerinnen Catherine Frot und Emmanuelle Béart sowie Charakteren in verschiedensten

TV-Serien wie *Breaking Bad* oder *The Good Doctor*. Genrefans kennen sie aber natürlich auch als deutsche Lucy Lawless in *Xena*.

## DR. PHLOX

Tonio von der Meden (geb. 1936) lieh John Billingsley als Dr. Phlox seine Stimme. Nach seinem Filmdebüt 1952 im Alter von 16 Jahren in dem Heimatfilm *Lockende Sterne* sah man ihn bis in die 90er-Jahre hinein in TV-Serien wie dem Traumschiff-Vorläufer *Das Ferienschiff* (1968) und *Der Alte* (1979 und 1990) sowie Kinofilmen wie *Die Vertreibung aus dem Paradies* (1977) von Niklaus Schilling, später den Fernsehproduktionen *Seemann, gib Obacht!* (1985) und *Der Struppi ist weg* (1992).

Als Synchronsprecher kannte man ihn unter vielem anderem als die deutsche Stimme des chinesisch-stämmigen Briten Burt Kwouk, der unter anderem die Rolle des Cato in den Inspektor-Clouseau-Filmen spielte, sowie von Charakteren in TV-Serien wie *Bezaubernde Jeannie*, *Falcon Crest* oder *Die Simpsons*. Ein anderes wichtiges Tätigkeitsfeld Tonio von der Medens ist auch der Hörspielbereich. In diesem ist er schon seit dem Jahr 1950 als 14-jähriger in *Die Odyssee des Johnny Wren* nach Norman Lewis Corwin tätig. Seitdem war er in Dutzenden entsprechender Produktionen basierend auf Werken unter vielem anderen von Tenessee Williams, Gregor von Rezzori oder auch den Gebrüdern Grimm zu hören. Tonio von der Meden ist außerdem der ältere Bruder des bereits verstorbenen Andreas von der Meden (1943-2017), dessen Stimme deutsche TV-Zuschauer als die von »Michael Knight« David Hasselhoff kennen.

## MALCOLM REED

Lt. Malcolm Reed, gespielt von Dominic Keating, erhielt Frank Röth (geb. 1959) als deutschen Sprecher. Frank Röth war bis dahin recht häufig in Kino und Fernsehen in Filmen wie *Kolp: Schwarzmarkt, Swing und große Träume* (1984) oder *Die zweite Heimat: Chronik einer Jugend* (1992) sowie Serien wie *Tatort* (1997) und *Doppelter Einsatz* (2000) zu sehen gewesen. Als Sprecher lieh er so unterschiedlichen Schauspielern wie Daniel Day-Lewis, Mark Rylance oder Francois Cluzet seine Stimme.

## CHARLES TUCKER III.

Connor Trinneer als Commander Trip Tucker wurde von Crock Krumbiegel (eigentlich Werner Crock von Krumbiegel, geb. 1955) gesprochen. Als Schauspieler sah man ihn lediglich im Film *Der Videopirat* (1986) sowie verschiedenen Folgen von *Aktenzeichen XY ... ungelöst* (zwischen 1989 und 1997). Als Sprecher jedoch sprach er unter anderem Stefano Davanzati in *Prinzessin Fantaghirò* sowie Kevin Bacon und Patrick Dempsey.

## TRAVIS MAYWEATHER

Den jungen Fähnrich Travis Mayweather (Anthony Montgomery) synchronisierte Florian Halm (geb. 1964), der zu den bekanntesten deutschen Synchronsprechern der jüngeren Generation gehört. Bereits als 10-jähriger lieh er der Hauptfigur in der Zeichentrickserie *Wickie und die starken Männer* seine Stimme. Im Erwachsenenalter ist er der deutsche Sprecher von Filmstars wie Colin Farrell, Jude Law oder Johnny Knoxville.

## HOSHI SATO

Die deutsche Stimme von Fähnrich Hoshi Sato (Linda Park) gehört zu Melanie Manstein (geb. 1972). Als Schauspielerin sah man sie im Kinofilm *Hunger: Sehnsucht nach Liebe* (1997) sowie TV-Produktionen wie *Derrick* (1998), *Ausgerechnet Sex!* (2011) oder der Comedy-Serie *Hausmeister Krause: Ordnung muss sein* (1999 bis 2010). Als Sprecherin hört man sie als Stimme von Jennifer Love Hewitt, Jessica Biel und Isla Fisher, ferner wirkte sie an Anime-TV-Serien wie *Sailor Moon*, *Pokémon* oder *DoReMi* mit.

## ADMIRAL FORREST

Vaughn Armstrong als Admiral Forrest dagegen erhielt die deutsche Stimme von Leon Rainer (geb. 1942), der mehrmals als Sprecher für den britischen Schauspieler Charles Dance fungierte und ansonsten in verschiedenen Filmen wie mehreren Harry-Potter-Teilen und Serien wie *Law & Order* und *Monk* zu hören ist.

## SHRAN

Jeffrey Combs als Andorianer Thy'lek Shran wurde, wie schon bei seinen vorherigen Rollen im Star-Trek-Universum von Udo

Schenk (geb. 1953) gesprochen. Neben Auftritten in Fernsehserien wie *Kommissar Rex* (1995), *Tatort* (1996) oder *Polizeiruf 110* (1998) ist Udo Schenk seit 2007 in der Krankenhausserie *In aller Freundschaft* als Dr. Rolf Kaminski zu sehen. Als Synchronsprecher hört man ihn häufig als deutsche Stimme von Gary Oldman, Ralph Fiennes und Kevin Bacon.

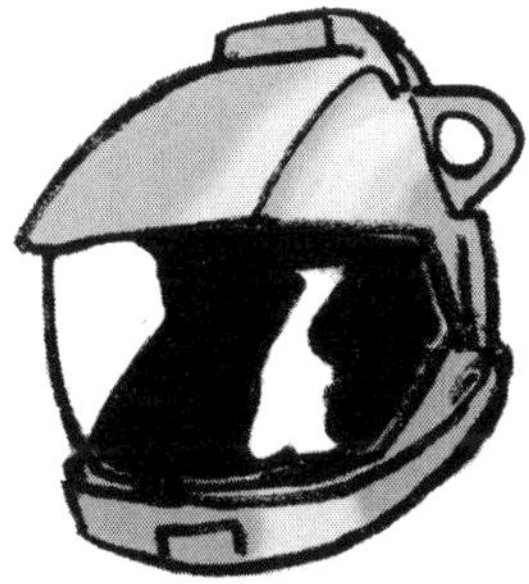

# ZWISCHENSPIEL

# ERINNERUNGEN EINES PIONIERS

## IM GESPRÄCH MIT RALPH SANDER

Hallo Ralph, schön, dass sich die Gelegenheit zu diesem Interview ergibt. Ich will auch gern direkt zur Sache kommen: Du warst maßgeblich in die Synchronisation der Star-Trek-Serie *Enterprise* involviert. Worin genau bestand deine Aufgabe?

**Dann will ich auch direkt antworten! Meine Aufgabe war auch die Aufgabe meiner Mitstreiter Torsten Nobst und Martin Schowanek, nämlich die redaktionelle Bearbeitung der übersetzten Drehbuchfassungen. Das heißt, wir haben damals jeder für sich die Rohübersetzung durchgearbeitet und dann per Telefonkonferenz die Punkte durchgesprochen, bei denen einer von uns (oder alle drei) der Ansicht war, dass das anders übersetzt oder vereinheitlicht werden muss. Was dann dabei herauskam, war das Dialogbuch, das dann so an das Sychronstudio weitergeleitet wurde.**

In der Star-Trek-Fanszene kennt man dich seit den 90er-Jahren als den Verfasser der 4-bändigen Sachbuchreihe *Das Star Trek Universum*. Wie kam es, dass du an der Synchronisation der damals neuesten Star-Trek-Serie mitgearbeitet hast?

**Durch *Das Star Trek Universum* stand ich zu der Zeit schon seit ein paar Jahren mit Torsten Nobst von Paramount in Kontakt (damals noch CIC Video), und als *Enterprise* auch auf dem deutschen Markt veröffentlicht werden sollte, kam Torsten auf mich zu, eben weil ich durch meine Bücher bekannt war. Ich habe ja in meinen Büchern auch immer wieder die oftmals miserablen Synchronfassungen kritisiert, daher war ihm also klar, dass ich kritisch an diese Arbeit herangehen würde.**

Gab es bei der Synchronisation einen Bereich, der besonders schwierig zu bearbeiten war?

**Der Lippenschluss, also der Moment, wenn der Schauspieler ein B, M oder P spricht. Der zwingt manchmal zu Übersetzungen, die nicht ganz so gelungen sind, weil es schon so sein sollte, dass an der Stelle im Deutschen nicht gerade ein O oder etwas ähnlich Offensichtliches steht. Ein gutes Beispiel ist da der »Emissary«, der im Deutschen zum »Abgesandten« wurde, obwohl für mein Empfinden bei einer religiösen Figur eher von einem »Gesandten« die Rede sein sollte.**

Warst du bei den eigentlichen Synchronarbeiten ebenfalls mal live mit dabei?

**Nein. Die fanden in München bei der Bavaria statt, und das hat leider von den Terminen her nie gepasst.**

Wie lange hat es damals gedauert, ehe die Synchronisation der ersten Staffel nach ihrer US-Erstausstrahlung fertiggestellt war?

**Oh, also wann jetzt die Synchronisation abgeschlossen war, weiß ich nicht, weil das der Arbeitsschritt nach meinem war, der für meine Arbeit keine Bedeutung hatte. Torsten, Martin und ich haben ja mehr oder weniger im Wochenrhythmus die Episoden bearbeitet, das heißt, da kam laufend Nachschub, sodass auch gar keine Zeit blieb. Wenn, dann könnte Torsten Nobst das beantworten, aber ob er das nach fast zwanzig Jahren noch recherchieren kann, weiß ich nicht.**

Hast du an der Synchronisation aller vier Serienstaffeln mitgearbeitet?

**Nein, leider nur an der ersten. Ich weiß nicht genau, welches Kompetenzgerangel hinter den Kulissen gelaufen ist, mir sind verschiedene Versionen zu Ohren gekommen. Definitiv weiß ich nur, dass wir uns in der ersten Staffel von** *Enterprise* **keine groben Schnitzer geleistet haben, die zu unserer Ablösung geführt hätten. Ich bin auf das, was wir in diesem einen Jahr abgeliefert haben, bis heute stolz, zumal wir ja auch in vielen Dingen die Grundlage für die weiteren Seasons geschaffen haben, die anschließend nicht einfach rückgängig gemacht werden konnten. Ich denke da nur an das »Du« zwischen Archer und Trip, das einfach natürlich wirkte (ganz im Gegensatz zu dem permanenten Siezen zwischen Harry Kim und Tom Paris in *Voyager*).**

Gibt es eine Folge, die dir aus der Arbeit daran besonders gut in Erinnerung geblieben ist, und aus welchem Grund?

**Besonders gut in Erinnerung geblieben ist vor allem der Pilotfilm, weil diese Arbeit da noch völliges Neuland für mich war. Inhaltlich fand ich den Pilotfilm nicht ganz so aufregend, aber ich muss dazu auch sagen, dass man das Ganze komplett anders erlebt, wenn man sich hinsetzt und beim ersten Ansehen**

**des Films schon bei jedem Dialog überlegt, wie der im Deutschen am besten rüberkommt.**

Gibt es eine oder mehrere Folgen, deren Synchronisation du besonders gelungen findest beziehungsweise welche, wo dir die Synchro überhaupt nicht gefallen hat?

**Ich finde die komplette erste Staffel gelungen, da gibt es weder Ausreißer nach oben noch nach unten, weil wir da mit drei Mann wirklich auf hohem Niveau gearbeitet haben.**

Hast du auch mit den deutschen Sprechern persönlich zusammengearbeitet?

**Durch die Synchronisation in München hat sich da nichts ergeben. Es gab da meines Wissens auch keinen Rücklauf von den Sprechern, dass sie also zum Beispiel irgendwelche Gegenvorschläge gehabt hätten.**

Hast du auch bei den drei Kinofilmen danach oder den beiden neuen Serien mitgearbeitet?

**Nein, da bin ich ganz außen vor. Ich habe mich da auch gar nicht erst reinhängen wollen, weil an den entscheidenden Stellen längst der x-te Nachfolger früherer Ansprechpartner sitzt und es mir irgendwie etwas seltsam vorkommen würde, wenn ich auf über zwanzig Jahre alte Bücher als Referenz für heutige Produktionen verweisen müsste.**

Ich bedanke mich recht herzlich für das Gespräch und wünsche dir für Deine zukünftigen Projekte noch viel Qapla‘ – Erfolg!

**Ich bedanke mich für die interessanten Fragen. Die Wünsche nehme ich natürlich gern an, möchte sie gleichzeitig aber auch an dich zurückgeben!**

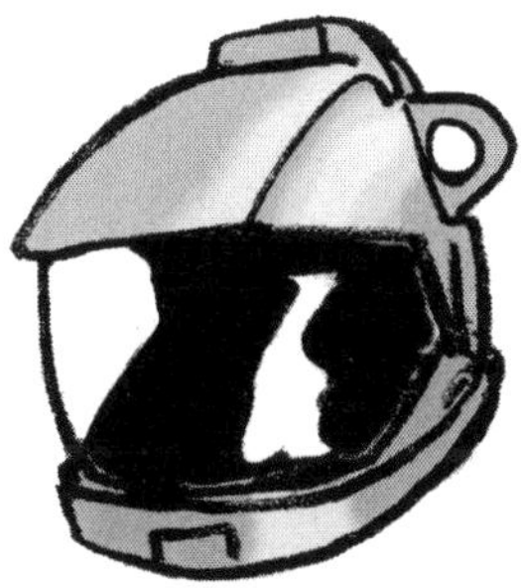

# KAPITEL 4
# EPISODENFÜHRER

## VORWORT

Reisen wir nun gemeinsam durch die vier Jahre der Serie und schauen wir uns genauer an, was die Macher in insgesamt 98 Episoden präsentiert haben.

Zum Episodenführer gibt es eine Vorgeschichte: Björn Sülter befasste sich bereits für das Portal Serienjunkies mit dem Thema und schrieb seine Rezensionen extra für dieses Buch um und ergänzte sie. Auf diese Weise schließen sich Kreise im Leben. Bei den kommenden Teilen der *Star-Trek-Chronik* werden die Rezensionen dann zwischen den Autoren aufgeteilt.

Bei der Bewertung der Episoden haben wir uns für kleine Bilder entschieden, die kein Geringerer als der liebe Kollege Ralph Sander für uns gezeichnet hat. Sie sollen auf humorvolle Weise unterstreichen, dass es sich letztlich immer um Geschmackssache handelt, wenn man über die Abenteuer unserer Helden diskutiert. Unsere Rezensionen sollen gerne zu Zustimmung wie auch Widerspruch Anlass geben. Daher haben die Kollegen Prahl und Walch im Episodenführer auch immer mal wieder die Chance genutzt, ihrem Kollegen Sülter die rote Karte zu zeigen und einen Einspruch zu formulieren. Diese Spielerei ist unsere Art zu sagen: Wir nehmen uns selbst nicht zu ernst. Jeder darf mögen, was er möchte und jede Sache hat mehr als eine Seite.

## BEDEUTUNG DER BILDER

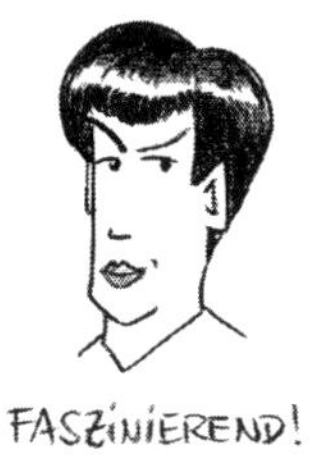


Unsere **Vulkanierin** meint es mehr als wohlwollend mit den Episoden. Sie kommt ins Spiel, wenn der Serie wunderbare Trek-Klassiker gelungen sind, die über die Serie hinaus überdauern konnten.

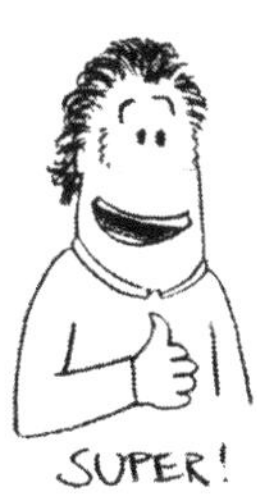


Auch der zumeist bestens gelaunte **Dr. Phlox** ist für positive Bewertungen zuständig. Er taucht auf, wenn die Episode zum feinsten gehört, was *Star Trek: Enterprise* erreicht hat, aber doch nicht ganz in den Bereich der allgemeinen Franchise-Klassiker fällt.

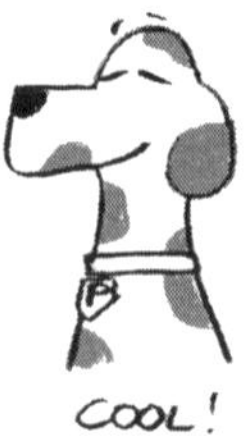


**Porthos** ist ein lustiger Geselle, der nicht nur ein Nickerchen und guten Käse zu schätzen weiß. Er ist bei uns für die Episoden zuständig, die gesundes Mittelmaß oder sogar etwas mehr darstellen und ohne Zweifel positiv im Gedächtnis blieben.

Die raffgierigen **Ferengi** spielten in *Star Trek: Enterprise* keine große Rolle. Vielleicht war ihnen alles einfach zu langweilig? Unser Ferengi jedenfalls ist für Episoden zuständig, die seine kostbare Zeit verschwenden. Er steht somit für unteres Mittelmaß.

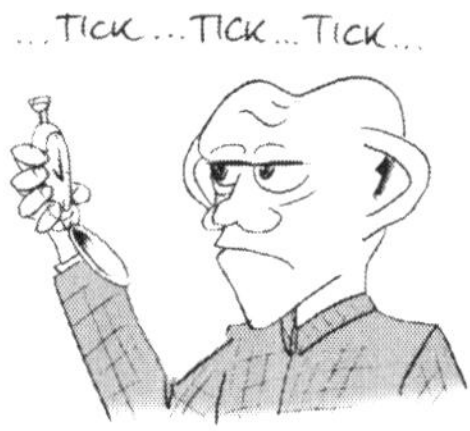


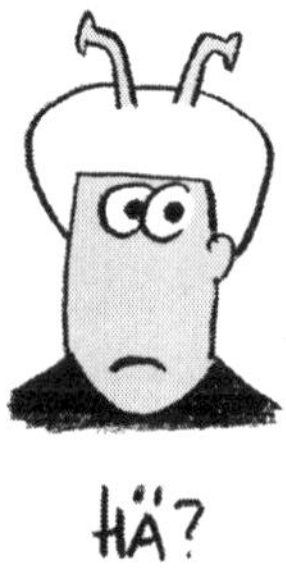


**Andorianer** gelten eher als aufbrausend, direkt und ungeduldig. Wenn unser Antennenfreund somit auftaucht, darf man sich auf jeden Fall fragen, was die Autoren und Produzenten da abgeliefert haben. Er steht nicht nur für schwache, sondern auch für Episoden, bei denen man einfach nicht mehr weiß, was man sagen soll.

Ungemütlich wird es im Tiefgeschoss der Qualität, wenn unser mürrischer **Klingone** der Episode seine Aufwartung macht. Dass der Mann schlechte Laune hat, sieht man auf den ersten Blick: Zurecht! Er ist für die groben Aussetzer zuständig und empfiehlt lieber einen starken Blutwein (oder Schmerzstöcke für die Autoren).

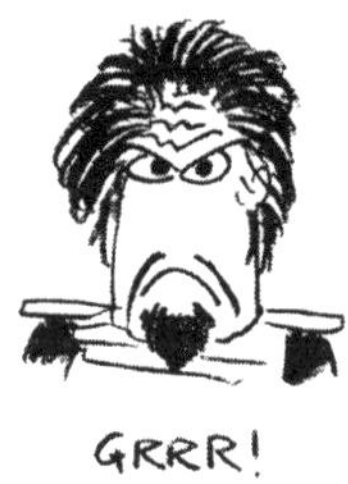


Und nun wünschen wir drei Autoren und unsere sechs Freunde allerbeste Unterhaltung beim Neu-Erleben der vier Staffeln von *Star Trek: Enterprise*. Vielleicht verbunden mit einem kleinen Rewatch der Episoden?

# STAFFEL 1
## 2001/2002

"Irgendwann werden sich meine Leute eine Art Leitfaden einfallen lassen. Etwas, das uns sagt, was wir hier draußen tun können und was nicht. Was wir tun sollten und was nicht. Aber bis mir jemand sagt, dass es so etwas gibt, so eine Direktive, so lange werde ich mir wohl jeden Tag vor Augen halten müssen, dass wir nicht hier sind um Gott zu spielen."

**Captain Jonathan Archer**
*Dear Doctor (Lieber Doktor)*

# 1.01/1.02

# BROKEN BOW

## (AUFBRUCH INS UNBEKANNTE)

*Ein Klingone sorgte für Ärger in einem Maisfeld, schuppige Aliens ließen sich von einem misanthropischen Schatten fernsteuern, und keiner wollte wissen, warum Travis Informationen aus erster, zweiter und dritter Hand besitzt.*

### INHALT

Nach jahrelanger Forschung steht der erste Warp-5-Antrieb der Sternenflotte vor seiner Vollendung. Die Enterprise NX-01, das Prunkstück der Menschheit, soll dorthin vordringen, wo noch nie ein Mensch zuvor gewesen ist.

Doch plötzlich stürzt in Oklahoma ein Klingone ab und findet sich im Hauptquartier der Sternenflotte wieder. Captain Archer möchte gegen den Rat der Vulkanier den Start seines Schiffes vorziehen und den Verwundeten den Klingonen zurückbringen …

### INFOS

Farmer Moore wurde nach Ronald D. Moore benannt, einem ehemaligen Star-Trek-Autoren und gutem Freund von Produzent und Autor Brannon Braga.

Diverse Namen der Gastdarsteller waren offensichtlich als Hommage gedacht: Admiral Forrest (an DeForest Kelley), Admiral Leonard (an Leonard Nimoy), Commander Williams (an William Shatner) und Tos (was eine durchaus sehr gebräuchliche Abkürzung für »The Original Series« darstellt).

### ELEGANTER LEERLAUF IN DER A-NOTE

Beginnen wir doch ganz am Anfang: Der Teaser war definitiv der stärkste aller Trek-Serien. Wunderbar wurde hier die Vorfreude auf diesen großen Schritt der Menschheitsgeschichte in eine kleine, aber treffende Szene zwischen Vater und Sohn gesteckt. Mussten bei früheren Piloten teils noch erklärende Laufschriften und Wackel-Kamera-Action-Einlagen herhalten, um die Zuschauer auf den neuesten Stand zu bringen, herrschte hier Mut zur Reduktion. Gemeinsam mit der folgenden Titelsequenz erhielten wir somit einen schönen und stilvollen Start ins Abenteuer.

Die unvermeidliche Action-Sequenz folgte dafür jedoch nach dem Intro und hätte ebenfalls von einer etwas subtileren Art der Darstellung profitiert. Die komplette Verfolgungsjagd zwischen Klaang und den Suliban war nichts als Eye-Candy: laut und überflüssig. Wie prägnant wäre es gewesen, Archer in einem Straßencafé zu zeigen, wie er in den Nachrichten die Meldung vom Absturz des klingonischen Schiffes und die Story über den Überlebenden sieht? Ein kurzer Anruf, und er hätte direkt aufbrechen können. Eine Szene später wäre er dann bereits bei der Besprechung mit Admiral Forrest und den Vulkaniern gelandet. Fertig. Subtil. Geheimnisvoll. Und in meinen Augen deutlich effektiver. Doch dachte hier wohl jemand, dass es cool wäre, einen Klingonen in einem Maisfeld im Nirgendwo zu zeigen. So cool!

Dennoch: Mit seinem sehr stringenten Flow spielte der Pilot auch absolut seine Stärken aus. Dialogszenen kamen immer pointiert, das Kennenlernen der Crew wirkte reduziert, wurde aber kompetent und kreativ umgesetzt. Es blieb, ganz in der Tradition der anderen Serien seit *TNG*, sogar noch Zeit für ein grandioses Cameo von James Cromwell in seiner ikonischen Rolle als Zefram Cochrane aus *Star Trek: First Contact (Star Trek: Der erste Kontakt)*. Dass die Crew mitten in dessen (aufgezeichneter) Rede jedoch den Saal verließ, war bezüglich der TV-Dramaturgie zwar schlüssig, da sie auf diese Weise zu seinen Worten die Brücke betreten konnte, wirkte aber hinsichtlich des feierlichen Rahmens absolut unpassend und unhöflich. Hier regierte König Drehbuch über die Realität.

Direkt nach dem Verlassen des Raumdocks schlugen uns die Produzenten eine Szene um die Ohren, die zeigte, dass wir es doch nicht nur mit einer simplen Erstkontakt-Mission zu tun hatten. Ob dieser Einfall, einen Zeitkrieg und die neuen Suliban in die Handlung zu integrieren, am Ende gut war oder nicht, musste hier noch unberücksichtigt bleiben. Jeder Zuschauer wird sich über die Jahre dazu bereits ein eigenes Urteil zurechtgelegt haben. Im Rahmen des Pilotfilms jedoch sorgten die Szenen für ein wirkungsvolles, instabiles Element sowie eine Spur Mystery und wussten zu gefallen. Von diesem Moment an verdichtete sich auch das Tempo zusehends: Es folgte ein Reigen aus Verlust des Klingonen, Jagd nach dem Klingonen, Schießereien im Schnee und schließlich dem Besuch auf der klingonischen Heimatwelt samt Übergabe von Klaang. Hin und her, kreuz und quer; es steckt nicht nur in diesem Absatz wenig Inhalt, auch die Serie drückte sich hier um mehr Tiefe. Die Action und das Vorankommen in der Handlung dominierten alle Szenen der letzten zwei Drittel. Das war nicht verwerflich, aber im Vergleich mit den anderen Pilotfolgen zumindest auffällig.

*Star Trek* brach sich hier selbst auf eine moderne SciFi-Hatz herunter und punktete statt mit bedeutungsschweren Themen und Denkansätzen lieber mit Schauwerten, guten Typen und geschliffenen Dialogen. Popcorn-Trek á la *The Killing Game (Das Tötungsspiel).* Der kleine Hunger dankt.

Anders als in den Vorgängerserien fehlte hier eindeutig eine übergeordnete Idee, ein Konzept, über das es nachzudenken lohnte. Man erzählte ausschließlich die Geschichte des verfrühten Starts des Schiffes und auftauchender Probleme, die zumeist durch Action gelöst wurden. Es ging natürlich um die Befindlichkeiten der Crew, um die Menschheit und ob diese überhaupt bereit war, diesen neuen Schritt in ihrer Entwicklung zu gehen. Doch abseits davon herrschte Leere.

Ich bin kein Dogmatiker und kann Dinge durchaus für das bewerten, was sie sind oder sein wollen. Nichts muss, alles kann. Dennoch war die in der Serie auch später oft vorherrschende Orientierungslosigkeit definitiv schon hier ein Problem. Überdeckt von einer sehr flüssigen, spannenden Handlung und starken Schauwerten fiel das an dieser Stelle (noch) nicht so sehr ins Gewicht wie bei einer Routine-Episode im späteren Verlauf. *Caretaker (Der Fürsorger)* hatte bei *Star Trek: Voyager* den Trend der inhaltlich reduzierten Trek-Pilotfolgen bereits eingeläutet. *Broken Bow* zog sich im Vergleich noch etwas weiter ins Schneckenhaus zurück. Dafür konnte man letzteren Versuch aber sogar als noch flüssiger und lebendiger bezeichnen.

## STÄRKEN IN DER B-NOTE

Auffallend an der Charakterfront war: Scott Bakula gab vom Start weg einen fantastischen Captain Archer ab. Dieser Mann war aus dem Leben gegriffen, ein Kämpfer, dabei immer sympathisch, aber höchst konfliktfreudig und begeisterungsfähig. Ein Kind unserer Zeit, einfühlsam dargestellt vom Zugpferd der neusten Trek-Inkarnation. Retrospektiv fand ich sowohl Bakula als auch Archer erschreckenderweise später nie wieder so gut wie hier. Er hatte zwar immer noch regelmäßig starke Momente, aber diese 100% überzeugende und bodenständige Art des Pilotfilms war auf eine ganz eigentümliche Art und Weise danach nicht mehr vorhanden.

Auch der Rest der Crew zeichnete sich durch gut gewählte und durch die Bank sympathische Darsteller aus. Der forsche Charles Tucker, der zynische Reed, »Space Boomer« Mayweather, die unsichere, aber in Linguistik äußerst bewanderte Sato, der eigentümliche Dr. Phlox und die arrogante Vulkanierin T'Pol; allesamt gut geschriebene Charaktere, besetzt mit passenden Darstellern und durch kompetent geschriebene Dialoge eingeführt. Stereotypen waren das schon, keine Frage, und in gewisser Weise am Reißbrett zusammengestellt. Aber zumindest wirkte das Ganze in der Umsetzung unaufdringlich gelungen.

Die Effekte, jeher eine Trek-Domäne, waren auch diesmal wieder überzeugend. Tolle Planetenlandschaften, Raumschiffszenen und alles, was dazugehört, wurden in großer Fülle und technischer Perfektion dargeboten.

Den Retro-Look kann man zudem gar nicht genug herausstreichen. Wie gestalte ich 2001 ein Raumschiff, das aussieht wie 150 Jahre in der Zukunft, aber gleichzeitig älter als eines, das Anfang der Sechziger entstand? Unmöglich? Nein. Die Designer haben das Kunststück vollbracht. Von innen sah man tatsächlich ein realistisches Ambiente, welches sich perfekt in die Trek-Historie einpasste.

Äußerlich wirkte das Ganze zwar deutlich moderner als Kirks Enterprise, was angesichts der heutigen Technik aber auch nicht verwunderte. Wer hätte schon freiwillig ein fliegendes Fossil auf den Titelblättern der Magazine sehen wollen? Nichts gegen die zeitlose Schönheit der Kirk-Enterprise, aber hier musste die Kirche schlicht im Dorf und die alte Enterprise im Raumdock bleiben.

Außerdem gefielen mir die Uniformen sehr. NASA meets *Star Trek* meets *Galaxy Quest;* das Beste aller Welten also. Dazu wirklich wärmend aussehende Uniformjacken für kalte Planeten (endlich!), Taschen, Reißverschlüsse … danke! Die Kommunikatoren, die Phaser – alles passte sich perfekt ein; so viel Liebe zum Detail war wirklich aller Ehren wert.

Die Suliban gefielen als eine außergewöhnliche Rasse, aufwendig gestaltet, doch kaum genauer bestimmt. Dazu gesellten sich der

Temporale Kalte Krieg, über den man eigentlich nichts erfuhr, und die gut umgesetzte Zeit-Kammer; genug Stoff für interessante Geschichten.

Der Humor, den man lange nicht mehr so treffend in *Star Trek* gesehen hatte, war ebenfalls bemerkenswert. Die Charaktere pflegten einen sehr lockeren Umgang und waren normale Menschen (bis auf Phlox und T'Pol), und so redeten sie auch miteinander. Ein gelungener Schachzug.

Als letzter punktete der neue Doktor. Neelix meets Holodoc: Diese Formel ist etwas vereinfacht, aber ein Fünkchen Wahrheit steckt darin. Phlox wirkte ulkig, aber nicht albern, zynisch, aber nicht arrogant. Und sein Grinsen, die Egel, Würmer und was-auch-immer-noch waren obendrauf eine tolle Idee und unterstrichen den besonderen Look der Serie.

## AUSSETZER IN DER DOPPEL-D-NOTE

Leider gab es jedoch auch noch zwei eindeutige Minuspunkte: Zuerst einmal war T'Pols Catsuit so unnötig wie nur irgendwas. Wallende Kleider hätten deutlich besser in das Bild der würdevollen Spezies gepasst – wenn auch ein solches Outfit vielleicht unpraktisch gewesen wäre – es hätte sicherlich auch eine Lösung dazwischen gegeben. Eine vergebene Chance. Schade.

Die Decon Chamber-Szene hätte man sich ebenfalls sparen können. Sie sollte wohl völlig selbstverständlich und natürlich wirken und wäre als solche auch gut gelungen; es wurde allerdings viel zu deutlich, dass nur Jolene Blalocks körperliche Vorzüge ins rechte Bild gerückt werden sollten. Brannon Braga hatte das gleiche ja auch regelmäßig mit Seven of Nine in *Star Trek: Voyager* gemacht. Auch dort wirkte diese Art der Teenager-Fängerei nur peinlich und wie eine Altherrenfantasie.

## KONTROVERSEN

Unerwähnt bleiben darf natürlich auch der Titelsong samt Intro nicht. Aber bevor sich alle auf einen Verriss freuen – ich mochte den Vorspann damals und mag ihn auch heute noch. Zumindest die Version der ersten beiden Staffeln. Für mich bildeten der Song *Where my heart will take me* und die überragenden Bilder eine hervorragende Einleitung, die das Element des Entdeckens und des Neuen auf großartige Weise trugen.

Hier bewiesen Berman & Braga definitiv Mut und machten in meinen Augen an dieser Front alles richtig – wenngleich ich auf einer etwas globaleren Ebene vielleicht keinen abgelegten Patch-Adams-Song gewählt hätte, sondern eine Neukomposition.

## FAZIT

*Broken Bow* übertraf rein vom Unterhaltungsaspekt die Pilotfolgen der anderen Trek-Serien, sackte dafür aber inhaltlich etwas ab. Dennoch konnte er qualitativ fraglos mithalten.

Die Charaktere waren allesamt überzeugend, Design, Effekte und Feeling der Serie kamen auf den Punkt. Eine stimmige Mischung aus Vertrautheit und bisher in *Star Trek* Ungesehenem umspielte die Produktion. Sehr dosiert eingesetzt punktete auch der Humor, der teils skurril, aber nie albern daherkam. Eine gelungene Symbiose aus allen Vorgängern.

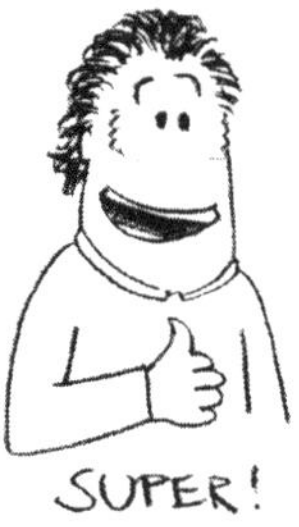


*Broken Bow* war sicher keine große Kunst, wurde aber verdammt lässig und kompetent umgesetzt. Es gelang ein starker Start für das neue Kapitel eines damals eindeutig überalterten Franchise; mehr konnte man zur Jahrtausendwende wirklich kaum erwarten.

## EINSPRUCH, HERR KOLLEGE!

Wie sehr richtig im vorherigen Fazit angemerkt, übertraf *Broken Bow* in Sachen Unterhaltungswert die Pilotfolgen aller drei vorherigen Serien um Längen. Abgesehen von der Aufregung, welche die Eröffnungsfolge einer neuen Star-Trek-Serie unausweichlich auslöst, wurde dort nämlich außer der Vorstellung der neuen Crew nicht wirklich etwas geboten. Bei *Broken Bow* war das anders: Nicht wenige Zuschauer gerieten angesichts der Maisfeld-Verfolgungsjagd und der anderweitigen Schauwerte in regelrechtes Kino-Feeling, während die Geschichte selbst mit ihren hochmütigen Vulkaniern und einem Star-Trek-Universum ohne die Föderation dem zugegeben etwas schal gewordenen Franchise ganz andere neue Facetten verlieh.

Die Figuren wurden in einer Weise eingeführt, als müsse selbst der hartgesottenste Trekkie sie schon seit Ewigkeiten kennen, und zumindest teilweise (T'Pol und Dr. Phlox vielleicht einmal ausgenommen) gelang dies sogar. Ein weiterer Pluspunkt war das vermittelte Gefühl, *Star Trek* sei nun in der Wirklichkeit angekommen, nachdem sich *Voyager* hier und da noch eher bonbonfarben präsentiert hatte und in Sachen realistischer Darstellung ein wenig ins Hinken geraten war.

*Broken Bow* landete nach Erhalt beim Verfasser jedenfalls gut zweimal häufiger im Videorecorder als die vorherigen Pilotfilme und steht für ihn bis heute auf Platz 2 der Liste der Star-Trek-Eröffnungsfolgen.

# 1.03

# FIGHT OR FLIGHT

## (FREUND ODER FEIND)

*Schweigsame Außerirdische definierten eine neue Form des Abhängens, Hoshi erkannte in einem sterbenden kleinen Wurm ihren Seelenverwandten, und quietschende Bodenplatten stellten den Captain auf eine harte Nervenprobe ...*

### INHALT

Die Crew der NX-01 trifft auf ein Schiff voller außerirdischer Leichen. T'Pol rät zum Rückzug, Archer stellt sich jedoch nach anfänglichem Zögern der Situation. Damit bringt er Schiff und Crew in Gefahr, als die für den Mord Verantwortlichen zurückkehren …

### BACK TO BASICS

Nach dem actionreichen und in vielerlei Hinsicht überraschend starken Pilotfilm war die Spannung groß gewesen, wie die Serie ihre reguläre Arbeit aufnehmen würde. *Fight or Flight* überraschte gleich in mehrfacher Hinsicht, machte aber auch klar, wie sehr sich *Star Trek* in den Jahren zuvor dem Mainstream ergeben hatte.

Die Erzählstruktur der Episode stellte gerade für Sinne, die zuletzt an *Star Trek: Voyager* gewöhnt waren, einen so deutlichen Umbruch dar, dass man sich über den Mut der Produzenten nur wundern konnte. Es ging hier eindeutig einen Schritt zurück, Geschwindigkeit und Action wurden heruntergefahren, man konzentrierte sich mehr auf die Menschen, auf Gefühlsregungen und Gedanken. Dabei war das alles natürlich schon einmal da gewesen. Bei Kirk und Picard gab es immer ein Gros solcher Charakterepisoden, die ihre ganze Kraft aus den Dialogen und der kammerspielartigen Inszenierung zogen.

35 Jahre nach *The Cage (Der Käfig)* und 14 Jahre nach *Encounter at Farpoint (Mission Farpoint/Der Mächtige)* standen wir wieder an diesem Punkt. 14 Staffeln *DS9* & *Voyager* hatten in Ton und Bild deutliche Veränderungen mit sich gebracht, die man in ihrer Tragweite für das Franchise erst jetzt erfassen konnte.

*DS9* konnte zwar die Balance zwischen krachender Action und tiefschürfenden Themen wie keine andere Serie über die kompletten sieben Jahre halten, *Voyager* hingegen hatte viel zu oft den einfachen Weg gewählt: Schilde runter auf 15 Prozent, Selbstzerstörung aktiviert, die Borg kommen, Feuer! Dort wurden zunehmend Inhalte durch Schauwerte ersetzt. Hier schien man nun den entgegengesetzten Weg beschreiten zu wollen.

## WENIG LÄRM UM WENIG

Dazu trugen auch einige Kniffe der Produzenten bei. Es gab gedämpfte Musikuntermalung, lange Dialogszenen mit teilweise bedrückender Bewegungslosigkeit, keine durchlaufenden Momente der Dramatik, nur pure Inszenierung menschlicher Regungen. Faszinierend, wenn auch in letzter Konsequenz natürlich weder neu noch inhaltlich überraschend. Dennoch standen wir wieder dort, wo die Trek-Odyssee begonnen hatte. Würde es den Autoren nun allerdings auch noch gelingen, kreative und herausfordernde Inhalte zu generieren und diese obendrauf erfrischend zu präsentieren?

Für den Moment blieb uns eine kleine Episode, eine Hoshi-Sato-Story, die deutlich machte, wie unwohl die junge Frau sich auf dieser Mission wirklich fühlte. Während die anderen Crewmitglieder Forschergeist lebten, wollte sie eigentlich nur zur Erde zurückkehren, um wieder zu unterrichten. Nach dem Anblick der wenig erfreulich aussehenden toten Fremden konnte man sie allerdings auch wirklich verstehen. Erst traf man auf die verschlagenen Suliban, dann auf einen kleinen orangefarbenen Wurm, und als dritte fremde Rasse waren es nun abgeschlachtete Außerirdische. Einfach herrlich!

Der ganze moralische Konflikt zwischen T'Pol und Archer über das Helfen oder sich Heraushalten war dabei natürlich ebenfalls nur leidlich originell, diente aber immerhin der Geschichte. Interessanter waren da schon die technischen Aspekte: die völlige Überlegenheit der fremden Waffen, der fehlende Übersetzer, Hoshis Verzweiflung. Wir bekamen mit der zweiten Episode bodenständige Science-Fiction und für *Star Trek* somit zu diesem Zeitpunkt genau das Richtige.

## MUPPET ON BOARD

Der einzige Kritikpunkt bezog sich auf T'Pol (of Nine), die nicht nur wie Seven lief, redete und teilweise aussah, sondern auch so gespielt wurde, eben nur drei Klassen schlechter. Hätte man, wie bei *Farscape,* die Rolle wenigstens konsequent mit einer mimikfreien Puppe besetzt, hätte man nicht über fehlende Schauspielfähigkeiten sprechen müssen.

Es blieb nur die Hoffnung, Jolene Blalock würde ganz schnell anfangen, neben dem bloßen Vortragen ihrer Texte auch ein wenig zu spielen. Dieser Kritikpunkt bezog sich witzigerweise aber nur auf die Originalfassung.

Nach Ansicht der deutschen Version durfte man erstaunt feststellen, dass die Synchronsprecherin Susanne von Medvey wirklich grandiose Arbeit leistete und Blalocks Schwächen weitestgehend ausmerzte.

## FAZIT

Ein gelungener Start ins reguläre Serien-Abenteuer, nicht weltbewegend, aber solide und kompetent verpackt.

Gewürzt mit Charakterentwicklung und sehr bodenständigen Problemen positionierte sich die Serie zu diesem frühen Zeitpunkt als ruhiger Old-School-Trek. So konnte es weitergehen.

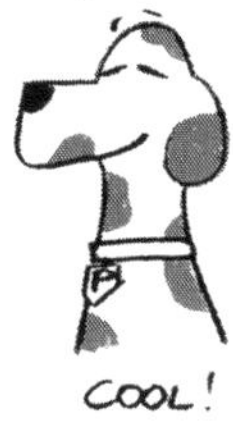

# 1.04

# STRANGE NEW WORLD

## (GEISTERGESCHICHTEN)

*Porthos pinkelte – hier noch ohne Konsequenzen – an einen Baum, Trip dichtete das Star-Trek-Mantra um, und T'Pol war auf Drogen erträglicher als ohne.*

### INHALT

Der erste »richtige« Planet wird entdeckt, und die Crew macht sich in bester Stimmung auf den Weg, diese fremde neue Welt zu erkunden. Doch aus der Forschungsmission wird über Nacht ein Albtraum, als märchenhafte Wesen aus Steinen wachsen und T'Pol sich mit Fremden verbrüdert …

### MORE OF THE SAME, BUT …

Die Ankündigungen im Trailer weckten viele Erinnerungen. Die Crew infiziert sich mit halluzinogenen Pollen und benimmt sich vollkommen untypisch. Klar, so etwas gab es in jeder Trek-Serie, teilweise sogar mehrfach. Und natürlich ist dieser Kniff perfekt dazu geeignet, Charaktere einzuführen und zu zeigen, wie sie sich in einer Situation verhalten, über die sie die Kontrolle verloren haben. Aber musste das hier schon wieder passieren? Und erneut so früh in der Serie? *Strange New World* überzeugte jedoch auf so vielen verschiedenen Ebenen, dass die oben genannte Ausgangssituation nicht störte und eher als nettes, aber letztlich irrelevantes Beiwerk funktionierte.

Zuerst hatten wir da die Faszination der Crew, perfekt in der Messe durch einige Crewmitglieder eingefangen, für diese neue und spannende Welt, die sie nach Wochen endlich zu Gesicht bekamen. Das Leuchten in den Augen der Crew sprach Bände und untermauerte die Gangart der Serie.

Dann folgte Archers Begeisterung, endlich etwas zum Erforschen gefunden zu haben. »Maul halten, T'Pol, wir werden jetzt erst einmal Spaß haben«, schien er sagen zu wollen; und er tat es auch, natürlich deutlich charmanter. Und so naiv das Ganze im ersten Moment auch wirkte, der Typ war einfach noch begeisterungsfähig. Eine neue Welt, und er mittendrin! Ich hätte auch keine Woche warten wollen …

Schließlich bekamen wir die schönen Szenen nach der Ankunft auf dem erdähnlichen Planeten. Porthos hüpfte als erster aus dem Shuttle und suchte nach einem Baum. Trip dazu: »Where no dog has gone before.« Perfekt! Die Crew mit ihren Baseballcaps sah fast aus wie Campingurlauber auf Sightseeing. Und tatsächlich machte Tucker sogleich Fotos vom Rest des Außenteams. »Smile«, sagte Archer zu T'Pol; sie tat es nicht. Situationskomik mit talentfreier Mimin, das musste man auch erstmal schaffen.

Die Erkundung des Planeten, als Bildermontage präsentiert, die Verspätung von Archer und Co. (»We lost track of time.«), dann noch Tucker und Mayweather, die unbedingt im Zelt übernachten wollten, und die abendliche Geistergeschichte, von Mayweather am Lagerfeuer erzählt: Timing ist beim Medium Film & TV oft alles, und hier wurde daraus sogar ein kleines, aber feines Lehrstück.

Genau genommen war auf dem Planeten, der weder »strange« noch »new« daherkam, allerdings natürlich nix los. Der Yellowstone Nationalpark sieht eigentlich sogar fast identisch aus. Dennoch wurde die ganze Situation dermaßen charmant durchgespielt, geschrieben und ausgeführt, dass man einfach Spaß haben konnte.

## DON'T FEAR THE REAPER!

Mit dem nächtlichen Sturm änderte sich die Stimmung der Folge jedoch komplett. Nach der Flucht in eine nahe Höhle, dem gescheiterten Rettungsversuch per Shuttle durch Archer und Reed und der Flucht von Crewman Novakovich begannen alle, sich sonderbar zu verhalten. Mayweather sah Gestalten, Crewman Cutler beobachtete T'Pol dabei, wie sie mit Fremden konspirierte, und Tucker erblickte Wesen, die aus Steinen wuchsen. Der Paranoia-Level erreichte kritische Werte und gipfelte in einem fantastischen Showdown, in dem Archer in einer Mischung aus Kreativität, Diplomatie und Unverschämtheit seinen Kumpel Tucker davon abhielt, T'Pol zu erschießen.

Die Darstellung von Connor Trinneer als Tucker war hier erstmals hervorragend. Neben Bakula, Billingsley und Park hatte er mich als vierter der Stammcrew schauspielerisch überzeugt. Fehlten zu diesem Zeitpunkt nur noch Blalock, Montgomery und Keating. Von diesen Dreien hatte aber zumindest Erstere schon ein paar Punkte gutgemacht. Meine Kritikpunkte an ihrem Spiel blieben jedoch bestehen, da sie nur in knapp zwei Dritteln der Episode eine andere, irgendwie angemessenere Art fand, die überlegene Vulkanierin zu geben. Sie wirkte zumindest in diesen Szenen kühler, rationaler als zu Beginn der Serie und auch leider wieder am Ende dieser Episode. Ihre Darstellung unter dem Einfluss der Pollen war jedoch vollkommen in Ordnung. Was Reed und Mayweather anging, blieb es dabei: Ersterer war bisher vollkommen farblos, aber sympathisch; Letzterer durfte zumindest mal einen längeren, gruseligen Monolog halten. Bei beiden gab es noch viel Luft nach oben.

Zu guter Letzt ist noch ein Lob für den Transporterunfall angesagt. Novakovich musste aus dem Sturm gerettet werden, kam auf der Enterprise aber mit Pflanzenteilen und Felssplittern im Körper an. Gruselige Vorstellung. Sein Heilungsprozess verschaffte auch Dr. Phlox noch eine starke Szene, in der er eingestehen musste, einen Faktor übersehen zu haben. Mit Pech wäre der junge Mann gestorben. Sein Bedauern und die Selbstzweifel wurden an dieser Stelle überdeutlich; eine tolle Leistung von John Billingsley. Gut, dass der lustige Außerirdische nicht auf die Kasper-Rolle beschränkt wurde. Er war nämlich keiner, sondern nur ein etwas schräger Typ, der einen sehr verantwortungsvollen Job hatte. Genau diesen Spagat mussten die Produzenten hervorheben.

## ERSTMAL NICHTS RISKIEREN

Die Autoren klammerten sich bis zu diesem Zeitpunkt noch sehr an Bekanntes und Etabliertes und schienen sich mehr um die Umsetzung zu kümmern. Somit definierte sich *Star Trek: Enterprise* eher über das »Wie« als über das »Was«. Zuschauer, die innovative Geschichten erwartet hatten, wurden bislang sicher enttäuscht. Dennoch: Die Form stimmte, der Rest konnte folgen.

## FAZIT

Insgesamt bot man uns hier eine sehr erfreuliche Episode mit 45 Minuten bester Unterhaltung, gut dosierter Charakterentwicklung, viel Humor und herrlichen Dialogszenen.

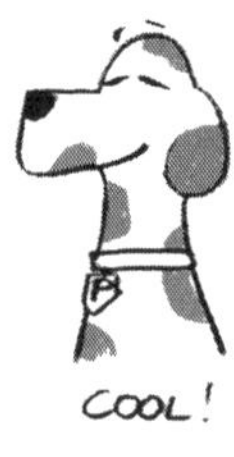


Nun fehlten nur noch ein paar frische Ideen.

# 1.05

# UNEXPECTED

## (IN GUTER HOFFNUNG)

*Wir lernten: Übers Essen zu sprechen macht nicht dick, sondern schwanger. Jeder an Bord traute Trip so ziemlich alles zu, und die schlimmsten Klischees waren einfach nicht totzukriegen.*

### INHALT

Eine ungewöhnliche Spezies versucht im Schweif der Enterprise aufzutanken und benötigt dringend technische Hilfe. Trip begibt sich an Bord und freundet sich mit der Ingenieurin an. Nach seiner Rückkehr auf die Enterprise hat sich sein Zustand allerdings in unerwarteter Weise verändert …

### YEAH, IT'S COMEDY TIME!

Die erste reine Comedy-Episode der Serie sollte es diesmal werden. Grundsätzlich wäre dagegen ja nichts einzuwenden, wenn man bedenkt, dass gerade der Humor in *Star Trek: Enterprise* bisher eine Freude war. Aber Tucker durch den Kontakt mit einer Außerirdischen schwanger werden zu lassen? Zumindest leichte Zweifel beschlichen mich.

In jedem Fall war ich froh, dass direkt nach der Eröffnungsszene mit Archer (Dusche) der Vorspann kam. Wäre dies nicht der Fall gewesen, ich hätte Probleme gehabt, der Handlung zu folgen: vor Lachen. So konnte ich mich erst einmal von diesem wirklich gelungenen Einstieg erholen. Die Idee, den Captain beim normalen Duschen zu zeigen, während die Schwerkraft ausfiel und ihn samt Wassertropfen in der Duschkabine schweben ließ, verdiente ein Lob. Die Produzenten schafften es hier, mit einfachen Mitteln eine unverbrauchte und witzige Situationen zu erzeugen.

Diese Szene hatte mit der Handlung der Episode jedoch nicht das Geringste zu tun, sie sollte wohl nur die Gangart deutlich machen. Die unvermeidliche Tucker-Schwangerschaft stand zu diesem Zeitpunkt ja noch aus.

## ALIEN SHIP - MIT BETONUNG AUF ALIEN, NICHT NUR AUF SHIP

Doch zuerst einmal ging es in eine ganz andere Richtung, als man den Fremden Hilfe anbot und Trip hinüberschickte. Nach drei Stunden Aufenthalt in einer Kammer (zur Angleichung an die Lebensbedingungen) durfte der abenteuerlustige Chefingenieur das fremdartige Schiff betreten. Und endlich hielt das Wort einmal, was es versprach. Lebensmittel, die aus den Wänden wuchsen, Gras als Fußboden (Schlaraffenland?), sonderbare goldene Aliens, eine riesige Aquarienwand, sichtbare Luft (»I'd prefer air I can't see.«) und eine extrem psychedelische Kameraführung: fertig war der perfekte Trip. (Sorry, aber dieses kleine, unkreative Wortspiel lag zu nahe; insbesondere, wenn man bedenkt, in welche Richtung sich der Humor der Folge noch entwickeln sollte.)

Dennoch: Ein Dank an die Produzenten für dieses außergewöhnliche Design. So etwas gab es lange nicht (noch nie?). Und man musste einfach sagen: Es war überfällig. Kein Alien-Schiff im Deltaquadranten war jemals so originell gestaltet gewesen. Einerseits sehr traurig, andererseits blieb die Hoffnung auf einen Wandel.

Auch die Probleme, die der forsche Tucker zu bestehen hatte, konnten überzeugen. Seine dringliche Bitte an Archer, ihn zurückzuholen (und vor allem dessen Ablehnung) erschufen eine realistische Erstkontakt-Atmosphäre. Nachdem sich der gute Mann dann jedoch erholt hatte, ging es endlich zur Sache. Die nette außerirdische Technikerin zeigte ihm einen frühen Vorläufer des den Menschen noch unbekannten Holodecks, und schon kurze Zeit später saßen die beiden in einem Ruderboot in wunderschöner Seen-Landschaft. Die folgende Szene, ein Spiel, bei dem man durch das Stecken der Hände in eine Kristallschale die Gedanken des anderen lesen kann, förderte dann auch einen der besten Wortwechsel zutage.

Generell musste man aber schon fragen, wie sinnvoll der Einsatz eines Holodecks so früh (oder überhaupt) in der Serie war. Durch die fast schon zur Karikatur verkommene Nutzung der letzten Jahre war es erfreulich gewesen, diesen technischen Ballast hinter (beziehungsweise vor) sich zu lassen. Hier fehlten einfach die letzte Konsequenz und der Mut, sich wirklich von allen Pfaden zu lösen; Transporter im Pilotfilm, Holodeck hier, und der Universalübersetzer funktionierte auch besser, als er sollte. Schöne neue, alte Welt.

## ABER DA GIBT'S JA NOCH DIE SCHWANGERSCHAFT ...

Zurück auf der Enterprise entdeckte Tucker dann die »Nippel« an seinen Arm. Phlox erklärte unnachahmlich, dass er schwanger sei. Na, Glückwunsch! Hier hätte das Ganze spätestens völlig abdriften können, tat es aber nicht, dank der leidlich humorigen Dialoge und dem freudigen Spiel aller Darsteller. Dass Tucker das Kind nicht bekommen, sondern schlussendlich seiner biologischen Mutter zurückgeben würde, stand außer Frage. Echte Konsequenzen für Handlungen gab es in *Star Trek* nur selten. Jedoch pflasterten zumindest einige gelungene Szenen diesen kurzen Weg.

Eine tiefere Sensibilität im Umgang mit dem Thema konnte man der Serie jedoch nicht unterstellen. Hier wurden alle gängigen Klischees im Zeitraffer verbraten (gesteigerter Appetit, Sorge um die Sicherheit des Nachwuchses, Konflikt Arbeit/Vaterschaft). Das tat keinem weh und war sicher nicht verwerflich, es sprach aber nicht für eine besonders kreative Vision der Zukunft oder gar der Serie.

Das Ende mit den mürrischen Klingonen (in deren »Schweif« sich die Fremden diesmal versteckten), T'Pols Eintreten für Archer (unter Zuhilfenahme von Übertreibung, was bekanntlich schon Spock sehr gut konnte), ging nochmals als eine nette Wendung durch und sorgte für kurze Lacher. Allerdings verkamen die Klingonen hier ein wenig zu früh wieder zum comic relief. Schade.

Immerhin: Jolene Blalock schien mit der Zeit besser in ihre Rolle hineinzufinden, ihre übertriebene Arroganz und Emotionalität ließen doch merklich nach, und die kühle, rationale und deutlich sympathischere Version kam zum Vorschein.

## FAZIT

Als Comedy, und nichts anderes wollte *Unexpected* sein, funktionierte das Ganze recht gut. Inhaltlich und vom Standpunkt eines tieferen Sinns oder einer gewissen Sensibilität im Umgang mit dem Thema Schwangerschaft oder dem Elternsein konnte man aber geteilter Meinung sein. Somit blieb die Episode ein Mischmasch aus formal guter Qualität und simplem Spaß, der sich jedoch durch eine kurzsichtige Vision selbst ein wenig ins Bein schoss.

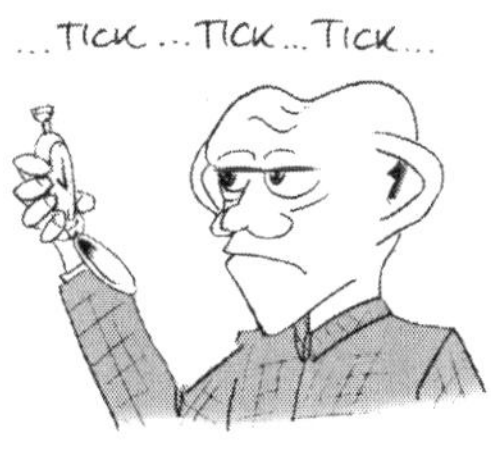

# 1.06

# TERRA NOVA

## (TERRA NOVA)

*Reed begründete den lustigen Reigen entführter Crewmitglieder, »shale« mutierte in nur 45 Minuten zum Unwort des Jahres, und Mayweather konnte tatsächlich in zusammenhängenden Sätzen sprechen.*

### INHALT

Die Crew soll die verlorene Kolonie Terra Nova finden. Leider erweist sich der Ort bei ihrer Ankunft als verlassen und von sonderbaren Aliens bevölkert. Als Archer herausfindet, dass der Planet verseucht ist, sollen die Bewohner umgesiedelt werden.

### DER REIHE NACH

Die Idee, nach einer verlorenen, zur Legende gewordenen Kolonie zu suchen, war fantastisch und machte neugierig. Am Anfang der Reise erschien es auch schlicht realistisch, erst einmal alles abzuhaken, was vorher nicht möglich war. Hier hatten die Produzenten sich die Mühe gemacht, Fragen danach in den Raum zu stellen, was bereits »dort draußen« war und untersucht werden sollte. So weit, so gut.

Doch wirft so ein Konzept natürlich auch Fragen über die Zeitspanne zwischen Cochranes Warp-Flug und der Gegenwart der Serie auf. Was war in der Zwischenzeit alles geschehen? Welche Bemühungen hatte die Menschheit noch unternommen, um das All zu erforschen? Wie viele von uns gab es dort draußen? Nicht, dass sich die Autoren die Mühe gemacht hätten, auf derartige Fragen in dieser Episode einzugehen. Sie richteten ihren Tunnelblick strikt auf den Mikrokosmos, den sie anpacken wollten. Eine größere Vision war nicht erkennbar.

Die Szene, in der der Trupp auf dem Planeten in der Geisterstadt ankommt, stellte eine schicke Hommage an alte Westernfilme dar (ich erwartete jeden Moment das berühmte Pfeifen aus *The good, the bad and the ugly).* Dazu das verlassene Fahrrad, der verstaubte »Welcome«-Fußabtreter: Wir erhielten hier fast schon surreale Elemente, die genau die richtige Atmosphäre erzeugten.

Dann jedoch folgte der Auftritt der Aliens; in Wirklichkeit waren diese natürlich die veränderten Nachfahren der Menschen, die im Untergrund lebten, da die Oberfläche seit langer Zeit verstrahlt war. Sie nannten sich Novans und dachten, dass die Menschen einst ihre Vorfahren vergiftet und sie zum Leben unter Tage gezwungen hatten. Nun ja. Das Ganze war nicht wirklich originell und wurde vor allem dank der ewigen Trek-Höhlen auch visuell recht unspektakulär präsentiert. Eine Verschwendung der Idee. Von diesem Moment an entfaltete sich ein lustiger Reigen an Klischees, der bis zum Ende nicht mehr abriss. Je nach Stimmung wurde das Zusehen nun entweder schmerzhaft oder belustigend: Die Höhlenwesen glaubten kein Wort von dem, was die Crew ihnen zu erklären versuchte. Reed wurde entführt und verletzt. Eine der Novans stellte sich als krank heraus (tragisch), ihr wurde (höflichst) geholfen, der Sohn blieb jedoch weiterhin ungläubig (man könnte auch lernresistent sagen). Die Crew kehrte auf den Planeten zurück, ein anderer Novan geriet in Gefahr. Archer half (natürlich höflichst), vertraute dabei dem Ungläubigen (ein diplomatisches Meisterstück!), der dann wiederum Archer vertrauen musste (wie schön). Der Verletzte wurde gerettet (hach, zum Glück!) und es folgten eine kurze und sentimentale Rede der geheilten Mutter und Abendessen bei Archer mit Tucker, T'Pol und Mayweather (Letzterer immerhin mal mittendrin statt nie dabei), die sich freuten, das Rätsel gelüftet und die Menschen per Umsiedlung gerettet zu haben. Hach.

Wie interessant wäre zum Beispiel eine Kultur gewesen, die sich seit der Ankunft auf Terra Nova in eine gänzlich andere (vielleicht zur Abwechslung sogar mal positive oder unvorhersehbare) Richtung entwickelt hätte? Wie spannend wäre es gewesen, wie diese Menschen auf die Neuigkeiten von der Erde reagiert hätten und darauf, dass Reisen zu den Sternen nun in ganz anderer Form möglich waren? Doch was bekamen wir? Höhlenwesen, die Flöte spielten, Engstirnigkeit neu definierten und mit ihren 70 Jahre alten Maschinengewehren rumballerten. War es nicht einfach herrlich?

## MAN SOLLTE AUCH LOBEN

Auch wenn es wenig in der Summe rettete, konnten mich zumindest einige Dinge positiv berühren:

Reed erhielt einige Charaktermomente, die mir gut gefielen. Das unterirdische Flötenspiel war ein guter und origineller Einfall, gerade weil man auch sonst wenig über die Lebensweise der Novans erfuhr. Der Score der Episode konnte mit ungewohnten Klängen erfreuen. Archer hatte seinen bisher gefühlvollsten Auftritt. Bakula wirkte mal ruhig, dann wieder angespannt und fordernd und spielte alles gleichermaßen überzeugend.

Die Folge konnte trotz der Schwächen über 45 Minuten halbwegs unterhalten, was auch an der wie immer dynamischen Regie von LeVar Burton lag, der noch das Beste aus dem Stoff herausholte.

### FAZIT

Es blieb eine verschwendete Episode, deren Aufhänger auf den ersten Blick zwar höchst interessant erschien, dann jedoch einer klischeebeladenen und uninspirierten Ausarbeitung Platz machen musste und somit ungenutzt verpuffte.

*Star Trek* soll sich gerne über Dialoge und Inhalte definieren. Wenn die Dialoge auf der einen Seite jedoch jedes Klischeelehrbuch sprengen und die andere Seite der Argumentation ständig nur albern »it's shale!« ruft, ist nichts zu retten. Der erste echte Tiefpunkt der Staffel.

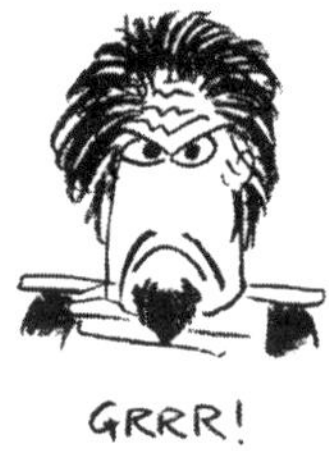


# 1.07

# THE ANDORIAN INCIDENT

## (DOPPELTES SPIEL)

*Archer hätte gern mit Olli Dittrich dessen größten Hit gesungen, Weyoun entpuppte sich sogar total blau als ein großartiger Gegenspieler, und da T'Pol am Ende guckte wie ein Auto, war es eh ein guter Tag ...*

### INHALT

Eine militante Gruppe Andorianer attackiert ein Kloster der Vulkanier. Die Enterprise erscheint natürlich genau zur falschen Zeit am falschen Ort. Es kommt, wie es kommen muss: Archer, Tucker und T'Pol werden zusammen mit den Mönchen als Geiseln genommen. Währenddessen übernimmt Reed das Kommando auf der Enterprise und versucht, seine Crewkameraden zu befreien …

## VORURTEILE

Wenn jemals ein Alien aus *Star Trek* perfekt für die Cantina-Szene in *Star Wars* gewesen wäre, hätte es sich um einen Andorianer gehandelt. Ob das jedoch Lob genug ist, um die Spezies über 20 Jahre nach besagter Szene in *Star Trek: Enterprise* wieder aufzuwärmen? Erst als bekannt wurde, dass Jeffrey Combs, einer meiner großen DS9-Helden (Brunt, Weyoun), den Anführer Shran geben würde, konnte ich mich ein wenig entspannen. Als ich dann auch noch vom erneuerten Make-up erfuhr und schließlich die ersten Bilder sah, waren alle Vorurteile vergessen.

## BLAU, BLAU, BLAU SIND ALLE MEINE FEINDE?

Nach *Broken Bow* hatten wir es hier mit der zu diesem Zeitpunkt besten Dreiviertelstunde *Star Trek: Enterprise* zu tun. Die Folge war ein dialogstarkes, actionreiches Kammerspiel mit Indiana-Jones-Einlagen und treffendem Humor. Ein weiteres großes Plus stellte die sehr stimmungsvolle Musikuntermalung dar. Kein Standard-Tam-ta-tamm, sondern tragende Flöten- und Orchesterklänge, die die Atmosphäre in dem vulkanischen Tempel und den Katakomben genau einfingen und unterstützten.

Dazu gesellte sich eine interessante, weil undurchschaubare Geschichte, die nicht direkt die Enterprise, ihre Crew oder die Menschen betraf. Es ging vielmehr um die erneut sehr ungewohnt skizzierten Vulkanier, die von Mal zu Mal in einem fahleren Licht erschienen. Sie unterschieden sich doch deutlich von ihren späteren Artgenossen. Ihre Gegenspieler, die Andorianer, machten in ihrer Gewalttätigkeit hingegen den Cardassianern Konkurrenz. Allerdings wirkten sie kriegerischer und nicht so hinterhältig und verschlagen und somit eher aggressiv und offen rücksichtslos, nicht so unterschwellig manipulativ wie ein Dukat oder Garak.

Die Tatsache, dass die Vulkanier unter ihrem Tempel tatsächlich einen Beobachtungsstützpunkt verbargen, kam überraschend und rückte unsere spitzohrigen Freunde ebenfalls in ein sehr zwiespältiges Licht. T'Pol schien von alledem nichts gewusst zu haben. Ihre Reaktion war preisverdächtig. Diese Beobachtung geht dann auch erneut mit dem Lob einher, dass Jolene Blalock zu diesem Zeitpunkt bereits deutlich besser in der Rolle angekommen war.

Nicht vergessen sollte man dann aber auch den völlig neuen Typ Captain. Scott Bakula hatte erneut sichtlich Freude daran, den Mann aus dem Volk zu geben. Seine Szenen waren amüsant, beängstigend, gefühlvoll, aber zumindest immer überraschend frisch. Weder Kirk noch Picard oder Janeway, noch nicht einmal Sisko, hätte sich von den Andorianern verprügeln lassen, nur um ein wenig zu spionieren!

## DER PREIS FÜR DIE GRÖSSTE DUMMHEIT GEHT AN …

Leider bringt uns dieses Thema aber auch zur schlechtesten Sequenz der Episode: Archers Verhör. Er ließ sich also mit in die große Halle nehmen (angeblich wollte er auspacken) und drängte die Andorianer mit seiner irrationalen Haltung dann dazu, ihn zu verprügeln. Das machte er, um eine Reliquie durch ein Loch in der Wand zu werfen, damit Reed auf der anderen Seite der Wand erkannte, dass die Löcher, die er aus zehn Metern Entfernung (mit dem Licht der Halle beleuchtet) sehen konnte, in die Halle führten. Klar! Es wäre definitiv unverantwortlich gewesen, wenn Reed die zehn Meter zu den Löchern gegangen wäre, um hindurch zu blicken. Auch Scannen wäre eine Idee gewesen. Einen Grundriss sollte die Technik dieser Zeit gerade noch erkennen können. Na ja. Da war es natürlich absolut die bessere, verlässlichere, logischere, weniger aufwendige, gewieftere Variante, so eine Aktion anzuleiern.

Sorry, aber hier hörte man das Drehbuch knistern; fast schien es, als hätte einfach eine lustige, actionreiche Szene gefehlt, um die Sendezeit aufzublasen. Dumm, dumm, dumm.

## FAZIT

*Star Trek: Enterprise* lieferte mit *The Andorian Incident* die erste größere Episode ab. Das Gezeigte war spannend, mit gepfefferten Dialogen, viel Humor und starken Darstellern gewürzt und konnte sogar ein paar zu simple Kniffe und den Logikkrater der Woche verschmerzen.

Jeffrey Combs und seine Gang waren jederzeit wieder willkommen!

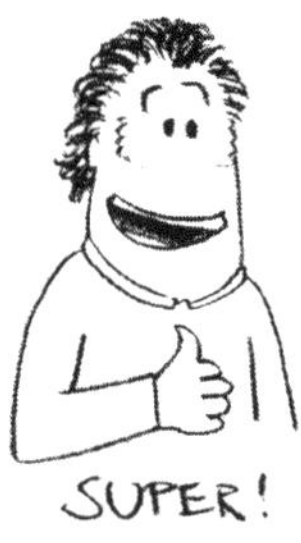

### EINSPRUCH, HERR KOLLEGE!

Insgesamt eine spannend gemachte Episode mit ausreichendem Action-Anteil, keine Frage. Was bei mir ganz persönlich aber immer einen Nachgeschmack hinterließ, war der Umstand, wie ähnlich die gezeigten Andorianer den Klingonen oder auch den Romulanern doch waren. Sicher, auch diese spielten ihre Rollen in *Star Trek: Enterprise*, die einen mehr, die anderen weniger. Aber eben bei Weitem nicht im gleichen hohen Maß wie bei *The Next Generation* und *Deep Space Nine*, wo die Episoden mit ihnen stets besondere Höhepunkte geboten hatten. Und somit erweckten die blauhäutigen und mit Fühlern bewehrten Gesellen für mich hier den Eindruck einer Nachfolge. Anders ausgedrückt: Die Episode hätte auch dann hervorragend funktioniert, hätte ihr Titel *The Klingon Incident* oder auch *The Romulan Incident* gelautet. Will heißen, an diesem Punkt wirkten die Andorianer noch so, als solle aus ihnen gleichfalls ein neues Bösewichter-Volk gemacht werden. Später setzte man einen anderen Kurs, gar keine Frage. Aber um im Moment der Folge und der Zeit zu bleiben, in der sie herauskam: Auf ihre Weise waren die Andorianer hier noch so etwas wie austauschbar, wenngleich das erstklassige Spiel von Jeffrey Combs außer Frage steht. Rückblickend betrachtet war es wirklich erfreulich, dass man in späteren Folgen andere Facetten der Andorianer präsentierte.

# 1.08
# BREAKING THE ICE
## (DAS EIS BRICHT)

*Nicht nur Kirk konnte sich beim Galadinner mächtig im Ton vergreifen, bei Mayweather und Reed war die spätpubertäre Phase noch nicht ausgestanden, und T'Pol erkannte den tröstenden Wert von Süßigkeiten ...*

### INHALT

Den Weg der Enterprise kreuzt ein Komet, den die Crew erkunden möchte. Als wäre das nicht genug, trifft man erneut auf ein vulkanisches Schiff, das die Enterprise zu beobachten scheint ...

## FRISCHER WIND

Einige Elemente der noch jungen Serie hielten in der aktuellen Episode Einzug und fügten sich zu einem homogenen Gesamtbild:

- Die für die Menschen auf der Erde völlig neue Situation, eine Crew in den Weiten des Weltalls zu wissen, wurde auf sehr einfallsreiche Weise umgesetzt. Eine mehrminütige Szene auf der Brücke brachte Antworten auf schon oft (inoffiziell) gestellte Fragen im Trek-Universum (Toiletten, Simultanübersetzer) und förderte Scott Bakulas beste Performance seit dem Pilotfilm zutage, als er einen nicht sehr telegenen, unsicheren und verkrampften, dabei aber absolut sympathischen Moderator des Frage- und Antwortspiels geben musste: höchst amüsant und sehr natürlich gespielt. Kompliment!
- Das immer noch vorhandene Misstrauen der Crew gegenüber T'Pol wurde erneut deutlich thematisiert, als Trip einen Kommunikationswechsel zwischen ihr und einem vulkanischen Schiff auffing und sofort an eine Verschwörung glaubte. Dass es sich dabei lediglich um privaten Briefwechsel mit ihrem Verlobten handelte, war ist eine sehr willkommene Überraschung und führt zu einem pointierten Satz von T'Pol an Trips Adresse: »I have more letters in my quarters – would you like to read those as well?«
- Die bösen und zwielichtigen Vulkanier des 22. Jahrhunderts; man mochte sie, oder eben nicht. Ich persönlich empfand es als spannend, dass unsere altbekannten Freunde eine so interessante Vergangenheit zu bieten hatten. Warum sollten sich nur die Menschen im Verlauf der Jahrhunderte zum Vorteil entwickelt haben? Eben! Es gab keinen vernünftigen Grund. Und Vanik war bisher das überzeugendste Beispiel dieser neuen Darstellungsweise. Er bestach durch emotionslose Arroganz und Verachtung. Ein großes Lob an William Utay für diese Leistung. Die ganze Dinner-Szene erinnerte zudem in ihrer Intensität stark an das großartige Vorbild in *Star Trek VI: The Undiscovered Country (Star Trek VI: Das unentdeckte Land)*. Diplomatie für Anfänger: brillant.

Diese drei Bereiche wurden von Regisseur Terry Windell problemlos miteinander verwoben und funktionierten sowohl einzeln als auch als Einheit. Als Würze (also als fast unvermeidbarer Action-Beitrag der Woche) gab es einen imposanten Kometen zu bewundern, den Reed und Mayweather (der jedoch leider immer noch vollkommen farblos blieb) erkunden durften (süß: Schneefrau à la Vulkan). Ihre Mission schmeckte allerdings zu sehr nach Routine, da zwischenzeitlich einfach vielzuviel anderes passierte, was definitiv ein kleines Manko der Episode darstellte.

Somit blieb dieser Teil auch bis zum Ende emotional außen vor; exakt so lange, bis die finale Gefahrensituation (ohne geht es einfach nicht) notwendig wurde. Wichtig hierbei war jedoch T'Pols Einwand, Archer solle Vanik zeigen, dass dessen Haltung den Menschen gegenüber falsch war, obwohl Archer diesem Klischee leider genau entsprach (»Wir regeln das selbst«). Eine wunderbare, unterschwellige Aussage über die noch junge und unerfahrene Crew.

Dabei könnte man auch anmerken, dass Verhaltensweisen wie die von Reed und Mayweather auf dem Kometen sicherlich sympathisch waren, aber auch erneut von wenig Professionalität zeugten. Es gibt eine feine Linie zwischen Unerfahrenheit (und damit verbundenen Albernheiten) und eben dieser Professionalität (die zumindest dafür sorgen sollte, dass man sich nicht unnötig in Gefahr begibt). Und genau wie Archer, der nur zu gerne einfach drauflosredet oder -handelt, folgten seine Offiziere hier eindeutig seinem Beispiel.

Ich verstehe durchaus, worauf die Produzenten abzielten, und ich konnte diesen Wunsch nach einer bodenständigeren, nicht so perfekten Crew auch absolut verstehen, nur sollte dabei niemand albern oder gar unglaubwürdig wirken müssen. Hier bestand noch Bedarf an etwas mehr feinsinniger Subtilität.

## FAZIT

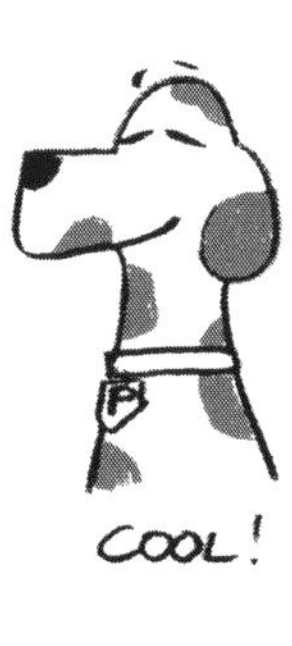


*Breaking the Ice* war eine Episode, die sich im oberen Mittelfeld positionieren konnte und durchgehend zu gefallen wusste.

Die neuen Autoren Maria & André Jacquemetton präsentierten eine engagierte, ambitionierte und gut durchdachte Handlung, die problemlos über die Zeit unterhielt.

Die Crew wuchs einem zudem zunehmend ans Herz. Gute Arbeit!

# 1.09

# CIVILIZATION

## (DIE SAAT)

*Nein, Sid Meyer wäre nicht stolz auf diese Episode gewesen. Und auch ich war es nicht. Und die Autoren hatten ebenfalls keinen Grund dazu. Nur Archer. Der durfte nämlich knutschen wie einst Kirk …*

### INHALT

Die Crew findet einen nicht besonders fortschrittlichen, jedoch erdähnlichen Planeten. Auf Undercover-Mission findet sie heraus, dass die Zivilisation von einer Krankheit bedroht wird. Als Archer versucht, der Krankheit auf den Grund gehen, stößt er auf eine noch viel schlimmere Bedrohung …

### DIG DEEP AND YOU'LL FIND NOTHING

*Civilization* machte es mir nicht leicht. Hier wurde nichts, aber auch gar nichts Neues geboten, nur kalter, schaler Kaffee neu aufgekocht und mit einem kleinen, aber zumindest halbwegs schmackhaften Keks serviert. So gab es auch nur wenige Punkte, auf die man näher eingehen kann. Es handelte sich um eine reine Unterhaltungsfolge, und der Begriff Mainstream drängte sich in einem nicht sehr angenehmen Tonfall auf.

Eigentlich handelte sich alles nur um eine kleine Erkundungsmission in aller Heimlichkeit. Da Hoshi jedoch eine merkwürdige Strahlung feststellte, ging man der Sache genauer auf den Grund. Auf dem Planeten bot uns die Folge sehr gemütliche, rustikale und atmosphärische Kulissen und einen experimentellen, unwirklichen Score, der sich perfekt der Stimmung anpasste. Gute Arbeit an dieser Front!

Allerdings wurde dann auf das Thema des Erstkontakts oder des Eingreifens in eine nicht so fortschrittliche Kultur kaum eingegangen. Trip und Archer brachen in einen Shop ein, aus dem die Strahlung zu kommen schien. Sie wurden prompt von einer Frau ertappt, die sie beschuldigte, mit dem Besitzer unter einer Decke zu stecken und somit für die sonderbaren Zwischenfälle verantwortlich zu sein: Unter anderem wurden die Bewohner des Dorfes krank.

T'Pols Eintreffen rettete die Situation, indem sie die Frau namens Riann einfach bewusstlos schoss. Danach entwickelte sich die Story nur noch in eine Richtung. Archer und T'Pol versuchten, dem Geheimnis auf die Spur zu kommen. Der verdächtige Shop-Besitzer Garros entpuppte sich ebenfalls als Fremdling, der als Beobachter kam, zum Liebhaber der Gesellschaft wurde und seitdem unerkannt als freundlicher Antiquitätenhändler arbeitete (wer's glaubt). Natürlich fand Archer, nicht zuletzt mit Rianns Hilfe, heraus, was wirklich vor sich ging. In einer höchst amüsanten Szene beobachteten die beiden den Shop, als der Universalübersetzer ausfiel. Und was machte unser neuer Kirk? Er küsste die verdutzte Riann, um hinter ihrem Rücken an seinem Tricorder herumzubasteln. Was für eine machohafte Idee! Schön, dass die Aktion Riann auch nicht zu stören schien.

## MULDER & SCULLY IN DER NÄHE?

Nach diesem Schmunzler folgte eine überaus gelungene Akte-X-Hommage, als die beiden beobachteten, wie im Wald Kisten deponiert wurden, um dann in gleißendem Licht von einem Raumschiff »hochgehievt« zu werden. Lange Rede, kurzer Sinn: Beide stehen wenig später vor dem Generator, der die Strahlung erzeugt. Durch ein Fenster konnte man riesige unterirdische Höhlen sehen, in denen irgendetwas abgebaut wurde. Leider erinnert diese Einstellung aber auch etwas zu sehr an *The Andorian Incident;* nur wurde dort spioniert. Schade.

Diese Szene bot jedoch immerhin noch eine weitere lustige Begebenheit, als Archer Probleme mit der Technik und der Schrift der Fremden bekam und nicht wusste, wie man das Kraftfeld um den Raum deaktivieren könne. Gelber Knopf oder blauer Knopf? Ich wünschte damals fast, er hätte den Ausschalter meines Fernsehers gewählt.

Auf der Enterprise geht es inzwischen auch hoch her, als die Fremden angreifen und T'Pol anordnet, den Orbit zu verlassen. Trip, der ihr anscheinend immer noch keinen Meter weit traut, meutert sofort. Das passt zwar zu seinem Charakter, ist aber ansonsten mehr als unrealistisch für eine militärische Struktur, die sich durch solche Aktionen auf Dauer gar nicht würde halten lassen. T'Pols

Absichten sind aber natürlich nur die besten, und alle haben sich am Ende wieder lieb. Auch steht außer Frage, dass der Captain letztlich Erfolg hat. Nach der Zerstörung des Reaktors und dem Ausschalten der Fremden ist die Situation bereinigt. Archer lässt sich eine melancholische Abschiedsszene aber nicht nehmen und küsst Riann ein weiteres Mal – diesmal ganz ohne Fehlfunktion des Universalübersetzers …

Am erzählenden Stil dieser Rezension merkt man es schon: Die Folge sagte leider überhaupt nichts Neues aus und wollte auch kein Statement zu irgendetwas abgeben. Archer war einfach ein Netter, die Crew harmonierte mal mehr und mal weniger gut, Riann war ebenfalls eine Nette, der böse Garros und seine nicht minder fiesen Leute konnte man vertreiben, und alles war wieder gut. Ende der Geschichte.

Es waren damals Episoden wie diese, die mich zweifeln ließen, ob die Produzenten wirklich noch wussten, was sie da taten. *Star Trek: Enterprise* sollte eine Serie über die Anfänge der Menschheit im All sein, über die Probleme und Risiken. Hier zum Beispiel sollte es um die Nicht-Einmischung in außerirdische Kulturen gehen. Am Ende hatte jedoch niemand etwas gelernt. Es wurde keine Erkenntnis kommuniziert. Nur weil man die Situation bereinigen konnte, war nun alles gut? Hatte Archer sich vielleicht auch mal gefragt, ob jemand ihn als Weltall-Polizisten haben wollte? Wer entschied, wann er eingreifen durfte und sollte und wann nicht? Er selbst?

## FAZIT

Die Episode war in gewisser Weise ein Stimmungsbild der Reise. Unter diesem Gesichtspunkt kam man fast zu dem (übertriebenen) Schluss: Es passierte leider einfach noch nicht viel.

*Civilization* war überflüssig (weil hundertmal und oft besser gesehen) und wurde ohne Inspiration ausgeführt. Malen nach Zahlen. Eine kontinuierlich hohe Qualität schien noch nicht drin zu sein. Etwas mehr Tiefe in Hinblick auf das Gesamtbild durfte es in Zukunft gerne sein.

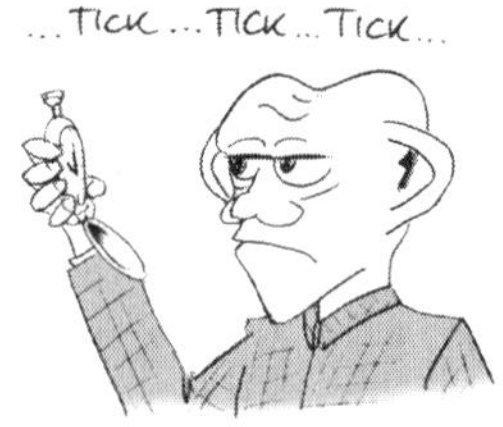

# 1.10
# FORTUNATE SON
## (FAMILIENBANDE)

*Nausikaaner waren schon im 22. Jahrhundert so attraktiv wie im 24., T'Pol taugte zunehmend für Situationskomik, und wir erfuhren endlich, warum Travis bisher meist schweigen musste.*

### INHALT

Die Enterprise-Crew wird vom Sternenflottenkommando beauftragt, dem Frachter Fortunate zu helfen, dessen Crew von nausikaanischen Piraten angegriffen wurde. Dort ist man jedoch nicht wirklich an Hilfe interessiert, sondern sinnt auf blutige Rache …

### DIE RICHTUNG STIMMTE

*Fortunate Son* war eine Episode, die zu diesem frühen Zeitpunkt der Serie genau den richtigen Ansatz verfolgte. Sie stellte die Frage, wie Reisen durch das All vor dem Start der Enterprise ausgesehen hatten. Die sogenannten Boomer, Frachtercrews, die mit geringer Geschwindigkeit und oft mit ihrer kompletten Familie an Bord alle möglichen Dinge beförderten, wurden hier näher beleuchtet. Endlich erlebten wir somit auch die erste Episode über den bisher völlig blassen Travis Mayweather, da dieser vor seiner Zeit auf der Enterprise auf dem Frachter Horizon gelebt hatte. Seine Geschichte und sein Background wurden hier dann auch treffend auf die Crew der Fortunate projiziert.

### ROUTINE, ROUTINE!

Zwar handelte es sich um eine recht routinierte Geiselnahme-zwecks-Rache-Handlung, die mit dem reichlich strapazierten Erster-Offizier-hintergeht-Captain-im-Koma-Motiv garniert und der (hier eher aufgesetzten) emotionalen Verbundenheit eines Hauptakteurs versalzen wurde, dennoch funktionierte das Ganze größtenteils zufriedenstellend. Der genannte Erste Offizier Ryan war eine interessante Figur, und sein Darsteller fand genau das richtige Gefühl für die Szenen. Sein Konflikt wurde zwar nicht ausreichend beleuchtet, sondern nur sein Rache-Plan in den Fokus gerückt, dennoch fühlte man durchaus mit dieser Figur mit.

Die Piraten, deren Volk man bereits durch den legendären Stich durch Captain Picards Herz aus *Star Trek: The Next Generation* kannte, hatten wie auch die Andorianer ihr Äußeres definitiv zum Vorteil verändert, benahmen sich aber leider wie in den späteren Serien nur wie zweidimensionale Finsterlinge der Woche; eine verschenkte Chance. Sie dienten lediglich der Kontinuität mit der uns bekannten Geschichte und als Hass-Objekt für die Fortunate-Crew.

Sogar Travis, der in den bisherigen Folgen nur durch sein debiles alles-cool-Grinsen oder den angestrengten Gesichtsausdruck beim Knöpfedrücken (der eher an eine Sitzung auf dem stillen Örtchen denken ließ) auffallen durfte, konnte Ryan in gewisser Weise verstehen, da er das Konzept der Selbstbestimmung von Frachtercrews durch seine Erfahrungen für richtig erachtete. Daraus hätte ein interessantes Dilemma und ein guter Konflikt mit seinen Pflichten als Offizier der Sternenflotte werden können. Tja – hätte, hätte, Warpkernkette. Archer konnte ihn nämlich auf charmant-freundschaftliche Weise und viel zu leicht eines Besseren belehren.

Der kleine Travis hatte also mal kurz trotzig seinen Standpunkt vertreten, dann von Papa einen Vortrag zum Thema »so läuft das im Leben« erhalten und nur noch »hach ja, stimmt schon« stammeln können. Solche Aktionen stärkten den Charakter des Steuermannes leider gar nicht. Im Gegenteil, Mayweather war hier bereits der Wesley Crusher der NX-01: irgendwie viel zu nett und fast immer einfach nur vorhanden. Okay, Wesley wollte man gelegentlich samt seiner furchtbaren Strickpullover aus der nächsten Luftschleuse werfen. So schlimm war es bei Travis nicht. Doch als er gegen Ende der Episode noch einmal die Chance erhielt und eine entscheidende Szene tragen durfte, wirkte sein Spiel hölzern, farblos und wenig eindrucksvoll.

## DIE TECHNIK MACHT'S BESSER

Ein Riesenkompliment an die Produzenten gibt es hier aber für das Design des Frachtschiffes. Seit der Nostromo aus *Alien* hatte kein Raumkreuzer mehr so dreckig, verwohnt und doch gastfreundlich ausgesehen. Ein bestimmt recht teures Vergnügen! Wünschenswert wäre eine Fortsetzung gewesen: Das ganze Konzept dieser Space-Boomer war höchst interessant und hätte genauere Würdigung verdient.

Als Negativaspekt ging noch das Verschenken des Captains der Fortunate durch. Nicht nur, dass sein Charakter eingehender Beleuchtung bedurft hätte, dem Darsteller gelang es in seinen wenigen Szenen auch zu faszinieren. Die Schlussszene, in der er mit Archer sprach, war ein großartiger, erneut kammerspielartiger Moment, in dem beide Männer ihre Weisheit, Führungsstärke und Warmherzigkeit unter Beweis stellten. Wir hatten hier zwei Pioniere des Alls in entspannter Atmosphäre versammelt.

*Fortunate Son* hatte das Herz am rechten Fleck. Die Episode wusste, worum es bei der Serie und der Mission gehen sollte, und näherte sich einem interessanten Thema auf frische Art und Weise an. Dass das Ganze beizeiten durch lauwarme Action und wenig innovative Elemente angereichert wurde, verwässerte zwar nicht den Inhalt, schmälerte aber doch die allgemeine Qualität der Handlung. Auch zeigte die Episode, dass Charaktere wie Mayweather, deren Darsteller eher mit »limitiert« zu beschreiben waren, einfach keine ganzen Folgen würden tragen können. Zumindest dann nicht, wenn Glanzstücke der Serie herauskommen sollten.

## FAZIT

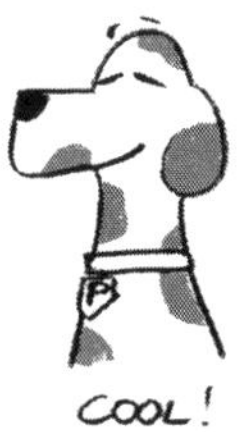


*Fortunate Son* passte sich gut in die Staffel ein. Die Episode war dabei sicher kein Highlight, eher eine ruhige, mit Bedacht erzählte Themenepisode, die das Grundgefühl der Serie stärkte, dabei aber auch zu viele ausgetretene Pfade niederlatschte.

Gute Darsteller trugen ihren Teil zum Gelingen bei; einzig der arme Anthony Montgomery stand weiter auf der Verliererliste.

# 1.11

# COLD FRONT

## (KALTER KRIEG)

*Wir lernten, dass niemandem zu trauen ist, die Wahrheit entweder in der Vergangenheit, der nahen oder fernen Zukunft oder irgendwo da draußen liegt und dass man in diesen Fragen besser nicht den Vulkanischen Wissenschaftsrat konsultiert.*

### INHALT

Um ein spektakuläres Sternenphänomen zu erleben, lädt die Crew eine Gruppe Außerirdischer auf die Enterprise ein. Was keiner weiß: Mit dem Suliban Silik ist ein alter Bekannter darunter …

### OHA!

Bisher hatte ich mich in der neuen, doch überschaubaren Welt der Enterprise NX-01 sehr wohl gefühlt. Die Produzenten boten uns weitestgehend interessante und sympathische Charaktere, einen stimmigen Pilotfilm und fast durchweg zumindest unterhaltsame Episoden. So weit, so gut. Es folgte ohne Vorwarnung die Episode *Cold Front.*

### OHA INDEED!

Ja, genau, was war eigentlich mit diesen Suliban, diesen verschlagenen Schlimmlingen aus dem Pilotfilm? Was war mit ihrem charismatischen Anführer Silik? Und was sollte eigentlich dieser unkenntliche Mann aus der Zukunft (wir nennen ihn mal Future Guy)? Tja, und was hatte es mit dem Temporalen Kalten Krieg auf sich? Fragen, die man sich nach *Broken Bow* stellen durfte und musste, die dann aber für acht Episoden vollkommen irrelevant erschienen waren. Und nun, als hätte man lieber gar nicht fragen wollen, gab es knapp sechseinhalb Antworten und mindestens dreimal so viele neue Fragen. Na danke!

Doch wollen wir chronologisch vorgehen. Schon irgendwie sinnvoll bei einer Episode über Zeitreisen, Zeitkriege, was-wird-was-war-Denkspiele und viel kann-das-alles-denn-wahr-sein, oder?

Die Crew stolperte über ein nicht alltägliches Sternenphänomen und traf auf eine Gruppe Gläubiger, die diesem heiligen Akt beiwohnen wollte. Doch Obacht: Die Enterprise kam mit den Bedingungen in dieser Region des Alls nicht klar und stand kurz vor der Zerstörung. Im letzten Moment passierte jedoch gar nichts. Tucker fand ein Kabel, das mutwillig zerstört worden war und die Zerstörung des Schiffes verhindert hatte. Doch wer war es gewesen? Keiner der Crew outete sich als Held. Die Tatsache, dass der Zuschauer natürlich längst wusste, dass einer der Gläubigen dahintersteckte, der auch noch frappierende Ähnlichkeit mit Silik aufwies, störte die Spannung nicht im Geringsten. Zu Beginn hatte man immerhin miterleben dürfen, dass der sonderbare Future Guy mit Siliks Performance in Sachen Klingonen nicht zufrieden gewesen war. Das Reich sollte eigentlich in einen Bürgerkrieg gestürzt und vernichtet werden. Aber was hatten die Befehlshaber aus der Zukunft diesmal vor? Man ahnte es fast, doch wusste man eigentlich nichts. Und das bis zum Ende der Episode.

Es entwickelte sich ein Ränkespiel, bei dem nie klar wurde, wer mit wem, wer für wen und wer wieso irgendetwas tat. Mittendrin landeten die bemitleidenswerten Frauen und Männer der NX-01. Immerhin behielt Archer am Ende eine »Uhr des Universums«, verlor aber Daniels. Doch war der wirklich tot? Sonstige Erkenntnisse? War Silik einer der Guten? Keine Ahnung. War Daniels einer der Guten? Wer konnte das schon sagen? Was wollten Siliks Befehlsgeber? Ha! Guter Witz. Wieso war das 22. Jahrhundert so wichtig in diesem Krieg? Tja, warum? Wer war dieser Future Guy? Noch immer gab es keine Tendenz.

Man durfte glauben, den Auftakt zu einem sehr interessanten Story-Arc gesehen zu haben. Die Chance, sich irgendwo zwischen X-Files-Verschwörung, dem DS9-Dominion-Konflikt/Krieg und dem Schatten-Krieg (*Babylon 5*) zu positionieren, war vorhanden.

Einziger Kritikpunkte für den Moment: Wenn man als Serienautor plant, jemanden wie Daniels auf diese Weise in die Geschichte einzubringen, hätte er in den vorigen Episoden gerne bereits unscheinbar auftauchen können. Hier zeigte sich retrospektiv (und auf den SF-Sektor bezogen) wieder mal die Klasse eines J. M. Straczynski, der bei *Babylon 5* oft Entwicklungen lange vorher andeutete und aufbaute.

## FAZIT

*Cold Front* war ein großartiges, weil spannendes, mitreißendes und inhaltlich kreatives Stück SF, Mystery, ja sogar TV.

Für die junge Serie eine erste Sternstunde, die viel Hoffnung machte, sofern man damit leben konnte, danach keinen Deut schlauer zu sein als vorher.

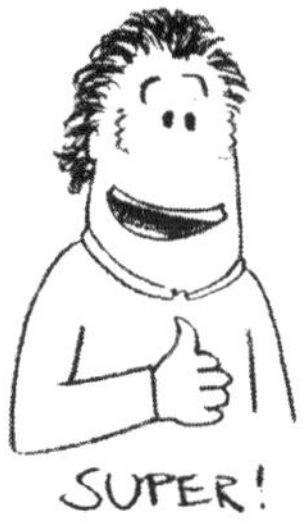


# 1.12 SILENT ENEMY (LAUTLOSER FEIND)

*Reed hatte keine Lust, sich Hoshis Kochplatte anzusehen, Mayweather erkannte in den schweigsamen Aliens keine Verwandten, und medizinische Geheimnisse sollte man am besten nicht Doktor Phlox verraten.*

## INHALT

Ständig taucht ein Schiff aus dem Nichts auf, das nicht auf Kommunikationsversuche reagiert, die Enterprise aber beschießt. Die Fremden kommen sogar an Bord. Da man den Angreifern technisch und vor allem im Hinblick auf Waffen vollkommen unterlegen ist, ordnet Archer an, zum Jupiter zurückzukehren, damit die vorgesehenen Kanonen installiert werden können. Währenddessen brütet die Crew über der Frage, was man Reed zum Geburtstag schenken könnte, da niemand den Waffenoffizier gut genug kennt, um eine brauchbare Idee zu liefern …

## IMMER DIESE STÖRUNGEN

Die Crew hatte gerade einen weiteren Subspace-Transmitter installiert (eine gute Idee, so etwas von Zeit zu Zeit anzusprechen, da die Kommunikation mit der Erde dadurch etwas glaubwürdiger erschien), als ein grün schimmerndes Schiff auftauchte, nicht auf Rufe antwortete und einfach wieder verschwand, ohne irgendwelche Spuren zu hinterlassen.

An sich kein kosmosbewegender Zwischenfall, weswegen sich die Crew auch schnell wieder mit dem Tagesgeschäft befasste, in diesem Fall mit der Frage: Was sollte man Malcolm Reed, den keiner richtig zu kennen schien, zum nahenden Geburtstag schenken? Hoshi wurde beauftragt, der Sache nachzugehen.

Kurz darauf kehrten allerdings die sonderbaren Aliens zurück. Diesmal jedoch betraten sie gleich das Schiff und schienen sich einfach mal ein wenig umsehen zu wollen. Hierzu sei gesagt, dass für mich CGI-Aliens fast immer eine gute Figur machen, da gerade die Andersartigkeit von Außerirdischen in *Star Trek* (wie auch in *Stargate)* zu häufig recht konventionell ausfällt. Diese ET-Verschnitte waren nun jedoch eine völlige Abkehr dessen, was man bisher zu sehen bekam, und standen somit auf einer Stufe mit Species 8472 aus *Star Trek: Voyager.* Und da sie hier ausschließlich dem Thrill dienten und auch nicht in tiefschürfende Konversationen verwickelt wurden (im Klartext: sie sagten gar nichts), waren sie perfekt geeignet. Wenn ich so darüber nachdenke, hätte man Travis Mayweather vielleicht auch direkt per CGI animieren sollen. Aber das war eine andere Baustelle.

Doch was blieb nun zu tun? Beide Subspace-Transmitter *(Breaking the Ice* erwähnte den ersten) waren von den Angreifern zerstört worden, die Vulkanier also nicht zu erreichen. Archer beschloss nachzuholen, was von Anfang an hätte getan werden sollen: nämlich das Schiff erst losfliegen zu lassen, wenn alle, aber auch wirklich alle Waffen und sonstigen technische Einrichtungen eingebaut und funktionsbereit wären. Doch die Situation mit dem verwundeten Klingonen und die wenig hilfreichen Vulkanier hatten Archer dazu getrieben, ein unfertiges Schiff auf die Reise zu schicken, ohne die eigentlich vorgesehenen Phase Cannons.

Ein geschickter Schachzug, Archer über die Richtigkeit eines verfrühten Starts nachdenken zu lassen. Das All barg doch mehr Unwägbarkeiten und Gefahren, als er hätte zugeben wollen, und die Menschen erschienen weit davon entfernt, dafür bereit zu sein.

Und obwohl Reed und Trip überzeugt waren, die Arbeit alleine schaffen zu können – und auch damit beginnen durften –, bestand Archer auf die Heimreise, um ganz sicher zu gehen. Ob es so geschickt war, seine Crew mehr oder weniger deutlich spüren zu lassen, dass er sie für nicht kompetent genug hielt, sei dahingestellt.

Für die Charakterentwicklung ebenfalls sehr interessant war Trips anscheinend gekränkter Stolz, mit dem er und Reed folglich ans Werk gingen (»Los Leute, dem Captain zeigen wir es!«, schienen beide zu sagen). Der Elan, mit dem sie loslegten, führte jedoch auch zu einigen Reibereien, da Reed ziemlich kompromisslos vorgegangen wäre, hätte er das alleinige Sagen gehabt.

In der Zwischenzeit kümmerte sich Hoshi weiter um ihren Auftrag, welcher sich als kompliziert erwies, da weder Reeds Eltern noch seine Schwester oder sein bester Freund Genaueres über Reed sagen konnten. Das passte perfekt ins Bild des steifen Briten. Der Mann war zu diesem Zeitpunkt ein vollkommenes Rätsel: herb, knallhart, unsicher in zwischenmenschlichen Dingen (am meisten bei Frauen); mehr wusste man nicht. Dass letztlich Phlox Rat wusste, war natürlich fast schon zu einfach. Seine Herleitung über Reeds Allergie und die eigentlich unnötige Behandlung (sofern er auf Ananas verzichten würde) war dann jedoch famos weit hergeholt. Die beste Szene teilte sich die höchst erfrischende Japanerin übrigens ebenfalls mit Reed. Dass er ihre Fragen während eines gemeinsamen Essens als Avancen verstand, sie daraufhin sichtlich peinlich berührt (ja sogar ein wenig uncharmant) reagierte, er vollkommen tapsig davonstolperte – das alles war komödiantisches Timing der Extraklasse. Aber mit Humor hatte *Star Trek: Enterprise* von Beginn an keine großen Probleme, wenn man von gelegentlichen Kalauern einmal absieht.

Doch zurück zum unvermeidlichen letzten Showdown mit den stummen Gegenspielern. Genau genommen wurde dieser Storyteil recht konventionell gelöst. Archers Rede ging als gelungen durch, Reed und Tucker brachten die neuen Waffen schließlich doch ohne Hilfe online (und ließen ihren Captain dabei nicht gut aussehen), die Aliens wurden in die Flucht geschlagen, und fertig war die Laube. Gut war hierbei jedoch die Tatsache, dass die Feuerkraft trotzdem nicht ausreichte, sondern nur durch eine versehentliche Überlastung erreicht wurde.

## FAZIT

*Silent Enemy* war vielleicht kein großes Highlight, doch immerhin eine sehr unterhaltsame Episode, die zwei Handlungen geschickt verband, obwohl sie unterschiedlicher nicht sein konnten.

Es handelte sich um eine Episode, die man als Standard-Qualität gerne jede Woche bei *Star Trek: Enterprise* gesehen hätte.

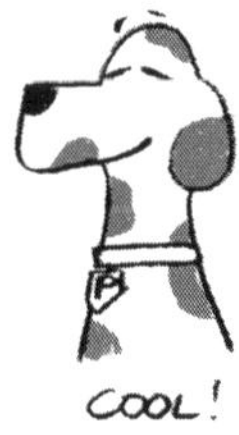


Die Musik war herausragend und außergewöhnlich, die technische Umsetzung gelungen, Konflikte der Episode wurden mit Handlungen der Serie vermischt und ergänzten sich. Haupt- und Nebenhandlung waren dabei gleichermaßen interessant, und wir erfuhren nette Details über einige Crewmitglieder. Absolute Empfehlung!

# 1.13

# DEAR DOCTOR

## (LIEBER DOKTOR)

*Hätte hohe Qualität Flügel verliehen, die Episode wäre binnen kürzester Zeit aus unserem Sonnensystem entschwunden und hätte alle Zweifel an Archers finaler Entscheidung mit sich fortgetragen.*

### INHALT

Die Crew findet ein Pre-Warp-Shuttle mit schwerkranken Außerirdischen an Bord und begleitet es zu deren Heimatwelt, um bei der Bekämpfung einer Seuche zu helfen. Als einer der Anführer des Volkes Archer um Warp-Technologie bittet, erfährt dieser erstmals, wie schwer es ist, auf der anderen Seite des Zauns zu stehen …

### BACK TO STAR TREK

Titel und Trailer ließen es bereits vermuten: Die erste richtige Phlox-Episode erwartete uns. Nach Wochen der drohenden Bedeutungslosigkeit durfte John Billingsley endlich zeigen, ob er zu mehr imstande war, als den schrägen Außerirdischen mit Herz zu geben. Und glücklicherweise war er zu viel, viel mehr imstande. Der sympathische Mime lieferte eine hochgradig differenzierte Darstellung eines zwar etwas sonderbaren Zeitgenossen, der aber jederzeit zu seiner Überzeugung stand und für sie eintrat.

Auf der einen Seite ging er mit Ensign Cutler ins Bordkino, nur um die Zuschauer zu beobachten und sich an ihren emotionalen Reaktionen zu erfreuen (Trip heult wie ein kleines Kind), er brachte Hoshi seine Sprache bei und schien auch sonst gerne mit ihr etwas zu unternehmen; im Falle der gefährdeten Zivilisation brach jedoch eine wissenschaftliche Überzeugung und Ernsthaftigkeit aus ihm heraus, die man gar nicht erwartet hatte. Er analysierte das Problem (die Krankheit) unterkühlt und vollkommen rational und war in letzter Konsequenz bereit, die Rasse sterben zu lassen, obwohl er ein Heilmittel gefunden hatte. Sein Urteil: Es sei schlicht der Wille der Natur und der Gang der Evolution. Über diese radikale Denkweise mochte man geteilter Meinung sein. Das Recht, einfach einzugreifen und der Evolution seinen Willen aufzuzwingen, hat allerdings auch niemand. Oder doch? Und sollte jemand dieses Recht haben: Wer wäre dann dieser Jemand? Ein Mitglied der eigenen Spezies? Oder weiter gefasst, eben jeder beliebige Besucher einer anderen Welt?

Generell interessant war auch die Idee, innerhalb einer Kultur zwei gleichberechtigte Spezies zu zeigen, die sich im Evolutionsverlauf beide durchgesetzt hatten. Wenn die eine der beiden auszusterben drohte und die andere ihre Fähigkeiten durch die etwas dominantere Seite bisher nicht entfalten konnte, wer sollte hier entscheiden, was zu tun war? Hatte die aufstrebende, bisher eher zweitrangige Spezies nicht eine Chance verdient? Eine Chance, die die Evolution ihr offenbar nun zuteilen will? Phlox war absolut in seiner Ansicht, Archer genau entgegenlaufend, aber mindestens ebenso absolut. Beide hatten zumindest in einigen Punkten nachvollziehbare Argumente zu bieten. Der wissenschaftliche Standpunkt, der Vergleich mit der Erde und den Neandertalern, dagegen das schlichte Mitgefühl, die Tatsache, dass man keine Zivilisation sterben lassen könne: Selten wurde ein dermaßen kontroverses Thema so geschickt entfaltet, selten wurde am Ende überhaupt nicht getrickst und keine Last-Minute-Lösung aus der Tasche gezaubert.

Archer war vollkommen allein mit seiner Entscheidung, und vermutlich haben rund 50 Prozent der Zuschauer verständnislos den Kopf geschüttelt, als er sie dann schließlich kommunizierte. Und sie hatten ebenso recht wie unrecht. Wir hatten es hier mit einem Konflikt zu tun, den keiner allein entscheiden darf und kann. Alleine schon deshalb war Archers Nichteinmischung eine gute Entscheidung, wenn vielleicht auch eine feige oder inhumane solche. Vielleicht! Ein ewiges Sich-im-Kreis-Drehen wird hier keinem erspart bleiben, der bereit ist, sich auf die nötigen Gedankenspiele einzulassen.

Endlich zauberten die Autoren eine Episode, die sich wirklich mit den Fragen über eine nötige Oberste Direktive beschäftigte und wie der Weg zu dieser aussehen könnte. Endlich ließen sie Archer nicht wie einen egomanischen Weltall-Polizisten agieren. Endlich erlaubten sie, dass Fragen gestellt wurden, wenn die Antworten auch schmerzten.

Allein schon die emotionale Ebene, diese Anteilnahme an den Geschehnissen, ließ die Dimensionen der Episode erahnen. Die Autoren zogen hier alle Register ihres Könnens, indem sie nicht nur eine Themen-Episode kreierten, sondern gleichzeitig ein grandioses Porträt des bisher unterforderten Doktors präsentierten und John Billingsley in bester Manier ins Rampenlicht rückten. Fast nebenbei erfuhren wir liebevolle Dinge über das Leben an Bord. Cutler fühlte sich zu Phlox hingezogen, des Doktors Kultur wurde angesprochen, eine Freundschaft zwischen Sato und Phlox schien sich zu entwickeln, der Captain musste mit Hund Porthos zum Schiffsarzt, da das kleine Kerlchen zuviel Käse bekommen hatte, T'Pol hatte ein Loch im Zahn und durfte sich ebenfalls zum Allround-Mediziner begeben. Außerdem bekamen wir noch das Bordkino zu sehen. Viel dran an der Dreiviertelstunde!

Neben all diesen Fakten sei angemerkt, dass zu diesem Zeitpunkt fast alle Mitglieder der Besetzung in ihre Rollen hineingewachsen waren. Sogar T'Pol störte mich gar nicht mehr. Einzig der völlig außen vor gelassene Travis tat mir weiterhin aufrichtig leid. Er saß eigentlich nur, weiterhin debil grinsend, an seiner Konsole und wirkte noch nicht einmal dabei wirklich überzeugend. Ein Trauerspiel, von dem er zur zweiten Season eigentlich erlöst gehört hätte. Indes: Ich hatte nie etwas gegen Anthony Montgomery, im Gegenteil, ich fand den Darsteller immer sehr sympathisch. Wenn Autoren aber nicht in der Lage sind, einen Charakter sinnvoll einzubringen, hat es schlicht keinen Wert, ihn jahrelang mit durchzuschleppen. Und leider konnte Montgomery in seiner bis hier einzigen richtigen Episode kein bisschen überzeugen. Er agierte stocksteif und blass. Dazu dieses begeisterte Dauergrinsen, das vielleicht einige Episoden lang glaubhaft gewesen war, langsam aber nach dem Einsatz der Mimikbremse schrie.

Doch möchte ich nicht mit diesem deprimierenden Darsteller-Schicksal abschließen. *Dear Doctor* stand inhaltlich auf einer Stufe mit den Glanzlichtern dieses medizinisch-sozial-philosophischen Gebietes: TV in absoluter Perfektion, danke dafür!

### FAZIT

Eine reine Freude! Nach den eher düsteren Vorgängern erhielten wir nun eine grandiose Themenepisode präsentiert, die sich mit der noch nicht existierenden Obersten Direktive und einem ethischen Dilemma befasste, das eigentlich nicht zu lösen war.

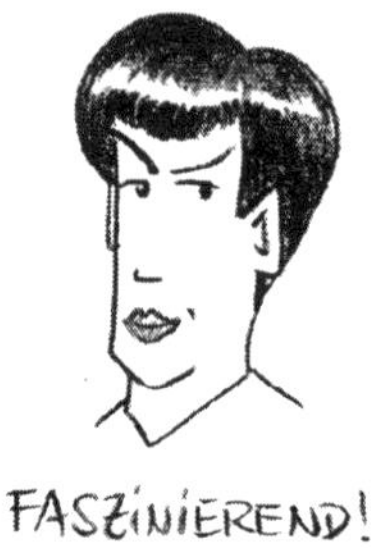


Ein brisantes Thema für die junge Crew, starke Charakterszenen mit Phlox, Archer, Cutler und Hoshi, eine glaubwürdige, aufkeimende Romanze zwischen dem Doktor und Cutler sowie viele niedliche Szenen, die den Alltag an Bord darstellten, gaben sich die Klinke in die Hand. *Dear Doctor* war geradezu vollgestopft mit herausragenden Momenten und fesselte von der ersten bis zur letzten Minute – und sogar weit darüber hinaus. Denn Archers Entscheidung lässt sich bis heute kontrovers diskutieren.

Dabei handelt es sich um etwas, das *Star Trek* oft geleistet hat, und was nun wieder zu einer der besten Episoden der Serie führte. Kudos!

# 1.14

# SLEEPING DOGS

## (SCHLAFENDE HUNDE)

*T'Pol zeigte großes Talent zum Schwindeln, wenn sie fast nackt war. Vielleicht hätte sie also IMMER fast nackt sein sollen. Archer wäre in der Lage gewesen, ihr diesen Entkleidungsstil zu befehlen, um diese wertvolle Fähigkeit zu verfeinern.*

### INHALT

Die Crew begegnet in den äußeren Ringen eines Gasriesen einem klingonischen Schiff der Raptor-Klasse. Da das Schiff anscheinend steuerlos im Raum treibt, machen sich T'Pol, Hoshi und Reed auf den Weg, um nachzusehen. Eine aggressive Klingonin stiehlt jedoch ihr Shuttle und flieht. Archer muss versuchen, sie an Bord der Enterprise wiederzufinden, um seine eigenen Leute zu retten …

## JUHU. KLINGONEN.

Die bloße Ankündigung, dass bereits im Pilotfilm von *Star Trek: Enterprise* Klingonen den Handlungsmittelpunkt bilden würden, ließ mich damals schaudern. Zugegeben: Es handelte sich bei den Kriegern immer um eine spannende Spezies! Doch hatten die Autoren sie mit den Jahren immer mehr in die Redundanz und Belanglosigkeit manövriert. Ich war satt! Einfallslosigkeit, toter Punkt, derartige Gedanken drängten sich in meinen Kopf und verharrten bis zur Premiere der Serie. Zugegeben: Dort war ihr Einsatz letztlich okay. Kurz darauf gerieten sie jedoch wieder überflüssig, weil alles zu komödiantisch angelegt war und den Kriegern nicht im Ansatz gerecht wurde.

Nun hatten wir es jedoch mit einer wirklichen Klingonen-Episode im wörtlichen Sinne zu tun. Würde dieses Experiment nach Jahren noch gelingen? Konnten die alten Recken tatsächlich noch den Hintergrund für komplette Episoden liefern? Ich nehme die Antwort vorweg: Sie konnten es zum Teil.

Ich hatte gedacht, ich wüsste bereits alles über sie, hätte alles schon einmal gesehen, und nichts könnte mich mehr an ihnen fesseln. Darin lag zumindest ein kleiner Trugschluss. Die hier vorgestellte Raptor-Klasse (ein bisher unbekannter Schiffstyp) und sein Innenleben zeigten alles, was man bisher nicht zu sehen bekommen hatte. Vor allem die Küche mit den von der Decke hängenden Targs, die herumliegenden Essensreste, der Dreck überall, die auf ihren Verzehr wartenden Tiere und der Gestank – all das kam auch ohne Geruchsfernsehen wirklich gut rüber. Hier wirkten die Klingonen doch noch neu, frisch und interessant. Leider relativierte sich dieser positive Eindruck zum Ende hin erneut, als die gerade gerettete Krieger-Crew sofort wieder in den Trottelmodus schaltete, bar jeglicher Intelligenz argumentierte und handelte, als ob sie die Enterprise aus dem Weltraum pusten wollte. Archer ließ sie dann obendrauf auch noch wie Idioten aussehen.

Hinzu kam auch Archers Lernresistenz. Seine Versuche, über die Köchin des Schiffes, die als einzige bei Bewusstsein war, an deren Leute heranzukommen, waren zwar ganz amüsant – er sollte jedoch wirklich aufhören, immer allen, vor allem Klingonen, helfen zu wollen. Es war sinnlos. Solche Leute muss man in Ruhe lassen. Hier durfte es auch bei Archer endlich mal Klick machen. Hätte er sich in den letzten Monaten die Mühe gemacht, die vulkanische Datenbank zu studieren, wäre er nicht so konsequent über die tragischen Resultate seiner Freundlichkeit verwundert.

Sein Verhalten war fast so inkonsistent wie das von Captain Janeway in ihren schwach geschriebenen Momenten. Was juckt mich mein Geschwätz von gestern? Ein Habitus, der schlicht nervte, wenn man versuchte, eine Serie ernst zu nehmen. Archer durfte gerne der fehlerbehaftete Neuling auf der Kommandobrücke sein, doch wechselte er zwischen hoher Sensibilität und absolut stumpfer Dummheit hin und her. Unfair war dies auch dem tollen Scott Bakula gegenüber, der sein Bestes tat. Übrigens lag darin auch eine Parallele zu Kate Mulgrew, die jede noch so unverständliche Charakterwendung mit ihren Fähigkeiten wegspielen konnte.

Auch in Sachen Handlungsführung bekleckerte sich Autor Fred Dekker leider nicht mit Ruhm. Böse Klingonen, sich selbst in Schwierigkeiten bringende Offiziere, eine mehr oder minder lustige Hatz an Bord, Crewmitglieder in Gefahr (die zu keinem Zeitpunkt Anlass zu echter Sorge gab), ein paar Drohgebärden, das gab es in allen Inkarnationen von *Star Trek*, *Stargate* sowie *Babylon 5* und vergleichbaren Serien gefühlte fünfhunderttausend Mal zu bewundern.

Es mag taugen, um eine viel zu lange Staffel zu füllen, aber nicht, um die generelle Qualität einer Serie zu verbessern. Und auch, wenn es in einer ersten Staffel unfair sein mag, auf solchen Stereotypen rumzureiten, sollten sie Erwähnung finden. *Star Trek: Enterprise* hatte die Aufgabe, das Franchise mit frischem Wind durchzulüften. Dann musste man einfach den Mut haben, einen Autorenstab zusammenzustellen, der auch eine solch lange Staffel innovativer füllen konnte. Es gab durchaus gute Ideen, doch die sich ständig wiederholenden Muster in der Handlung nervten einfach irgendwann. Hier war der Trend zu mehr Schein als Sein einfach zu eindeutig.

## GOLD IN BLECH

Die beste Szene inmitten des stereotypen Treibens boten diesmal T'Pol und Hoshi. Letztere wollte inzwischen geradezu an Außenmissionen teilnehmen, wohl auch, um sich selbst etwas zu beweisen. Als sie dennoch wieder mit der Situation nicht klarzukommen schien, half die unterkühlte Vulkanierin ihr ungewohnt gefühlvoll mit einer Meditationstechnik darüber hinweg und bot ihr sogar für die Zukunft ihre Hilfe an. Somit gewannen beide an Sympathiepunkten und Background. T'Pol konnte sich also langsam wirklich für ihre menschlichen Kollegen erwärmen, und Hoshi Sato musste einsehen, dass sie noch lange nicht der perfekte Raumschiffsoffizier war.

## OH. EINE SEXY SZENE ZUM SCHLUSS. TOLL.

Zum Abschluss servierte man uns dann zu unser aller Freude noch eine Fortsetzung der lustigen Decon Chamber-Szenen, die mir bisher eher Hirnzellen als den Schlaf geraubt hatten. Hier durften T'Pol, Hoshi und sogar Reed mit minimaler Bekleidung bestaunt werden. Was soll's! Das Motiv dahinter war so offensichtlich, dass es kaum mehr wehtat. Aber die Idee, T'Pol lügen zu lassen, weil ihre Kollegen gerne noch länger in dieser entspannenden Umgebung bleiben wollten, war erneut sehr amüsant gestaltet. Die anfangs so unsympathische Vulkanierin wurde dadurch viel angenehmer und rettete etwas über die platten Intentionen der Produzenten hinweg. Auch hier galt also im Kleinen wie vorher im Großen: ein wenig Gold zwischen viel Blech.

## FAZIT

Kaum hatte *Star Trek: Enterprise* zuletzt einen richtigen kleinen Lauf, da wurden wieder mal die eigentlich lange ausgelutschten Klingonen bemüht. Das geschah aber immerhin halbwegs originell.

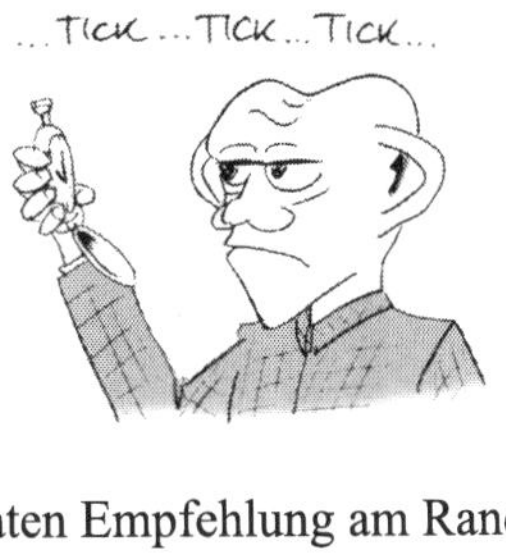


Dennoch: Wenn man es mal runterbrach, blieb eine reine Füllerfolge, Durchschnitt mit einer Handvoll netter Ideen und dem gewohnt guten Produktionsniveau.

Das reichte leider nur zu einer moderaten Empfehlung am Rande der Schadensbegrenzung.

# 1.15
# SHADOWS OF P'JEM
## (IM SCHATTEN VON P'JEM)

*Der Busenfetischismus der Autoren schwang sich zu neuen Höhen auf, Jeffrey Combs erlebte am eigenen Leib, wie es sich anfühlte, als Ware von der Stange verbraten zu werden, und das Elend entführter Crewmitglieder ging in eine neue Runde.*

### INHALT

Archer und seine Crew sind enttäuscht und verärgert, als sie erfahren, dass T'Pol vom vulkanischen Oberkommando den Befehl erhalten hat, die Enterprise zu verlassen. Ihr wird die Zerstörung des Klosters P'Jem durch die Andorianer zur Last gelegt. Ihre letzte Mission führt sie nach Coridan, wo sie und Archer von einer militanten Fraktion gefangengenommen werden. Auf einmal finden sie sich der Gnade der feindseligen Andorianer samt deren Anführer Shran ausgesetzt …

### NOCH SPRECHEN WIR NICHT ÜBER DIE SACHE MIT DEM BUSEN

Zu diesem Zeitpunkt der Staffel durfte man hoffen: *Star Trek: Enterprise* schien sich tatsächlich etwas mehr in Richtung Kontinuität entfalten zu wollen, vielleicht gar zu einer Serie, die Woche für Woche zumindest in kleinen Details aufeinander aufbauen würde, die sich vielleicht sogar weiterentwickeln und im besten Fall irgendwann etwas Relevantes zu sagen haben würde.

Da waren fürs erste die hier doch recht undurchschaubaren Vulkanier und die Klingonen, denen wir jeweils mehrfach begegnen durften. Dazu gesellten sich die finsteren Suliban, die ebenfalls zweimal große Auftritte feierten und mit ihrem Temporalen Kalten Krieg für enorme Spannung sorgten. Zu guter Letzt hatten wir die Andorianer, die hier ebenfalls zurückkehren. So etwas nenne ich konsequenten Aufbau von Konflikten, dazwischen immer angereichert mit alleinstehenden Episoden, die sich in Nebenhandlungen auf die Charaktere, ihre Zusammenarbeit, familiäre Verhältnisse,

Freundschaften, Freizeit und die Situation an sich konzentrierten. *Star Trek: Enterprise* hatte an dieser Stelle die Chance, verschiedene Aspekte zu einem gelungenen Ganzen zu bündeln.

## ES WIRD ZEIT, DASS WIR GANZ LANGSAM ZUM BUSEN KOMMEN

Neben der Rückkehr von Admiral Forrest und Ambassador Soval sahen wir also auch den Andorianer-Führer Shran und seinen Vertrauten Tholos wieder. Alleine dieses Aufgebot hätte für drei Folgen reichen können. Alle drei (so kurz die Auftritte auch sein mochten) blieben erneut sehr positiv im Gedächtnis und sorgten für Kontinuität. Gleich zu Beginn überraschte uns eine tolle Ansicht des Hauptquartiers der Sternenflotte in San Francisco. Gute Arbeit.

Die ganze Eröffnungsszene, die direkten Bezug auf die Ereignisse im vulkanischen Kloster P'Jem nahm und erneut für Zündstoff zwischen Forrest und Soval sorgte, war ein fantastischer Opener. Die Feststellung, dass ein besonnenerer Captain eine bessere Wahl gewesen wäre, konnte man sogar gelten lassen. Sicherlich hatte Archer den Posten auch wegen der Verdienste seines Vaters bekommen; ein typisch menschlicher Zug, der bei den Vulkaniern natürlich auf wenig Gegenliebe stieß, da er keine rationale Erklärung darstellte.

Da Soval und das vulkanische Oberkommando jedoch keinerlei Möglichkeit hatten, Archer und seine Crew für die Zerstörung des Klosters durch die Andorianer (die anscheinend doch nicht nur Gewissheit wollten) zu belangen, musste eben nun T'Pol herhalten. Sie sollte versetzt werden. Archer hatte sich vor einigen Monaten sicher nicht träumen lassen, dass er einmal bereit sein würde, um sie zu kämpfen, obwohl sie nun sogar anstandslos bereit war, die Verantwortung zu übernehmen.

Was für ein glücklicher Umstand, dass gerade noch ein Besuch auf Coridan, einem recht interessanten Planeten, anstand. Archer beschloss also, nur mit T'Pol zu fliegen, um die Sache in Ruhe ausdiskutieren zu können.

## BUSEN! JETZT!

Doch wie das mit den Menschen und ihren guten Absichten so ist, geraten die beiden (erneut) in Gefangenschaft. Hier entwickelte sich leider ein Muster, das hohes Nervpotenzial besaß. Konstruierter konnte man Gefahr kaum heraufbeschwören. Die Szenen der beiden, wie sie in einer Art Baracke aneinandergebunden einerseits über T'Pols Versetzung diskutierten und andererseits versuchten, sich gegenseitig zu befreien (wobei Archer aus Versehen zwischen T'Pols Brüsten landete) waren dann auch eine Sache für sich. Der Dialog taugte kaum dazu, Interesse zu wecken. Alles drehte sich nur um die unfreiwillige peinliche Nähe der beiden. Wie schon die Decon Chamber-Szenen sorgte auch dieser Moment für kontroverse Diskussion.

Ich empfand die komplette Szene schlichtweg als überflüssig. Nicht aufgrund aufgesetzter Prüderie, sondern weil mir die dämlichen Absichten der Autoren einfach zu albern waren. Man hörte regelrecht einen Haufen spätpubertierender Nerds irgendwo abseits der Kamera kichern. Wobei es sich bei diesen vermutlich sogar um Verantwortliche des Senders UPN handelte, die besorgt ob der bröckelnden Quoten (von 12,5 auf 6,5 Millionen in vierzehn Episoden) um mehr Busen und weniger Bildungsfernsehen baten. Wenigstens war das Ganze vom Standpunkt des Timings überzeugend gespielt. Beide agierten zumindest in höchstem Maße souverän.

Derweil spielten sich an Bord der Enterprise wieder die beliebten Menschen-Vulkanier-Spielchen ab. Diesmal mit einem sichtlich genervten Tucker, der auf den vulkanischen Captain wie ein schlecht erzogener kleiner Junge ohne Manieren wirken musste. Diese Sequenzen passten sich hervorragend in das bisherige Bild ein. Die Vulkanier wollten lieber selbst nach dem Rechten schauen, bevor die Menschen wieder irgendwas versauen konnten; Trip verkörperte perfekt den uneinsichtigen Neuling, der endlich ernstgenommen werden wollte. Damit war er letztlich auch ein gutes Abbild seines Captains.

Wer glaubte, dass sich die Rettung der Geiseln als schnelle Last-Minute-Lösung herausstellen würde, dürfte zumindest positiv überrascht worden sein! Shran, der Andorianer, tauchte auf, nahm Trip und Reed (das Rettungskommando) gefangen und half dabei, Archer zu befreien, da der Antennenmann seit P'Jem schlecht geschlafen hatte, mit dem Gefühl, Archer etwas zu schulden. Was für eine charmante Idee. Unnötig zu erwähnen, dass Jeffrey Combs erneut eine klasse Darstellung hinlegte.

Positiv überraschte auch die Rettungsszene am Schluss, die sich in Nebel und Dunkelheit in den dreckigen Kulissen verdammt gut machte.

## DAS KLINGT EIGENTLICH NACH EINER SUPER SACHE BISHER. TROTZ BUSEN.

Das »Aber« folgte bei *Star Trek: Enterprise* jedoch leider so verlässlich wie die Tatsache, dass Travis wieder mal schwieg. Nichts, aber auch gar nichts in dieser Episode blieb im Gedächtnis, wenn man den Zuckerguss (Gastauftritte, Kontinuität, technische Aspekte) entfernte. Das Herz der Handlung war schon vor den Opening Credits stehengeblieben: Shuttleflug, Geiselnahme, Rumgerede, Albernheiten, Rettung aus dem Nichts, pathetische Rede, alles gut. Die Autoren bauten immer wieder die gleichen Elemente zusammen, um gute Ideen mit einer leidlich spannenden Handlung zu untermalen, anstatt sich die Mühe zu machen, etwas wirklich Interessantes zu schreiben. Hier riss sich (noch) keiner den Arsch auf, hier wurde nur Dienst nach Vorschrift gemacht.

## FAZIT

Die zweite Hälfte der Staffel gähnte sich weiter voran: *Shadows of P'Jem* reihte sich ganz gut in die bisherige Qualität ein, in Sachen Kontinuität war sie sogar ein Gewinner und auch kurzweilig erzählt.

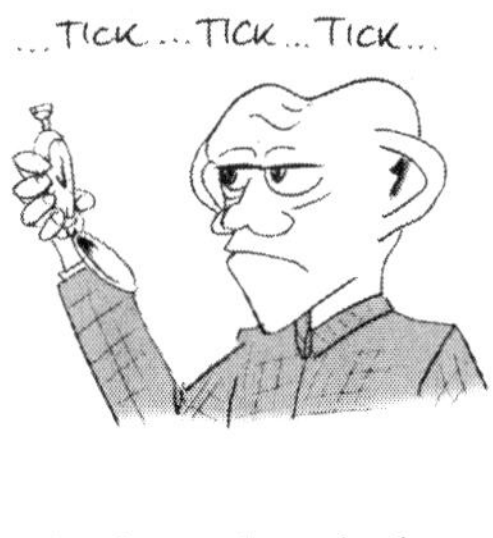


Die schon fast obligatorisch guten Dialoge, Charakterisierungen, Kulissen und Effekten sowie drei sehr erfreuliche Gastauftritte sorgten für den Rest.

Dass das alles jedoch nicht besonders tiefsinnig und gen Null kreativ daherkam und in der Busenszene mal wieder einen echten Heuler am Start hatte, ließ die Episode dann aber doch an einer besseren Wertung vorbeirauschen. Mittelmaß!

# 1.16

# SHUTTLEPOD ONE

## (ALLEIN)

*Merke: Nicht nur einen schönen Busen trug die gute T'Pol vor sich her, auch einen schönen Hintern auf der anderen Seite; Reed hatte mehr Ex-Freundinnen als Travis Textzeilen, und William Shatner fand in Dominic Keating einen würdigen Nachfolger in Sachen Overacting.*

### INHALT

Trip und Reed befinden sich auf einer Shuttle-Mission, als sie aufgrund technischer Probleme gezwungen sind, zu den Koordinaten des Treffpunkts mit der Enterprise zurückzukehren. Jedoch scheint diese zerstört worden zu sein. Da sie nur noch wenig Sauerstoff besitzen, müssen sie gemeinsam mit dieser Situation umgehen …

### MEHR REED!

Abgesehen von dem kaum vorhandenen und bemitleidenswerten Anthony Montgomery alias Travis Mayweather wurde vor allem ein Crewmitglied in der ersten Staffel sträflich vernachlässigt: Malcolm Reed. Bis jetzt. Die Episode gab Keating erstmals wirklich die Chance, diverse Facetten des Malcolm Reed näher zu beleuchten. Und ich hatte mich nicht in ihm getäuscht.

Der von mir erwartete Dreh der Handlung, also das Schicksal der Enterprise-Crew herauszufinden, verpuffte erfreulicherweise bereits nach dem Vorspann. Das Schiff hatte nur einen Unfall gehabt, Reed und Tucker waren durch ihre eigenen Probleme schlicht zu früh zum Treffpunkt zurückgekehrt und aufgrund der Trümmerteile den falschen Schluss gezogen. Da nun auch eigentlich kein Zweifel an der späteren Rettung der beiden bestehen konnte, war die Frage nach dem Sinn des Ganzen zu diesem Punkt durchaus berechtigt.

Die simple Antwort: Es ging ausschließlich darum, Reed und Tucker näher kennenzulernen. Eine reine Charakterfolge ohne Action, ohne Kampfszenen, ohne großen Konflikt wurde uns vorgesetzt;

nur zwei Besatzungsmitglieder in einer Extremsituation. Oder anders gesagt: Menschen wie du und ich unter der Lupe. Das war nicht das Schlechteste!

Während uns Tucker bereits ans Herz gewachsen war, gab es für Reed zuvor nur wenige gehaltvolle Auftritte. Doch jedes Mal, wenn er in den Mittelpunkt trat, war er voll da und überzeugte. Nun durfte Keating sich endlich ausleben und das Innerste seines Charakters nach außen kehren. Und anstatt irgendeines 0815-Klischeetypen offenbarte sich uns ein komplizierter, nachdenklicher, schüchterner, problembeladener Mann. Eine tolle Leistung der Autoren und natürlich auch besonders von Keating selbst. Ein wenig erinnerte er in seiner Verschrobenheit an Reginald Barclay aus *Star Trek: The Next Generation.*

Die vielen interessanten Szenen aufzuzählen, würde der Episode nicht gerecht werden; nur so viel: Seine Selbstzweifel, die vielen Abschiedsbriefe oder sein Schwärmen für T'Pol (wer hätte das gedacht!) waren tolle Einfälle. Einzig in einigen Momenten der Bourbon-Szenen konnte man ihm Shatnersches Overacting vorwerfen. Indes: ein besoffener Reed, der sich korrekt und vorhersehbar verhalten hätte, wäre vielleicht weniger schräg gewesen. Dieser völlig enthemmte, lallende, wilde Reed hingegen war weitaus realistischer und unterhaltsamer.

## MEANWHILE BACK ON THE ENTERPRISE

Die Szenen an Bord der Enterprise konnten mit den Geschehnissen an Bord des Shuttles leider nicht mithalten. Es war generell willkommen, dass durch die Info, dass jede Sorge über den Verbleib der Enterprise unberechtigt war, kein unnötiger Spannungsbogen erzeugt wurde. Dann jedoch Archer und T'Pol über wissenschaftliche Überzeugungen diskutieren zu lassen, die am Ende einfach zu nichts führten, war verschenkte Zeit. Zum Glück nahmen diese Sequenzen jedoch kaum Zeit in Anspruch. Schwamm drüber.

Skurril war es in diesem Zusammenhang allerdings, dass in einer Talkshow, bei der Scott Bakula die Serie promoten sollte, ausgerechnet eine dieser absolut stinklangweiligen Unterhaltungen zwischen Archer und T'Pol über schwarze Löcher als Ausschnitt gezeigt wurde. Das fühlte sich in etwa so an, als würde man einen neuen Kinoreißer mit dem Abspann bewerben. Verrückt.

## PLUS UND MINUS

Während einige Szenen definitiv auf die Habenseite gehörten (die Loch-stopf-Szene, Reeds Traum, die Kälte-Szenen und das Ende, als Reed »may I call you Trip« zum bewusstlosen Kollegen sagt), gab es auch eher schwache Momente. Nur aufgrund so weniger Wrackteile anzunehmen, dass die Enterprise zerstört wurde, hielt ich gelinde gesagt für gewagt. Muss eine Art latente Angst bei den beiden gewesen sein. Wie bei 45-Minuten-Folgen üblich, kam ein Teil der Handlung naturgemäß etwas kurz; hier war es das Ende, das sehr abrupt hereinbrach.

## FAZIT

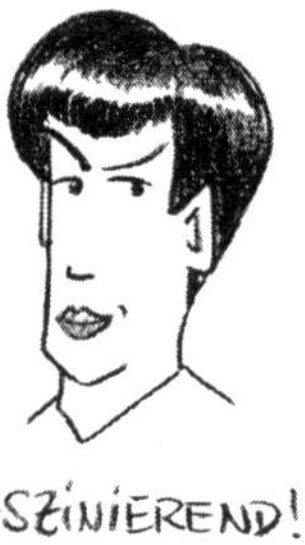


Ein richtiger Gewinner! Braga & Berman konnten beweisen, dass sie doch noch wussten, was *Star Trek* ausmacht: menschliches Drama! Das Ganze geschah ohne Rücksicht auf den Mainstream oder Konventionen.

*Shuttlepod One* war zwar stilistisch eher eine Ausnahme, als solche konnte sie sich aber einen Platz bei den Lieblingen innerhalb der Trek-Historie locker verdienen!

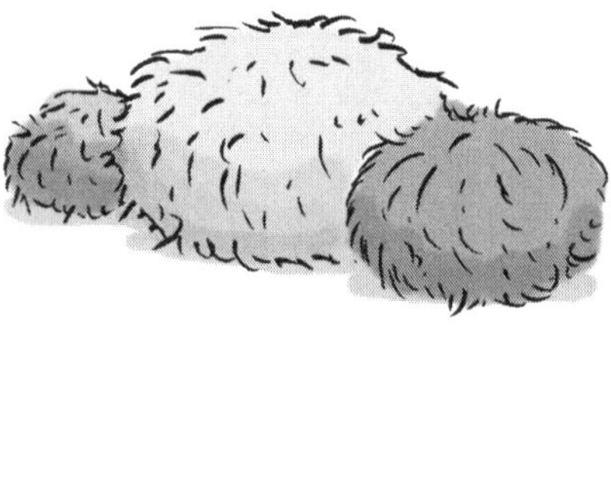

# 1.17

# FUSION

## (DIE VERSCHMELZUNG)

*Jazz nervte hier genauso wie in Homeland, Quarterbacks leben bei weitem nicht so gefährlich, wie Kov dachte, und Laienpsychologie von Serienautoren führte auch bei dieser Episode zu einer eher verwirrenden Erfahrung.*

### INHALT

Es kommt zu einer Begegnung mit abtrünnigen, emotionalen Vulkaniern, die pure Logik ablehnen und eine andere Seite des vulkanischen Lebens erforschen wollen. Das stürzt T'Pol in einen Konflikt, in dem sie entscheiden muss, ob sie diese Denkweise ablehnt oder nicht …

### INFO

Der Schauspieler Robert Pine (Tavin) ist der Vater von Chris Pine (Kirk in den Reboot-Kinofilmen).

### VULCANS WITH A SMILE

Mit dieser Episode kehrte *Star Trek: Enterprise* wieder zum beliebten Vulkanier-Thema zurück, welches bereits wiederholt ausführlich thematisiert worden war. Diesmal präsentiert man uns jedoch eine völlig andere Art. Die Crew des Raumschiffs bestand aus einer Gruppe Abtrünniger, die versuchten, auf der Grundlage einer anderen Interpretation der Lehren Suraks eine Balance zwischen Logik und Emotionen herzustellen. Ein Spagat, der ihnen augenscheinlich ganz gut gelang.

Interessant hierbei war, dass der uns gut bekannte Mind-Meld in dieser Zeit kein Bestandteil der vulkanischen Kultur war. Selbst T'Pol kannte das Konzept nicht. Das führte natürlich zu der Frage, wie es in den folgenden Jahrzehnten dazu kommen konnte, dass die Vulkanier an den uns bekannten Punkt der Geschichte gelangten.

Der Aufhänger der Story (das übliche »Wir helfen euch gerne bei euren Reparaturen«) geriet erneut nicht sehr innovativ, diente aber der Story auf angemessene Weise. Schnell entwickelten sich zwei Konfliktherde, wobei der eine eher dahinplätschernder Natur war (Trip, Kov und dessen sterbender Vater), der andere jedoch emotional ans Eingemachte ging (T'Pol und Tolaris).

Die Story um den etwas unförmigen Kov (endlich mal ein korpulenter Vulkanier!), seinen sterbenden Vater, den er jahrelang wegen seiner Einstellung nicht mehr gesprochen hatte, sowie um seine aufkeimende Freundschaft zu Trip war, platt ausgedrückt, nett, aber sicherlich kein emotionales Highlight. Dennoch passte sie sich in die Rahmenhandlung der (freiwillig) Ausgestoßenen sehr gut ein und beschert uns einen weiteren Kurzauftritt des immer willkommenen Admiral Forrest. Die Tatsache, dass Kov am Ende seinen Vater dann doch kontaktierte und somit alles wieder gut war, mutete natürlich recht gefällig an (und ließ den geneigten Zuschauer fast auf das obligatorische Abschlussdinner mit Wunderkerzen an Bord des beliebten deutschen *Traumschiffs* warten).

## SEVEN REDUX

Doch was hatten die Produzenten bloß mit T'Pol vor? Hier wirkte es so, als sollte sie in etwa den gleichen Weg einschlagen wie Seven of Nine; weg vom unterkühlt Logischen und hin zur gesteigerten Emotionalität. Ob das jedoch so eine gute Idee war? Fraglos war die Entwicklung Sevens hochinteressant geschrieben und gespielt worden, doch hatte man T'Pol durch ihren dämlichen Catsuit schon so stark an die oft herbe Ex-Borg angelehnt, dass eine derart wenig originelle Verfahrensweise wirklich nicht ratsam erschien. Für eine Vulkanierin mochte es ja etwas Revolutionäres sein, für den TV-Zuschauer war es allerdings völlig egal, ob eine Borg menschlicher wurde oder eine Vulkanierin, ein Hirogen oder eine phladrolinische Stubenfledermaus …

## MANCHMAL MUSS OKAY EBEN AUSREICHEN

Innerhalb der Beschränkungen der Story funktionierte *Fusion* aber sehr annehmbar. Jolene Blalock lieferte ihre beste Performance bis zu diesem Tag ab, und die Gaststars konnten ebenfalls durchweg überzeugen. Die Rückblende zu einer neugierigen T'Pol in San Francisco war originell, wurde jedoch durch die klischeehafte Jazz-Untermalung etwas gestört. Hierbei konnte ich mir nur vorstellen, dass man die Faszination einfangen wollte, die Jazz bei T'Pol aufgrund ihrer mathematischen Kenntnisse auslöste. Oder war es eher *style over substance?*

Zu den glatten Minuspunkten zählten weiterhin die unkreative Brücke des vulkanischen Schiffes und der mir persönlich viel zu unsympathische, weil übertrieben dämonisch grinsende Tolaris. Glanzpunkt, zumindest schauspielerisch, war die Mind-Meld-Szene, die in ihrer Brutalität durchaus heikel daherkam, wobei auch hier die immer quietschiger werdende Musik alles auseinanderriss. Irgendwie schade.

## FAZIT

Insgesamt blieb eine interessante Charakterfolge, die jedoch in einigen Fällen die falschen Entscheidungen traf und somit auch nur bedingt überzeugen konnte. Der befremdliche psychologische Ansatz wollte sich nicht wirklich entscheiden, ob er eine banale Idee durch Verwirrung zu retten versuchte oder gerade durch seinen Tiefsinn Anlass zu Diskussionen geben sollte.

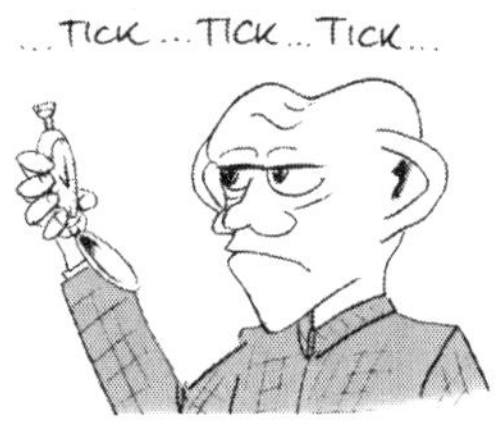


Eine kleine, nicht unbedeutende Episode, die zwar erneut den Eindruck eines Füllers hinterließ, zumindest aber konsequenter und durchdachter daherkam als andere vergleichbare Versuche.

## EINSPRUCH, HERR KOLLEGE!

Die Frage danach, ob Jazz nervt, ist grundsätzlich ausgesprochene Geschmackssache. Ich selbst höre ihn, dargebracht etwa von Miles Davis, bevorzugt beim Schreiben, so auch während der Arbeit an diesem Text, und ich kann nicht sagen, dass ich ihn in besagter Szene unpassend eingesetzt fand. Aber darum soll es gar nicht gehen. Emotionale (zumindest halbwegs!) Vulkanier, das war einfach etwas wirklich Neues, wenn man Spocks heimlichen Halbbruder Sybok einmal außer Acht lässt. Und eben dieser Punkt macht die vorliegende Folge für mich ganz außerordentlich interessant: Obwohl – der Thematik geschuldet – natürlich gewisse Albernheiten nicht voll und ganz ausbleiben (können), war es meines Erachtens doch auch eine Episode, die andere Facetten eines altbekannten Star-Trek-Volkes zeigte. Bisher hatten wir Vulkanier (gut, bis auf die Ausnahme Sybok) lediglich als kühle, im Falle von *Enterprise* auch neuerdings als verschlagene und zuweilen intrigante Zeitgenossen kennengelernt. Und uns nicht selten gefragt, ob es nicht vielleicht doch Rebellen in ihren Reihen gab, die demonstrativ ihre ansonsten lediglich unterdrückte Emotionalität unter Beweis stellten. Dank *Fusion* tat sich ein Blick auf, der die Charakterisierung bereicherte: Ja, es gibt in der Tat solche Vertreter dieses Volkes. Und die Entdeckung ganz anderer Seiten bei einem eigentlich seit Anbeginn des Star-Trek-Franchises vertrauten Volk war eine ziemlich interessante Sache.

# 1.18

# ROGUE PLANET

## (GESETZE DER JAGD)

*Reed war offenbar einer der wenigen Menschen, die sich im Jahr 2151 noch für die Jagd begeistern konnten, Archer träumte schon als kleiner Junge von blonden Frauen, und die just heraufbeschworene Erste Direktive hatte mal wieder Pause.*

### INHALT

Die Crew besucht die Heimatwelt der Eska, die als wichtigen Teil ihrer Tradition und Kultur eine Art rituelle Jagd abhalten, was T'Pol wenig begeistert. Reed hingegen ist von der imposanten Ausrüstung der Jäger fasziniert und schließt sich ihnen an. Archers Zurückhaltung schwindet ebenfalls, als er auf eine wunderschöne Frau trifft, die das Ziel dieser brutalen Jagd ist …

### VON WÜRMERN UND JÄGERN

Leider hatte ich mit der Episode ein dickes Problem. Die Folge war erneut viel zu belanglos. Es gab keine wirklich fassbare Angriffsfläche. Ich fühlte mich 42 Minuten lang durchaus unterhalten und schaute weder auf die Uhr noch aus dem Fenster. Allerdings merkte ich erst nach der Episode, dass sich die wirkliche Handlung erneut auf ein Minimum beschränkte. Ankunft auf dem Planeten, Jäger treffen, Jagdszenen, Archer trifft sonderbare Frau, Jagdszenen, Archer trifft sie wieder, Jagdszenen, Entwicklung des Hilfsstoffes, Jäger gehen, Archer erhält seinen Dank, und die liebe Frau verwandelt sich in eine Art Riesenwurm. Normalerweise trägt so etwas keine ganze Folge, oder die Folge wird schrecklich schwach. Hier ist leider Letzteres der Fall gewesen.

## ARCHER*2=?

Was Archer anging, erhielten wir ein weiteres Beispiel für die gnadenlose Arroganz und gleichzeitig furchteinflößende Engstirnigkeit im Umgang mit fremden Kulturen. Und dafür, dass offenbar kein Plan existierte, den Captain mit einer gewissen Konstanz in seinem Handeln zu schreiben.

Natürlich war es generell richtig, den Wesen zu helfen. Und natürlich wurde Archer auch um Hilfe gebeten; doch das Verhältnis der Eska zu den mysteriösen Wesen war weit davon entfernt, von der Crew der Enterprise beurteilt werden zu können. Es war absolut unklar, ob es eine Vorgeschichte gab oder wie diese rituelle Jagd an sich im Kontext dieser fremden Wesen zu beurteilen war. Eine ähnliche Situation wurde in *Dear Doctor (Lieber Doktor)* aufgebaut, zu einem großen Konflikt der Ideologien stilisiert und am Ende mit dem Fazit »Wir sind nicht hier draußen, um Gott zu spielen« ohne einen Eingriff durch die Crew beendet. Hier nun war es scheinbar keine Frage, dass Archer mit Phlox' Hilfe in die seit Jahrhunderten existierende Lebensweise dieser Außerirdischen eingriff, und das rein auf der Basis seiner eigenen Moralvorstellungen.

Ich will gar nicht behaupten, dass er es hätte lassen müssen. Solche Konflikte sind schwer bis kaum zu bewerten und zu entscheiden, und niemand wäre darum zu beneiden. Archer hätte an dieser Stelle jedoch langsam zu einer etwas konsistenteren Beurteilung dieser Sachverhalten gelangen sollen. Hier tickte in den Köpfen der Autoren zu oft die »Menschen wissen eben, wie es richtig geht«-Doktrin. Schön immer aus dem Bauch heraus entscheiden, immer so, wie es gerade in den Kram passt. Hauptsache mit dem Segen von Papa Archer, dem Vorzeigemensch und Retter des Universums. Ein schaler Geschmack blieb.

## WIESO, WESHALB, WARUM?

Über die gepflegte Leere und diese generell vermurkste Grundthematik hinaus blieben noch diverse Kritikpunkte, die sich ebenfalls nicht auslöschen ließen. Zum Beispiel: Warum versuchte Archer nichts über die Wesen herauszufinden? Gut, wir als Trek-Kenner wissen über Formwandler dank Iman im sechsten Kinofilm und vor allem den Gründern in *Star Trek: Deep Space Nine* ziemlich gut Bescheid. Aber Archer? Hatte er so etwas jemals gesehen? Ich glaube nicht. Dennoch gab er sich damit zufrieden, der Verwandlung am Schluss beizuwohnen, und zog beeindruckt und bezaubert von dannen? Ha! Sowas wollte ein begeisterungsfähiger Forscher sein? Schwaches Bild, Captain! Und auch hier die Anmerkung: Er war nur am Rande interessiert, und doch gestattete er sich einen Eingriff.

Zweitens: Wieso wurde eine Art Konflikt zwischen Reed und Archer angedeutet, der zudem auch noch viel Potenzial zeigte, dann aber unbehandelt verpuffte? Reed schien mehr als fasziniert von der rituellen Jagd der Eska zu sein, Archer diese hingegen rigoros abzulehnen. Hier standen den Autoren alle Türen offen, den beiden wirklich substanzielle Szenen einzuräumen. Reeds Begeisterung für Waffen hatte man bereits mehrfach angedeutet; hier wurde eine Chance vertan, genauer darauf einzugehen und die unterschwellige Waffenaffinität für einen Konflikt zu nutzen. Charakterentwicklung: Zero.

Ein weiteres Problem betraf die Story an sich. Warum zur Hölle sprach die seltsame Frau konsequent in Rätseln? Sie wollte doch Archers Hilfe; oder etwa nicht? Warum verschwand sie und äußerte nicht einmal einen konkreten Wunsch? Wollte sie damit warten, bis alle ihre Artgenossen tot waren? Es konnte kaum daran liegen, dass sie nicht wollte, dass Archer ihre wahre Natur erkennt – sie zeigte sich ihm schließlich am Ende ganz offen. Also was sollte das Ganze?

Der letzte Makel betraf die Jäger. Als Archer zuerst von seiner unglaublichen Begegnung berichtete, verwiesen sie die Geschichte ins Reich der Träume. Jedoch: Sie wussten von den gestaltwandlerischen Fähigkeiten. Wollten sie das Geheimnis nicht preisgeben? Weit gefehlt! Gegen Ende der Folge erzählten sie plötzlich alles, als würde die Crew der Enterprise keine Gefahr mehr für ihre Pläne darstellen. Warum dieser Sinneswandel?

Es ist immer schade, wenn solche offensichtlichen Ungereimtheiten einfach nicht beseitigt werden, da sonst die Folge hinfällig wäre. Doch wäre sie ein großer Verlust gewesen? Ein klares Nein. *Rogue Planet* verpuffte vor unseren Augen.

## FAZIT

Der nächste Füller, und diesmal wieder ein ganz fieser. Schon dank der schwachen Ausarbeitung der Idee war das Ganze nah dran an grottenschlecht, jedoch marginal noch im erträglichen Bereich. Dazu kam man uns allerdings noch ohne Charakterentwicklung, voller verschenkter Möglichkeiten und angereichert mit Recycling daher. Zu allem Überfluss schoss sich die Serie auch noch inhaltlich gepflegt ins Bein.

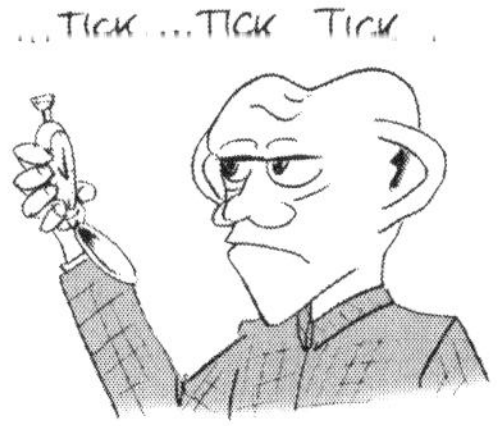


Es blieb uns ein Planetenabenteuer mit etwas Stil und Atmosphäre, aber ohne jeglichen Wert. Schade.

# 1.19

# ACQUISITION

## (RAUMPIRATEN)

*Dreimal Verzweiflung: Connor Trinneer buhlte händeringend um einen neuen Job als Unterwäschemodell, die Serie wünschte sich dringend eine eigene Identität, und Jeffrey Combs wünschte sich, endlich mal wieder in einer intelligenten Episode mitzuspielen.*

## INHALT

Die Enterprise wird von Fremden durch ein Betäubungsgas außer Gefecht gesetzt. Die Angreifer kommen an Bord, um das Schiff zu plündern. Nur Trip bleibt wach und weckt Archer und T'Pol. Ihre Aufgabe ist es nun, das Schiff still und heimlich wieder in ihre Gewalt zu bringen …

## CONTINUITY ALERT!

Der Titel sprach bereits weit vor irgendwelchen inhaltlichen Ankündigungen Bände. Auf wen könnte sich dieses Wort im Trek-Universum besser beziehen als auf die hinlänglich bekannten großohrigen

… doch Sekunde: Ferengi? Würde nicht in einer fernen Zukunft Captain Picard den ersten Kontakt zu diesen raffgierigen Zwergen herstellen? Oh weh! Wütende Verfechter der (immerhin fiktiven) Trek-Historie krochen aus ihren Löchern, um sich an den bösen, bösen Produzenten zu rächen, die es wagen würden, alles, was wir liebten und schätzten, durcheinanderzubringen!

Kurz zu den Fakten: Captain Picard hat laut *Star Trek: The Next Generation* irgendwann später den ersten Kontakt herzustellen; und er wird es auch weiterhin tun können. Archers Crew erfuhr nie, mit wem sie es zu tun hatte. Ob das sinnvoll, logisch, konstruiert oder schwachsinnig war, lasse ich mal dahingestellt, eines war es nämlich ganz sicher: ein Hintertürchen. Eine Gratwanderung zwar, aber dennoch nicht von der Hand zu weisen.

Lehnen wir uns also zurück und lassen der Episode das zukommen, was sie verdient: eine faire Besprechung.

## FAIRE REZENSION – JETZT!

Im wohl kürzesten und auch sinnbefreitesten Teaser der Trek-Geschichte wurde bereits die Gangart der Episode deutlich: Eine reine Ferengi-Komödie à la *Star Trek: Deep Space Nine* erwartete uns. Diese waren meist herrlich albern und charmant gewesen. Und gemessen an diesen Vorbildern brauchte sich *Acquisition* auch gar nicht zu verstecken. Die Ferengi waren überdreht, gierig und tölpelhaft. Sie versuchten, Porthos' Sprache per Universalübersetzer zu verstehen, raubten sogar Sandwiches aus dem Restaurant und stritten sich mehr, als dass sie produktiv arbeiteten. Was jedoch am meisten auffiel, war der Wiedererkennungswert der Darsteller, als da wären:

- Clint Howard: Als Kind sah man ihn als Balok in der Classic-Serie, und er hatte einen kurzen Auftritt in *Star Trek: Deep Space Nine*. Leider war seine Rolle recht klein und wirkte somit etwas verschenkt. Dennoch, danke für das Wiedersehen.
- Ethan Phillips: Als Neelix in *Star Trek: Voyager* spaltete er die Fans. Als Ferengi machte er eine sehr gute Figur, allerdings wirkte seine Stimme gelegentlich zu verräterisch, und der Neelix in ihm brach heraus.
- Jeffrey Combs: *In Star Trek: Deep Space Nine* war er Tiron, Brunt und Weyoun, in *Star Trek: Voyager* der Sklaventreiber Penk und nun in *Star Trek: Enterprise* nach dem Andorianer

Shran der Ferengi Krem. Doch schaffte er es wie immer, eine völlig neue Figur mit einer eigenen Seele zu kreieren. Seine Stimme war zwar unverkennbar, aber sein Spiel vollkommen neu. Er schuf sogar eine spürbare Distanz zu seinem ersten Ferengi Brunt.

Was die Crew anging, so bekamen wir diese Woche nur Archer, Trip und T'Pol zu sehen. Alle anderen waren entweder bewusstlos oder gar nicht in Sicht. Trip (der als einziger am Anfang nicht vom Betäubungsgas betroffen wurde) lief dabei rund 30 Minuten in Unterwäsche durchs Schiff, Archer wurde gefangengenommen, und T'Pol durfte sich in Omox versuchen und sogar Humor beweisen.

Dabei waren die besten Szenen zweifellos Trips Führung zur Schatzkammer (immer im Kreis), T'Pols kleine Rache an Archer am Ende der Episode, der Einsatz einer fast vergessen Ferengi-Waffe aus frühesten Zeiten von *Star Trek: The Next Generation* und der gespielte Streit zwischen Trip und Archer um Trips »Frau« Hoshi. Wenn es denn unbedingt eine Ferengi-Komödie sein sollte, dann ruhig so. Die Frage war nur: Musste eine Ferengi-Komödie überhaupt sein?

## GENUG FAIRNESS, NUN MAL ERNSTHAFT

Leider schwenkt diese Besprechung nach viel Lob nun in einen Verriss um. Ich hätte auf die Großohren in dieser Serie nämlich sehr gut verzichten können. Es scheitert dabei gar nicht an mangelnder Sympathie, es fehlte eher die Kreativität. Eine Rasse wie die dauerunterforderten Andorianer auszupacken und auszubauen war eine Sache. Aber die bereits jahrelang verheizten Ferengi? Fiel den Machern denn wirklich gar nichts mehr ein? Hatte Michael Westmore so überhaupt keine Lust, wenigstens neue gierige Zwerge zu erfinden? War das zu schwierig? *Star Trek: Enterprise* sollte doch keine Aufbereitung der vergangenen Trek-Jahrzehnte werden.

Und es gab darüber hinaus noch weitere Kritikansätze. War es wirklich glaubhaft, dass die Ferengi die Crew mit einem so simplen Trick außer Gefecht setzen konnten? Hier wurden unsere Helden wieder einmal als absolute Dumpfbacken charakterisiert, als Einfaltspinsel, die eigentlich nichts im All zu suchen hatten. Passend dazu wurden die Ferengi (die immerhin schlau genug waren, diesen Plan auszuhecken und umzusetzen) dann von den Einfaltspinseln auf albernste Weise vorgeführt und ausgetrickst. Wie man es halt braucht. Und: Konnte und durfte Archer allen Ernstes am Ende diese Gruppe von Dieben einfach gehen lassen und mit dem erhobenen Zeigefinger wedeln, ohne sie zumindest nach ihrer Spezies oder Herkunft zu fragen? Brauchte er diese Information nicht vielleicht wenigstens für sein Logbuch? Interessierte das niemanden? Und man ließ in diesem Jahrhundert hinterhältige Räuber, Geiselnehmer und Einbrecher auch ganz sicher nicht einfach so gehen und sagte: »… aber beim nächsten Mal werde ich böse«, oder? Was für ein herrlicher Unsinn.

## FAZIT

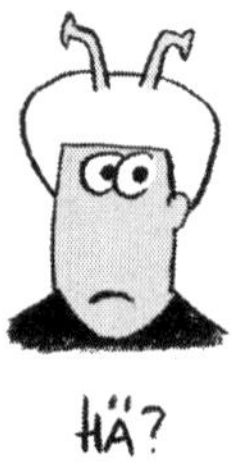


*Star Trek: Enterprise* fühlte sich mit den letzten beiden Episoden wie eine Serie an, die ihr Gnadenbrot in der siebten Staffel verspeiste.

Die sinkenden Quoten sprachen Bände und hatten nichts mit Franchise-Müdigkeit, sondern schlicht mit der schwankenden Qualität zu tun.

Die Episode war in sich beurteilt durchaus auf eine neckische Art lustig doof, im Gesamtbild jedoch lahm, unkreativ und hohl.

## EINSPRUCH, HERR KOLLEGE!

Hätte man auf die Ferengi in *Star Trek: Enterprise* verzichten können? Ohne jeden Zweifel. Ist die vorliegende Folge eine der vergnüglichsten der ganzen ersten Staffel, wenn nicht gar der kompletten Serie (gemessen an ihrem reinen Spaß-Faktor)? Im gleichen Maß. Wie bereits erwähnt ist der Konsens der Erstbegegnung mit den raffgierigen Fledermausohren ein Spiel der Marke »Hätte, hätte, Fahrradkette«: Niemand hat die Ferengi in *Star Trek: Enterprise* offiziell je kennengelernt und würde dies auch im weiteren Serienverlauf nicht tun. Worin liegt also der Mehrwert ihres Erscheinens in der damals neuesten Star-Trek-Serie? Ganz einfach: in der puren Nostalgie. *Star Trek: Enterprise* gab der jüngeren Trekkie-Generation gleich mehrere Kröten zu schlucken, allein schon durch den Umstand, dass es sich eben um ein Prequel handelte und satte 200 Jahre vor Picard, Sisko und Janeway sowie deren Schiffen und Raumstationen spielte. Und aus eben diesem Grund wollte man möglicherweise aufzeigen, dass das altgewohnte Star-Trek-Universum immer noch das gleiche war, lediglich zu einem früheren Zeitpunkt. Um vielleicht jene Fans zu versöhnen, die sich einfach nicht mit der Prä-Kirk-Zeit anfreunden konnten. Ob dieser Plan (wenn es denn wirklich einer war …) aufgegangen ist? Sieht man sich die frühzeitige Einstellung von *Enterprise* an, muss man dies tendenziell eher verneinen. Ein netter Versuch blieb das Ganze dennoch (und nicht der letzte, wie wir noch sehen werden).

# 1.20

# OASIS

## (SCHIFF DER GEISTER)

*Herzlich willkommen zur Bankrotterklärung der ersten Staffel von Star Trek: Enterprise. Die Ehrenrettung brachte ausschließlich René Auberjonois.*

### INHALT

Die Crew untersucht die Absturzstelle eines Shuttles und begegnet einigen geisterhaften Gestalten sowie einer außerirdischen Rasse, die trotz schwierigster Gegebenheiten überleben konnte. Während einige Crewmitglieder bei Reparaturen helfen, freundet sich Trip mit einer Außerirdischen an, die Gefühle für ihn entwickelt …

### TIEF DURCHATMEN

Hier war es soweit: Der mit viel Spannung und Vorfreude erwartete Gastauftritt von René Auberjonois war endlich an der Reihe. Es schien auf eine Art von Geisterschiff-Variante hinauszulaufen, doch kam es gänzlich anders.

Ich will nicht lange drum herumreden. *Oasis* gehörte an sich vielleicht noch in den erträglichen Bereich. Allerdings setzte sich mit dieser Episode auch der tiefe Durchhänger der Serie fort. Vier Episoden in Reihe, von denen jede in den anderen Trek-Serien nicht weiter aufgefallen wäre. Alle waren nicht besonders originell, jede immerhin uninspirierte Routine.

Doch waren sie dazu teilweise so schlimm zusammengeklaut, dass es schmerzte. Vier Episoden dieser Art hintereinander, das durfte man als absolut fahrlässig bezeichnen.

## NUR MAL KURZ DIE FOLGE VERREISSEN

Die Anfangssequenz, so amüsant sie vielleicht gemeint gewesen sein mag, könnte fast exakt aus einer beliebigen Episode von *Star Trek: Voyager* stammen. Der Ablauf: drolliger Händler machte vage Angebote, Archer spielte Janeway in der Rolle des schnippischen und dabei bierernsten Verhandlungsführers, Trip war Tom Paris, der neugierige, junge Lebemann, und natürlich Seven: skeptisch, zurückhaltend, desinteressiert. Schade, dass Berman und Braga noch immer nicht bemerkt hatten, dass sie nicht mehr für den Vorgänger schrieben, sondern eine neue, frische Serie produzieren wollten und sollten.

Tom Bergeron, ein damals bekannter US-Gameshowmoderator, gab als Händler D'Marr eine solide Vorstellung; ein nicht störender Gag für jene, die ihn kannten, und längst nicht so peinlich erzwungen wie der Auftritt von Dwayne Johnson in *Star Trek: Voyager.*

Nach dem Vorspann ging es dann alles recht zügig voran. Das geheimnisvolle Schiff wurde betreten, man entdeckte, dass wirklich jemand an Bord war, und schwupp, fanden Trip und T'Pol einen künstlich angelegten Garten an Bord. In diesem Moment fiel die Spannung, die sich durch atmosphärische Bilder und gute Musik durchaus aufgebaut hatte, völlig ab. Grellgrüne Plastikpflanzen und die schlechtesten Klischee-Klamotten aus dem ältesten Fundus kamen hervor. Dazu gab es fast komplett menschlich aussehende Fremde (darunter René Auberjonois) und zu allem Überfluss auch keinerlei Spannung mehr. Hervorragend.

Positiv musste man an dieser Stelle jedoch anmerken, dass Anthony Montgomery alias Travis Mayweather von den Produzenten anscheinend endlich wiederentdeckt worden war; er erhielt seine größte Rolle seit bestimmt acht Episoden und überzeugte dabei erstmals mit ernsthaftem Spiel und einigen sinnvollen Anmerkungen.

Im Folgenden freundete sich Liana, die Tochter des von René Auberjonois gespielten Mannes, mit Trip an, der also erneut den galaktischen Playboy geben durfte und James Kirk dabei alle Ehre machte. Dabei fand sich auch eine kurze, aber herausragende Szene zwischen ihm und T'Pol über den Zwischenfall mit den Xyrillians, bei dem Trip versehentlich geschwängert worden war. T'Pol schien tatsächlich ein wenig eifersüchtig zu sein. Bahnte sich da vielleicht etwas an? Insgesamt gewann T'Pol erneut ein Stück Kontur.

Als sich dann jedoch andeutete, dass irgendetwas mit den Überlebenden des vermeintlich vor drei Jahren angegriffenen und abgestürzten Schiffes nicht stimmte, kam in mir erstmals ein merkwürdiges Gefühl auf. Zu stereotyp erschien mir der Plot der netten, aber wortkargen Opfer.

Und es kam noch schlimmer. Die Crew (bis auf den von Auberjonois gespielten Mann und seine Tochter Liana) waren ausschließlich Hologramme, die der fürsorgliche Vater kreiert hatte, um seine Tochter nicht einsam aufwachsen zu lassen und um natürlich auch für sich selbst eine Form von Gesellschaft zu erzeugen. Er hatte das Schiff einfach nicht wieder flugtauglich bekommen, nachdem es durch seinen Fehler abgestürzt war.

### UFF.

Also erstens schon wieder Holotechnologie, und das bereits zum zweiten Mal in der ersten Staffel dieser revolutionär frischen Serie. Traurig, traurig. Abgesehen davon war die Idee nun wirklich etwas zu alt, genauer gesagt acht Jahre alt. Damals lief die schöne DS9-Episode *Shadowplay (Die Illusion),* die mit der gleichen Auflösung aufwartete. Auch dort war René Auberjonois beteiligt, jedoch als Odo, der Mann, der das Rätsel lüftete. Was für ein Zufall. Warum schon in den ersten zwanzig Episoden den Stories derart die Luft ausging, war unbegreiflich.

### NÖ.

Wir bekamen hier ein perfektes Beispiel für viel zu routinierte Trek-Kost geliefert, aber noch viel mehr für das Problem des Franchise nach damals 36 Jahren. Das Tagesgeschäft schien den Autoren die Mühe nicht wert zu sein. Ein Vorbote für den nahenden Gnadenschuss? Vor dem vollständigen Desaster bewahrte die Episode am Ende einzig René Auberjonois (der gerne auch mehr substanzielle Momente, wie die Unterhaltung mit Archer, hätte bekommen dürfen) sowie in Maßen noch ein paar gute weitere Charakterszenen.

### FAZIT

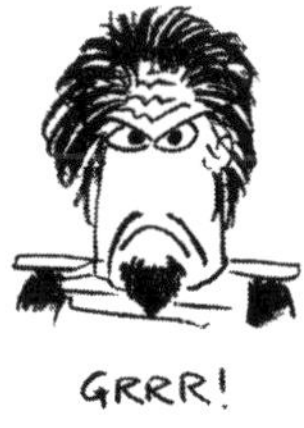


Die Folge war schlecht.

Schlecht, schlecht, schlecht, schlecht, schlecht.

Hatte ich erwähnt, wie schlecht sie war?

War sie wirklich.

# 1.21
# DETAINED
## (IN SICHEREM GEWAHRSAM)

*Achtung, Achtung! Es folgt eine wichtige Durchsage: Allen außerirdischen Spezies wird dringend geraten, ihre Planeten im tiefsten schwarzen Loch zu verstecken! Die gefürchtete Weltraumpolizei unter der Leitung von Sheriff Jonathan »Yes we can!« Archer ist wieder im Sektor.*

### INHALT

Während die Enterprise-Crew einen Planeten erkundet, betreten Archer und Mayweather aus Versehen eine militärische Zone und werden in eine Gefängniseinrichtung gesteckt. Die verantwortlichen Tandaraner befinden sich im Krieg mit den Suliban. Obwohl Archers Zusammentreffen mit den Suliban bisher desaströs waren, teilen er und Mayweather sich eine Zelle mit offensichtlich unschuldigen und ungefährlichen Vertretern dieser Spezies …

### DER AUTOR MÖCHTE MAL WIEDER ETWAS POSITIVES SCHREIBEN, BITTE.

Nach dem enttäuschenden Block zuvor war es mit der Euphorie schwierig. Dennoch musste man die aktuelle Episode positiv bewerten und ihr im Rahmen der bisherigen Staffel sogar bescheinigen, ein durchaus sehenswertes Stück *Star Trek: Enterprise*, *Star Trek* an sich und sogar SciFi im Allgemeinen zu sein.

Manko dabei war natürlich, dass die Aussage des Ganzen, also die Intoleranz und Angst gegenüber einer ganzen Rasse, von der nur ein kleiner Teil zu einer gefährlichen Gruppierung zu zählen war, so sehr mit dem Holzhammer vorgeführt wurde, dass man sich von dem Schlag bis zum Abspann kaum erholen konnte. Aber letztlich war *Star Trek* auch in den Sechzigern (oder später) nie bis selten für große Subtilität bekannt.

*Star Trek: The Next Generation* und *Star Trek: Deep Space Nine* haben zwar fraglos auch andere Seiten gezeigt, aber im Großen und

Ganzen wurden wichtige Aussagen oftmals deutlich kommuniziert. Eine Kritik ist das übrigens nicht, eher eine Feststellung.

## MAYWEATHER LEBT!

Die Holzhammer-Methode tat der Episode auch keinen Abbruch. Im Gegenteil: Zwischen Archer und dem von Anthony Montgomery gespielten Travis Mayweather (Ja richtig! Genau der! Schon wieder!) sowie den Wärtern und den Insassen entwickelte sich eine skurrile Spannung, die von allen Beteiligten sehr effektvoll dargestellt wurde.

Dabei gelang es insbesondere Mayweather (Ja! Du liest richtig!), in einigen Szenen aus der bisher sehr engen Umgrenzung seiner Rolle auszubrechen und wirklich positiv aufzufallen. Eine Neugeburt der Figur vielleicht? Ernsthafter, kritischer, markanter? Anthony Montgomery widerlegte zumindest erstmals die aufgebauten Vorurteile, er wäre schauspielerisch ein Fehlgriff; Anschuldigungen, die auch ich schon des Öfteren getroffen hatte.

## DIE NETTEN SULIBAN VON NEBENAN

Bereits vor Ansicht der Episode hegte ich die Befürchtung, die Suliban würden irgendwann durch eine zu menschliche Betrachtungsweise zuviel von ihrer geheimnisvollen Aura, die besonders Silik umgab, verlieren. Ich wollte einfach noch keine weichgespülten Finsterlinge, keine menschelnden Bösewichte.

Jede bedeutende (feindliche) Rasse im Trek-Universum wurde zu irgendeinem Zeitpunkt in einem ganz anderen Licht dargestellt. Sogar die Borg erhielten mit Hugh und Seven sympathische Vertreter und wurden durch die Unimatrix Zero sogar zu tragischen Figuren, die ihr Schicksal nicht selbst beeinflussen konnten.

Dabei ist es durchaus erfreulich, wenn auf simple Schwarz-Weiß-Malerei verzichtet wird. Allerdings muss man einen Gegner erst einmal wirklich fürchten, bevor man sich auf weitere, vielleicht völlig andere Charakteristika einlassen kann. Diese Klippe umschifften die Autoren jedoch sehr geschickt, indem sie die Cabal als grausame Splittergruppe darstellten und die Suliban an sich als völlig normale humanoide Wesen, die den Verbrechen einiger Fanatiker zum Opfer fielen.

Unvermeidbar muss ich an dieser Stelle jedoch auf die Parallele eingehen, die hier weder unbeabsichtigt noch rein zufällig zutage tritt. Sicher kann man in der Geschichte der Menschheit oder auch einfach der Vereinigten Staaten andere, ebenso passende Zwischenfälle finden; dennoch doubelten die Suliban definitiv für die Moslems in den USA, die als Konsequenz der Anschläge vom 11. September 2001 in einem anderen Licht gesehen wurden als vorher, und das nur aufgrund der Taten einiger Fanatiker.

Solche politischen Statements waren jeher eine Domäne von *Star Trek*; lange Zeit schien diese Eigenschaft jedoch eher unterschwellig behandelt zu werden. Hier allerdings ging es wieder überdeutlich zu, fast so, als schreie die Episode »Hört alle her! Hier wird etwas Wichtiges mitgeteilt!«

Das mochte einigen nicht subtil oder feingeistig genug sein, andere wünschten vielleicht auch gar keine sozialpolitischen Ansätze in einer solchen Serie mehr. Ich jedoch freute mich, dass man hier mal wieder zu den Wurzeln zurückkehrte. Und auch wenn es wirken mochte, als nähme Trek sich hier selbst zu wichtig, als würde die Serie sich berufen fühlen, den moralischen Zeigefinger zu heben, so begann in den Sechzigern eben genau dieses Abenteuer und fesselte die Menschen.

## STIMMIGER REST

Vom technischen Aspekt konnte man der Episode ebenfalls keinen Vorwurf machen. Das Gefängnis wurde stimmungsvoll und überzeugend umgesetzt. Die Außenansichten gelangen hervorragend und blieben im Gedächtnis. Make-up, Musik und Effekte passten sich nahtlos in das gute Produktionsdesign ein. Die (vom Standpunkt der Handlung wichtigen) Suliban wurden durchweg von guten Darstellern verkörpert, aber Dean Stockwell stahl natürlich allen die Show.

Die erwartete Wiedervereinigung zwischen Scott Bakula und dem charismatischen Mimen wirkte zwar eher überraschend routiniert, gewann aber dadurch eher an Energie. Die beiden standen auf unterschiedlichen Seiten und brachten sich sowohl eine gewisse Achtung als auch Unverständnis entgegen. Fans von *Quantum Leap*, die auf Revival-Feeling mit Zitaten und lustigen Anspielungen gehofft hatten, wurden vielleicht enttäuscht. Stockwell war ein Gastdarsteller wie jeder andere vor oder nach ihm, nur eben ein sehr guter seines Fachs.

## MEHR ALS NUR EIN TROPFEN WERMUT

Eine kleine Einschränkung muss noch sein. Es war nachvollziehbar, dass Trip und T'Pol alles unternahmen, um ihre Crewmitglieder zu retten. Aber dass in diesem Zug auch direkt das Lager zerbombt und die Inhaftierten befreit wurden, war dann doch wieder zuviel des Guten. Hier geht es wie so oft nicht um die Frage, was richtig war. Es geht darum, dass Archer und seine Crew zum x-ten Mal Ermittler, Verteidiger, Richter und Einsatzkommando in einer Person spielten. Sie schauten, bewerteten, richteten und setzten um. Das konnte einfach nicht der Ernst der Autoren sein. Der gleiche Archer, der vor einigen Folgen zu der bedeutungsschwangeren Erkenntnis gekommen war, nicht im Weltall unterwegs zu sein, um Gott zu spielen, trat diese Erkenntnis nun mit Füßen. Zum wiederholten Mal. Und niemand stoppte ihn. Nur T'Pol fiel die Sprunghaftigkeit auf; über einen schnippischen Kommentar ging ihr Einsatz aber auch nicht hinaus.

Dieser Habitus ist auch heute noch unerklärlich und unverzeihlich. Die Serie nahm hier eine Position ein, die weit über die Grenzen des Erträglichen hinausging. Eine Episode, die politische Missstände anprangerte und diese dann mit fehlgeleiteter Selbstjustiz löste, brauchte keiner, und einen Anführer, der sich nicht um sein Geschwätz von gestern scherte und einfach drauflosschlug, wenn ihm etwas stank, ebenfalls nicht. Klar ist derweil: Auch in den Sechzigern gab es bei *Star Trek* oft diese Momente. Aber wir waren hier einfach nicht mehr in den Sechzigern. Nur die Autoren vielleicht noch, im Kopf. Ein absolutes Armutszeugnis.

## FAZIT

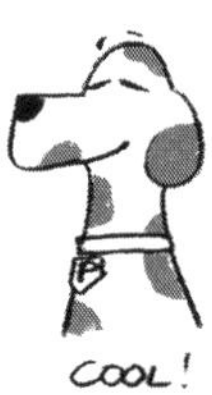


Konzentrierte man sich auf die positiven Aspekte, brachte die Episode die Staffel wieder auf Kurs und stellte eine kleine und überfällige Steigerung dar.

Gute Action, tolle Kulissen und Effekte, der Versuch einer sozialkritischen Auseinandersetzung mit aktuellen Problemen und wie immer starke Darstellerleistungen führten nicht zu einem tumben Ideenrecycling wie zuletzt, sondern zu ruhiger, storylastiger Science-Fiction, zu *Star Trek* eben.

# 1.22

# VOX SOLA

## (VOX SOLA)

*Zeit für Fakten: Männer der Zukunft sitzen immer noch bei Bier, Chips und Wasserball zusammen, Außerirdische zum Essen einzuladen, sollte man sich genau überlegen, und Porthos ist definitiv der bessere Sicherheitschef.*

### INHALT

Eine symbiotische Lebensform gelangt unbemerkt auf die Enterprise und spinnt einige Mitglieder der Crew in einer Art Netz ein. Hoshi muss versuchen, so schnell wie möglich mit der Kreatur zu kommunizieren, um das Leben ihrer Kollegen zu retten …

### NINERS-FEELING

Kurz vor Torschluss der Staffel lieferte die Serie so richtig ab. Auf der einen Seite hatten wir viele kleine, aber extrem wichtige Charaktermomente, als da wären: der misslungene Erstkontakt mit den schrillen Kreetassanern (deren Anführer erneut hervorragend von Vaughn Armstrong verkörpert wurde), Hoshis Frustration, T'Pols gelassene, aber verletzende Ratschläge, die von allen Crewmitgliedern freudig erwartete Filmnacht an Bord, Archers schlechte Laune wegen des verpatzten diplomatischen Einsatzes, Trips Aufheiterungsgeschenk und der daraus resultierende Männerabend mit Chips, Bier und Wasserball und die Szene mit den Nebencharakteren Rostov (der auch gerne wiederkehren darf) und Kelly.

Das waren alles Beispiele, wie man eine Crew als Einheit, als Familie zeigen konnte, ohne in Kitsch abzugleiten. Mein Lieblingsmoment, und wohl einer der besten im Bereich Charakterentwicklung der Serie, war ohne Zweifel die Unterhaltung zwischen Hoshi und T'Pol: Erstere beklagt sich, dass T'Pol sie unfair behandeln würde und ihr ständig über die Schulter schaue, als sei sie vollkommen inkompetent. T'Pol entgegnete ungewohnt sanft, dass sie die junge Frau nur an dem messe, was sie ihr zutraue; und das sei sehr viel. Wunderbar geschrieben und wunderbar gespielt!

## HEUTE IM BORDKINO: DIE CREW VS. DAS GLIBBERIGE TENTAKELMONSTER

Jedoch blieb auch das Spannungsmoment nicht außen vor. Während all diese kleinen Geschichten abliefen, sahen wir immer wieder, dass irgendetwas an Bord sein Unwesen trieb: eine glibberige, fast durchsichtige Kreatur, die anscheinend von den Kreetassanern zurückgelassen worden war. Bis sie jedoch bemerkt wurde, war es schon zu spät, und schwups fielen Archer, Trip, Rostov und Kelly ihr zum Opfer. Dass alle vier dann den Rest der Zeit im Kokon des Wesens hingen und wenig tiefsinnige Unterhaltungen zum Besten geben durften, tat dem unterhaltsamen Treiben keinen Abbruch.

Die zweite Garde der Crew kam auf diese Weise dazu, einmal richtig Gas zu geben! Reed entwickelte ein stabiles Kraftfeld (wohl das erste dieser Qualität), Phlox versuchte händeringend mehr über das Wesen zu erfahren, Mayweather musste die Kreetassaner um Hilfe bitten, und Hoshi bastelte mit T'Pol an einer Möglichkeit, mit dem ungebetenen Gast zu kommunizieren.

All diese interessanten Aspekte der Rettungsmission liefen zum Schluss vollkommen organisch zusammen und führten zu einem überzeugenden Showdown, in dem klar wurde, dass ohne das Wirken eines funktionierenden Teams, einer Einheit, ein solcher Erfolg nicht hätte erreicht werden können. Hoshi und T'Pol hatten sich zusammengerauft und einen Weg gefunden, Phlox und Reed sich arrangiert und ihr Ziel erreicht, und Mayweather lieferte durch seinen Alleingang noch im richtigen Moment den Weg zum Heimatplaneten der Kreatur, wobei er ebenfalls noch erfuhr, dass sich die Kreetassaner zu Beginn der Episode vom öffentlichen Essen der Crew beleidigt gefühlt hatten (für diese Rasse schienen Essen und Sex zu den intimsten Dingen zu zählen). Somit siegte am Ende die Familie, und man befreite die bedrohten Kameraden, das Ganze jedoch ohne Kitsch und triefende Dialoge.

## DREINGABE ZUM VERWÖHNEN

Zu guter Letzt bot man uns dann noch ein wunderschönes Finale, in dem die Crew in Schutzanzügen mit der außerirdischen Lebensform im Gepäck auf deren Heimatwelt ankam und sie in märchenhafter Kulisse nach Hause brachte. Glibby nach Hause telefonieren? So funktioniert Science-Fiction, so funktioniert das oft zitierte *awe and wonder*. Kudos!

Dass die Lebensform nur Teil eines viel größeren Ganzen war, passte außerdem perfekt zum Tenor der Episode und unterstrich die mühevolle Kleinarbeit in Sachen Charakterentwicklung. So konstruierte man eine richtig gute Ensembleshow, jeder erhielt Raum für seine Rolle, leistete einen relevanten Beitrag, und die finale Aussage der Haupthandlung lief parallel zu den Erkenntnissen der Charaktere. Ich fühlte mich nach Ansicht der Episode extrem verwöhnt von einer wirklich tollen, weil klassischen, Star-Trek-Episode.

### FAZIT

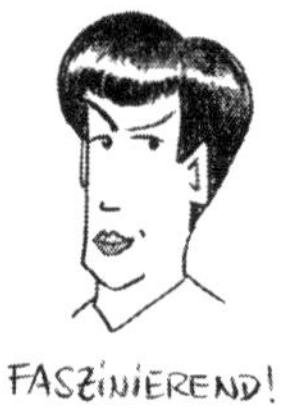


Wunderschönes und sehr sensibles Charakterportrait der kompletten Crew, gewürzt mit klassischer Science-Fiction, jederzeit passender Action, märchenhaften Momenten und Denkansätzen von bleibendem Wert. Kompliment und Dank!

# 1.23

# FALLEN HERO

## (GEFALLENE HELDIN)

*Archer durfte endlich mal so richtig Gas geben, T'Pol schien sich sehr viele Gedanken über die unzureichende sexuelle Auslastung der Crew zu machen, und Trip gewann nicht nur mangels Konkurrenz den Thomas-Magnum-Gedächtnispreis.*

### INHALT

Als die Enterprise die vulkanische Botschafterin V'Lar zurück nach Vulkan eskortieren soll, nachdem diese sich anscheinend auf dem Planeten Mazar einige Verfehlungen geleistet hat, wird das Schiff von den Mazariten angegriffen. T'Pol entschließt sich, die Botschafterin zu schützen …

### EINE LANZE FÜR DIE SPITZOHREN

Die Vulkanier haben in *Star Trek: Enterprise* eine besondere Behandlung erhalten. Gerade weil wir durch Spock, Tuvok, Vorik, Sarek und viele andere die sehr ruhige und zurückhaltende Rasse schätzen lernten, waren viele Fans durch die »neuen alten« Vulkanier mit ihrer unfreundlichen, fast feindselig arroganten Haltung vor den Kopf gestoßen. Dennoch handelte es sich dabei natürlich um eines der zentralen Themen der ersten Staffel. Die Vulkanier sollten undurchschaubarer und unberechenbarer wirken.

Diesmal hatten wir es erneut mit einer Vertreterin der Spitzohren zu tun, allerdings mit einer Frau, die sich vollkommen anders verhielt, als man es von einem ehrenvoll gealterten Vertreter ihrer Zunft erwarten würde. Sie schien fast menschliche Züge zu besitzen, was teilweise jedoch deutlich »gespielt« wirkte, eine starke Leistung von Fionnula Flanagan, die genau die richtige Mischung aus Würde und Mysterium mitbrachte, um überzeugen zu können. Eine Vulkanierin darzustellen, die versuchte, aus Höflichkeit menschliche Züge zu übernehmen, war eine wirklich reife Leistung. Flanagan hatte bereits in *Star Trek: The Next Generation* und *Star Trek: Deep Space Nine* überzeugt, hier jedoch lieferte sie eindeutig ihre beste Leistung ab. Ihre Botschafterin V'Lar besaß genug Weisheit, den Menschen Respekt entgegenzubringen und sich ihnen anzupassen, sie kannte die Umgangsformen und beherzigte sie; eine seltene Tugend. Vielleicht sollte sie mal mit Captain Vanik zu Abend essen. Er könnte eine Menge von ihr lernen.

Spannend war weniger, ob an den Vorwürfen ihr gegenüber etwas dran war, sondern T'Pols Verhalten und Archers schwierige Entscheidung, der wortkargen Botschafterin zu vertrauen, ohne zu wissen, warum. Ob V'Lar sich Archer hätte früher anvertrauen können, war sicherlich eine berechtigte Frage. Sinn ergab ihr Verhalten nicht wirklich. Dies schadete der Episode jedoch kaum.

Die Tatsache, dass ausgerechnet T'Pol am Ende für sie eintrat und Archer ausdrücklich um den Gefallen bat, Schiff und Crew für die Sicherheit V'Lars zu riskieren, erstaunte mich dann doch. T'Pol schien tatsächlich auf der Suche nach ihrer Identität Risiken eingehen zu wollen. Die viel zu abweisende, fast schon beleidigende T'Pol der ersten Folgen war endgültig verschwunden, wenn auch V'Lars Kommentar über die starke Freundschaft zwischen Archer und seinem ersten Offizier arg erzwungen wirkte: Ganz so stark war das Band zwischen den beiden meiner Ansicht nach noch nicht.

Dennoch schien das Zusammenspiel der ganzen Crew immer besser zu funktionieren. Die ganze Zeitspanne, in der händeringend versucht wurde, Zeit zu gewinnen, stellte man sehr effektvoll dar. Und selbst als alle Stricke zu reißen drohten, fand Archer noch einen Ausweg, der auch Dr. Phlox in einem guten Licht zeigte. Beide brachten eine überzeugende Vorstellung, wenn auch teilweise ein fader Beigeschmack blieb, da die sehr ruhige und fast schon unaufdringliche Art der finsteren Mazariten doch ein wenig irritierte. Fast so, als hätten sie keine Ahnung, was Zeitschinden bedeutete. Sie provozierten es geradezu, hereingelegt zu werden. Aber dann hatten sie es natürlich auch nicht besser verdient …

### AUF NACH RISA

Ein Aspekt der Episode, der ebenfalls zu gefallen wusste, war der Auftakt, in dem T'Pol sich zur »Kreuzfahrtmanagerin« aufschwang und einen Urlaub auf dem Planeten Risa vorschlug, damit die Crew unter anderem die sexuelle Unterforderung abstellen könne. Für Trip war das natürlich eine tolle Idee, die ihn auch gleich dazu brachte, auf der Brücke ein gruseliges Hawaiihemd Marke Thomas Magnum zur Schau zu tragen; immerhin verzichtet er auf den Schnauzer. Eine Szene zum Tränen lachen!

### FAZIT

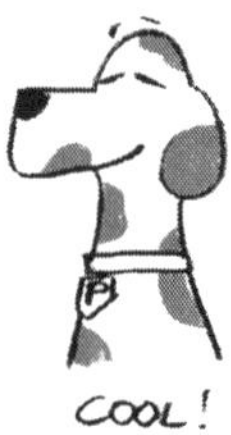


*Fallen Hero* schrammte in der Summe nur ganz knapp an einer richtig guten Episode vorbei, da die vorhandenen Charakterspannungen zwar thematisiert wurden, später aber einer etwas zu langen und letztlich inhaltsarmen Verfolgungsjagd zum Opfer fielen.

Dennoch handelte es sich um eine sehr erfreuliche Fortführung des Vulkanierthemas mit tollen Darstellerleistungen.

# 1.24

# DESERT CROSSING

## (DURCH DIE WÜSTE)

*Merke: Wenn dir das Essen nicht schmeckt, lobe die Wandteppiche! Die Serie probierte sich diesmal erfolgreich an einem rasanten Themenmix aus Diplomatie, Erster Direktive und Überlebenstraining unter Extrembedingungen.*

## INHALT

Nachdem die Crew einem Außerirdischen geholfen hat, sein Schiff zu reparieren, lädt dieser Archer und Trip auf einen Wüstenplaneten ein. Dort schöpfen sie jedoch den Verdacht, dass es sich bei dem Gastgeber um einen Terroristen handeln könnte, der sie in eine Falle gelockt hat …

## INFO

Drei Crewmitglieder der »echten« USS Enterprise namens Robert Pickering, Timothy Whittington und Sara Elizabeth Pizzo durften als Gastdarsteller fungieren, nachdem sie zu einem Setbesuch eingeladen worden waren.

## OPTISCHE PRACHT

Zwar ist das Produktionsdesign in *Star Trek* und jetzt in *Star Trek: Enterprise* ohnehin von der besten Sorte; gelegentlich fehlte mir jedoch die schiere optische Größe und Weite von Produktionen wie *Star Wars* (wobei der Vergleich zwischen Serien und Filmen damals selten fair war). Endlich einmal gab es aber diesmal richtig etwas für das verwöhnte Auge: weite Wüstenabschnitte, wundervoll gestaltete Lager, die aus dem Raumhafen Mos Eisley des oben genannten Konkurrenzprodukts zu stammen schienen, und ein höchst einfallsreiches Wüstenspiel, das einerseits an Rugby, andererseits an eine Variante des Quidditch (aus *Harry Potter)* ohne Besen erinnerte. Derartige Spielereien hoben die Serie noch eine Stufe höher, was die Wirkung auf den Zuschauer anging; keine klaustrophobischen Sets, kein Planetenkulisseneinerlei, pure Weite.

## INHALT STARK, CHARAKTERKONTINUITÄT SCHWACH

Erfreulicherweise gesellte sich auch noch eine ansprechende Geschichte dazu, die sogar dank eines überraschenden Querverweises auf ein früheres Abenteuer zur inhaltlichen Kontinuität der Serie beitrug. In *Detained (In sicherem Gewahrsam)* hatte Archer bekanntermaßen einige Suliban aus ihrer Gefangenschaft befreit; und »bekanntermaßen« war hier das entscheidende Wort, denn Zobral, der Archer und Trip in seinem Lager empfing, hatte genau diese Geschichte des mutigen und kampfstarken Captain Archer bereits gehört und wollte ihn nun als Verbündeten gewinnen.

Schön, dass die Präsenz der Enterprise-Crew nicht unbemerkt blieb und einen Einfluss auf andere Völker zu haben schien. Zudem war es sehr erfreulich, dass die Produzenten sich anscheinend dazu entschlossen hatten, auf die regelmäßigen Zuschauer einzugehen und nicht nur abgeschlossene Abenteuer der Woche zu präsentieren.

Natürlich war Archer aber nicht dieser furchtlose Krieger; und in jedem Konflikt mitmischen zu wollen, war seine Sache auch nicht. Hatte sich Zobral also verkalkuliert? Dass Archer leider innerhalb dieser Staffel mal so, mal so handelte und kaum eine konsequente Haltung in seine Entscheidungen bekommen hatte, konnte man dieser Episode natürlich nicht direkt anlasten. Hier ging der Vorwurf weiterhin an das Autorenteam. Für den Moment mussten wir den gewählten und aufgezeigten Status Quo einfach akzeptieren.

Nun hätten die Autoren es sich ganz einfach machen können: Zobral war ein gefährlicher Terrorist, scharte eine Horde blutrünstiger Krieger um sich und kämpfte für seine eigene, ungerechtfertigte und unmoralische Sache. Somit wären Archer und Trip nun die Opfer einer (weiteren) Entführung gewesen und die Episode hätte eine (weitere) simple Rettungsmission werden können, mit viel Action und Schusswechseln in toller Wüstenlandschaft. Okay, ich überzeichne hier natürlich, doch war es eben erfreulich und angemessen, dass Zobral kein schlichter Finsterling war. Er behauptete, er kämpfe gegen die Unterdrückung, falsche Zusicherungen und Rassismus und für sein Recht, so zu leben, wie und wo er wolle. Wer hier die recht deutliche Verbindung zu Konflikten auf der Erde im Jahr 2002 (und auch heute noch) herstellen wollte, war dazu herzlich eingeladen.

Sogar Archer gab gegenüber T'Pol am Ende der Episode zu, dass Zobrals Kampf es möglicherweise wert wäre, geführt zu werden. Allerdings gab er auch zu bedenken, dass man sich nicht in solche innerplanetarischen Dinge einmischen durfte, nur weil man für eine Seite gewisse Sympathien entwickelt hatte (oder sie schlicht als erste getroffen hatte und über die andere Seite oder den Konflikt an sich einfach viel zu wenig wusste). Diese Erkenntnis hatte Archer innerhalb der Staffel ja schon einige Male. Und vergaß sie dann leider immer wieder.

Erinnern konnte die Episode auch an *The High Ground (Terror auf Rutia-Vier)* aus *Star Trek: The Next Generation*, die allerdings eher als Allegorie auf Irland/Nordirland angelegt war. Dort wurden jedoch beide Seiten sehr differenziert beleuchtet, etwas, das hier fehlte. Die Regierung bezeichnete Zobral und seine Gefolgsleute nur als Terroristen; wir erfuhren aber keine Hintergründe, keine Fakten, keine Vergehen. Alles, was wir inhaltlich lernten, stammte ausschließlich von Zobral. In der deutlich älteren Episode erhielt man Informationen der einen Seite über die gefangene Crusher, die Beleuchtung der anderen Seite wurde durch den Kontakt der restlichen Crew mit der Polizeichefin erreicht; ein starkes Stück politisch brisante Science-Fiction. Auch heute noch.

Somit bezeichnen wir dieses Abenteuer hier mal ganz freundlich als Light-Version auf dem Gebiet der politischen Konfliktbewältigung. Man entschied sich definitiv dafür, das Augenmerk auf andere und vor allem mehrere Dinge gleichzeitig zu richten: die tolle Optik, eine politische Message und vor allem, und somit komme ich zum letzten Punkt, eine schöne Charakterbetrachtung von Archer und seinem langjährigen Freund »Trip« Tucker. Dass eine engere Beziehung zwischen den beiden Männern bestand, war bisher schon deutlich gemacht worden. Hier erfuhren wir zum Beispiel, dass Archer Trip einmal vor dem Tod bewahrt hatte. Diesmal durfte er es wieder tun und zeigte dabei eine sehr besonnene, verletzliche und behutsame Weise; fast so, wie sich ein großer um den kleinen Bruder kümmern würde. Die Szenen mit den beiden waren für mich somit die Highlights der Episode. Scott Bakula spielte seine Szenen wie so oft mit einer Feinfühligkeit für die Situation und überließ seinem Kollegen Connor Trinneer die vordergründig sichtbaren Glanzpunkte in der Darstellung eines völlig erschöpften und mutlosen Mannes.

## FAZIT

In der Summe blieb eine durchweg flüssig erzählte, optisch großformatige, darstellerisch herausragende und storytechnisch zumindest ambitionierte Dreiviertelstunde; ein Mix, den *Star Trek: Enterprise* gerne häufiger so unterhaltsam hätte anwenden dürfen

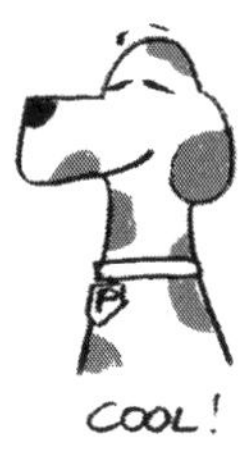


Der Durchhänger der Staffel war wirklich vergessen, und man spürte: Die Serie nahm nun Kurs auf das Staffelfinale.

# 1.25

# TWO DAYS AND TWO NIGHTS

## (ZWEI TAGE AUF RISA)

*Man kennt das: Was in Tijuana geschieht, bleibt in Tijuana. Archer bekam zum zweiten Mal die Quittung für seine Handlungen im Suliban-Lager, Mayweather lernte die Schrecken außerirdischer Ärzte kennen, und Hoshi outete sich als stilles Wasser.*

### INHALT

Archer beschließt, so viele Ressourcen wie möglich zu verkaufen, um seiner Crew davon einen Urlaub auf Risa zu ermöglichen, dem auch zu dieser Zeit schon beliebten Vergnügungsplaneten. Leider reicht es jedoch nur für die Hälfte der Besatzung …

### COMEDY!

Eines muss ich vorab gestehen: So sehr ich alle Star-Trek-Serien als Science-Fiction-Serien schätze, so sehr haben mir dennoch stets gerade die etwas anderen, familiären Comedy-Episoden Freude bereitet. Sind einem die Charaktere erst einmal ans Herz gewachsen, sind es genau diese Momente, die viel zur Qualität einer Serie beitragen.

### ENDLICH URLAUB

Nun kam es also zum ersten Ausflug der NX-01 zum Vergnügungsplaneten Risa. Die Reise war durch die Mission um die vulkanische Botschafterin V'Lar jäh unterbrochen worden, und auch danach war man in Gedanken schon im Urlaub, als der Zwischenfall um Zobrals Freiheitskämpfer dazwischenkam. Archer und Co. hatten es sich also redlich verdient, ein wenig auszuspannen …

Dass nicht alles nach Plan laufen würde, dürfte jedem von vornherein klar gewesen sein. Wie sich die Dinge entwickelten, überraschte dann aber doch und machte durchweg Spaß. Die Verteilung der Handlung auf vier verschiedene Schauplätze und Personen ergab

Sinn und wurde auch durchgängig gut gelöst. So entstanden vier völlig eigenständige Situationen und Geschichten, die alle zu überzeugen und zu amüsieren wussten.

Archer, der eigentlich auf dem Schiff hatte bleiben wollen, um einen Platz für ein anderes Crewmitglied freizumachen, bekam dabei den ernsthaftesten Teil ab; seine Bekanntschaft stellte sich als Tandaranerin heraus, die Informationen über die Cabal sammeln wollte. Auch die Erwähnung von Colonel Grat trug erneut zur Kontinuität der Serie bei. Angemerkt sei noch, dass Archer von T'Pol die Lehren des Surak als kleines Urlaubsgeschenk mitbekam. Eine schöne Idee!

Trip und Reed erhielten erneut Gelegenheit, ihre aufkeimende Freundschaft zu pflegen. Wie echte Kerle nun einmal sind, suchten sie die nächstbeste Diskothek auf, um zwei passende Frauen für ein kurzes Abenteuer zu finden. Hier zeigte sich zum zweiten Mal, was für ein interessanter Charakter der schüchterne Waffenoffizier war: auf dem Schiff der unnahbare, steife Brite, dagegen in Begleitung von Trip und mit einigen Drinks intus ein kleiner Draufgänger.

Gemein nur, dass die beiden zum Schluss wieder kein Glück hatten und in Unterwäsche gefesselt im Keller landeten, nachdem zwei Gestaltwandler sich ihnen als attraktive Beute präsentiert hatten.

Mehr Glück in der Liebe haben bekanntlich die, die nicht danach streben – Hoshi wollte eigentlich nur mal wieder ohne den Universalübersetzer mit neuen Spezies kommunizieren und lernte dabei einen mysteriösen Fremden kennen. Dass ausgerechnet sie am nächsten Morgen neben diesem jungen Mann im Bett aufwachte, war dann doch eine Überraschung; es passt aber auch sehr gut ins Bild. Die sympathische Japanerin hatte während des ersten Jahres schon viel von ihrer Furcht und Unsicherheit verloren; es war ihr gegönnt.

Der vierte Handlungsstrang entwickelte sich erst nach und nach. Mayweather, der eine Bergtour geplant hatte (die wir leider nicht zu sehen bekamen), verletzte sich und kehrte zurück an Bord. Jedoch befand sich Dr. Phlox im lange angekündigten Winterschlaf und sollte für 48 Stunden schlafen. Als Komplikationen bei Mayweather auftraten, mussten T'Pol und Cutler ihn jedoch wecken. Was darauf folgte, war die vielleicht lustigste Trek-Szene aller Zeiten. John Billingsley schien es sichtlich Spaß zu machen, den kauzigen Doktor von seiner schrillsten Seite zu zeigen, und er spielte dabei alle an die Wand. Seine Darstellung war dermaßen überzeichnet, dass man sie wohl entweder hasste oder liebte. Toll war aber, dass er so komplett anders auftrat. Beim nächsten Mal würden T'Pol und Cutler wohl eher selbst Hand anlegen, bevor sie es riskierten, ihn noch einmal zu früh zu wecken.

*Two Days and Two Nights* ist bestimmt kein intellektuelles Highlight, aber wer braucht so etwas schon jede Woche? Die hier gezeigten Geschichten konnten alleine natürlich keine Episode tragen. In der Kombination machten sie jedoch einfach Spaß. Die Crew bestand eben aus echten Menschen mit Wünschen, Sorgen und Bedürfnissen. Und mit Fehlern.

Die Mischung in der ersten Staffel hatte teilweise schon gestimmt. Mit dieser Episode erhielt sie nun auch ihren Comedyhöhepunkt.

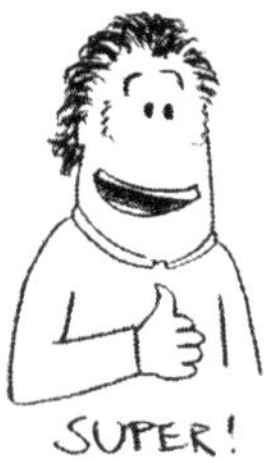


### FAZIT

Humor und Herz bis zum Abwinken; wer solche Episoden mag, kam voll auf seine Kosten.

Billingsley war eine Offenbarung, und auch alle anderen wussten mit locker-flockigem Spiel zu begeistern.

Ein ganz starkes Stück fluffige Unterhaltung!

# 1.26

# SHOCKWAVE, PART 1

## (DIE SCHOCKWELLE, TEIL 1)

*Die Serie packte die großen Kanonen aus und beendete die erste Staffel mit viel Action, tollen Gaststars, einem WTF-Moment am Ende und, man wollte es kaum für möglich halten, sogar mit inhaltlicher Tiefe!*

### INHALT

Die Sternenflotte beordert die Enterprise zurück zur Erde, da die Crew anscheinend für die Zerstörung eines ganzen Planeten verantwortlich ist. Doch plötzlich taucht der für tot gehaltene Daniels auf und erklärt, man müsse verhindern, dass die Suliban die Geschichte verändern würden …

### CLIFFHANGER-ALARM!

Dass es ein Cliffhanger werden würde, war angesichts der gesicherten Zukunft der Serie erwartbar gewesen. Auch die Thematik konnte nicht überraschen: Der Temporale Kalte Krieg sollte das Staffelfinale dominieren, geradezu eine Verpflichtung für den bis zu diesem Zeitpunkt durchaus gelungenen Mystery-Arc der Serie. Und die Rechnung ging auf: Die Episode war keine blutleere Ballerorgie, keine an Technobabble orientierte Nullnummer und kein dialogminimiertes FX-Vehikel. Es wurde zwar geballert, Technobabble war deutlich zu vernehmen, und auch die FX-Crew musste Überstunden schieben, doch bildete auch eine kantige Story mit tollen Charakteren und geschliffenen Dialogen den Nährboden für furiose 45 Minuten.

Und doch: Das spritzige Risa-Abenteuer zuvor machte fast noch mehr Spaß. Nicht, weil sich dabei Komödie und Action gegenüberstanden; ganz so einfach war es nicht. Nach so vielen Star-Trek-Abenteuern fiel es nur manchmal schwer, sich auf routinierte, aber bombastische Event-Episoden einzulassen. Gut gemachtes Popcorn-Trek zieht jedoch einfach; das hatte zum Beispiel auch die Dominanz von *Star Trek: First Contact* gegenüber *Star*

*Trek: Insurrection* oder auch die Neuausrichtung der Filme unter J.J. Abrams gezeigt. Aber zuviel des Guten ist halt meistens des Guten zuviel (wer hier ein cleveres Wortspiel vermutet, hat eine zu hohe Meinung vom Autor dieser Zeilen).

Fakt ist, dass sich schon bei *Star Trek: Voyager* gen Ende ein gedämpftes Interesse an den großen Doppelfolgen einstellte. Klar, das waren teils tolle Geschichten mit großen Effekten. Kinoqualität 1000; aber der Geist von *Star Trek* umweht eher die kleinen Folgen, die liebevollen Komödien, die kammerspielartigen Moraldebatten.

## ABER DAS SOLL NICHT DAS THEMA SEIN

Dennoch: Die Episode funktionierte als Weiterführung des Handlungsbogens um den Temporalen Kalten Krieg zufriedenstellend. Alle wichtigen Charaktere waren mit von der Partie: Silik, »Future Guy«, Admiral Forrest und, keine Überraschung, Ex-Crewman Daniels. Somit ergab sich ein sehr stimmiges und in sich geschlossenes Bild zum Ende der ersten Staffel von *Star Trek: Enterprise.*

Daniels gehörte ohnehin zu den interessantesten Charakteren der Rahmenhandlung; allerdings erst seit dieser Episode, und auch nur, weil Silik diesmal zu stereotyp eingesetzt wurde. In beiden bisherigen Auftritten kam er geradezu widerlich düster und verschlagen daher. Hier war er einfach nur platt böse und unsympathisch; ein krasser Rückschritt. Auch die Identität des »Future Guy« war für mich nur von zweitrangiger Bedeutung. Aber Daniels, dieser unscheinbare Mann, weckte mein Interesse. Wer war er? Ein Mensch? Eine Maschine? Etwas dazwischen? Für wen genau arbeitete er? Und warum? Wie lebte er? Hatte er ein normales Leben neben seinem Job? Und wo lebte er? Auf der Erde? Alles sehr gute Fragen, die viel zur Einzigartigkeit dieser Figur beitrugen.

An der Charakterfront gab es eine der besten Szenen der ganzen Staffel: Archers Reaktion auf den Rückruf der Enterprise zur Erde, im Besonderen die Szene, in der er Trip und T'Pol informiert und sie danach aus seinem Büro schmeißt. Eine großartige Leistung von Bakula, der endlich auch mal emotional wirklich aufdrehen durfte. Die ganze Last, der ganze Druck, seine Versagensangst, die Bürde seines übermächtigen Vaters; all das schien in diesem einen Moment zusammenzukommen und herauszubrechen. Wow!

Auch Admiral Forrest erhielt einen überzeugenden Auftritt. Er stand definitiv zwischen seiner Pflicht der Sternenflotte und der

Erde gegenüber und seiner Freundschaft zu Jonathan Archer. Sein Konflikt wirkte greifbar und real.

Das Ende der Episode, und bei einem Cliffhanger muss man darauf natürlich besonders eingehen, wurde hervorragend umgesetzt und überraschend gewählt. Archer landete mit dem (anscheinend) perplexen Daniels im 31. Jahrhundert (wo alles völlig zerstört war); das stellte schon eine interessante Konstellation dar! Allerdings sei die Frage gestattet, ob solche Ausflüge, wenn sie zu häufig vorkämen, nicht das eigentlich doch sehr gut gedachte Serienkonzept sprengten und nutzlos machten. Immerhin stand der Crew somit eine Informationsquelle zur Verfügung, die selbst die anderen Besatzungen nicht hatten.

Am Ende blieb die Hoffnung, dass sich die Autoren die Mühe machen würden, diese vertrackte Situation nicht auf die konventionellste Weise aufzulösen. Es stellten sich so viele Fragen, die es zu beantworten galt. Sonst wäre die Episode am Ende eben doch nur eine Reißer-Episode unter vielen, die auf Schauwerte blickte und das Herz vergaß.

## FAZIT

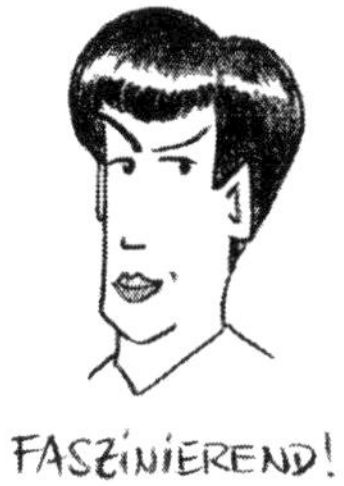


Das erste Staffelfinale beendete eine durchaus gelungene erste Staffel mit einem Paukenschlag. Doch würde natürlich erst die Art der Auflösung Rückschlüsse über die tatsächliche Qualität der Gesamt-Geschichte erlauben. Zu diesem Zeitpunkt gab es jedoch nicht viel auszusetzen.

Wir erhielten gern gesehene Gastdarsteller, eine spannende Handlung, tolle Effekte, einige große Charaktermomente und einen sehr ambitionierten WTF-Moment am Ende. Was wollte man mehr?

# STAFFELFAZIT

Fassen wir das erste Jahr der Serie in zwei Kategorien zusammen. Was war gut? Was war schlecht?

## POSITIV

- *Shuttlepod One:* kleine Episode, große Wirkung
- Die Vulkanier und ihre frische Darstellung
- Die Andorianer: wenn Ideen-Recycling, dann bitte exakt auf diese Weise (tolle Antennen!)
- Jeffrey Combs: immer ein Gewinn
- der Temporalen Kalten Krieg: mysteriös und vielversprechend
- tolle wiederkehrende Figuren mit Cutler, Shran, Silik, Future Guy, Forrest, Soval
- Die Gastdarsteller: René Auberjonois, Ethan Phillips, Jeffrey Combs, Dean Stockwell, Vaughn Armstrong, John Fleck, William Utay, Tom Bergeron, Matt Winston, Fionnula Flanagan, Clancy Brown u. v. a. (Klasse statt Masse)
- Griffigere, authentische Charaktere
- Großartige Titelsequenz mit passender und mutiger Musik
- Musikuntermalung: frische Kräfte und etwas frischer Wind
- Ansätze für starke Kontinuität

## NEGATIV

- Travis Mayweather / Anthony Montgomery: oft schlecht geschrieben und schlecht gespielt
- teilweise erzwungene Querverweise (nett gemeint, manchmal zu bemüht)
- zu wenig von der Erde (Wie sieht es dort aktuell aus? Wie geht es dort zu? Was denken die Menschen?)
- mehr Reaktionen von der Erde auf die Mission der Enterprise
- heilige Langeweile: (thematisch zu offensichtliche) Remakes bekannter Stoffe
- zu viele redundante, alleinstehende Episoden

## WEITER, WEITER, IMMER WEITER

*Star Trek: Enterprise* konnte sich mit dem ersten Jahr durchaus beweisen. Die Serie legte eine zufriedenstellende erste Staffel hin und bestellte somit den Boden für die Dinge, die da kommen würden. Die Quoten waren zu Anfang (für UPN) überwältigend, brachen jedoch schon in den ersten Wochen ein und dümpelten seitdem auf Voyager-Niveau vor sich hin. Das lag einerseits daran, dass neue, interessierte Zuschauer in den ersten Episoden nicht wirklich das Gefühl vermittelt bekamen, etwas revolutionär Neues zu sehen, andererseits aber auch an der völlig undurchschaubaren Ausstrahlungslogik des Paramount-Haussenders UPN, der in so regelmäßiger Unregelmäßigkeit zwischen neuen Episoden und Wiederholungen wechselte, dass jeder, der sich nicht intensiv mit den Titeln beschäftigte, zwangsläufig verloren war und abschaltete.

Außerdem durfte man die Werbeunterstützung nicht gerade als üppig bezeichnen: Zierten zu Zeiten von *Star Trek: Voyager* noch große Plakatwände die Städte, wurde diesmal höchstens innerhalb des eigenen Programms geworben. Was man davon halten sollte, war fragwürdig, insbesondere da die Serie im UPN-Programm eine Anomalie darstellte und bei den Zuschauern der anderen Formate vermutlich auf wenig Gegenliebe stieß. Erwähnenswert war aber noch, dass die Serie in den sogenannten Demographics, die genauere Aufschlüsse auf die werberelevante Zielgruppe geben, immer vorne zu finden war. Nach diesen Erhebungen legt die Industrie die Werbepreise fest, was einen entscheidenden Faktor für den Erfolg darstellte. Dennoch war es leider nicht gelungen, ein breites Publikum dauerhaft zu *Star Trek* zurückzuholen.

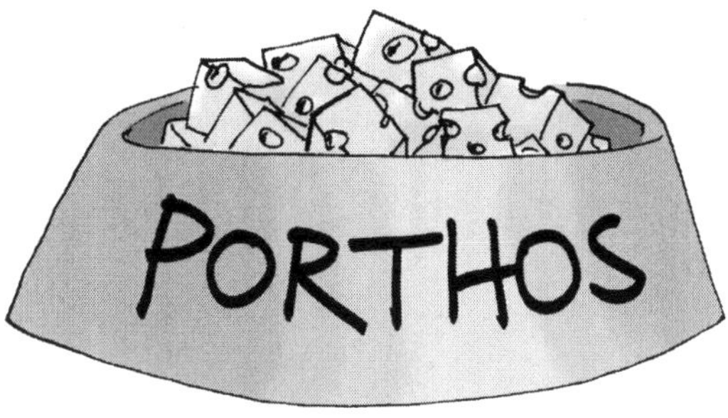
PORTHOS

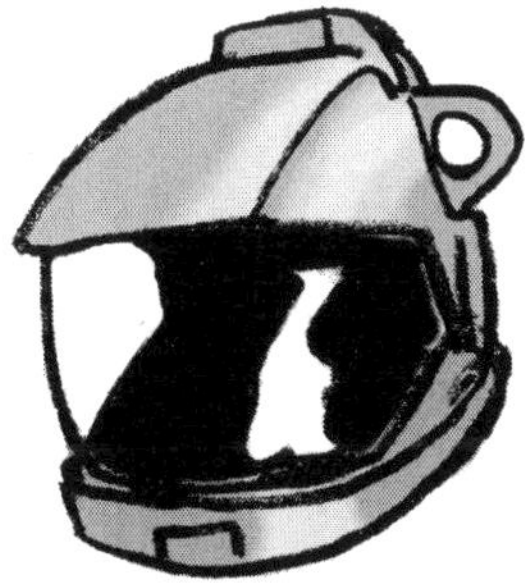

# ZWISCHENSPIEL
# **FUN FACTS**

## WUSSTEN SIE SCHON...?

Der Charakter der T'Pol sollte ursprünglich vollkommen anders aufgebaut werden, als man es letztlich tat: Die Vulkanierin sollte im Serienverlauf die klassisch vulkanischen Attribute wie das kühle Auftreten und die Selbstdisziplin verlieren und sich zunehmend untypischer verhalten. Dies fand das entschiedene Missfallen ihrer Darstellerin Jolene Blalock, die seit jungen Jahren ein großer Star-Trek- und insbesondere Mister-Spock-Fan war: Sie empfand diese Idee als fast schon blasphemisch und konnte einige der Pläne verhindern. Dennoch beschwert sie sich noch heute über die in ihren Augen unzureichende Entwicklung des Charakters von T'Pol.

Rick Berman, der Showrunner von *Star Trek: Enterprise,* hatte die Serie ursprünglich gar nicht machen wollen. Angesichts des nachlassenden Erfolges der damaligen auf *TNG* basierenden Kinofilme und des Umstandes, dass *Star Trek: Voyager* in ihrer letzten Staffel weit weniger quotenstark als die beiden Vorgängerserien gewesen war, hielt er eine mehrjährige Pause des Franchises für am besten. Das Network machte jedoch klar, dass man im Falle von Bermans Rückzug andere Leute in petto habe, die seinen Posten einnehmen würden. Somit blieb Berman schließlich doch an Bord.

In der Planungsphase von *Star Trek: Enterprise* gab es einige ziemlich verrückte Ideen, um die Serie zu pushen. Eine davon war der Gedanke, damalige Popstars fiktiv ins 22. Jahrhundert zu versetzen und in der Serie auftreten und singen zu lassen. Leider wurden niemals entsprechende Namen bekannt …

Das Serienkonzept zu *Star Trek: Enterprise* sah ursprünglich vor, die gesamte erste Staffel der Serie auf der Erde spielen zu lassen. Dabei sollte es darum gehen, wie die Menschheit ihre ersten Raumschiffe erschuf, unterstützt von den besserwisserischen und sie bevormundenden Vulkaniern. Die Bösewichterfraktion sollte dabei die xenophobische Vereinigung Terra Prime werden, die letztlich erst in der 4. Serienstaffel thematisiert wurde. Staffel 1 sollte dann mit dem Start der Enterprise NX-01 enden. Letztlich signalisierten die Verantwortlichen, dass die Serie jedoch lieber von Beginn an die Enterprise auf ihren Raumflügen begleiten sollte.

Es wurde zeitweise darüber nachgedacht, Captain Archer am Ende der 3. Staffel von *Star Trek: Enterprise* in Aufopferung für Schiff und Erde sterben zu lassen und danach durch einen jüngeren Charakter ersetzen zu lassen. Allerdings kam man bereits recht schnell darauf, dass dies definitiv kein guter Weg gewesen wäre.

Jolene Blalock wehrte sich entschieden gegen den neuen Look von T'Pol ab Staffel 3. Statt der gewohnten grauen vulkanischen Uniform trug sie nun einen orangefarbenen Jumpsuit, was man mit T'Pols Verlassen des Vulcan High Command erklärte. Ihr neues Outfit sollte den menschlichen Besatzungsmitgliedern entsprechender aussehen, doch dürfte der wahre Grund gewesen sein, dass es noch körperbetonter als das vorherige wirkte.

Scott Bakula war bereits im frühen Planungsstadium von *Star Trek: Enterprise* die einzige Wahl der Produzenten für die Rolle des Captain Archer – es wurde kein anderer Schauspieler für die Rolle gecastet. Dieser Umstand verzögerte sogar den Produktionsbeginn, da Bakula damals bereits für die Hauptrolle einer anderen CBS-Serie mit dem Titel *Late Bloomers* unterschrieben hatte. Diese Serie schaffte es jedoch nicht über die Produktion eines Pilotfilms hinaus, was Bakula die Möglichkeit eröffnete, Archer zu spielen. Der Mitbegründer von UPN war ein alter Freund Bakulas und hatte bereits zu Zeiten von *Zurück in die Vergangenheit* mit ihm zusammengearbeitet.

Auch die Figur des Captain Jonathan Archer sollte ursprünglich charakterlich völlig anders angelegt sein. Er war als Intellektueller geplant, der vor seiner Karriere als Raumschiffkommandant einige Jahre auf dem Planeten Vulkan gelebt hatte. Dadurch war er zum Experten für deren Kultur geworden und hatte unter anderem obskure Techniken wie die vulkanische Gedankenverschmelzung erlernt. Den Produzenten erschien diese Art von Charakter jedoch eher langweilig, und so machte man das genaue Gegenteil für den fertigen Entwurf daraus: jenen Archer, der anfänglich aufgrund des fehlenden Respektes, den die Vulkanier seinem verstorbenen Vater gezollt hatten, gewisse Vorbehalte gegen sie hatte.

Einige Kritiker warfen *Star Trek: Enterprise* im Gegensatz zu den vorherigen Serien des Franchises fehlende Diversität vor. Die einzigen beiden Angehörigen anderer menschlicher Ethnien, der Afro-Amerikaner Travis Mayweather und die Asiatin Hoshi Sato, waren ihrer Ansicht nach zu stark auf den Status von Nebencharakteren reduziert.

Der geheimnisvolle Kontaktmann aus der Zukunft, mit dem sowohl die Suliban als auch Captain Archer mehrmals kommunizierten, war eine Reverenz von Rick Berman an die Serie *Akte X – Die unheimlichen Fälle des FBI*. In dieser gab es den kettenrauchenden »Smoking Man« (in der deutschen Serien-Fassung wahlweise als »Zigarettenraucher« oder auch »Krebskandidat« bezeichnet), dessen Entsprechung in *Star Trek: Enterprise* schlicht »Future Man« (»Zukunftsmann«) genannt wurde. In den ursprünglichen Entwürfen für die Serie sollte sich der Future Man letzten Endes als ein aus der Zukunft stammender Romulaner entpuppen.

Der Entschluss, mit Trip Tucker einen der beliebtesten Charaktere von *Star Trek: Enterprise* am Ende der 4. und letzten Serienstaffel sterben zu lassen, war laut Showrunner Rick Berman eine Entscheidung in letzter Minute. Die Explosion, bei der Trip schließlich sein Leben verlor, wäre so oder so Bestandteil der Episode gewesen. Während der Dreharbeiten bestand noch eine geringe Chance auf eine fünften Staffel der Serie: Hätte man sich hierfür entschieden, würde Trip überlebt haben und zu T'Pol zurückgekehrt sein.

Die Vulkanierin an Bord hatte ursprünglich nicht T'Pol sein sollen, sondern T'Pau – Star-Trek-Fans bereits aus der Episode *Weltraumfieber (Amok Time)* in ihrer weitaus älteren Verkörperung als vulkanische Ratsherrin aus der klassischen Originalserie bekannt. Höchstwahrscheinlich wäre auch T'Pau von Jolene Blalock gespielt worden. Nachdem man stattdessen T'Pol konzipiert hatte, erhielt T'Pau jedoch einen Auftritt in der dreiteiligen Episode *Der Anschlag (The Forge), Zeit des Erwachens (Awakening)* und *Kir'Shara* (dito) in der vierten Staffel von *Star Trek: Enterprise,* wo sie die rebellischen vulkanischen Syrranniten anführte.

Der Titelsong zu *Star Trek: Enterprise, Faith Of The Heart* beziehungsweise *Where My Heart Will Take Me* in der Version von Russell Watson, erzählt seine Geschichte aus der Sicht von Captain Archers Beagle Porthos, wie aus dem Produzentenstab einmal bekannt wurde. Die Möglichkeit, das Lied in dieser Weise zu interpretieren, spielte eine wesentliche Rolle bei der Entscheidung für das Rod Stewart-Cover, das in seiner Originalversion bereits in der Tragikomödie *Patch Adams* (1998) mit Robin Williams verwendet worden war.

# STAFFEL 2

## (2002/2003)

"Du wusstest, dass du nicht das Recht hattest, dich in deren Belange einzumischen, aber du konntest es ja nicht lassen. Du glaubtest, das Richtige zu tun. Ich wäre wohl einverstanden, wären wir in Florida oder Singapur. Aber dort sind wir nicht. Hab ich Recht? Wir sind im tiefen Raum und eine Person ist tot. Eine Person, die noch leben würde, hätten wir nicht den ersten Kontakt hergestellt."

**Captain Jonathan Archer**
*Cogenitor (Cogenitor)*

# 2.01

# SHOCKWAVE, PART 2

## (DIE SCHOCKWELLE, TEIL 2)

*Die Serie packte die großen Kanonen schnell wieder ein und begann die zweite Staffel zwar mit viel Action und tollen Gaststars, verwarf die guten Ideen aber auch viel zu schnell zugunsten einer rasanten Auflösung ohne Tiefe.*

### INHALT

Captain Archer ist mit Daniels in der zerstörten Umgebung des 31. Jahrhunderts gefangen und muss einen Weg finden, den bekannten Zeitablauf wiederherzustellen. Währenddessen setzt sich die restliche Crew mit Silik und seinen Soldaten auseinander …

### ANSPRUCH UND REALITÄT

Die Handlung legte direkt ein enormes Tempo vor. T'Pols Entscheidung, die Soldaten der Suliban an Bord zu lassen, nahm der explosiven Situation aus dem Vorgänger zwar etwas die Dringlichkeit, stellte aber dennoch die einzig logische Alternative zur Zerstörung der Enterprise dar.

Was folgte, war eine durchaus rasante Rückeroberung des Schiffes, die zeigte, wie gut die Crew inzwischen harmonierte. Die geheime Kommunikation der Verbliebenen, Reeds »freiwilliges« Verhör, T'Pols Drogenerfahrung und Hoshis Tour durch enge Schächte des Schiffes gehörten zwar eher in die Rubrik stromlinienförmige Unterhaltung, waren aber dennoch sehenswert. Sogar die erzwungene Shirt-Szene, in der man die junge Japanerin (teilweise) nackt zu sehen bekam, war zumindest eines: charmant, wenn auch absolut überflüssig.

Die zweite Handlungsebene, die völlig zerstörte Welt des 31. Jahrhunderts, welches man als Hauptschauplatz für den zweiten Teil der Episode hätte erwarten können, kam leider arg zu kurz. Zwar gab es einige schöne optische Effekte zu sehen (die Bibliothek von innen und außen), einige ansprechende (und erneut reichlich kryptische) Unterhaltungen zwischen Archer und Daniels (Stichwort »Romulan Star Empire«), jedoch wurde hier eine faszinierende Horrorvision verschenkt. Die Odyssee der beiden durch diese erschreckende Ruinenlandschaft hätte viel mehr werden können als nur ein kurzzeitiger Besuch mit neckischen Plaudereien. Wirkliche Gefahr oder Hoffnungslosigkeit kamen zu keinem Zeitpunkt auf. Hier waren die Charaktere sich mindestens ebenso sicher wie die Autoren, dass sie am Ende wohlbehalten zurückkehren würden. Schade.

Positiv blieben das verschwundene Föderations-Denkmal, die Suche nach Antworten in der Bibliothek und eine haarsträubende MacGyver-Hommage, die irgendwo zwischen albern und witzig lag. Denn wer sollte Daniels schon ernsthaft abnehmen, dass er aus Archers Communicator und Scanner sowie anderen scheinbar nutzlosen Teilen mit seinem Schulwissen (!) eine Kommunikationsverbindung zur Enterprise in der Vergangenheit basteln konnte? Aber wenn es überhaupt jemand schaffen konnte, dann er. Und mit einem Augenzwinkern dargeboten, störte ich mich ausnahmsweise mal nicht weiter daran, was jedoch durchaus nur an meiner Begeisterung für den Charakter des Daniels liegen mochte, der hier erneut undurchschaubar und interessant blieb. Ein Kompliment auch an Matt Winston, der trotz seines fast schon aggressiv unscheinbaren Äußeren groß aufspielte.

Bei Ansicht dieser Basteleinlage fiel auch wieder auf, wie häufig statt Technikgeschwafel die eher humorvolle Schiene die Szenerie der Serie beherrschte. Als Archer später seinen Kommunikationsversuch mit der Vergangenheit startete, lag T'Pol nach ihrem Verhör durch Silik noch vollkommen unter Drogen auf ihrem Bett und wunderte sich darüber, dass ihr Captain an der Decke schwebte. Witzig! Dennoch trafen die beiden Erzählstränge hier aufeinander und ergänzten sich. Reed zog los, um ein Gerät aus Daniels' Quartier zu holen, das Silik in die Hände fallen sollte. Scheinbar handelte es sich dabei um eine Art tragbares Zeitportal; genauer erklärt wurde es jedoch nicht. Angemerkt sei daher auch, dass für Erklärungen generell wenig Zeit blieb; zu rasant schritt die Handlung voran. Ein Manko, das nur durch einen dritten Teil eventuell hätte verwässert werden können.

Erneut musste der Zuschauer sich in dieser Episode einiges zusammenreimen, was zwar durchaus Sinn ergab, aber nicht durch Worte oder Bilder belegt wurde.

Folgende Fragen blieben am Ende gänzlich unbeantwortet:

- die Identität des Future Guy und seine Rolle im Krieg
- Daniels' Rolle im Temporalen Kalten Krieg
- Daniels' Schicksal beziehungsweise das seiner Gegenwart
- und ganz wichtig: Warum wurde Silik letztlich freigelassen?

Antworten gab es also erneut wenige. Immerhin wusste Archer aber nun, dass er eine bedeutende Rolle in der Zukunft der Sternenflotte spielen würde und dass es irgendwann eine sogenannte Föderation geben wird (zumindest laut Riddler Daniels).

Soviel zur Auflösung des Zweiteilers. Das vollkommen überraschende Ende folgte jedoch auf dem Fuße.

## 5 MINUTEN AUS EINER ANDEREN LIGA

Mit diesem Action-Feuerwerk war es dann scheinbar doch noch nicht genug. Die Produzenten räumten einer Szene Platz ein, die wirklich unerwartet kam. Es ging um die Forderung der Vulkanier, die Mission abzubrechen, da schließlich noch der Tod der Kolonisten im Raum stand.

Diese erstaunlich ausführliche Sequenz, in der T'Pol nach einer eher kindischen Analogie des wohl noch erschöpften Captains für ihre Crew Partei ergriff und somit Soval ruhigstellte, war dann auch ein willkommenes Highlight der Episode und kulminierte in einer erfreulichen Szene in T'Pols Quartier, als Archer im Schlafanzug hereinkam, um ihr mitzuteilen, dass es vorerst weitergehen konnte.

## FAZIT

*Shockwave* war im Ganzen betrachtet eine brauchbare Doppelfolge; jedoch auch wieder eine typische Event-Folge, die viel Wert auf ihre Verpackung legte und dabei leider ab und an das Herz und den Kern des Ganzen vermissen ließ.

Die Auflösung war dann auch ein typischer zweiter Teil, der Action, Spannung, tolle Effekte, spielfreudige Darsteller und Humor mitbrachte, aber auch ein paar mittelschwere Fragezeichen und Schweizer Käse-Löcher im Plot zurückließ.

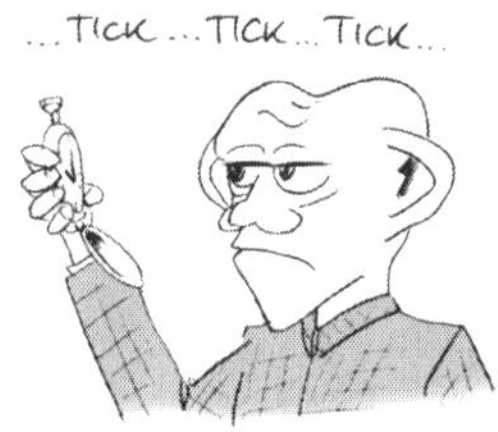


Eindeutig *Star Trek* für die große Leinwand, aber den kleinen Hunger.

# 2.02

# CARBON CREEK

## (CARBON CREEK)

*Breaking! T'Pol besitzt eine uralte Handtasche, von der sie niemandem etwas erzählt hat! Wie konnte daraus bloß eine überaus warmherzige, humorvolle, charmante und intelligente Dreiviertelstunde werden?*

### INHALT

T'Pol erzählt Trip und Archer bei einem gemeinsamen Essen eine Geschichte, die vom Absturz eines vulkanischen Schiffes auf der Erde der Vergangenheit handelt.

### THIS IS YOUR GRANDFATHER'S TREK

Nach der obligatorischen Auflösung des Vorjahres-Cliffhangers startete die Serie nun wirklich in die zweite Staffel und tat dies, wie sie es vor dem Staffelende mit dem wundervoll dezenten und humorigen Glanzstück *Two Days and Two Nights (Zwei Tage auf Risa)* getan hatte. Die Autoren lieferten erneut eine schöne Konzeptepisode ab, die die naturgemäß starren Regeln der Serie ignorierte und durch ihre Andersartigkeit fesselte.

Außer Archer, Trip und T'Pol bekamen wir niemanden der Crew zu Gesicht; die drei Führungsoffiziere begingen gemeinsam T'Pols einjähriges Dienstjubiläum an Bord mit einem kleinen privaten Dinner. Das war zwar nicht so schön für den Stellenwert der restlichen Crew, aber so ist es halt unter Alphatieren. Es sei angemerkt, dass es sich eigentlich auch um das einjährige Jubiläum der Mission handeln müsste. Ein Umstand, den man jedoch ignorierte.

Als Archer eine scheinbar unbedeutende Frage äußerte, nämlich warum T'Pol während ihrer Zeit auf der Erde ihren Urlaub ausgerechnet in der kleinen und unbedeutenden Bergwerksstadt Carbon Creek verbracht hatte, erfuhren die beiden Männer eine völlig neue Wahrheit über den ersten Kontakt zwischen Vulkaniern und Menschen.

## FIRST CONTACT REDUX

Die Episode spielte somit geschickt auf den wunderbaren achten Kinofilm an, in dem die Crew um Captain Picard dem Start der ersten Warp-Rakete von Erfinder Zefram Cochrane beiwohnte, wonach die Vulkanier am Ende in Montana landeten und den (uns bekannten) ersten Kontakt herbeiführten.

Bisher schien es so, als hätten die Vulkanier die Menschen bis zu diesem Zeitpunkt wegen ihrer Unreife und ihrer technischen Rückständigkeit schlicht ignoriert. Doch erfuhren wir nun, dass bereits im Jahre 1957 eine Gruppe Forscher den Start des Sputnik beobachtet hatte, dabei in Carbon Creek abgestürzt war und einige Zeit in dem Dorf verbringen musste. Darunter: T'Mir, T'Pols Ururgroßmutter.

Eine derartige Enthüllung wirkte sicher ein wenig aus dem Hut gezaubert, aber wer konnte schon annehmen, die Vulkanier wären nicht an der Entwicklung anderer Spezies interessiert gewesen? Die Tatsache, dass sie sich schon weit vor dem ersten Kontakt, den die Geschichtsbücher aufgezeichnet hatten, mit den Menschen beschäftigten, verdeutlichte, warum sie dieser aggressiven Spezies so distanziert und skeptisch gegenüberstanden. Sie kannten die Fakten, und sie wussten um die kriegerische Ader und die hohe Rückfallquote nach scheinbar friedlichen Phasen in der Geschichte.

Die vorliegende Geschichte befasste sich jedoch weniger mit der Natur der Menschen als vielmehr mit jener der Vulkanier selbst. Dank ihrer enormen Selbstkontrolle schafften sie es, sich völlig unentdeckt über Monate in dem kleinen Dorf Carbon Creek aufzuhalten, obwohl bekanntlich gerade solche Dorfbewohner eher zu den misstrauischeren Zeitgenossen zählen. Die Vierergruppe verschaffte sich sogar eine geregelte Arbeit, bezog ein hübsches Haus und pflegte soziale Kontakte.

Wobei Letzteres besonders dem wohl sympathischsten Vulkanier der Trek-Historie (nach Spock) zu verdanken war. Die Rolle des Mestral besaß eine Tiefe, die in der geringen Zeit voll zur Geltung kam. Dazu war sie mit J. Paul Boehmer perfekt besetzt.

Jolene Blalock hingegen hinterließ ein zwiespältiges Bild. Zwar konnte sie auch als T'Mir überzeugen, vermochte aber auf irritierende Weise keine eigenständige Persönlichkeit zu entwickeln. Für nicht Eingeweihte war T'Mir schlicht T'Pol, da weder im Aussehen noch im Verhalten Unterschiede bestanden. Ob es an den Zwängen der Charakterbeschreibung lag oder am zu wenig differenzierten Spiel der Mimin, ist schwer zu beurteilen.

Die menschlichen Gastdarsteller wurden hingegen allesamt überzeugend gespielt und geschrieben. Der junge, wissenschaftlich interessierte Jack, seine Mutter Maggie, die ihm das College ermöglichen wollte, der in der Mine beschäftigte Billy – alles Charaktere, die sich perfekt in die Szenerie einpassten und mit ihren persönlichen Geschichten zur Atmosphäre beitrugen.

Diese war im Übrigen der heimliche Star der Episode. Der Schauplatz, das Dorf Carbon Creek, wirkte der Zeit vollkommen angemessen. Die Autos, die Kleidung und viele Details konnten die real existierende Ortschaft zurück ins Jahr 1957 befördern. Hinzu kam eine enorm stimmungsvolle Musikuntermalung, die nicht mit Spielereien geizte.

Dennoch handelte es sich hier natürlich um keine wirklich relevante Episode. Charakterentwicklung fand nur am Rande statt, und dann auch nur bei T'Pol. Man erfuhr, dass ihre – für vulkanische Verhältnisse dieser Zeit überraschende – offene Art ihre Wurzeln scheinbar schon bei ihrer Vorfahrin hatte, dass sie aus sentimentalen Gründen sogar deren Handtasche aufbewahrte – und dass sie, im Vergleich zum Start der Enterprise, schon deutlich aufgetaut war, da sie erstens Wein trank und zweitens eine Geschichte erzählte.

## VULKANISCHES BABE MIT HANDTASCHE

Dabei blieb am Ende jedoch die Frage offen, welchen Wahrheitsgehalt das Erzählte wirklich hatte. Ihre Bemerkung, Archer und Tucker hätten eine Geschichte verlangt und bekommen, wirkte im ersten Moment wie ein Schlag ins Gesicht, da das vorher Gesehene anscheinend nichtig ist. Als sie dann jedoch später die besagte Handtasche hervorholte und in der Abgeschiedenheit ihres Quartiers damit alleine war, erhielt die Handlung ihren emotionalen Höhepunkt. Archer und Tucker blieben jedoch verwirrt zurück.

## FAZIT

*Carbon Creek* lieferte einen ersten kleinen Gewinner der jungen Season. Wie erhielten eine Geschichte zum Schwelgen und einfach Dahinschauen sowie ein tolles Produktionsniveau, schöne Dialoge, dezenten Humor und in der Summe einen sehr anregenden Start ins zweite Jahr.

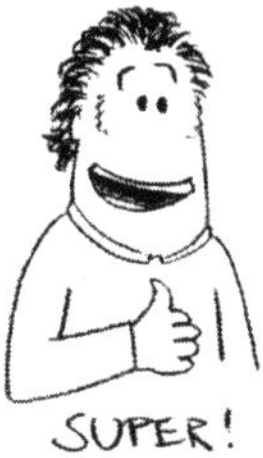


## EINSPRUCH, HERR KOLLEGE!

Ich ganz persönlich sehe in *Carbon Creek* mehr als nur »einen ersten kleinen Gewinner«. Für mich handelt es sich bei der Folge um eine der besten Vulkanier-Episoden des gesamten Star-Trek-Universums. Hat *Fusion (Die Verschmelzung)* aus der ersten Staffel schon einiges dazu beigetragen, die Sichtweise auf die ansonsten zuweilen eher wenig sympathischen Vulkanier zu verändern, so erledigt *Carbon Creek* hier den Rest. Spätestens nach dieser Folge wird es Trekkies gegeben haben, die das mitunter zickig anmutende Gehabe von Spock und Co. mit anderen Augen sahen. Weil *Carbon Creek* die Vulkanier so zeigt, wie sie wirklich sind: Diszipliniert – ja. Stoisch – ebenfalls. Übertreiben sie es dabei? Ganz sicherlich. Sind sie emotionslos? Nein, definitiv nicht. Der Einspruch erhebende ist kein sehr emotionaler Mensch, jedenfalls nach außen nicht (darin gleicht er den Vulkaniern hier und da möglicherweise). Und er liebt definitiv den Kitsch nicht. Aber wenn eine Szene in einer Star-Trek-Episode dafür sorgt, dass er heilfroh darüber gewesen ist, beim ersten Ansehen ganz allein zuhause gewesen zu sein (das Stichwort lautet »Klettverschluss«), dann erlaubt er es sich durchaus, besagte Szene zum ganz großen Star-Trek-Moment zu erheben. Da spielt es dann auch keine wirklich so große Rolle mehr, wie genau es T'Pol darin mit der Wahrheit genommen hat. Wahrheit hängt oft vom persönlichen Standpunkt ab – lehrt uns in diesem Falle ein anderes Franchise.

# 2.03
# MINEFIELD
## (DAS MINENFELD)

*Da der lebensmüde Sicherheitschef auf der Außenhülle des Schiffes über sein Ableben philosophierte, konnte nur noch der Captain helfen. Würde Malcolm Reed das exklusive Galafrühstück beim Chef also noch erleben dürfen?*

### INHALT

Die Enterprise fliegt mitten in ein riesiges Minenfeld. Als Reed eine an der äußeren Schiffshülle haftende Mine entschärfen muss, gerät er in Lebensgefahr und ist auf die Hilfe von Captain Archer angewiesen …

### SHIBAN SOLL ES RICHTEN

Da war sie also, die erste Arbeit des langjährigen *X Files*-Produzenten und Autoren John Shiban. Schon kurz nach seiner Ernennung vom Dauernörgler zum potenziellen Messias und Retter der Serie baute sich eine riesige Erwartungshaltung auf, der er weder hier noch später jemals gerecht wurde. Tatsächlich war sein erstes Stück *Star Trek* nicht mehr als eine konventionelle Charakterepisode, angereichert mit guten Dialogen und starken Effekten. Allerdings eben auch nicht weniger. Die Episode hätte jedoch genausogut von jedem anderen Autor der Serie oder gar von den Produzenten Berman & Braga stammen können. Mag kein Lob sein, war aber leider Fakt. Vermutlich hatte Shiban zuerst einmal den Weg der Mitte gewählt und eine unauffällige, aber doch starke Episode einem abgehobenen Konstrukt vorgezogen. Eine verständliche Wahl.

## NUR MAL KURZ DEN REED RETTEN

Irgendwie kannten wir das Szenario doch schon: Zwei Crewmitglieder, die sich privat bisher wenig miteinander beschäftigt hatten, gerieten in eine schier ausweglose Situation. Einer der beiden war dabei erneut der fatalistische Reed, der diesmal in Lebensgefahr genau das tun wollte, was er dem vom Rang eher gleichgestellten Tucker in einer ähnlichen Situation schon einmal verboten hatte: selbst den Stecker zu ziehen. Doch sein Pendant und gleichzeitig Captain hinderte ihn (natürlich) daran. Das Ganze erzeugte dann auch eine leichte Widersprüchlichkeit beim Briten, da man meinen sollte, Reed hätte aus Tuckers Verhalten und Aussagen gelernt und seinen vorschnellen Pessimismus etwas eingestampft. Vielleicht war es aber auch nur die besondere Situation: Außenhülle, Todesangst, Vorgesetzter in der Nähe.

Das Verhältnis zwischen den beiden Protagonisten wurde jedoch auch sonst auf eine recht verschrobene Art und Weise dargestellt. Beide schienen sich unwohl miteinander zu fühlen; das steife Frühstück zu Beginn sprach Bände. Archer wollte sich anscheinend bemühen, sein »Phantom« an Bord besser kennenzulernen; Reed jedoch konnte sich in dessen Gegenwart gar nicht entspannen oder gar öffnen. Shiban bewies damit immerhin ein gutes Gespür für die Charaktere. Ein Umstand, der sicher einer guten Vorbereitung zu verdanken war.

Hervorzuheben war auch noch, dass Shiban zwar eine recht schlicht gestrickte Episode abgeliefert hatte, deren Einfachheit aber nicht zwangsläufig störend wirkte. Erst bei näherer Beschäftigung fiel auf, dass es kaum Ansatzpunkte für Lob oder Kritik oder sogar eine spezielle Behandlung gab. Die einzigen Ansatzpunkte? Das Minenfeld blieb, was es war: ein Gimmick, um die Handlung voranzubringen. Reed und Archer wurden zu ihrem Glück gezwungen und überstanden die schwierige Situation gemeinsam. Mayweather durfte das Schiff dabei mit einem Joystick (hahaha, schon in *Star Trek: Insurrection (Star Trek: Der Aufstand)* nicht gelacht) und hochkonzentriertem Gesichtsausdruck durch das Feld manövrieren. Und die Romulaner hatten ihren ersten Auftritt, jedoch nur über Funk und in Form ihrer zumindest sehr schön gestalteten Schiffe. Man hätte sie ehrlicherweise jedoch auch nicht vermisst. Sie kamen, drohten, gingen, kamen zurück, drohten mehr, gingen; und so ging es weiter. Als Appetizer für eine weitere Behandlung war das vielleicht gut geeignet, dem Hype im Vorfeld jedoch in keiner Weise angemessen.

Immerhin: Der Schaden, den die Enterprise davontrug, war katastrophal. Oder erschien zumindest so. Zwar kam niemand ums Leben, aber weitreichende Auswirkungen musste das Gezeigte eigentlich haben.

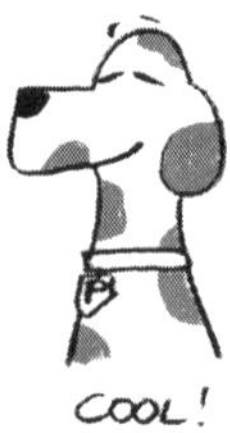


### FAZIT

*Minefield* war eine Episode, die durchaus unterhielt, bei näherer Betrachtung jedoch etwas simpel gestrickt erschien.

Immerhin lieferte sie aber auch noch die Basis für eine möglicherweise interessante Fortführung.

# 2.04

# DEAD STOP

## (TODESSTATION)

*Kostenlose Lebensweisheit zum Sonntag: Dinge, die zu schön klingen, um wahr zu sein, sind es selten wert, ausprobiert zu werden. Einschränkung: Wenn einem das Schiff unter dem Hintern wegblättert, muss man das Leben seiner Crew schon mal riskieren!*

## INHALT

Schwer gezeichnet von der Auseinandersetzung mit den Romulanern sucht die Crew eine Art vollautomatische Raumschiffwerkstatt auf. Über den Preis hätte man vielleicht aber vorher Klarheit schaffen sollen …

## MINEFIELD, PART II

Wie bereits zuvor angedeutet, begann diese Episode wie eine verkappte Fortsetzung der letzten, nämlich mit den Reparaturbemühungen der Crew. Die Situation erschien nicht sehr günstig für unsere Helden, und somit kam der Tipp, eine Art Weltraumwerkstatt in der Nähe aufzusuchen, natürlich wie gerufen. Bei dieser Gelegenheit spielten übrigens die Tellariten erneut eine kleine Rolle. Zu Gesicht bekamen wir sie zwar nicht, dafür aber immerhin zu Gehör (wobei am Ende unklar blieb, ob sie es auch wirklich waren, doch dazu später mehr).

Die Werkstatt entpuppte sich als wahre Wundertüte im All und somit als Glücksfall für das gebeutelte Schiff. Sie gab sich zwar reichlich wortkarg, passte sich aber mit ihrem Weltraumdock der Form und Größe der Enterprise an, stellte die Umweltbedingungen auf ein erträgliches Maß ein und bot somit indirekt ihre Gastfreundschaft an. An Bord wurde noch eine schnelle formelle Verhandlung mit einem nicht zu hohen Preis für die Leistungen abgewickelt, und schon sollte es losgehen – inklusive eines Freizeitraums mit einem unseren Helden bis dato noch unbekannten Replikator.

Die Stimme der Station könnte übrigens bekannt vorkommen: Es handelte sich um Regisseurin und Torres-Darstellerin Roxann Dawson. Ein schöner kleiner Gag, der Freude machte.

## TRUST NO ONE

Die Tatsache, dass nicht alles glatt über die Bühne ging und irgendwo ein Haken im System sein musste, dürfte jeder schnell erraten haben. Was uns jedoch geboten wurde, war kein konventioneller Plot, sondern ein feines Spiel mit dem Feuer, bei dem die Crew leicht hätte verlieren können; genauer, das Leben von Travis Mayweather. Dieser starb nämlich, nachdem er von einer Art Phantomstimme alias Captain Archer angelockt worden war, in der Shuttlesektion einen unglücklichen Tod. Diese Phantomstimme wurde zwar nie aufgeklärt, könnte aber darauf hindeuten, dass auch die Übertragung der Tellariten zu Beginn der Episode nur durch die Station selbst erzeugt wurde. Eine Vermutung; mehr nicht.

Die Plotentwicklung um den bedauernswerten Mayweather war vielleicht der schwächste Part der Episode. Erstens halte ich die Idee, ein Crewmitglied scheinbar sterben und die Leiche sich dann als Klon entpuppen zu lassen, für wenig originell und nebenbei für eine viel zu simple Irreführung der Zuschauer. Zweitens sollte es eine bessere Wahl für ein mögliches Opfer geben, da man den bisher immer noch viel zu schwachen Charakter und Darsteller des Mayweather nicht für einen solchen Kniff hätte verheizen sollen. Dieser Mann hatte damals eine so große Kritikerschar, dass wohl die Mehrheit der Zeugen seines Ablebens eher belustigt als schockiert oder betroffen gewesen sein dürfte. Abgesehen von dieser – zugegeben etwas makabren – Haltung empfand ich die Sterbebettszene mit Hoshi und Phlox als sehr gelungen. Der ungewollte Witz dabei war natürlich, dass die junge Frau uns ein bisher gänzlich unbekanntes und blasses Crewmitglied als guten Bekannten verkaufte und sich an Dinge erinnerte, die wir bisher nicht im Ansatz gesehen hatten oder nachempfinden konnten.

Eine gehaltvolle Mayweather-Episode war an dieser Stelle längst wieder notwendig. Dabei war aber keine Szene wie sein Auftritt ohne Shirt gemeint. Zwar reihte sich Travis somit in die lange Liste der halbnackt herumlaufenden Crewmitglieder ein, Charakterentwicklung sollte man das aber eher nicht nennen müssen.

Phlox bekam durch den Zwischenfall wieder einmal Gelegenheit, seine medizinischen Fähigkeiten unter Beweis zu stellen, wenn auch seine Entdeckung recht zufällig wirkte und die Erklärung nicht ganz stichhaltig erschien. Klar drängt die Zeit (der Episode), aber ein, zwei weitere Sätze über eine Bestätigung und eine genauere Untersuchung wären gut gewesen, da eine – natürlich ebensowenig definierbare – Anomalie letztlich mehr einleuchten würde als das völlig aus dem Nichts gegriffene Akte-X-Konstrukt eines Klons, der zur Vorspiegelung falscher Tatsachen … wir verstehen uns.

Mit dieser Erkenntnis, dass Mayweather eben nicht gestorben, sondern ausgetauscht worden war, kam dann jedoch der Showdown auf den Weg, in dem die Crew hinter das schreckliche Geheimnis der Station kommen musste. Dabei wurde aber auch deutlich, dass sich die Stationslogik doch als recht löchrig erwies. Trip diskutierte den Computer in den Wahn (eine Kunst, die schon Kirk beherrschte); Archer, Reed und T'Pol tricksten die Sicherheitssysteme aus und drangen schließlich (recht schnell) in das Zentrum der Anlage ein.

Die Enthüllung, dass die Station Gehirne von armen Hilfesuchenden (und ebenfalls ausgetauschten) Crewmitgliedern diverser Schiffe angesammelt und zu einem Großrechner zusammengeschlossen hatte, überraschte sehr. Die Idee war klasse, wenn auch reichlich makaber. Wer hier den Ursprung der Borg vermutete, lag zwar falsch; eine mögliche Idee für die Entstehung dieser Rasse war aber sicherlich gegeben und ließ die Maschinenwesen im Nachhinein noch wirkungsvoller, weil realistischer erscheinen.

Warum Archer und Co. jedoch davon absahen, die anderen Gefangen zu befreien, sondern stattdessen nur Mayweather mitnahmen, blieb zunächst unverständlich. Erst im Nachhinein wurde erklärt, dass sie schon zu lange dort waren. Vielleicht wäre ein direkter Hinweis in der Szene besser gewesen.

## I'LL BE BACK

Das Ende der Episode, der beginnende Wiederaufbau der dank der Enterprise zerstörten Station durch sich selbst, war dann ein perfekter Ausklang. Suspense, Horror, Dramatik sowie das wohlige Gefühl von Panik lieferten ein offenes Ende par Excellence.

Die Effekte und Kulissen befeuerten das Ganze erneut mit einer hohen Qualität, und sogar das steril weiße Innere der Station drückte die reine Zweckmäßigkeit aus, die von den unbekannten Betreibern sicherlich beabsichtigt gewesen war. Man wusste schließlich nie, wer die Pforten des Komplexes durchschritt; neutral war in diesem Fall bestimmt eine sinnvolle Wahl.

*Dead Stop* machte deutlich, dass es doch immer noch wirklich neue Ideen gab (wobei ich nicht behaupten will, dass der Plot vorher so noch nie vorgekommen war). Für *Star Trek* war diese Episode ein weiterer Meilenstein in der langen und serienübergreifenden Geschichte von erinnerungswürdigen Missionen.

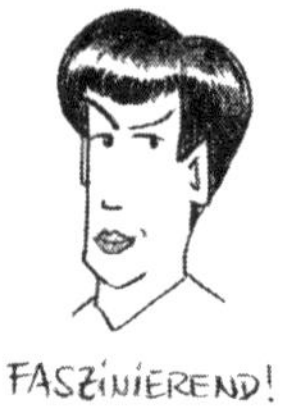


### FAZIT

Der erste Hammer der zweiten Season! Ein Stück pure SF, das durch Story, Originalität, greifbare Charaktere, geschliffene Dialoge und eine vollkommene Optik glänzte. So macht *Star Trek* Spaß, so konnte das Franchise auch nach über 600 Episoden noch überraschen.

# 2.05

# A NIGHT IN SICKBAY

## (EINE NACHT KRANKENSTATION)

*Wer lachen konnte, war klar im Vorteil: Irgendwo zwischen Kettensägengejaule, spätpubertären Witzen und einer Prise Sigmund Freud rollte die Episode wie eine ungebremste Humorlawine über uns hinweg. Entzückend!*

### INHALT

Porthos infiziert sich auf dem Heimatplaneten der Kreetassaner mit einem Virus. Als sich sein Zustand immer mehr verschlechtert, verbringt Archer die Nacht bei ihm und Dr. Phlox in der Krankenstation …

### AUFRUHR IM FANDOM

Selten gingen die Fans so harsch mit 45 Minuten *Star Trek* um wie in diesem Fall. Zwischen dem prognostizierten Ende von *Star Trek*, dem Gipfel der Peinlichkeit, Beschämung und Abgesängen auf die Figur des Captain Archer blieb wenig Raum für Positives.

Doch fängt aller Humor nun einmal damit an, dass man die eigene Person nicht zu ernst nimmt. So sprach einmal Hermann Hesse. In diesem Sinne sei gefragt: Was war dran an dieser Episode? Warum polarisierte sie dermaßen? Handelte es sich nicht schlicht um eine recht einfach gestrickte Comedy-Episode? Die Antwort lautete natürlich: Doch!

Das wiederum warf die Frage auf, ob eine einfach gestrickte Comedy-Episode im Normalfall überhaupt solche Wellen schlagen durfte. Auch diese Antwort lag auf der Hand: Nein!

Eines sollte sich jeder einfach klarmachen: Über Humor lässt sich wie über kaum etwas anderes streiten, und zwar aufs Herrlichste! Es ist doch ein Phänomen, wenn man sieht, dass Menschen, die sich von Bildung, Herkunft, Prägung und Lebensstil noch so ähnlich sind, dennoch über die unterschiedlichsten Dinge lachen können. Humor ist ein vollkommen undefinierbares Feld – alles kann lustig sein, alles darf Spaß machen. Umso schwieriger war es schon immer, humorvolle Episoden innerhalb einer ansonsten nicht primär auf Humor festgelegten Serie zu etablieren. Bei einer explizit auf Humor ausgelegten Serie, wie zum Beispiel *Friends,* wird sich mit der Zeit ein Publikum finden, das diesen Humor teilt. Bei *Star Trek* jedoch schaut wohl kaum jemand primär wegen des Humors zu. Somit versammeln sich von diesem Standpunkt aus betrachtet die unterschiedlichsten Charaktere vor dem Fernsehschirm; geteilte Meinungen sind hierbei gar nicht zu vermeiden.

Wenn dann eine Episode auch noch die Grenze des bisher Bekannten in jeder Hinsicht sprengte und die sonst eher ernsthaften Charaktere in Situationen brachte, die an Slapstick grenzten, dann konnte man als Autor des Ganzen eigentlich nur noch hoffen und beten. Mutig war das aber allemal!

Natürlich war Archer kein Egomane, der eher die Galaxie zerstören würde, als seinem Hund zu schaden. Er war auch kein spätpubertärer Lüstling, der sich durch T'Pols Outfit von der drohenden Zerstörung seines Schiffes ablenken ließ; er war nur ein Mensch. Ein Mensch mit Fehlern, Trieben, Sorgen, einer, der manchmal einsam war, manchmal unter dem Druck zusammenzubrechen drohte und mit sich selbst haderte; ein MENSCH!

In dieser Episode hatte er einfach eine verdammt schlechte Zeit. Alles kam zusammen, und schließlich führte er sich wie ein Idiot auf. Das Gute: Er wusste es, ging am Ende ans Limit seines Schamgefühls, als er sich zum Deppen für die Kreetassaner machte, und konnte sich somit erfolgreich in den Dienst des größeren Ziels stellen und entschuldigen.

Archers Schwäche lag hier nur darin, dass er sich um seinen Hund Sorgen machte, genervt von den erneut völlig irrationalen und beleidigten Kreetassanern war, schlecht schlief und von Dr. Phlox auch noch zu hören bekam, er hege sexuelles Verlangen für T'Pol. Ich nenne das einen Scheißtag und konnte ihn sehr gut verstehen. Sein Ausspruch »… then I piss on their planet.« war der perfekte Ausdruck seiner miesen Laune.

Die Episode lag mit allem, was vor sich ging, vollkommen jenseits ausgetrampelter Trek-Pfade, im kaum mehr messbaren Bereich zwischen Wahn- und Irrsinn. Wenn der Captain beim Fitnesstraining mit T'Pol um die bessere Kondition rangelte, mit dem Doktor eine Fledermaus jagte, die Hoshi dann mit der Hand fing, wenn er von der Beerdigung seines Hundes träumte und schließlich mit T'Pol allein in der Dekontaminationskammer seinen Trieben nachgab, wenn der Doktor seine schrillen Fußnägel schnitt (und verfütterte) oder seine lange Zunge säuberte, dann musste auch der letzte Fan begriffen haben, dass diese Episode nicht das Ende von *Star Trek* war.

*Star Trek: Enterprise* bot in dieser Season bisher eine Vielfalt, die man erst einmal erreichen musste. Charakterentwicklung, Nostalgie, Gefühle, Action, Drama, Suspense, Horror und nun Humor. Alles drin in nur fünf Episoden!

Wer sich über Episoden wie diese vor Aufregung ein Magengeschwür züchten wollte, war herzlich eingeladen. Auch darüber konnte bestimmt der eine oder andere herzlich lachen.

John Billingsley und Scott Bakula bewiesen uns überdies höchstes komödiantisches Talent und Timing. Scheinbar genoss es Bakula förmlich, vollkommen aus sich herauszugehen. Peinliche Momente wie die kindischen Versprecher über Lippen und Brüste machten ihm spürbar Vergnügen. Die Nase vorn hatte aber klar Billingsley, dessen Dr. Phlox nach seiner Winterschlaf-Szene erneut an Skurrilität zulegte. Aber auch der Rest der Crew machte munter mit. Linda Park hatte einige reizende Szenen, bei denen man ihr die Genervtheit über ihren Captain richtig anmerkte.

### LETZTE WORTE

Doch kaum eine Szene in der *Trek*-Historie war jemals so »over the top« wie das Ende der Episode. Wir erlebten Archer mit Tätowierungen, komischen Rastalocken im Haar und einer Kettensäge beim eigenhändigen Entweihen des von Porthos angepinkelten heiligen Baumes. Ein Ritual zum Verlieben und eine perfekte Demütigung für Archers kindisches Verhalten; und das sage ich aus reinem Spaß an der Szene.

Bei den anderen Serien hatte sich sonderbares Verhalten der Crew am Ende meist als Auswirkung eines Giftes oder etwas Ähnlichem herausgestellt. Hier blieb alles offen, und das war auch gut so. Cheers!

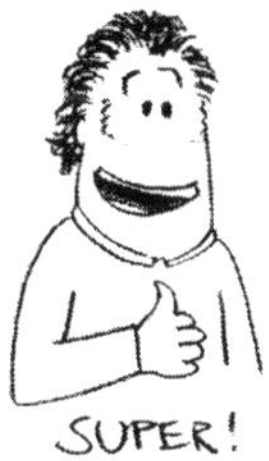


### FAZIT

Ein Ritt auf der Rasierklinge und eindeutig eine der mutigsten und besten Trek-Komödien, die keine Rücksicht auf sich selbst nahm und jeden Ernst außer Acht ließ. Mutig, provokant und auf ihre Weise ein Genuss!

*Moment mal. Sie denken, der Schreiber hat vollkommen Unrecht? Das denkt er vielleicht auch, wie wir jetzt erfahren werden. Hat die Episode ihm am Ende eine Persönlichkeitsstörung eingebracht?*

# 2.05

# ANOTHER NIGHT IN SICKBAY

## (NOCH EINE NACHT KRANKENSTATION)

*Ohne Alkohol nicht zu ertragen: Wenn Produzenten und Autoren keinen Respekt vor ihrer eigenen Serie haben und eine frühzeitige Absetzung auch im Hinblick auf wegfallende Arbeitsplätze zum*

*Kugeln lustig finden, dann war man ganz sicher in der neuen Folge von Star Trek: Enterprise gelandet. Eine bodenlose Frechheit!*

## WAS MÜSSEN WIR ERDULDEN?

Porthos pinkelt an einen Baum, Archer & Co. cremen sich gegenseitig ein, Phlox hält sich für Sigmund Freud, und am Ende wünscht sich die Kettensäge, sie wäre doch lieber für einen neuen Teil von *Maniac Mansion* gebucht worden …

## EY.

Selten gingen die Fans so harsch mit 45 Minuten *Star Trek* um wie in diesem Fall. Zwischen dem prognostizierten Ende von *Star Trek*, dem Gipfel der Peinlichkeit, Beschämung und Abgesängen auf die Figur des Captain Archer blieb wenig Raum für Positives. Und was soll ich sagen? Sie hatten alle recht!

Das Banale zum Existenziellen zu erheben, ist die Königsdisziplin der Dummen. So sprach einmal der deutsche Schriftsteller Stephan Sarek. Und sicher gab es Menschen, die selbst im Humor von *A Night in Sickbay* noch ein Comedy-Highlight erkennen wollten. Jedoch: Durfte man das? Handelte es sich nicht vielmehr um die vollkommene und endgültige Demontage des Captain Jonathan Archer? Die Antwort lautete natürlich: Doch! Und das ist etwas, was kein Fan akzeptieren sollte.

Captain Archer wurde uns schon zu Beginn der Serie gerne als sehr geerdeter Mann präsentiert. Er trug sein Herz auf der Zunge, handelte ohne nachzudenken, vertraute oft seinem Instinkt und schlitterte dabei ein ums andere Mal selbstverschuldet in Schwierigkeiten. Das alles war bisher aber noch irgendwie akzeptabel. Hier jedoch durchlebte er leider die Talsohle seiner bisherigen Serienexistenz: Dieser Archer war ein unbelehrbarer Egomane, der eher die Galaxie zerstören würde, als seinem süßen, kleinen Hund zu schaden. Er war ein spätpubertärer Lüstling, der sabbernd Worte verdrehte, nur weil sein erster Offizier erkennbar Brüste besaß und auch sonst keinen Kartoffelsack als Dienstkleidung trug. Das war eindeutig zuviel Mensch. Das war nur noch peinlich und lächerlich.

Archer führte sich von der ersten bis zur letzten Minute wie ein

Idiot auf. Eine vollkommen unpassende Darstellung eines Raumschiffcaptains, für den Menschen Jonathan Archer an sich und für den bemitleidenswerten Schauspieler Scott Bakula im Besonderen, der sein Möglichstes tat, um das Ganze irgendwie mit Würde über die Bühne zu bringen. Eine Chance hatte er jedoch in dieser Farce von Drehbuch nie.

Zudem galt: Wenn man Dummheiten macht, müssen sie wenigstens gelingen. Und dabei versuchte die Episode frei nach Napoleon mit aller Macht, uns diverse Erklärungen für Archers abstruses Benehmen an die Hand zu geben.

Zugestanden machte er sich Sorgen um seinen Hund. Ich hatte selbst immer Hunde, für die ich Himmel und Hölle in Bewegung setzen würde, um ihnen zu helfen. Aber bin ich ein Raumschiffcaptain in den Tiefen des Weltalls? Mitten in einer diplomatischen Mission mit einer außerirdischen Spezies? Und überhaupt: Wenn man dieses Fass aufmachte, musste man direkt hinterfragen, was zur Hölle dieser Hund überhaupt auf dem Schiff zu suchen hatte? Ob er wohl ein erfülltes Leben im Quartier des Captains führte? Ein wenig Käse hier, ein wenig Käse da. Und Gassi durch die Gänge. Großartig. Hier lag die Antwort auch wieder nahe am Wort »Egoismus«. Keine neue Erkenntnis im Zusammenhang mit Archer. Leider.

Und natürlich: Archer war schwer genervt von den erneut völlig irrationalen und schnell beleidigten Kreetassanern. Jedoch: ER hatte seinen Hund auf den Planeten mitgenommen. ER war das Risiko eingegangen. ER hatte nicht verhindert, dass Porthos auf Bäume urinierte, von denen keiner wissen konnte, wie wertvoll sie waren. Es ging immer wieder um ihn; Archer jedoch sah nur die bösen Anderen.

Und sicherlich: Der arme Captain schlief schlecht. Aber hey, das geht uns allen mal so. Get over it, Captain! Wenn ich jedes Mal nach einer miesen Nacht Kolleginnen auf ihre Brüste ansprechen würde, hätte ich vermutlich viel mehr Zeit, Serien zu schauen.

Und zugestanden: Archer musste sich zu allem Überfluss von Dr. Phlox auch noch anhören, er hege sexuelles Verlangen nach T'Pol. Jedoch: Dass er seinem Arzt diese unfassbar debile Counselor-Session nicht schlicht und einfach direkt verbot, zeigte auch wieder nur die Schwäche des Charakters. Phlox lag mit seinem Gesabbel so weit außerhalb dessen, was ihn sonst als intelligenten Ruhepol des Schiffes ausmachte. Es war fast tragisch. Hier ruinierten sich Charaktere gegenseitig, als wenn es kein Morgen gäbe. Dabei fällt auf, dass sich Ruinieren auf Urinieren reimt. Wie lustig. Archers Ausspruch »... then I piss on their planet.« war in diesem Zusammenhang dann nur der Tiefpunkt am unteren Ende der Niveauleiter.

Ach, und apropos Phlox: Ich mochte seinen skurrilen Auftritt mit dem Winterschlaf in der ersten Staffel wirklich. Doch tat man ihm hier definitiv keinen Gefallen damit, seine Fußnägel-Pflege und das Bürsten seiner Zunge in die Handlung zu integrieren. Der Ekelfaktor war definitiv zu hoch. Und helfen tat es auch keinem.

Man könnte endlos so weitermachen: Das peinliche Gerangel mit T'Pol beim Fitnesstraining, das ewige Eincremen in der Dekontaminationskammer, die bemühte Jagd auf die ausgebrochene Fledermaus, bei der Phlox einen Eimer Schleim auf den Kittel bekam (höhö), der völlig entrückte Traum, der die Beerdigung seines Hundes mit knisternder Erotik zu paaren versuchte. Fehlgeleiteter konnte Humor nicht sein. Man muss hoffen, dass die beiden Autoren beim Schreiben nicht nüchtern waren.

Dass die Kreetassaner zudem nur eine sinnlose Randnotiz blieben und auch in ihrem zweiten Auftritt keinerlei Kontur gewannen: geschenkt. Dass die erotische Spannung zwischen T'Pol und Archer mit vollkommen absurd kaum mehr zu beschreiben war und am Ende dennoch nicht gänzlich weggewischt wurde: schmerzhaft, aber ebenfalls geschenkt.

Schön, dass es on top und zu unser aller Freude dann aber auch noch die bemitleidenswerte Schlussszene gab: Ich sage nur Kettensäge. Aber vielleicht war das ja der Kern der Idee. Archer mit Kettensäge. Und mit Dreadlocks. Und Tattoos. Brumm, brumm. *Geile Idee, Beavis. Höhö. Danke, Butthead.*

## DUMM IST DER, DER DUMMES TUT

Sogar Forrest Gump hätte es gemerkt: Diese Episode zu schreiben, war vielleicht das Dümmste, was Rick Berman und Brannon Braga in ihrer Zeit als Serienschaffende getan haben. Sogar im Vergleich zu allem, was sie in der Zukunft noch tun werden (frei nach Sarah Knappik). Und für eine Serie, die händeringend um Zuschauer buhlte und sich am Anfang ihrer zweiten Season befand, hatten sie hier einen Todesstoß abgeliefert, der Seinesgleichen suchte. Selten war eine Serie mit einer einzigen Episode so dermaßen über den Hai gesprungen wie hier.

Dabei hatte *Star Trek: Enterprise* schon mehrfach bewiesen, dass die Serie zu Humor fähig war. Und ebenfalls zu Gefühl, Action, Horror, Suspense, Mystery. Die gesamte Crew der Serie konnte das liefern. Dass man dieses Potenzial jedoch derartig mit Füßen trat, war ein Rätsel. Da konnte man sich glatt ein Magengeschwür drüber züchten.

Ich habe fertig.

## FAZIT

Was für eine Bankrotterklärung. Rick Berman und Brannon Braga zelebrierten die Hinrichtung ihres Hauptcharakters Captain Jonathan Archer unter Zuhilfenahme von pubertärem Humor, Albernheiten und hundsdämlichen Dialogen und zeigten somit den Fans und ihrer eigenen Crew mit Anlauf den Mittelfinger. Nach dieser Entgleisung konnte man keinem mehr das Wegschalten verübeln.

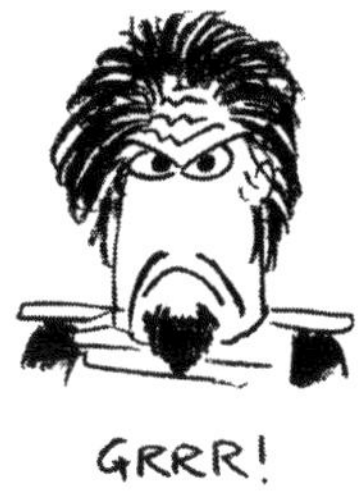


## EINSPRUCH, HERR KOLLEGE!

Nein, es kann nicht immer nur ernste Episoden geben, auch nicht in einer ansonsten ernst gemeinten Serie, da bin ich voll und ganz beim geschätzten Kollegen Sülter. Auch kann nicht jede Episode immer stringent einem bestimmten roten Faden folgen, der sich durch die Handlung einer Staffel zieht. Klar, es darf auch einmal lustig sein. Nur: Das ist *A Night In Sickbay* meiner bescheidenen Meinung nach nicht, sondern die Folge ist doof. Nicht mehr und nicht weniger. Doofes hat es nun einmal an sich, dass man beim Lesen oder in diesem Fall Betrachten lachen muss, obwohl es einen selbst fuchst. Man ist ja schließlich kein Vulkanier. Das ändert aber nichts daran, dass die vorliegende Episode in einem Maß unnötig ist, dass es mich als Fan schon beinahe schmerzt. Schön und gut, man wollte eine Füllepisode mit dem niedlichen Beagle Porthos als Protagonist. Aus dieser Idee hätte weit mehr werden können als der unaussprechliche Käse, der letztlich daraus gemacht wurde. Zum Beispiel eine herzergreifende Folge, in der Archer gemeinsam mit Dr. Phlox verzweifelt nach einem Heilmittel für die kranke Fellnase sucht und in einem tränenfeuchten Finale auch findet. Das wäre auf seine Weise ebenso unsinnig gewesen, gar keine Frage. Aber der krass misslungene Versuch, witzig zu sein, wäre dadurch ausgeblieben. Und genau das ist diese Folge. Und falls sich jemand diese Frage stellt: Nein, der Einspruch erhebende geht keineswegs zum Lachen in den Keller.

## EINSPRUCH, HERR KOLLEGE! (DIE ZWEITE)

Aber, aber, Herr Walch. Worüber regen wir uns denn so auf? Wie Kollege Sülter schon sagte, lässt sich über Humor trefflich streiten. Warum sollte sich *Star Trek* immer so bierernst nehmen? *A Night in Sickbay* merkt man mit jeder Faser an, wie viel Spaß die Autoren daran hatten, einen der stets so überkorrekten Captains (abgesehen von Kirk vielleicht) einmal so richtig durch den Kakao zu ziehen. Und eigentlich passt Archers stures und uneinsichtiges Verhalten doch sehr gut zu ihm. War er es nicht, der T'Pol in der Pilotfolge den Hintern versohlen wollte? Musste T'Pol ihn nicht immer wieder auf seine Undiszipliniertheit aufmerksam machen? Die Charakterzeichnung der Figur Archer weist doch nicht zufällig ein wenig von der Cowboy-Mentalität eines Captain Kirk auf. Insofern trieben Berman und Braga diesen Charakterzug unseres Captains lediglich einmal auf die Spitze des Mount Everest. Der einzige Fehler, den sie begingen, lag beim Ausstrahlungstermin in den USA. Hätte man die Sendereihenfolge von *Marauders (Marodeure)* und *A Night in Sickbay* miteinander vertauscht und die Episode am 30.10. gebracht, hätte kein Hahn angenervt danach gekräht, wie abgedreht sich Archer doch verhält. Im Gegenteil. Man hätte applaudiert! Die Geschichte hätte sich nämlich hervorragend als Halloween-Folge verkaufen lassen. Das hatte es in dieser Form zwar bei *Star Trek* bislang noch nie gegeben, aber es ist eine altbekannte US-Tradition vieler Serien, eine skurrile und vor allem an keiner Stelle ernst gemeinte Folge zu Halloween zu drehen. Das ist eine tolle Gelegenheit, seine Figuren einmal von einer völlig anderen Seite zu präsentieren. Die Frage ist: Warum musste man das Publikum erst mit der Nase darauf stoßen, was hier eigentlich genau beabsichtigt war? So what?, möchte man da am liebsten laut ausrufen. Ein Hundsfott, wer da stocksteif auf den hochhehren Star-Trek-Prinzipien herumreitet. Wem es gelingt, in nur 45 Minuten so viele kleine vollkommen verpeilte Momente zu schaffen, dem gebührt Lob für so viel Kreativität und Mut. Man muss schließlich schon ein wenig verrückt sein, um Archer mit einer Kettensäge in der Hand und bepinselt wie ein hyperboreanischer Pikte auf einen Planeten zu schicken, um sich für eine Pinkeleinlage des eigenen Hundes zu entschuldigen. Herrlich!

# 2.06

# MARAUDERS

## (MARODEURE)

*Inmitten durchgeschwitzter Tanktops, schwerer Wummen und einem zuckersüßen Waisenjungen tagte mal wieder die interstellare Konferenz der Gutmenschen unter dem Vorsitz von Sheriff Jonathan Archer. Es durfte gelitten werden!*

### INHALT

Die Crew kommt einigen Siedlern zur Hilfe, die von Klingonen terrorisiert werden. Heimlich versuchen sie, die aggressiven Plünderer zu vertreiben … doch die Zeit drängt!

### AUF DER SUCHE NACH APPLAUS

Beginnen wir ganz moderat mit den positiven Aspekten. Immer wieder war es erfreulich, wenn aus dem sterilen Kulissen-Schema der Serie ausgebrochen wurde und man Außenepisoden präsentierte, die auch wirklich on location gedreht wurden und nicht auf dem sogenannten »Planet Hell«, dem künstlichen Ort für Außenaufnahmen im Studio seit den seligen Tagen von Captain Kirk.

Das hier präsentierte Wüstenareal mit seinen sehr detailliert und liebevoll gebauten Kulissen, die perfekt die Illusion einer Minensiedlung irgendwo im Nirgendwo erschufen, machte einen hervorragenden Eindruck und ließ die Serie mal wieder die von Zeit zu Zeit notwendige frische Luft atmen. Ein klarer Pluspunkt.

Die Szene, in der Reed und Sato den Siedlern Unterricht an der Waffe gaben, war eine nette Fortführung der Thematik aus *Sleeping Dogs (Schlafende Hunde);* Sato schien geübt zu haben, und Reed war merklich angetan von ihren neuen Fähigkeiten. Ebenfalls erfreulich: der erneute Verweis auf den Zwischenfall in dem romulanischen Minenfeld. Zuerst wurden die gröbsten Schäden beseitigt, dann ein neues Stück Technik erworben, und nun galt es, den schwindenden Vorrat an Deuterium zu füllen. Diese Art der Kontinuität war zwar noch kein Geniestreich, stellte aber fraglos mehr dar, als in *Star Trek: The Next Generation* und *Star Trek: Voyager* oft zu sehen war. In einer guten Episode hätte es sich dabei um nette Dreingaben gehandelt; hier waren es ebenfalls willkommene, aber leider letztlich verschenkte Ideen.

## SCHRECKEN OHNE ENDE!

Doch warum? Was stimmte nicht mit der Episode? Leider ist die Beantwortung dieser Frage ebenso simpel wie langwierig. Die sehr menschlichen Siedler wurden hier einzig dazu eingesetzt, damit die Zuschauer mit ihnen sympathisieren und sich besser mit ihnen identifizieren können. Das war mir zu einfach. Da fehlte nur noch das arme Waisenkind. Aber, Moment mal … es durfte wahrlich nicht fehlen; hier kam es in Person des klischeehaft netten Jungen der Woche ins Spiel. Ich will nicht sagen, dass ich es erbärmlich finde, wenn nette kleine Kinder unser Mitleid erregen sollen, aber … doch: Ich finde es erbärmlich. Zu allem Überfluss hatte der Junge auch noch seinen Vater durch die bösen klingonischen Plünderer verloren. Oh mein Gott, schlimmer gings nimmer. Abgesehen davon waren die Szenen mit Trip und dem Kleinen jedoch gut gespielt und geschrieben. Drittens hielt ich Archers Verhalten hier erneut für vollkommen irrational und unzureichend erklärbar. Dem Anlass angemessen gehen wir das Ganze mal chronologisch durch.

## DIE ARCHER-AKTEN

Den Aliens in *Flight or Fight (Freund oder Feind)* wollte er helfen, er ist eben ein Idealist. Das war völlig okay. Alles war neu für ihn, und er hatte sein Schiff zwar in Gefahr gebracht, aber dafür am Ende doch das Richtige getan. Er hatte auch in *The Andorian Incident (Doppeltes Spiel)* die Entscheidung getroffen, einzugreifen und sich in den Konflikt zwischen Vulkaniern und Andorianern einzumischen; zumindest eine fragwürdige Entscheidung, die ihm nicht zustand.

In *Civilization (Die Saat)* ergriff er sehr schnell Partei und vergraulte den fiesen Garos mit seinen Leuten. Da die Vulkanier versprachen, mal vorbeizuschauen, eine auch am Ende durchdachte Entscheidung und moralisch vertretbar. In *Fortunate Son (Familienbande)* musste er in den Konflikt eingreifen, da die Frachter-Crew definitiv auf dem falschen Gleis war und Archer, wenn überhaupt einer, die Menschen im All vertrat.

Er beschloss hingegen, in *Dear Doctor (Lieber Doktor)* nicht einzugreifen, den Menk ihre Chance nicht zu verbauen und dafür eine andere Spezies unter Umständen aussterben zu lassen, obwohl diese um Hilfe gebeten hatte und er hätte helfen können. Starker Tobak, gerade weil er persönlich diese Entscheidung nicht treffen musste. Den Klingonen in *Sleeping Dogs (Schlafende Hunde)* wollte er helfen und durfte sich dafür Vorhaltungen machen lassen; hier merkte er selbst, dass gute Taten vielleicht nicht immer erwünscht waren.

Die Wesen in *Rogue Planet (Gesetze der Jagd)* baten (kryptisch) um Hilfe; er gestand sie zu, obwohl er die kulturellen Verflechtungen zwischen den Wesen und den Eska nicht im Ansatz begreifen konnte. Äußerst fragwürdig. In *Oasis (Schiff der Geister)* überließ er Vater und Tochter dem selbst gewählten Leben, obwohl er anderer Meinung war. Richtig so. Dafür half er in *Detained (In sicherem Gewahrsam)* den Suliban aus dem Internierungslager. Konnte man aus dem Bauch heraus verstehen, jedoch war diese Entscheidung erneut politisch fast untragbar. Dagegen verweigerte er dann in *Desert Crossing (Durch die Wüste)* seine Hilfe, obwohl er angab, selbst Zweifel an dieser Entscheidung zu hegen. Da er vielleicht aus dem vorher genannten Abenteuer gelernt hatte, kann man das als Lerneffekt so stehen lassen. In *A Night in Sickbay (Eine Nacht Krankenstation)* warf Archer alles über Bord, was auch nur im Ansatz mit gesundem Menschenverstand zu umschreiben wäre. Vielleicht belassen wir es dabei.

Hier nun traf er auf nette Siedler, die von bösen Klingonen terrorisiert wurden – und, man höre und akzeptiere, keine Hilfe wollten. Natürlich könnte man sagen: Sie dachten nur, dass sie keine Hilfe wollten oder hatten einfach kein Vertrauen in Fremde oder waren einfach nur ängstlich. Aber der folgende Punkt machte die Sache dann doch wieder so richtig schlimm. Als Archer nämlich endlich in mühevoller Kleinarbeit dem Anführer der Siedler seinen Willen aufgequasselt hatte, legte er los mit seinem Plan, der bei genauerer Betrachtung kaum mehr als dumm, verwegen, riskant oder schlicht lächerlich war. Man möge lieber gar nicht auf die peinlichen Spielchen eingehen, mit denen die Klingonen hier beleidigt und endgültig entmystifiziert wurden: Es hätte schlichtweg so viel schiefgehen müssen, dass es nur wehtat. Realistisch wäre es gewesen, wenn alle Siedler und Crewmitglieder dahingemetzelt worden wären. Ende der Mission. Trauer auf der Erde. Fertig. Trip sagte es in einem hellen Moment sehr richtig: Das Ganze war ziemlich weit hergeholt. Wie wahr! Nur zog er leider den Schwanz ein und nickte trotzdem freundlich ab. Chance vertan. Schade.

Archer zu menschlich zu schreiben, war ein Dauerproblem der ersten Staffel. Von Zeit zu Zeit Fehler zu zeigen und einzugestehen, war völlig okay. Auch die eigene Meinung anzupassen, ging mir noch als lobenswert durch. Aber nicht dieses naive Getue jede Woche. Und ein wenig Konsequenz in seiner Charakterentwicklung wäre auch fein gewesen. Nicht dieses vollkommen wahllose Herumstochern und situative aus-dem-Bauch-heraus-handeln. Abgesehen davon empfand ich die aufdringliche Weltraumpolizei-Attitüde des Captains erneut als zu amerikanisch.

Zu guter Letzt war mir die Darstellung der Klingonen überhaupt nicht recht. Als finstere Angreifer hätten sie zu alter Stärke zurückkehren können und ließen sich stattdessen von Archers Pseudoplan übertölpeln. Ein ganz schwaches Bild für diese stolze Kriegerrasse. Dann lieber gar keine Klingonen. Nebenbei: Wer sagte übrigens, dass sie nicht zurückkehren würden? Und wenn nämlich doch, hätten die tollen Kampfkünste, die die Siedler lernen durften, bestimmt nicht ausgereicht. Einmal Plattmachen auf Klingonisch, bitte.

## FAZIT

*Marauders* war ein glasklarer Verlierer ohne jeglichen Tiefgang und mit gravierenden Schwächen im Storyaufbau. Als Sahnehäubchen gab es tölpelhafte Gegenspieler, eine erschreckend schwache Auflösung und einen satten Klischeevorrat, der für die ganze Staffel reichen würde. Kaum spürbare Punkte holte das Ganze für Kontinuität, Optik und unscheinbare Kleinigkeiten in der Causa Charakterentwicklung.

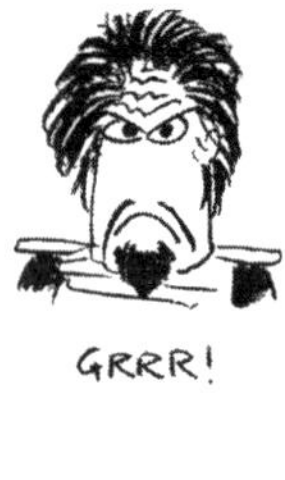

# 2.07

# THE SEVENTH

## (DER SIEBENTE)

*In einer äußerst sehenswerten Kombination aus Backstory und Atmosphäre erfuhren wir mehr über T'Pols komplizierte Vergangenheit und mussten erkennen, dass auch Vulkanier nicht vor den Nachwehen alter Wunden gefeit waren.*

### INHALT

T'Pol wird auf eine Mission geschickt, die mit einem unerledigten Auftrag aus ihrer Zeit als verdeckte Ermittlerin zu tun hat. Sie bittet Archer und Mayweather, sie zu begleiten …

### DARK'POL

*The Seventh* präsentierte uns erneut eine sehr düstere, verletzliche Seite von T'Pol und einen scheinbar dunklen Fleck in ihrer höchst interessanten Vergangenheit. Dazu erhielten wir einen Hinweis darauf, warum sie nicht sehr begeistert von einem Besuch im Kloster P'Jem war. Sie unterzog sich dort einst einem Ritual, das ihre Erinnerung an das Töten eines der Abtrünnigen auslöschte, da sie mit den Folgen nicht zurechtkam. Ein kleiner, liebevoller Hinweis für aufmerksame Zuschauer.

Die ganze Rahmenhandlung der Episode über die Motive der Vulkanier blieb im Hintergrund, was auch eine gute Entscheidung darstellte. Das Drama spielte sich sowieso im Kleinen ab, und natürlich in T'Pols Kopf. Hier ging es nur um sie.

Dabei kam es zu einigen sehr ansprechenden Szenen, die ebenfalls alle für gute Kontinuität sorgten. Zuerst wollte T'Pol sich nicht zur Mission äußern und verwies auf die Befehle. Archer war frustriert und zog sich mit seinem Wasserball und einem aufgezeichneten Spiel in sein Quartier zurück. Das wirkte zwar immer etwas zu sehr wie Kleinkind-Verhalten, war jedoch auch irgendwo nachvollziehbar, da er es immer wieder mit einer Spezies zu tun hatte, die sich perfekt auf das Bevormunden verstand und ihn einfach nur auf die Palme brachte. Reagierte er bisher zumeist eher aggressiv und verärgert, war er inzwischen so weit, dass er zwar verärgert wirkte, aber das Ganze eher belustigt und zynisch kommentierte.

Die Tatsache, dass T'Pol sich ihm schließlich doch anvertraute und ihn als Vertrauensperson bat, sie zu begleiten, setzte das enger werdende Verhältnis zwischen den beiden Protagonisten der Serie fort. Wo früher eifrige Fans zwischen Kirk und Spock starke emotionale (bis sexuelle) Spannungen erkennen wollten, gab es diese heute bei *Star Trek: Enterprise* tatsächlich. Auch irgendwie eine Verneigung vor dem Original. Passend dazu war in jedem Fall auch die sehr intensive Schlussszene, in der T'Pol sich Archer ebenfalls als Vertrauensperson anbot.

## SUMME DER TEILE

Die Mission, die den Großteil der Episode einnahm, wurde in vielerlei Hinsicht gut umgesetzt. Der Raumhafen wirkte fantastisch: eine verschneite Einöde. Dazu die Kneipe mit einer Vielzahl uriger außerirdischer Figuren, die raue Atmosphäre, die immer wieder tollen Missionsjacken (die auch wirklich wärmend aussahen) und natürlich der starke Gaststar Bruce Davison als Menos. Alles Zutaten, die das Niveau der Episode über den Durchschnitt hoben und gemeinsam mit der flüssigen Story, den superben Leistungen aller Beteiligten und der stilvollen Musik ein in sich sehr gelungenes Bild erzeugten. Andere Episoden waren vielleicht im Gesamtbild noch stärker, weil risikofreudiger oder schlicht großformatiger, diese wurde jedoch zu einer »kleinen« Dreiviertelstunde, die durch das komplette Drumherum über ihr Setting hinauswuchs.

Die Frage, ob man Archers Rat am Ende der Episode gutheißen sollte oder nicht, war sicher berechtigt. Natürlich war es nicht T'Pols Aufgabe, zu richten. Weitergedacht wäre jedoch ein gedankenloses Befolgen von vielleicht falschen Befehlen die Konsequenz. Da Archer zusätzlich gerade kein Freund der Vulkanier war, hätte ich diese Argumentation von ihm nicht erwartet. Allerdings könnte es auch wieder dafür sprechen, dass er tatsächlich etwas dazugelernt hatte und außerdem an T'Pols Karriere (auf dem Schiff) dachte. So konnte man mit der Meinung des Captains ausnahmsweise mal wieder konform gehen; eine in dem Moment vielleicht harte, für ihn glücklicherweise am Ende aber richtige Entscheidung.

Hierbei sollte ganz allgemein angemerkt werden, dass sich bei *Babylon 5* oder *Star Trek: Deep Space Nine* die Figur des Menos am Ende vielleicht doch noch als ehrenwerter Mann herausgestellt und Archer somit einen Schuss vor den Bug erhalten hätte. *Star Trek: Enterprise* ging bisher weniger Risiken ein. Dies stellte jedoch kein akutes Problem dar.

Akuter war da schon die erneut sträfliche Behandlung von Mayweather. Von einer Beteiligung zu sprechen, hätte nämlich leider fast an Hohn gegrenzt. Seine Aufgabe beschränkte sich auf Herumstehen, Hinterherlaufen, sich von Archer von A nach B schicken lassen, einige kurze Sätze ableisten und sonst nichts! Er war wie so oft der austauschbare Mitläufer des Trios. Jeder andere (sogar namenlose Crewman) hätte seinen Part übernehmen können. Eine pure Arbeitsbeschaffungsmaßnahme ohne Sinn.

## MEANWHILE ON STARSHIP ENTERPRISE

Einzig die Nebenhandlung an Bord, die primär für einige Schmunzler und zur Zerstreuung gedacht schien, fiel noch etwas ab. Sicher war es äußerst charmant, mitanzusehen, wie Trip ständig alle Fragen seiner Crew und der Vulkanier mit smarten One-Linern abblockte. Als Chef des Maschinenraums und dritter Offizier sollte er jedoch eigentlich ein wenig stressresistenter und befehlsgewohnter sein und hatte das ja auch bereits bei vielen Gelegenheiten bewiesen. Hier benutzten die Autoren ihn als puren comic relief und kratzten damit leider seine Autorität und Kompetenz unnötig an.

## FAZIT

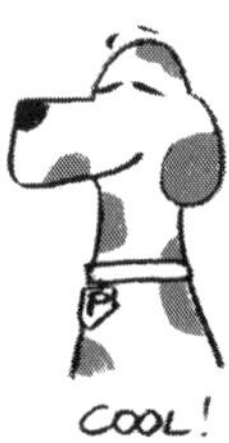


Diesmal gab es Charakterentwicklung in eine stimmungsvolle Story verpackt, dazu eine immerhin humorvolle, aber nicht absolut gelungene Nebenhandlung, tolle Kulissen, einen herausragenden Gastdarsteller und Topleistungen aller Beteiligten. *The Seventh* war ganz klar eine große unter den kleinen Episoden!

# 2.08

# THE COMMUNICATOR

## (DER KOMMUNIKATOR)

*Reed hat's verbockt! Die Crew plagte sich mit einer aus dem Ruder laufenden Erstkontaktsituation herum und musste am Ende feststellen, dass wiederholte Einmischung und Verschlimmbesserung wohl doch das Gleiche sind.*

### INHALT

Als die Crew zu einer prä-Warp-Zivilisation zurückkehrt, um einen verlorenen Kommunikator zu bergen, zeigt sich, dass sich ihre Mission nicht ganz so leicht bewerkstelligen lässt …

### DIE KLEINE SCHWESTER VON S.

Rauf und runter; was für eine holprige Phase. Die zweite Staffel, die zuerst wie aus einem Guss wirkte, kam an dieser Stelle zunehmend ins Stottern. Das hieß zwar nicht, dass es radikal schlechter wurde, aber eben leider doch, dass das Niveau sich nicht so recht für einen Level entscheiden konnte. Nach diskussionswürdigem Klamauk und hirnloser Haudrauf-Action sowie einer gelungenen Charakterstudie gab es nun wieder ein moderates Tief. Dabei war die Folge wirklich nett. Doch was heißt nett schon für eine Star-Trek-Episode? Konventionell, amüsant, unterhaltsam, leichtgewichtig, risikolos, liebevoll; alles Bezeichnungen, die durchaus auf die Jagd nach dem verlorenen Kommunikator zutrafen. Doch reichte das aus? Und wofür? Oder für wen?

### DRAMA, BABY!

Einerseits war die Idee, die legendäre Abschlussszene aus *A Piece of the Action (Epigonen)* der Originalserie, in der McCoy zugibt, seinen Kommunikator verloren zu haben, aufzugreifen und an den Anfang zu stellen, wirklich klasse. Erschöpft kehrten Archer, Hoshi und Reed von ihren Erkundungen zurück und entdeckten Reeds Verlust. Sofort wurde eine Bergungsmission eingeleitet. Was damals bei Kirk nur ein verschmitztes Grinsen hervorrief, wurde hier zum Problemfall: Was konnte ein Stück fortschrittliche Technologie in einer kriegerischen Kultur anrichten?

Oder wäre vielleicht das Risiko, bei einem weiteren Besuch noch mehr Schaden anzurichten, nicht vielleicht sogar größer? Es handelte sich schließlich nur um ein Kommunikationsgerät und nicht um eine Waffe. Aber gut, lassen wir es gelten. Kaum jemand ist ein Experte der Technik des 22. Jahrhunderts, und nachdem Daniels aus Archers Kommunikator eine Zeitreisevorrichtung gebaut hatte, sollte der Respekt vor diesem Gerät enorm gestiegen sein. Die Tatsache, dass Reed und Archer aber beim erneuten Besuch sofort in Gefangenschaft gerieten und somit doch alles viel schlimmer machten, sprach für sich und war leider auch höllisch vorhersehbar.

Außerdem wurde damit eben jenes in-Gefangenschaft-geraten und eine-Rettungsmission-starten fast schon zum Running-Gag, wobei die Betonung definitiv nicht auf Gag liegt. Merkten die Autoren nicht, in welche Muster sie immer wieder verfielen?

## SUPERSOLDATEN & SS-SCHERGEN

Die Aliens, die sich erneut nur durch ihre Stirnplatte von den Menschen an Bord der Enterprise unterschieden, benahmen sich wie eindimensionale Schlimmlinge und wollten unsere Helden hinrichten lassen, da diese sich nicht freiwillig zur verhassten Allianz bekannten und ihre wahre Identität auch nicht preisgeben wollten. Nach eingehender Untersuchung durch den eigenen Doktor (köstlich besetzt!) wurden jedoch ihre körperlichen Anomalien festgestellt, und unser Kreativduo outete sich mal eben als das Prototypenpaar Supersoldaten der Gegenseite (makaber, aber durchaus gewitzt angelehnt an die verschlagenen Suliban).

Ob das im Sinne einer Erstkontaktsituation jedoch wirklich eine gute Idee war? Zweifelhaft. T'Pol hätte sicher mit den Augen gerollt. Es verschob in jedem Fall die Verhältnisse auf dem Planeten und bedeutete somit einen starken Eingriff in die Entwicklung. Aber mit sowas hatte Archer ja ohnehin nur selten Probleme. Schließlich hätten die Gegner dieser ominösen Allianz (über die wir nichts erfuhren) nun sofort aufrüsten (und vielleicht überreagieren) können.

Außer diesen kleinen Scharmützeln auf dem Planeten passierte inhaltlich wenig. Reed sinnierte (erneut) sehr überzeugend über den Tod und den Sinn darin. Archer gab den toughen und überzeugten Verfechter der gerechten Sache, der Rest der Crew wartete und hoffte und wartete und hoffte und … tja … und bastelte am seit über einem Jahr nicht mehr gesehenen Cell-Ship der Suliban herum. Wie bitte? Welches Schiff? Genau! Das Schiff, in dem Klaang von der Helix gerettet worden war. Mannomann. Es war ja nachvollziehbar, dass sie es behalten hatten, ja sogar, dass Trip seitdem in seiner Freizeit daran rumgewerkelt hat und inzwischen kurz davorstand, die Tarnung zu verstehen. Aber all das in einer Folge zu erzählen, in der es benötigt wird, das war mal wieder blödeste Larifari-Kontinuität. Andeutungen vorher sind immer das bessere Mittel. Gelegenheitsseher übergehen diese Art der Vorbereitung eh, die interessierteren Fans freuen sich dafür umso mehr. Ärgerlich!

Wie auch immer. Natürlich bekamen Trip und Travis das Shuttle zum Laufen, retteten die beiden Gefangenen in letzter Minute und unter Einsatz eines Feuergefechts, und alles war wieder gut. Der Schaden für die Kultur dürfte allerdings am Ende größer gewesen sein als nur durch den verlorenen Kommunikator. Hatte Kirk also vielleicht schlicht recht gehabt?

## FAZIT

Kleine Episoden können über sich hinauswachsen. Diese stand jedoch für das Gegenteil. Da alles nur im spannungsfreien Raum dahindümpelte, war der mäßige Ansatz kaum zu retten. Wir erhielten hier den neuen Gradmesser für Durchschnitt.

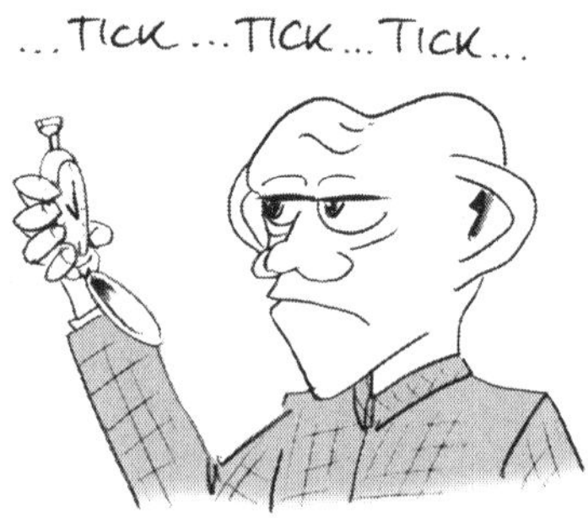

# 2.09

# SINGULARITY

## (EIGENARTEN)

*Hoshi brüllte wie im Wahn nach Karotten, der Captain peilte einen Karrierewechsel an, sein Sicherheitschef wollte lieber in den Krieg ziehen, und der Chefingenieur befestigte einen Becherhalter am Kapitänsstuhl. Klingt lustig? War es!*

### INHALT

Während die Crew ein schwarzes Loch studiert, beginnt sich ihr Verhalten auf ungewöhnliche Art und Weise zu verändern …

### SAME OLD BUT NEW

Man hätte eigentlich meinen können, dass jede weitere Die-Crew-dreht-durch-Story nur ein weiterer (lahmer) Aufguss werden würde, doch hatte die Episode den Vorteil, zwei Rahmenbedingungen grundlegend zu verändern. Die Handlung ereignete sich auf dem Schiff, nicht auf einem Planeten, und somit in den uns vertrauten Sets. Außerdem entwickelte sich die Story in Rückblenden; eine Erzählform, die hier hervorragend funktionierte, da sich durch T'Pols Logbucheinträge eine stetige Spannung aufbaute, die auch lange anzuhalten vermochte.

Die Autoren spielten auf diese Art geschickt mit einer altbekannten Story und rangen ihr neue und interessante Aspekte ab. Hierbei lag das Augenmerk jedoch eindeutig auf dem Humor, der sich aus dem absurden Verhalten der Crew ergab. Archer versuchte, das Vorwort für eine Biographie über seinen Vater zu schreiben, und steigerte sich dabei in einen Wahn; Reed entwickelte neue Verhaltensprotokolle und ein Notfallsystem (inklusive Audio-Alarm!); Hoshi gab den Ersatz für den erkrankten Küchenchef (den wir erneut natürlich nicht zu sehen bekamen), und Trip bastelte wie ein Verrückter am nicht ganz perfekten Stuhl des Captains herum. Jeder durfte seinen versteckten Spleen ausleben. Für den Zuschauer wurde das zur großen Freude!

Während der ganzen Zeit sammelte sich ein schier unglaublicher Vorrat an herausragenden Wortgefechten an. Die Charaktere erhielten viel Raum zur Entfaltung, wobei insbesondere John Billingsley, Dominic Keating, Connor Trinneer und Linda Park in den Vordergrund traten. Dazu gab Jolene Blalock die irritierte und distanzierte Vulkanierin mit großer Perfektion. Man konnte ihr geradezu ansehen, dass sie zu ergründen versuchte, ob die Menschen um sie herum nicht vielleicht doch einfach nur ihrem Naturell entsprechend irrational agierten. Gerade, wenn man Archer als Beispiel nimmt, kein allzu abwegiger Gedanke. Dieses Wissen verhinderte für mich auch, Scott Bakula in den Vordergrund zu stellen. Er wirkte zwar ebenfalls neben der Spur, aber nur unwesentlich mehr als sonst.

Herausragende Szenen waren in all dem Tohuwabohu: Phlox' Versuch, den Kopf des armen Mayweather zu öffnen, um seinen Kopfschmerzen auf den Grund zu gehen (Frankenstein ließ grüßen), Reeds Anti-Archer-Rede, Trips ausfallendes Verhalten gegenüber T'Pol in deren Quartier (welches sie, zum Schreien komisch, schlicht mit einem naiven »Are you feeling alright, Commander?« beantwortete) und die Auseinandersetzung zwischen Archer und Trip, als beide versuchten, ihre jeweiligen Probleme an den Gegenpart zu bringen. Die Episode erreichte mit der Zeit eine solch rasante Fahrt, dass man vollkommen in den Bann gezogen wurde. Die vielen kleinen Randnotizen (erster Blick in die Kombüse, der »Reed-Alert«) taten ihr Übriges, um bis kurz vor Schluss eine vollkommen perfekte Episode zu erzeugen.

## #ENDEVERBOCKT #SCHADEDRUM #MUSSNICHTSEIN

Leider musste diese Einschränkung jedoch getätigt werden: Der letzte Akt der Handlung trübte nämlich das Bild ein wenig. Nicht entscheidend, aber doch merklich.

Archer ließ sich etwas zu leicht aus seinem Wahn reißen (Dusche); der manuell durchgeführte Flug sah zwar gut aus, barg aber wenig inhaltliche Stärke und ließ kaum Spannung aufkommen; und die Tatsache, dass die komplette Wirkung des schwarzen Lochs rasch verschwand – wenige Sekunden, nachdem man den Einflussbereich verlassen hatte – wirkte schlichtweg zu simpel. Hier wäre weniger Pathos mehr gewesen.

Somit blieben uns ein bärtiges, aber frisch umfrisiertes Setup, ein toller, in jeder Hinsicht bemerkenswert amüsanter Mittelteil und ein leider nicht völlig überzeugender, zu gehetzt wirkender Schlussteil. Bei einer mittelmäßigen Folge wäre dieser wohl kaum auf- oder ins Gewicht gefallen, hier brachte er das Gesamtwerk jedoch (knapp) um die Bestnote.

## HABEN DIE AUTOREN HUMOR?

Als letzter Aspekt sei noch eine Beobachtung angeführt. Die Autoren schienen wirklich Humor zu besitzen! Allein das Wortgefecht zwischen Archer und Trip über die Berufung zum Autoren ging glatt als perfekter selbstironischer Seitenhieb durch. In die gleiche Kerbe schlug auch Archers verwirrende Angewohnheit, Wasserpolo zu schauen; keiner konnte das so schön wie Reed herabwürdigen. Dazu noch zwei weitere Bemerkungen des herben Briten: einmal »This isn't a bloody pleasure-cruise« (gegen den angeblichen Soap-Kitsch der Serie) und seine Entgegnung »That's obvious, Sir!« auf Archers »This isn't a warship.« Falls die Autoren an diesen Stellen (von denen es unzählige mehr gab) wirklich auf die eigenen Kritiker anspielten, bewiesen sie definitiv Sinn für Humor; wenn nicht, blieben es immer noch zum Schreien komische Szenen.

## FAZIT

*Star Trek: Enterprise* lebte erneut vom Humor und den sympathischen Charakteren (und Darstellern). Die Story war zwar alt, kam aber frisch daher und verlor nur in den letzten Minuten ein wenig an Fahrt.

Dennoch war die Episode ein galaktisches Vergnügen und ganz klar ein Gewinner!

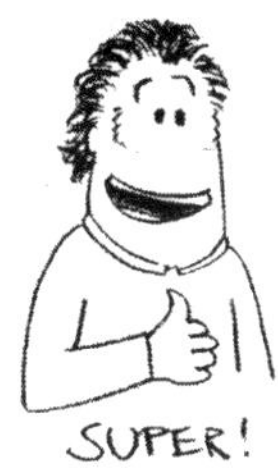


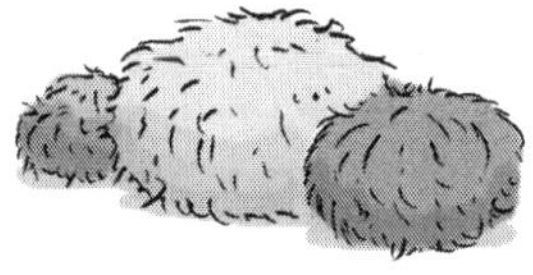

# 2.10
# VANISHING POINT
## (VERMISST)

*Merke: Wenn für Ängste und Schwäche kein Platz ist und Funktionieren über Wohlbefinden gestellt wird, finden unsere Dämonen andere Wege, uns Verletzlichkeit zu zeigen. Hoshi Sato musste erkennen, dass ihr Weg zu einer souveränen Offizierin noch nicht zu Ende war.*

### INHALT

Nachdem Hoshi das erste Mal den Transporter benutzen musste, stellt sie sonderbare Veränderungen an sich fest; Mannschaftsmitglieder ignorieren sie, und ihr Körper scheint sich aufzulösen …

### THE NEXT BEST PHASE

Nach der Vorankündigung vermutete ich einen reinen Abklatsch der starken Episode *The Next Phase (So nah und doch so fern)* aus *Star Trek: The Next Generation;* ich sollte mich jedoch täuschen. Zumindest teilweise. *Vanishing Point* war zwar durchaus dreistes Recycling, dafür aber auch ein sehr erfolgreiches und stimmiges solches.

Dreist deshalb, weil die Grundidee nicht nur aus einer Folge stammte, sondern glatt aus zwei verschiedenen zusammengemischt wurde. Erst einmal aus genannter Episode *The Next Phase,* in der Geordi LaForge und Ro Laren dachten, sie seien tot und würden von niemandem mehr wahrgenommen. Aus dieser Episode (und natürlich auch aus Filmen wie *Ghost – Nachricht von Sam)* direkt importiert war auch der Versuch, durch Berühren von Gegenständen Aufmerksamkeit zu erregen und das Durchleben, wie der eigene Tod erklärt wird. Außerdem denke man an die Szene, in der Archer durch Hoshi hindurch lief und die Bedrohung des Schiffes durch Fremde, die es zu verhindern galt. Die zweite ausgeschlachtete Episode war *Distant Voices (Ferne Stimmen)* aus *Star Trek: Deep Space Nine.*

Damals durchlebte Bashir ein skurriles Szenario, während er bewusstlos in der Krankenstation lag und gelegentlich undeutliche Stimmen hörte (die seiner Kollegen, die um sein Bett standen). Hier durchlebte Hoshi einen skurrilen Traum, während sie ab und an Reed und Trip hörte, die versuchten, sie zurückzuholen. Ähnlich, aber doch grundverschieden wurde die Thematik zum Beispiel auch in *Remember Me (Das Experiment)* aus *Star Trek: The Next Generation* behandelt. Wir hatten es hier also definitiv mit einem Sammelsurium alter (Trek-)Hüte zu tun.

Erfolgreich und stimmig war die Sache jedoch auch deshalb, weil man Ideenklau selten so innovativ und gefühlvoll umgesetzt gesehen hatte. Kombiniert mit der ohnehin in der Serie thematisierten Angst vor dem Transporter und Hoshis immer wieder aufkommenden latenten Ängsten und Unsicherheiten ergab die Episode schlicht Sinn. Und die abschließende Enthüllung, dass Hoshi alles nur geträumt hatte, verlieh dem Ganzen dann noch eine nachdenkliche Note. Ein weiteres Plus war die sich daraus ergebende, besser zu erklärende Darstellung des doch recht wirren Szenarios. Ganz anders eben als in *The Next Phase*, wo man nie erfuhr, warum zum Beispiel die Wände und Türen »nachgaben«, Stufen, Sessel, Konsolen und der BODEN jedoch nicht. Hier war es Hoshis Gedankenwelt; alle logischen Probleme (warum konnte sie einige Knöpfe »ein wenig« drücken?) lösten sich auf diese Weise in Luft auf. Ein gelungener Kniff in Bezug auf das alte Material.

## ALONE IN THE DARK MEETS LOST IN SPACE

Hinzu kam noch die (auch schon in *Carbon Creek* angewandte) unterschwellige Charakterentwicklung. Zwar verpufften die Reaktionen und Verhaltensweisen der restlichen Crew, dafür sagte das Szenario aber eine Menge über Hoshis Innenleben aus. Kritik an dieser Verfahrensweise war sicher berechtigt, da zum Beispiel Trips Bedauern letztlich nie so geäußert wurde, doch die Tatsache, dass Hoshi sich seine Reaktion genauso vorgestellt hatte, war keinen Deut uninteressanter.

Sie schien ihn somit in einem besonderen Licht zu sehen; warum sonst würde sie denken, dass er so unter dem Unfall litt? Hier durfte man Absicht unterstellen. Allerdings wurde in den bisherigen Episoden nichts in dieser Richtung angedeutet. In Dr. Phlox hingegen schien Hoshi eine sehr abstrakte Persönlichkeit zu sehen; unberechenbar, abweisend, unzugänglich. Vielleicht hätten die beiden mal einen Kaffee trinken gehen sollen. Ihre Versagensängste manifestierten sich in Archer (der keinerlei Geduld zeigte) und T'Pol (die eisig wirkte); hier schien noch immer eine unterbewusste Barriere zu bestehen, die noch nicht abgebaut war (trotz der Fortschritte in letzter Zeit). Dazu gesellte sich noch das Gefühl, nicht dazuzugehören, das sich in der Essensszene mit der Männerrunde ausdrückte, die im Übrigen von allen Darstellern perfekt getragen wurde. Hoshi schien in Bezug auf ihre Sozialkompetenz und ihr Selbstbewusstsein noch einiges vor sich zu haben.

Interessant war aber auch die Darstellung ihres Vaters. In der Szene mit Archer wirkte dieser, wie auch die komplette Unterhaltung an sich, vollkommen weltfremd und entrückt. Hier wurde es für einen Moment aufdringlich deutlich, dass irgendetwas an der Umgebung nicht stimmen konnte. Es sei denn, man ging von einem gestörten Verhältnis der beiden aus. Die Serie spielte hier den surrealen Aspekt der Szenerie perfekt aus. Im Nachhinein und in Verbindung mit Hoshis Versuchen, T'Pol und Archer auf sich aufmerksam zu machen, war dies vielleicht die stärkste Szene der Episode. Die Angst, nicht wahrgenommen und vor allem nicht ernstgenommen zu werden, schwang permanent mit und wurde erneut von den Beteiligten großartig transportiert.

Die Episode zeichnete das Bild einer jungen und noch nicht gefestigten Persönlichkeit, die an den komplexen Anforderungen ihres Jobs und der ungewohnten Situation mehr als andere in ihrem Umfeld zu zerbrechen drohte. Ihre Ängste, für die in dieser Welt kein oder nur wenig Platz war, kehrten sich nach innen und dominierten ihre Gefühlswelt. Ein Prozess der Reife, des Erwachsenwerdens, aber auch des Wachsens an sich und den Aufgaben.

Linda Park zeigte dabei durchweg ihre schauspielerischen Fähigkeiten und machte somit nicht zum ersten Mal deutlich, dass man sie viel häufiger hätte einsetzen können und müssen.

## RECYCLE ME

Der Trend zu recycelten Stories ging jedoch (leider) ungebremst weiter. Originelle Konzepte waren zwar auch schon in der Serie zu finden gewesen, doch wirkte es auch befremdlich, dass die Produzenten so häufig auf bekannte Stoffe zurückgriffen. Rund ein Viertel der bisherigen Episoden fußte auf altbekannten Konzepten und schlachtete diese mal mehr, mal weniger aus. Dennoch sei festzuhalten, dass *Vanishing Point* ganz sicher nicht die Wurzel allen Übels war; im Gegenteil. Einzig der Trend gab Anlass zur Sorge.

### FAZIT

*Vanishing Point* war eine emotional gelungene Hoshi-Episode, die zwar erneut auf bekannten Versatzstücken basierte, durch gewiefte Kniffe jedoch eine eigenständige Richtung entwickelte. Recycling der feineren Art.

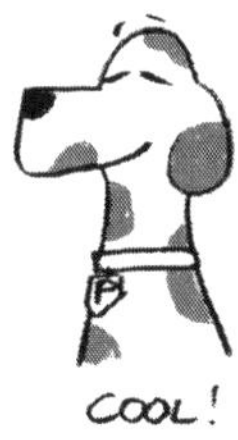


# 2.11

# PRECIOUS CARGO

## (KOSTBARE FRACHT)

*Wunder gibt es immer wieder, sang einst Katja Ebstein. Und recht hatte sie. Schade nur, dass sogar ein übergroßes Wunder dieser Episode keinen Funken Hirn hätte einhauchen können.*

### INHALT

Die Crew trifft auf zwei merkwürdige Außerirdische, die eine junge Frau im Kälteschlaf transportieren. Während Trip bei Reparaturen hilft, erwacht die Frau jedoch und erklärt ihm, dass sie in Wirklichkeit eine Gefangene sei …

### ES WAR EINMAL VOR LANGER ZEIT IN EINER WEIT, WEIT ENTFERNTEN GALAXIE

Ein Telefon klingelt. Jemand nimmt ab. »Brannon? Du, wir sehen gerade, dass wir zu wenig Folgen für die Staffel haben, und …« – »Wie? Zu wenig Folgen? Ich hab doch gerade erst diesen Plünderer-Mist abgeliefert!« – »Ja, ja, das ist auch schon im Kasten. Danach brauchten die Schauspieler den Seelsorger. Leider fehlt nun aber immer noch eine Folge …« – »Ach Mist … äh … und was ist mit dieser dämlichen Hundefolge? Die mit Sex und Brüsten und so? Könnt ihr die nicht schnell runterkurbeln?« – »Nee, nee, die ist doch auch schon im Kasten. Seitdem hat die ganze Crew Flatulenz.« – »Oh, okay, Moment, also, äh, also, hast du was zum Schreiben? Prinzessin äh im Kälteschlaf äh wurde entführt äh schläft mit Trip … ach, fangt schon mal an zu drehen, ich komme gleich vorbei!« – »Warte, wer soll die Prinzessin denn spielen?« – »Was weiß ich! Nebenan drehen die doch diese bekloppte Kochsendung mit dieser, dieser … ach, keine Ahnung, wie die heißt, nehmt die einfach, die ist heiß! Bis gleich!« *klick*

## ES IST, WIE ES IST. UND ES IST SCHLIMM.

So oder so ähnlich mochte das Telefonat im Vorfeld der Episode abgelaufen sein. Und man konnte nach Ansicht des Materials nur rufen: Herzlichen Glückwunsch! Die Produzenten hatten es mit der 37. Episode der Serie endlich geschafft, einen neuen und absoluten Tiefpunkt der Star-Trek-Geschichte auf die Beine zu stellen. Das verdiente Respekt! Ich wusste beim Abspann nicht, ob ich schamlos weinen (ob der herzzerreißenden Dämlichkeit) oder laut schreien sollte (ob der Schmerzen in dem Bereich, wo bei manchen das Hirn sitzt).

*Precious Cargo* gelang problemlos der Spagat, eine unfassbar klischeeüberladene Handlung mit vollkommen unbrauchbaren Dialogen, schwächstem Set-Design, einer gruselig überforderten Gastdarstellerin und unerträglichem Kitsch zu paaren. Ruhig, Björn, ganz ruhig. Durchatmen und dann noch einmal der Reihe nach.

## HILFT NICHT.

Die Crew traf auf die stereotypen Stirnhuckel-Aliens der Woche, die angeblich eine junge Frau als Fracht in Stasis transportierten, dabei aber wenig glaubwürdig wirkten. Trip half bei Reparaturen, als just in diesem Moment das Kühlaggregat ausfiel und die attraktive und leicht bekleidete Frau erwachte. Natürlich war sie eine Gefangene – und eine Prinzessin noch dazu. Oh Schreck!

Es kam, wie es kommen musste. Ein Alien überwältigte Trip bei dem Versuch, die Frau zu befreien, und floh mit den beiden. Sein Kollege blieb an Bord der Enterprise als Gefangener zurück. Trip bastelte am Ausbruch, die Prinzessin benahm sich arrogant und herablassend und floh schließlich doch mit ihm in einer Rettungskapsel, die so eng war, dass Hautkontakt unvermeidlich schien. Der Schmerzen noch nicht genug, landeten sie auf einem studio-morastigen Dschungelplaneten, gerieten in Streit, fielen in den Matsch, küssten sich heiß, schliefen miteinander und lagen schließlich erschöpft, aber glücklich am Lagerfeuer, während ihre Kleidung auf Büschen trocknete.

Nach einem finalen und mörderisch spannenden Kampf wurden die beiden von Archer und Co. gerettet, wobei sich der Captain eine lustige Bemerkung über die leichte Bekleidung seines Kumpels nicht verkneifen konnte.

## SAGT ALLES, DER ABSATZ. ODER?

Die Tatsache, dass Autoren sich trauten, in einer Star-Trek-Serie des Jahres 2002 so viele Klischees aus so vielen Serien und Filmen zusammenzuklauen und zum zigsten Mal aufzuwärmen, war schlicht eine Frechheit. Dass Padma Lakshmi jegliches Talent abging, tat sein Übriges. Ihre Ausstrahlung bewegte sich im nicht mehr messbaren Bereich, was vor allem an ihrem hölzernen Sprechstil lag.

Connor Trinneer bemühte sich sichtlich, konnte jedoch nichts mehr rausreißen, obwohl seine Darstellung selbst hier charmant war. Wenn man sich vor Augen hielt, dass Rick Berman und Brannon Braga höchstselbst diese Episode geschrieben haben, wurde es zappenpappenduster. Die beiden senkten erneut die Qualität der eigenen Serie auf einen Level ab, den niemand mehr gutheißen konnte.

Die Nebenhandlung um den dusseligen und leichtgläubigen Gefangenen, dem Archer und T'Pol ein völlig an den Haaren herbeigerissenes Theater vorspielten, das nicht einmal Neelix geglaubt hätte, war zwar im Gegensatz zur Haupthandlung zwar noch irgendwie witzig (nein, nicht wirklich), fiel aber zusammen mit dem Rest ohne jegliches Bedauern durch den Rost.

### NEIN, NEIN, NEIN.

Hier entstand gar nichts; keine Spannung, keine Situationskomik, keine knisternde Erotik (wie es wohl beabsichtigt war), kein Charme, kein Interesse beim Zuschauer. Hier wurde man gepflegt vergrault. Sollten damals in den USA tatsächlich Menschen gerade bei dieser Episode die Serie ausgetestet haben, sind sie nie mehr wiedergekommen. Ein Eigentor allerester Kajüte, gerade in dieser quotenmäßig ohnehin schwierigen Phase.

*Precious Cargo* war dümmste Unterhaltung und hatte mit *Star Trek* ungefähr so viel zu tun wie die *Teenage Mutant Ninja Turtles.* Und die wären noch zu Recht beleidigt. Sollte das hier ernsthaft die Vorstellung der Produzenten von *Star Trek: Enterprise* gewesen sein, dann gute Nacht.

### FAZIT

Jedes weitere Wort wäre reine Zeitverschwendung: Wenn man eine Folge verpassen musste, bitte diese.

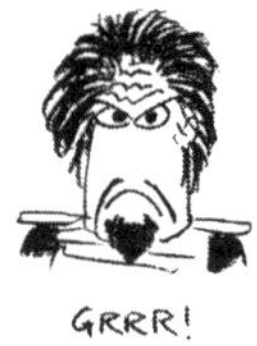


## 2.12

# THE CATWALK

## (DER LAUFSTEG)

*»Zusammenkunft ist ein Anfang. Zusammenhalt ist ein Fortschritt. Zusammenarbeit ist der Erfolg.« Henry Ford hatte leider keine Gelegenheit, sich diese Episode anzuschauen; was den Zusammenhalt der Crew angeht, hätte er sich aber definitiv bestätigt gefühlt.*

### INHALT

Während sich die Crew auf eine Mission vorbereitet, tauchen drei Fremde auf und warnen vor einem gefährlichen Ionensturm. Gemeinsam mit ihnen will man sich dem Phänomen stellen und in den deaktivierten Warp-Zellen das Ende der Sturmfront abwarten …

## WIR KOMMEN IN FRIEDEN!

Die Zeichen deuteten zu Anfang nicht auf ein freudiges Erlebnis hin, kamen doch nicht zum ersten Mal irgendwelche unbekannten Fremden an Bord, die zwar friedlich aussahen und die Crew warnten, aber dem Zuschauer dennoch nach kurzer Zeit bereits ein düsteres Geheimnis offenbarten. Generell war Verschlagenheit ein Charakterzug, den unsere Recken nur selten zu durchschauen wussten.

Jedoch fesselte die Handlung fraglos an den Schirm; ein Sturm nahte, dem das Schiff nicht einmal mit Höchstgeschwindigkeit entgehen konnte und der alle an Bord töten würde. Die innere Logik dieses Sturms mal beiseite lassend, handelte es sich hier um eine wirklich originelle Idee, die unsere Helden in eine ausweglose und vor allem natürlich auftretende Gefahrensituation brachte und somit treffend die Risiken der gerade erst beginnenden Raumfahrt der Menschheit thematisierte.

Waren die Schiffe der später spielenden Serien fast gegen alle lauernden Gefahren immun gewesen, handelte es sich hier eben doch um einen Prototypen mit all seinen Macken und Unausgereiftheiten. Das hatte auch in der ersten Staffel oft gefallen können: die Unterlegenheit des jungen Schiffes gegenüber widrigen Umständen.

Die Lösung für das Problem war denkbar einfach: Alle sollten in den sogenannten Catwalk des Schiffes evakuiert werden. Die Crew bei den Vorbereitungen zu beobachten, machte schlicht Spaß. Elementare Fragen wie der Standort und die Installation einer Toilette verdeutlichten den bodenständigeren Trek, für den die Serie von Beginn an stand. Die provisorische Kommandozentrale wirkte in ihrer ganzen Enge und Unfertigkeit völlig überzeugend; ein auf die Schnelle zusammengeschusterter Notbehelf. Klasse!

Doch auch die persönlichen Probleme der Crewmitglieder prägten diesen Aspekt der Handlung. Zum Beispiel Reeds Schwindelgefühle während des Sturms (ein profunder Grund für seinen Entschluss, nicht der Familientradition zu folgen und zur See zu fahren), Dr. Phlox' Weigerung, seine Tiere zurückzulassen, und die auf den ersten Blick wenig sinnvoll erscheinende Einrichtung eines kleinen Kinos; alles simpel gestrickte, aber wirkungsvolle Einfälle. Generell erhielten alle Charaktere wieder einmal ausreichend

Platz, sich zu entfalten. Archer gab gar den starken, mitfühlenden und hier sogar weisen Captain; sein Rundgang durch den Catwalk ließ ihn in einem sehr positiven Licht erstrahlen und machte ihn zu einem wahren Leader.

Ebenfalls nicht wichtig für die Handlung, aber doch erwähnenswert, war der erste Auftritt des Schiffskochs, im Original als »Chef« bekannt. Ein Running-Gag, der seit Beginn der Serie immer besser und charmanter wurde. Mein geschätzter Morn aus *Star Trek: Deep Space Nine* hatte einen würdevollen Nachfolger gefunden!

Das angedeutete, lauwarme Konfliktpotential durch die an Bord genommenen Fremden fiel bei all den positiven Charaktermomenten gar nicht mehr wirklich ins Gewicht. Der Clou, dass sie in Wirklichkeit nichts Böses im Schilde führten, sondern sich auf der Flucht befanden, war dabei sicherlich hilfreich und willkommen.

## EIN ENDE MUSSTE NOCH FIX HER

Die wahre Gefahr drohte durch weitere Mitglieder ihrer Rasse, die während des Sturms das Schiff kaperten und die Crew im Catwalk nicht entdeckten. Hierbei muss gesagt werden, dass die nötige Rückeroberung des Schiffes weder der interessanteste Aspekt der Episode war noch über das Prädikat »routiniert« hinauskam. Allerdings blieb der Unterhaltungsfaktor bis zum Schluss hoch, was in diesem Zusammenhang schon einen Erfolg darstellte. Dazu trugen in großem Maße die interessanten Fremden bei, deren charismatischer Leader eine ganz besondere Aura besaß. Auch Archers Versuche, die ungewollten Besucher in die Irre zu führen, ergaben Sinn.

## IM WELTALL HÖRT DICH NIEMAND SCHREIEN

Anders als Lt. Ripley in der *Alien*-Reihe hatte die Crew der Enterprise einen ganz entschiedenen Vorteil: Kameradschaft, Zusammenhalt, Familie. Episoden wie diese nutzten diesen Aspekt der Serie, eine kleine und unerfahrene Crew in die Weiten des Alls zu schicken und mit Gefahren zu konfrontieren, auf eine sehr organische Art und Weise. Und die Crew bewies, dass sie in etwas über einem Jahr gelernt hatte, dass nur zusammen und als Einheit ein Überleben überhaupt möglich war. Jeder besaß seine Qualitäten und Stärken und brachte sie ein. So fühlte es sich einfach sympathisch an, dieser Truppe zuzusehen.

## ICH GÖNNE MIR EINEN TELLERRAND – UND DEN BLICK DARÜBER HINAUS

Sicher muss man sagen, dass an solchen Stellen der Serie das Fernsehen nicht gerade revolutioniert wurde. Nicht einmal im Bereich SF. Doch für Genrefans bot die Serie immer wieder eine absolut gelungene Mischung aus einem interessantem Konzept, hohem Produktionsniveau und Feelgood-Atmosphäre. Was konnte man sich mehr wünschen als eine gut gemachte, liebenswerte Serie über die Wunder des Weltalls, die Reise und den Weg dorthin, über die Gefahren und eben vor allem über die Menschen, die diesen Traum lebten? Wo kommen wir her, und wo gehen wir hin? Und wer sind wir in dieser Welt? Mikrokosmos Mensch. Fragen, die *Star Trek* (oder auch *Babylon 5* und *Stargate SG-1)* immer stark gemacht haben, sowie Antworten, die so vielen Menschen Denkansätze geschenkt haben und die ihre Sichtweise auf sich selbst und die Welt um sie herum verändert haben. Und was mehr konnte eine Fernsehserie (trotz aller Kritik an Kleinigkeiten) schon leisten? *Star Trek: Enterprise* bot sicher immer wieder Angriffsfläche; Episoden wie diese zeigten jedoch auch das Wunderbare am Konzept auf.

## FAZIT

*The Catwalk* war *Star Trek: Enterprise,* wie es im Normalfall hätte sein sollen. Wenn nicht nachdenkliche Charakterstudien oder bedeutungsschwere Themen auf der Karte standen, mussten es zumindest überzeugende und SF-lastige Abenteuer mit Herz, Witz und guten Ideen sein. Klasse!

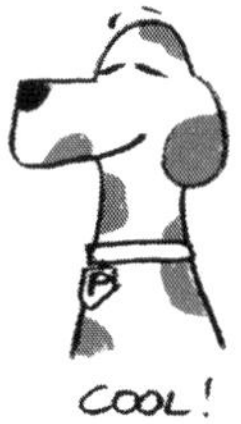


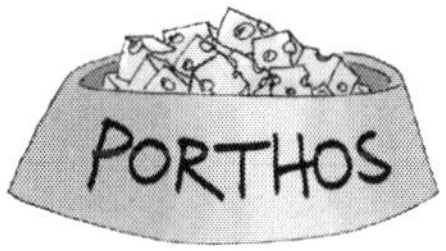

# 2.13

# DAWN

## (MORGENGRAUEN)

*Wenn Darmok und Jeriba Shigan ein gemeinsames Date bis zum Morgengrauen verlebten, wussten nicht nur Dennis Quaid und Patrick Stewart, dass sie nicht allein im (Story-)Universum waren.*

### INHALT

Trip stürzt mit seinem Shuttle allein auf einem ungastlichen Planeten ab. Er trifft auf einen Außerirdischen, der ihn vorher beschossen hatte. Gemeinsam müssen die beiden Kontrahenten versuchen, dem sicheren Tod zu entgehen …

### IDEEN, REICHT MIR IDEEN!

Fallen wir mit der Tür ins Haus: John Shibans zweite Arbeit für die Serie hätte problemlos jeden Preis bei einem Abkupfer-Contest gewonnen. Der definitiv als Klassiker der SF geltende Streifen *Enemy Mine* mit Dennis Quaid stand in diesem Fall nicht nur Pate, sondern lieferte fast jede Szene frei Haus; die Unterschiede bestanden lediglich darin, dass hier der beliebte Trip Tucker in die Rolle des Bruchpiloten schlüpfen durfte und nur knappe 45 Minuten zur Verfügung hatte, um die lebensbedrohende Situation zu überstehen.

Dabei war bereits der Aufhänger (Trip testet vollkommen alleine irgendwas im Shuttle) aus den tiefsten Standardplots von *Star Trek: Voyager* entnommen worden. Es schien für derartige Szenarien einfach keine neuen Aufhänger mehr im *Trek*-Universum zu geben.

Nebenbei fiel auch auf, dass Trip innerhalb von drei Episoden zum zweiten Mal in Gefangenschaft geriet, mit einem Unbekannten zusammenarbeiten musste, was sich zuerst recht schwierig gestaltete, und somit erneut in der Handlung die Hauptrolle einnahm. Schade, dass nicht wenigstens gelegentlich mal stattdessen beispielsweise ein Travis Mayweather eingesetzt wurde.

Dennoch bot die Episode natürlich willkommene Charakterentwicklung. Und mit jeder weiteren Episode wurde Trip besser und greifbarer ausgearbeitet. Wir hatten es hier definitiv schon lange nicht mehr mit einer eindimensionalen Figur zu tun. Die restliche Crew erhielt indes nur wenig zu tun. Die Rettungsversuche waren routiniert, und der gelungene Erstkontakt der Menschen wurde solide durchgespielt. Auch hier leistete Shiban also keine wirklich außergewöhnliche Arbeit.

Währenddessen mischten sich auf dem Planeten die bereits genannten *Enemy Mine*-Elemente mit bekannten Szenen und Motiven aus TNG-Klassikern wie *The Enemy (Auf schmalem Grat)* und *Darmok.* Das waren zwar beileibe keine schlechten Referenzquellen, dennoch blieb alles im vorhersehbaren Bereich und versprühte somit auch keinerlei Spannung. Trips Rettung war von Beginn an eine Randnotiz (wie immer in einem solchen Fall), das Finden einer gemeinsamen Basis nur eine Frage der Zeit.

## CONNOR & KLEINKRAM

Alles deutete auf einen unbefriedigenden Aufguss hin, wenn da nicht einige wirklich ungewöhnliche Entscheidungen im Kleinen gewesen wären. So zum Beispiel die Tatsache, dass Trip das Wasser des Außerirdischen nicht trinken und jener die Nahrung von Trip nicht essen konnte. Außerdem entwickelten beide entgegen ersten Erwartungen keine sprachliche Basis; die Verständigung bewegte sich auf einem absoluten Minimum, wobei einige Szenen allerdings auch nicht wirklich überzeugen konnten. Dazu gesellte sich eine Szene, in der Trip (ganz der Weltverbesserer) seine Waffe wegwarf und Freundschaft anbot. Als er dem Widersacher die Fesseln abnahm, entstand dennoch ein Kampf auf Leben und Tod; eine erfreuliche, weil nicht so extrem klischeehafte Darstellung.

Diese Kleinigkeiten hoben *Dawn* noch nicht auf ein brauchbares Maß, aber Connor Trinneers Arbeit machte wie immer Spaß. Sein differenziertes Spiel überzeugte durchweg. Trip erlebte hier auch endlich einmal wieder einen ernsten Moment und blieb nicht nur der spitzbübische Spaßvogel, sondern zeigte seine nachdenkliche Seite, sein Verständnis für die Mission und seine Verpflichtung. Ein klarer Pluspunkt, den man schon aus Fairness John Shiban zuschreiben musste. Dazu gehörten übrigens auch die willkommenen

Anspielungen auf frühere Missionen (Suliban-Cell-Ship, Schwangerschaft).

Was diese Teilbereiche jedoch retteten, wurde von den sehr schwachen Sets und dem unglaubwürdigen Ende (Trip wollte nicht beamen, bekam aber auch keinen Nachschub an Verpflegung oder Schutz gegen die Sonne) wieder eingerissen. Hier verfiel das Drehbuch leider erneut ins trübste Mittelmaß.

### FAZIT

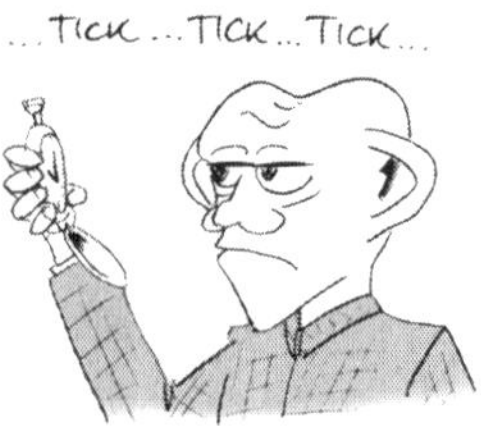


Sicherlich keine Episode zum Vorzeigen. Durch einige brauchbare Zutaten, die aber vermutlich nur aufmerksamen Zusehern auffielen, und den immer verlässlichen Connor Trinneer landete das Ganze aber haarscharf noch im Bereich des Erlaubten. Purer Mainstream-Trek mit marginalen Ambitionen, vielzuviel Ideenklau und ohne Fortune in der Ausführung.

# 2.14

# STIGMA

## (STIGMA)

*Es gibt keinen schlechten Zeitpunkt, um über Vorurteile zu sprechen. Star Trek: Enterprise besann sich auf eine große Stärke der langlebigen Reihe und lieferte ein nahezu perfektes Kammerspiel inmitten von Schuld, Wahrheit, Ängsten und Vorverurteilungen.*

### INHALT

Während die Enterprise bei einer Ärztekonferenz Station macht, versucht Dr. Phlox, mehr über eine schwere Krankheit zu erfahren, die ausschließlich Vulkanier befällt. Er darf jedoch nicht enthüllen, dass diese Krankheit T'Pol bereits befallen hat, da dieser Umstand sie bei ihrem Volk für immer brandmarken würde …

## WIE ES SEIN MUSS

Unter dem Banner der *AIDS-Awareness-Campaign* entstand mit *Stigma* eine Konzeptepisode, die das bekannte Setting der Serie und die Vorgeschichten der Charaktere nutzte, um im Rahmen einer größeren Aktion das gewünschte Thema auf serientypische Art zu präsentieren.

*Star Trek* hatte sich schon immer die Verarbeitung sozialer, politischer und kultureller Missstände auf die Fahne geschrieben. Leider trat dieser Aspekt über die Jahre vermehrt in den Hintergrund. Umso schöner, dass *Star Trek: Enterprise* nicht nur aus eigenem Antrieb derartige Folgen produzierte, sondern auch an übergeordneten Kampagnen teilnahm, um die Stärken der Serie zu nutzen und, auf bekannten Handlungsfäden aufbauend, einen völlig eigenständigen Beitrag zu erzeugen, der sowohl im Serienkontext als auch in Bezug auf die Kampagne überzeugen konnte.

Ausgangspunkt der Handlung war der aufgezwungene Mind Meld aus *Fusion (Die Verschmelzung)*. In der Folgezeit schien T'Pol erste Symptome des sogenannten Pa'nar-Syndroms gezeigt zu haben; »schien« deshalb, weil wir erstens nichts davon zu sehen bekamen und das Thema zweitens auch bisher nicht wieder erwähnt wurde. Die Krankheit war also vermutlich dank Dr. Phlox diagnostiziert und seitdem behandelt worden. Da man sich zuvor nie die Mühe gemacht hatte, auf die Umstände einzugehen, wirkte hier natürlich alles ein wenig aus dem Hut gezaubert.

Eine Medizinerkonferenz sollte den beiden die rare Gelegenheit verschaffen, mehr über die Krankheit herauszufinden. Des Doktors Vorsicht, nichts über T'Pols Zustand zu enthüllen, schlug jedoch erwartungsgemäß fehl, da die vulkanischen Ärzte bei Erwähnung des Pa'nar-Syndroms in Verbindung mit T'Pol an Bord der Enterprise natürlich ihre Schlüsse zogen. Da halfen alle gut gemeinten Notlügen nichts: T'Pols Zustand flog auf.

Anhand der Unterhaltung zwischen T'Pol, Phlox und den Ärzten auf der Enterprise wurde die Bedeutung der Krankheit für die vulkanische Gesellschaft bereits sehr deutlich. Die Haltung der Ärzte wirkte regelrecht irrational, ja, verletzend dumm. Ein (vielleicht) mal wieder wenig passender Charakterzug für die einst (meint: später …) so heiligen Vulkanier. Der in *Star Trek: Enterprise* gezeigten Frühform dieser Spezies war das aber durchaus angemessen und in der Ausführung nur konsequent.

## TOBAK (HART)

Zentraler Punkt der Story und somit Kernaussage der Geschichte war die Haltung von T'Pol. Sie wollte nicht bekannt werden lassen, dass sie zum Mind Meld gezwungen worden war, und vertrat den Standpunkt, dass die Sympathie oder der Umgang mit ihrer Krankheit nicht an der Ursache oder den Umständen der Infektion gemessen werden durfte. Und tatsächlich ist selbst heute in unserer ach so aufgeklärten Gesellschaft die häufigste Frage über an AIDS erkrankte Menschen: Wodurch hat er/sie die Krankheit denn bekommen? Dabei sieht T'Pol es genau richtig: Das Wie sollte und müsste vollkommen irrelevant sein. Oder zumindest dürfte diese Information nicht für das Aufkommen von Mitgefühl verantwortlich sein. Jeder Erkrankte verdient die gleiche Behandlung durch seine Mitmenschen.

Ich vermute, dass den Autoren dieser – in der Wahrnehmung der meisten Menschen eher untergeordnete – Punkt sehr am Herzen lag, da die Folge im Wesentlichen nur auf diese Frage reduziert wurde. Das ergab auch Sinn. In einer Kampagne wie der *AIDS Awareness Campaign* ist es zwingend notwendig, Ansatzpunkte zu koordinieren und zu verteilen, damit so viele Randbereiche eines Themas angesprochen werden können wie möglich. Somit wurde hier ein etwas zu konventioneller Weg der Handlungsführung gewählt, der aber genau diese eine These untermauerte und entwickelte.

Der etwas aufgesetzte Konflikt, dass T'Pol (mal wieder) nach Vulkan zurückgerufen wurde, war nur Beigabe und konnte auch nicht völlig überzeugen. Gleiches galt für die Enthüllung, dass einer der Ärzte selbst zur Minderheit gehörte (aber nicht infiziert war) und T'Pol schließlich rettete, indem er ihr Geheimnis bezüglich des erzwungenen Mind Meld preisgab. Sicherlich ein fauler Kompromiss, den die junge Vulkanierin auch zu verhindern suchte. Jedoch wäre auch niemandem damit gedient gewesen, wenn T'Pol sich hätte wegsperren lassen. Ein weiterer Nebenaspekt der Story war Archers Verärgerung darüber, nicht eingeweiht worden zu sein. Sicher hätte es nicht allzuviel genützt, ihm den Sachverhalt zu schildern. Das neue Vertrauen der beiden wäre aber vermutlich gestärkt worden.

Ein großes Plus war auch die am Ende der Episode (noch) nicht erfolgte Heilung, was im ersten Moment ein wenig zynisch klingen mag. Es hätte das Konzept der Story schlicht ad absurdum geführt, wäre Phlox ein Heilmittel in den Schoß gefallen. Somit hätte man der Frage nachgehen können, was es bedeutet, ein unheilbar krankes Crewmitglied an Bord zu haben. Hierbei denke ich selbstredend nicht an die voyeuristische Ader der TV-Gemeinde, sondern an wirkliches Qualitäts-TV, das mit Konsequenzen und Problemen auf intelligente Weise umzugehen weiß. Ohne jedoch die nicht vorhandene weitere Entwicklung dieser Storyline einzubeziehen, war *Stigma* für sich genommen ein klassisches Stück *Star Trek*. Ein anregendes Konzept, perfekt eingefügt in das bekannte Universum, gespickt mit großartigen Leistungen aller Darsteller, Set-Designer und Computertrickser (Matte Paintings, Konferenzort), Autoren, Produzenten, Komponisten und des Regisseurs; und zudem erfrischend ehrlich und aufrichtig dargeboten. Damit wurde *Star Trek* groß, das hielt es am Leben und sollte auch heute noch ein wichtiger Bestandteil sein.

## FUN? FUN!

Die in ernsten *Trek*-Folgen fast obligatorische, lustige Nebenhandlung wurde bei aller Kopflastigkeit aber auch diesmal nicht vergessen. Und die Frage, ob es sinnvoll ist, eine ambitionierte AIDS-Allegorie mit einer Nebenhandlung über eine brunftfreudige, verheiratete Frau zu kombinieren, sei mal dahingestellt. Spaßig war es dennoch, Phlox' Ehefrau dabei zuzusehen, wie sie ihr Netz um den armen Trip immer enger zog. Dieser jedoch lehnte, ganz Gentleman, überraschenderweise ab. Ebenfalls auf der Habenseite anzusiedeln, lernte man wieder einige skurrile Details über Phlox und die denobulanische Lebensweise.

## FAZIT

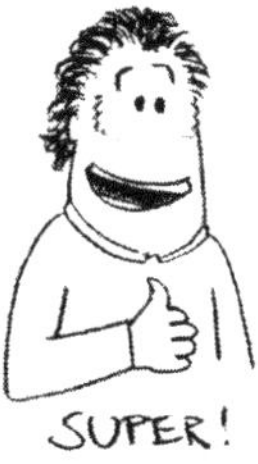


Ein äußerst klassisches Stück *Star Trek* wurde mit herausragenden Darstellerleistungen, sehr guten Intentionen und vielen denkwürdigen Dialogen abgerundet.

In der Summe eine nachdenkliche und wichtige Episode. Kompliment!

# 2.15

# CEASE FIRE

## (WAFFENSTILLSTAND)

*»Die Einheit der Völker war ein Traum weniger. Sie wurde eine Hoffnung für viele. Sie ist heute eine Notwendigkeit für alle.« (frei nach Adenauer) Der Serie fiel plötzlich ein, worum es bei diesem Prequel gehen musste, und zelebrierte einen Sieg auf ganzer Linie.*

### INHALT

Ein militärischer Konflikt zwischen Vulkaniern und Andorianern bricht aus. Stein des Anstoßes sind Streitigkeiten über einen Planeten, den beide beanspruchen. Shran, Anführer der Andorianer, hält ausgerechnet Archer für den idealen Verhandlungsführer …

### THIS IS NOT BUSINESS AS USUAL

Man hätte es fast vergessen können, doch war ein Hauptthema der Serie eigentlich, einige politische Lücken zu schließen, wodurch feststehende und durch die anderen Serien bekannte Ereignisse in Gang gebracht werden mussten. Dabei spielte natürlich insbesondere die Gründung der Föderation eine wichtige Rolle. Wann würden Menschen und Vulkanier ihren gemeinsamen Nenner finden und sich gegenseitig vertrauen und schätzen lernen? Wann und wie würden Andorianer und Vulkanier ihre kriegerischen Aktivitäten überwinden und zu gleichberechtigten Partnern mutieren?

Basisarbeit hatten die Autoren dafür bereits geleistet. Die Andorianer waren auf interessant-rasante Art und Weise eingeführt worden und erhielten mit Shran einen charismatischen und vor allem wiederkehrenden Anführer, der durch Jeffrey Combs wie immer brillant zum Leben erweckt wurde. Zwar konnte man sich ob des doch recht schrillen Äußeren manchmal ein Grinsen nicht verkneifen; dennoch waren dies keine Comic-Kreaturen, sondern gewichtige Gegner in einem politischen Intrigenspiel, bewaffnet mit treffenden Argumenten und berechtigter Paranoia.

## EIN ENTERPRISE-WHO IS WHO

Zuerst einmal war es natürlich erfreulich, vier hochkarätige Gastcharaktere in einer einzigen Episode antreffen zu können. Admiral Forrest, Botschafter Soval, Shran und die neu eingeführte Tarah hätten allesamt Einzelepisoden tragen können. Hier vertieften sie jedoch gemeinsam den starken Eindruck.

Besonders Gary Graham als Soval gab erneut einen wirklich perfekten Vertreter seiner hier noch sehr argwöhnischen und unsympathischen Spezies ab. Seine ablehnende Haltung gegenüber Archer, das Unverständnis im Hinblick auf T'Pols Verbleib auf der Enterprise und die sicherlich berechtigten Zweifel an den Absichten der Andorianer machten ihn zu einem vielschichtigen Charakter und dem perfekten Gegenpart für T'Pol, deren menschlicher Einschlag allem entgegenlief, woran Soval glaubte. Verschenkt wurde hier nur die Gelegenheit, T'Pols Krankheit erneut anzusprechen. In seiner Position hatte Soval diese Information bestimmt bereits erhalten, gerade weil T'Pol ein Mitglied seines Stabes war.

Die vorhandene kurze, aber sehr intensive Unterhaltung zwischen ihm und T'Pol, in der er auch auf die Geschehnisse aus *Shockwave (Die Schockwelle)* Bezug nahm, entschädigte jedoch für vieles. Hier hatte der Autor definitiv seine Hausaufgaben gemacht. Die Produzenten spielten insgesamt sehr geschickt mit der Serienkontinuität und boten immer wieder eine Basis, frühere Abenteuer in die Handlung zu integrieren. Zu nennen sei hier auch die erneute Erwähnung von Botschafterin V'Lar.

An der Darstellerfront ist neben Gary Graham natürlich weiterhin Jeffrey Combs zu nennen, der es definitiv ein weiteres Mal schaffte, einen völlig eigenständigen Charakter zu kreieren, der auf dem besten Weg war, Brunt und Weyoun aus *Star Trek: Deep Space Nine* Konkurrenz zu machen. Hinzu kam mit Suzie Plaksons Tarah die erste Andorianerin des Franchise.

## STYLE AND SUBSTANCE

Aber natürlich kann eine Geschichte nicht ohne spannenden Plot funktionieren, hier in Form einer Abhandlung über »Gegensätze im Krisenzeiten«. Soval hatte sicherlich nicht unrecht, den Andorianern zu misstrauen. Jedoch wollte Shran wirklich Gespräche forcieren. Die Barrieren in beiden Gesellschaften kamen hier sehr deutlich zum Tragen. Jahrhundertelange Feindschaft ließ sich eben nicht in so kurzer Zeit bekämpfen, und es gibt in jeder Gesellschaft militante Randgruppen, die für ihre Ziele töten. Deshalb ein ganzes Volk zu verurteilen, ist sicher der falsche Weg. (Hallo Zeitgeist!) Umso realistischer, dass am Ende eigentlich keiner mit dem Kompromiss zufrieden war.

Jeder hatte etwas bekommen, aber auch Zugeständnisse machen müssen. Ein erster und sehr wichtiger Schritt, aber auf keinen Fall mehr. Die relevante Erkenntnis war, dass Veränderungen Zeit brauchen sowie Protagonisten, die daran glauben. Das war beste Polit-SF à la *Star Trek: Deep Space Nine* und *Babylon 5* mit einem Universum voller Risiken, Fragezeichen und der ständigen Angst, dass etwas aus dem Gleichgewicht geraten könnte.

## FAZIT

*Cease Fire* brachte *Star Trek: Enterprise* in dieser etwas unrunden Staffel einen ganz gehörigen Schritt voran und zelebrierte ein Niveau in Sachen Polit-Trek, das sonst nur *Star Trek: Deep Space Nine* erreicht hatte.

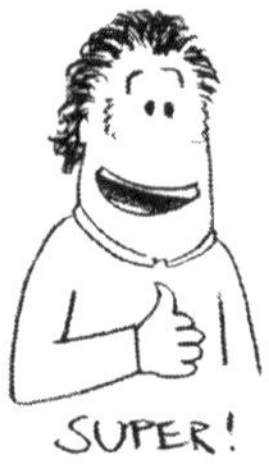


Eine stimmige Symbiose aus Kontinuität, Charakterentwicklung, wiederkehrenden Gaststars, tollen Dialogen und einem überragenden Produktionsdesign. Die Macher konnten ziemlich gut sein, wenn sie denn wollten.

# 2.16

# FUTURE TENSE

## (DIE ZUKUNFT)

*Drei Fragen: Kann ein Schiff innen größer sein als außen? Kann der TCW-Arc ohne bekannte Gastdarsteller und tiefere Informationen funktionieren? Und kann der Rezensent am Ende ein ehrliches Fazit ziehen, ohne von irgendjemandem atomisiert zu werden?*

### INHALT

Die Crew findet ein im All treibendes Schiff. An Bord befindet sich eine menschliche Leiche – da noch nie ein Mensch so weit in die Tiefen des Weltalls vorgestoßen ist, ein unmöglicher Fund. Plötzlich taucht ein sulibanischer Frachter auf, der sein Anrecht für die Cabal geltend machen will. Und auch die Tholianer mischen auf einmal mit. Die Crew gerät zwischen die Fronten des Temporalen Kalten Kriegs …

### IT'S BACK!

Nachdem schon die letzten beiden Episoden eine erstaunliche Qualität auf völlig unterschiedlichen Gebieten beschert hatten, kehrte *Star Trek: Enterprise* nun zu dem in dieser Season noch brachliegenden Handlungsbogen um den Temporalen Kalten Krieg zurück.

### UND WIE!

Geschickt wurden dazu frühere Äußerungen (zum Beispiel von Daniels) und Brocken an Informationen genutzt, um eine eigenständige Handlung auf der Grundlage bekannter Fakten zu schaffen. Die Idee, ein kleines und scheinbar zerstörtes Erkundungsschiff aus dem 31. Jahrhundert, das eine Bruchlandung in Archers Zeit hingelegt hat, aus dem Nichts auftauchen zu lassen, war an sich schon originell. Dazu gesellten sich aber vor allem mit den Suliban und den erstmals seit Classic-Zeiten auftauchenden Tholianern zwei Spezies, die keine Zeit verlieren wollten, das Schiff in ihre Hände zu bekommen.

Dabei war es geschickt, neben Daniels einerseits und den Suliban mit Silik und Future Guy andererseits endlich eine weitere Fraktion einzuführen, um so die Palette der Akteure in diesem Verwirrspiel zu erweitern. Wie Daniels zu alledem stand, ob der mysteriöse Future Guy ausschließlich für die Suliban in Aktion trat oder wer sich eigentlich hinter seiner Gestalt verbarg, auf all diese Fragen erhielten wir weiterhin keine Antworten. Auch, weil beide, genauso wie Silik, nicht auftauchten. Letzterer wurde aber immerhin kurz erwähnt. Somit breitete sich das Thema aus und nahm an Unübersichtlichkeit zu; genau das richtige Feeling für einen Plot dieser Art. Zumindest in diesem frühen Stadium.

## ANOTHER APPETIZER

*Future Tense* diente allerdings weitestgehend nur als Set-up, als Spannung erzeugender Appetithappen für etwas Größeres, von dem wir nicht wussten oder erahnen konnten, was es war oder werden würde. Wäre die Grundstory der Episode nicht so gelungen gewesen und hätte die Ausführung nicht dermaßen überzeugt, man hätte ob der fehlenden Erkenntnisse leise hüsteln können. Für sich funktionierte die Geschichte jedoch perfekt und ließ den Zuschauer eher neugierig als frustriert zurück.

Der Fokus der Handlung lag dabei lange Zeit auf dem Schiff und seiner Wirkung auf die Crew. Trip und Reed versuchten, mehr darüber in Erfahrung zu bringen, während Archer und der Rest der Besatzung sich mit ersten Angriffen der alten und neuen Gegenspieler herumschlagen mussten. Der Plan, das Schiff den Vulkaniern zu übergeben, wob perfekt das letzte Woche neu geschaffene Vertrauen zwischen den beiden Spezies in die aktuelle Handlung ein. Obwohl erstgenannte nicht an Zeitreisen glaubten, waren sie bereit, den Menschen zur Hand zu gehen und das vermeintliche Zeitschiff zur Erde zu bringen – ein weiterer kleiner Schritt in eine bessere (gemeinsame) Zukunft der Völker.

Die Untersuchung des Wracks brachte dann auch einige der besten Szenen; alleine der Gesichtsausdruck des Duos Reed/Tucker beim Entdecken des jede Vorstellung sprengenden Geheimganges war preisverdächtig. Generell trug diese Enthüllung extrem zur Stimmung rund um das Schiff bei. Es handelte sich endlich einmal wieder um wirklich fremdartige und nicht in die Zeit passende Technik, zu vergleichen am ehesten mit Daniels' futuristischen Vorrichtungen. Auch das Mysterium um das vermeintliche Logbuch, welches sich schließlich als Signal-Boje für den Notfall herausstellte, ließ die Crew wie Marionetten, wie vollkommen überforderte Statisten dastehen; ein cleverer Schachzug, der uns in eine Position brachte, in der wir mitleiden und mitfiebern konnten, anstatt der Crew nur bei ihrer Tätigkeit zuzusehen. Wir wussten genauso wenig wie sie, und das war zu diesem Zeitpunkt auch gut so.

## THUMBS UP!

Dazu gab es eine zur Abwechslung einmal perfekte Art des Recyclings. Die völlig unerklärbaren Zeitphänomene, die sich in der Nähe des Zeitschiffes abspielten, waren nicht nur aus *Star Trek* hinlänglich bekannt. Hier wurden Erinnerungen an *Cause and Effect (Déjà vu)* aus *Star Trek: The Next Generation* oder Filme wie *Und täglich grüßt das Murmeltier* oder den kaum bekannten *12:01* wach. Dennoch passten sich die Szenen perfekt in das Mysterium ein, welches das Schiff umgab. Hier machte das ganze Zeitreise-Konzept erstmals einen schlüssigeren und einheitlicheren Eindruck. Zwar änderte das nichts an den paradoxen und oft wirren Erklärungsansätzen, dennoch konnte man sich besser in das Thema hineinfühlen als zuvor.

## FAZIT

*Future Tense* bereicherte den Handlungsbogen um den Temporalen Kalten Krieg eher unterschwellig. Das geschah jedoch auf derart spannende und rasante Weise, dass man beim Abspann nach mehr verlangen wollte. Zu diesem Zeitpunkt der Serie war das vollkommen in Ordnung.

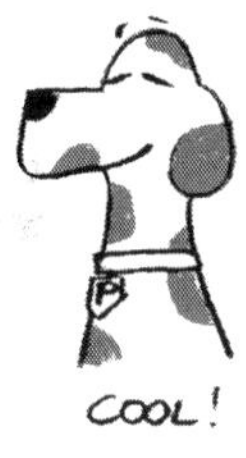

# 2.17

# CANAMAR

## (CANAMAR)

*Nach drei Wochen Höhenflug musste die Staffel erstmal wieder durchschnaufen. Man hätte sich ja sonst glatt an hohes Niveau gewöhnen können! Was kommt da gelegener als ein weiteres kleines Plagiat?! Con Air hob wieder ab!*

### INHALT

Als Archer und Trip in einem Shuttle die Heimatwelt der Enolianer verlassen wollen, werden sie fälschlicherweise verhaftet und auf einen Gefangenentransport zur Strafkolonie Canamar gebracht. Bevor der Irrtum korrigiert werden kann, wird das Schiff von einem der Insassen gekapert …

### NO NEED TO UNDERWHELM US

Die letzten Wochen hatten zweierlei bewiesen: Erstens *war Star Trek: Enterprise* zu hoher Qualität auf verschiedenen Ebenen in der Lage, und zweitens konnte die Serie diese Qualität auch konstant über mehrere Folgen halten. Was nun noch fehlte, war eine Anhebung des Niveaus bei den Mitläufer-Folgen.

### COME FLY WITH ME

In den frühen Spoilern wirkte die Episode wie ein ganz billiger Abklatsch des Erfolgsfilms *Con Air* mit Nicolas Cage und John Malkovich. Dafür sprach auch, dass Autor John Shiban schon einmal am Rande der Plagiatsklage gewandelt war. Um den Vorwurf gleich abzuschwächen, sei zugestanden, dass *Canamar* die (zugegebenermaßen nicht sehr hohen) Erwartungen übertreffen konnte. Zwar waren die genannten Einflüsse überdeutlich, dafür war die Ausführung jedoch durchgehend über jeden Verdacht erhaben. Die Eröffnungssequenz, in der zwei Crewmitglieder aus dem scheinbar verfluchten Shuttlepod 1 entführt wurden, wirkte wie der älteste Hut, wurde aber spannend und mysteriös dargestellt. Auch die unkomplizierte und herzliche Beteiligung der sehr kooperativen Regierung der Enolianer kam der Wirkung des Auftakts zugute.

Der von übereifrigen Sicherheitsbeamten begangene Fehler wurde sofort eingeräumt und bedauert. Das war eine willkommene Abwechslung zu all den stereotypen Aliens der Woche, die meistens irrational, intrigant, feindselig und unsympathisch daherkamen. Zwar durfte man leise Zweifel am Rechtssystem der Spezies üben, dieser Aspekt spielte jedoch für die Folge (leider) überhaupt keine Rolle.

Während also die Planungen, Archer und Trip zu befreien, bereits nach wenigen Minuten weit gediehen schienen, veränderte sich die Situation an Bord schlagartig. Archer und Trip wurden zwar informiert, dass ihre Freilassung nahte; sofort brach jedoch eine Gefangenenrevolte los, die zur Konsequenz hatte, dass nun ein Schwerverbrecher namens Kuroda das Schiff befehligte. So weit, so *Con Air.*

## BONDING WITH THE ENEMY

Nichts war es also mit einer problemlosen Rettung; zum Glück glaubten die Mithäftlinge jedoch, dass Archer und Trip die Wachen bestochen hatten, um freizukommen. Ein vielleicht auf den ersten Blick etwas naiver und unglaubwürdiger Sachverhalt, der aber wohl eher auf ein korrumpiertes Justizsystem schließen lassen sollte. Archer wurde dank seiner Fähigkeiten sogar kurzerhand zum Piloten des Schiffs ernannt und begann, sich mit Kuroda zu arrangieren.

Viel mehr gab es zum Plot der Episode dann auch kaum zu sagen. Archers Spiel ging auf, und nach einigen Irrungen und Wirrungen sowie finalem Schusswechsel waren die beiden Offiziere wieder wohlbehalten auf der Enterprise, während Kuroda mit dem Schiff unterging. Nun klingt diese Schilderung vielleicht nicht wirklich preisverdächtig originell; dennoch gelang es John Shiban, über die gesamte Dauer eine interessante, spannende und unterhaltsame Atmosphäre aufrechtzuerhalten. Archer hinterließ hierbei den angemessenen Eindruck als diplomatischer, nachdenklicher und gewitzter Captain, indem er es problemlos verstand, Kuroda auf seine Seite zu ziehen und gleichzeitig Fluchtpläne zu schmieden.

Dabei wirkte der Antagonist der Episode keineswegs leichtgläubig oder dumm. Archer war tatsächlich überzeugend und gewann so an Format. Trip hingegen war fast ausschließlich für den Comedyaspekt zuständig.

Der neben ihm sitzende Außerirdische namens Zoumas wirkte auf eine realistische und nie überzeichnete Art und Weise völlig entnervend. Selbst der Zuschauer konnte ihn trotz der wenigen Szenen kaum ertragen und Trips schwindende Geduld gut nachvollziehen. Jar-Jar Binks hatte hier definitiv einen Bruder im Geiste gefunden. Connor Trinneer und Scott Bakula spielten somit in unterschiedlichen Bereichen ihr Können aus.

Zusätzlich zu den ebenfalls starken Gastdarstellern (insbesondere Mark Rolston als Kuroda) wirkte auch das Setdesign positiv auf das Gesamtbild ein. Das Innere des Transports war nahezu klaustrophobisch dreckig, ein schöner Kontrast zur eigentlich auch nicht sehr geräumigen Brücke der Enterprise. Aber auch die Effektcrew leistete wieder ganze Arbeit. Alle Schiffe der Enolianer wirkten neuartig und originell. Hinzu kamen schöne Blickwinkel in Planetennähe, die zum Beispiel die NX-01 aus einer anderen Sichtweise präsentieren als gewohnt. Ein weiteres Sonderlob heimste noch Komponist Brian Tyler ein. Sein Score brach geradezu aus dem TV-Schirm heraus. Dramatik, Gefühl, Rasse und viele ungewöhnliche Effekte und Instrumente rundeten die bis hierhin beste Musikuntermalung der zweiten Staffel ab.

## FAZIT

*Canamar* war ein stereotyper Actionfüller für Gelegenheitsseher und erforderte keine besonderen Kenntnisse der Serie. Wer *Con Air* nicht kannte, Remakes liebte oder sich schlicht auf eine routinierte und in sich gelungene Mainstreamdreiviertelstunde einlassen konnte, wird zufrieden gewesen sein.

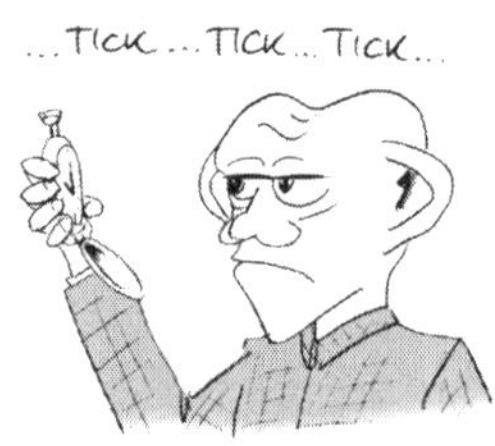

# 2.18

# THE CROSSING

## (ÜBERGANG)

*Erstkontakt zum Abgewöhnen: Reed musste sich aufs Peinlichste an T'Pol ranmachen, Trip hatte die ganze Zeit ein seliges Lächeln im Gesicht, und am Ende kulminierte die Weisheit der jungen Sternenflotte in einem Mordskawumm ohne Reue.*

### INHALT

Die Enterprise wird durch ein außerirdisches Schiff außer Gefecht gesetzt. Kurz darauf passieren merkwürdige Dinge an Bord, und jegliche Kommunikation mit den Angreifern schlägt fehl. Es stellt sich heraus, dass es sich um körperlose Wesen handelt, die nur die körperliche Existenz ergründen wollen …

### BACK TO BELANGLOSIGKEIT

Was erwartete man nach einer Reihe wirklich guter Folgen? Eindeutig zuviel. *The Crossing* konnte der Bürde nie gerecht werden. Zuerst einmal war die Übernahme durch Außerirdische natürlich ein uralter Hut, der bereits in jeder *Trek*-Serie totgewalzt wurde. Wenn diese Außerirdischen dann auch noch unschuldig taten, aber böse Absichten hatten, wurde es noch finsterer. Dem Standardmuster folgend, setzte die Crew alles daran, die Angreifer zu stoppen, während man nie wissen konnte, wer gerade übernommen wurde, so leider auch hier. Am Ende wurden die finsteren Körperlosen in die Flucht geschlagen oder zerstört, und alles war wieder gut. Tja, es schien nur dieses eine Strickmuster zu geben.

### DER GRÜNE PUNKT

Hier zeigte sich wieder einmal, dass Berman und Braga inzwischen die ungekrönten Könige des Recyclings waren. Wenn beide für einen Plot verantwortlich zeichneten, waren große Überraschungen Mangelware. Ausnahmen bestätigten natürlich die Regel; hier aber leider nicht. Schlimm war in diesem Zusammenhang auch, dass sie nicht nur in anderen Serien gewildert hatten, sondern hier sogar einige Episoden der eigenen Serie schamlos neu zusammengemischt wurden.

Mike Sussman und Phyllis Strong, Chris Black und auch John Shiban (wenn auch bisher ebenfalls nur mit Recycling beschäftigt) schienen alle durchaus talentiert zu sein. Warum zur Hölle mussten Berman und Braga dennoch immer wieder Geschichten bringen, wenn sie nichts zu sagen hatten? Warum mussten sie immer noch einen Großteil der Episoden schreiben? Warum wollten sie nicht einen Schritt zurücktreten und das tun, was besonders Rick Berman erwiesenermaßen immer konnte? Produzieren!

Die Erklärung für das Recycling war indes einfach: Rick Berman und Brannon Braga waren zum Start der Serie vom Kopf her einfach gar nicht bereit dafür gewesen. Sie hatten schlicht zu wenige Ideen auf der hohen Kante gehabt. Dazu kam eine zu hohe Episodenzahl, ein zu kleiner Autorenstab und Pech mit der Besetzung des Writers Rooms. Das Ergebnis: Die beiden Produzenten mussten zu viele Episoden selbst ausarbeiten. Gerade Braga wies darauf auch im Bonusmaterial der BluRays oft genug und ehrlich hin. Dadurch litten Trefferquote und Qualität. Dass gerade Braga gut schreiben konnte, war ja kein Geheimnis. Doch hier hatten er und Rick Berman sich, der Serie und den Zuschauern keinen Gefallen getan.

## GENUG DAVON

Glücklicherweise fanden sich einige Punkte, die definitiv auf der Habenseite zu verbuchen waren.

- Sowohl Connor Trinneer als auch Dominic Keating brachten perfekte böse Varianten ihrer Charaktere ein. Trinneer gab den bedächtigen und vertrauenerweckenden Forscher, den nichts als gute Absichten trieben. Ein großer Kontrast zu seinem sonstigen Spiel als Trip. Keating kehrte dafür die zweifelhaften Seiten an Reed heraus. Seine Avancen gegenüber T'Pol passten sowohl zum Interesse der Wesen am Konzept der Zweigeschlechtlichkeit als auch zu Reeds unterdrückten Wünschen.

- John Billingsley erhielt großen Anteil an der Auflösung und durfte zum ersten Mal einen Action-Part bestreiten. Keiner im Cast konnte aus Nichtigkeiten so viel schauspielerische Finesse herauskristallisieren wie Billingsley.

- Sowohl Hoshi Sato als auch Travis Mayweather erhielten relevante Parts im Ensemble. Richtig so! Nur wenn die komplette Hauptcrew etwas beisteuern durfte, funktionierte das Konzept eines so großen Casts.

- Die erneute Verwendung des Catwalk als Rettungsversteck war ein willkommener Tupfer in Sachen Kontinuität.

- Neben den Hauptdarstellern ließ man sogar Platz für Joseph Will alias Rostov und Matthew Kaminsky als Cunningham. Diese Art der Handhabung war viel besser geeignet, als jede Woche neue (unwichtige) Crewmitglieder zu zeigen.

- Die Musik: Seit einigen Episoden war ein stetiger Trend zu erkennen: weg von den 08/15-Klängen hin zu opulenten und verspielten Klangteppichen mit überraschenden Instrumenten und Fill-ins. Hier durfte Paul Baillargeon sich ein weiteres Lob abholen.

Um jedoch die ausbrechende Euphorie beim Leser ob so viel Lobes gleich wieder einzudämmen, kommen wir zu den größten Schwachpunkten.

## ES MUSS LEIDER SEIN

Der Anfang mit seinem »ab in die Handlung«-Feeling war einfallslos. Warum immer dieses Hauruck-Gehabe? Man denke wehmütig an viele wunderbare Szenen aus *Star Trek: Deep Space Nine* zurück, in denen kleine Charakterszenen den Rahmen für eine übergeordnete Handlung bildeten. Schade.

- Die Aliens, die lange gebraucht hatten, endlich körperlos existieren zu können, waren nicht in der Lage, ihr Schiff zu reparieren? Und sie wollten lieber ihre Existenz wechseln und zwei Drittel ihrer Crew sterben lassen? Wie bitte?

- Der klischeehafte Zufall von Blödheit einer Spezies: Warum übernahmen sie nicht erst einmal die Führungsoffiziere? Nein, wäre zu einfach. Lieber einsperren lassen (ohne viel Gegenwehr) und warten, bis eine Strategie gegen die eigenen Pläne entwickelt wurde. Schon klar.

- Archer gab sich wenig Mühe, eine friedlichere Lösung zu finden, als das Schiff zu zerstören. Nebenbei: Dass die Enterprise damit so wenig Probleme hatte, konnte man angesichts des imponierenden Schlachtkreuzers auch nicht wirklich glauben.

- Das Ende: Aliens tot, alle Crewmitglieder gerettet, und Schluss. Mission beendet. Keine Nachwirkungen. Keine Botschaft. Peng und weg. Ganz toll.

*The Crossing* stand mit den Darstellern und dem Grundkonzept einer Ensemble-Show. Die Episode fiel jedoch mit einem unfassbar ausgelutschten Plot, wenig Liebe zum Detail, einer grottigen Behandlung des Themas und einem schlimmen Ende. Versetzung stark gefährdet: setzen!

## FAZIT

*Star Trek: Enterprise* waberte zurück in den unteren Durchschnitt. Die Darsteller und ihre Charaktere leuchteten zuweilen hell, nette Momente waren durchaus vorhanden, der Ensemble-Wert der Handlung rettete einiges.

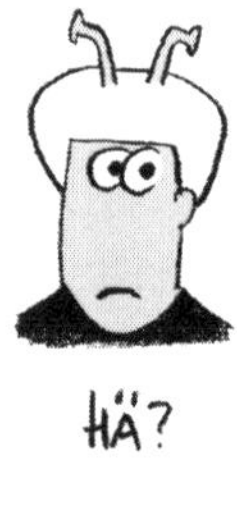


Leider aber nicht die Meinung über diese viel zu vorhersehbare und abrupt beendete Episode. Einschalten, zurücklehnen, vergessen. Peng und weg halt.

# 2.19

# JUDGMENT

## (DAS URTEIL)

*Nostalgie perfekt serviert: Zwischen Schmerzstöcken, bekannten Namen, Darstellerlieblingen, atemberaubenden Schauwerten und tiefsinnigen Dialogen entstaubte der Autor David A. Goodman die Klingonen und erfreute alte und neue Fans.*

### INHALT

Archer wird aufgrund seines bisherigen Verhaltens im Zusammenhang mit den Klingonen vor ein klingonisches Gericht zitiert und muss sich dabei auf einen alten und desillusionierten Verteidiger verlassen …

### DER REZENSENT LEGT DEN SCHMERZSTOCK BEREIT

Gerade nach den bisherigen Klingonen-Ausflügen der jungen Serie hielt sich meine Begeisterung über weitere Geschichten rund um die ehrenhaften Krieger in sehr engen Grenzen. Schon bei Bekanntgabe der Story des Piloten wollte mir nicht in den Kopf, warum gerade wieder die inzwischen fast totgesendeten Klingonen einen wichtigen Anteil an der Handlung des Pilotfilms der neuen Serie bekommen sollten. Rückblickend waren sie jedoch dort am überzeugendsten (weil am wenigsten präsent). Sie stellten nur das bekannte Element am Rande dar und funktionierten als solches auch. Danach verkamen sie hingegen immer rasanter zu schmerzverursachenden Karikaturen ihrer selbst. Storygewordene Schmerzstöcke sozusagen. Es gab also wirklich keinen Grund, sich auf *Judgment* zu freuen, außer der Tatsache, dass mit J. G. Hertzler ein altbekannter Mime unter das üppige Make-up zurückkehrte. Zwar nicht in der bekannten und äußerst beliebten Rolle des General Martok, aber immerhin wieder als Klingone. Und auch die in Aussicht gestellten Neubauten der Gerichtskulissen aus *Star Trek VI: The Undiscovered Country (Star Trek VI: Das unentdeckte Land)* und ein Abstecher auf den Strafplaneten Rura Penthe (aus eben dem gleichen Film) ließen aufhorchen. Doch konnten diese Anfälle von Nostalgie wirklich ganz allein eine ganze Episode tragen?

## SICHER NICHT

Zuerst einmal sorgte der Beginn für moderates Kopfschütteln. Wieder dieses »rein-in-die-Handlung«-Gefühl, das wir bereits zu häufig und vor allem gerade erst vergangene Episode hatten ertragen müssen. Keine Erklärung. Kein Setup. Einfach ab in den Gerichtssaal. Was war passiert? Wie kam Archer hierher? Wie konnte er überhaupt entführt werden? Interessierte keinen. Kostete nur Sendezeit. Musste man nicht wissen.

Doch! Denn das waren alles interessante Fragen, die man sicher nicht immer (sofort) beantworten musste, die bei *Star Trek: Enterprise* aber leider auch zu häufig in der Luft hängen blieben. So auch hier, doch dazu später mehr.

## NUN VIEL POSITIVES

Nahm man den Ausgangspunkt der Handlung aber erst einmal als gegeben hin, spürte man als erstes die erdrückende Wirkung der Kulissen und Effekte. Die Außenaufnahmen waren atemberaubend, und das klingonische Gericht ließ ebenfalls keine Kritik zu. Opulent, groß, stimmungsvoll, top! Dennoch: Kern einer Episode müssen Story, Charaktere sowie Darsteller sein, nicht nur die Verpackung. Und genau in diesen Punkten lag eine weitere Stärke.

Zuerst einmal wurde J. G. Hertzler den Erwartungen vollumfänglich gerecht. Sein Kolos war weder ein billiger Martok-Klon, noch gerieten die Masken zu ähnlich. Hertzler erschuf eine völlig neue Figur, einen gebrochenen und desillusionierten Mann, der sein Leben der Gerechtigkeit widmen wollte, durch die Veränderungen in seiner Gesellschaft jedoch zum schweigenden Mitläufer wurde. Die Tatsache, dass ausgerechnet Archer sein Feuer wieder entfachte, ging durch Bakulas engagiertes Spiel noch als glaubwürdig durch. Dieser Scott Bakula drehte dann auch schauspielerisch auf. Sein Captain Archer wirkte gereifter und stärker denn je. Ein Mann, der aus seiner Emotionalität und seinen Schwächen Kraft schöpfen konnte, der aber auch immer auf der feinen Linie zwischen Recht und Unrecht wandelte. Dabei war er glaubwürdig, weil nicht immer rational, sympathisch, weil menschlich und im ständigen Kampf gegen seine Fehler und nach und nach lernfähiger. Ein Leader mit Herz. Klasse.

Auf *Judgment* bezogen zeigte sich das zum einen in seinem Umgang mit dem Gericht (hart aber herzlich) und zum zweiten in seinen Konversationen mit Kolos, den er deutlich härter anpackte, als dieser sich das wohl hatte träumen lassen. Er rüttelte ihn wirklich auf und rührte damit auch den Zuschauer an. Hertzler und Bakula funktionierten perfekt zusammen.

Der Handlung an sich Komplimente zu machen, wäre sicherlich übertrieben. Dennoch: Es handelte sich hier um eine durchweg gelungene Abhandlung über Mut, Ehre, Standhaftigkeit und den Willen, Missstände zu beseitigen. Wir erfuhren interessante Details über die Klingonen, die einen Bogen von den bisher gezeigten hin zu den späteren spannen konnten, und erlebten nebenbei, dass es doch noch Dinge über diese Spezies zu sagen gab. Hier gelang es Autor David A. Goodman, eine Story in bester Ron-Moore-Tradition zu schreiben. Moore war in den Vorgängerserien immer für die besten Klingonen-Stories verantwortlich gewesen. Goodman folgte hier klar diesem Beispiel und gewann damit auf ganzer Linie. Er machte die Klingonen wieder greifbar und glaubhaft und vor allem dreidimensional.

## DER REZENSENT LEISTET ABBITTE

Zum Abschluss kehren wir noch einmal zum Anfang zurück. So abrupt der Anfang war, machte es das Ende in dieser Hinsicht nicht besser, da man Archers Rettung nur als Randnotiz stehen ließ.

Damit wurde aber eines klar: Hier kürzte man nicht mangels Motivation oder guten Ideen, sondern um sich auf das Wesentliche zu konzentrieren. Wer brauchte schon eine unergiebige Szene, in der Archer (ob nun glaubwürdig oder nicht) vom Schiff entführt wurde? Und wer brauchte T'Pols Verhandlungen mit hochrangigen und korrupten Klingonen über Archers Freilassung? Wer musste sehen, wie Reed sich durchkämpfte, das Schiff ihn letztlich aufnahm und alle gemeinsam wegflogen? Richtig: keiner. Wenn eine Episode ihren Fokus so stark darauf richtet, dem wirklich bedeutenden Aspekt Tribut zu zollen, ohne Sendezeit für belangloses Trara-Beiwerk zu verschwenden, sollte man eigentlich nur gratulieren. Dazu musste es dann aber auch so gut funktionieren wie hier.

### FAZIT

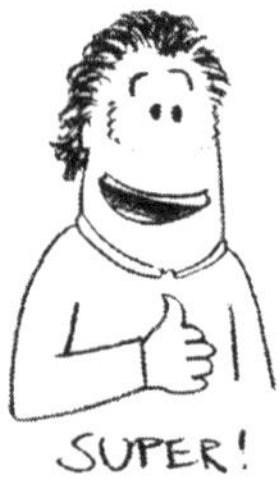


Die bisher beste Klingonen-Episode der Serie zeigte: In dieser Form, gespickt mit tollen Darstellern, atemberaubenden Effekten und Kulissen sowie einer starken Handlungsführung konnten die überstrapazierten Gegenspieler gerne noch zurückkehren.

Dank an David A. Goodman für ein ganz feines Stück *Star Trek!*

# 2.20

# HORIZON

## (HORIZON)

*It's alive! Die perfekte Frankenstein-Analogie: Genau wie die Kreatur des berüchtigten Doktors durfte auch Travis »Das Phantom« Mayweather endlich seine Lebendigkeit unter Beweis stellen. Ein glorreicher Moment für den Charakter; doch auch für die Serie?*

### INHALT

Während die Crew ein Weltraumphänomen untersucht, kehrt Mayweather auf das Frachtschiff seiner Familie zurück und erfährt, dass sein Vater verstorben ist. Das Wiedersehen verläuft jedoch noch in anderer Hinsicht unerwartet, als Fremde angreifen und sein Bruder seiner ersten Prüfung als neuer Captain entgegensieht …

### DER MANN, DER IMMER LÄCHELT

Kaum ein Mitglied der Besatzung lebte so lange Zeit ausschließlich vom Spott der Fans wie Anthony Montgomery. Von frühen Witzen darüber, dass niemand seinen Rollen-Namen kannte (Marryweather-who?) oder zuordnen konnte, bis hin zu makabren Späßen darüber, dass ein Hirntod des jungen Piloten der NX-01 kaum eine

Veränderung darstellen würde, reichte das Spektrum der Gemeinheiten in den Foren.

Dabei war ihm der Zustand dieser völligen Charakterunterentwicklung nur zu maximal 50 Prozent anzulasten. Zwar reichte seine Palette in den meisten Episoden kaum über ein völlig weltfremdes Grinsen hinaus, die Autoren schafften es jedoch auch selten, ihn sinnvoll in die Handlung einzubinden. Er war stets der Mann am Rande des Geschehens, der »Aye, Sir«-Sager, dekoratives Element am Steuerpult und kindlich-naives Grinsekätzchen der Brückencrew. Ein Charakter zum Aus-der-nächsten-Luftschleuse-feuern, aber irgendwie doch sympathisch bis zur Schmerzgrenze. Hat da jemand »Wesley« gerufen?

Hier jedoch ließen sich die Autoren zu einer ganzen Episode über Ensign Travis Mayweather und seinen familiären Background herab. Mangels Alternativen musste diese Episode deshalb nun über die schauspielerischen und erzählerischen Dimensionen des Darstellers Montgomery und die Figur des Travis Mayweather entscheiden, so unfair das auch sein mochte.

Immerhin erhielt Anthony Montgomery ausreichend Gelegenheit, sich zu beweisen. Und es gelang ihm in den meisten Fällen auch. Die Szenen mit seinem Bruder Paul, seiner Mutter Rianna und besonders mit Archer zu Beginn der Episode waren tadellos gespielt. Dazwischen jedoch verfiel der Gute immer wieder kurz in seine statischen Bewegungen und vor allem in seine unnatürliche Intonation. Montgomery konnte also durchaus überzeugen, wenn das Material etwas hergab. Allerdings war für ihn die Schauspielerei offensichtlich harte Arbeit und nicht, wie zum Beispiel bei den viel natürlicheren Trinneer, Keating & Billingsley, auf einer Riesenportion Talent gewachsen. Das stellte zwar einen klaren Nachteil dar, ließ aber immerhin hoffen, dass er sich weiter entfalten könne und andere Gelegenheiten erhalten würde, an den Herausforderungen zu wachsen und als Darsteller zu reifen.

## WIEDER FRACHTER, WIEDER CAPTAIN-PROBLEM, WIEDER BÖSE JUNGS

Wie schon in *Fortunate Son (Familienbande)* brachte der Abstecher in die Welt der Frachtschiffe eine willkommene Abwechslung mit sich und zeigte, wie dreckig, unbequem und technisch rückständig die Serie an sich auch hätte sein können. Das rustikale Design der Horizon passte vielleicht sogar einen Tick besser zur Serie. Allein die Randnotiz, dass Warpsprünge über Lautsprecher angesagt wurden, damit niemand vom ruckartigen Beschleunigen zu Boden gerissen würde, stellte einen großartigen Einfall dar. So machte einen Großteil der Stimmung allein der Ort des Geschehens aus.

## I CAN'T LIVE WITHOUT MUSIC

Dazu gesellte sich eine unfassbar gute Musikuntermalung. Zwar war die zweite Staffel an dieser Front ohnehin schon sehr erfreulich geraten. Hier jedoch gelang erstmals ein wirklich perfekter Score, der sofort ins Ohr ging, auffiel, dabei nie störte, Emotionen verstärkte, überraschende Wege ging und jede Minute zu fesseln wusste.

## KEINE NICHOLS, ABER GUT

Zudem konnten die Gastdarsteller allesamt überzeugen, auch wenn mir der Wunsch von Anthony Montgomery (geäußert im Jahr 2002), Nichelle Nichols als seine Mutter zu besetzen, aus dem Herzen sprach. Gerade für ihn, der Frauen wie Whoopi Goldberg und eben Nichelle Nichols als Idole seiner Jugend zitierte, wäre dies sicherlich ein Geschenk gewesen. Ganz zu schweigen von den Fans, die die legendäre Darstellerin der Uhura bestimmt gerne ein weiteres Mal im *Trek*-Kosmos gesehen hätten. Aber auch die vorhandene Riege an Darstellern macht ihre Sache gut. Besonders Travis' Bruder Paul alias Corey Mendell Parker blieb positiv im Gedächtnis.

Einziger Makel der Episode war jedoch die Handlung. Sie beschränkte sich leider auf das Zitieren diverser Stereotypen; die konkurrierenden Geschwister, die vermittelnde Mutter, der unnahbare und abweisende Bruder, die Vorwürfe aufgrund des Verlassens der Familie, das versöhnliche Ende. Das alles konnte zwar nie überraschen, wusste aber zu unterhalten, eben weil die Charaktere auf der menschlichen Ebene überzeugten.

In der Nebenhandlung, die eine ernsthafte und traurige Grundstimmung durch komödiantische Einwürfe konterkarierte, versuchten Trip und Archer, T'Pol zum Besuch einer weiteren Movie-Night (Thema: Frankenstein) zu bewegen. All das kam über das Prädikat unterhaltsam zwar nicht hinaus, entlockte jedoch den einen oder anderen hysterischen Lacher. Den Denkansatz von T'Pol, Soval die Frankenstein-Filme zu zeigen, um ihm die menschliche Intoleranz gegenüber Andersartigen deutlich zu machen, hätte man gerne aufgreifen können. So durfte man zwar wieder über die Kombination der beiden Handlungsstränge streiten, ins Gehege kamen sie sich aber nicht.

Unter dem Strich hatte sich der Abstecher in die Welt des Travis Mayweather also durchaus gelohnt. Das Ganze konnte problemlos mit der normalen Charakterepisode der Woche aus allen anderen Serien mithalten, blieb gegen vergleichbare Glanzlichter aber natürlich chancenlos. Doch das war hier ausnahmsweise mal überhaupt kein Grund zur Panik.

### FAZIT

Endlich bot man uns Einblicke in das am meisten vernachlässigte Mitglied der Crew! Dank einer routinierten Story und begünstigt durch überzeugende Gastdarsteller, starke Kulissen und einen richtig guten Score wurde daraus immerhin ein mittelprächtiges Vergnügen.

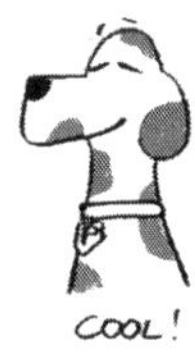


# 2.21

# THE BREACH

## (BÖSES BLUT)

*»Mehr als die Vergangenheit interessiert mich die Zukunft, denn in ihr gedenke ich zu leben.« In bester Star-Trek-Manier musste Dr. Phlox frei nach Albert Einstein eine wichtige Lektion lernen: Vergangenheit war das, was man in Zukunft daraus machte.*

### INHALT

Wegen eines Staatsstreiches müssen alle außerirdischen Besucher den Planeten Xantoras verlassen. Trip, Malcom und Travis versuchen, unterirdisch arbeitende denobulanische Geologen zu evakuieren, doch diese wollen den Planeten nicht verlassen …

## VON PHLOX & EINEM STARKEN TEAM

Doktor Phlox in den Mittelpunkt der Handlung zu stellen, hatte in der ersten Staffel für eine der besten Episoden gesorgt. Mit *Dear Doctor (Lieber Doktor)* gelang ein typisches Stück *Star Trek,* das sowohl die darstellerische Klasse Billingsleys als auch das große erzählerische Potenzial der Figur des Schiffsarztes und der Serie an sich auslotete und offenlegte. Seitdem geriet die Figur jedoch wieder an den Rand des Geschehens. Umso schöner, sie hier wieder im Zentrum des Interesses zu erleben.

Zudem sorgte Regisseur Robert Duncan McNeill (Tom Paris aus *Star Trek: Voyager)* ebenfalls in der ersten Staffel mit seiner bisher einzigen Regiearbeit der Serie für eine weitere Episode aus dem Bereich Highlight. Das TCW-Outing *Cold Front (Kalter Krieg)* wartete sowohl mit starker Atmosphäre als auch mit knackigen Dialogen und einer großformatigen Handlung auf. Ein guter Grund, sich auf seine Rückkehr zu freuen.

Als dritten Pluspunkt konnte man im Vorwege bereits die Kombination der Autoren Shiban und Black notieren. Hatte John Shiban bisher dreimal zumindest nicht vollkommen enttäuscht (ohne dabei jedoch zu begeistern), konnte Chris Black schon diverse Gewinner vorweisen.

Und tatsächlich: Die Komponenten fügten sich zu einem durchaus überzeugenden Ganzen zusammen. Einzig die Homogenität wollte sich nicht einstellen, geschuldet der Entscheidung, die Episode aus einer Situation zu destillieren, die sich genaugenommen in zwei Handlungsfäden aufteilte. Eine Praktik, die in der Serie ohnehin eher eine Seltenheit war.

## UNBEKANNTER FEIND

Im Vordergrund stand aus rein emotionalen Gründen die Handlung um Dr. Phlox und seinen widerwilligen Patienten Hudak. Hier leisteten Black & Shiban großartige Arbeit, eine Situation zu präsentieren, in der zwei Völker einen lange vergangenen Krieg nicht verarbeiten konnten und sogar nach 300 Jahren noch nicht in der Lage waren, aufeinander zuzugehen. Phlox und Hudak hatten beide noch keine Vertreter der jeweils anderen Rasse kennengelernt; ein Hohn, wenn man bedachte, auf welch feindseliger Ebene sie einander trotzdem begegneten. Der Horror, den beide empfanden, den anderen nur von Angesicht zu Angesicht zu sehen, wurde jedoch von Billingsley und Stram vorbildlich dargestellt. Man konnte die jahrzehntelange Prägung durch die Gesellschaft geradezu körperlich spüren und musste erkennen, dass diese beiden intelligenten Männer trotz vielleicht vorhandener Versuche keine angebrachte Reflexion der überlieferten Ereignisse für sich erreichen konnten. Eine Erkenntnis, die sicherlich nicht einfach zu verarbeiten war.

Der Konflikt, den Phlox mit sich austragen musste, war hierbei auch eindeutig der Kern. Über sein Gegenüber Hudak erfuhren wir insgesamt zuwenig. Sein Seelenleben lag nicht annähernd so offen wie das des emotional völlig überforderten Doktors. Auch die Vertrauenskrise zwischen Phlox und Archer konnte hier nicht mithalten, wirkte aber dennoch nie unangebracht. Das Lob gebührte allerdings definitiv John Billingsley allein. Der Mime schaffte es generell, aus jeder Situation das Beste herauszukristallisieren. Hier übertraf er sich geradezu selbst, besonders, als die ganze Last aus Phlox herausbrach und er den vermeintlichen Feind lautstark beschuldigte, für den fortwährenden Hass verantwortlich zu sein. Er wusste es eigentlich besser: Es gehörten immer zwei dazu. Auch die Kleinigkeiten, die wir wieder über seine Familie und besonders über seinen Sohn Mattes erfuhren, bereicherten die Figur. Hier bahnte sich nach und nach eine Komplexität an, die wohl keiner der Figur zugetraut hatte.

Der Ablauf dieser A-Handlung war ideal gewählt worden, besaß aber in der konsequent auftauchenden B-Handlung ihren einzigen Makel. Dabei konnte die Rettungsoperation von Trip, Malcolm und Travis sowohl inhaltlich wie auch optisch durchaus überzeugen. Hier wurden zwar keine Innovationen auf den Schirm gezaubert, aber die handwerkliche Klasse in der Umsetzung war sichtbar. Besonders die Tatsache, dass Travis erneut einen gewichtigen Anteil an der Mission erhielt und nebenbei den starken Leader und Retter geben durfte, war aller Ehren wert. Den Umstand, dass es erneut er sein muss, der am Ende noch verletzt ausschied, lassen wir mal diskret außen vor …

Dennoch: Ohne den Subplot um die störrischen Denobulaner hätte *The Breach* die Schwelle zur nahezu perfekten Episode überspringen können. Hätte man der Haupthandlung dieses Potenzial zugetraut, ihr also den Raum gelassen, dieses auch zu entfalten, und den Konflikt auf den Rest der Zeit ausgeweitet, es wäre noch einiges mehr drin gewesen.

### FAHRSTUHLMUSIK

Auf der Minus-Liste stand diesmal leider die Musik: Nach den großartigen Scores der letzten Episoden lieferte der zwar zuverlässige, aber oft uninspirierte Jay Chattaway nur Dutzendware ab. Schade drum.

### FAZIT

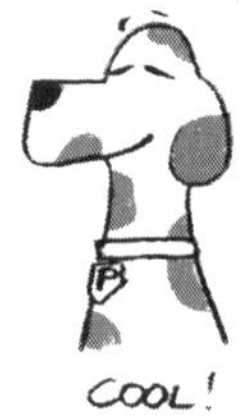


*The Breach* war der neue Maßstab für oberes Mittelmaß; unterhaltsam, durchaus mitreißend, abwechslungsreich und anregend. Zum großen Wurf fehlte es nur an inhaltlicher Ausgewogenheit und an klaren Prioritäten. Ohne Frage hatten wir es hier aber mit einem Gewinner zu tun. Kudos an John Billingsley für eine tolle Performance!

# 2.22

# COGENITOR

## (COGENITOR)

*»Man verdirbt einen Jüngling am sichersten, wenn man ihn verleitet, den Gleichdenkenden höher zu achten als den Andersdenkenden.« Jaja, der gute Nietzsche. Trip stolperte in die gleiche Falle wie sein Captain oft zuvor. Seinen Hals rettete ihm das aber auch nicht.*

### INHALT

Während die Crew einen Stern beobachtet, der zur Supernova wird, trifft man auf die Vissianer. Alle verstehen sich blendend, bis Trip sich mit einem Mitglied des dritten Geschlechts dieser Rasse anfreundet, einem namenlosen Wesen, das als Cogenitor bekannt ist. Das Drama nimmt seinen Lauf ...

## VORWORT

*Cogenitor* ist eine dieser Episoden, die, ohne die letzten Momente der Handlung in die Besprechung einzubeziehen, überhaupt nicht angemessen bewertet werden kann. Die Stärken der Episode lagen nicht nur im Thema an sich oder gar in den innovativen Zutaten begründet, sondern wurden erst durch den Umgang mit der entscheidenden Situation definiert.

## DRUMHERUM

Zunächst entwickelt sich jedoch etwas, das generell viel zu selten in *Star Trek* zu sehen war: ein positiver und erfreulich verlaufender Erstkontakt mit einer sympathischen und entgegenkommenden Spezies, die keinerlei Aggressionen oder Animositäten heraufbeschwor.

Archer zum Beispiel durfte mit dem charmanten Captain der sogenannten Vissianer einen Ausflug der ganz besonderen Art unternehmen. Hierbei konnte sich Andreas Katsulas schauspielerisch leider kaum beweisen; sein Charakter kam über den Status eines höchst besonnenen und sympathischen Mannes mit Stil nicht hinaus. Die Ausstrahlung des markanten Mimen war jedoch in jeder Szene spürbar. Teilweise verantwortlich für den Makel seiner Unterbeschäftigung waren sicherlich die fast durchgängig belanglosen Dialoge, die ausschließlich den Rahmen für die grandiosen Aufnahmen während des Fluges boten.

Währenddessen entwickelte sich auf der Enterprise einer der weiteren zwei Handlungsstränge. Reed, der ja ohnehin eine besondere Haltung dem weiblichen Geschlecht gegenüber an den Tag legte, nahm sich einer Waffenspezialistin der Vissianer an. Während eines amüsanten Käse-Mahls und der Tour durch die Waffenkammer gaben sich griffige und lebendige Dialoge die Klinke in die Hand. Dadurch gewann dieser Teil der Gesamtgeschichte deutlich mehr Drive als die Archer-Handlung. Mit dem humoristischen Höhepunkt, einem doch sehr eindeutigen Angebot an den schüchternen Waffenoffizier, endete dieser Teil jedoch abrupt und fand keine weitere Verwendung. Schade, aber durchaus eine brauchbare Randnotiz für den zentralen Handlungskern.

## DER KERN

Dieser beschäftigte sich, wie der Name der Episode schon verriet, mit einem Geschöpf, das in der Kultur der Vissianer das dritte Geschlecht darstellte. Und obwohl sich keine Unterschiede in der geistigen Entwicklung zu den männlichen und weiblichen Geschlechtern finden ließen, wurden diese Cogenitor wie Geschöpfe zweiter Klasse behandelt. Ihre Existenz begründete sich nur auf den Beitrag zur Fortpflanzung. Sie wurden paarungswilligen Familien zugeteilt, besuchten keine Schulen, lernten nicht lesen, durften keine eigenen Interessen verfolgen und hatten noch nicht einmal individuelle Namen.

Hierbei gelang den Autoren Berman & Braga das Kunststück, sämtliche Dialoge über den auf diesem speziellen Schiff ansässigen Cogenitor vollkommen natürlich klingen zu lassen. Die kulturelle Besonderheit der Vissianer wirkte nie wie ein künstlich erzeugtes Mittel zum Zweck. Diese Glaubhaftigkeit kam der Handlung sehr zugute. Interessant war, dass gerade Trip, der in vielen der letzten Episoden eine gewisse neue Reife an den Tag hatte legen dürfen, sich kompromisslos für den Cogenitor einsetzte. Und nicht nur das: Er log, er lehrte ihn lesen und gab ihm eine Vorstellung davon, was es heißen könnte, individuelle Freiheit und Rechte zu erlangen.

Zu jeder Zeit konnte man seine Beweggründe absolut nachvollziehen. Der moralische Aspekt fiel hierbei natürlich deutlicher ins Gewicht als der inhaltliche. Ohne in Gefühlsduselei abzudriften, dürfte jedem schnell klar geworden sein, dass es sich um den bisher wahrscheinlich schlimmsten Verstoß gegen die noch nicht existente (spätere) erste Direktive handelte, den die Serie bis zu diesem Zeitpunkt gesehen hatte.

Und es waren immer genau diese Episoden, die in den vergangenen Jahren zum Schluss in die gleiche bekannte Spur zurückkehrten. Die Menschen lebten einem vermeintlich falsch handelnden Volk ihre Ideale vor, und zumindest eine der betroffenen Seiten war dafür ewig dankbar. Mission erfolgreich – und weiter. Als Archer, nach einem famosen und glaubwürdigen Monolog, die Entscheidung contra Cogenitor und contra Trip gefällt hatte, schien mir das Ende vom Lied klar. Was jedoch wirklich kam, darauf war ich nicht vorbereitet.

## DER HAMMER

Wie Archer per Subraum vom Captain der Vissianer erfuhr, hatte der Cogenitor Selbstmord verübt. Durch seine Einmischung hatte Trip einem völlig unvorbereiteten Wesen Möglichkeiten offenbart, für die weder das Wesen selbst noch sein Volk bereit waren. Wenn sie es denn überhaupt hätten sein müssen! Das zu beurteilen, war nämlich bestimmt nicht die Aufgabe der Sternenflotte. Das zu beurteilen, war aber noch viel weniger die Aufgabe von Trip.

Und hier zogen Berman & Braga endlich einmal nicht die Notbremse. Endlich ließen sie ein Ende auch einmal gnadenlos konsequent und schmerzhaft sein. Archers Wutrede steigerte sich mit jedem Satz. Seine Enttäuschung über den besten Freund, dessen bekanntes Temperament, das ihn und andere immer wieder in Schwierigkeiten brachte; man spürte, wie sehr Acher gehofft hatte, Trip sei inzwischen gewachsen und vor allem eines, erwachsen, geworden. Der Konflikt zwischen den liebgewonnenen Charakteren war körperlich spürbar und zeigte die Serie von ihrer besten Seite.

Interessant hierbei erschien auch die Frage, ob Archer nicht in Wirklichkeit über sich selbst enttäuscht war. Wie er richtig sagte, stellte er offenbar kein gutes Vorbild dar und schien somit seine Crew nicht erreicht zu haben. Und wirklich konnte man Archers Verhalten in puncto Nichteinmischung ohne Probleme als undeutlich bezeichnen. Zwar ließ sich jede Entscheidung auf vielerlei Arten zurechtdrehen, dennoch konnte der Captain nicht behaupten, einen vollkommen konsequenten Kurs gefahren zu sein. Er hatte seine Fehler gemacht und gestand Trip einen dieser Fehler nun nicht zu, oder vielmehr: Er wusste um seine Mitschuld und ließ den Ärger und die Wut darüber an ihm aus. Das sollte allerdings nicht im Geringsten negativ verstanden werden, denn Trip hatte diese Ansprache natürlich verdient. Nur war der unterschwellige Aspekt, die geteilte Schuldfrage, ebenso interessant.

Doch was bedeutete eine solch überraschende und couragierte Entscheidung nun für die Serie? Was würde aus dem Buddy-Gehabe der beiden werden? Wie würde sich der gemeinsame Nenner verändern? Die Antworten auf diese Fragen waren für die Episode nicht von Bedeutung, eher schon für die Bewertung der Serie. Aktionen dieser Art müssen in einer starken Serie Konsequenzen für die Beteiligten nach sich ziehen!

Ohne die abschließenden drei Minuten wäre aus *Cogenitor* eine gute, weil wertvolle und durchaus nachdenklich stimmende *Trek*-Episode geworden. Nur dem Mut der Produzenten, einmal nicht den Weg des geringsten Widerstandes zu gehen, war es aber zu verdanken, dass die Episode sogar als unvergessliches Highlight bestehen bleiben wird.

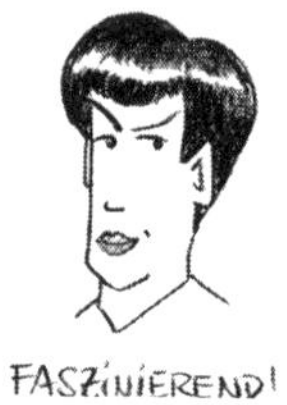


### FAZIT

*Cogenitor* zeigte, was Berman & Braga leisten konnten, wenn sie denn wollten. Dazu führten Courage, Mut, herausragende Dialoge und starke Leistungen von Bakula und Trinneer. Danke für ein außergewöhnliches Stück Fernsehen!

# 2.23
# REGENERATION
## (REGENERATION)

*Zeitparadoxon zum Köpfe rauchen lassen: Die Borg kehrten zurück, und chronologisch war es doch ihr erster Auftritt. Oder der zweite. Und sie würden zurückkehren. Wobei sie eigentlich erst jetzt wussten, dass sie das tun würden. Oder wie? Oder was?*

### INHALT

Die Arktis: Forscher finden unter dem Eis ein unbekanntes Wrackteil mit zwei kybernetischen Leichen an Bord, die zu unterschiedlichen Spezies gehören. Im Labor erwachen sie zum Leben, assimilieren die Wissenschaftler und fliehen im Shuttle. Admiral Forrest und sein Stab fordern Hilfe von Archer und seiner Crew an …

### NEIN.

Lange Zeit hatte man es nicht für möglich halten, dann wollte man den Gerüchten kein Gehör schenken und schließlich die Fakten, so gut es ging, verdrängen. Die Borg kehrten tatsächlich zurück. Doch was war passiert? Wer oder was war dafür verantwortlich, dass die einstmals so bedrohliche Rasse immer mehr den Gnadenschuss erhalten hatte? In so vielen Episoden hatte ihre Mitwirkung zu Sternstunden geführt. Schließlich war sogar der zweite Kinofilm der Crew um Captain Picard ein großartiges Erlebnis geworden.

## ALLES RICHTIG

Doch mit zunehmender Verwendung nutzten sich die Schlimmlinge aus dem Delta-Quadranten immer mehr ab. Ihr einstiger Horror-Faktor schwand zusehends. Die Borg waren zu Karikaturen geworden, zu Opfern ihrer Überbeanspruchung und immer unglaubwürdigerer Einfälle seitens der Autoren. Was für eine Erleichterung, dass man durch den Prequel-Charakter von *Star Trek: Enterprise* ohne völlige Zerstörung der Kontinuität keinen Besuch von ihnen erwarten musste. Ich war beruhigt. Äußerst beruhigt. Denn so viel Missachtung aller etablierter Fakten würden die Produzenten nicht wagen; oder etwa doch?

## DOCH

*Regeneration* galt es auf zweierlei Arten zu betrachten. Zum einen als reine Action-Show ohne Sinn und Verstand, die unabhängig von den Borg auch mit jeder anderen bedrohlichen Spezies funktioniert hätte. Als zweites war der Kontinuitätsaspekt abzuklopfen; eine Angelegenheit, die sich dank der Vielzahl an Episoden zu diesem Thema gar nicht so einfach gestaltete.

Was wussten wir bisher? Aufgelistet sind im Folgenden nur Borg-Episoden, die wichtige Infos zur Chronologie beinhalteten und somit für die Einordnung zwingend erforderlich waren.

## WHEN JEAN-LUC FIRST MET MR. BORG

*The Neutral Zone (Die neutrale Zone):* Es werden Außenposten am Rande der neutralen Zone durch eine fremde Macht zerstört. Die Verantwortlichen bleiben unbekannt. Als Sternzeit wird 41986.0 angegeben.

*Q Who (Zeitsprung mit Q):* Q zeigt der Crew um Picard, was sie in Kürze erwartet.

*The Best of Both Worlds (In den Händen der Borg/Angriffsziel Erde):* Wir erfahren, dass die Borg die Außenposten zerstört haben könnten. Kurz darauf bricht der erste große Kampf um die Erde los (die legendäre Schlacht bei Wolf 359). Die Borg werden besiegt. Die Sternzeiten lauten 43989.1 und 44001.4; also ein Jahr und zwei Monate nach der erzwungenen Begegnung durch Q. Als Jahreszahlen werden 2366 und 2367 gegeben. Somit spielt die Doppelfolge knapp zwei Jahre nach *The Neutral Zone.*

*Star Trek: First Contact (Star Trek: Der erste Kontakt):* Bei Sternzeit 50893.5 kehren die Borg zurück, um einen neuen Versuch zur Assimilierung der Erde zu starten; knapp acht Jahre nach den Geschehnissen aus *Q Who*. Die Reise in die Vergangenheit führt die Crew um Picard zurück ins Jahr 2063. Also zu einem Zeitpunkt ca. neunzig Jahre vor dem Start der Serie *Star Trek: Enterprise*. Picard lässt hierbei eine Borg-Sphäre im Erd-Orbit abschießen. Weiteres über deren Verbleib erfahren wir im Rahmen des Films nicht.

## MEANWHILE IN THE DELTA-QUADRANT

*Dark Frontier (Das ungewisse Dunkel):* Wir erfahren, dass Sevens Eltern, die Hansens, im Jahre 2355 aufbrachen, um die Borg zu erforschen. Sie wurden schließlich assimiliert. Die Realhandlung von *Dark Frontier* spielt zu Sternzeit 52619.2; also wiederum zwei Jahre nach dem zweiten Angriff der Borg aus *Star Trek: First Contact*. Das bedeutet ebenfalls eine Zeitspane von ca. neun Jahren nach dem bisher bekannten »ersten« Treffen aus *Q Who*. Damit ergibt sich, wie auch richtig in der Folge angegeben, dass *Dark Frontier* knappe 20 Jahre nach *Q Who* spielt und dass die Hansens zwischen ihrer Assimilierung 2355 und Sevens Befreiung 2373 ungefähr 18 Jahre in Händen der Borg waren. Auch mit Sevens Erscheinungsbild als Kind passen diese Daten zusammen.

Es bleibt die Frage, woher sie überhaupt von den Borg wussten, wenn Picard erst im Jahre 2365, also zehn Jahre später, von ihrer Existenz erfuhr. Beruhte ihre Mission etwa auf streng geheimen Erkenntnissen, die man noch nicht einmal den wichtigsten Führungsoffizieren der Sternenflotte mitteilte? Man konnte (oder musste) zu diesem Zeitpunkt von einem Lapsus der Autoren von *Dark Frontier* ausgehen.

## BACK AND BACK AND BACK TO THE FUTURE

*Regeneration:* Die im Jahre 2063 durch Picard abgeschossene Borg-Sphäre wird nach knapp neunzig Jahren, genauer im Jahre 2153, in der Arktis gefunden. Die noch funktionierenden Drohnen übernehmen ein Erden-Shuttle und starten Richtung Heimat. Sie werden von Archer und Co. gestoppt und senden im letzten Moment eine Subraum-Botschaft, die ca. 200 Jahre bis in den Delta-Quadranten brauchen wird. Archer nimmt (richtigerweise) an, dass die Invasion der Erde unter Umständen nur aufgeschoben wurde. Nebenbei erfahren wir, dass Zefram Cochrane bei zumindest einer Gelegenheit von den Ereignissen rund um den ersten Warpflug berichtet hatte; als bekannter Säufer und Spinner wurden seine Geschichten über zeitreisende Cyborgs und die ebenfalls zeitreisenden Retter jedoch nicht allzu ernst genommen.

Was sollen uns all diese Fakten aber nun sagen? Los geht's – diesmal aber bitte chronologisch.

## VON ADAM BIS EVA

Picard schießt im Jahre 2063 während einer Zeitreise in die Vergangenheit eine Borg-Sphäre im Erdorbit ab. Die Überreste landen in der Antarktis und bleiben 90 Jahre unentdeckt. Sie werden schließlich im Jahre 2153 durch Wissenschaftler gefunden. Die Borg fliehen von der Erde in einem assimilierten Shuttle. Archer zerstört die Borg und ihr assimiliertes Schiff, kann aber eine Subraumbotschaft Richtung Delta-Quadrant nicht verhindern. Diese wird knappe 200 Jahre unterwegs sein.

Die Borg erhalten irgendwann um 2353 (plus/minus x) die Nachricht mit den Koordinaten der Erde. Sie starten (vermutlich) ein Schiff (Spähmission?) und zerstören ca. um 2364 erste Außenposten am Rand der neutralen Zone.

Im Jahr 2355 brechen die Hansens auf eine geheime Mission auf, um die mögliche Bedrohung durch die Borg (die ja schließlich 200 Jahre lang hätte überliefert werden können) zu untersuchen, und werden bei diesem Versuch schließlich assimiliert. Die Sternenflotte erfährt nie, was sie herausgefunden haben. Möglicherweise studierten sie genau das Schiff, welches sich gerade auf dem Weg befand, erste Außenposten zu zerstören.

Im Jahre 2365 befördert Q (absichtlich und in dem Wissen um die tödliche Bedrohung) Picards Crew in den Delta-Quadranten und gibt ihr einen Vorgeschmack auf das, was da auf sie zukommt. Die Crew der Enterprise hat noch nie etwas von den Borg gehört; kein Kunststück: Ihr Flug in die Vergangenheit, der deren Interesse überhaupt auslöste, ist in ihrer Zeitlinie noch nicht geschehen. Außerdem gab es offenbar zumindest keine offiziellen Informationen. Hier hilft: Augenbraue hochziehen und keinen Kopfschmerz riskieren.

2366 bis 2367 folgt dann die Schlacht bei Wolf 359. Die Borg werden zum ersten Mal besiegt.

Im Jahr 2373 kehren die Borg zurück; sie planen die Menschheit in der Vergangenheit zu assimilieren und reisen ins Jahr 2063 zurück. Dort schießt Picard eine Sphäre im Erdorbit ab.

### UFF.

Das war hart, hat aber zumindest einiges klären können. Zum Beispiel, dass nun jeder verstehen wird, warum Janeway von Zeitparadoxien immer Kopfschmerzen bekam. Es ist die alte Geschichte von der Henne und dem Ei. Was war zuerst da? Eines sollte man auf jeden Fall hervorheben: Mike Sussman und Phyllis Strong haben es hervorragend verstanden, bestehende Lücken in der bisherigen Borg-Logik aufzufüllen und ein nicht zu klärendes Zeitparadoxon zu erschaffen, dass man nie angreifen, aber auch nie vollends verstehen kann.

Wir wissen nun, dass zumindest Teile der Sternenflotte von der Gefahr wussten (dank Archers Zusammentreffen), dass man das Wissen nicht vollständig ignorierte und mit den Hansens einen Versuch startete, der Sache auf den Grund zu gehen, und dass Picards Taten während seiner Zeitreise ins Jahr 2063 scheinbar erst zu alledem führten; fertig war das lustige Paradoxon. Viel Spaß beim Rotieren.

Nebensächlich, aber erwähnenswert (weil immer wieder thematisiert) sei noch, dass es durchaus nachvollziehbar erscheint, dass ein Vorfall wie der unter Archers Kommando in 200 Jahren nicht mehr das Gewicht besaß, das man annehmen sollte. Der Fall wurde einfach zu den (geheimen) Akten gelegt und erst später wieder aufgegriffen. Vermutlich hat man im Verlauf der Zeit die mögliche Gefahr schlicht nicht richtig eingeschätzt. Deshalb nur dieser halbherzige Versuch mit der Mission der Hansen-Familie?

Fazit zur Kontinuität: Wenn man so wenig Mühen scheut, Fehler der Vergangenheit beziehungsweise anderer Autoren auszubügeln, durfte man einfach gratulieren. Wenn dann auch noch eine (innerhalb der Logik des Paradoxons) stimmige Handlung dabei herauskam, tja, dann hieß es einfach mal das Hirn abschalten und sich solche endlosen Abhandlungen (wie diese hier) eigentlich zu sparen. Doch dafür ist es nun zu spät. Oder zu früh? Wo ist der Kaffee?

## WAR DIE EPISODE DENN NUN EIGENTLICH GUT?

Nach diesem anstrengenden Exkurs kommen wir nun endlich zu der Besprechung, die *Regeneration* verdiente. Ein Prädikat nämlich konnte sich *Star Trek: Enterprise* bisher wirklich selten verdienen: zum Nägelkauen spannende Folgen präsentiert zu haben. Nun aber gelang dieses Kunststück in Perfektion. Die ersten 15 Minuten stellten die beste Hommage-Sammlung dar, die je eine Trek-Serie produziert hatte. Die Atmosphäre im arktischen Camp ließ schönste Gedanken an die fantastische Akte-X-Episode *Ice (Eis)* aufkommen. Die herumliegenden und vermeintlich leblosen Borg-Körper kopierten das Feeling aus dem dänischen Original von *Nightwatch.* In der Kombination ergab das eine fesselnde, beklemmende und endlich einmal wieder furchteinflößende Schreckensvision mit Beteiligung der Borg.

Der Moment, als das borgifizierte Shuttle auftauchte, war atemberaubend. Hier gewann diese Rasse endlich ihren Stellenwert als Vorzeige-Gefahr zurück. Fast noch besser gelungen war in diesem Zusammenhang die später zu sehende Weiterentwicklung des Schiffes. Mehr als unterstützt wurde diese Atmosphäre durch einen absolut herausragenden Score von Neuzugang Brian Tyler. Dieser hatte schon mit seinem Debut *Canamar* begeistert. Die Schauspielerleistungen waren über jeden Verdacht erhaben, Effekte, Tricks und Kulissen absolut auf der Höhe.

Was die Story anging, waren Borg-Geschichten oft eher Mittel zum Zweck. Das änderte sich auch hier nicht, wurde aber durch oben ausgeführte Kontinuitätswahrung clever ausgeführt. Einziges deutliches Manko war die Szene, in der Archer und Reed auf dem Shuttle ca. sieben Borg töteten, bevor diese sich anpassen konnten. Das stand nicht nur im Widerspruch zu allen bisherigen Folgen, sondern auch zu dieser Episode selbst. Hier wäre eine Szene ohne diesen gehäuften direkten Kontakt und mit weniger Schießerei glaubhafter gewesen. Außerdem handelte es sich damit um einen dummen, offensichtlichen und vermeidbaren Fehler; so etwas tut immer besonders weh.

## FAZIT

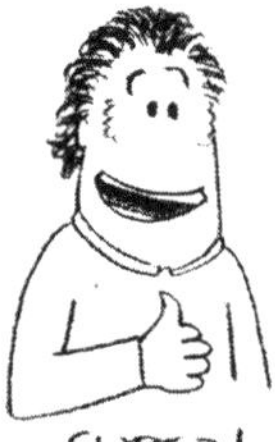


Die Borg kehrten zurück und räumten mit allen Vorurteilen auf. So clever und spannend geschrieben konnte keiner etwas gegen die Vampire aus der Trek-Vergangenheit einzuwenden haben.

Action, Tricks, Suspense, Schauwerte; so laut und gut darf *Star Trek* manchmal gerne sein. Ein tolles Lehrstück in Sachen Popcorn-Trek!

## EINSPRUCH, HERR KOLLEGE!

»Logik ist der Anfang aller Weisheit, nicht das Ende!«, lehrte einst der große Mister Spock seine leider missratene Elevin Valeris. Und so geht es mir mit *Regeneration*. Natürlich war das Auftauchen der Borg in *Star Trek: Enterprise* von Beginn an ein Einzelfall. Doch der Auftritt der halbkybernetischen Gesellen ist für mich selbst eins der Highlights der gesamten Serie: Zum einen, weil es eine herrlich unheimliche und gruselige Episode beschert, die hier und da an diverse Space-Horror-Filmklassiker erinnert – und zum anderen, weil hier die Kontinuität des Star-Trek-Universums selbst über die Jahrhunderte hinweg gewahrt bleibt.

Ja, die Borg beherrschen Zeitreisen, und ja, ihr Auftauchen im 22. Jahrhundert kann durchaus erklärt werden, wenn auch ein wenig holprig. Doch ist dies definitiv nicht zum ersten Mal in der Geschichte von *Star Trek* der Fall. Ebenfalls bemerkenswert ist für mich der Fingerzeig der Produzenten: Spätestens in der zweiten Staffel von *Star Trek: Enterprise* begann man das nachlassende Interesse der Star-Trek-Fangemeinde an der neuen Serie deutlich zu bemerken. Was tat man bei früheren Serien des Franchises in diesem Fall? Richtig, man brachte die Borg ins Spiel, was in den allermeisten Fällen die Quoten wieder nach oben korrigierte. Was nicht allein an den Borg, sondern auch an der Qualität der mit ihnen erzählten Geschichten lag. Und zumindest für eine einzelne Folge ging dic Rcchnung auch hicr auf.

# 2.24
# FIRST FLIGHT
## (ERSTFLUG)

*Archer, Trip und ein alter Weggefährte leisteten hier wichtige Arbeit für einen Eintrag in die Geschichtsbücher; oder, um es mit Arthur C. Clarke zu sagen: »Was heute als Science-Fiction-Roman beginnt, wird morgen als Reportage beendet.«*

### INHALT

Rückblick: Wie war das eigentlich damals bei den ersten Tests mit dem Warp-2-Antrieb? Beim ersten Flug wird das Schiff zerstört, und der Pilot überlebt. Die Vulkanier nutzen diesen Umstand, die Menschen für voreilig zu erklären. Doch ein junger Jonathan Archer und sein Kollege Lt. Tucker versuchen auf eigene Faust einen weiteren Test mit der NX-Beta …

### BACK TO THE ROOTS

Ausgangspunkt für den Ausflug zu den Anfängen von Archers Karriere war eine nur leidlich interessante Shuttle-Mission, bei der der Captain und T'Pol versuchten, einen Dunkle-Materie-Nebel aufzuspüren. Die Vulkanierin fungierte dabei als Initiatorin der Rückblenden. Sie durfte in gleichmäßigen Intervallen genau jene Fragen stellen, die jedem Zuschauer ebenfalls unter den Nägeln brannten, und stellte somit eher ein Stilmittel im Sinne der Handlung als eine wirklich beteiligte Figur dar.

## DAMALS, ALS WIR NOCH JUNG WAREN, ABER NICHT SO AUSSAHEN

Wirklich zur Sache ging es allerdings in den Rückblenden in eine Zeit, als Archer noch Commander und Anwärter auf die ersten Warp-2-Flüge war, den Ingenieur Trip noch gar nicht kannte und der spätere Admiral Forrest als Commodore bereits einen wichtige Rolle bei Starfleet innehatte. Grundsätzlich machte es immer Spaß, etwas über den Hintergrund der Charaktere zu erfahren.

Trip schien schon immer ein sehr direkter und furchtloser Typ gewesen zu sein. Seine Umgangsformen hatten sich zumindest wenig verändert, wenn man die bisherige Serie als Vergleichsbasis heranzog. Archer hingegen war vor nicht allzu langer Zeit noch eher ein zurückhaltender, fast ängstlicher Paragraphenreiter, der sich scheute, jegliche Art von Risiko einzugehen. Erst durch den beherzten Trip und den skrupellosen Robinson lockerte er seine Einstellung und wurde von dieser Erfahrung ausgehend (vermutlich) zu dem Captain, den wir als manchmal widersprüchlich, aber zumindest immer engagiert und entscheidungsfreudig seit nun zwei Jahren kennen lernen durften.

## DIVERSES

Endlich erhielt auch Vaughn Armstrong alias Forrest einen größeren Anteil an der Handlung. Durfte er in den bisherigen Episoden immer eher den Stichwortgeber spielen, wurde er hier zu einem relevanten Teil der Handlung und gewann so an Kontur. Sympathisch und interessant war die Figur ohnehin immer, eine weitere Ausarbeitung konnte jedoch nicht schaden.

Optisch gab es ebenfalls nichts zu meckern. Sowohl das Kontrollzentrum (wenn auch etwas beengt) als auch der Hangar oder die Startrampe machten einiges her. Das Design der NX-Alpha war dazu eine schöne Hommage an Cochranes Warp-Rakete. Begeistern konnte aber auch der Club 602, von dem wir ja bereits gehört hatten. Die Kellnerin Ruby, der Trip und Reed nach eigenem Bekunden verfallen waren, erhielt einen amüsanten Gastauftritt und sorgte für serieneigene Kontinuität.

Aus diesem Bereich entspang auch die Nennung der Kandidaten für den ersten Flug mit Warp 2. Duval war uns zwar bisher kein Begriff, dafür schien es sich bei Gardner allerdings um die Person zu handeln, die Soval gerne als Captain der Enterprise gesehen hätte.

Nicht wirklich glaubhaft wirkte die Tatsache, dass die Vulkanier den ganzen Vorfall um die Entführung der NX-Beta nicht dokumentierten. Die beiden Berater werden diese schlimme Befehlsverweigerung bestimmt nicht aus reiner Herzensgüte vergessen haben; gerade, weil sie Archer nicht als Captain der späteren NX-01 haben wollten, wäre hier die Möglichkeit, ein gutes Druckmittel zu erhalten, durchaus gegeben gewesen. Die Episode blieb leider jegliche Antwort schuldig. Schade. Auch fanden Trip und Archer genau genommen sehr schnell zueinander. Vom Kennenlernen bis zum finalen Versprechen, den jungen Heißsporn für das erste Kommando zu bedenken, ließ Archer kaum Zeit vergehen.

### FAZIT

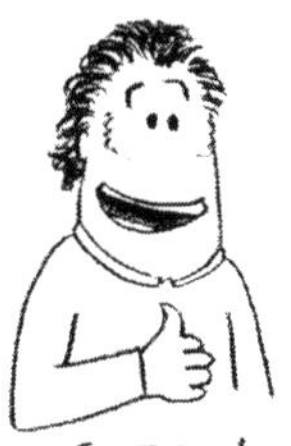


Mit *First Flight* liefert *Star Trek: Enterprise* einen sehr willkommenen Beitrag zum ursprünglichen Setup der Serie, grundierte einige Charaktere und schaffte es durchgängig, ein befriedigendes Gefühl beim Betrachter zu hinterlassen. Wir erhielten hier erneut eine dieser kleinen Episoden, die die vermeintlich großen dank Warmherzigkeit und Liebe zum Detail spielend das Fürchten lehrte.

# 2.25

# BOUNTY

## (KOPFGELD)

*Jetzt musste sich die Episode Precious Cargo (Kostbare Fracht) aber warm anziehen! Mit Bounty legten die Produzenten nach und hätten sich glatt noch selbst unterboten, wenn man nicht schon längst das tiefste Tiefgeschoss des Niveaus ausgelotet hätte.*

## INHALT

Nachdem T'Pol mit einem Virus infiziert wurde, beginnt sie starke Symptome des Pon Farr zu durchleben. Zur gleichen Zeit wird Archer von einem Kopfgeldjäger entführt …

## TIEFPUNKT, DIE ZWEITE

Wow! War das überflüssig! Okay, zugestanden, man konnte einige positive Aspekte an der vorletzten Episode des zweiten Jahres finden, doch heißt es vorab erst einmal, den Frustpegel abzubauen.

Wie oft wurde Archer in den bisherigen zwei Staffeln nun schon entführt? Keiner konnte es mehr zählen. Dieses serieneigene Klischee wandelte bereits seit geraumer Zeit hart auf den Spuren der vergleichbar ermüdenden 578 Krycek-Tode in *The X-Files*. Es schien das beliebteste und leichteste Hobby des Universums zu sein, den armen Captain von seinem Schiff zu entwenden.

Wieso argumentierte Archer schon wieder einen Kriminellen auf seine Seite? Hatten wir das nicht vor kurzem sogar mit dem gleichen blöden »Ich bin Pilot«-Argument?

Was sollte uns die Haupthandlung überhaupt sagen? Abgesehen vom ohnehin überstrapazierten Wir-müssen-den-Captain-retten baute sich hier nie irgendeine Spannung auf. Archer war cool ohne Ende, der Kopfgeldjäger ein verweichlichter und inkonsequenter Sympath, und die Klingonen stellten sich am Ende wieder einmal richtig doof an. Nebenbei: Klingonen und Rettungskapseln? Na ja. Und dazu Goraths Schiff, das wir vor zwei Episoden noch als Frachter erleben durften, nur anders gestrichen und beleuchtet. Nö, danke.

Und was hatte es mit dieser total debilen Nebenhandlung auf sich? Sollte das etwa eine Komödie sein? Dazu war es nicht annähernd lustig genug. Nie. Sollte es irgendwie Spannung und Sorge um T'Pol aufbauen? Dazu glitt alles viel zu sehr in banale Albernheiten ab. Selten hatten mir John Billingsley und Jolene Blalock so leid getan wie hier. Aua! Über das Pon Farr und eine mögliche Kontinuitätsverletzung will ich mich hier gar nicht auslassen. Das verdient die Folge nicht.

Die beiden Handlungsstränge passten nebenbei bemerkt kein bisschen zusammen. Hier wurde wild zusammengeklatscht, was nie ein Ganzes werden sollte. Armselig! Doch gab es noch ganz andere Fragen: Wieso wurde eine interessante Spezies wie die Tellariten ausgerechnet in so einem Mist verbraten? Wieso muss der brillante Robert O'Reilly einen Part spielen, der für jeden zweitklassigen Gelegenheitsdarsteller zu unbedeutend und lahm gewesen wäre? Dazu noch auf einem kleinen Monitor, der nicht einmal genaue Blicke auf ihn zuließ? Waren die alle betrunken? Vom Pitch bis zum Drehschluss?

Kommen wir der Fairness halber nun zu den positiven Aspekten.

## GESAGT WERDEN MUSS ES

Oben angesprochene Tellariten gelangen vom Make-up her absolut herausragend. Dazu wurde mit Jordan Lund ein starker Darsteller gefunden, der dem Kopfgeldjäger Charisma verlieh. Allein der Ansatz, den Klingonen-Archer-Handlungsbogen weiterzuverfolgen, musste gewürdigt werden. Jedoch: Wer war Gorath? Wo trieb sich Duras rum?

Die näheren Einblicke auf Phlox' Anatomie waren lustig, da die Produzenten damit zumindest selbstironisch ihre Versuche hochnahmen, T'Pol halbnackt und verschwitzt zu präsentieren. Die Fußnägel des Doktors, sein Rücken, die Arme und vor allem die zum Schreien gute Brustbehaarung stellten Dinge dar, die wir nie sehen wollten und die gerade deshalb so gelungen waren!

## FAZIT

Bevor es ins große Finale ging, zeigte *Star Trek: Enterprise* nochmal richtig, wo der Hammer hing. Nämlich mal wieder unerreichbar hoch. *Bounty* war der Inbegriff dessen, was *Star Trek* einige Jahre später den schleichenden Tod brachte: platte Science-Fiction von der Stange, ohne Inhalt, ohne Ideen, albern, aber nicht lustig, spannend wie Daily-Soaps und so unglaubwürdig, dass es wehtat. Warum konnte der Temporale Kalte Krieg Episoden wie diese nicht von vornherein ungeschehen machen? Daniels, übernehmen Sie!

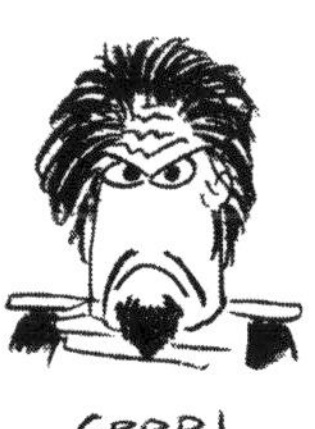

# 2.26

# THE EXPANSE

## (DIE AUSDEHNUNG)

*Wenn sich eine Schneise der Verwüstung über die Erde zog, Trip die Motoren der Enterprise heulen ließ und Archer ernsthaft über eine schnittigere Frisur nachdachte, war definitiv etwas im Busch.*

### INHALT

Die Erde wurde unvorbereitet durch eine außerirdische Sonde attackiert: Millionen Menschen sterben. Archer erfährt, dass die unbekannte Spezies mit ihrem nächsten Übergriff den kompletten Planeten zerstören will. Die Enterprise macht sich auf den Weg in die gefährliche Ausdehnung …

### KRAWUMM!

Zum zweiten Mal ging eine Staffel zu Ende. Zum zweiten Mal war die Zukunft der Serie zwar gesichert, aber zur gleichen Zeit ungewisser denn je. War nach dem ersten Jahr das Konzept noch nicht zentraler Punkt der Diskussionen gewesen, drangen bereits mehrere Wochen vor Ende des zweiten Jahres Gerüchte nach außen, die einige grundlegende Veränderungen in Aussicht stellten. Epischer, größer und zielgerichteter sollte es demnach werden.

Die Notwendigkeit einer ausgeweiteten Generalüberholung war nicht gänzlich nachzuvollziehen. Die Serie hatte bereits von Beginn an ein durchaus befriedigendes Niveau gezeigt und hätte problemlos auch noch etwas länger dem bisherigen Pfad folgen können; das Finden der richtigen Stellschrauben, das Beiseitelassen von zuviel Recycling und somit eine stetige Steigerung des Gesamtniveaus natürlich vorausgesetzt. Zu diesem (doch recht) frühen Zeitpunkt aber bereits alles über den Haufen zu schmeißen, wirkte übereilt und schlicht unnötig.

Dennoch sollte nun die Grundlage für eine andere Richtung der Serie gelegt werden. Für ein Fundament, das einerseits zwar aus dem

TCW-Bogen der Serie erwuchs, andererseits aber ohne vorherige Einführung unvermittelt über uns hereinbrach. *Krawumm!* wäre in diesem Kontext vielleicht sogar ein guter Episodentitel gewesen.

Ein Angriff auf die Erde machte Archer und seine Crew zur letzten Hoffnung auf ein Überleben der Menschheit (man stelle sich hier melodramatische Musikuntermalung und tosende Donnerschläge vor). Bereits in der Eröffnungssequenz wurde deutlich: Nichts war mehr wie zuvor. Schwere Verluste, die Zerstörung riesig; der Rückruf der Enterprise ließ nicht lange auf sich warten.

## REST IN PEACE, PLEASURE-CRUISE

Hier endete also die friedliche Mission der NX-01 und mit ihr der Grundgedanke des Forschens und Strebens nach neuen Erkenntnissen und neuen Freundschaften. Zuviel Pathos? Zugestanden.

Doch zum näheren hin-und-her-Überlegen blieb zunächst keine Zeit. Ein spezielles Merkmal des Finales, das sowohl negativ als auch positiv zu bewerten war, wurde nämlich bereits nach einigen wenigen Minuten deutlich: Die Ideen der Autoren hätten wohl auch für einen immer noch rasanten Dreiteiler gereicht. Erst der Angriff auf die Erde, dann die Szenen um Duras auf der klingonischen Heimaltwelt und schließlich der Auftritt der Suliban und ihres Anführers aus der Zukunft (Future Guy). Es gingen so viele verschiedene Dinge vor sich, dass keine Zeit zum Verschnaufen blieb. Bevor die Crew die Erde erreichte (hier wurden gut und gerne Wochen übersprungen), galt es noch, die Klingonen zu bekämpfen, Trips Sorge um seine kleine Schwester abzuhandeln, die Reaktionen der Crew im Schnelldurchgang einzufangen und eine kleine Flotte von Starfleet-Schiffen zu erleben, die beim (ersten) Sieg über Duras halfen.

Zu diesem Zeitpunkt waren gerade mal fünfzehn Minuten vergangen, und der Kopf geriet bereits mächtig ins Schwirren. Zeitraffer für Fortgeschrittene – bisher nicht unbedingt ein Merkmal der doch oft notorisch geschwätzigen und tiefenentspannten Serie. Diese teilweise etwas träge Gangart der Serie (die von vielen immer wieder kritisiert wurde) ließ sich diesmal in keiner Szene finden. Rasante Wechsel, schnelle Gefechte und angemessen gebremste Charaktersequenzen befanden sich in perfektem Einklang. Kudos an alle Beteiligten!

Die Charaktersequenzen, die kleinen Szenen also, waren es dann auch, die den Actionanteil nicht erdrückend wirken ließen. Ob nun T'Pols Aussprache mit Phlox über einen Verbleib auf der Enterprise, ihre Diskussion mit Soval über eine mögliche Rückkehr nach Vulkan, die nächtliche (und bierselige) Unterhaltung zwischen Trip und Archer, sein Streit mit Reed über eine ausbleibende Trauerfeier für Elizabeth oder die kollektive Szene mit der ganzen Crew: Hier wurde genau in der richtigen Dosis innegehalten. Der Fokus wurde so wieder auf das gelenkt, was wirklich zählte: die individuellen (menschlichen) Schicksale, ohne die eine emotionale Bindung an die eigentliche Handlung nie erreicht werden könnte.

## EIN EPOS ALS KURZFILM

Eine genauere Ausführung verschiedener Elemente wäre in diesem Zusammenhang aber doch wünschenswert gewesen. So hätte eine Reaktion Sovals oder der Vulkanier allgemein auf T'Pols Entscheidung Sinn ergeben. Ihr Entschluss müsste ernsthafte Konsequenzen für ihre Karriere und ihren Status haben, die in der gezeigten Form nicht annähernd deutlich wurden. Außerdem handelte man die katastrophalen Verluste auf der Erde sehr schnell ab. Auch hier hätte ich mir einige Szenen (à la TV-Berichterstattung, von der Crew angesehen) gewünscht, die das Ausmaß der Geschehnisse in den richtigen Kontext heben würden. Wenn hier schon eine Parallele zu den Vorfällen des 11. September hergestellt werden sollte, musste auch die emotionale Grundierung stattfinden. In *Star Trek* wird regelmäßig so viel zerstört, dass dieser neuerliche Angriff ohne weitere Vertiefung zu verpuffen drohte. Ein Faktor, den die Autoren Berman & Braga scheinbar nicht realisiert hatten. Dabei sind sieben Millionen Menschen ums Leben gekommen! Wo war die Aufarbeitung? Wo die Schicksale? Das einzige, was wir präsentiert bekamen, war der Rachegedanke der Crew und einige Diskussionen um das Für und Wider der Mission.

Doch im Zusammenhang mit der zur Verfügung stehenden Zeit war alles durchaus zufriedenstellend komprimiert worden. Die Episode schaffte einen sehr schwierigen Spagat und ließ dabei nur wenige Angriffspunkte zu.

## SEHEN, WEGHÖREN, STAUNEN

Zudem zeigte die technische Seite größtenteils einen erfreulichen Querschnitt durch die bekannten Stärken der Serie. Von den (zugestanden etwas künstlichen) Bildern der Zerstörung über die Raumgefechte zu den schönen Matte-Paintings von der Erde (und dem Starfleet-Hauptquartier) bis hin zur Ausdehnung wirkte die Episode wie ein kleiner Kinofilm. Auf der anderen Seite verfiel man aber ausgerechnet hier wieder auf den Mr. Mainstream der Musikuntermalung; Dennis McCarthy lieferte die gewohnt hochqualitative Dutzendware ab, die keiner wirklich von seinen sonstigen Arbeiten aller Serien unterscheiden konnte. Warum die Produzenten nicht einen der talentierten Neulinge diese wichtige Episode bearbeiten ließen, blieb schleierhaft. Ein kleines Minus am Rande.

An der Darstellerfront bekamen wir hingegen die Crème de la Crème der Serie zu Gesicht. Von überraschenden Mini-Auftritten (Silik, Future Guy) bis hin zu gehaltvollen Gastvorstellungen (Soval, Forrest, Duras) gaben sich sowohl tolle Schauspieler als auch interessante Charaktere in ungewohnter Rasanz die Klinke in die Hand. Hier wurde (außer Shran) alles aufgeboten, was irgendwie in der Handlung Sinn zu ergeben schien.

## DOCH WAS BLEIBT AM ENDE DES TAGES?

*The Expanse* war genau genommen ein zweiter Pilotfilm im Westentaschenformat. Bei *Star Trek: Deep Space Nine* griff man zu Beginn der vierten Season auf den gleichen Kniff zurück, als man die Serie neu ausrichtete und definierte. Auch dort verwob man bereits bekannte Elemente mit neuen, frischen Ideen und Stilmitteln. Letztlich zum Vorteil.

Für sich und für den Moment war die Episode ganz klar ein äußerst gelungener Appetizer, ein überlanger Trailer, der einem das Wasser im Munde zusammenlaufen lassen sollte und diesen Effekt auch durchaus erzielte. Das Ende wirkte in diesem Kontext wie eine Vergewaltigung der Neugierde.

## FAZIT

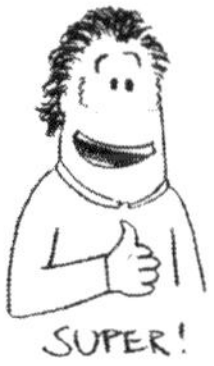


Wenn Größenwahn einen Namen gebraucht hatte, wurde er hier gefunden. Wir erhielten einen Trip für die Sinne, eine Denksportaufgabe für notorisch Neugierige und ein Fest für Event-Freaks. Es wurde nie gekleckert, wo Klotzen fast schon schwächlich erschienen wäre. Vorhang auf für den neuen und ultimativen Enterprise-Blockbuster des Simsalabim-TVs. Prost!

# STAFFELFAZIT

Halbzeit im Episodenführer. Erneut schauen wir uns zunächst die positiven wie auch die negativen Aspekte der zweiten Staffel im direkten Vergleich an.

## POSITIV

- Minimaler Kontur-Zuwachs für den sympathischen Dauergrinser Mayweather. Dank einiger gelungener Nebenhandlungen und sogar einer kompletten Episode gewann der bedauernswerte Harry-Kim-Nachfolger etwas an Ecken und Kanten.

- Weitere Steigerung in Sachen Musikuntermalung. Mit Brian Tyler und Mark McKenzie gewann die Serie die dringend benötigte Blutauffrischung. Sogar Larifari-Komponisten wie Paul Baillargeon ließen sich scheinbar zeitweise inspirieren.

- Weitere Verbesserung in Sachen Optik.

- Gelungene Mischung aus Humor, Action, Horror, Drama und Mystery: Vielfalt, die für den starken Hang zu Einzelepisoden etwas entschädigte.

- Mit Darstellern wie Billingsley und Trinneer, die jede Szene stehlen konnten, hatte die Serie tolle Asse im Ärmel. Beide konnten ihre Ausnahmestellung noch untermauern und waren längst nicht mehr wegzudenken.

## NEGATIV

- Völlige Vernachlässigung des Temporalen Kalten Kriegs. Nur eine Episode und der fast schon obligatorische Cliffhanger waren definitiv zu wenig. Ergo: Streichen oder hinbiegen!

- Zwei höchst interessante Ansätze in Sachen Charakterkonflikt wurden vollkommen ignoriert: T'Pols Erkrankung und der vermeintliche Bruch zwischen Archer und Trip geriet zur einmaligen Erwähnung. Chance vertan!

- Kaum Verwendung für Reed und Hoshi. Beide, so gut die Darsteller auch waren, wurden so stark in die Ecke gedrückt, dass schlimmste Befürchtungen aufkamen. Eine Verschwendung. Teilweise übelstes Recycling, und das en gros.

- *Precious Cargo* … aua! So ein Schund war kaum zu verzeihen. Nie wieder, bitte.

- Die rasend peinlichen Szenen in *Bounty:* Nie taten mir Darsteller so leid wie Billingsley und Blalock in den Pon-Farr-Sequenzen. Erschreckend.

## PFLICHT ODER KÜR?

*Star Trek: Enterprise* hatte das befriedigende Niveau der ersten Staffel halten können und lag somit, zumindest was die Pflicht anging, absolut im Soll.

Die Tatsache, dass die Serie dabei aber viel Potenzial (ergo Kür) ungenutzt liegen ließ, sollte dennoch erwähnt werden. Wir hatten es unverändert mit einem Prozedural zu tun, das sich mutlos auf einzelne Episoden stürzte und den durchaus vorhandenen Rahmen (der vielleicht so gerne ein *Serial* gewesen wäre) nur als schmückendes Beiwerk nutzte; eben dann, wenn es Quoten oder Story erforderten oder zuließen. Man konnte jedoch nicht behaupten, dass die Serie auf ein größeres Ziel hinzuarbeiten schien. Was diesen Punkt anging, waberte die zweite Staffel fast noch etwas mehr vor sich hin als die erste.

Der entscheidende Schritt fehlte zu diesem Zeitpunkt einfach, wenn die Serie nicht nur als Aneinanderreihung verschiedener Abenteuer in den Köpfen der Fans zurückbleiben wollte. Neue Crew, neues Schiff, neue Zeit; mehr war es nicht.

Das Besondere, das gewisse Etwas hätte die Serie auf eine ganz andere Ebene hieven können; vielleicht einfach mal ein Prequel auch wirklich zum Prequel machen?

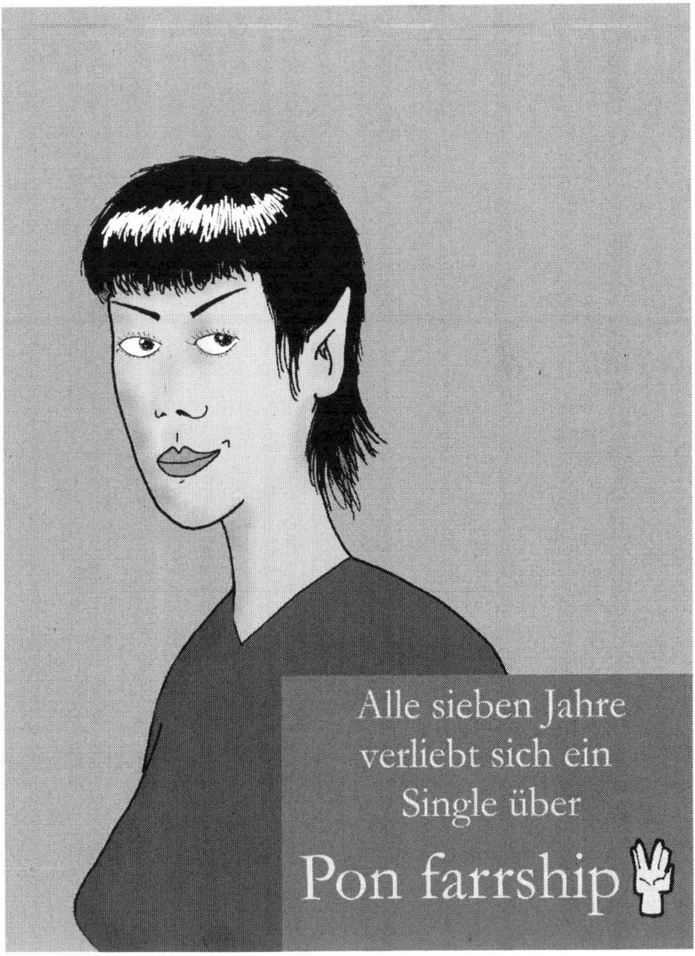
Alle sieben Jahre verliebt sich ein Single über
Pon farrship

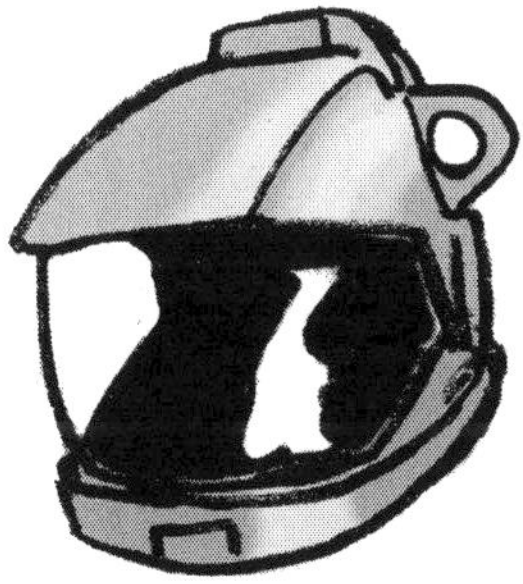

# ZWISCHENSPIEL

# ERINNERUNGEN EINES KLINGONEN

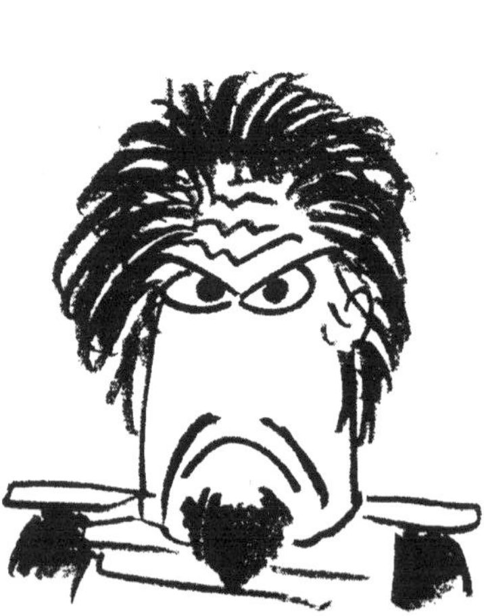

## IM GESPRÄCH MIT JOHN G. HERTZLER

Sie haben in 27 Episoden von *Star Trek: Deep Space Nine* den klingonischen General und späteren Kanzler Martok gespielt, waren aber auch als Kolos in der Star-Trek-Enterprise-Folge *Das Urteil* zu sehen. Erzählen Sie uns ein wenig darüber, wie Sie die Atmosphäre auf den beiden Sets erlebt haben.

**Das Set bei *Deep Space Nine* war eine gut geölte Maschine, für die man Disziplin benötigte. Andererseits unterdrückte der Showrunner Ira Steven Behr weder Kreativität noch die Möglichkeit, Vorschläge zu unterbreiten. So hat Ira es immer gehandhabt. Er liebte diese verrückte Welt des Serienmachens und stellte die Arbeit über alles andere. Er fühlte so, und wir fühlten so. Avery war eine sehr starke Persönlichkeit am Set. Als ich das erste Mal als Gründer-Martok auftrat, waren Avery, René und Colm als Klingonen zu sehen. Da gab es diese Szene, wo wir in einer käfigartigen Zelle eingesperrt waren und ich durch die Gitterstäbe mit Avery sprach. Es war ein langer Dialog, und Miles und René waren nur im Hintergrund zu sehen. Sie witzelten herum und machten sich eine gute Zeit als Klingonen. Die beiden wurden immer lauter, bis Avery sich umdrehte und sagte: »Hey, hier ist ein Mann bei der Arbeit!« René und Colm erschraken regelrecht und schauten wie Kinder, die man mit einem Keks in der Hand erwischt hatte. Den Rest der Szene über hörte man keinen Mucks mehr von ihnen. So war das mit Avery. Alle respektierten ihn.**

**Auf dem Set von *Enterprise* habe ich nur relativ wenig Zeit verbracht, über die ich reden kann. Doch während der Shots für die Kolos-Episode erzählte mir Phlox-Darsteller John Billingsley, dass es da ein Ding namens »freitags geht alles« gab, womit gemeint war, dass alle starren Verhaltensregeln ignoriert werden konnten. Ich habe mich dafür entschieden, das wörtlich zu nehmen und habe ein großes Ding daraus gemacht. Aber ich konnte ja schließlich nichts falsch machen, es war ja offizielle Studio-Politik. Nun, ich habe es wohl ein wenig übertrieben. Ich will nicht zu spezifisch werden, aber nach meinem Auftritt wurde »freitags geht alles« abgeschafft und auch nicht wieder eingeführt.**

Wie gestaltete sich die Arbeit mit Scott Bakula? Was für eine Art Mensch ist er?

**Scott ist ein grandioser Schauspieler, und wir teilen unsere langjährigen Erfahrungen auf der Theaterbühne. Ich kannte ihn schon von Quantum Leap, wo ich mit ihm gemeinsam an einer Episode arbeiten durfte. Ich spielte den Vater einer jungen Frau, die seine Figur heiraten wollte. Mir gefiel das gar nicht, also kam es zur Schlägerei. Natürlich war der Kampf choreografiert, aber mein Schlag war nicht gut getimt, also traf ich ihn direkt auf die Nase. Wir haben während unseres Drehs bei Enterprise nie darüber gesprochen, dafür unterhielten wir uns über unsere Theater-Zeit, während wir schwere Dilithium-Kristalle aus einem Minenschacht in Rura Penthe beförderten. Es war klasse. Scott ist nicht nur ein wundervoller Schauspieler, sondern sehr geerdet und bescheiden. Ein toller Typ.**

Martok und Kolos sind sich bei genauerer Betrachtung charakterlich recht ähnlich, auch wenn der Advokat weniger kriegerisch ist. Haben Sie Kolos als Hommage an Martok angelehnt?

**Nicht wirklich als Hommage, nicht zuletzt hatte Kolos schließlich zwei Augen! Aber im Ernst. Ich habe mir viel Mühe gegeben, Martok nicht zu erlauben, die Oberhand zu gewinnen, aber alles in allem wurden beide Figuren vom selben Schauspieler verkörpert, und so sind gewisse Ähnlichkeiten natürlich nicht zu leugnen. Beide Klingonen hatten Moral, und sie respektierten militärische Disziplin und das klingonische Gesetz. Einer der Gründe, warum Martok nicht gegen Gowron antrat, war sein vielleicht zu großer Respekt vor dem Amt des Kanzlers, vor allem in Kriegszeiten. Martok überwand seine Skrupel, vielleicht gerade auch, weil er ohne jegliche politische Ambitionen aufgewachsen war. Alles, was er wollte, war, der bestmögliche Krieger für seinen Vater und das Reich zu werden. Er strebte nicht nach Macht. Als Worf dann Gowron tötete, drängte er Martok regelrecht auf diesen Weg. Der neue Kanzler entwickelte sich zu einem fortgeschritteneren Klingonen, war aber gleichzeitig an den alten Weg des Kriegers gebunden. Das war eine ewige Quelle des Konflikts für Martok.**

**Kolos hatte einige sehr ähnliche ethische Dilemmata zu bewältigen, die beispielsweise in seinem Unwillen, von Rura Penthe zu fliehen, zutage traten. Stattdessen entschloss er sich, diese Last zu tragen und seine Ehre zu bewahren. Wie hätte er dazu beitragen können, das klingonische Gesetz gerechter zu machen, wenn er sich selbst nicht daran hielte? Für Nicht-Klingonen mag dies absurd gewesen sein, schließlich war seine Verurteilung im höchsten Maß ungerecht, doch aus klingonischer Sicht handelte Kolos zutiefst lobenswert. Deshalb fühlt sich die Figur so echt an. Einige würden nun sagen, dass Regeln für Verlierer gemacht sind. Der derzeitige Präsident der USA ist ein gutes Beispiel dafür. Das Problem liegt heute in der allgegenwärtigen Missachtung nicht nur der Gesetze, sondern der gesamten Geschichte Amerikas. Ich glaube, Kolos handelte genau aus dieser Perspektive heraus. Er war ein Anwalt, der an die Wichtigkeit der Geschichte und an eine gerechtere Zukunft für sein Volk glaubte.**

Kolos ist eine überaus interessante und sympathische Figur. Hätten Sie sich nicht gewünscht, öfter in seine Haut schlüpfen zu dürfen?

**Davon ausgehend, was ich gerade gesagt habe: Absolut ja! Wenn die Show fortgeführt worden wäre, hätte ich es geliebt, seinen Weg nach der Entlassung aus Rura Penthe weiterzuverfolgen. Wenn er seinen Weg weitergegangen wäre, wäre er ganz sicher im politischen System auf starke Widerstände gestoßen, doch er hätte seinen Kampf, die klingonische Welt in stärkere und legitime Beziehungen zu ihrer intergalaktischen Nachbarschaft zu führen, nie aufgegeben.**

# STAFFEL 3

## (2003/2004)

"Ich bitte Sie alle, an den Tag zurückzudenken, an dem dieses Schiff zum ersten Mal startete. Damals waren wir Forscher! Wenn das hier vorbei ist und die Erde wieder sicher ist, möchte ich, dass Sie diese Aufgabe wieder wahrnehmen. Es gibt 400 Milliarden Sterne in unserer Galaxie. Wir haben nur einen winzigen Teil erforscht. Es gibt noch viel zu tun."

**Captain Jonathan Archer**
*Azati Prime (Azati Prime)*

# 3.01

# THE XINDI

## (DIE XINDI)

*Nicht viel los in der Ausdehnung: Die Crew langweilte sich zu Tode, Xindi waren Mangelware, Archer zeigte demente Tendenzen, und T'Pol befummelte den Chefingenieur. Schön, dass die Mission zur Rettung der Erde so »schwungvoll« durchstartete.*

### INHALT

Nach sechs ereignislosen Wochen in der Ausdehnung erfährt die Crew von einem Xindi, der in einer Minenkolonie leben und arbeiten soll. Die Enterprise macht sich auf den Weg …

### NEUAUSRICHTUNG?

Einige Unterschiede sollte es zur zweiten Staffel geben. Schauen wir uns einmal an, in welchen Bereichen sich das niederschlug.

- Der Titelsong wurde (im Gegensatz zum Vorspann an sich) generalüberholt. Das äußerte sich in einer stark an Country angelehnten Fassung des bekannten Themas, das zum Schunkeln einlud und die düstere Stimmung der Season vollkommen verfehlte. Was sich die Produzenten bei diesem Schritt gedacht haben, blieb leider ihr Geheimnis; Cocktails raus und ab zur Scheunenparty. Grausam! Dazu passte auch, dass Dennis McCarthy erneut seinen gewohnten musikalischen Offenbarungseid abliefern durfte.

- T'Pols neue Outfits wirkten in der Episode bei Weitem nicht so billig wie auf den vorab publizierten Fotos. Die Farben waren gedämpfter, der Schnitt wirkte weniger aufdringlich. Keine Verbesserung, aber immerhin auch keine weitere Reduktion der Figur auf ein billig-sexistisches Outfit.

- Der bedauernswerte Anthony Montgomery blieb als einziger aus der Hauptbesetzung mal wieder vollkommen farblos. Die

Ankündigung, er würde durch anderweitige Rollen zu Beginn der Staffel kürzertreten müssen, wirkte dabei fast wie Hohn.

- Erfreulich war jedoch, dass bereits so früh wieder Bezug auf Trips Schicksal (den Tod seiner kleinen Schwester durch die Xindi) genommen wurde. Die Verarbeitung seiner Ängste in Form des (emotional ergreifenden) Traumes eignete sich gut als Setup für eine zukünftige Thematisierung und Verarbeitung des Vorfalls.

- Die zuvor nur erwähnten MACOs erhielten mit Major Hayes, Corporal Romero, Corporal Chang und Sergeant Kemper erste Gesichter. Alle Darsteller waren dabei sympathisch und füllten ihre Rollen mit der notwendigen Coolness und Ernsthaftigkeit aus.

- Die Einführungsszene, in der Archer durch irritierend-rhetorische Fragen an Reed (»Where are we, Malcolm?«) den Zuschauern die Situation noch einmal mit dem Hammer erläuterte, ließ den Captain leider dezent dement wirken. Selbst Reed schien die Situation eher peinlich zu sein. Infodumping der schlimmeren Art.

## AUSSEN HEISS, INNEN HOHL

Größter Kritikpunkt vieler Fans war jedoch immer der inhaltliche Aspekt gewesen: zu wenig Risiko, zu viele Stereotype, kaum Innovationen. *The Xindi* nun machte aber leider genau in diesem Bereich die alten Fehler. Das böseste serieneigene Klischee, die Gefangennahme des Captains (hier zusammen mit Trip), wurde dabei erneut herbeizitiert und führte in der Summe nur zu einer altbekannten Rettungsmission, die zwar den MACOs eine erste Daseinsberechtigung zuteilwerden ließ und sowohl optisch als auch vom Ablauf überzeugen konnte, aber in ihrer Grundidee so mottenzerfressen daherkam, dass es eine Schande war.

Rettungsanker war hier nur das Drumherum, die kurzen Charakterszenen, die Dialoge und die Schauwerte. Die Episode machte eklatante Schwächen in der bärtigen Story durch technische, darstellerische und produktionsbedingte Stärken wett. Schade, dass es gleich wieder so losgehen musste.

Hinzu kam: Von 53 Episoden erfreuten uns zu diesem Zeitpunkt ganze zwölf (!) mit ausgelutschten Entführungs-/Geiselnahme-/Gefangenschaftsplots! Das war für die Serie ein Armutszeugnis und stellte vor allem Archer und die Schiffssicherheit als völlig inkompetente Trottel dar. Es mag ja durchaus sein, dass es nur eine begrenzte Anzahl an guten Storyideen gibt, die es zu variieren gilt, doch variierte man hier leider immer wieder die Gleiche.

Die nur leidlich amüsante Nebenhandlung, in der Trip und T'Pol sich gegenseitig Massagen verabreichten, blieb zudem eine Randnotiz, die irgendwo zwischen haarsträubend eindimensional und charmant lag.

## GEDANKENSORTIERUNG

Wie sollte man den Auftakt der neuen Staffel also bewerten? Der Unterhaltungswert war gegeben, die Schauwerte faszinierend, die Dialoge geschliffen, Andeutungen auf hohes Konfliktpotential vorhanden, und die Undurchschaubarkeit des Gesamt-Plots blieb gewahrt (was an sich keine Kunst war, wenn man kaum etwas preisgab). Dem gegenüber stand der unglaublich einfallslose Geiselnahme-Plot und der reine Appetizer-Charakter der Handlung.

Ich vermute, dass die beiden Produzenten Rick Berman & Brannon Braga hier aus gutem Grund den Level niedriger angesetzt haben. Sie wollten die MACOs in Aktion zeigen, aber keine zu bedeutende Schlacht schlagen. Sie wollten die Xindi zeigen (der formidablen Effekte wegen), aber nicht zuviel verraten; und sie wollten das Setup erhalten, ohne zu tief in die Materie einzusteigen. All das gelang ihnen für den Moment.

## FAZIT

Same procedure as last year: Nach dem letzten Staffelfinale war dies der zweite Appetizer in Serie. Ohne die zuvor zelebrierte Fülle an Handlung und mit einer minimalistischen und ausgelutschten Prämisse ausgestattet, landete dieser Versuch jedoch unter dem Niveau des Vorgängers. Sehenswert, unterhaltsam, krachig … aber eben leider auch dünn, dünn, dünn.

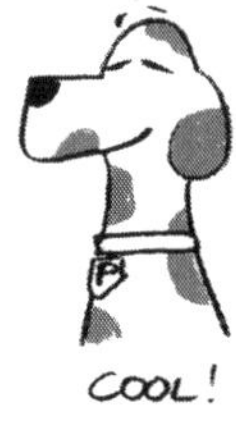

# 3.02

# ANOMALY

## (ANOMALIE)

*Der Haarschnitt machts: Captain Archer war auf Bad-Boy-Autopilot und drauf und dran, erste Grenzen zu überschreiten, während die Zuschauer erkannten, dass im Xindi-Arc eine Menge mehr Potenzial steckte, als der Auftakt vermuten ließ.*

### INHALT

Die NX-01 trifft auf Weltraumverzerrungen, welche die Ausdehnung durchziehen und das Schiff verwundbar für feindliche Plünderer machen. Während sie mit den Osaarianern kämpfen, entdeckt Captain Archer, dass seine Gegenspieler Informationen besitzen, die der Crew der Enterprise helfen könnten, die Xindi ausfindig zu machen …

### ABER HALLO!

*Anomaly* war qualitativ weiter vom Staffelauftakt entfernt, als man es sich hatte träumen lassen. Das betraf sowohl die Ausführung, beziehungsweise die Rasanz der Handlung, als auch den Inhalt. Hatte sich der Opener noch wie eine pompöse, aber letztlich blutleere Orgie der Schauwerte angefühlt, kam man nun mit einer solchen Fülle an Ereignissen und bedeutenden Szenen daher, dass es eine reine Freude war.

Als Aufhänger dienten Anomalien, die schon in der vorigen Episode kurz thematisiert worden waren. Dabei geriet die rasante Auftaktsequenz besonders gut; in schnellen Sprüngen sahen wir die Auswirkungen auf verschiedene Crewmitglieder, Phlox' Tiere und den Warpantrieb. Mit bedrohlicher Musik versehen, baute sich hier genug Spannung auf, um den Zuschauer über den (in seiner neuen Form) erneut völlig unpassenden und kaum mehr atmosphärischen Titelsong hinwegzuretten.

## FIGHT OF FLIGHT REDUX

Doch war *Anomaly* nicht nur eine reine Action-Show über die Auswirkungen der Ausdehnung auf Mensch und Material. Schon nach kurzer Zeit wechselte das Thema, als die Crew ein mit Leichen übersätes und größtenteils ausgeschlachtetes Alien-Schiff fand. Hier kehrten Suspense und Horror zur Serie zurück. Zwar wurden damit auch ganz klar Erinnerungen an die zweite Episode der ersten Staffel *(Fight or Flight/Freund oder Feind)* wach, störten jedoch nicht die Atmosphäre.

Weiter gesteigert wurde die Intensität vielmehr durch das Auftauchen der Osaarianer. Und endlich konnte eine Eroberung (der diesmal schwer beschädigten Enterprise) einmal überzeugen; vom Ausräumen der Vorräte und Technik bis hin zur Festnahme eines der Angreifer blieb kaum Zeit zum Luftholen.

## BAD BOY JONATHAN

Und es wurde nicht ruhiger! Archer wollte die Osaarianer finden und versuchte, den Gefangenen zunächst noch moderat bestimmt zu verhören. Was sich aus diesem Handlungsstrang im Verlauf der Episode entwickelte, dürfte viele an Janeways Verhalten aus *Equinox* erinnert haben. Dort jedoch gehörte irrationales Auftreten und völlige Unberechenbarkeit ohnehin gelegentlich zur Charakterbeschreibung; hier fiel dem zwar auch oft irrationalen, aber zumindest meist vorhersehbar-beherrschten Archer eine Brutalität im Umgang mit dem Gefangenen zu, dass die gesamte Last der Mission auf seinen Schultern physisch spürbar wurde. Scott Bakula schien sich in der tougheren Version des Captains auch deutlich wohler zu fühlen.

Die Figur gewann durch diese neue Ausarbeitung an Format; schon Sisko, der liebevolle Vater, hatte durch seine unkontrollierten Wutausbrüche und sein Temperament seinerzeit einen höchst explosiven Charakterzug erhalten, der ihn hervorragend von Vorgänger Picard abgrenzte.

## BONUSPUNKTE

Der Score der Episode stellte jedoch das eigentliche Highlight dar. Jay Chattaway gelang ein völlig neuartiger Stil der Untermalung:

donnernd, hart, verspielt, verschnörkelt, mysteriös, dezent, wütend; ein brodelnder Sound-Cocktail, den man gerne immer wieder hören wollte. Er lieferte damit einen der bisher besten Scores der Serie. Dass zudem die technische Umsetzung erneut die Messlatte für SF im TV höher legte, dürfte nicht verwundert haben. Dermaßen viele Aha-Effekte in nur einer Episode gab es lange nicht zu bestaunen.

Negativ fiel nur auf, dass für das Make-up der Osaarianer wieder einmal auf den Standard-Nasenrücken und die kleine Stirnplatte zurückgegriffen wurde.

### FAZIT

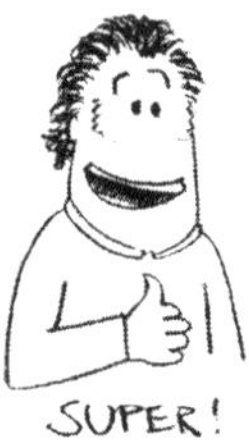


Die Hoffnung lautete, dass *Anomaly* keine solche in der dritten Staffel bleiben möge. Die Episode war ein perfektes Beispiel dafür, wie eine technisch orientierte und actionlastige Episode funktionieren konnte. Das war sicher kein großes Denker-Trek, aber im Rahmen purer SF-Unterhaltung fraglos erstklassig!

# 3.03

# EXTINCTION

## (TRANSFORMATION)

*Jeder Mensch hat ein Brett vor dem Kopf – es kommt nur auf die Entfernung an. Bei Archer war die Distanz zwischen Brett und Kopf an dieser Stelle leider mal wieder kaum messbar. Frau von Ebner-Eschenbach wäre nicht begeistert gewesen.*

### INHALT

Die Suche nach den Xindi führt die Crew auf einen exotischen Dschungelplaneten. Dort werden Archer, Reed und Sato während ihrer Suche nach einem Xindi-Schiff mit einem biologischen Wirkstoff infiziert und in außerirdische Frühformen der einst auf dem Planeten ansässigen Rasse zurückentwickelt …

## ÄH – NEIN.

Es gibt solche Episoden, denen man mit einer allzu ausführlichen Besprechung keinen wirklichen Gefallen tut. *Extinction* war leider eine davon. Nach dem nicht berauschenden Staffelauftakt und dem erstaunlich spektakulären Nachfolger kehrte die Serie viel zu schnell wieder auf einen inhaltlich traurigen Level zurück. Im Volksmund ist dieses Niveau als tristes Mittelmaß bekannt. Dass man darüber hinaus erneut in jener Dschungellandschaft drehte, die schon mehrfach innerhalb der Serie unecht ausgesehen hatte (und es natürlich auch war), machte es nicht besser. Doch hätte das alleine vielleicht noch zu einer moderaten Wertung führen können. Was zog die Episode also wirklich in den Keller?

## POSITIVE BESTANDSAUFNAHME

Zumindest waren es nicht die brauchbare Musikuntermalung, das fantastische Make-up der transformierten Crewmitglieder, die definitiv starken Darstellungen von Scott Bakula, Dominic Keating und Linda Park und auch nicht der (kaum spürbare) Aufhänger der Story, die traurige Geschichte der einst heimischen Zivilisation. Auch Regisseur LeVar Burton konnte man keinen Vorwurf machen. Er holte heraus, was ging. Dies waren alles Aspekte, die Lob verdienten. Doch, liebe Produzenten, meint ihr etwa, dass es damit getan sei? Wie gesagt: Äh – nein.

## DIE DUNKLE SEITE

Nach der Transformation der Crewmitglieder begann für den Zuseher eine kaum erträgliche Leidenszeit. Archer, Sato und Reed turnten herum wie berauschte Ferengi aus den Anfängen von *Star Trek: The Next Generation* und sprachen Kauderwelsch. Im hinterletzten Zirkus dieser Welt konnte es nicht schlimmer sein.

Unter Einsatz des Universalübersetzers (nette Idee immerhin) wurde das Ganze dann aber etwas erträglicher, und die überzeugenden Schauspielleistungen entfalteten sich. Fast hatte man also kurz Hoffnung geschöpft. Leider tauchten kurz darauf die uninteressanten Aliens der Woche auf, die (1.) völlig banal aussahen, sich (2.) unerträglich stereotyp verhielten sowie (3.) nur der Action dienten und (4.) den Einsatz der tickenden Uhr (wichtig!) notwendig machten. Neue Ideen? Neue Ausrichtung der Serie? Ha!

Während Trip einmal mehr beweisen durfte, was für ein starker Captain er wäre, fand Archer später zunächst in einem Traum die einstmals blühende Hauptstadt des Planeten (immerhin versehen mit ganz netten Effekten). Nach ein wenig Streit um das Mittagsmahl, dem Verlust von Reed an Phlox (der ja schnell ein Gegenmittel brauen musste) und dem Start der für die Crew gefährlichen Mission durch die Aliens der Woche entdeckte man dann auch die inzwischen leider nicht mehr so blühenden Überreste der Stadt.

Nun gut. Die Zivilisation war schon lange ausgelöscht. Nun hatte sich dieses rasend spannende Element auch erledigt, und es ging nur noch darum, die Freunde zu retten, zurückzuverwandeln und die bösen, bösen Jäger aufzuhalten. 1, 2, 3, fertig. Ein weiteres Mal hatte der Storybausatz funktioniert. Alles war gut, jeder hatte sein Gegenmittel bekommen, Archer, Reed und Sato erholten sich, und die Suche nach den Xindi konnte weitergehen.

## DAS GROSSE GANZE

Mehr ließ sich in Bezug auf den großen Handlungsbogen der Season übrigens auch kaum sagen. Die Datenbank wurde zwar erwähnt und führte uns erst in das unfreiwillige und sinnfreie Abenteuer (böse, böse Datenbank! Pfui!), und auch T'Pol und Trip waren wieder bei ihren Massage-Arbeiten zu erleben (diesmal aber definitiv eher humorig); das war es aber auch schon. *Extinction* war ein für sich stehendes und für sich schwaches Abenteuer ohne nennenswerten Gesamtzusammenhang, das weder die Besonderheiten der Ausdehnung aufzeigte oder ausnutzte noch irgendetwas oder irgendjemanden voranbrachte.

## ZWANGSEINWEISUNG

Zum Schluss erwartete uns dann aber sogar noch der Gipfel der Dummheit: Archer, mal wieder völlig desillusioniert und irrational, wollte den Virus als letztes Überbleibsel der ausgelöschten Zivilisation behalten. Seine Begründung zum Mitschreiben für die Ewigkeit: Wir sind eben besser als die Xindi! Wir zerstören keine Zivilisation!

Nach einem Moment der inneren Einkehr fassen wir das nochmal zusammen: Archer behält ein Virus, das die Loque'eque (so hieß die Rasse) selbst erzeugten, um andere Humanoide durch Zwang in ihre Spezies zu transformieren und sich auf diese Weise vor der Ausrottung zu schützen. Und darauf nehmen wir aus der Tiefe unserer guten Herzen Rücksicht und zeigen Verständnis für diesen versuchten und teilweise erfolgten Völkermord. Bravo, Captain. Willkommen in ihrer eigenen Welt. Das musste man erstmal sacken lassen.

Die Episode kam zu einem Zeitpunkt, da die Serie händeringend versuchen musste, Zuschauer zu halten und für die neue Ausrichtung zu begeistern. An dieser Stelle, so früh in der Staffel, ein unverzeihlicher Fehlschlag, der auch heute noch in der Rückschau richtig weh tut.

### FAZIT

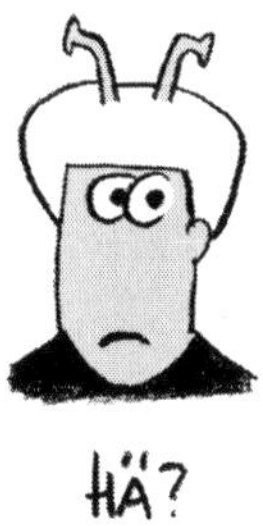


Die Folge war schlecht. Schlecht, schlecht, schlecht. Aber: Man schläft nicht ein, bekommt keine Kopfschmerzen und es wird einem nicht übel. Dennoch: *Extinction* war ein reiner Füller und als solcher sogar noch unterirdisch. Vom völlig debilen Ende ganz zu schweigen. Ein Dank geht an alle, die bedauernswerterweise nichts am Geschehen ändern konnten und trotzdem ihr Bestes dabei gaben.

# 3.04

# RAJIIN

## (RAJIIN)

*Sorge um Archer! Nachdem er zuletzt unbedingt einen gefährlichen Virus als Andenken an eine vergangene Zivilisation behalten wollte, nahm er diesmal einfach eine Sklavin mit. Hatte die Ausdehnung vielleicht einen zunehmend unguten Einfluss auf den Chef der Enterprise-Crew?*

## INHALT

Auf einem Weltraumflohmarkt versucht die Crew Informationen über die Xindi zu sammeln und einen bestimmten Chemiker zu finden, als Archer an eine Sklavin gerät, die ein wichtiges Geheimnis mit sich trägt …

## DER REZENSENT TUT SICH SCHWER

Der vierte Versuch der dritten Season ließ sich nur schwer an bisherigen Serienmaßstäben messen oder bewerten. Insgesamt zeigte die neue und epischere Erzählweise der Serie die typischen Merkmale einer Arc-Serie; das galt sowohl für die positiven als auch für die negativen Merkmale. Genauer waren das in diesem Fall die ineinanderfließenden Handlungsstränge, die in den jeweiligen Episoden ausschließlich der Kontinuität und Fortführung übergeordneter Themen dienten, aber keinen immanenten Bezug zur aktuellen Episode besaßen. In einer idealen Serienwelt können fortlaufende Handlungsstränge unterschwellig auf die aktuelle Handlung einwirken; hier war das jedoch nicht der Fall.

So begann die Episode, was die Crew der Enterprise anging, dann auch mit zwei Szenen, die auf der einen Seite auf amüsante Weise die nächtlichen Sitzungen zwischen T'Pol und Trip auf die Schippe nahmen, indem das Duo ihre Sorgen über mögliches Getratsche an Bord teilten, und auf der anderen Seite einen Archer zeigten, der noch unter den Auswirkungen seiner Transformation zu leiden hatte. Ein Umstand, der bei Ereignissen dieser Art in *Trek*-Serien bisher viel zu selten zu sehen war. Danke dafür.

Erwähnen sollte man aber, dass das ewige Massieren als Aufarbeitung des Todes von Trips kleiner Schwester auch hier nicht ausreichte. Sein einziges Problem schien seine Müdigkeit zu sein. Jedoch sprach er (noch) mit niemandem über seine Sorgen und seine Wut; letztlich ging es nur ums Rumfummeln und Nackichmachen – das war wirklich noch ausbaufähig.

Zu diesen Nebengeschichten gesellte sich die Rahmenhandlung um den Xindi-Rat, den wir seit der Auftaktepisode nicht mehr zu Gesicht bekommen hatten. Dieser beriet über einen mysteriösen Plan B, sollte die vom humanoiden Xindi Degra entwickelte Waffe nicht rechtzeitig einsatzbereit sein. Dieses Element brachte eine spürbare

Weite in die Handlung, die man nur begrüßen konnte. Effekte und Make-up waren außerdem erneut herausragend.

Dieser Handlungs- und Episodenrahmen (erneut fanden sich die Szenen am Anfang und am Ende der Episode) wurde durch die Suche der Crew nach einem Chemiker, der ihnen zu Trellium D verhelfen könnte, ergänzt. Auch diese Szenen, in denen das Rezept erworben und durch T'Pol und Trip getestet wurde, liefen nebenher, ohne Bezug zu irgendetwas, und unterstrichen die lose Episodenhaftigkeit der Handlung.

Auffällig war überdies, dass auf ein erstes Zusammentreffen zwischen Chemiker und Crew verwiesen wurde, von dem wir jedoch nichts mitbekommen hatten. Pseudo-Kontinuität, die natürlich keine war und wenig überzeugen konnte, da es immer unschön ist, von Ereignissen zu hören, die gar nicht zu sehen waren.

## DA IST JA NOCH EINE GESCHICHTE VERSTECKT

Eingebettet zwischen Nebenplots und Arc-Handlung fand sich auch noch die eigentliche Haupthandlung der Episode: die Rettung der asylsuchenden Sklavin Rajiin, die sich mit der Zeit als Bedienstete der Xindi entpuppte und Informationen über die Menschen sammeln sollte.

Dieses Element, immerhin titel- und tonangebend innerhalb der 42 Minuten, kam jedoch äußerst dünn daher. Zwar wurde für Rajiin eine fähige und überzeugende Darstellerin gefunden, ihr Handlungsspielraum beschränkte sich aber auf laszives Herumlaufen und Verführen von Archer, Sato und T'Pol. Hierbei sammelte sie Biodaten mit ihren körpereigenen Kräften, was wiederum mit dem Plan B der Xindi zu tun haben dürfte (Rajiin gab zum Schluss auch den Hinweis, es handele sich um eine Biowaffe).

Das war sicher eine interessante und auch überzeugende Idee, wirkte hier aber vollkommen verloren zwischen all den kleinen Randnotizen. Rajiin wurde für den Zuschauer einfach nicht interessant genug, da sie, kaum angekommen, schon Verdacht erregte und somit keine Sympathie aufkommen konnte. Das ganze Spiel wirkte so dermaßen abgekartet, dass der weitere Weg vorgezeichnet erschien. Uns zumindest; nur der Crew leider nicht.

Außerdem wäre es sinnvoll gewesen, den Chemiker noch in einer kleinen Szene als zusätzlichen Kontaktmann der Xindi zu enthüllen; somit hätte der Plan an sich ein wenig mehr Sinn ergeben. Was wäre nämlich zum Beispiel passiert, hätte jemand anders Rajiin kaufen wollen? Woher wusste man, wann Archer und Co. über den Bazar schlendern würden? Oder wenn man sie gar nicht »befreit« hätte? Alles Fragen, die nicht geklärt, aber auch gar nicht erst aufgebracht wurden. Manche Sachen sollte man einfach auch mal onscreen erleben dürfen. *Show, don't tell (or let us guess).*

Zudem warf die Wahl der Opfer Rajiins Fragen auf. Archer, T'Pol und Hoshi wurden schließlich gerade erst zu einer außerirdischen Form verwandelt. Verfälschte das unter Umständen die gesammelten Daten? Hatte Rajiin rein zufällig diese drei aus der kompletten Besatzung gewählt? Warum sollte sie, wenn ihr die Ereignisse aus *Extinction* bekannt waren, das Risiko in Kauf nehmen, dass die Daten nicht akkurat sein und letztlich nicht weiterhelfen könnten?

## SEX SELLS (AND WINS THE CAPTAINS HEART)

Zu Archer gab es noch zu sagen, dass er scheinbar Unterschiede zwischen Verrätern machte, die entweder hässlich und männlich waren oder hübsch und weiblich. Waren Todesdrohungen und die Sache mit der Dekompressionskammer in *Anomaly* noch seine Reaktion, so zögerte der gute Captain nun bei Rajiin. Die Tatsache, dass sie schließlich von selbst zu reden begann, machte es nur oberflächlich besser. Zu aufgesetzt wirkte an dieser Stelle die Doppelmoral des Captains.

Diese zeigte sich auch in seinem Verhalten, Rajiin einfach mitzunehmen. Hatte er Trip in *Cogenitor* noch einen bitterbösen Vortrag über die Nichteinmischung gehalten, nahm er nun einfach eine Sklavin (!) mit, die ihn (verständlicherweise) darum bat. Wollte er ab sofort jede unglückliche Sklavin mitnehmen, die ihm über den Weg lief? Oder nur besonders hübsche? Ist es neuerdings seine Aufgabe, auf fremden Welten Sklaverei zu bewerten, zu beurteilen und einzugreifen? Ist Rajiin anders als Cogenitor »Charles«? Hier genügte den Autoren ein viel zu simpler Kniff, der Archer im Rückblick mal wieder als einen unbelehrbaren Idioten und Egomanen charakterisierte. Und das nach seinem geistigen Totalausfall in der just vergangenen Episode. Schade.

Überhaupt war die Darstellung der Sklavin ein weiteres Mal ein allzu deutliches Zugeständnis an die Zielgruppe der ewigen oder wirklichen Teenager. Zwar bemühten sich alle Schauspieler um Professionalität und Ernsthaftigkeit, überdeckten jedoch nicht die eigentliche Intention, einen sexy-coolen Trailer aus der Folge schneiden zu können. Hätte man aus der Sklavin eine der Ketzerei angeklagte alte und schrumpelige Hexe gemacht, wären diverse Schwächen der Episode unter den Tisch gefallen, und man hätte sich auf die wirklich elementaren Fragen konzentrieren können.

Es handelt sich hierbei aber auch eher um eine Beobachtung als um einen kritischen Ansatz; die sexuellen Untertöne der Serie spalten zwar das Lager der Trekkies bis heute, ließen und lassen mich jedoch in doppeltem Sinne völlig kalt. Nur wenn, wie hier, die Gedankengänge der Produzenten allzu offensichtlich wurden, spürte ich den Drang, zumindest mal auf die Problematik hinzuweisen.

## ACTION SELLS TOO

Im erwähnenswerten Bereich fand sich noch der rasante Angriff der Xindi, welcher zur Rettung Rajiins führte und einige Fragen aufwarf. War es wirklich schlau, sich der Crew der Enterprise so früh zu zeigen? Die Xindi ließen sogar einen weiteren ihrer (toten) Männer zurück. Ob der Rat mit diesem plumpen Aktionismus einverstanden war? Und haben die MACOs in ein paar Wochen bereits alles verlernt? Zu Beginn der Staffel wirkten sie cool, überlegen, brutal. Hier nun wurde die Mini-Truppe aus lauter unbekannten Nonames völlig übertölpelt und konnte den Xindi nie das Wasser reichen. Schwaches Bild. Hatten die kompetenten Leute gerade Brotzeit?

Außerdem schien man das immense Konfliktpotential der MACOs mit Reed und seinem Team völlig zu ignorieren. Außer für coole Action (die ja diesmal nicht mal cool war) wurden die Elitesoldaten nicht genutzt. Wir lernten niemanden kennen, lauschten keiner Unterhaltung über die Mission, und der Wiedererkennungswert war durch vielzuviele unbedeutende Gastschauspieler gleich null. Ein wenig erinnerte das an den Maquis-Konflikt, der letztlich keiner war. Grüße an die USS Voyager.

Führen sollte diese gewählte Darstellung zwischen MACOs und Xindi aber natürlich zu Angst und Schrecken vor der Überlegenheit des Gegners. Dieses Motiv schlug jedoch in der präsentierten Form kaum durch und verpuffte.

## NICHT FISCH, NICHT FLEISCH

Die Sexsklaven-Episode der dritten Staffel (Trailertext dank UPN) landete in gewisser Weise zwischen den Stühlen. Als Einzelepisode würde man sie schnell vergessen haben. Die Haupthandlung kam viel zu blutleer daher und schwand schon im Moment des Abspanns aus dem Gedächtnis. Als Arc-Episode bot sie jedoch eine Fülle an Informationen, Setup und Fortführungen etablierter Themen. Das Kunststück, Arc und Stand-Alone innerhalb einer Episode auf hohem Niveau zu kombinieren, war also bisher noch nicht gelungen.

Was zudem ein wenig bitter schmeckte, war die Tatsache, dass Pluspunkte und Minuspunkte in Sachen Arc und Ausnutzung des Potentials sich bisher die Waage hielten. Die Produzenten und Autoren schöpften noch immer zu sehr an der Oberfläche und trauten sich nicht, in die Tiefe zu gehen.

## FAZIT

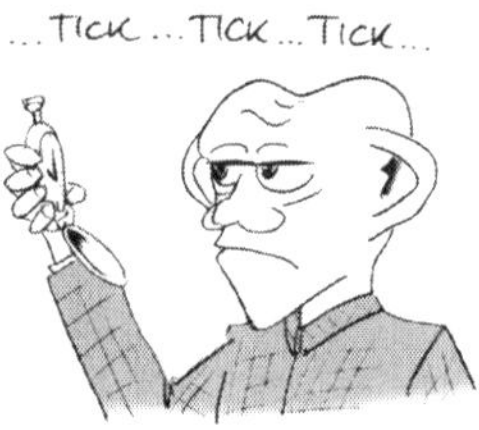


*Rajiin* zeigte die Problematik der bisherigen Season auf. Ein gemischtes Vergnügen, das sich einiger deutlicher Unebenheiten in der Komposition und einer noch zu flach ausgearbeiteten Haupthandlung erwehren musste, dagegen aber mit überzeugender Kontinuität, starken Darstellerleistungen und viel Atmosphäre punkten konnte. Der Weg war sicher der Richtige, aber noch fehlten einige Zentimeter.

## EINSPRUCH, HERR KOLLEGE!

Gehen Sie nicht ein wenig streng mit dieser Folge ins Gericht, lieber Kollege Sülter? Man mag es kaum glauben, aber *Rajiin* ist eine der Episoden, die mir bis heute am besten im Gedächtnis haften geblieben sind. Zum ersten Mal erlebten wir die zwei aggressivsten Xindi-Spezies, die Reptiloiden und Insektoiden, wirklich gemeinsam im Einsatz. Gerade die Szene um die Befreiung Rajiins offenbarte die angsteinflößende technische Überlegenheit dieser martialischen und hervorragend ausgerüsteten Krieger gegenüber den MACOs. Das war damals cool – und ist es auch heute noch.

Die Frage, was da wohl noch auf die Crew der Enterprise zukommen möge, wie viele Tote diese Exkursion letztlich kosten würde, schwebte wie ein Damoklesschwert über der gesamten zweiten Hälfte der Folge. Klar, die MACOs dienten nur als Kanonenfutter, aber das war ja auch voll beabsichtigt und machte die Hilflosigkeit eines der besten Elite-Trupps der Erde nur umso deutlicher. Der Überfall auf die Enterprise diente letztlich zwei Herren. Zum einen trieb er gemeinsam mit den Rats-Szenen zu Beginn und am Ende den Story Arc voran. Zum anderen wurde aber auch klar, dass die antennenköpfigen Schuppen-Aliens nichts weiter als miese Rassisten waren, die sich allen anderen Spezies inklusive ihren Xindi-Vettern überlegen fühlten. Das wurde zwar erst im weiteren Verlauf der Season richtig deutlich, Rick Berman und Brannon Braga piksten uns mit dem Ende der Folge aber diesbezüglich schon einmal Aufmerksamkeit heischend in die Rippen.

Dass man sich dafür die ebenso hübsche wie talentierte Nikita Ager in der Titelrolle an Bord holte, war eine verdammt gute Entscheidung. Die von Ihnen geforderte alte Hexe hätte hier wohl kaum gegriffen. Eine runzelige, Spitzhut tragende und besenschwingende Warzennase hätte niemanden interessiert. Mich übrigens auch nicht. Bin ich deswegen ein »ewiger Teenager«? Mag sein, aber ein wenig unterschwellige Erotik schadet schließlich nicht, wenn sie gut gespielt wird.

# 3.05

# IMPULSE

## (IMPULSIV)

*Es flackerte, Lichtblitze zuckten, die Musik trieb uns Schweißperlen auf die Stirn, und gefährliche Zombies bedrohten das Leben der liebgewonnenen Crew! Man konnte logisch folgern, die Borg wären zurück; doch Logik half diesmal eben nicht weiter.*

## INHALT

Die Crew der Enterprise erhält einen Notruf von einem vulkanischen Schiff in der Ausdehnung, dessen Crew sich unter dem Einfluss der Region zu mordenden Zombies entwickelt hat …

## KAWUMM. FLACKER. KRACH. SCHREI.

Fertig ist die Kurzzusammenfassung von *Impulse* – oder *Die Nacht der logischen Leichen*. Die Serie versuchte sich also einmal mehr am Horror-Genre und zog zu diesem Zweck ausgerechnet die so beliebten und beherrschten Vulkanier als metzelnde und blutrünstige Mutanten heran. *Resident Evil* trifft auf *Star Trek.*

Inhaltlich gab es am Geschehen nichts zu kritisieren; alles blieb im Fluss, die Charaktere gingen nicht in der Actionmasse unter, und der Xindi-Arc kam am Rande auch zu seinem Recht. Für eine Stand-Alone-Episode war das eine durchaus zufriedenstellende Leistung. Leider kam das Ganze auf der anderen Seite aber auch nie über ein nettes Niveau heraus. Genauso wie im Staffelauftakt war der Inhalt zu dünn dosiert, die Konflikte nur schemenhaft erkennbar.

Einzig Jolene Blalock riss die Episode in ihren Szenen zeitweise auf Spitzenniveau. Ihre Fähigkeiten brachen mehr und mehr aus ihr heraus und straften ihre Kritiker Lügen (auch mich, keine Frage), die besonders während der Anfangszeit der Serie nicht an ihre schauspielerischen Fähigkeiten geglaubt hatten. Doch auch an ihren Mitstreitern, den Effekten, dem Score, der inneren Logik und der Dynamik gab es nichts, aber auch gar nichts auszusetzen. Es war nur schlicht und ergreifend kaum etwas vorhanden, das man herausheben oder angreifen konnte.

Sich den Kopf zu zerbrechen, ob Vulkanier die richtige Wahl für eine Zombie-Episode sind, ob wirklich T'Pol schon wieder Emotionen zeigen musste, ob Travis Anthony Montgomery schon wieder ein Shuttle fliegen sollte oder ob man sich an all dem einfach nur erfreuen könnte, macht hier letztlich einfach keinen Sinn. Die Episode war nicht dumm, nur dünn gestrickt. Sie war nicht beleidigend banal, nur arg reduziert ausgestaltet.

Die interessanteste Information blieb somit, dass das Trellium für den Zustand der Vulkanier verantwortlich war. Es ließ die neuralen Bahnen zusammenbrechen, die es ihnen normalerweise erlaubte, ihre Emotionen zu unterdrücken. Ungut, dass Archer und Trip just dabei waren, eben jenes Trellium auch zum Schutz der Enterprise einzusetzen. T'Pols Angebot, das Schiff zum Wohle der Crew zu verlassen, war folgerichtig und sicher äußerst nobel, Archers vehementes Ablehnen natürlich ebenso löblich. Doch fußte das ganze Thema leider doch wieder auf zu wenig Setup, um einen effektiveren Eindruck hinterlassen zu können.

Eines war indes klar: Wer *Star Trek* eben gerade nicht als blutreiches Schauerspiel mit Action, Strobo und viel Geschrei erleben wollte, wird sich vermutlich einmal mehr das schüttere Haar gerauft haben. Wer mit dieser Art der experimentellen Action-Spielerei umgehen konnte und eine Episode wie diese als pures Mainstream im Trek-Universum verstehen und erleben konnte, wird hingegen mit einem zufriedenen Schmunzeln den Fernseher ausgeschaltet haben.

So galt: Nicht, dass man so etwas jede Woche bräuchte, aber zwischendurch zum berieseln lassen – warum nicht?

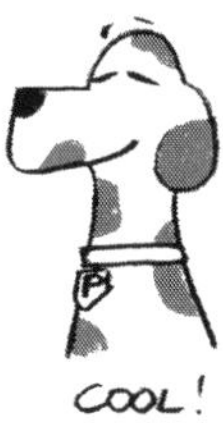


### FAZIT

Wenn eine Episode einfach nur laut, düster, aggressiv und unterhaltsam sein wollte und trotzdem mit starken Darstellerleistungen und höchstem Produktionsniveau aufwarten konnte, blieb nicht viel zu sagen als: Ziel auf gutem Niveau erreicht. Danke. Die Nächste bitte.

# 3.06

# EXILE

## (EXIL)

*Aufgemerkt: Hoshi erlebte einen wohlbekannten Disney-Klassiker neu, während Captain Justice & sein Attaché mit einem Shuttle Flummi spielten. Konnte nur schiefgehen? Tat es auch.*

## INHALT

Die Besatzung der Enterprise erhält ungewollt telepathischen Besuch: Ein mächtiger, aber sehr einsamer Telepath namens Tarquin bietet an, der Crew bei der Suche nach den Xindi zu helfen, wenn Hoshi ihm in seinem Schloss für eine Weile Gesellschaft leisten würde …

## GOOD VIBRATIONS

Nachdem Mike Sussman mit *Anomaly* bereits bewiesen hatte, dass er auch ohne Phyllis Strong für starke Episoden verantwortlich zeichnen konnte, versuchte sich seine bisherige Autoren-Partnerin hier an ihrer ersten Solo-Episode. Unterstützt durch die eigentlich verlässliche Roxann Dawson auf dem Regiestuhl und den erfreulich frischen und fintenreichen Klängen des Komponisten Velton Ray Bunch konnte da doch eigentlich wenig schief gehen.

## KÖNNTE, HÄTTE, WENN UND ABER

Leider gelang es Strong jedoch nicht, die Krux der dritten Season zu umschiffen. Scheiterte bereits *Extinction* an einer viel zu schwachen Haupthandlung, die nur in unwesentlichen Punkten die Rahmenhandlung vorantrieb, sackt *Exile* sogar in die Untiefen der Belanglosigkeit ab, ohne dabei jedoch irgendjemandem wirklich weh zu tun. Traurig war das vor allem, wenn man bedenkt, wie selten Linda Park alias Hoshi Sato die Gelegenheit erhielt, aus dem Schattendasein ihrer Rolle herauszutreten.

## EINE PRISE DISNEY SCHADET NIE

Aufhänger der Abhandlung über Einsamkeit und die Suche nach Gesellschaft war die leicht angestaubte Geschichte um *Die Schöne und das Biest,* zu der Phyllis Strong jedoch nichts, aber auch gar nichts Neues beizutragen wusste.

Der von Maury Sterling entnervend eindimensional verkörperte und unter Tonnen von mimikhemmendem Latex begrabene Tarquin wohnte alleine auf seinem im ewigen Eis angesiedelten Gothic-Schloß, dessen Interieur wie aus dem IKEA-Plastik-Möbel-Katalog aussah. Das wohl beabsichtigte urige und romantische Feeling kam in den seltensten Fällen und dann auch ausschließlich durch den erwähnt guten Score des Velton Ray Bunch zustande. Die Kulissen mögen teuer gewesen sein, besaßen jedoch nicht das geringste Flair.

Und auch Park konnte in keiner Szene die notwendige Emotionalität aufbringen, die der Situation angemessen gewesen wäre. Im Vergleich zu der tollen Leistung von Kollegin Jolene Blalock in *Impulse* wirkte die sympathische Darstellerin der Hoshi Sato hier nur bemitleidenswert mittelmäßig. Schade.

Der Vorwurf geht hier jedoch erneut primär an Phyllis Strong, die scheinbar nicht in der Lage war, die nötigen Dialoge so zu straffen, dass die Kürze der Zeit ausgereicht hätte, um irgendeinen Eindruck beim Zuschauer zu hinterlassen. Außerdem wurde die Rolle der Hoshi innerhalb der Handlung hier schlicht zu passiv angelegt. Inhaltlich machte ihr Verhalten zwar Sinn, es leuchtete ihren Charakter aber leider kaum aus. Dabei waren durchaus Ansätze vorhanden: Tarquin hielt durch sein Eindringen in ihren Geist der schüchternen Linguistin einen Spiegel vor und zeigt ihre Isolation auf dieser Mission, auf dem Schiff, ja sogar im Kreise ihrer Crew auf. Hoshi war offensichtlich noch immer nicht auf der Enterprise und im Weltall angekommen und kämpfte weiterhin mit ihrer Rolle an Bord. Hätte man hier den Hebel deutlicher angesetzt, wäre eventuell eine brauchbare Fortsetzung zu den gezeigten Gefühlen aus *Vanishing Point* entstanden. So musste man die Chance jedoch als vergeben bezeichnen.

Zudem entstand weder Gefahr noch Suspense; von Gefühlsregungen beim Betrachter sollte man erst gar nicht anfangen. Fehlanzeige.

## WER SICH SELBST EINE GRUBE GRÄBT

Erneut tappte das Autorenteam also in eine selbstgestellte Falle. Einen Arc wie diesen auszuführen, verlangt auf verschiedenen Ebenen ein hohes Maß an Präzision. *Star Trek: Deep Space Nine* verstand es (wie übrigens auch *Babylon 5)* überwiegend meisterhaft, völlig isolierte Einzelepisoden hoher Qualität mit stark Arc-basierten Highlights zu mischen und auf diese Weise ein homogenes Bild abzuliefern, das beiden Seiten gerecht wurde. Das Team um die Produzenten Rick Berman & Brannon Braga versuchte nun jedoch auf Krampf, in jeder Episode kleine Hinweise auf die Gesamtgeschichte einzubringen und diese in bestenfalls banale Stories zu betten, die aber oft einfach nicht genug hergaben, um für sich alleine erinnerungswürdig zu sein. Erschwerend kam hinzu, dass die Nebenhandlung um das Auffinden einer weiteren Sphäre ohne jeglichen Tiefgang abgehandelt wurde. Die Szene mit Trip, Archer und dem Flummi-Shuttle konnte höchstens als amüsante Randnotiz gewertet werden. Hier wurde ebenfalls geschludert.

## WAS BLIEB?

Dreierlei: Es schien mindestens fünfzig Sphären zu geben, irgendjemand könnte die Ausdehnung künstlich erschaffen haben, und die Crew erhielt die Koordinaten eines Planeten, auf dem Teile der Waffe gebaut wurden. Für diese Erkenntnisse, die keinerlei Bezug zur Tarquin-Geschichte besaßen, hätte man sich keinen lauwarmen Aufguss einer vollbärtigen Story antun müssen. Wirklich nicht.

Man sollte die Episode zwar nicht vollständig disqualifizieren. Doch ist Mittelmäßigkeit anzugreifen eben auch keine besonders angenehme Aufgabe. Im Vergleich mit *Extinction* war hier sicherlich eine Steigerung vorhanden. Nur leider konnte sich die Serie zum damaligen Zeitpunkt dieses langsame Herantasten an eine ausgefeilte Form nicht mehr leisten. Die Geduld vieler Zuschauer war bereits am Ende, und Episoden wie diese brauchte niemand mehr, der bereits einen Großteil der Vorgängerserien hinter sich gelassen hatte. So war es eigentlich geradezu fahrlässig, diesen wirklich interessanten Xindi-Arc dermaßen blutleer abzuhandeln. Der rote Faden der Serie erschien hier eher blassrosa.

## FAZIT

Der Arc wurde minimal vorangetrieben und nur durch eine vorhersehbare und dünne Story gestützt, die zudem ihre nicht vorhandene Originalität ausschließlich durch eine maximal gefällige und uninspirierte Gangart definierte. Die Serie bewegte sich mit Episoden wie dieser auf dem dünnen Eis der Durchschnittsware und hätte gut daran getan, den Fokus konsequenter auf die nicht uninteressante Rahmenhandlung zu legen.

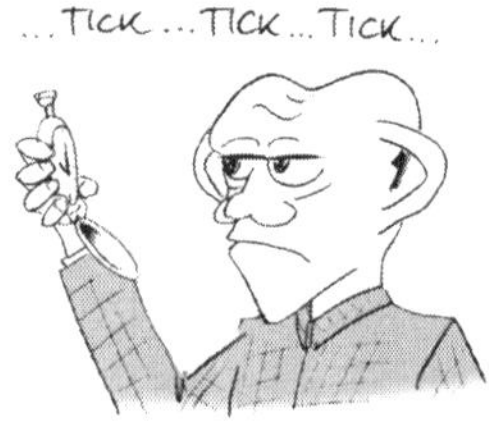

# 3.07

# THE SHIPMENT

## (DIE LADUNG)

*Faultiere an die Macht! Archer traf den ersten wirklich sympathischen Xindi und musste erkennen, dass auch in deren Kultur nicht alles so war, wie es auf den ersten Blick schien. Kaum konzentrierten sich die Macher der Serie wieder auf das eigentliche Thema, erhielten wir einen weiteren Gewinner!*

### INHALT

Die Crew erreicht den von Tarquin benannten Planeten, auf dem eine Gruppe von Xindi-Faultieren Teile für die finale Waffe der Xindi produzieren soll. Captain Joanthan Archer ist fest entschlossen, die Anlage zu zerstören, muss jedoch herausfinden, dass diese Splittergruppe der Xindi vielleicht gar nichts mit den Aggressionen gegen die Menschheit zu tun hat …

### RAUS AUS DEM MITTELMASS

Autor Chris Black, der bisher mit seinen Episoden noch nie enttäuscht hatte und sogar für Glanzlichter verantwortlich zeichnete, gelang in Kooperation mit Neuling Brent V. Friedman eine stimmige Episode, die sich nicht durch eine befremdlich öde Hauptnebenirgendwasgeschichte vom eigentlichen Ziel ablenken ließ, sondern stattdessen genau das tat, was überfällig war: Eine reine Arc-Episode, die auf organische Art und Weise wichtige Informationen mit einer straffen Handlungsführung, starken Effekten, überzeugenden Darstellerleistungen und wiederkehrenden Figuren kombinierte.

Diese Art der Maßarbeit im Umgang mit bedeutenden Ereignissen der Mission hätte zur Gewohnheit werden müssen. Gegen Einzelepisoden ist natürlich nie etwas einzuwenden, sofern diese eine interessante, amüsante oder spannende, lieber aber noch intellektuell fordernde Handlung vorweisen können. Kein Füllstoff eben.

Diese Episode jedoch war Xindi-Arc pur. Und das war auch gut so! Wir sahen den humanoiden Xindi Degra wieder, der wirklich von einer immanenten Gefahr durch die Menschen überzeugt schien. Ebenfalls bekamen wir einen weiteren – und erneut ungleich negativeren – Eindruck eines Xindi-Reptils geboten. Dass bei den Xindi somit definitiv die optisch sympathischsten Rassen auch wirklich ihrem Erscheinungsbild entsprachen (und andersherum) war natürlich wenig subtil, man konnte aber darüber hinwegsehen. Subtil war ohnehin keine Stärke der Serie, und gerade in der SF oder auch im Fantasy/Comic-Sektor sind klischeehafte visuelle Darstellungen nicht unüblich. Als dritte Rasse der Xindi lernten wir zudem endlich die charmanten Faultiere näher kennen. Ihr Vertreter Gralik, dessen Darsteller John Cothran in jeder Hinsicht überzeugen konnte, rückte das Bild der bisher eher noch eindimensional bösen Gegenspieler der Season *Trek*-typisch ins rechte und ausgewogenere Licht. Nicht alle Xindi waren böse, nicht alle über die Waffe informiert, und sicherlich wären auch nicht alle damit einverstanden, würde man ihre Meinung einholen.

Somit bereiteten die Produzenten den Boden für möglicherweise sehr interessante Verwicklungen zwischen den einzelnen Xindi-Rassen mit der Crew der Enterprise in der Mitte. Dieses Potenzial kombiniert mit der Rahmenstory um den TCW stellte ein durchaus explosives Gemisch dar.

Natürlich leben emotionale Episoden aber auch immer von den beteiligten Personen. Degra und sein Reptil-Freund bildeten dabei das instabile Element der Gefahr, ohne dass die beiden Darsteller besonders glänzen konnten. Sie funktionierten, was hier völlig ausreichend war. Gralik hingegen wurde ein fassbarer, realistischer und glaubwürdiger Charakter, der einen perfekten Aufhänger für diverse starke Dialogszenen mit Archer bot. Dieser war bis zu diesem Zeitpunkt und trotz seiner oft sehr diskutablen Entscheidungen durchaus ein Leader geworden; es hatte zwar ein bisschen gedauert, doch der langsame Aufbau führte offenbar doch noch zu einer überzeugenden und facettenreichen Figur.

In der Nebenhandlung bemühten sich Trip, Phlox und T'Pol um die Erforschung einer Xindi-Waffe, die scheinbar organische Bestandteile besaß. Dieser erneut erfolglose Versuch, die fortschrittliche Technik zu verstehen, setzte die mögliche technische Übermacht der Xindi in den richtigen Kontext. Außerdem bot sich die seltene und erfreuliche Gelegenheit, die Charaktere Trip und Phlox zu kombinieren: eine gute Idee, wie sich hier zeigte.

## DAS DRUMHERUM

Was die technische Seite angeht, hatten wir es ein weiteres Mal mit einer Referenz im Genre zum Zeitpunkt der Ausstrahlung zu tun. Die CGIs gerieten wunderschön, die Masken einfallsreich und technisch perfekt, die Kulissen überzeugend und stimmungsvoll.

Zu bemerken sei in diesem Zusammenhang auch noch die großformatige Präsentation, die vom Flair und den idyllischen Planeten-Effekten sicherlich nicht zufällig an die Star-Wars-Reihe erinnerte. Hier wurde endlich mal wieder geklotzt. Einzig der immer gleiche Paramount-Blätterwald entlockte dem geneigten Zuschauer aus Gewohnheit ein leises Grummeln. Aber Schwamm drüber.

Als Randnotiz sei noch erwähnt, dass Steven Culp zu seinem zweiten Einsatz in der Rolle des MACO-Majors Hayes kam, dessen Szenen sich jedoch auf das Nötigste reduzierten und ihm nicht wirklich zu weiterer Kontur verhalfen. Jeder andere seiner Truppe oder auch der Steuermann der Enterprise, dessen Name uns Zuschauern immer so leicht zu entfallen drohte, hätte diesen Part ebenso gut ausfüllen können. Ein kleines Minus am Rande. Dennoch: *The Shipment* war der zweite Gewinner der Staffel. So und nicht anders musste der Arc behandelt werden.

## FAZIT

Heureka! Mit *The Shipment* bewies das Team nach einer Durststrecke, dass es doch mit dem Arc umzugehen wusste. Die üblichen technischen Stärken erhielten geschliffene Dialoge, gute Charakterisierungen und eine sinn- und stilvolle Fortführung der Story an die Hand. Schwupps, schon klappt es auch spielend mit einer deutlich überdurchschnittlichen Episode.

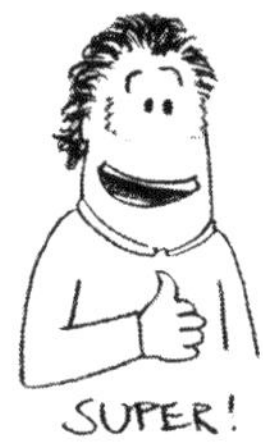

# 3.08

# TWILIGHT

## (DÄMMERUNG)

*Keine Angst: Die Episode heißt zwar Twilight, balzwillige Vampire waren aber zum Glück nicht in Sicht. Dafür ein ergrauter Archer, T'Pol mit Pferdeschwanz und Phlox mit langen Zotteln. Doch ging es nicht um Haare, sondern um das Ende der Menschheit und das Gedächtnis eines Captains ...*

### INHALT

Captain Jonathan Archer wird von einer Raumverzerrung getroffen, die interdimensionale Parasiten in seinem Hirn zurücklässt. Diese hindern ihn daran, neue Langzeiterinnerungen abzuspeichern. Da Doktor Phlox nicht in der Lage ist, etwas gegen die außerhalb des bekannten Raum-Zeit-Kontinuums existierenden Wesen zu unternehmen, wacht Archer jeden Morgen auf, ohne zu wissen, dass seit seiner Infektion bereits viel Zeit vergangen ist …

### DER MIX MACHTS!

Hier hatten wir es mit einer Geschichte zu tun, die zwar genaugenommen wieder eine Einzelepisode darstellte, aber ausschließlich auf der Basis der Rahmenhandlung ihre komplette Emotionalität entfalten konnte. Bereits der Teaser, in dem Archer erwachte und auf der Brücke die Zerstörung der Erde durch die Xindi verfolgen musste, war ein Knaller. Warum hatte man ihn in sein Quartier eingesperrt? Warum trug T'Pol eine Starfleet-Uniform? Warum war die Enterprise überhaupt in Erd-Nähe? Und was zur Hölle war in der Zwischenzeit geschehen? Genau auf diese Art und Weise sollten Teaser mit Fantasie und Interesse der Zuschauer arbeiten.

Wie wir erfuhren, waren zwölf Jahre vergangen. Archer wurde verletzt und konnte seitdem keine Langzeiterinnerungen mehr bilden. So weit, so *Memento.* Sicherlich hatte Autor Mike Sussman hier schamlos bei Christopher Nolans Meisterwerk aus dem Jahr 2000 abgekupfert. Das Konzept wirkte jedoch dadurch keineswegs angestaubt; und bei einem derart originellen Vorbild ist gut geklaut eben auch halb gewonnen.

Die Erzählform war dabei sicherlich ein wenig problematisch. Dadurch, dass wir uns mit T'Pol und Archer in einer für uns nicht realen Zukunft der Serie befanden und eine sicherlich ebenfalls nicht real werdende Vergangenheit in Rückblenden erzählt wurde, musste man das Augenmerk vom Spannungsfaktor weg und hin auf die Charaktere, die Dialoge und die Emotionen richten. Es stand nun einmal fest, dass Archer irgendwie geheilt werden und die Mission anders verlaufen würde. Somit musste am Ende alles Geschehene für die Charaktere einfach verpuffen. Das waren schlicht die tausendmal erlebten Restriktionen innerhalb einer solchen Geschichte.

## EMOTIONEN

Dennoch funktionierte die Episode auf der Basis des Season-Arcs. Alleine die Frage, was bei einem Scheitern der Mission aus der Erde und der liebgewonnenen Crew werden würde, hielt das Interesse konstant am Kochen. Zugute kam der Atmosphäre natürlich auch, dass wir es mit einer äußerst deprimierenden und verstörenden Zukunftsvision zu tun hatten. Trip wurde ein verbissener, abgeklärter und kühler Captain, dem sein bekannter Charme vollkommen und endgültig verloren gegangen war: auf seine Art definitiv ein Opfer des Krieges.

Phlox war auf seine Heimatwelt zurückgekehrt und studierte dort die Krankheit des Captains. Mayweather war, an dieser Stelle wurde es schon wieder tragikomisch, bei einem nicht weiter spezifizierten Scharmützel ums Leben gekommen (der arme Anthony Montgomery). Reed und Sato zeigten derweil nur äußerliche Veränderungen, wenngleich Malcolm fast noch herber und älter wirkte als ohnehin schon.

## UND LETZTLICH ARCHER UND T'POL

Die oft so kühle Vulkanierin hatte sich der Pflege ihres Captains verschrieben; ob aus Mitgefühl, aus Dankbarkeit oder aus Liebe, blieb offen. Doch gerade diese Interpretationsfreiheit machte Spaß. Sie erlebte jeden Tag mit Archer bewusst, während dieser jeden Morgen alles auf Neue vergessen hatte. Wie weit sich die Beziehung zwischen den beiden für T'Pol entwickelt hatte, wurde nicht deutlich. Fakt war jedoch, dass es nur eine einseitige Beziehung sein konnte.

Das ist es, was Drama stark macht: Die Effekte einer Handlung auf Charaktere erleben und nachempfinden können. Die Tatsache, dass alles letztlich nicht real war, schmälerte dabei den bleibenden Eindruck nicht; eben genau weil die Geschehnisse auf einer akuten und realen Bedrohung innerhalb der Serie beruhten.

## PERFEKTION

Das ist im Übrigen nicht zuletzt ein Verdienst der großartigen Darsteller, die allesamt Glanzlichter setzten und erneut bewiesen, was für eine starke Gruppe talentierter Männer und Frauen sich in dieser Serie tummelte. Besonders hervorzuheben ist dabei natürlich Scott Bakula, der einen gebrochenen Mann mit einer leisen Perfektion umsetzte. Dazu die merklich lockerere Jolene Blalock als T'Pol und der von Connor Trinneer passgenau gespielte, gealterte Trip, der den ganzen Schmerz der vergangenen Jahre auf den Schultern zu tragen schien.

Der zweite Trumpf war aber natürlich der Autor: Mike Sussman zeigte allen seinen Mitstreitern mit dieser Episode, wie eine eigenständige Story innerhalb eines großen Handlungsbogens funktionieren konnte, ohne das reine SF-Element zu untergraben und ohne auf einen markanten Wiedererkennungswert zu verzichten. Seine aktuelle Episode war somit ein glanzvolles Highlight der Serie, des Arcs und der *Trek*-Historie. Der Serie, weil Charakterdrama, Kontinuität und Setup gepflegt wurden, des Arcs, weil die emotionale Grundierung der Charaktere stattfand und die Wichtigkeit der Mission definiert wurde, und der *Trek*-Historie, weil es zeitlose Werke wie diese sind, über die man auch in vielen Jahren noch wohlwollend sprechen wird.

Und um das Thema nicht auszuklammern, sei gesagt: Den eigentlich verpönt-verhassten Resetbutton am Ende konnte man ausnahmsweise mal wieder akzeptieren. Sussman hatte hier eine pseudo-glaubwürdige und nicht vorhersehbare Variante erdacht, die zumindest versuchte, das Ende zu rechtfertigen. Wenn man diesen Weg gehen wollte, bitte so.

## FAZIT

*Twilight* war einer dieser großen Momente, den jede Serie von Zeit zu Zeit aus der Trickkiste zieht: In einer Liga mit den Höhepunkten aller Trek-Serien gelang Autor Mike Sussmann eine perfekte Symbiose aus Arc-Fortführung, Charakterdrama, Zukunftsvision und dem akzeptabelsten Einsatz eines Resetbuttons der Trek-Historie. Großes TV!

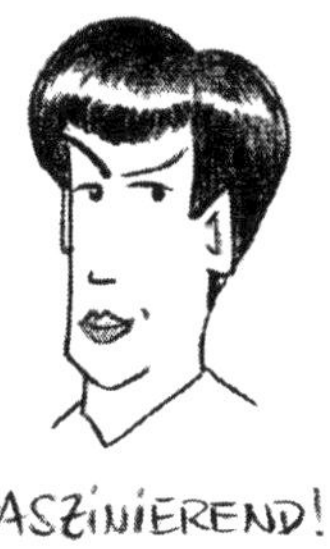


# 3.09

# NORTH STAR

## (FAUSTRECHT)

*Yeehaw! Pferde, Saloon, Cowboyhut, Hitze, Staub und sengende Sonne. Eigentlich bot die Episode alles, was man sich wünscht. Nur leider eben nicht in einer Episode dieser Serie zu diesem Zeitpunkt und auf diese Art und Weise.*

## INHALT

Mitten auf ihrer Mission durch die Ausdehnung entdeckt die Crew der Enterprise einen Planeten, auf dem Nachfahren von Menschen leben, die im 19. Jahrhundert von einer fremden Spezies entführt und versklavt wurden …

## ACHTUNG: DIESE REZENSION IST VORBEI, BEVOR SIE RICHTIG BEGONNEN HAT

Wie heißt noch gleich das Gegenteil von nötig? Richtig: unnötig. *North Star* war nun bereits der dritte große Einbruch in nur neun Episoden. Gerade nach zuletzt zwei Gewinnern in Serie durfte man das natürlich als ärgerlich bezeichnen. Die Serie konnte somit erneut das Momentum nicht nutzen, um den Arc auf Kurs zu bringen und zu halten. Uns wurde vielmehr ein vollkommen losgelöstes Einzelabenteuer präsentiert, das mit der großen Rahmenhandlung der Staffel rein gar nichts zu tun hatte und in seiner Willkür an die Episode *Terra Nova* erinnerte. Wie damals setzte die Handlung mitten in der Situation ein und zeigte die Crew bei einem Abstecher in eine Western-Stadt, die sich als ehemaliges Sklavenlager einer fremden Spezies entpuppte.

So, so. Es wurden also vor langer Zeit Menschen von der Erde entführt, um zu arbeiten, diese übernahmen dann schließlich die Kolonie, und die Außerirdischen wurden unterworfen. Und dann? Kam niemand des fremden Volkes auf die Idee, mal vorbeizuschauen und die Situation zu bereinigen? Egal. David Goodman hatte es sich leicht gemacht und versuchte keine der durchaus interessanten (und möglichen) Fragen zu beantworten. Er erzählte ausschließlich eine langatmige Abhandlung über Vorurteile sowie moralische Denkspielchen und verpackte das Ganze in eine optisch und musikalisch ansprechende Hülle. Mehr war nicht zu holen. Gar nichts.

Positive Erwähnung gebührt ausschließlich Komponist Jay Chattaway, der einen schön-stimmungsvollen Western-Score mit typischen *Trek*-Elementen mischte und somit die Optik perfekt untermalte. Diese Optik wurde zudem durch die stimmige Regie des inzwischen unverzichtbaren David Straiton ermöglicht. Mit einer überstrahlten Ausleuchtung und den zwar altbekannten, aber dennoch überzeugenden Kulissen erreichte er durchaus hohes Flair.

Schauspielerisch gab es nichts Bemerkenswertes. Alle Beteiligten spielten routiniert mit der Situation, wirkten aber dennoch verloren zwischen den durchweg hölzernen Dialogen und vielen, vielen platten Szenen.

Am Ende ließ man die armen Menschen in dem Wissen zurück, ihnen später helfen zu wollen. Die Krise zwischen den Völkern war ja vorerst bereinigt, alle glücklich, und die eigentliche Mission konnte weitergehen. Es blieb nur die Frage: Wer brauchte sowas?

### FAZIT

Langsam besteht Wiederholungsgefahr: Ausflüge innerhalb eines Arcs abseits der Rahmenstory können durchaus funktionieren, wenn der Inhalt irgendwie bedeutend, die Umsetzung anregend oder auch andere Rahmenbedingungen stimmig sind.

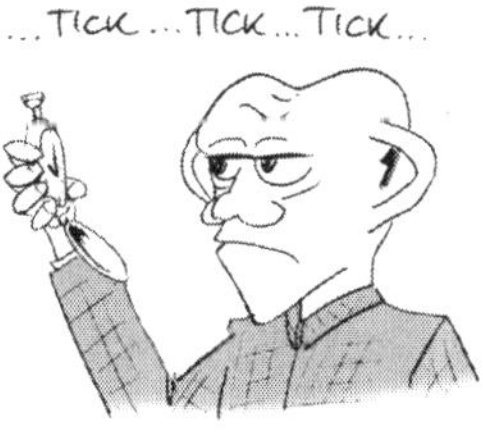


*North Star* machte aus einem ausgelutschten Thema eine ausgelutschte Baukasten-Geschichte mit vorhersehbaren Ereignissen und keinerlei Tiefgang, die niemand innerhalb der Gesamtstory benötigt hätte und auch später in der Serie nie wieder aufgegriffen wurde. Dank großartiger Optik und einem wundervollen Score blieb immerhin eine zum Dösen einladende Dreiviertelstunde mit Flair, einer Prise Humor und drei, vier guten Dialogzeilen: Ware von der Stange.

# 3.10

# SIMILITUDE

## (EBENBILD)

*Wenn eine Episode ein schwieriges Thema aufgreift und handwerklich kompetent umsetzt, kann doch eigentlich kaum etwas schiefgehen. Leider doch. Denn wenn die Prämisse so fehlgeleitet ist, dass es einem die Gesichtsfarbe raubt, muss auch die Frage erlaubt sein: Was sollte Star Trek sein?*

### INHALT

Während Trip nach einem Unfall auf der Krankenstation um sein Leben kämpft, erschafft Phlox, aus der Not, einen passenden Organspender finden zu müssen, durch eines seiner exotischen Tiere einen mimetischen Klon des Ingenieurs. Dieser hat jedoch nur 15 Tage zu leben, stellt unbequeme Fragen über seine Existenz und möchte zuerst nicht als Ersatzteillager missbraucht werden …

### NEUE MÄNNER BRAUCHT DAS LAND

Manny Coto, Schöpfer der kurzlebigen Serie *Odyssey 5,* lieferte hier sein *Enterprise*-Debüt als Autor ab. Bereits während der letzten Staffel hatte die Aufnahme eines relativ bekannten Autoren ins Team, namentlich John Shiban, für hoffnungsfrohe Erleichterung bei einigen (teilweise doch arg) frustrierten Fans gesorgt. Letztlich konnte dieser seinen Vorschusslorbeeren jedoch nie gerecht werden und verschwand nach nur einem Jahr und einer Reihe durchschnittlicher Episoden wieder in der Versenkung.

## WIE WÜRDE ES NUN ALSO COTO ERGEHEN?

Der Neue entschied sich bei seinem Erstling für eine Stand-Alone-Episode, die den Arc der Staffel nur am Rande berührte, aber ohne ihn aber nicht denkbar gewesen wäre. Nur die Extremsituation, genauer die Mission, machte die gezeigte Handlung möglich.

## KLAU, SCHAU, WEM

Erneut gelang es der Serie, einen starken Teaser vor dem Vorspann zu platzieren. Trip war scheinbar tot; seine Freunde und Kollegen nahmen Abschied. Doch die Frage, warum und vor allem ob Trip sterben würde, stellte sich natürlich nie. Zum Glück versuchte Coto auch gar nicht, der Episode diese Richtung zu geben.

Aufhänger des Dramas war ein Antriebstest, der bei der Mission hilfreich sein sollte. Durch das Scheitern von Trips Kalkulationen fiel dieser nicht nur in eine Art Koma, sondern ließ die Enterprise auch ohne Antrieb in einer purpurnen Wolke stranden. Ausreichend Zeit also, den Mikrokosmos Schiff und Besatzung in Ruhe und doch unter latentem Druck zu beleuchten. Diese häufig angewandte Symbiose aus oft blutleerer Action-Handlung und tiefgründiger Charakterisierung verpuffte in vielen Fällen auf Grund der Episodenhaftigkeit der einzelnen Versatzstücke. Hier jedoch gelang es Coto und Regisseur LeVar Burton, die beiden Elemente zu verknüpfen und sich gegenseitig unterstützen zu lassen.

Absolute Priorität besaß aber eindeutig die Handlung um Sim, den Klon von Trip. Hierbei kam das Thema des Klonens auch etwas besser zum Tragen als im dreimal so lang geratenen letzten Leinwandausflug der Picard-Crew. Was dort nur Mittel zum Zweck war und in den Untiefen der Materialschlachten abtauchte, wurde hier zumindest durch diverse äußere Faktoren zum Leben erweckt.

Da sei zum einen das rein technisch gesehen griffige Drehbuch von Manny Coto genannt. Der Neuling bewies nicht nur in dieser Disziplin durchaus sein Können, sondern baute zudem noch viele liebenswerte Querverweise auf frühere Episoden ein. Hier wirkte sich scheinbar seine gute Vorbereitung aus; er war in der Materie angekommen und setzte sie um.

Ein Lob gebührte aber auch den Darstellern. Hoshi und Travis erhielten zwar kaum Beteiligung, aber davon möchte ich diese Woche einmal absehen. Immerhin war der Grinsebär des Schiffes präsenter als die Episoden zuvor.

Was jedoch Billingsley, Trinneer, Blalock und Bakula diesmal vorzuweisen hatten, musste man als gehobenes Niveau bezeichnen. Außerdem gelang es Coto nach langer Zeit einmal wieder, die völlige Andersartigkeit des Doktors an Bord des Menschenschiffes herauszustellen. Man achte auf die Begeisterung, die kindlich-naive Faszination, mit der Phlox dem neuen Lebewesen begegnete. Die Sorge und Trauer der Crew und besonders von Archer tangierten ihn nur am Rande; sein Enthusiasmus für diese medizinische Großtat überragte alles, und er genoss nicht nur seine eigene Leistung, sondern auch das Gefühl, wieder ein Vater zu sein. Hier zeichnete Coto einen brutalen Kontrast zwischen der Ernsthaftigkeit der Mission und Situation und der vollkommen anders gearteten Werteebene des Doktors. Hier hätte es vielleicht auch einen starken Anführer gebraucht, den Arzt in seinem Enthusiasmus zu stoppen.

## KLINGT FAST, ALS KÄME NUN DIE KRITIK

Schon bei *Cogenitor* hatte LeVar Burton es mit einem Drehbuch zu tun bekommen, das mit relativ großen Sprüngen operierte; auch dort gelang es ihm, eine gewissen Harmonie zu erschaffen, bei der sich die Lücken nicht negativ auswirkten. Und obwohl es einen zweiwöchigen Zeitraum zu überbrücken galt, wirkten die Überblendungen selten störend oder deplatziert.

Besonders die ersten Schritte des Neugeborenen, unterlegt mit Kommentaren von Dr. Phlox, gewannen durch besondere Kamerafahrten eine ganz eigene Dynamik. Hier zeigte Burton sein Können am deutlichsten. Zwar kann man mit Fug und Recht behaupten, dass einige Zwischenschritte der Handlung sicher gut getan hätten, dafür war die Episode allerdings zu fokussiert und verlor auch nie Zeit mit unwichtigen Füllszenen.

Inhaltlich gesehen erinnert sie natürlich an die Episode *Tuvix* aus *Star Trek: Voyager;* die Ähnlichkeiten waren sogar überdeutlich, wenn der man der Episode etwas Negatives unterstellen wollte. Doch könnte man über diesen Ideenklau hinwegsehen, wenn der Rest ein stimmiges Bild ergeben hätte. Aber zu einer gelungenen Episode gehört neben der Verpackung eben auch der Inhalt.

Archer, der schon oft durch eine schier hanebüchene Cowboy-Mentalität und wechselnde Prinzipien auffällig geworden war, schien (mal wieder) zu allem entschlossen zu sein. Er ließ einen Klon als Ersatzteillager für Trip erschaffen und war offenbar bereit, diesen Plan auch bis zum Ende durchzuziehen. Nach viel Hin und Her nahm Sim ihm die finale Entscheidung über sein Schicksal jedoch dankenswerterweise ab. Ein durchaus feiges Hintertürchen der Autoren, das zeigte, warum es schon bei *Tuvix* so schwierig gewesen war, ein gelungenes Ende für die Episode zu finden. Dort brachten die Produzenten alle Figuren in eine vollkommen starre und ausweglose Situation. Das mag an einigen Stellen gutes Drama hergegeben haben, konnte zum Schluss jedoch nur verärgern, als Janeway selbstherrlich gegen alle ihre Führungsoffiziere und speziell den Willen von Tuvix entschied, alles rückgängig zu machen. Cotos Lösung war zwar im Vergleich definitiv die Bessere, aber eben auch nur, solange man das Ganze nicht weiterdachte.

Was hätte Archer denn in letzter Instanz getan? Meine Vermutung ist, dass er seine harte Linie durchgezogen hätte. Exakt wie Janeway. Nur, dass er hier noch obendrauf für die Erschaffung dieser Lebensform die Verantwortung trug. Gott spielen im ganz, ganz großen Stil. Selbstreflexion? Fehlanzeige. Moral? Fehlanzeige.

Und wofür? Weil man auf dieser wichtigen Mission den Chefingenieur einfach brauchte? Weil sonst niemand an Bord kompetent genug war, seinen Job zu erledigen? Weil der Zweck eben immer die Mittel heiligte? Weil es egal ist, wieviel wir von unserer Identität aufgeben, solange wir am Ende nur überleben? Nein, nein, nein, nein.

Die Episode stellte hier durchaus komplexe und interessante Fragen, gab aber leider in jeder Hinsicht die falschen Antworten. Archer und alle anderen waren hier auf dem Holzweg und führten ihre eigenen Werte (und die Werte von *Star Trek)* ad absurdum. Wenn es das ist, was die Xindi-Bedrohung aus uns Menschen gemacht hatte, gehörten wir eventuell schlicht und ergreifend ausgelöscht.

Die Frage nach der Moral des Klonens an sich wurde zu großen Teilen dem Zuschauer überlassen. Allerdings konnte man sich des Eindrucks nicht erwehren, dass die Autoren ihre und Archers Sache im Kern für gerecht und gerechtfertigt erachtet haben. Eine erschreckende Vermutung.

Was dank der Episode aber zumindest deutlich wurde: *Star Trek: Enterprise* war auch nach vierzig Jahren Franchise immer noch eine Serie über Menschen, Emotionen, Schicksale, Problembewältigung, Lebenshilfe und das Reflektieren gesellschaftlicher und sozialer Themen. Der Mut der Produzenten, diesem Pfad noch regelmäßig zu folgen, war absolut erfreulich. Ihren Umgang mit diesem speziellen Thema und ihren Charakteren darf man aber gerne und nachdrücklich anzweifeln.

In kurzen Sätzen zusammengefasst: Coto machte hier nicht alles falsch. Er lieferte sogar eine handwerklich starke Episode ab, die jedoch inhaltlich so oft falsch abbog, dass sie sich am Ende mit Fug und Recht auf dem Friedhof der traurigsten Trek-Momente wiederfand. Der schönste Kuchen der Welt nützt eben leider nichts, wenn er schon auf zwei Meter Entfernung stinkt und obendrein furchtbar schmeckt.

## FAZIT

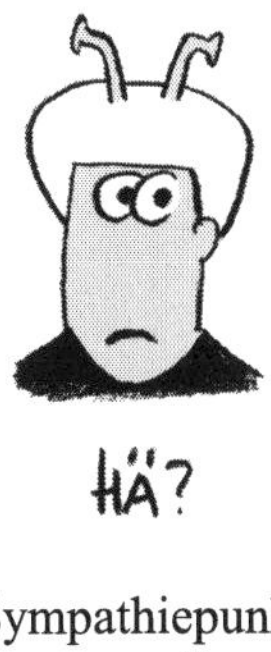


*Similitude* war, oberflächlich betrachtet, eine weitere abgehobene Konzeptepisode, die mit den Motiven der Charakter, ihren Emotionen und sogar dem Arc der Staffel spielte. Mit schonungsloser Offenheit wurden Einblicke auf die intimsten Schichten einiger Charaktere gewährt und zeichneten dabei ein zwiespältiges Bild von deren Wertesystemen. Die Serie gewann letztlich somit zwar an Dimension und der Arc an Dramatik, die Charaktere, insbesondere Archer, verloren jedoch auch in gleichem Ausmaß an Sympathiepunkten und ließen uns ob ihrer Motive und Überzeugungen ratlos zurück. Ob das am Ende noch gutes *Star Trek* war?

## EINSPRUCH, HERR KOLLEGE!

*Similitude* war eine dieser Episoden, die im Grunde nicht funktionierten. Schon die rein wissenschaftliche Prämisse war unsinnig und warf mehr Fragen auf, als sie beantwortete. Es mag ja gerade eben noch hinnehmbar sein, dass eine lyssarianische Larve in der Lage war, die Gensequenzen eines Lebewesens zu kopieren und daraus einen Klon entstehen zu lassen.

Die Argumentation, dass die so entstehende Kopie eines Menschen nur zwei Wochen existieren könne und in dieser kurzen Zeit auch noch ein vollständiges Leben mitsamt der Erinnerungen des Originals lebte, war aber schon sehr harter Tobak. Menschliche Fähigkeiten wie das Laufen und Sprechen erwerben wir nun einmal nicht allein durch Erinnerung, sondern durch sehr viel Training. Jeder Körper, wie gut er sich auch immer erinnern mag, benötigt dafür viel Zeit, auf jeden Fall weit mehr als nur fünfzehn Tage. Dieser ebenso schlecht durchdachte wie unlogische dramaturgische Kniff diente nur dem Ziel, auf das Tempo zu drücken. Leider entstand so noch nicht einmal ein wirklich dramatisches Element, da der Zuschauer von Anfang an wusste, dass Sim sowieso den Löffel zugunsten von Trip abgeben musste.

Auch der zweite vermeintliche Tempomacher der Folge, die rote Wolke mit metallartigen Partikeln, die ein elektromagnetisches Feld erzeugten, griff in keiner Weise. Schließlich zeigte Sim, dass man zumindest einen Teil des Zeugs einfach von der Hülle schießen konnte. Auch wenn die Enterprise nur über Phasenkanonen auf der Unterseite des Schiffes verfügte, sollte der 360°-Schusswinkel doch genügend Materie erreichen, dass die Crew die erwähnten zwei Wochen bis zur Wiederherstellung der Flugfähigkeit des Schiffs problemlos überstehen sollte. Davon abgesehen waren Sims Berechnungen bezüglich der Zugkraft der beiden Shuttles, die die Enterprise aus der Wolke zogen, schlicht und ergreifend Humbug. Interessierten sei an dieser Stelle das fantastische Werk *Die Star Trek Physik: Warum die Enterprise nur 158 Kilo wiegt und andere galaktische Erkenntnisse* wärmstens ans Herz legt, dass seinen Titel nicht umsonst trägt. Auf der Science-Basis (oh, das Wort kommt in Science-Fiction ja auch noch vor) konnte man Manny Coto hier also entweder ein gähnendes Desinteresse, Unwissenheit oder schlimmstenfalls sogar beides vorwerfen.

Lassen wir diesen Aspekt einmal außen vor und konzentrieren uns auf die vermeintlichen philosophischen Ansätze. Coto versuchte sich an moralischen Fragestellungen, die bereits andere Star-Trek-Folgen, Filme und Bücher wesentlich besser aufgegriffen hatten. Ich liebe Biopunk-Elemente in der Science Fiction und finde Romane wie *Geklont* von Michael Marshall Smith einfach großartig. Auch in dieser Geschichte wurden die ethischen und moralischen Dilemmata des Klonens, die auch immer wieder durch die Presse gehen, diskutiert. Leider fehlte es *Similitude* aber an genug Tiefgang, um sich adäquat mit den selbst gestellten Fragen auseinanderzusetzen. Das Recht auf Leben und freie Entscheidung eines jeden empfindungsfähigen Lebewesens wurde hier bestenfalls angerissen und darüber hinaus auch noch schwach aufgelöst. Der einzige Lichtblick war der Tritt gegen das Schienbein der Utopie, zu dem Coto kräftig ausholte, in dem er Archer einen moralisch zweifelhaften Dialog mit Sim in den Mund legte. Archer war bereit, Sim zu töten, um Trip zu retten. Die Entscheidung mag auf emotionaler und moralischer Ebene angreifbar sein, doch sie ist auch die einzig richtige. Erstens konnte Archer sich nicht darauf verlassen, dass das lebensverlängernde Enzym, das irgendein lyssarianischer wissenschaftlicher Geheimbund entwickelt haben wollte (hatte ich bereits über den Science-Aspekt der Folge gesprochen?) Sims Leben rettet. Trips Expertise und Genie wären also im Worst-Case-Szenario auf ewig verloren gewesen. Zweitens durfte man sich fragen, was alle Moral überhaupt noch nützte, wenn die Erde am Ende vernichtet würde. War es in diesem Extremfall nicht die bessere Option, eine Person zu opfern, die höchstwahrscheinlich sowieso innerhalb der nächsten Tage zum genetischen Verfall und Tode verurteilt war? Man kann diesen Gedanken weiterdenken. Wer will so eine Entscheidung treffen, und wie wirkt sich diese emotional und psychisch letztlich auf den Entscheider aus? Hier wäre ein sanftes Abwägen nötig gewesen, nicht ein Hauruck-Ende nach dem Motto: »Bevor du dir ins Hemd machst, mein Captain, nehme ich dir die Entscheidung ab.«

Im Endeffekt versagte die Episode also auf ganzer Linie. Wissenschaftlich unsinniges Gebrabbel wurde mit einem scheinphilosophischen Anspruch aufgepeppt, der weder über Tiefe noch Nachhaltigkeit verfügte. Das war wohl nichts, Mr. Coto.

# 3.11

# CARPENTER STREET

## (CARPENTER STREET)

*Popcorn-Alarm: Anstatt uns mit tiefschürfenden Inhalten zu verwöhnen, servierten Rick Berman und Brannon Braga lieber erneut eine leichtgewichtige Dreiviertelstunde, die in der Summe erschreckend wenig Sinn macht.*

### INHALT

Ex-Crewman und Zeitagent Daniels ist zurück und schickt Captain Jonathan Archer und T'Pol auf eine heikle Mission durch Raum und Zeit, um einen drohenden und hinterhältigen Angriff durch die Xindi in der Vergangenheit der Erde zu verhindern …

### EINE FRAGE DES ANSPRUCHS

Seit dem Staffelauftakt hatten sich die beiden flächendeckend eher unbeliebten Produzenten Berman & Braga mit dem Schreiben von Episoden zurückgehalten (wobei ihr Einfluss auf jede einzelne Episode natürlich trotzdem immens gewesen sein dürfte). Für den Jahresausklang Anno 2003 kehrten sie jedoch mit dieser im Voraus groß angekündigten Zeitreise-Episode zurück.

Die Eröffnungssequenz schien dabei bereits aus einer vollkommen anderen Serie entrissen worden zu sein. Der widerlich-schmierige Loomis, die herumstreunenden Prostituierten und die verlassene Lagerhalle; alles eher Elemente einer klassischen *X-Akte.* Den Auftritt des schillernd-bunten Xindi-Reptils nehmen wir da natürlich einmal aus. Genau dieser kurze Auftritt aber definierte die Gangart der Episode. Es ging um Spaß und Entertainment.

Wer Berman und Braga kennt, weiß aber auch sofort, was mit dieser Gangart einhergehen würde. Nämlich eine an inhaltlicher Fülle nicht gerade erstickende Episode. Ausnahmen bestätigen natürlich die Regel; *Carpenter Street* war jedoch keine.

## ICH HABE DA EIN GANZ MIESES GEFÜHL BEI DER SACHE

Erfreulich war ohne Zweifel der längst überfällige Auftritt des immer wieder erfrischenden Matt Winston alias Daniels. Sein Charakter war seit den Geschehnissen auf der zerstörten Erde der Zukunft verschollen und tauchte nun rund anderthalb Jahre später wieder auf; und dabei geriet er rätselhafter als je zuvor. Seine Erklärungen über nur langsam durch die Zeit »kriechende« Veränderungen der Zeitlinie kamen gewohnt vage und zunehmend unbefriedigend rüber, ebenso seine Ausführungen darüber, dass der Xindi-Konflikt in »seiner« Zukunft nie geschehen sei. Hier roch es nach einem überdimensionalen Reset-Button. Dennoch war es schön, den mysteriösen Zeitagenten wiederzusehen. Allein sein Auftauchen ließ sogar kurzzeitig auf eine baldige Vermischung des TCW-Arcs mit dem Xindi-Arc hoffen. Daniels und das ganze Drumherum einmal hingenommen, führte der Weg für Archer und T'Pol geradewegs in das Jahr 2004, was damals natürlich die Gegenwart der TV-Zuschauer darstellte.

Natürlich dachten sich die beiden Bs, dass es kein besseres, weil amüsanteres, Szenario gäbe, als unsere Helden in »unsere« Zeit zu schicken. Das mag für die im Vergleich eher steifen Vorgänger-Crews auch gestimmt haben. Diese hatten teilweise haarsträubende Abenteuer in den so ungewohnten Zeitebenen zu durchleben gehabt. Die Crew um Archer war aber, gerade was Humor und lockeren Umgang anging, ohnehin so nah an unserer eigenen Zeit angesiedelt, dass es für den Captain und die sowieso wenig begeisterungsfähige T'Pol kaum eine Veränderung darstellen sollte, ob sie nun 2004 oder 2151 durch die Straßen einer großen amerikanischen Stadt liefen. Dieser Denkfehler der Produzenten wurde der Episode jedoch erstaunlicherweise gar nicht wirklich zum Verhängnis, da die ausgewählten Szenen mit dem Diebstahl des Autos, dem Knacken des Geldautomaten und besonders dem Weg durch das Drive-in durchweg auf einer sympathischen Ebene überzeugen konnten und zumindest in Schemen an die herausragenden Comedy-Elemente des vierten Kinoabenteuers der Classic-Crew erinnern. In Schemen ist dabei aber leider wirklich eine notwendige Ergänzung. Denn weder in dieser Hinsicht noch in Sachen Spannung oder Suspense gelang der ganz große Wurf. Alles war nett und sicherlich auch großformatig, aber letztlich doch wieder typisch Berman & Braga.

## KOPF AUS

Alleine schon die Frage, was hier von Seiten der Xindi eigentlich vor sich ging, bereitete nichts als Kopfschmerzen.

Erstens: Laut dem Ende der Episode *Rajiin* besaßen die Xindi bereits alle Informationen über die Menschen, die sie zum Bau ihrer (Plan-B)-Biowaffe benötigten. Warum zur Hölle also mussten sie nun im Jahr 2004 von jeder existierenden Blutgruppe ein »Testobjekt« beschaffen, um beginnen zu können? Natürlich konnte man als Zuschauer in die Bresche springen und erklären, dass die titelgebende Sklavin Rajiin ausschließlich die notwendigen Informationen zur Konzeption einer Waffe erbracht hatte, nun aber der Feinschliff anhand des »anzugreifenden Materials« (also des menschlichen Blutes) am Objekt selbst vorgenommen werden musste. Solche Erklärungen leuchten definitiv auf einer abstrakten Ebene noch ein. Aber ich möchte so etwas (zumindest gelegentlich) auch auf dem TV-Schirm vorgekaut bekommen. Das ist hier kein »ratet-mal-wie-wir-die-Handlung-meinen«, sondern eine TV-Serie, die sich auch mal selbst erklären darf. Was sonst bleibt, ist Ratlosigkeit oder zumindest das Gefühl, dass sogar die Produzenten nicht wirklich wissen, was sie da eigentlich tun.

Ganz nebenbei dachte ich, dass der Rat sich vorerst gegen den Einsatz des Ersatzplanes B ausgesprochen hatte. Nicht umsonst bastelte Degra ja fleißig an der finalen Waffe. Warum also versuchte der Xindi am Ende die unfertige Waffe in der Vergangenheit einzusetzen? Hatte er einen Kurzschluss? Durfte er so etwas ganz alleine entscheiden? Oder gab es tatsächlich rivalisierende Fraktionen innerhalb des Rates, die sich nicht an Absprachen halten wollten? Fragen über Fragen.

Zweitens: Besitzen die Xindi die Fähigkeit zur Zeitreise? Wenn ja, warum gingen sie nicht mit ihrer Waffe zurück in die Vergangenheit der Erde und machten diese gleich dort platt? Warum griffen sie in einer Zeit an, in der die Menschheit ein gut bewaffnetes Schiff zur Verfügung hatte? Hier konnte man annehmen, dass der Xindi-Future-Guy, den es ja gemäß des Staffel-Auftakts gab, seine Schäfchen durch die Zeit schickte und den Zeitpunkt selbst bestimmte (also nur das Tor öffnete). Eben genau so, wie Daniels es mit Archer und T'Pol machte. Doch auch diese Vermutung hätte man durch eine kurze Szene, in der man gleichzeitig diesen Informanten der Xindi visuell hätte einführen können, unterstützen können. Auch hier wurde wieder nichts Halbes und nichts Ganzes geboten. Alles nur ein großes Etwas, das alleine keinen Sinn ergibt, irgendwas bedeuten könnte und in der Summe keinen Appetit auf mehr machte.

Drittens: Wofür brauchten die Xindi überhaupt diesen schmierigen Loomis? Konnten sie nicht einfach jeweils einen Vertreter der verschiedenen Blutgruppen ausfindig machen und zu sich beamen? Oder beherrschten sie das Beamen nicht? Aber Zeitreisen durchführen konnten sie schon? Die Idee, einen kaum vertrauenswürdigen Kriminellen zu engagieren und sich Leichen in ein Lagerhaus bringen zu lassen, war doch absurd und ließ die Xindi erneut in einem ganz schwachen Licht erscheinen.

Und weil wir gerade dabei sind: Seit einigen Episoden konnte man sich schon fragen, warum die Xindi in ihrer Ratskammer zwar darüber sprachen, dass die Enterprise in ihrem Raumsektor unterwegs war, diese aber nicht einfach mal zu stoppen versuchten. Warum ließen sie Archer und seine Leute durch die Gegend fliegen und der Waffe immer näher kommen? Wenn sie mit allen Schiffen angegriffen hätten, wäre die Crew schnell geliefert gewesen, und Degra hätte seine Waffe einfach in Ruhe fertig bauen können. Tja, und wenn ihr rätselhaftes Verhalten dann doch zum Plan gehört, was für ein verdammt schlechter Plan ist das dann eigentlich?

Um nun noch einen Schritt weiter zu gehen: Warum überhaupt eine Waffe als Test voranschicken und dann fast ein Erdenjahr brauchen, um den »großen Bruder« fertigzustellen? Was ist das für eine Logik, den Feind auf sich aufmerksam zu machen? Meinen die Xindi, die Menschen würden nicht versuchen, die Initiatoren des Angriffs zu finden? Okay, Archer hatte Hilfe vom Future Guy der Suliban, aber vielleicht hätten er und seine Crew das Ganze ja auch ohne Hilfe herausgefunden. Nicht, dass mir das erst jetzt auffallen würde, aber ich dachte, es kämen langsam mal Antworten auf diese nicht so abwegigen Fragen.

Stattdessen kommt diese Episode um die Ecke und trampelt weiter über Sinn und Verstand hinweg, voller Getöse, knackebunter Effekte und Überraschungen. So kann und darf es nicht gehen.

## DRUMHERUM HILFT AUCH NICHT

Erwähnt sei noch, dass scheinbar alle Komponisten in Urlaub waren. Kann natürlich auch sein, dass Dennis McCarthy das ewige Nörgeln nicht mehr hören konnte und deshalb diesmal kaum Musik beigesteuert hat.

Leland Orser rettete als Loomis zwar einiges, spielte routiniert, konnte aber unter dem Strich nicht im Gedächtnis bleiben. Gleiches galt für alle anderen Darsteller. Die Dialoge mögen schlicht zu wenig fordernd gewesen sein. Keiner konnte sich aus der Einheitssuppe hervorspielen.

Die Schlussszene im Jahr 2004 war noch die beste Idee der Episode und zudem eine willkommene Abwechslung, erinnerte aber auch eher an *The Twilight Zone.*

## WAS BLEIBT?

Es gab Action, Verfolgungsjagden, düstere Gassen, böse Jungs, gute Jungs, undurchsichtige Gestalten, Cops, Prostituierte, Gauner und einen Besuch im Burger-Paradies. Zunächst hatte man noch überlegt, diese Handlung in einer Doppelfolge zu erzählen. Doch seien wir ehrlich: 45 Minuten im Jahr 2004 haben vollkommen gereicht.

*Carpenter Street* bot genug Unterhaltung, um über die Zeit Interesse zu wecken, viel zu wenig Tiefe, um einer Analyse standzuhalten, und eine dem Arc unwürdige, weil viel zu unlogische Handlung, die sich selbst so wenig ernst zu nehmen schien, dass es nach Höhepunkten wie *Twilight* und zumindest ambitionierten Stoffen wie *Similitude* eine Schande war. Letztere wollte zumindest etwas, auch wenn sie dabei scheiterte. Diese hier wollte gar nichts und bekam nicht mal das richtig hin. Schade.

## FAZIT

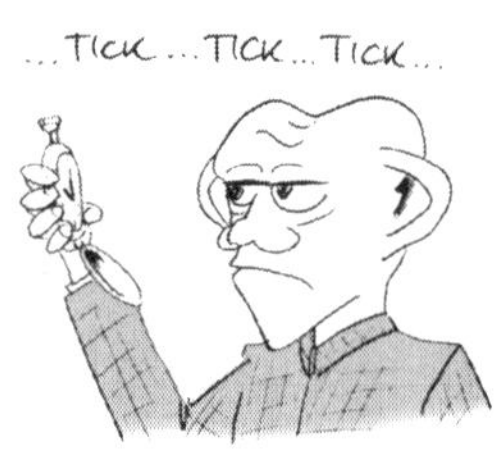


Berman & Braga schrieben hier erneut, was sie zum damaligen Zeitpunkt am besten konnten: Eine versucht bombastische, überfrachtete, quietschbunte, wild zusammengemixte und leidlich unterhaltsame, aber gleichzeitig ebenso blutleere, widersprüchliche und ärgerliche Event-Show, die keinen echten Fan der Serie oder des Arcs überzeugen konnte, aber vielleicht den einen oder anderen Gelegenheitsseher begeisterte. Dennoch: Das Ganze war nicht mal auf Popcorn-Niveau ein Highlight!

# 3.12

# CHOSEN REALM

## (DAS AUSERWÄHLTE REICH)

*Jemand möge dem Drehbuchautor den Unterschied zwischen »gute Idee« und »gute Ausführung« näherbringen. Archer diskutierte mit einem gefährlichen Extremisten und verkündete dabei die gesalbte Weisheit der Menschheit. Sorry, aber das konnte nur schiefgehen.*

### INHALT

Die Crew der Enterprise kommt einem fremden Schiff zur Hilfe. Doch handelt es sich bei diesen, auf den ersten Blick hilflosen, Wesen leider um religiöse Fanatiker, die zuerst die Enterprise übernehmen und sie dann noch als Waffe gegen ihre Feinde im Heiligen Krieg einsetzen wollen …

### ÄHM. JA. WO BEGINNEN?

Es gibt zwei Dinge, die diese Kritik auf jeden Fall enthalten muss: Einen Kommentar zur Intention der Episode und einen zu einem ganz bestimmten Serien-Klischee.

### IT WAS THE WORST OF TIMES …

Wenden wir uns zuerst einmal dem Thema von Manny Cotos zweiter Arbeit für die Serie zu. *Star Trek* war ganz bestimmt immer dann besonders stark, wenn aktuelle Ereignisse aufgegriffen und durch die Blume verarbeitet wurden: Trek-typisch eben. Eine zu plakative Behandlung eines brisanten Themas führte jedoch nicht erst einmal in der Geschichte der verschiedenen Inkarnationen in die Tiefgarage des Niveaus. In diesem speziellen Fall verwurstete Coto leider jedes noch so offensichtliche Klischee seines Aufhängers »religiöse Fanatiker wollen per Big Bang ihren heiligen Krieg beenden«. Oberfiesling Osama bin D'Jamat bewegte sich dabei mit seinen Phrasen im schmerzbefreiten Raum aus Saddam-Propaganda und Bush-Blabla. Dabei fiel die Bush-Rolle natürlich eigentlich Captain Archer zu, dem weisen, starken Mann am Puls der Zeit. Dem Befreier. Archer wusste genau, was abgeht, und vermittelte seine Ideale voller Pathos und Hau-drauf-Argumentation. »Pure american style« und somit schlicht zum Abgewöhnen.

Trotzdem hatte Archer mit allem, was er sagte, im Kern natürlich recht. D'Jamat und seine Gefolgsleute waren auf dem Holzweg und ihr Vorgehen nicht zu rechtfertigen. Sollte hier eine Parallele zu aktuellen Ereignissen jedoch so deutlich beabsichtigt gewesen sein, wie es mit dem Holzhämmerchen rüberkam, machte Coto es sich viel zu leicht mit seiner Darstellung. In diesem Fall diente die Episode einzig als Propaganda-Vehikel der US-Regierung, indem der Feind des eigenen Volkes und seine Überzeugungen mitsamt der Begründung für deren heiligen Krieg ins Lächerliche gezogen wurden. Sicherlich ist die Aussage, dass viele Kriege objektiv betrachtet über Nichtigkeiten geführt werden, eine wichtige und richtige Erkenntnis. Dennoch darf in politisch instabilen Zeiten (damals wie heute) die Sensibilität der Menschen für ein anderes Volk nicht auf diese Art und Weise mit Füßen getreten werden. Hier gelang der Spagat aus Statement und SF überhaupt nicht.

Kurzum: Die Idee war ohne Zweifel wertvoll und die Verbindung mit den Sphären eine originelle Idee. In der dargebotenen Form war die Episode jedoch weit von den Ufern des Erträglichen entfernt.

### ... AND GOT EVEN WORSE

Die größte Schande war jedoch, dass Manny Coto erneut eines der beiden liebsten Serienklischees zitierte, um seine Handlung überhaupt auf den Weg zu bringen. Der schlimmste Fall wäre eine Entführung Archers gewesen; diesmal mussten wir allerdings nur eine erneute Übernahme der Enterprise durch harmlos wirkende Fremde miterleben. Die MACOs und Reeds Sicherheitstruppen schienen die Talsohle ihrer Kompetenz zu durchschreiten. Anders war dieser erneute Fall von »huch, wer da?« nicht zu erklären. Auf diese Art und Weise zerstörte man eine *Enterprise*-Folge bereits im Ansatz. Nachsitzen!

Und bitte, bitte, bitte lasst uns nicht in dem Glauben, dass D'Jamat zwar Zugriff auf alle Dateien des Schiffes erlangen konnte (was an sich schon aufs Übelste absurd war), aber nichts über den Transporter herausfand, den man ihm später als Exekutionsmaschine verkaufte, um Archer zu retten. Und bitte, bitte, bitte, bitte, bitte haltet uns nicht für so dumm, dass wir ernsthaft glauben mögen, die Crew hätte kein Back-up ihrer Daten über die Sphären erstellt. Ein Knopfdruck D'Jamats, und alle Arbeit war vergebens? Absolut klar! Wenn man verfolgte, wie Reed und Co. in Sicherheitsfragen ihrem Job nachgingen, wunderte das eigentlich auch niemanden mehr. Zum Heulen.

## EIN MANN IM TIEFEN LOCH

Manny Coto hatte sich hier ohne große Not sehr früh in seinem Wirken in die Bredouille geschrieben. Aus einem derart tiefen selbstgeschaufelten Loch wieder herauszukommen, war schon eine spannende Aufgabe für die Zukunft der Staffel. Doch so ist das mit dem Aufstieg und Fall: Als Messias willkommen geheißen, lieferte er hier die zweite zwar eindeutig ambitionierte Episode ab, verschenkte seine gute Basis aber eben auch zum zweiten Mal an eine fehlgeleitete Ausarbeitung.

## DIE SUCHE NACH GNADE

Bis zu diesem Zeitpunkt stand eindeutig die Null. Die Episode hatte nichts anderes verdient. Jedoch: Die Begründung, die Yarrick Archer für den heiligen Krieg mitteilte, war fast schon originell. Zehn Tage oder doch nur neun? Wäre das Thema nicht so sensibel, es wäre zum Schreien komisch.

Fast wünschte man sich an dieser Stelle sein eigenes kleines *Chosen Realm.* Dort soll es wunderbare politisch-relevante, menschlich-interessante und emotional-mitreißende Trek-Episoden geben. Episoden, die das Herz am rechten Fleck und ihr Hirn eingeschaltet haben. Unterstellen wir Manny Coto, dass er diesen Ort auch liebt; gefunden hatte er ihn innerhalb dieser Serie aber leider noch nicht.

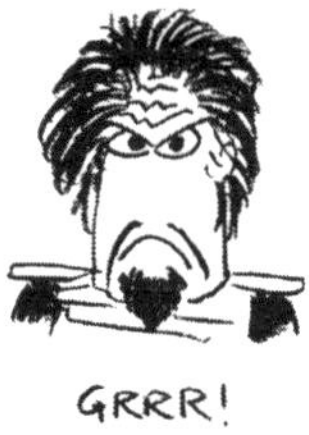


## FAZIT

Schmerz, Schmerz, Schmerz. Auf diesem Niveau ist jede Form von *Star Trek* unerträglich. Dumm, klischeeüberladen, vorhersehbar und unfreiwillig komisch.

Die Episode wollte so gerne politisch relevant und brisant sein, wurde aber zu einer Bankrotterklärung par excellence. Scheitern hat eben viele Gesichter: Hier war es das der fehlenden Sensibilität, politischer Verblendung und Klischeenutzung.

# 3.13

# PROVING GROUND

## (TESTGEBIET)

*Heino war geneigt, den Anfang eines seiner größten Hits anzustimmen. Und wirklich: Mit der Farbe Blau kehrten endlich Schwung, Spannung und Tiefe in die Staffel zurück. So sehr, dass man der Serie von Herzen fest installierte Antennen gewünscht hätte.*

## INHALT

Die Xindi werden ungeduldig, weil Degra immer noch keine fertige Waffe zur Vernichtung der Erde herstellen konnte. Er versichert jedoch, dass es in Kürze so weit sein wird. Die Enterprise-Crew ist derweil auf die Hilfe eines alten Bekannten angewiesen, der aus dem Nichts auf der Bildfläche erscheint: Shran, der Andorianer.

## EINE KURZE HULDIGUNG

Blicken wie zurück in das Jahr 1994. Auf DS9 befand man sich gerade in der zweiten Staffel, als innerhalb der eigentlich grottenschlechten Episode *Meridian* ein Mann namens Jeffrey Combs in der Rolle des schmierigen Tiron durchaus zu gefallen wusste.

Zwar wurde er vom eher mittelprächtigen Make-up fast erschlagen, konnte aber dennoch ausreichend Eindruck hinterlassen, um später in anderer Funktion zurückzukehren.

Denn als der Dominion-Konflikt immer deutlichere Formen annahm, castete man Combs erneut: in der Rolle des mysteriösen Vorta Weyoun. Erst hier konnte der Mime sein Potenzial wirklich ausspielen und machte die Figur zu einer der besten aller *Trek*-Serien. Er kehrte fortan regelmäßig zurück und wurde in den letzten Jahren sogar zu einer zentralen Figur der Handlung. Erstaunlicherweise erlaubten die Produzenten es ihm sogar, nebenbei noch einen zweiten wiederkehrenden Charakter zu übernehmen: den verschlagenen Ferengi Brunt. Nun konnte der Darsteller zeigen, wie differenziert er Figuren darstellen und abgrenzen konnte. Auch Brunt hatte unzählige Auftritte bis zum Ende der Serie und bleibt ebenso wie Weyoun ganz eng mit der hohen Qualität der Serie verbunden. Seine vierte Rolle innerhalb des *Trek*-Franchise erhielt er dann im Rahmen der sechsten Staffel von *Star Trek: Voyager*. Die Episode *Tsunkatse* mag nicht jedem besonders positiv im Gedächtnis geblieben sein, dennoch wusste der beliebte Mime auch hier in der Rolle des Sklaventreibers Penk zu gefallen.

Bereits in der siebten Episode der damals brandneuen Nachfolge-Serie erhielt Combs einen Auftritt als Andorianer Shran und erweckte somit eine höchst amüsante Rasse des Trek-Universums zu neuem Leben. Diesen Umstand erkannten auch die Produzenten und ließen ihn seitdem in zwei weiteren Episoden zurückkehren. Zusätzlich durfte er sich in der ersten Staffel noch in einer Art Franchise-Hommage an einem weiteren Ferengi versuchen und porträtierte den etwas zurückgebliebenen Krem mit einer Leichtigkeit, dass eine Verwechslung mit Brunt völlig ausgeschlossen war. Sechs Charaktere in zehn Jahren, davon drei Wiederkehrende mit unzähligen Auftritten. Das ist Jeffrey Combs und einer der Hauptgründe, warum auch dieses neue Abenteuer so blendend funktionierte.

## DA GIBT ES NOCH MEHR ZU SEHEN

Alleine schon die Tatsache, dass die schwelende Andorianer-Thematik innerhalb des Xindi-Arcs behandelt wurde, macht obendrauf Freude. So waren die blauhäutigen Antennenträger doch definitiv die interessantesten Außerirdischen seit Langem.

Hierbei kam es auch zu einigen gehaltvollen Szenen, in denen sowohl Shrans Assistentin Talas ihre reine Freude an Reeds kleinkariertem Verhalten zeigen durfte (mal wieder großartig: Dominic Keating) und auch Shran selbst sich mit T'Pol und Archer über Vertrauen, Allianzen, Respekt und Moral austauschen konnte. Besonders gelungen war hierbei das gemütliche Beisammensein zwischen Archer und Shran, das eindeutig erste Vorzeichen für die nahende Föderation enthielt. Die Anspielungen auf bisherige Begegnungen waren dabei natürlich auch willkommen.

Ebenfalls großartig, weil emotional von Grund auf ehrlich, kam eine Szene zwischen Shran und Trip daher. Der Austausch über verlorene Familienmitglieder war *Trek* pur und griff endlich einmal wieder Trips Situation auf. Leider wurde hier in den bisherigen Episoden viel Potenzial verschenkt, so dass man sich fragen konnte, wieso der sympathische Ingenieur von seinem ursprünglichen puren Hass zu einem nun tieferen Verständnis für den Sinn der Mission gefunden hatte. Hier nahm Chris Black eine Entwicklung mit dem Holzhammer vor, die aber durch das phantastische Spiel beider Mimen nicht sinnlos verpuffte.

An diesen Beispielen zeigte sich eindeutig, warum Combs' Anteil am Gelingen nicht zu unterschätzen war. Sollen Szenen wirklich berühren, müssen auch die schauspielerischen Möglichkeiten seitens der Protagonisten vorhanden sein. Da zudem Shran ein äußerst detailliert gezeichneter Charakter wurde, beinhaltete die Episode auf dieser Ebene alles, was notwendig war, um einen Eindruck beim Zuschauer zu hinterlassen.

Seine beste Szene dürfte der Versuch gewesen sein, Degra davon zu überzeugen, er sei ein Händler des Andorianischen Minen-Konsortiums, der auf der Suche nach Archerite sei, einem sehr seltenen Stoff. Combs spielte diese Szene fast wie eine Hommage an Brunt, vollkommen überzeichnet, mit einem enormen Schuss Comedy Relief und vollkommen *out of character.* Ganz groß!

Sicherlich konnte man darüber streiten, ob es richtig war, Shran am Ende gegen die Crew arbeiten zu lassen. Sein finales Engagement in Form der Übermittlung (wobei ich vollkommen sicher bin, dass er die Daten gesendet hat) einmal mit einbezogen, zeichnete sich hier natürlich ein eher zwiespältiges Bild. Genau das ist aber der

Schlüssel zu echtem Drama: konfliktbeladene, innerlich zerrissene, aber durchaus lernfähige Figuren mit eigenen Vorstellungen und äußeren Einflüssen, die sie nicht immer kontrollieren können – das ist starke Charakterzeichnung, das machte auch hier Lust auf mehr.

Auf jeden Fall musste eines nach dieser Episode festgehalten werden: Sowohl Andorianer als auch Vulkanier hatten allen Grund, sich gegenseitig zu misstrauen. Dass beide Seiten später mit den Menschen und vielen anderen zusammen die Föderation bilden würden, sollte man dabei natürlich immer im Hinterkopf behalten. Es war fraglos interessant mit anzusehen, wie sich die Gründungsmitglieder in diesem Stadium verhielten, entwickelten und sich zunehmend aufeinander zu bewegten. Die Autoren nutzten also entgegen vieler Vorurteile den Xindi-Arc durchaus auch, um Motive der ersten beiden Staffeln voranzutreiben. Und das war gut so!

## DER REZENSENT STELLT MAL WIEDER UNBEQUEME FRAGEN

Nicht vergessen sollte man aber natürlich den zentralen Plot der Episode: die Tests am Prototyp der Xindi-Superwaffe. Mir erschien es ja bisher nie sehr logisch, dass die Xindi überhaupt eine Art Warnung in Form der ersten Waffe losgeschickt hatten und so die Menschen geradezu zwangen, ihr Territorium aufzusuchen. Wenn man nun noch sieht, dass sie aktuell wieder dabei sind, einen Prototyp zu testen, fragte man sich doch willkürlich: Was zur Hölle war da los? War Degra schlicht inkompetent? Hatten die Xindi noch nie etwas von Kriegsführung gehört?

Der Versuch, das Ganze irgendwie sinnvoll darzustellen, lautet folgendermaßen: Die Xindi hatten durch die Sphere-Builder von den falschen Fakten über die zukünftigen Taten der Menschen erfahren (also über die Zerstörung der späteren, neuen Xindi-Heimatwelt, die aktuell ja nur angedacht ist). Sie erhielten zu wenige Informationen, um sofort eine passende Waffe planen oder gar bauen zu können. Da sie auch nicht die nötigen Ressourcen besaßen, entwickelten sie auf der Basis der ihnen bekannten Fakten die erste Waffe, um auszutesten, ob es auf diese Art funktionieren würde. Ob das sinnvoll war oder nicht, lassen wir mal dahingestellt. Auf jeden Fall sahen sie den Erfolg und begannen dann, den Prototyp der Superwaffe zu bauen, der hier getestet wurde.

Nebenbei entwickelten sie auf Azati Prime scheinbar schon die endgültige Fassung; vermutlich nur ohne die finale Abstimmung. Warum die Sphere-Builder allerdings heimlich den Xindi-Reptilians erlaubten, eine Biowaffe als Notplan in der Vergangenheit zu basteln, anstatt gleich die ganze Aktion in die Vergangenheit zu verlegen, um die Gegenwehr zu minimieren, werden wir wohl nie erfahren; es ergab einfach keinen Sinn. Warum die Xindi zudem selbst diesen eher umständlichen Weg gingen, ob sie vielleicht einfach nur sicher sein wollten oder ob sie sich schlicht dumm anstellten, mag jeder für sich entscheiden. Die zusammengereimte Erklärung reichte allerdings für den Moment.

Was die technische Seite anging, blieben keinerlei Wünsche offen. Das Test-Gebiet sah fantastisch und farbenfroh aus, die Waffeneffekte ebenso. Musikalisch ging es auf gutem Niveau zu, wobei es Neuling John Frizzell durchaus schaffte, Bekanntes mit Innovativem zu vereinen; sicher nicht so spektakulär wie ein Brian Tyler bei seinen ersten beiden Versuchen, aber durchaus brauchbar.

*Proving Ground* war Arc pur. Doch im Gegensatz zu *Chosen Realm* spielte Chris Black hier nicht mit einer klischeetriefenden Situation, sondern konzentrierte sich auf die Stärken der Serie: Charaktere und Kontinuität. Mit dieser Mischung gelang ihm der zweite richtig gute und reine Arc-Beitrag.

## FAZIT

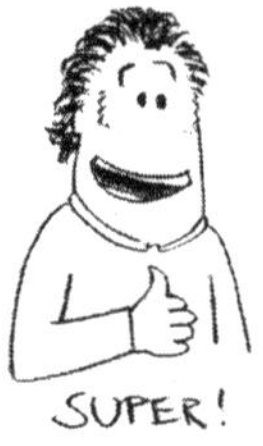


Unter Mitwirkung des grandiosen Jeffrey Combs kam der Staffel-Arc wieder auf die Spur. Autor Chris Black setzte seine Trümpfe gezielt ein und verknüpfte Elemente der ersten und zweiten Staffel mit dem groben Setup der Serie und der immanenten Bedrohung durch die Xindi.

*Proving Ground* wurde dadurch eines der geschicktesten Beispiele, wie Kontinuität und Spannung ausgebaut und präsentiert werden konnten.

# 3.14

# STRATAGEM

## (KRIEGSLIST)

*War eine Episode cleverer als der Zuschauer, durfte man gerne mal applaudieren. Aus dem Nichts erfreute uns die Staffel hier mit einem Lehrstück in Sachen kreativer Problemlösung, gab dem Arc dabei neue Energie und ließ uns rosarot in die Zukunft blicken.*

### INHALT

Captain Archer befindet sich in zerlumpter Kleidung und mit langen, ergrauten Haaren an Bord eines Shuttle, in Gesellschaft von Degra, dem Xindi. Als dieser erwacht und sich an nichts erinnern kann, erklärt Archer ihm, dass seit den Streitigkeiten zwischen Menschen und Xindi drei Jahre vergangen sind und die beiden inzwischen zusammenarbeiten würden …

### VON ZWEIFELN ZERFRESSEN

Es begann mit Unbehagen: Bei Ansicht der ersten Minuten von Mike Sussmans und Terry Matalas Beitrag zum Xindi-Arc beschlichen den Rezensenten böse Vermutungen, es würde erneut auf eine dieser was-wäre-wenn-Episoden hinauslaufen, die so gerne kurz vor Schluss mittels Reset-Button alles auf Anfang zurücksetzen. Doch kam es zum Glück ganz anders.

Der Moment, als Archer Degra die Injektion gab und aus den Shuttle-Kulissen heraustrat, war schlichtweg köstlich und erfrischend. Und doch: Wie schon bei der ebenfalls starken Episode *Judgment* regte sich sofort die Frage, wie man Degra, den Erfinder der Superwaffe, wohl überhaupt hatte einfangen können? Wurden wir um diese elementare Information einfach betrogen? Sollten wir uns eine Errungenschaft dieser Größenordnung selbst zusammenreimen müssen? Nein, nein und nochmals nein. Denn auch hier lieferten die Autoren Maßarbeit. Per Rückblende genau zur rechten Zeit erfuhren wir, was kurz nach dem Zusammentreffen der Crew mit Shran geschehen war. Wir sahen, dass die Enterprise den Testbereich der Xindi noch nicht verlassen hatte und den wehrlosen Degra samt zweier Gefolgsleute gefangen nehmen konnte. Mittels einer magischen Amnesie-Technik des Doktors entwickelte sich dann das Schauspiel.

## ZU NEUEN HÖHEN

Doch was versuchte Archer hier eigentlich genau? Exakt das war die zentrale Frage der Episode. Er ging einen Weg, der gewitzter nicht sein konnte. Mit Köpfchen nähert er sich einer Informationsquelle an, die möglicherweise den Schlüssel zum Auffinden des Standortes der finalen Waffe der Xindi beinhaltete. Dazu nutzte er ein Vorgehen, das jeden langjährigen Trekkie sofort zum Schmunzeln bringen musste. Wenn man sich vor Augen hielt, wie oft Crews von außen manipuliert wurden, in falschen Realitäten gefangen waren oder schlicht als Spielbälle anderer Mächte gedient hatten, war Archers Idee, Degra eine kleine Inszenierung zu präsentieren, geradezu die perfekte Rache für etliche Episoden aller Trek-Inkarnationen. Bis ins Kleinste wurde die Geschichte von drei Jahren, die Degra durch die harte Gefangenschaft vergessen haben sollte, zusammengesponnen, und alle Mitglieder der Crew waren gleichberechtigt am Gelingen dieser Aktion beteiligt.

Dabei bleibt es natürlich auffällig, dass es besonders Sussman und auch Chris Black viel besser als allen anderen gelingt, alle Crewmitglieder sinnvoll in die Handlung einzubeziehen. Sogar Mayweather wirkte ausschließlich in Folgen dieser Autoren wie ein wichtiges Mosaiksteinchen innerhalb der Stories. So und nicht anders musste man ein Ensemble behandeln. Schön, dass es in der Serie Autoren gab, die diese Kunst verstanden.

Zudem gelang es Randy Oglesby alias Degra erstmals, seiner Figur wirklich Leben und Tiefe einzuhauchen. Auch das mochte natürlich an den Fähigkeiten der beteiligten Autoren liegen, aber auch Oglesby schien hier endlich ein genaueres Verständnis und Interesse für den Charakter aufzubringen, der über böse, biestig und brummelig hinausging. Sein eigener Horror über das Töten von sieben Millionen Lebewesen auf der Erde wirkte aufrichtig und glaubwürdig. Degra war genau wie Archer ein Mann, der mit Hingabe und unter Einsatz jedes Mittels versuchte, seine Spezies und nicht zuletzt seine Familie zu retten. In diesem Spiel aus Manipulation und Intrigen waren Archer und Degra verwandte Seelen mit dem gleichen Ziel, die nur durch das zufällige Los ihrer Herkunft voneinander getrennt wurden.

Es sind genau diese Zutaten, die einen Konflikt glaubwürdig machen: sympathische, aber kompliziert gestrickte Helden, finstere, aber zunehmend konfliktreiche Gegenspieler und eine Handlung, die beide auf glaubwürdige Art miteinander verbindet. Das ist immer die Stärke von *Star Trek: Deep Space Nine* gewesen und erhielt hier ein qualitativ gleichwertiges Pendant auf der NX-01.

## BLIND IST ER NICHT, DER REZENSENT

Natürlich durfte man gerne hinterfragen, ob ein Bluff dieser Größenordnung von einer einsamen Crew dieser Größe mit den vorhandenen Ressourcen zu bewerkstelligen war.

Selbstverständlich durfte man auch Zweifel daran hegen, dass der Doktor einfach so in der Lage war, selektiv Erinnerungen bei dem Xindi zu löschen. Und das sogar noch mehrfach! Doch muss man auch zu Zugeständnissen bereit sein. Gerade dann, wenn so viel Wert auf das Anreichern mit kleinen, aber feinen Puzzleteilen gelegt wird, die zur Kontinuität der Serie beitragen. So konnte man vermuten, dass das Leck den Erzählungen von Trip und Reed aus *Shuttlepod One* entstammte. Die Flasche Andorianisches Ale hatte Archer gerade erst von Shran erhalten, und das Scheitern des Waffentests brachte eine Erwähnung von Gralik aus *The Shipment*. Eine gute Story wird erst unter Zugabe solcher Zutaten großartig. Und genau das war hier erfreulicherweise geschehen.

Eines muss ich zudem gestehen: Archers zweiter Bluff, das vermeintliche Erreichen von Azati Prime, hatte nicht nur bei Degra gewirkt. Gerade noch vor dem bemitleidenswerten Xindi wurde mir klar, dass die Crew hier ein zweites Mal in die Trickkiste gegriffen hatte. Solch einen Effekt erzielt man ausschließlich durch Timing auf dem Papier und im Schneideraum – Kudos!

## AUF KURS

Der Arc wurde hier also endgültig wieder auf Kurs gebracht. Mit dem Aufbruch nach Azati Prime legte man die Basis und übertrug die Spannung auch auf die Zuschauer. Schade, dass man dieses Niveau nicht über die komplette Season durchzogen hatte.

Wenn man sich einmal vor Augen führt, wer von den Autoren letztlich wirklich zum Gelingen des Xindi-Arcs beigetragen hatte, wurde es ganz finster für die ausführenden Produzenten Rick Berman und Brannon Braga. Während die beiden zweimal böses Mittelmaß ohne Esprit und Leben abgeliefert hatten, begeisterten Autoren wie eben Sussman, Black, Matalas und Friedman. Nur in deren Episoden konnte die Gesamthandlung wirklich überzeugen; nur dort wurden die Figuren lebendig, die Bedrohung greif- und die innere Kontinuität sichtbar.

## FAZIT

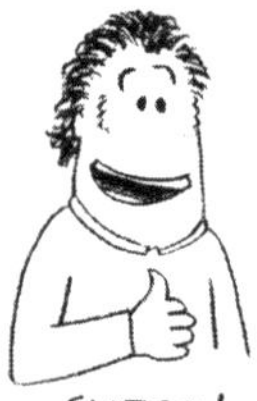


Wow! *Stratagem* war eine vollkommen unerwartete und vor allem durchweg clevere Episode über eine ganze andere Methode, das Xindi-Problem anzugehen. Sie führte dabei nicht nur die Ereignisse aus *Proving Ground* geschickt weiter, sondern brachte vor allem den Staffel-Arc auf eine höhere Schiene und entwickelte nebenbei Degra zu einer greifbaren und präsenten Figur innerhalb des Gesamtgeflechtes. Die Autoren Mike Sussman & Terry Matalas trafen dabei alle richtigen Töne und zeigten uns, auf welchem Niveau sich die Serie abspielen konnte. Danke für eine wirklich originelle Dreiviertelstunde!

## EINSPRUCH, HERR KOLLEGE!

Kein Zweifel, *Stratagem* war ein feines kammerspielartiges Stück *Star Trek*. Aber war die Folge wirklich so clever und innovativ? Zum einen sind Mimikry-Episoden in *Star Trek* wahrlich nicht unbedingt etwas Neues, wenn auch, wie erwähnt, eher unter anderen Vorzeichen. Allerdings erinnerte der Plot insgesamt doch sehr stark an einige Folgen des 60er Jahre-Klassikers *Mission Impossible,* in Deutschland besser bekannt als *Kobra, übernehmen Sie.* In der Serie, die übrigens fast zeitgleich mit *Star Trek* ebenfalls von Desilu Productions produziert worden war, waren Verkleidungs- und Verwandlungsepisoden, die in nachgebauten Büros oder Gefängnissen ein munteres Verwirrspiel inszenierten, quasi an der Tagesordnung.

Auch die Idee, kurzzeitig einen Bildschirm ausfallen zu lassen, damit Degra herausfinden konnte, dass er getäuscht wird, war dreist, aber zumindest gut geklaut. Unfälle dieser Art kamen in der oben genannten, von Bruce Geller erdachten Serie häufiger vor und führten auch dort regelmäßig zu spannenden Momenten.

Es ist natürlich nichts Verwerfliches, von den Besten zu klauen, und in diesem Fall war der Plot insgesamt auch sehr ansprechend und unterhaltsam. Allerdings fehlte der Episode ein wenig das Überraschungsmoment. Spätestens, als Archer Degra die Spritze gab, war klar, wie die Geschichte ausgehen würde. Da half auch der nette Twist zum Ende der Folge nicht, der insgesamt doch voraussehbar blieb.

Auch durfte man sich getrost einmal die Frage stellen, warum der höchstrangige Xindi-Wissenschaftler einfach mal eben so ohne Begleitschutz in ein System einflog, aus dem ihm Archer und Shran kurz zuvor die vielleicht verheerendste Massenvernichtungswaffe des 22. Jahrhunderts geklaut hatten (was nebenbei erwähnt auch viel zu einfach war). Das ist in etwa so, als hätten die Amerikaner J. Robert Oppenheimer nach dem Abwurf der Atombombe allein nach Japan fliegen lassen, um die Auswirkungen seiner Arbeit zu begutachten. Die Analogie passt gleich doppelt so gut, wenn man sich vor Augen hält, dass Oppenheimer angesichts der gewaltigen Zerstörungskraft und der vollkommen unterschätzten Strahlung später sagte: »Ich wurde der Tod, der Zerstörer von Welten.« Ob Oppenheimer hier als Vorbild für Degra fungiert hat, den ebenfalls sein schlechtes Gewissen plagt? So weit hergeholt ist der Gedanke nicht.

Davon abgesehen wird dem Zuschauer aber tatsächlich, da muss man einfach zustimmen, mit Mimikry, äh, *Stratagem, Star Trek* vom Feinsten geliefert. Genau solche, durch eine Star-Trek-Episode ausgelöste Überlegungen waren es schließlich, die das Franchise von jeher großartig gemacht haben. Zwei Menschen, (vermeintlich) eingepfercht in ein kleines Shuttle, die dasselbe Schicksal zu teilen schienen, reichten vollkommen aus, um dem bösen Xindi-Feind ein Gesicht zu verleihen. Das erst recht, wenn eine Folge so gut gespielt war wie diese. Scott Bakula bewies wieder einmal, dass er nicht umsonst ein mehrfach ausgezeichneter Vertreter seiner Zunft ist. Und auch Randy Oglesby durfte endlich seine ganze

Routine ausspielen. Zum Zeitpunkt des Drehs war der 1949 geborene Oglesby bereits seit 23 Jahren im Geschäft, davon 20 Jahre mehr oder weniger durchgehend, eine Leistung, die ein TV-Schauspieler in Hollywood erst einmal schaffen muss.

# 3.15

# HARBINGER

## (DER VORBOTE)

*Wenn eine Episode zwar keine große Kunst bot, aber durchweg unterhielt, zusammenhanglos Storys kombinierte, dabei aber nicht zerfaserte, zudem von Berman & Braga stammte, aber nicht unangenehm auffiel: dann durfte man auch mal klatschen.*

### INHALT

Die Crew trifft auf ein Schiff mit einem sterbenden Alien. Da sein Gefährt aus dem gleichen Material besteht wie die vielen Sphären der Ausdehnung, ist die Crew bemüht, das Alien am Leben zu erhalten und zum Sprechen zu bringen …

### EIN KESSEL BUNTES

Die von den beiden ausführenden Produzenten erdachte Episode war eine Art Querschnitt durch alle Schichten der Staffel. Drei Handlungsebenen liefen parallel, kreuzten sich und kamen sich doch nie ins Gehege. Gehen wir das Ganze systematisch an.

### DAS ARC-DRITTEL

Schön, dass schon die letzten Episoden wichtige Mosaiksteinchen für den Staffel-Arc parat hatten. Hier erlebten wir nun den ersten Auftritt eines Mitgliedes der mysteriösen Erbauer der Sphären, die auch schon als Schöpfer der Ausdehnung bezeichnet wurden. Die Ähnlichkeit des sterbenden Aliens mit den Suliban war dabei im Übrigen frappierend; unkreatives Make-up oder pures Kalkül?

Viel erfuhren wir naturgemäß nicht, jedoch genug, um die ganze Rahmenstory weiter auszubauen und die Spannung anzuheizen. Scheinbar versuchten diese Schöpfer mit Hilfe der Sphären, bewohnte Planeten innerhalb der Ausdehnung zu transformieren, um dort die ihnen genehmen Lebensbedingungen zu erzeugen. Das gefundene Mitglied dieser Rasse war dabei scheinbar eine Art Versuchskaninchen, das sozusagen die bisher erreichten Bedingungen austesten sollte. Doch warum? Sollte die Ausdehnung der neue Lebensraum dieser Rasse werden? Wollten sie alle Bewohner vernichten? Steckten sie vielleicht hinter dem Plan, die Xindi gegen die Menschen aufzubringen? Aber warum? Was konnte ihnen ein solcher Schachzug nützen? Fragen über Fragen.

Fakt war, dass die Erbauer von der Menschheit und dem Konflikt mit den Xindi wussten. Die letzten Worte des sich auflösenden Aliens verdeutlichten, dass alles irgendwie seinen Ursprung bei diesem Volk haben könnte.

## DAS ACTION-DRITTEL

Oft gerät der generische Standard-Action-Anteil überflüssig. Hier jedoch spielte er eine gewichtige Rolle in dreierlei Hinsicht. Erstens wurde der allgemeine Konflikt zwischen Starfleet-Security und den MACOs endlich näher thematisiert. Die Idee, Kampfübungen gemeinsam abzuhalten, war sicherlich wertvoll; sonderbar nur, dass darauf bisher noch niemand gekommen war. Zweitens wurde Reeds Sonderstellung gegenüber MACO-Leader Hayes verdeutlicht. Dominic Keating spielte das angeknackste Ego des Sicherheitschef mit einer teuflischen Feinfühligkeit, die einfach toll anzusehen war. Er kam zuvor nie so böse, zickig und ätzend rüber wie hier. Klasse! Der steife Brite durfte endlich einmal wieder seine Bandbreite ausspielen. Drittens verhalf die Episode Steven Culp in der Rolle des Major Hayes endlich zu mehr Profil. Dieser war problemlos in der Lage, die Rolle auszufüllen und spielte den Widersacher Reeds mit genau der richtigen Mischung aus Arroganz, Charme, Witz und professioneller Distanz. Er und Reed trafen sich für den Zuschauer auf Augenhöhe: Genau das machte den gelungenen Konflikt aus. Positiv anzumerken sei auch, dass nach Shran und Degra nun mit Hayes zum dritten Mal hintereinander ein wichtiger Gastcharakter ein geschliffeneres Profil erhielt. So sollte es immer sein.

Auch der Abschluss der Thematik, die Verbindung der Kampfszene zwischen Reed und Hayes mit dem vom Alien ausgelösten Alarm und die anschließende Maßregelung durch Archer wurden auf den Punkt inszeniert. Archer wandelte erneut auf dem schmalen Grat zum Wahnsinn und ließ seine beiden Offiziere einfach in seinem Büro stehen. Witzig.

## DAS EMOTIONALE DRITTEL

Ein weiteres wichtiges Thema der dritten Staffel war bisher das sich entwickelnde Verhältnis zwischen T'Pol und Trip. Während scheinbar das ganze Schiff schon über ihre Sessions zu reden begann, waren die beiden in Wirklichkeit noch gar nicht richtig zur Sache gegangen. Und viel schlimmer: Wir mussten nun erleben, dass Trip mit der süßen MACO-Offizierin Amanda Cole »fremdmassierte«. Dies wirkte zwar zu sehr wie eine Notwendigkeit des Plots, um T'Pols Eifersucht anzustacheln, funktionierte dabei aber doch erfreulich gut.

Diverse vielsagende Blicke später fanden sich die beiden bei einer neuerlichen Sitzung wieder. Die folgende Dialogszene hätte dabei besser nicht geschrieben werden können; mit kleinen Sticheleien, der Einbeziehung von *Similitude* und starken Leistungen von Blalock und Trinneer entwickelte sich der Höhepunkt der Trip/T'Pol-Story im Sauseschritt auf »den Moment« zu. T'Pol küsste Trip und zog ihren Bademantel aus; den Rest konnte man an den Augen des Ingenieurs ablesen. All das führte zu einer verwirrenden »Morgen-danach-Szene«, mit deren Ausgang sicher nicht alle gerechnet hatten.

## DER REZENSENT MAG ÜBERRASCHUNGEN

Somit war es tatsächlich einmal wieder gelungen: Rick Berman und Brannon Braga hatten sich im dritten Anlauf zusammengerissen und eine gute Episode erdacht, die ihre Stärken völlig überraschend in genau den Bereichen besaß, in denen sie sonst zu oft versagten: Detailverliebtheit, Dialoge, Emotionen, Timing, Konflikte.

Die Zusammenführung dreier unterschiedlichen Motive brachte die Episode zwar nicht auf die Schwelle zum Höhepunkt, ergab aber einen konstant unterhaltsamen, amüsanten, spannenden und originell geschriebenen Mix, der die komplette Crew in einem interessanten Licht zeigte und jedem von ihnen einen gewichtigen Anteil an der Handlung zuteilte. Eine Kollektiv-Show, die es weder an Humor, Effekten, Action, Suspense oder guten Dialogen und Darstellerleistungen fehlen ließ.

### FAZIT

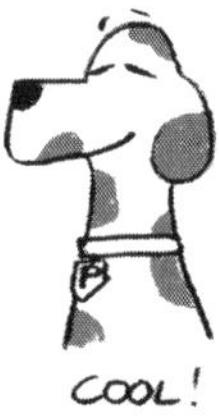


Ein positiver Trend bahnte sich an! *Harbinger* hielt den guten Flow aufrecht, ohne groß zu glänzen, und kombinierte problemlos drei eigenständige Handlungen, die jede auf ihre Art die bisherige Staffel geprägt hatten. Versehen mit überzeugenden Leistungen des kompletten Casts und einem wunderbar familiären Gefühl handelte es sich hier um eine kleine Episode, die Freude machte.

# 3.16

# DOCTOR'S ORDERS

## (AUF ÄRZTLICHE ANWEISUNG)

*One, Part Two? Seven without Nine? Manchmal sollte man den Rat des Arztes vielleicht einfach ignorieren und sich stattdessen die Mühe machen, ein originelles Drehbuch zu schreiben. Schämen Sie sich, Mr. Black.*

### INHALT

Wegen einer transdimensionalen Anomalie muss Doktor Phlox alle Crewmitglieder außer T'Pol und Porthos ins künstliche Koma versetzen. Langsam, aber sicher, scheint er auf seiner einsamen Mission an Bord jedoch den Blick für die Realität zu verlieren …

### LANGE VORREDE, KURZER SINN

Es war einmal ein durchaus begnadeter Serien-Autor. Sein Name: Chris Black. Er begann zu schreiben und lieferte richtig gute Arbeit ab. Sein Name wurde unter den Anhängern der Serie gepriesen.

Dann jedoch geschah das Unfassbare, als er eines nicht so schönen Tages seine zahlreichen Bewunderer mit einer Episode beglückte, die auf unterschiedliche Art und Weise irgendwie schon ein- bis fünfmal da gewesen zu sein schien; mindestens.

Es war der 13.05.1998, als die von Jeri Taylor geschriebene Episode *One (Eine)* in *Star Trek: Voyager* den Charakter der Seven of Nine um einige Facetten bereicherte. Es war der 18.02.2004, als die von Chris Black abgeschriebene Episode *Doctor's Orders* die Figur des Phlox um einige sehr ähnliche Facetten bereicherte. Doch genug der Vorrede! Was zur Hölle war hier passiert?

## BRINGEN WIR ES MAL AUF DEN PUNKT

Chris Black hatte hier eine Grenze unterschritten, die bisher sogar Rick Berman und Brannon Braga sich nicht zu verletzen getraut hatten. Zwar konnten sich schon so einige Episoden der jüngsten Trek-Inkarnation dem Plagiatsvorwurf nicht so ganz entziehen; eine derartige 1:1-Abschrift eines bekannten Trek-Skripts hatte es bisher aber noch nie gegeben.

## EINE KURZE AUFLISTUNG GEFÄLLIG?

Die Crew trifft auf einen Nebel, den zu umfliegen zu lange dauern würde. Die Lebensbedingungen sind für die Crew tödlich. Nur zwei Crewmitglieder sind immun (Seven/Doc; Phlox/Porthos). Der Hauptcharakter der Story (Seven; Phlox) beginnt zu halluzinieren. Er bzw. sie sieht und hört Unheimliches und trifft auf Fremde auf dem Schiff. Die Crew tritt schließlich als Vision auf und macht ihm bzw. ihr Vorwürfe für das Versagen. Eine Gefahrensituation tritt auf, und er bzw. sie kann sie bewältigen.

Diese Anzahl von Übereinstimmungen war gelinde ausgedrückt eine Frechheit. Black hatte die Story von Jeri Taylor lediglich der Situation (dem Arc der Staffel) angepasst, die Charaktere ausgetauscht und einige Modifikationen im Fluss der Handlung vorgenommen. Dazu gesellte sich noch der kein bisschen überraschende Kniff, dass T'Pol die ganze Zeit ebenfalls nur eine Halluzination des Doktors war. Dieses passive, lethargische, müde und völlig inkompetente Verhalten nahm dem Charakter ohnehin niemand ab. Mehr als das hatte Chris Black nicht an eigenen Ideen zu bieten.

Dabei sei angemerkt, dass die so bezeichnete 1:1-Abschrift eigentlich dennoch relativiert werden muss. Denn nicht nur die angesprochene Episode *One* fand sich in Blacks wahrgewordenem Plagiatsskandal wieder; nein. Der gute Autor zog gleich noch zwei andere bekannte Filmhighlights der letzten Jahrzehnte heran, um seine Flickschusterei abzurunden. Die Eröffnungsszene mit Porthos erinnerte nicht nur zufällig an den buggyfahrenden Jungen aus *The Shining,* und die entstellte Hoshi in der Dusche war exakt der Bewohnerin aus dem verbotenen Zimmer aus eben demselben Film nachempfunden. Dazu kam, dass T'Pol während der gesamten Episode keine Tür öffnete, nichts berührte, beim Abendessen ihr Gedeck ignorierte und sich auch sonst durch erstaunliche Passivität auszeichnete. Eine klare Anlehnung an den Stil aus M. Night Shyamalans Meisterwerk *The Sixth Sense.* Zugegeben: Diese drei Quellen sind nicht die schlechtesten Aufhänger, um sich daraus ein Skript zusammenzuklauen. Doch bediente sich Black hier einer zu stark ausgeprägten Lässigkeit im Umgang mit den Ideen anderer.

## DER REZENSENT SAGT ABER

Dennoch hatte die Episode, alles bisher Genannte außer Acht gelassen, einiges zu bieten. Da wäre zum einen die grandiose Vorstellung von John Billingsley. Seine Leistungen konnte man zwar bisher schon regelmäßig als herausragend ansehen, da er es wie kein Zweiter verstand, aus jedem noch so durchschnittlichen Material gehobene Qualität herauszudestillieren. Diesmal jedoch bereicherte er den »lachenden Buddha« noch um einige weitere interessante Facetten. Seine Nacktszene war zum Schreien gut, die Versuche, Porthos zu kontrollieren, aufs Schrägste amüsant. Dazu kamen seine Panikattacken, die den sonst eher beruhigten Denobulaner von einer ganz anderen, nämlich unsagbar verletzlichen, Seite zeigten. Billingsley spielte alles wie gewohnt großartig. Der Vorteil dieser Episode lag aber natürlich darin begründet, dass Phlox eine One-Man-Show abziehen durfte, die ihm problemlos von der Hand ging.

Dazu kam noch die – auf jeden Fall interessante – Vorstellung Jolene Blalocks, die es verstand, T'Pol vollkommen anders darzustellen. Sie gab in keiner Szene ein vertrautes Bild ab, sondern agierte lediglich als Abbild einer Person, der Phlox vertraute; ein Bild, dessen Charaktermerkmale verdreht, verfälscht und deplatziert erschienen. Wie in einem bösen Traum war Phlox jedoch nicht in der Lage, die falsche T'Pol zu erkennen.

## TECHNISCH OKAY

Roxann Dawson gelang es fraglos, eine visuell ansprechende Episode auf die Beine zu stellen, die aus den gegebenen Szenen das Maximum herausholte. Dennis McCarthy steuerte einen charismatischen, weil nicht zu einförmigen und immer wieder überraschend-spritzigen Score bei, der sowohl die eher beruhigten Momente als auch die Schockeffekte effektiv unterstrich. Die Effekte und Kulissen lagen im gewohnten Bereich und gewannen durch die Ausleuchtung des Schiffes nur noch an Gewicht; das Wiedersehen mit einem Xindi-Insektoiden schließlich funktionierte in dieser (fiktiven) Form ebenfalls perfekt. Und zuletzt: Die Idee, erneut auf die Form eines Briefes an Phlox' menschlichen Kollegen Dr. Lucas zurückzugreifen, hatte ich lange herbeigesehnt, da sich so für den Zuschauer die Möglichkeit bot, an den skurrilen Gedanken des außerirdischen Arztes teilzuhaben.

Auf den Punkt gebracht bedeutet das: Hätte man *One* nicht gekannt, wäre die vorliegende Episode deutlich besser weggekommen. Die geborgten Szenen und Motive aus *The Shining* und *The Sixth Sense* wären bei Weitem nicht so stark ins Gewicht gefallen und hätten sich eher in den Bereich versuchter und teils geglückter Hommage eingereiht. Unter Einbeziehung des Voyager-Vorbilds musste man die Episode jedoch leider als das bewerten, was sie war: ein an Dreistigkeit und Einfallslosigkeit nicht zu überbietendes Plagiat, das seine Eigenständigkeit nicht einmal im Detail verdienen konnte. Gleichzeitig war sie aber zweifelsfrei auch ein angenehmes, willkommenes und durchweg spannend und unterhaltsam inszeniertes Vehikel für den oft unterforderten Billingsley.

In der Summe machte das eben nur Mittelmaß. Diese lässige Art des Ideenklaus durfte sich die Serie an dieser Stelle schon lange nicht mehr erlauben. Die letzte Bottle-Show der Staffel blieb somit auf emotionaler Ebene als Phlox-Highlight im Gedächtnis, auf intellektueller Ebene jedoch auch als Ärgernis allererster Güte.

## FAZIT

Irgendwo da draußen hatte es diese Episode schon einmal gegeben. Damals war Seven of Nine noch schlanker, und der Holodoc hatte weniger Haare, er war aber nur halb so niedlich.

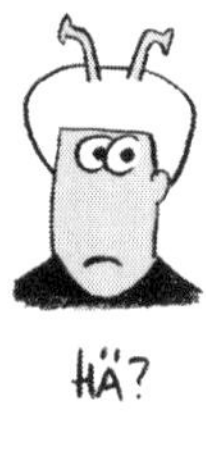

Und irgendwie wirkte das Schiff auch moderner. Musste man sich schämen, wenn man sich daran erinnerte?

# 3.17

# HATCHERY

## (BRUTSTÄTTE)

*Breaking News: Archer hat Eier! Zugestanden, dieser Kalauer war nicht wirklich originell, passte sich aber zumindest in Sachen Originalität dem erneuten Ideenklau der Autoren an. Munter kopierte man sich dem Staffelende entgegen.*

### INHALT

Die Crew der Enterprise findet ein abgestürztes Schiff der Xindi-Insektoiden. Archer möchte unbedingt deren Nachkommen am Leben halten, die in Brutkammern den Absturz überlebt haben. Sein erneut übermäßig irrationales Verhalten beschwört eine Meuterei seiner Crew herauf …

### DÉJÀ-VU AGAIN AND AGAIN

Nachdem die Serie zuletzt mal wieder eine bestehende Trek-Episode und diverse Filme zu einer »neuen« Dreiviertelstunde auf der aktuellen Enterprise verwurstet hatte, kam nun erneut ein latentes Gefühl des Déjà-vu auf.

Grundsätzlich durfte man sich natürlich schon zu Beginn fragen, ob nicht der direkte Weg nach Azati Prime der einzig richtige hätte sein müssen. Doch wenn man bedachte, wie wenig die Crew bisher über die Xindi-Insektoiden in Erfahrung bringen konnte, musste Archer einfach den Befehl geben, das Wrack zu untersuchen. Die Chance, Waffen, Antriebstechnologie, Schwachstellen des Schiffes und der Individuen zu studieren, hätte sich in der verbleibenden Zeit sicherlich kein zweites Mal geboten. Aus diesem Grund war der Abstecher dann auch in Ordnung.

## BUT!

Nun folgt jedoch die oben bereits angekündigte Einschränkung. So schön und überzeugend die visuelle Umsetzung auch einmal mehr sein mochte, so atmosphärisch die Kulissen und mitreißend die Inszenierung daherkamen, konnte hier erneut niemand die Herkunft des Ausgangsmaterials leugnen. Zu deutlich waren die Parallelen zu der großartigen *Alien*-Filmen. Die Erkundung des Wracks, das abgelegen auf einem Planeten lag, das Ambiente des Interieurs, die tropfenden, eklig-wabernden Eier und, als Sahnehäubchen, die Attacke auf Archer mit einer Fuhre Schleim. All das war erneut eine zu deutliche Anleihe.

Man sollte sich in Sachen Ideenklau nicht künstlich anstellen. Das ist richtig. Aber immer wieder auf bekannte Motive zurückzugreifen, war an dieser Stelle schlicht ein wenig zu einfach. Die Sensibilität beim Produktionsteam hätte inzwischen schlichtweg ein wenig ausgereifter sein sollen.

## ALWAYS LOOK ON THE BRIGHT SIDE

Nahm man die Schwächen des Setups genügsam zur Kenntnis und ließ sich auf das ein, was die Episode umzusetzen versuchte, entwickelte sich unter Regie des Trek-Newcomers Michael Grosman erneut eine starke Charakterepisode, die mit gepfefferten Dialogen, überzeugenden Emotionen und der serieneigenen Kontinuität spielte. Es war dabei sicherlich kein Zufall, dass erneut Mike Sussman einen Anteil an der Story hatte. Keiner verstand es wie er, aus den Charakteren das herauszuholen, was sie im Kern definierte.

## ABER DER REIHE NACH

Man mochte in oben erwähntem Moment, als Archer vom Schleim getroffen wurde, schon vermuten, dass dieser Vorfall nicht ohne Konsequenzen für den Handlungsverlauf bleiben würde. Man mochte auch sofort eine Verbindung sehen, als der Captain befahl, sich um die Nachkommen der Xindi zu kümmern. Man mochte weiterhin sein komplett irrationales Verhalten in der Folge ebenfalls definitiv darauf zurückführen, dass er einem fremden Einfluss ausgesetzt war. All das hätte wahrscheinlich in der Summe gegen eine gelungene Episode arbeiten können.

Doch gelang es Sussman und Bormanis, eine Thematik zu entwickeln, die an dieser Stelle im Verlauf der Staffel von größter Bedeutung war: das ohnehin wenig ausgeglichene, irrationale, sprunghafte, aggressive und unberechenbare Verhalten des Captains und die Reaktionen seiner Offiziere.

Bisher war es bei irritierten Blicken, versuchten Widerworten, Denkanstößen und peinlich berührten Momenten des Schweigens geblieben. Diesmal jedoch überschritt Archer die inzwischen sehr feine Linie zwischen dem Vertrauen seiner Crew und einem offenen Konflikt bereits mit seinem ersten Befehl. Den Aufenthalt zu verlängern und sich ernsthaft um die schlüpfenden Kinder des Feindes kümmern zu wollen, durfte angesichts der Situation nicht sein Ernst sein. Sicherlich konnte man die eloquente Argumentation sogar noch irgendwie schlucken, nur stand definitiv zuviel auf dem Spiel. Das wussten insbesondere Trip und T'Pol und zeigten es in aller Offenheit.

Hier manifestierte sich ein Autoritätsverlust, der sich über die bisherige Staffel aufgebaut hatte. Archer befand sich dabei schon mehrfach am Rande des Erträglichen und musste nun (ironischerweise ohne eigenes Verschulden) die Quittung dafür einstecken. Seine engsten Vertrauten wandten sich von ihm ab und begannen, hinter seinem Rücken über Sinn und Unsinn der Befehle zu diskutieren.

Man konnte sicherlich einschränken, dass Archers Verhalten und vor allem die Reaktionen darauf am Ende verpufften, weil es sich eben nicht um eine reale Situation handelte, sondern um einen fremden Einfluss, der sein Verhalten ausgelöst hatte. Dennoch durfte man bei dieser Kritik eines nicht vergessen: Genau wie wir in *Twilight* durch eine verpönte Reset-Button-Episode erfahren hatten, was passieren würde, sollte die Mission scheitern, erlebten wir hier die Auswirkungen, sollte Archer seinen persönlichen Ermessensspielraum noch weiter ausnutzen oder sogar in irrationaler und unverantwortbarer Weise weiter überschreiten.

Sicher wäre es mutig gewesen, Archer wirklich am Rande der Unzurechnungsfähigkeit zu zeigen, seine Crew wirklich das Kommando übernehmen zu lassen und dann auf die Konsequenzen dieser Handlungen einzugehen. Innerhalb des Arcs und zu diesem fortgeschrittenen Zeitpunkt in der Gesamthandlung war die gewählte Form jedoch ebenfalls angemessen.

Zu dieser zentralen Geschichte um Archer und seine meuternde Crew gesellte sich auch erneut das Motiv der Streithähne Reed und Hayes. Diese schienen ihre Zwistigkeiten inzwischen aber auf einer etwas niveauvolleren Ebene auszutragen, dabei verbal immer noch schonungslos vorzugehen, aber immerhin auch im Zweifel Mut zur Einsicht zu beweisen: Hätten die Autoren das Potenzial dieser Nebenhandlung bereits früher erkannt und kontinuierlich weiterverfolgt, hätten Culp und Keating sicherlich das Zeug für einige wundervolle Performances mehr gehabt. Aber besser (zu) spät als nie.

Ein weiterer klarer Pluspunkt: Sussman und Bormanis gelang es erneut, Anthony Montgomery zu einem wichtigen Mitglied des Kollektivs zu machen. Schon seit einigen Episoden trat die Figur des Mayweather aus ihrem Schattendasein heraus und wurde zumindest zu einer gleichwertigen Nebenfigur. Für Kontinuität sorgten zudem die beiden MACOs Chang und Hawkins, die bereits mehrfach mit von der Partie gewesen waren.

## FAZIT

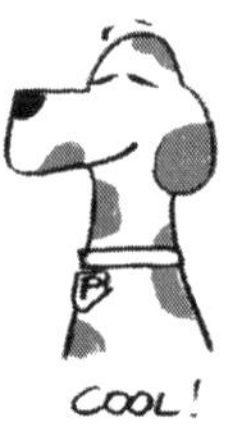


*Hatchery* spielte passabel mit der fortlaufenden Archer-Thematik und präsentierte dabei eine durchaus spannende Handlung als Spitze des Eisberges im Umgang zwischen Crew und Captain. Durch kompetente Dialoge, gelungene Charakterisierungen und eine starke Atmosphäre verblassten diesmal die wieder viel zu eindeutigen Schwächen des Setups und die starken Anleihen an eine beliebte Genre-Reihe und hinterließen eine gute Arc-Episode, die rastlos auf den nahenden Höhepunkt der Season hinarbeitete.

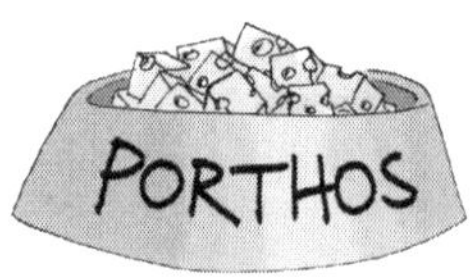

# 3.18

# AZATI PRIME

## (AZATI PRIME)

*Anschnallen! Im letzten Drittel bekam die Staffel derart die Kurve, dass man als unvorbereiteter Zuschauer direkt aus selbiger herauszufliegen drohte. Optische Wucht, krachende Action, hoher Einsatz: Das war es doch, was wir alle wollten!*

### INHALT

Die Enterprise erreicht endlich den Standort, an dem die Xindi-Superwaffe gebaut wird. Doch als Daniels erneut auftaucht, erfährt Archer weitere Details über die eigentlichen Geschehnisse und Pläne der finsteren Hintermänner …

### WARP AND GO

Die Handlung verlor keine Zeit: ein schneller Warp-Sprung, und Azati Prime war in Sichtweite. Auf der anderen Seite schwor just Degra seine Gefolgsleute auf die anstehenden Aufgaben ein (denn auch für die Xindi ist es eine Mission zur Rettung der eigenen Spezies); wie sich die Bilder doch glichen. Schön, wie man hier ein Stilmittel vollkommen entgegengesetzt der Erwartungen einsetzte. Die Enterprise-Crew näherte sich, und die eigentlichen Antagonisten erfuhren eine emotionale Grundierung in der Krise. Clever und ungewöhnlich. Damit aber auch schon genug für den Teaser; es war mal wieder Zeit für den Vorspann. Und es sei aus aktuellem Anlass nochmals erwähnt, dass die neue Calypso-Version überhaupt nicht mehr zum Geschehen innerhalb der Serie passte. Punkt.

### VORGEPLÄNKEL

Während die Xindi sich stritten, suchten die Enterpriseler nach Schwächen im Verteidigungsgitter des Planeten. Zum besseren Abchecken der Lage wurden Trip und Travis im Xindi-Shuttle auf die Reise geschickt, mitten ins Herzen der Anlage. Dank Hoshi konnten die beiden sogar in fließendem Reptilianisch kommunizieren;

dumm nur, dass die Bemühungen der Enterprise-Crew dennoch von einem Außenposten wahrgenommen wurden. Dieser würde in vier Stunden in Kommunikationsreichweite zu seinem Volk kommen; es blieb offenbar nur ein Ausweg: Archer zerstörte die Anlage und opferte die dort arbeitenden Xindi. Inter Arma Enim Silent Leges. Ein Trauerspiel, was aus dieser Crew geworden war; oder vielleicht aus ihr werden musste? Ein herber Rückschlag auf dem Weg zum Advanced Human.

## UNTER WASSER

Trip und Travis bekamen davon jedoch gar nichts mit; sie tauchten ins Meer des Planeten ein und fanden dort unter Wasser die riesige Waffe, deren Innerem sie auch sofort einen Besuch abstatteten. Was danach geschah, erfuhren wir aus Zeitgründen leider nicht; zurück auf der Enterprise hatten die beiden jedoch eine Menge an Infos gesammelt und präsentierten ihren Plan, den Xindi-Todesstern von innen zu sprengen: eine klare Selbstmordmission, für die sich erst Travis, dann Trip freiwillig meldeten. Doch gab es nur einen, der diesen Weg gehen konnte: Archer.

## KOMMT EIN DANIELS DAHER

Kaum hatte der Captain somit seinen großen Auftritt gehabt und die Seinen in Richtung Turbolift verlassen, trat ein fast Vergessener auf den Plan: Daniels. Er hatte Archer kurzerhand an Bord der Enterprise-J gebracht, 400 Jahre in die Zukunft. Dort verfolgten die beiden die finalen Momente der Schlacht gegen die Sphärenbauer. Da diese den Konflikt hier verlieren würden, hätten sie die Xindi in der Vergangenheit kontaktiert, um die Menschen auszulöschen. Ein durchaus schräger Plan, der bei den zerstrittenen und oft auch inkompetenten Xindi irgendwie in den falschen Händen schien. Hier hinkte die Logik der Gesamtstory leider erheblich, da erneut ein Vorgehen präsentiert wurde, das bei genauerem Hinsehen schlicht keinen richtigen Sinn ergeben wollte. Es hätte vermutlich ein Dutzend schlauerer Eingriffsmöglichkeiten gegeben. Nun ja. Daniels wollte in jedem Fall verhindern, dass Archer sich opferte; dieser jedoch war wild entschlossen und wollte von Daniels am liebsten gar nichts mehr hören. Nach all den Erfahrungen der Vergangenheit durchaus verständlich. Der Hinweis des Captains, dass Daniels sich schließlich selbst oft genug geirrt hatte, traf dabei ebenfalls ins Schwarze.

## ZEIT FÜR GEFÜHLE & STREITEREIEN

Doch mit Daniels waren die anstrengenden Gespräche für Archer noch nicht vorbei: T'Pol diskutierte mit ihm über den Sinn und Unsinn, sich zu opfern. Sie gab zu, ihn nicht verlieren zu wollen. Eine sehr sympathische Regung und durchaus glaubwürdig, nach allem, was die beiden zusammen erlebt hatten. Jolene Blalock wurde in dieser Staffel endlich auch schauspielerisch zu einer starken Kraft im Cast und durfte mehr als einmal ihre Palette zeigen.

Die Xindi stritten unterdessen weiter und zeigten erneut, dass die Humanoiden und die Faultiere noch die angenehmsten Vertreter ihrer Spezies waren; die Reptilianer und Insektoiden jedoch gingen weiterhin gar nicht. Schön gelang aber das Ende dieser Szene, als Degra hinterfragte, wie die nächste Xindi-Generation (also auch seine eigenen Kinder) das Vorgehen irgendwann in der Zukunft beurteilen würden. Zumindest mit ihm und seinen engen Vertrauten gab man sich in Sachen Vermeidung von Schwarz-Weiß-Zeichnung also durchaus Mühe.

Die letzten Vorbereitungen wurden getroffen: Phlox bekam die Verantwortung für Porthos und den Auftrag, gelegentlich ein wenig Käse fallen zu lassen, und Archer hielt eine angemessene, aber auch vorhersehbar-pathetische »Ich bin so stolz«-Abschiedsrede auf der Brücke. Been there, done that. Keiner glaubte, dass der Captain seinen Einsatz nicht überleben würde.

## BIN FAAST DAAAAA!

Dennoch war der Anführer, väterliche Freund und Kumpeltyp nun erstmal weg; für T'Pol Grund genug für einen gepflegten Weinkrampf. Konnte das noch lange gut gehen? Ehrensache, dass sie wenig später auch Trips Angebot, ihr zu helfen, ablehnte; T'Pol wusste, dass im Moment Gesellschaft das allerletzte war, was sie brauchte.

Archer tauchte derweil in das Meer von Azati Prime ein und fand nichts. Die Waffe war weg, und der Captain wurde sogleich entdeckt und festgenommen. Das war vermutlich der kürzeste geheime Sabotageeinsatz in der Geschichte der geheimen Sabotageeinsätze.

## IN FEINDESHAND

Über mangelnde Aufmerksamkeit konnte er sich hingegen nicht beklagen: Er bekam so richtig was auf die Zwölf; für Alt und für Neu, wie meine Oma immer zu sagen pflegte. Dazu musste er auch noch die selten debilen Fragen der Reptilianer über sich ergehen lassen; Doppelschmerz sozusagen. Anstatt diesen jedoch mit diplomatischem Geschick oder Schläue zu begegnen, spulte der Captain lieber eine Welle an dummen Antworten ab, die sich um die mangelnde Intelligenz seiner Gegenüber, deren Gestank, leckere Krokodilsuppe und die im Vergleich winzig kleinen Gehirne von Reptilien auf der Erde rankten. Eine Konstante im Universum nannte er diesen Umstand, nicht ohne damit Lacher auf der anderen Seite des TVs heraufzubeschwören. Ob diese ausgelebte Todessehnsucht im Angesicht der nahen Zerstörung der Erde jedoch sinnvoll war, durfte jeder selbst entscheiden.

Erst im zweiten Anlauf kam Archer auf die Idee, nach Degra zu fragen und mit seinem Insiderwissen Gehör zu finden.

Seine Crew, die ihn für tot oder gefangen genommen hielt, plante unterdessen die nächsten Schritte; und schnell war T'Pol bereit, eine weitere Selbstmordmission anzuführen. Der Lebensfrust schien inzwischen groß zu sein unter den Führungsoffizieren.

## DEGRA VS ARCHER

Degra war derweil definitiv beeindruckt von seinem vermeintlichen Feind. Nach den Schmähungen von zuvor versuchte Archer bei ihm die Vertrauensschiene und gab sogar Infos über die Sphärenbauer preis. Der Einsatz des Medaillons von Daniels, das Degra doch bitte gerne quantendatieren lassen sollte, war dann der finale Fuß in der Tür beim Chefentwickler der Waffe. Und natürlich bestätigte die Analyse Archers Story: Das Teil kam tatsächlich aus der Zukunft und verschaffte dem Captain der Enterprise zumindest einen Hauch von Glaubwürdigkeit.

An dieser Stelle musste man sich natürlich fragen, ob man den diplomatischen Weg nicht von vornherein oder irgendwie früher zumindest hätte in Erwägung ziehen können. Auch durfte man gerne fragen, warum Daniels keinen anderen Plan ersinnen konnte, als es der Crew um Archer derart schwer zu machen und ihnen dann jetzt durch das Medaillon doch diese Tür zu öffnen. Hier zeigte sich eben, dass die Drehbuchschreiber zu wenig im Voraus planten und zuviel *on the fly* erdachten. Das kann klappen, muss aber nicht. Auch Daniels wirkte hier nicht wie jemand, der aus dem 29. Jahrhundert zurückschaute, sondern wie jemand, der von den Ereignissen aus Archers Zeit ständig überrascht wurde. Sei's drum. Während der Rat der Xindi ohne die Reptilianer ins Grübeln geriet, wollte Trip die völlig die Fassung verlierende T'Pol aufhalten. Doch musste er das gar nicht: Es näherten sich bereits Xindi-Schiffe.

## THE FINAL COUNTDOWN

Genauer gesagt: vier Xindi-Schiffe. Und diese waren leider nicht zum Verhandeln gekommen, sondern schossen die vollkommen unterlegene Enterprise nach und nach kurz und klein. Chaos brach aus, die Brücke fiel auseinander, Crewmitglieder gingen in Flammen auf, man war schlicht macht- und wehrlos gegen die Aggressoren.

Während Degra und seine Vertrauten noch diplomatische Pfade mit Archer zu betreten versuchten, sprengten die Reptilianer das Meeting, übernahmen das Kommando und eröffneten Archer noch, dass von seinem schönen Schiff in Kürze nichts mehr übrig sein würde.

Und wirklich: Der Stolz der Sternenflotte ging absolut in die Binsen; hier kam richtiges *Babylon 5*-Feeling auf; in der Kombination aus Action, Musik und Inszenierung schwang eine Dringlichkeit, eine Ernsthaftigkeit und eine Endgültigkeit mit, die die Serie bis dato noch nie erreicht hatte.

## FAZIT

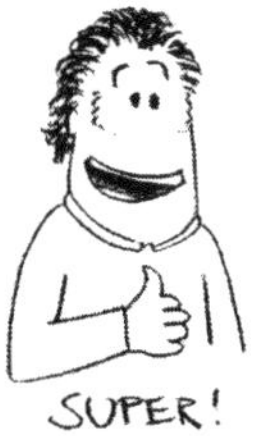


Bewegend und mitreißend: *Star Trek: Enterprise* war inhaltlich zwar oft viel besser und tiefgreifender, aber nie kraftvoller in der schieren Wirkung auf den Zuschauer. *Azati Prime* wurde der endgültige Durchbruch dieser experimentellen und nicht immer ganz ebenen Staffel. Die Spannung erreichte einen unerwarteten Höhepunkt und machte Appetit auf weitere Episoden. Was für ein Ritt!

# 3.19

# DAMAGE

## (BESCHÄDIGUNGEN)

*Wunden lecken, Innehalten, Hinterfragen. Nach den krachigen Ereignissen zuletzt gönnte sich die Serie exakt die richtige Art von Verarbeitung und Aufarbeitung, stellte komplexe Fragen und fand unschöne und weitreichende Antworten. Noch ein Glanzstück!*

### INHALT

Die Enterprise-Crew versucht, sich vom brutalen Angriff der Xindi und den emotionalen Implikationen zu erholen und ein Bündnis mit einem ebenfalls schwer beschädigten Schiff zu etablieren …

### DAS ENDE VOM ANFANG?

In der letzten Episode hatten wir die Crew am Rande der Vernichtung verlassen, nun ging alles ganz schnell: Die Angreifer flogen weg. Es schien also, als hätte sich Degra doch noch durchgesetzt; die Reptilianer landeten im Rat vorerst auf dem Abstellgleis und mussten sowohl von der Enterprise ablassen als auch den schwer ramponierten Archer freigeben. Mit einem Aquarianer-Taxi ging es für ihn ins Ungewisse. Sehen durfte er die Fremden kurz (hübsch gemacht), für den Rest der Reise hielten sie ihn jedoch bewusstlos.

An Bord der Enterprise, oder dem Rest davon, begannen krampfhaft die Aufräumarbeiten. Selten war ein Serien-Flaggschiff derart zerstört worden, selten war das Chaos so groß. Einzig die tolle Voyager-Episode *Year of Hell (Ein Jahr Hölle)* konnte mithalten.

### CAPTAIN BACK ON WRECK

Ein kurzes und deprimierendes Briefing später war Archer sichtlich froh, überhaupt noch ein Schiff und eine Crew zu haben, doch sah man ihm die Strapazen und den Druck in jeder Sekunde an. Dieser Archer lag dank des Spiels von Scott Bakula inzwischen derart weit weg vom netten Schwiegersohn-Image der ersten beiden Jahre, dass es schmerzte. Aus dem Forscher und Optimisten hatte die Krise einen zynischen und demoralisierten Kämpfer gemacht.

T'Pol kämpfte währenddessen auch: mit ihren Entzugserscheinungen. In einer stark gespielten Sequenz, die ihre verzerrte Wahrnehmung zeigte, konnte Jolene Blalock erneut alles aufbieten. Stark!

Weniger stark war hingegen, wie schwammig das Drehbuch mit der Funktionsfähigkeit der Sensoren umging. Waren sie zu Beginn noch ausreichend, um die abreisenden Reptilianer-Schiffe auszumachen, dann defekt, konnte man zwischenzeitlich die Ein-Mann-Kapsel wieder orten. Nun waren sie wieder defekt, und man konnte leider nicht herausfinden, wo man hinmusste. Kurz danach näherte sich erneut ein Schiff, das man logischerweise wieder orten konnte und von dem man später sogar die Bewaffnung sehr genau abcheckte. Mag sein, dass die Autoren hier Langstrecken- und Kurzstreckensensoren unterschieden oder sich sonst was dabei dachten: Das ewige Thematisieren von geht oder geht nicht wirkte in jedem Fall irritierend und ungünstig.

Die Neuankömmlinge waren friedliche Stirn- und Nasenhuckelaliens der Woche, die durch die Anomalien in Not geraten waren und die Xindi bisher nicht mal kannten. Archer versuchte zunächst argumentativ, an die Warpspule der Fremden zu gelangen, scheiterte aber. Zunächst zumindest.

## VOM DUSCHEN, DROGENSUCHEN UND DRÜBER REDEN

Ein harter Schnitt führte uns unter T'Pols Dusche. Es war an der Zeit für eine knisternde Szene zwischen ihr und Trip. Dass es dabei ein wenig mehr zur Sache ging als sonst bei *Star Trek* üblich, überraschte schon. Am Ende mutierte die liebestolle Vulkanierin jedoch zur Zombiebraut und wachte auf. Immer diese bösen Träume.

Ihre Entzugserscheinungen machten ihr derart schwer zu schaffen, dass sie heimlich und alleine auf die Suche in den zerstörten Teil des Schiffes ging, sich in Lebensgefahr begab, fast starb und letztlich wie ein x-beliebiger Junkie in ihrem Quartier den just geborgenen Stoff konsumierte. Ähnlich wie bei *Babylon 5* skizzierte man hier, natürlich arg abgekürzt, einen effektiven Suchtverlauf in einer

Serie, die ansonsten nicht darauf angelegt war, ihre Hauptcharaktere derart in Schwierigkeiten zu bringen.

Von Degra erhielt die Crew zwischenzeitlich eine verschlüsselte Nachricht: Er bot ein geheimes Treffen an, in drei Tagen an einem vier Lichtjahre entfernten Ort. Warp 3 wäre Minimum nötig, um dieses Rendezvous einzuhalten. Nun war guter Rat teuer. Bevor Degra jedoch selbst aufbrechen konnte, versuchte der Rat (ohne die Reptilianer) noch, die undurchschaubare Informantin der Sphärenbauer in die Mangel zu nehmen. Diese blockte jedoch alle Versuche ab und bestand auf der schlichten Tatsache, dass die Menschen der einzig relevante Feind für die Xindi seien. Auch hier würde der Rat zeitnah entscheiden müssen.

## (NO) COURAGE UNDER FIRE

Kurze Zeit später stand der Plan fest: Archer wollte (erneut) alles über Bord werfen und auf die armen Fremden losgehen, ihnen die so dringend benötigte Warpspule mit Macht entreißen.

In der Abgeschiedenheit seines Bereitschaftsraums redete ihm T'Pol ins Gewissen. Sie erinnerte an die Marodeure, die ihnen zu Beginn der Reise in die Ausdehnung etwas Ähnliches antun wollten. Doch ließ sich Archer auf nichts ein, nicht einmal, als T'Pol im Überschwang ihrer Suchtprobleme den Glastisch des Captains kurz und klein schlug. Die Wahrheit über ihren Zustand verriet sie jedoch nicht, sie sei schlicht nicht zum Meditieren gekommen. Nicht einmal Archer schien ihr diese Ausrede zu glauben.

Dafür vertraute sie sich kurz darauf dem Doktor an; in einer der besten Blalock-Szenen bisher wirkte die Vulkanierin verwundbar wie selten zuvor. Auch Billingsley punktete erneut mit Einfühlsamkeit und Verständnis. Er versprach, ihr Geheimnis zu wahren und sie auf ihrem schweren Weg zu unterstützen. Courage under fire.

Andernorts lief Archers Plan an; das fremde Schiff wurde warpunfähig geschossen, das MACO-Team mischte den Laden auf, man fand die Spule, schob noch ein paar Hindernisse aus dem Weg und wollte wieder gehen. Nicht jedoch ohne dem wütenden Captain der Fremden noch zu erklären, dass man zumindest Vorräte und Trellium-D im Zwangsaustausch in deren Frachtraum gebeamt hatte;

eine Spur Starfleetflair, doch im Endeffekt nur Beruhigung des eigenen Gewissens. No courage under fire.

## LETZTE WORTE

Zum Ende wurde es dann wieder gefühlvoll. Erneut sprachen T'Pol und Phlox über die Sorgen der Vulkanierin. Wie es schien, gingen ihre hervorgekrochenen Emotionen nicht so schnell wieder weg, wie sie das Trellium absetzte. Vielleicht würden sie sie sogar deutlich länger begleiten, als man annehmen durfte. T'Pol hatte an dieser Stelle schlicht Angst; allerdings hatte sie auch exakt das bekommen, was sie ursprünglich wollte.

Trip hatte derweil die Spule eingebaut, die für das Treffen mit Degra ausreichen würde. Eine Absolution hatte er auch noch übrig: für seinen Captain, der jedoch im Kern wusste, dass alle nur versuchten, ihre eigenen Gewissen zu entlasten.

## RUHE IM STURM

Trotz des vorhandenen Action-Anteils bot *Damage* in der Essenz pure Reflexion und kaute die emotionalen Implikationen zweier relevanter Staffelthemen noch einmal durch. Die Ausdehnung und die Mission an sich hatten mit einigen Crewmitgliedern Dinge angestellt, die unvorstellbar waren. Archer wurde zum unnahbaren, Grenzen überschreitenden Kampfhund, T'Pol zu einem zwar mutigen, aber auch verängstigten Schatten einer typischen Vulkanierin. Wohin ihre Wege sie und den Rest der Crew noch führen würden, musste man abwarten; für den Moment hatten die Autoren beide Krisenherde in jedem Fall perfekt emotional grundiert. Und das war viel mehr, als man lange Zeit in dieser Staffel erwarten durfte.

## FAZIT

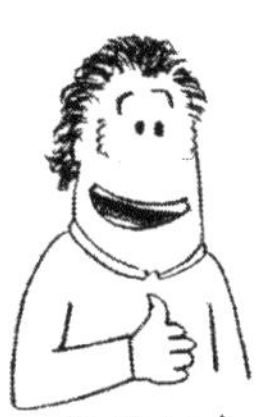


Noch besser als *Azati Prime* zog *Damage* seine Stärke nicht vornehmlich aus der optischen Wucht und den schockierenden Ereignissen, sondern vielmehr aus den emotionalen Folgen der zurückliegenden Monate, Wochen, Tage und Stunden. Ohne Atempause entfaltete sich der Arc weiter in Tiefe und Breite und bereicherte Figuren, Handlung und Setting um einzigartige Facetten. Klasse!

# 3.20

# THE FORGOTTEN

## (DIE VERGESSENEN)

*Tränen lügen nicht: Während Degra mit Archer dringende Pläne schmiedete, bekam er Trips ganzen Frust über den Angriff auf die Erde, den Tod seiner Schwester und seiner Ingenieurin Taylor ab. In der Balance hielten Trip ausgerechnet die ebenfalls angeschlagene T'Pol und der fürsorgliche Dr. Phlox.*

### INHALT

Während Captain Archer versuchen muss, Degra und Jannar, zwei einflussreiche Ratsmitglieder der Xindi, davon zu überzeugen, dass die Menschheit keine Bedrohung für ihr Volk darstellt, versucht Commander Tucker einen Brief an die Angehörigen eines getöteten Crewmitglieds zu schreiben …

### IM KERN

Die Episode an sich pausierte den Xindi-Arc auf eine etwas ruhigere Art und Weise, als dies in den Wochen zuvor möglich gewesen war, doch beinhaltete sie zusätzlich auch einen Kern, der positiv auffiel, sich jedoch auch ein wenig zwischen der fortlaufenden Themen der Season versteckte.

Zwar drohte weiterhin die Vernichtung der Erde durch die nahezu fertiggestellte Xindi-Waffe, aber man nahm sich dennoch die Zeit für sehr persönliche Momente. Im Zuge der letzten Auseinandersetzungen waren bisher 18 Crewmitglieder gestorben. Für sie veranstaltete die Crew eine kleine Gedenkzeremonie, bei der Archer eine Rede hielt. Trauerbewältigung der dezimierten Enterprise-Familie.

Zusätzlich gab man Trip, der durch die fortlaufenden Reparaturen bereits seit zwei Tagen auf den Beinen war, den Auftrag, für die Eltern der verstorbenen Taylor einen Brief zu schreiben. Archer hielt hier die Fahne der Menschlichkeit sehr hoch; angesichts dessen, was gerade auf dem Spiel stand und wie der Zustand seines Freundes und Kollegen war, vielleicht sogar etwas zu hoch. Nach der aktuellen Krise wäre eventuell auch noch Zeit dafür gewesen. Doch sollte man sich nie über eine gelungene Umsetzung menschlicher Regungen in schweren Zeiten beschweren; das wäre an dieser Stelle und auch generell deplatziert.

Doch Trip haderte mit dieser Aufgabe. Er fand keine Worte, um den Verlust für die Eltern auszudrücken. Immer wieder landete er bei kalten Floskeln und förmlicher Ausdrucksweise. Auch eine von Phlox verordnete Ruhepause half nicht. In einem Traum erschien ihm Taylor, die ihn erinnerte, dass er es gewesen war, der sie an Bord der Enterprise geholt hatte. Dass er in ihr Potenzial gesehen und sie als Kollegin und Freundin schätzen gelernt hatte. Sie flehte ihn fast an, sich an sie zu erinnern. Trips eigenes Gewissen zeigte ihm somit den Weg: Er musste die Gefühle und Erinnerungen zulassen und sich auch mit seiner eigenen Schuld befassen. Doch es ging in Wirklichkeit gar nicht um Taylor.

In einer mehr als kraftvollen Szene brach es aus Trip heraus. Er sah ein, dass es in Wirklichkeit die ganze Zeit nur um seine Schwester Elizabeth ging, die während des ersten Angriffs der Xindi auf die Erde ihr Leben verloren hatte. Er hatte versucht, in ihr nur eines der sieben Millionen Opfer zu sehen; doch war sie natürlich viel mehr: seine kleine Schwester. Aus dieser Erkenntnis entstand ein kraftvoller und emotional wundervoller Moment zwischen Trip und T'Pol, zudem toll gespielt und gefilmt. Trip fand für die Eltern von Taylor keine Worte, weil er bisher keine Worte für einen eigenen Verlust zugelassen hatte. Seine Trauerbewältigung bestand ausschließlich aus Verdrängung. Als er erneut versuchte, den Brief zu diktieren, sprach er über Taylor und über Elizabeth. Er verarbeitete beide Verluste und fand doch noch sehr persönliche und liebevolle Worte. Am Ende verabschiedete er sich von beiden, auch von seiner Schwester. Die Trauerbewältigung war zwar damit noch lange nicht abgeschlossen, durfte nun aber für Trip überhaupt beginnen.

## AM RAND

Stand die Geschichte um Trip emotional zwar klar im Mittelpunkt der Episode, blieb *The Forgotten* in Sachen Screentime und Ausrichtung dennoch eine klare Arc-Episode, die die diversen Geschichten vorantrieb. T'Pol kämpfte nach wie vor mit ihrer Abhängigkeit, deren Folgen ihr immer noch den Verstand zu rauben drohten. Übermannt von zu vielen Emotionen, bewegte sie sich ständig auf einer feinen Linie zwischen Kontrolle und Verlust derselben. Engste Vertraute dabei waren weiterhin Dr. Phlox und Trip; hier spannte die Serie ein starkes emotionales Band zwischen den Figuren, das für markante Dialoge und Szenen sorgte.

Auf der anderen Seite stand der Versuch Archers, Degra und seinen Kollegen Jannar ins Boot gegen die Reptilianer und die transdimensionalen Wesen zu holen. Der Captain musste Vertrauen aufbauen und Beweise für seine Ausführungen vorlegen. Bei Degra, der mehr denn je am auserkorenen Ziel seiner eigenen Waffe zweifelte, fand er damit fruchtbaren Boden. Beim rational denkenden, schuldunbelasteten Jannar hingegen erntete er verständlicherweise Zweifel. Auch die Anschuldigungen von Trip, die Degra über sich ergehen lassen musste, waren keine Hilfe, führten aber beim Xindi vermutlich auch zu tieferem Verständnis für die Menschen und ihre Verluste. Er wurde erstmals ganz konkret mit von ihm verursachter Trauer konfrontiert und spürte die Auswirkungen seines Handelns.

Doch auch wenn diese zwei Brandherde losgelöst von der Geschichte um Trip, seinen Brief und seine Schwester funktionierten, verbanden alle das Element der Schuld, die Verarbeitung eigener Fehler oder Fehler anderer und die Zweifel an der eigenen Situation.

Degra hatte in bestem Glauben zur Rettung seines Volkes vor vermeintlichen Aggressoren eine Waffe entwickelt, die bald einen ganzen Planeten auslöschen sollte. Überdeutlich wurden ihm von Trip seine Verfehlungen und die Implikationen für die Menschheit als solche und einzelne Menschen vorgehalten. Er befand sich letztlich nun auf einer Mission der Reue und verfolgte den Wunsch, besser mit seinem belasteten Gewissen leben zu können und einen weiteren Fehler zu verhindern. Dass er dabei sogar bereit erschien, seine eigenen Leute zu opfern und diese Tat dann erneut mit der Formulierung »Ich hatte keine andere Wahl.« zu rechtfertigen, sprach Bände, was seine innere Zerrissenheit und Verzweiflung anging.

T'Pol hatte aus Neugier etwas ausprobiert, was ihre Karriere, ihre Gesundheit, ja sogar den Kern ihrer vulkanischen Existenz zerstören konnte und überdies ihre Arbeit und damit das Wohl ihrer Crewmitglieder beeinflusste.

Der Kampf mit der eigenen Geschichte war somit das verbindende Element zwischen den Versatzstücken. Eine eher unauffällige, kleine Parallele zwischen den Einzelteilen, die den Autoren der Episode gut, aber nicht grandios gelang, da die Verbindungspunkte dafür schlicht zu subtil und aus der Not der fortschreitenden Xindi-Handlung geboren waren. Dennoch: Besser als eine strikt getrennte A-, B-, C-Handlung war das allemal.

## FEUERN AUS ALLEN ROHREN

Das dickste Lob ging noch an die Schauspieler: Scott Bakula als angepisster Kick-Ass-Archer, John Billingsley als immer fürsorglicher und zugänglicher Ratgeber Phlox, die inzwischen durchweg grandiose Jolene Blalock als von ihrer Sucht beherrschte und eingeschüchterte Vulkanierin und zum Schluss der diesmal und wie so oft fantastische Connor Trinneer als vom Tod seiner Schwester gebrochener Trip. Sie alle trugen die Handlung und hoben sie spielend auf einen höheren Level.

## FAZIT

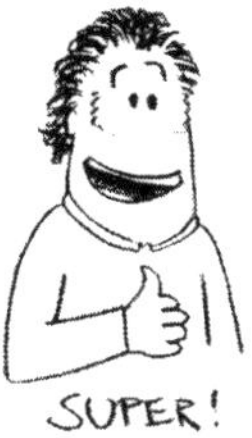


Mitten im eng verstrickten und lauten Xindi-Arc hielten die Produzenten kurz inne und präsentierten eine ruhige, kleine Episode, die sich in allen Bereichen um Schuld, Zweifel und den Umgang mit überbordenden Gefühlen drehte.

Mit grandiosen Leistungen von Trinneer, Blalock, aber auch von Bakula und Oglesby garniert, eine starke Dreiviertelstunde, deren Fokus zwar zu wenig auf dem gehaltvollen Trip-Strang lag, aber dennoch voll überzeugen konnte.

# 3.21

## $E^2$

## ($E^2$)

*Kinder, wie die Zeit verging: Das letzte Plagiat lag nur wenige Wochen zurück, da stürzten wir uns bereits auf das nächste. Dass die Gefühlsduseligkeit des Rezensenten der Episode diesmal jedoch zu einer starken Wertung verhalf, wollen wir ihm nicht vorwerfen.*

### INHALT

Die Enterprise erlangt die Koordinaten eines geheimen Xindi-Subraum-Korridors, der eine Abkürzung durch die Ausdehnung bedeuten könnte. Die Crew will just furchtlos trotz der als gefährlich bekannten Bewohner in den umgebenden Nebel eindringen, als ein Schiff hindurchgelangt, das überraschenderweise mit einer sehr vertrauten Starfleet-Registrierungsnummer ausgestattet ist …

### ZWISCHENSTOPP AUF DEM RECYCLING-HOF

Nach den dramatischen Ereignissen der vergangenen drei Episoden, deren Storys von Woche zu Woche nahtlos weitergeführt wurden, nahm sich die Serie vor dem großen Finale noch einmal Zeit für ein Stand-Alone-Abenteuer, das eher mit *Twilight* zu vergleichen war und den Arc als Aufhänger für eine in sich (relativ) geschlossene Story nutzte.

Auf dem Weg zum mit Degra verabredeten Treffpunkt geriet die Crew dabei in eine Situation, die wie so viele frühere Trek-Ausflüge dieser Machart mit temporalen Mechanismen spielte und dabei nicht nur eine (erneut) extrem dreiste Kopie darstellte, sondern auch (wie jedes Mal in dieser Hinsicht) die Logik auf eine harte Probe stellte.

Und die Bezeichnung »dreiste Kopie« ist in diesem Fall keineswegs übertrieben, da mindestens ein Dutzend Episoden als Vergleichsbasis in Frage kämen; am Deutlichsten werden die Anleihen jedoch bei der wundervollen DS9-Episode *Children of Time (Kinder der Zeit)*. Auch dort traf die Crew auf Nachkommen ihrer selbst, auch dort war mit Odo ein langlebiges (oder eben unsterbliches) Mitglied der Besatzung noch am Leben und mischte sich in eine gerade beginnende Beziehung ein, auch dort musste eine schwerwiegende Entscheidung getroffen werden, und auch dort verfolgte einer der Nachkommen einen ganz eigenen Plan, der vereitelt werden konnte und musste, um alles letztlich wieder ins Lot zu bringen.

Mike Sussman, der bisher als Garant für originelle und hochklassige Episoden galt, recycelte den Plot der beiden Autoren Holland & Calk mit einer schelmischen Genauigkeit, dass man sich wie bereits bei *Doctor's Orders* von Kollege Chris Black fragen musste, was es mit dieser Politik auf sich hatte. Sicherlich handelte es sich bei der Vorlage um eine großartige Episode; und sicherlich passte sie emotional und in Sachen Handlung exakt an diese Stelle des vorliegenden Arcs. Dennoch musste es doch eigentlich möglich sein, eine etwas eigenständigere Handlung zu erdenken, ohne auf 90 Prozent einer bestehenden Episode zurückzugreifen. Oder ist das zuviel verlangt, nachdem die Troika der letzten Episoden Maßstäbe gesetzt hatte?

Vermutlich; denn der interessanteste Punkt an alledem war, dass Sussman ursprünglich die Columbia für die Geschichte im Blick hatte. Diese wäre durch einen Xindi-Subraum-Tunnel geflogen, um der Enterprise zu helfen, dabei aber in die Vergangenheit geraten. Somit wären Archer und Co. dann auf die Nachkommen der Original-Columbia-Crew getroffen, und man hätte die extreme Ähnlichkeit zu *DS9* galant umschifft. Doch leider wurde der Autor von den Produzenten überstimmt, die gerne den alten Ansatz nutzen wollten und auch der Meinung waren, es sei genug Zeit seit damals vergangen. Tja, time is a beast.

Dass zudem, wie erwähnt, die Logik noch hart strapaziert wurde, da die Ereignisse, die zur Erschaffung der anderen Enterprise geführt hatten, ja noch nicht geschehen waren, störte da schon kaum mehr. An diese Art von Paradoxon haben wir uns durch viele ähnliche angelegte Episoden schließlich längst gewöhnt und somit sind somit abgehärtet. Da Sussman sowieso etwas anderes im Sinn gehabt hatte, durfte man dies ebenfalls als Anpassung unter Druck von oben werten.

Ein Wort traf die Gefühlslage besonders gut, wenn es um die Bewertung ging: Déjà-vu. Genau an dieser Stelle hatten wir uns auch schon während der Rezension zu *Doctor's Orders* befunden. Das pure Nachspielen einer bekannten Episode hätte die vorliegende Dreiviertelstunde eigentlich allein in den Keller gerissen haben müssen.

## HÄTTE SPIELT KLARINETTE

Doch kommt es ja erstens anders, und zweitens als der Kritiker sich das ausmalt. Nach vollständiger Ansicht der Episode konnte, wollte und durfte man sich einfach auch dazu entschließen, Gnade walten zu lassen. Die Emotionalität der Handlung, die perfekt getimte Interaktion der Charaktere, die besondere Situation innerhalb des Arcs, die stimmige Umsetzung in Wort, Bild und Ton: All das hellte das triste Bild eines simplen Plagiats auf und hievte die Episode in für viele unter Umständen kaum verdiente Höhen.

Es mochte zu einfach sein, dass Entwicklungen, die bereits an anderer Stelle (Odo/Kira) wunderbar funktionierten, hier erneut durchgespielt wurden (Trip/T'Pol). Es mochte nerven, dass die alte T'Pol wie auch der alte Odo eine Art Katalysator darstellte, die die Verbindung in eine bestimmte Bahn zu lenken versuchte; dass beide Letztgenannten zudem auch noch der heimlichen Intention des Anführers der Nachkommen entgegenstanden, fiel selbst dem geneigten Zuschauer kaum mehr negativ auf.

Losgelöst von *Children of Time* war dies eine absolut angemessene Umsetzung der aktuellen Situation innerhalb der Serie. Es wurde noch einmal für einen Moment innegehalten; die Crew erhielt Luft zum Atmen und gewährte sich selbst einen Funken Hoffnung, indem sie von einer Zukunft erfuhr, die zwar nicht den gewünschten Erfolg der Mission gebracht, aber immerhin in persönlicher Hinsicht ihren Leben einen Sinn und ein Ziel gegeben hatte. Besonders nach der kurzen, aber emotional berührenden Unterhaltung zwischen Hoshi und Travis in *Damage* war diese Aussicht, dass das Leben weitergehen könnte, sicherlich ein willkommener Hoffnungsfunken.

Wie bei *DS9* kam Mike Sussman jedoch auch hier natürlich nicht um die Tatsache herum, dass am Ende eines der beiden Schiffe Platz machen musste für eine Reparatur der Zeitlinie. Archers Enterprise wurde somit nicht zerstört, womit sich vermutlich das andere Schiff auflöste. Erstaunlich war hierbei jedoch, dass die Crew ihre Erinnerung behielt, wenn doch nichts von alledem durch die veränderte Gegenwart geschehen sein durfte. Geschenkt!

## FAKTEN, FAKTEN, FAKTEN

Am Produktionsniveau, dem Score und den Effekten gab es fast schon obligatorisch nichts zu bemängeln. Die Unterschiede zwischen beiden Schiffen wurden durch Beleuchtung und einige Utensilien ausreichend hervorgehoben. Fast meinte man den späteren Charme der Nobel-Enterprise des Captain Picard durchscheinen zu sehen.

Schauspielerisch bekamen wir mit David Andrews eine perfekte Wahl für Lorian geboten; ihm gelang es, in jeder Situation Mutter (T'Pol), Vater (Trip) und Mentor (Archer) durchscheinen zu lassen. Lorian war, man verzeihe den blöden Witz, ein wirkliches Kind der Zeit und verkörperte alles, wofür die drei wichtigsten und prägendsten Personen seiner Geschichte standen.

Die restlichen Gastdarsteller verrichteten, wie auch die Stammschauspieler, ihren Dienst ohne Fehl und Tadel, ohne dabei jedoch großartig über sich hinauszuwachsen. Einzig Jolene Blalock sollte noch näher beleuchtet werden – während ihre Darstellung der üblichen T'Pol vollkommen im Soll lag, ragte ihr Versuch, die alte T'Pol darzustellen, nicht wirklich heraus. Begraben unter Tonnen von Make-up und mit trüben Kontaktlinsen wirkte sie eher wie ein alter Ferengi und kam insgesamt zu unecht rüber. Da zudem einige Einstellungen mit beiden T'Pols technisch unnötig schwach umgesetzt wurden, was die gegenseitigen Blicke anging, entfalteten diese Szenen zwar durchaus Charme, aber nutzten nicht das ganze Potenzial.

Als Plagiat musste man der Episode fast alle Punkte mangels Innovationen abziehen; ignorierte man die Vorgänger, handelte es sich aber eben auch um eine emotional mitreißende, nachdenkliche, menschliche und tiefgründige Episode über verlorene Seelen in einer düsteren Phase ihres Lebens. Nehmen wir doch aus reiner Gutherzigkeit die zweite Alternative.

## FAZIT

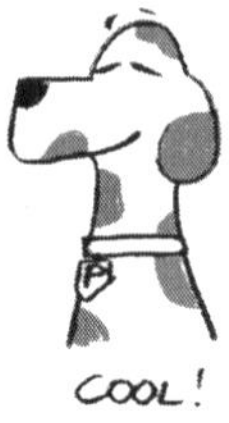


Unter akutem Gedächtnisschwund leidende Fans durften die inneren Werte der Episode aufs Höchste genießen. Solche, die sich jede Episode aller Serien mindestens einmal zu oft angesehen hatten und über ein Elefantengedächtnis verfügten, mussten indes ein weiteres Mal irritiert feststellen, dass auch ein gelungenes Plagiat immer ein Plagiat bleiben wird. Trotz allem war die Episode eine warmherzige, emotional berührende Studie, die dem Arc Tiefe verlieh und perfekt die bevorstehenden letzten drei Episoden einleitete.

# 3.22

# THE COUNCIL

## (DER RAT)

*Es hatte eine Weile gedauert, doch zum Ende kam der Staffel-Arc noch einmal richtig in Fahrt. Man zog endlich alle richtigen Strippen, fand alle relevanten Schalter und bog mit Affenzahn auf die Zielgerade ein.*

## INHALT

Archer trifft auf den Rat der Xindi, um dort zu erörtern, warum die beiden Rassen nicht lieber Frieden schließen sollten, anstatt durch den Start der Waffe alles nur weiter eskalieren zu lassen. Währenddessen erforschen Reed, Mayweather, T'Pol und Hawkins eine Sphäre, um mehr über deren ominöse Erbauer zu erfahren …

## ZUHAUSE BEI DEN SPHÄREN-BAUERN

Nachdem die vergangene Episode dem Handlungsverlauf in gewisser Weise eine kurze Auszeit zu gönnen versucht hatte, stieg man hier wieder in die finalen Momente des immer epischer werdenden Staffel-Arcs um die Bedrohung durch die Xindi ein. Und wie!

Manny Cotos Drehbuch eröffnete die Episode dabei mit einer Szene, die skurriler nicht hätte sein können: Die erste Unterhaltung zwischen den mysteriösen Sphären-Bauern, der wir beiwohnen durften, zeichnete sich durch einen eigentümlichen Charme aus, der die Wesen auf erschreckend kalte Art und Weise überlegen zeigte und so ohne große Vorarbeit zu einer greifbaren Bedrohung heranreifen ließ.

Die Tatsache, dass sie ständig den Fluss der Zeit im Auge behalten konnten und Möglichkeiten studierten, wie die Situation sich entwickeln konnte, vermischte auf nicht ungeschickte Art und Weise Motive des Temporalen Kalten Kriegs (der hier aber bekanntermaßen keine allzu große Rolle spielte) mit dem Thema der Gründer aus *DS9*. Diese Parallele wurde auch durch das uninspirierte Makeup der Spezies getragen; ein Punkt, den man mit Fug und Recht als Kritik anführen durfte. Die Tatsache, dass die Xindi die Fremden zudem als Guardians verehrten, gab dieser Kritik natürlich weitere Nahrung; und auch die »weiße Suppe«, in der sie scheinbar beheimatet waren, weckte nicht unbegründet Erinnerungen an Siskos Besuche bei den Wurmlochwesen. Aber genug davon; die angeführten Ähnlichkeiten einmal beiseitegelassen, handelte es sich hier um eine Spezies, die durchaus Interesse weckte und überzeugen konnte.

Besonders die Szene, in der die Anführerin versuchte, Degra zu bekehren, war mit einer Exaktheit inszeniert (man beachte den wundervollen Score zu Beginn der Szene), die beiden Seiten Gelegenheit gab, sich zu profilieren. Es war bei weitem nicht die einzige Szene, in der Randy Oglesby die Chance erhielt, seine schauspielerischen Fähigkeiten offenzulegen. Gleiches galt für die Szenen mit Trip und Archer, die als wunderbare Vorboten für das neue Miteinander zwischen den Völkern standen und durch Oglesbys Präsenz getragen wurden.

## HEFTE RAUS, KLASSENARBEIT!

Aber auch darüber hinaus bot die Episode eine Fülle an Material.

Zuerst einmal brachte eine ausführliche Szene zwischen Archer und Degra endlich einige überfällige Antworten; so erfuhren wir mehr über die Hintergründe des Verhältnisses der Guardians zu den

Xindi und erhielten eine originell umgesetzte Übersicht über die wichtigsten Xindi-Persönlichkeiten, die nun auch endlich Namen und stichwortartige Background-Informationen bekamen. Warum die Produzenten mit diesen Informationen bis hier gewartet hatten, bleibt schleierhaft, die Umsetzung war jedoch faszinierend. Und nebenbei: Die Insektoiden sahen nie so gut aus wie hier.

Das gleiche galt im Übrigen natürlich auch für die Ratskammer der Xindi, die wir nun gemeinsam mit Archer und Hoshi endlich genauer unter die Lupe nehmen konnten; sie entfaltete eine schaurig-urige Atmosphäre, die perfekt zur bisher kennengelernten komplexen Gesellschaftsstruktur der Xindi selbst passte.

Die Szenen in der Ratskammer wurden zum Kern der Handlung; von vornherein waren die Rollen dabei klar verteilt. Degra, die Humanoiden und die Faultiere als grundsätzlich Archer positiv gesonnen, die Aquarianer als neutrale Kraft und die Reptiloiden und Insektoiden als Gegenpol; eine Aufteilung, die wir bereits die gesamte Season verfolgen konnten, mit der Archer und Hoshi nun aber erstmals konkret konfrontiert wurden. Die Zerrissenheit des Rates und der Spezies an sich wurde hier am deutlichsten offenbart; man war inzwischen nicht einmal mehr bereit, den Argumenten der anderen Seite zuzuhören. Ein Scheitern des Rates war bereits seit vielen Episoden mehr als absehbar gewesen. Hier sprengte Degra mit seiner Überzeugung nun jedoch endgültig das dünne Band zwischen den einzelnen Gruppen. Eine unvermeidliche Entwicklung.

Dabei konnte Archer selbst am wenigsten für die Ereignisse. Seine Rede wirkte ehrlich und aufrichtig. Die vollkommen hoffnungslose Lage, in der sich die einzelnen Gruppen befanden, konnte er jedoch am wenigsten beeinflussen. Er hatte das Maximum erreicht, hatte Degra und alle, die ihm vertrauten, auf seine Seite gebracht; mehr war nie möglich gewesen.

Durch die Nachwehen dieses Konfliktes erfuhren wir erneut einige interessante Dinge, die vieles im Nachhinein logischer erscheinen ließen, was man bisher noch als Fehler oder zumindest Fragezeichen im Arc hatte bezeichnen können. Die Guardians hatten laut Degra zwar keine greifbaren Beweise erbracht; hier erfuhren wir jedoch, dass sie dem Rat eine visuelle Darstellung vorgeführt hatten, in der die Menschen die Heimatwelt der Xindi zerstörten.

Wenn man sich den Status der Guardians für die Xindi vor Augen hielt, konnte man durchaus akzeptieren, dass diese Vorführung für den Rat Beweis genug gewesen war – bis Archer kam. Nebenbei wurde geklärt, wieso die Xindi eine Heimatwelt beschützen wollten, die es unseren Informationen nach ja gar nicht mehr gab. Die Guardians sprachen immer von der zukünftigen Heimatwelt, die die Xindi irgendwann in der Zukunft einmal finden und besiedeln würden. Hier schlossen sich diverse Lücken mit Informationen, die der inneren Logik der gesamten Staffel spät, aber immerhin noch rechtzeitig zugutekamen.

## VIEL MEATY STUFF, WENIG HEISSE LUFT

Während all dieser Vorgänge wandten sich die Guardians an die geistig schwachen Reptiloiden und versuchten, ihren Plan noch zu retten. Dieses Handlungselement konnte man problemlos als Schwachpunkt der Episode bezeichnen.

Ein weiteres Thema, das von Manny Coto auf der anderen Seite wiederum geschickt weitergeführt wurde, war die verständliche Feindseligkeit Trips gegenüber Degra. Hatte dieser sich bisher noch mit Entgegnungen zurückgehalten, griff er sich den Ingenieur der Enterprise dieses Mal sogar körperlich und versuchte ihn mit aller Macht auf die veränderte Situation und das gemeinsame Ziel einzuschwören. Auch hier stahl Randy Oglesby wieder die Szene und spielte den sonst so großartigen Connor Trinneer glatt an die Wand; schade, da durch etwas mehr Elan auf dessen Seite die Szene noch deutlich emotionaler gestaltet hätte werden können. Da er jedoch zum Zuhörer degradiert wurde, konnte man Trinneer vielleicht nicht wirklich einen Vorwurf machen.

Besser gelungen war in dieser Hinsicht auf jeden Fall die spätere Szene zwischen Degra und Trip, in der beide das Kriegsbeil begruben und sich gegenseitig klarmachten, dass ab sofort nur noch das Miteinander zählen durfte. Ein würdiger Abschluss für dieses Kapitel.

Apropos würdiger Abschluss: Degra zu diesem Zeitpunkt der Handlung sterben zu lassen, hätte überraschender und schockierender nicht kommen können. Für die Crew und besonders für Archer brach mit Degra der Strohhalm weg, an den man sich seit Wochen klammerte, der Mann, durch den Archer überhaupt erst den Fuß in die Tür des Rates bekommen hatte.

Doch auch für die Serie und die Zuseher war Degra ein schmerzlicher Verlust, da die Autoren es mit fortschreitender Handlung fertiggebracht hatten, aus dem zu Beginn eindimensionalen Bösewicht eine komplexe und starke Persönlichkeit zu formen, die Randy Oglesby jede Gelegenheit gab, seine überdurchschnittlichen Fähigkeiten einzusetzen. Die Todesszene war jedoch angemessen und wurde in ihrer atmosphärischen Brutalität perfekt umgesetzt. Der Charakter des Dolom gewann durch seine abschließende Drohung, Degras Frau und Kinder aufzuspüren und hinzurichten, eine perverse Kälte, die durch die Geschichte über das Kind seiner Schwester (die Degra Archer vorher erzählt hatte) noch verstärkt wurde.

Die Mission, auf der sich T'Pol, Travis, Malcolm und MACO Hawkins befanden, rückte ein weiteres Mal die mysteriösen Sphären in den Mittelpunkt. Bei dieser Nebenhandlung drehte es sich jedoch eher um ein Spannungselement, dass wenig Tiefgang bot und schlicht von der starken Optik, der waghalsigen Mission und dem Tod des hier zum vierten Mal eingesetzten MACOs Hawkins handelte. Dabei war es sicher von Vorteil, dass der neben Major Hayes bisher am ehesten im Gedächtnis gebliebene MACO hier als Opfer gewählt wurde, da der aufmerksame Zuschauer mit ihm unter Umständen etwas verbinden konnte.

Interessant war in diesem Zusammenhang auch die Reaktion von Reed, der scheinbar irgendwo zwischen Selbstvorwürfen und dem psychischen Druck der Mission zu zerbrechen drohte. Dabei gelang es Dominic Keating bereits seit Wochen perfekt, einen immer unsichereren, innerlich zerrissenen Reed zu zeigen, den nur noch seine Pflicht über Wasser hielt. T'Pol fiel in dieser Szene im Übrigen eine wundervolle Hommage zu, als sie Reed das vulkanische Motto »Das Wohl Vieler wiegt schwerer als das Wohl eines Einzigen« weitergab. Passend, einfühlsam und perfekt für die serienübergreifende Kontinuität.

T'Pols Sucht schien hingegen nicht mehr der Fokus der Handlung zu sein; wie aber auch, bei allem, was sonst so vor sich ging. Dennoch streute Coto auch hier kleine Randnotizen ein, die sie und andere Charaktere abrundeten. Es war auf jeden Fall nicht uninteressant, dass sie scheinbar immer noch niemandem ihre Probleme gebeichtet hatte; nicht einmal Trip, den sie hier erstmals auch bei seinem Spitznamen nannte. Eine Entwicklung, die sicherlich nicht unbeabsichtigt vorgenommen wurde.

Hoshi erhielt nach sträflicher Vernachlässigung innerhalb der Staffel endlich wieder eine sinnvolle Aufgabe, die auf ihren Fähigkeiten beruhte und, angesichts des dramatischen Endes, zu einem weiteren Handlungsstrang führen würde.

## TECHNISCH BETRACHTET

Schauspielerisch glänzten wie schon mehrfach erwähnt Randy Oglesby (leider zum letzten Mal), Scott Bakula (man beachte den Horror, als er von Degras Tod erfuhr, und seine innere Leere, als die Waffe im Vortex verschwand) und Dominic Keating (mit Trinneer der Beste im Abliefern von Emotionen). Allerdings holten auch Scott MacDonald (Dolom), Tucker Smallwood, Rick Worthy (Jannar) und Josette DiCarlo viel aus dem gebotenen Material heraus und verliehen ihren doch recht eindimensionalen Charakteren eine größere Fülle als zuvor.

Optisch und akustisch bot die Episode ebenfalls absolutes Top-Niveau. Komponist Velton Ray Bunch holte erneut an einigen Stellen seine Kniffe aus der Trickkiste, um Szenen auf eine ganz spezielle Art und Weise zu bereichern, während David Livingston seine ganze Trek-Erfahrung ausspielte und jeden noch so kleinen Deut aus dem Drehbuch herausholte. Doch auch die Trickspezialisten sollen nicht vergessen werden: Ohne die Ehrfurcht gebietende Umgebung der Ratskammer, die Xindi-Schiffe, die Kampfszenen und vieles mehr hätte eine solche Wucht im optischen Bereich nicht erreicht werden können.

## DURCHATMEN – WAS GIBT ES ABSCHLIESSEND ZU SAGEN?

Bei der gebotenen Fülle musste man die Episode auf den unterschiedlichen Ebenen bewerten. Sie bot nervenzerfetzende Spannung, baute den Arc mit Bedacht, Intelligenz und Energie aus und fungierte als Charakterdrama zwischen Trip und Degra, Degra und Archer, T'Pol und Trip, den Xindi an sich, Hoshi, Reed; eine reife

Leistung. Zudem sprach Coto Themen an, die der Serie im Laufe der Jahre und des aktuellen Jahres ihren Stempel aufgedrückt hatten (Temporaler Kalter Krieg, Daniels sowie die Föderation und die Chance auf Frieden).

Hier zeigte sich, wie gut ein Drehbuch sein und wie gut man alle Fäden lose in der Hand halten konnte, um sie im exakt richtigen Moment zu straffen und für wohldosierte Überraschungsmomente zu sorgen.

### FAZIT

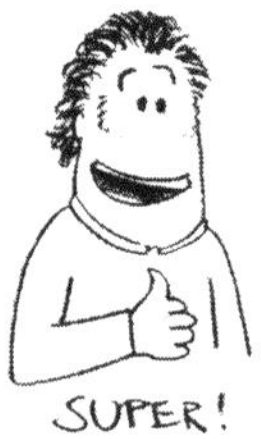


Kudos! *The Coucil* war die perfekte Symbiose aus allen Stärken der dritten Staffel: Ein wilder Mix aus Charakterdrama, Emotionen, Mut zum Risiko, optischer Wucht, Mystery, Spannungsaufbau und Darstellerleistungen. Manny Coto führte den Arc mit Macht auf eine Ebene, die man sich von Anfang an gewünscht hätte! Große Klasse!

# 3.23
# COUNTDOWN
## (COUNTDOWN)

*Wilder Ritt statt Storytiefe: Mit der vorletzten Episode der Staffel bog die Serie dreist einfach nochmal auf die Zielgrade ein und fuhr dieselbe Strecke ein zweites Mal. Dass das Ganze dennoch unterhielt, war der kompetenten Action und Rasanz geschuldet.*

### INHALT

Trotz großer Unstimmigkeiten untereinander wollen verschiedene Xindi-Lager gemeinsam die todbringende Waffe zünden und den vernichtenden Schlag gegen die Erde ausführen. Die Degra-Fraktion ist jedoch weiterhin bereit und Willens, gemeinsam mit Archer und seiner Crew den Start zu sabotieren …

## HABEN DIE DIE FALSCHE FOLGE AUFGELEGT?

Ein klein wenig fühlte man sich bei Ansicht der Episode an den direkten Vorgänger erinnert. Die groben Themen waren dieselben, der Ablauf barg mehr als einige Parallelen. Die große Waffe der Xindi war auf dem Weg zur Erde, den fiesen Reptiloiden und Insektoiden fehlte nur noch ein Code, die Crew musste verhandeln, was das Zeug hielt, und am Ende verpuffte die Hoffnung, und die Waffe entglitt der schockierten Mannschaft um Captain Archer erneut.

## SO WEIT, SO EINFACH.

Dennoch war *Countdown* nicht einfach nur ein Plagiat, sondern strickte den Flow der letzten Dreiviertelstunde gefällig weiter, ohne dabei aber wirklich irgendwo anzukommen oder gar eine eigene Story zu erzählen. Man überbrückte eher die Zeit bis zum Finale, indem man von einer kurzen Plotsequenz zur nächsten sprang und das Ganze mit einem Schwall aus Action aufpeppte; dass dabei Recycling auch eine gehörige Rolle spielte, muss erwähnt, aber nicht zu hoch gehängt werden.

Dass einige Xindi keine netten Leute waren, wurde hier zudem erneut mit dem Holzhammer zur Schau getragen. Ausgerechnet die bedauernswerte Hoshi Sato musste wieder herhalten, um entführt und gedemütigt zu werden. Dennoch bot sie den übergroßen Gegenspielern tapfer die Stirn, bis sie aber letztlich doch noch unter Druck und Gehirnwäsche zusammenbrach und kollaborieren musste. Hier zeichnete man selbstverständlich das gewohnte schwarz-weiße Bild der bösen Aliens im Kampf gegen die guten Menschen. Zwischen Drohgebärden, Brutalitäten und einem gewissen Ekelfaktor blieb einfach kein Platz für Schemen von Grau bei den Insektoiden und Reptiloiden. In einer Staffel, die sich aber ohnehin eher durch Spannung denn durch feingeistige Herausarbeitung der Antagonisten hervorgetan hatte, musste dieser Umstand keiner einzelnen Folge in Rechnung gestellt werden; wenn überhaupt, dann der Staffelkomposition an sich.

## BADASS ARCHER TO THE RESCUE!

Während Hoshi litt, wartete Archer verzweifelt und angefressen auf eine Entscheidung der Aquarianer, endlich auf Seiten der Enterprise-Crew in den Kampf einzugreifen. Doch erst indem er ihnen einen unwiderstehlichen Köder vorsetzte (das Zerstören des Netzwerks), konnte er sie zur Aktion bewegen. Dass er zu diesem Zeitpunkt noch gar keine technische Lösung für dieses Angebot besaß, dürfte besonders Trip gefreut haben. Arbeiten unter Zeit- und Erfolgsdruck ist doch genau das, was sich Arbeitnehmer wünschen. Auch später tat sich der Captain nicht durch sanften Umgang mit seinen Untergebenen hervor. Als Hoshi mehr tot als lebendig aufs Schiff zurückkehrte, durfte sie gegen die vehementen Einwände des Doktors sofort wieder auf eine gefährliche Mission taumeln. Es ging eben um das große Ganze; Archer wusste das und handelte konsequent. Was kümmerten den Mann seine Sympathiewerte?

## VERSTECKTES GOLD

Doch fanden sich tatsächlich auch zwei unscheinbare und wunderbare Szenen inmitten der vielen aufgeblasenen Rambazamba-Momente. So wurde hier endlich das komplizierte Verhältnis zwischen Hayes und Reed (und somit zwischen MACOs und Sicherheitsteam der Enterprise) seziert und präzisiert. Eine Szene, die innerhalb der Staffel aber schlicht viel zu spät kam und die zu einem früheren Zeitpunkt diesem Subplot so viel mehr Tiefe hätte abgewinnen können, hätte man sich bis dato nicht nur auf alberne Faustkämpfe und das Rumgegockel der beiden Streithähne verlegt.

Der zweite herausragende Moment betraf eine einst vertraute Szenerie: Dinner beim Captain mit Archer, Trip und T'Pol. Für einen Moment hielten all das Chaos und die Probleme der letzten Monate inne, und man war wieder an einem Punkt, wo sich die Serie zwei Staffeln lang bereits einmal befunden hatte. Naives Erforschen und die Freude auf den nächsten Morgen.

Hier ließ man die Charaktere tatsächlich ein wenig optimistisch in die Zukunft schauen, hier ließ man sie überlegen, was nach der Rettung der Erde noch vor ihnen liegen konnte. Und irgendwie erkannte man als Zuschauer an dieser Stelle, dass diese Zeit der Serie doch gar nicht so schlecht gewesen war und einen gewissen Zauber besaß, auch wenn die ganz große Qualität damals oft einen zu weiten Bogen um einzelne Folgen gemacht hatte. Dennoch: Diese fehlende Tiefe auf Dauer mit globalen Gefahren, Zerstörung und Effektschlachten zu überdecken, war sicherlich mal für eine Staffel machbar, aber eben auch keine Dauerlösung.

## FAZIT

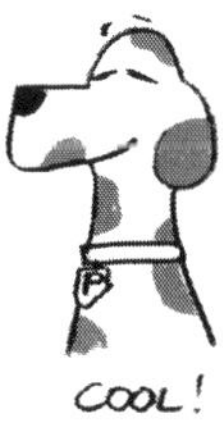


*Countdown* strotzte nur so vor Rasanz, führte die Handlungsstränge ohne große Tiefe, doch mit hohem Tempo weiter und steuerte so auf direktem Wege das unvermeidliche Staffelfinale an. Ein richtiges Thema oder Alleinstellungsmerkmal ging der Episode dabei zwar völlig ab und ließ sie im Nachhinein eher als schemenhaften Aufguss des direkten Vorgängers erscheinen, das tat dem Spaß und der Spannung aber zu diesem Zeitpunkt der Handlung kaum einen Abbruch.

# 3.24

# ZERO HOUR

## (STUNDE NULL)

*Wie so oft: Der kleinste Nenner eines Pay-Offs bestand auch diesmal aus Action, Zeitlupe und hemdsärmeligen Storyfragmenten. Dass man den Fans zudem einen unmotivierten WTF-Moment entgegenschleuderte, machte den Rest nahezu kaputt.*

## INHALT

Die Uhr tickt unerbittlich weiter, die Xindi stoßen bereits im Siegestaumel mit toten Mäusen an, Daniels erfreut Archer mit noch mehr Zukunftskauderwelsch, und der Captain selbst erklärt seiner Crew zum zigsten Mal eine wahnwitzige, alternativlose Idee …

## WER WILL NOCHMAL, WER HAT NOCH NICHT?

Juhu. Die Erde würde weiter existieren. Zumindest irgendwie. Irgendwo. Irgendwann? Das Finale des Staffel-Arcs hatte zumindest eines nicht: gelangweilt. Dass dieses Statement jedoch nur auf Basis eines schier unverschämten Action-Anteils fußen durfte, musste nicht weiter verwundern. Seit Wochen hatte die Serie diesen Weg nicht mehr verlassen, seit Wochen wurden Entwicklungen in Sachen Story oder Charakterentwicklung nur noch mit der Pipette verabreicht. Sei's drum.

Die Xindi feierten zu Beginn der letzten rund vierzig Minuten bereits ihren Sieg. Mit toten Mäusen. Mann, waren die böse, die Xindi! Keine Ahnung, was den Autoren bei diesem albernen Gaga-Moment durch den Kopf ging, keine Ahnung was man von Reptiloiden halten soll, die sich mit toten Tieren zuprosteten; Berman & Braga hatten schon Dümmeres geschrieben und hier nur eine weitere Eskapade ergänzt.

Doch hatten die feierfreudigen Bösewichte natürlich ihre Rechnung ohne die Crew der Enterprise gemacht. Archer war weiterhin stark motiviert, die Waffe zu stoppen; in letzter Instanz sollte nun ein Besuch im Inneren helfen, das Wunderwerk der Xindi-Technik direkt von dort aus zu zerstören. Eine bärtige Idee, der man auch keine neuen Aspekte abgewinnen konnte. Derweil musste Trip einen Weg suchen, die Sphären zu zerstören, damit Archer seinen Teil der Abmachung mit den friedfertigen Xindi (die keine Mäuse aßen) einhalten konnte, und man en passant eine pseudo-plausible Erklärung dafür zur Hand hatte, dass die Ausdehnung in keiner der zeitlich später spielenden Serien thematisiert wurde. Gähn.

Das alles lief in zu erwartenden Bahnen ab. Überraschungen oder gar spannende Wendungen waren nicht nur Mangelware, sondern gingen dem Drehbuch gänzlich ab. Die Staffel rollte wie ein kurzschlussgeplagter Vorlone dem Ausgang entgegen. Zurückschauen verboten.

## ZEITLUPE, EXPLOSIONEN, EXPOSITIONEN

Wäre nicht noch erneut der große Rätselmeister Daniels aufgetaucht, hätte man an dieser Stelle die Rezension fast einstellen können. Seine Voraussagen über die Wichtigkeit des Captains und seine Rolle bei der Gründung einer Föderation machten zwar durchaus Spaß; der Gute hatte jedoch schon so oft falsch gelegen oder schlicht Halbwahrheiten verbreitet, dass man ihm eigentlich kaum mehr zuhören wollte. Dabei war Daniels eigentlich bisher oft eine clevere und stark gespielte Figur gewesen. Nur leider hatten es die Autoren auch hier nicht geschafft, das vorhandene Potenzial zu nutzen und aus einer netten Idee mehr zu machen. Die ewige Geschichte mit der Summe der Teile.

Die große Vision der Autoren von der Auflösung des Arcs bestand, als es am Ende hart auf hart kam, also nur noch aus Explosionen und Zeitlupen. Hätte Archer an einer beliebigen Stelle »Hasta la vista, Schweinebacke, ich komme wieder« gesagt, wäre das im allgemeinen Trubel vermutlich gar nicht weiter negativ aufgefallen. *Star Trek* hatte sich in nur einer Staffel auf das Gleis der absoluten Beliebigkeit katapultiert, da man es nicht schaffte, durchaus vorhandenes und aufflackerndes Potenzial irgendwie konstant zu melken und in die richtigen Bahnen zu lenken. Somit blieb nach teils gelungenem, teils langatmigen Aufbau und einem knackigen Zwischenhoch (als die Action noch begeisterte) nur noch ein sich selbst verdauender Action-Showdown, der fast das komplette letzte Drittel der Staffel anhielt und sich mehr und mehr abnutzte. Bei auftretenden Ermüdungserscheinungen konsultieren Sie bitte eine weniger generische Handlung.

## WTF

Ach ja, da war ja noch was. Über den großen, bösen WTF-Moment am Ende haben sich in den vergangenen Jahren schon viele Kollegen und Fans in äußerst blumigen Worten ausgedrückt und ausgetauscht. Daher nur so viel: Weder der Cliffhanger aus inhaltlicher Sicht, noch die Tatsache, dass es überhaupt einen geben musste, noch die erneute völlig unmotivierte Beteiligung von Nazis waren damals dazu angetan, die Stimmung zu heben. Irgendwie wäre ein kitschig-fröhlich-erschöpftes Staffel-Ende doch wirklich ausreichend gewesen, oder? Nachsitzen, Berman & Braga.

## TECHNISCH BETRACHTET

Was man in Sachen Story vermisste, wurde erneut in die technische Umsetzung gelegt. Es krachte, es zischte, es brodelte, es vibrierte. Visuell und in Sachen Score spielte hier eine kompetente Crew alle Karten aus und machte aus der Episode zumindest ein Fest für die Sinne, das über einiges hinwegsehen ließ.

## FAZIT

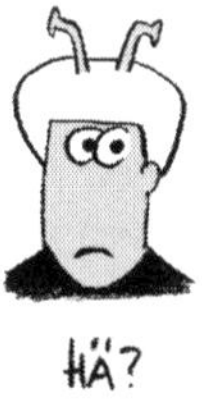


*Zero Hour* wurde die neue und legitime Duden-Definition von »heißer Luft«. Wenn Serienautoren Charakterentwicklungen, Drama, Gefühle und spannende Wendungen in Gänze mit Action, mehr Action und noch mehr Action ersetzten, wusste man wirklich, was die Stunde geschlagen hatte. Die Luft war raus, und die Staffel erhielt in letzter Instanz einen Abschluss, der irgendwie leider zum Gesamtbild passte.

## EINSPRUCH, HERR KOLLEGE!

Hallo, Herr Kollege? Ich klopfe einmal ganz zart an und verweise auf den Action-Helden, der doch in allen von uns schlummert. Warum durfte das Finale einer insgesamt doch recht actionlastigen Staffel nicht auch genau das sein? Actionlastig nämlich? Musste es immer gleich der politisch-philosophische Diskurs sein, nur weil *Star Trek* auf der Verpackung stand? Und überhaupt: Was war so schlimm an Action, wenn sie gut gemacht war? Richtig, nichts!

Man konnte sich natürlich streiten, ob eine Darf's-noch-ein-Mäuschen-mehr-sein-Party seitens der Reptiloiden wirklich sinnig war. Allerdings hatte man die ganze Szene sowieso fast 1:1 geklaut, nämlich aus *V – Die außerirdischen Besucher kommen*, in der die Bösewichte ebenfalls Reptilien-Wesen waren und Mäuse zum Fressen gern hatten. Gut, die Besucher gingen subtiler vor und entpuppten sich als Weltraum-Nazis. Aber auch sie schaufelten gerne mal so ein kleines, süßes, pelziges Wesen in sich hinein. Zugegeben, was für die 1980er Jahre gut war, musste nicht unbedingt auch in die 2000er passen. Aber insgesamt reden wir hier über eine Minute. Also Schwamm drüber.

Charakterentwicklung? Story? Wozu sollte das in der Abschlussepisode so einer Season noch groß im Fokus stehen? Nein, da ich wollte ich doch lieber sehen, wie Archer dem verbohrten und arroganten Dolim endlich dorthin trat, wo es einem Reptiloiden richtig weh tut. Und was sollte man sagen? Dolims Traum wurde buchstäblich in tausend kleine Fetzen gerissen, in Form seiner Person nämlich. Es war schon herrlich mit anzusehen, welch verachtenden Blick der Genugtuung Archer für die Reste seines Erzfeindes übrig hatte. Gut so, so funktioniert Rache.

Regisseur Allan Kroeker zeigte, dass er sein Handwerk hervorragend versteht, indem er sowohl die Kampf-Choreografien als auch Archers *Indiana Jones*-mäßige Flucht in Zeitlupe visuell ansprechend in Szene setzte. Die Kameraführung und Beleuchtung passten prima, und die Schauspieler zeigten sich in bester Spiellaune. Alles hätte also so schön sein können, wäre da nicht der unmotivierte Einschub unseres geliebt-ungeliebten Temporalagenten Daniels gewesen. Berman und Braga hatten den Plot ursprünglich sowieso nur als Kompromiss implementiert und zeigten nun, dass sie nie wirklich hinter der Geschichte standen. Warum Daniels genau an dieser Stelle auftauchte und was der Ausblick auf die Gründung der Föderation sollte, bleibt das Geheimnis der beiden. Weder bestand eine inhaltliche Notwendigkeit für die Szene, noch trieb es die Action oder das Finale in irgendeiner Weise voran. Ein kleiner Wink mit dem Zaunpfahl auf das ursprünglich geplante Ende der Serie? Wer weiß? Auf jeden Fall entzog die Szene der Folge an genau der falschen Stelle ihr Tempo. Als leiser Moment zum Innehalten taugte Daniels Auftritt jedenfalls nicht. Mir wäre ein wenig mehr krach, bumm, peng auf jeden Fall lieber gewesen. Da allerdings auch die Szene ein kurzes Intermezzo blieb, durfte man getrost den Mantel des Schweigens über sie legen und die Raumschlacht zwischen den Xindi und den Andorianern auf der einen Seite und jene der Enterprise gegen die transdimensionalen Wesen auf der anderen bewundern.

Mit dem Cliffhanger am Ende, der wieder einmal die Nazis als Bösewichte ins Spiel brachte, haben sich Braga und Berman allerdings nicht gerade mit Ruhm bekleckert. Ein Abschluss des Plots rund um den temporalen kalten Krieg? Ja gerne, aber so? Böse aussehende Nazis, die von einem noch böser aussehenden Alien begleitet wurden? Bitte, da sollte einem routinierten Autor wie Brannon Braga schon etwas mehr einfallen. Entsprechend holprig wurde die Geschichte denn auch zu Beginn der vierten Staffel aufgelöst, aber das ist eine andere Geschichte. Im Hinblick auf die Tatsache, dass *Star Trek: Enterprise* um eine vierte Season verlängert worden war, war mit einem Cliffhanger ja zu rechnen gewesen. Allerdings stimme ich dem Kollegen hier zu, dass ein schöner, emotional geschriebener Abschluss wesentlich besser gewesen wäre, zumal man sich endlich einmal auf die psychischen Auswirkungen für die Crew hätte konzentrieren können. Die Möglichkeit hatte man schon beim grottigen Voyager-Finale vertan. Zumindest erhielt John Fleck, der den Suliban Silik bis dato sehr ansprechend dargestellt hatte, Anfang des vierten Jahres endlich einmal die Chance, ohne Maske aufzutreten. Dafür hatte sich das Ganze dann auch schon fast wieder gelohnt. Schade um die eigentlich so wundervoll actiongeladene und temporeich inszenierte Abschlussfolge.

# STAFFELFAZIT

Zum Abschluss gibt es noch den obligatorischen Abriss der wichtigsten Trends des dritten Jahres.

## POSITIV

- Starke Gastdarsteller erweckten verschiedene Charaktere zum Leben; besonders Randy Oglesby mauserte sich vom eindimensionalen Schlimmling Degra zu einer der besten Figuren seit langem. Dazu kamen Stephen Culp als Major Hayes und die bereits bestens bekannten Matt Winston als Daniels und Jeffrey Combs als Shran.

- Mit der zweiten Staffelhälfte schossen die Produzenten (meist) den Vogel ab: Hier verbuchte man acht starke Episoden aus 12. Schade, dass am Ende dann aber doch die Ideen fehlten.

- Der Durchbruch für Jolene Blalock; ganz klar ihre beste Staffel bis zu diesem Zeitpunkt.

## NEGATIV

- Reed, Sato und auch Phlox (sowie leider weiterhin Mayweather) wurden noch mehr ins Abseits gedrängt; Reed erhielt immerhin seinen Hayes-Arc, Sato wurden zum Ende hin wichtig, und Phlox konnte sich regelmäßig in kleineren Szenen auszeichnen.

- Mehr als die Hälfte schwache bis gerade mittelprächtige Episoden innerhalb der ersten zwölf Abenteuer waren einfach zuviel! Hier wurde früh viel Potenzial verschenkt.

- Einigen Themen wurde eine sinnvolle, tiefer gehende Ausarbeitung verwehrt: der Konstruktion der Biowaffe, dem Telepathen aus *Exile*, seinem mysteriösen Buch, den Erbauern der Sphären und ihrem Background, dem Netzwerk aus Sphären, das die Ausdehnung erzeugte, Rajiin und ihren eigenen Plänen und einigem mehr.

- Keine Beteiligung der Suliban und des Future-Guy; hier wären sicherlich nebenherlaufende Handlungsstränge denkbar gewesen. Ob es dem Temporalen Kalten Krieg aber geholfen hätte, sei dahingestellt.

## DURCHGESCHÜTTELT

Auch wenn es knapp zuging: Das dritte Jahr war das bis zu diesem Zeitpunkt beste der Serie. Das Zusammenspiel aus Emotionen, Action, Optik mit einer durchlaufenden Story, die Mensch und Material beeinflusst und als ständiger Unsicherheitsfaktor mitspielt, hatte schon *DS9* über seine Brüdern und Schwester hinauswachsen lassen. Auch hier funktionierte das Kunststück in Teilen, und es gelang zumindest, der Season eine Richtung zu geben. Rein vom qualitativen Standpunkt reichte es an vielen Punkten jedoch nicht aus; die Autoren gruben nicht tief genug und begnügten sich mit zu wenig. The same old story over and over again.

Die Zukunft der Serie war zu diesem Zeitpunkt weit von gesichert entfernt. Mit Pech hätte man die Fans mitten in einen unaufgelösten Cliffhanger geschickt. Zwar wurde die Serie dann doch noch in letzter Sekunde für eine weitere Season verlängert; in bester Ordnung war dennoch nicht alles. Die Quoten entwickelten sich im dritten Jahr der Reihe erneut nach unten, wenngleich der dramatische Absturz der ersten beiden Jahre gestoppt wurde. Von den 4,4 Millionen, die in der zweiten Staffel im Schnitt dabei waren, blieben 3,8 Millionen übrig. Vergleicht man das mit der zweiten Hälfte der zweiten Season, hatte sich sogar gar nichts getan. Das konnte man einerseits als Erfolg werten, da trotz einer durchlaufenden Handlung kaum Zuschauer verloren gingen, andererseits aber auch kritisch sehen, da 3,9 Millionen Zuschauer nun einmal für eine Trek-Serie im dritten Jahr zu wenig waren. UPN sah sich zumindest gezwungen, die Serie von ihrem bisher angestammten Sendeplatz zu entfernen und auf den Todessendeplatz am Freitagabend zu verbannen. Eine Nachrichten gab es noch an der Produktionsfront: Brannon Braga hatte sich entschlossen, sein Tagesgeschäft als Verantwortlicher aufzugeben und sich im Bedarfsfall nur noch Drehbüchern zu widmen. Dafür wurde Neuzugang Manny Coto zum Showrunner ernannt. Was würde er wohl planen?

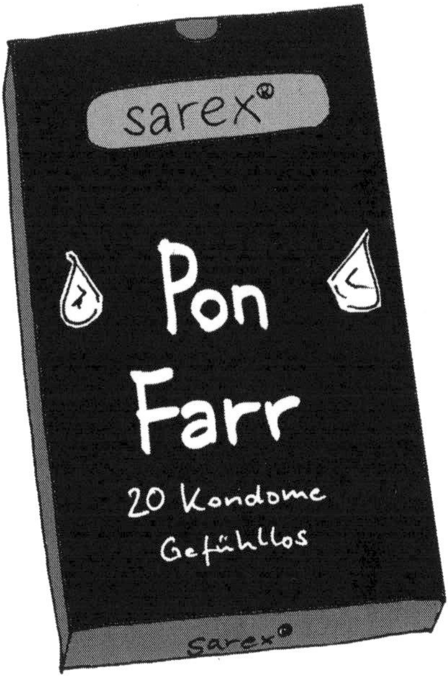
sarex®
Pon
Farr
20 Kondome
Gefühllos
sarex®

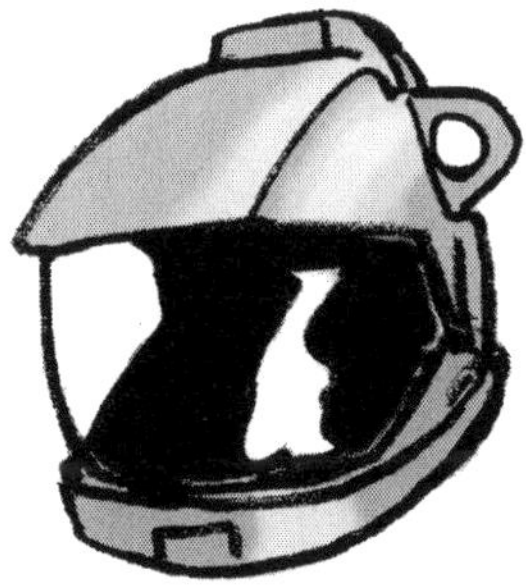

# ZWISCHENSPIEL
# **FACT OR FICTION?**

## MOVIE NIGHT

Angeblich hatte man *Star Trek: Enterprise* nach dem Serien-Ende in Form von mehreren TV-Filmen fortsetzen wollen, wie es beispielsweise auch bei der Konkurrenzserie *Babylon 5* der Fall gewesen ist. In diesen hypothetischen TV-Filmen sollte es unter anderem um den Krieg gegen die Romulaner gehen, ferner sollte die Gründung der Föderation gezeigt werden.

## LITTLE SPOCK

Es soll eine Episode geplant gewesen sein, in dem es um den berühmten Spock als Kind zusammen mit seinen noch jungen Eltern Sarek und Amanda Grayson gegangen wäre, welche durch nicht näher bekannte Umstände an Bord der Enterprise NX-01 gelangen und dort auf Captain Archer und seine Crew treffen.

## CROSSOVER

Gerüchten zufolge plante man eine Episode von *Star Trek: Enterprise*, in der es die Crew mittels einer Zeitreise in die Vergangenheit der Erde verschlägt, wo sie sich im Szenario einer damals bei UPN produzierten Sitcom wiederfindet. Leider blieb der Titel besagter Serie selbst in der Gerüchteküche unbekannt.

## BUSENBLITZER

Angeblich sollte es in der Episode *Bound (Die Verbindung)* aus der 4. Staffel von *Star Trek: Enterprise* die erste offen gezeigte Oben-Ohne-Szene im Franchise geben. Die Schauspielerin Cyia Batten, die in der Folge die Orionerin Navaar spielte (und die in anderen Rollen des öfteren recht freizügig agierte), sollte während der Liebesszene mit Captain Archer von vorn mit nacktem Oberkörper gezeigt werden. Hintergrund soll die Lockerung der Bestimmungen für das US-Kabelfernsehen gewesen sein, welches in dieser Zeit auch mit dem Zeigen offener Nacktheit begann. Letztlich entschied man sich wegen der Familienfreundlichkeit der Serie dagegen, obwohl besagte Liebesszene trotz lediglicher Andeutungen recht feurig daherkam.

## HOMMAGE

Ebenfalls geplant soll eine Episode gewesen sein, in der es erstmals um den Strafplaneten Tantalus und den dort angewendeten

Zentralnervensystemmanipulator gegangen wäre (bekannt aus der gleichnamigen Episode aus der klassischen Originalserie [im Original *Dagger Of The Mind]*). Die Enterprise sollte darin einen geisteskranken Mörder transportieren, der aus seiner Zelle entkommen kann und auf dem Schiff weitere Morde begeht.

## PHLOX:2=?

Ähnlich wie Captain James T. Kirk in der Episode *The Enemy Within* (*Kirk : 2 = ?)* in der klassischen Originalserie soll bei *Star Trek: Enterprise* eine Folge angedacht gewesen sein, in der sich Dr. Phlox durch einen Transporterunfall in eine gute und eine böse Hälfte aufspaltet, die wiedervereinigt werden müssen.

## ALIEN GIRL

Geplant soll auch die Einführung eines übermächtigen nichtmenschlichen weiblichen Gegners von Archer und seiner Mannschaft gewesen sein, der der Crew der Enterprise in mehreren Episoden das Leben schwer machen sollte.

## JINGLE BELLS

Im Gegensatz zu allen anderen Serien des Franchises soll bei *Star Trek: Enterprise* erstmals eine deutliche Weihnachtsfolge geplant gewesen sein, in der man die Crew des Schiffes beim Feiern des Festes der Freude hätte miterleben sollen.

## TWIN DOCTORS

Schenkt man entsprechenden Gerüchten Glauben, hatte es ursprünglich zwei Bordärzte auf der Enterprise NX-01 geben sollen: Ein Alien-Zwillingspaar nämlich (eventuell ebenfalls Denobulaner?), das bei Diagnosen häufig unterschiedlicher Meinung sein und dadurch einen gewissen Comedy-Faktor in die Serie bringen sollte.

## GO FOR GOLD

Eine bereits für *The Next Generation* entworfene Story-Idee sollte in *Enterprise* umgesetzt werden: Die Crew des Schiffes gerät in eine Art galaktische Olympiade, in der sich Sportler verschiedener Disziplinen bis auf den Tod bekämpfen. Einer dieser Athleten sollte von einem damals populären muskelbewehrten Action-Schauspieler (zu Zeiten von *TNG* Arnold Schwarzenegger) gespielt werden.

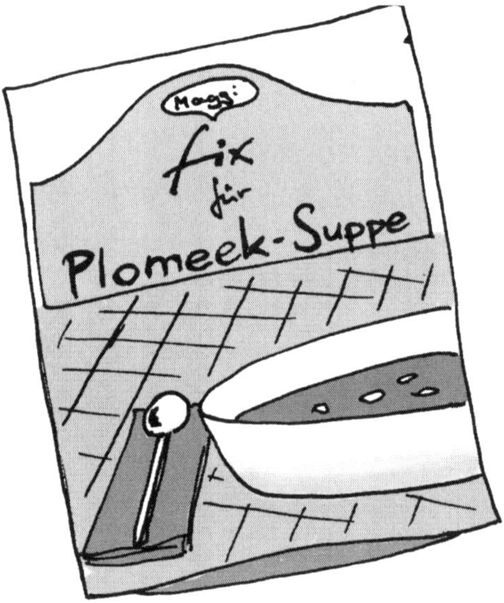
Maggi
fix
für
Plomeek-Suppe

# STAFFEL 4

## (2004/2005)

"Wir alle sind Forscher, getrieben von der Neugier auf das, was hinter dem Horizont ist, was hinter unseren eigenen Küsten liegt. Dennoch, je mehr ich erfahren habe, desto mehr habe ich gelernt, dass, gleichgültig wie weit wir reisen oder wie schnell wir dort hingelangen, die verblüffendsten Entdeckungen nicht zwangsläufig hinter diesem nächsten Stern zu finden sind. Sie sind in uns, eingewoben in die Fäden, die uns verbinden; uns alle miteinander. Die letzte Grenzen beginnt in dieser Halle. Erforschen wir sie gemeinsam."

**Captain Jonathan Archer**
*Terra Prime (Terra Prime)*

# 4.01

# STORM FRONT, PART 1

## (STURMFRONT, TEIL 1)

*Da hatten Berman & Braga ihrem Nachfolger aber ein Ei gelegt. Statt frisch durchstarten zu können, lavierte Coto sich mehr schlecht als recht durch das Chaos und bewies: Aus Scheiße macht man einfach kein Gold.*

### INHALT

Deutsche Truppen haben mit Hilfe von Außerirdischen die USA besetzt. Captain Archer ist als Gefangener der Nazis mittendrin. Als Widerstandskämpfer ihn befreien, gelangt er mit der Rebellin Alicia zurück zur Enterprise und muss versuchen, Alien-Anführer Vosk aufzuhalten, bevor dieser in die Zukunft fliehen kann …

### AUGEN ZU UND DURCH?

Heureka! Die Serie war der drohenden Absetzung doch noch von der Schippe gesprungen und durfte in ihrem vierten und letzten Jahr 22 neue Abenteuer liefern. Noch besser: Manny Coto, während der dritten Staffel frisch an Bord gekommen, hatte das Ruder übernommen und sollte die kreative Richtung der Serie vorgeben.

Doch was würde diese Veränderung bewirken? Und was konnte uns die daraus resultierende überschwängliche Stimmung überhaupt noch verhageln? Richtig! Da war ja noch was. Denn als kleines Abschiedsgeschenk hinterließen die berüchtigt-beliebten Rick Berman & Brannon Braga dem Neuen einen Cliffhanger, der einen unbelasteten Start unmöglich machte: die Alien-Space-Nazis! So entschied sich der tapfere Manny also, mit diesem Aufhänger gleich den seit drei Jahren orientierungslos dahinschlingernden Temporalen Kalten Krieg einzustampfen. War das Konzept an sich immer durchaus faszinierend gewesen, konnten Berman & Braga in der Ausführung leider nie eine klare Linie oder irgendwelche Antworten finden. Letztlich fehlten dann sogar zumeist die guten Fragen. Vieles ergab retrospektiv einfach leider keinen Sinn.

Was also würde Manny Coto mit dem vorgelegten Chaos anfangen? Man muss an dieser Stelle Gnade vor Recht ergehen lassen. Wir hatten es hier definitiv mit dem verzweifelten Bemühen eines talentierten Insolvenzverwalters zu tun, dem Peter Zwegat des Trek-Franchise sozusagen. Jedoch: es half leider nichts mehr. Die Episode scheiterte einfach an zu vielen Fronten ('tschuldigung), um in der Summe als gelungenes Abenteuer in Erinnerung zu bleiben.

## AUGEN AUF UND LEIDEN

Zuerst einmal war die Frage, was passiert wäre, hätten die Nazis während des zweiten Weltkrieges tatsächlich die Ostküste der USA eingenommen, sicher interessant und inzwischen sogar der Plot einer ganzen Serie. Wenn man dann jedoch nicht auf die Auswirkungen eingeht und sich nur in Phrasen und billigen Actionszenen verliert, verpufft der eigentlich gute Ansatz. Hier passierte schlichtweg zu viel; und letztlich doch zu wenig Relevantes.

Wir sahen böse, dumme Nazischergen, einen arroganten und einfältigen Nazi-General, skurrile Aliens im Anzug mit Krawatte (zum Schreien albern), stereotyp-raue, aber sympathische Widerstandskämpfer, den vergessen geglaubten Silik, einen halbtoten Daniels und viele, viele Füllszenen, in denen Charaktere interagierten und die weder Leben noch Charme oder Energie versprühten. Warum zur Hölle sollten uns deren kleine Scharmützel denn etwas angehen? Es war offensichtlich, dass Archer alles rückgängig machen würde und musste, um sich und die Crew in die korrekte Zeit zurückzubringen. Die Nazis würden nie die USA erreichen, die Widerstandskämpfer ein anderes Leben führen, Brooklyn nie besetzt werden und Vosk und seine Gefolgsleute nie die Erde durcheinanderbringen. Ergo: Vakuum.

Manny Coto bemühte sich redlich, den vorgegebenen Cliffhanger so brauchbar wie möglich aufzulösen; und das gelang ihm auch. Leider jedoch auf dem befürchteten Schwachstrom-Niveau.

Einzige Ausnahme blieb die Wiedersehensszene auf der Brücke: Hoshis emotionaler Ausbruch geriet definitiv rührend, wirkte in seiner unerwarteten Intensität jedoch, wie schon die Trauerszene aus *Star Trek: Nemesis,* irgendwie überzogen und deplatziert. Ohne Aufbau keine emotionale Resonanz; so einfach ist das leider.

Zu den inhaltlichen Schwächen gesellte sich aber noch ein weiterer Aspekt, der bisher keine negative Rolle spielte: die Effekte. Teilweise konnte man den Augen nicht trauen, was da auf dem Schirm zu durchleben war. Man nehme das Shuttle zu Beginn, das besetzte Weiße Haus (hatte man hier nicht verwendete Szenen aus *Futurama* recycelt?), Siliks Morphing (war bei Odo schon um Klassen besser); so schlecht sah die Serie noch nie aus.

Dazu kam die geringe Weite in den anderen Szenen. Brooklyn wirkte beengt, klein und menschenleer, die Einrichtung von Vosk wie eine Schultheaterkulisse. Hier wurde eindeutig versucht, mehr aus einer Story zu machen, als es finanziell möglich war. So erhielten wir eindeutig die am schlechtesten umgesetzte Episode der Serie. Und auch der Score plätscherte gelangweilt dahin.

Irgendwie kam hier also vieles zusammen: eine selten verrückte Idee seitens Berman & Braga zum Ende der letzten Staffel (die der Xindi-Krise die verdiente Auflösung zumindest für den Moment raubte), eine zu popcornlastige Handlung, Karikaturen von Charakteren, schwaches Make-up, flache Kulissen, schlimme Effekte und viel Blabla um letztlich rein gar nichts.

Wir mussten ein Jahr lang mit der Crew leiden, durften schließlich ihren Triumph erleben, und dann präsentierte man uns durch die Hand von Manny Coto ein Streichholz von Feuerwerk, das weder dem Xindi-Arc noch dem TCW-Arc, den Charakteren oder den Ansprüchen an einen Staffelauftakt gerecht wurde.

## FAZIT

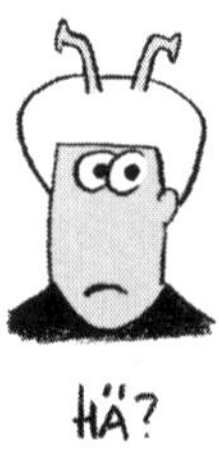


Dies war der simpelste Nenner, auf den man den Temporalen Kalten Krieg nach drei Jahren hatte bringen können: eine Popcorntüte voll heißer Luft, die bei der kleinsten Berührung explodierte und einen unangenehmen Geruch hinterließ. Manny Coto scheiterte zwar nicht an seiner eigenen Vision für die Serie, jedoch am Versuch, den kalten Krieg in ein Feuerwerk zu verwandeln, und verlor sich in Klischees, Plattitüden und viel zu pragmatischer Action. Da freute man sich doch, endlich »bye-bye TCW« rufen zu können.

# 4.02
# STORM FRONT, PART 2
## (STURMFRONT, TEIL 2)

*Sensation! Ein zweiter Teil, der den ersten in den Schatten stellte! Dass dieser erste Teil jedoch so schlecht war, dass es fast keine andere Richtung geben konnte, sei an dieser Stelle verschwiegen ...*

### INHALT

Als wäre die Situation mit Außerirdischen, Nazis, dem sterbenden Daniels und einer veränderten Zeitlinie nicht schon schlimm genug, muss Archer nun auch noch mit Silik zusammenarbeiten, um ihm endlich eine passende Strickjacke zu besorgen und zu verhindern, dass Vosk und seine Anhänger die Zeitlinie irreparabel beschädigen …

### ES REICHT EIN EINZIGER TEXTBLOCK

Nach der erwartbaren Enttäuschung mit dem Auftakt folgte, mit deutlich heruntergeschraubten Erwartungen bedacht, der zweite Teil. So traurig es auch ist: Grundsätzlich lässt sich der letzten Kritik nur wenig hinzufügen. Die Kritikpunkte sind immer noch die gleichen, die Schwächen waren immer noch ständig spürbar. Somit handelt es sich hier eher um eine Ergänzung denn eine eigenständige Bewertung.

### BITTE ERGÄNZEN SIE WIE FOLGT

- Die Nachrichtensendung zu Beginn geriet den Machern herausragend: Alleine an dieser Sequenz konnte man erkennen, welche erzählerischen Möglichkeiten das Setup hätte bieten können. Wie ging die Bevölkerung insgesamt mit der Situation um? Hatte die vereinende Bedrohung die Rassenprobleme in den USA lösen können? Was bedeutete die Situation für die restliche Welt? Wie sahen Russland oder Europa in dieser veränderten Welt aus? Was machte die US-Regierung? Eine Serie wie *The Man in the High Castle* macht zwar bei weitem nicht alles richtig, hatte aber immerhin einen Blickwinkel gefunden, mit dem Setting auch wirklich zu arbeiten.

- Siliks Einbindung in die Handlung entlarvte sich als Scharade der billigsten Art: Man wollte die Rolle ausschließlich verheizen und aus dem Weg räumen. Schwach. Dass John Fleck dazu auch noch die meiste Zeit ohne Make-up oder in Make-up, aber mit Strickjacke herumlief, tat obendrein weh. Was wäre ein Dukat im Jogginganzug gewesen? Grausam.

- Siliks unbekannter Verbündeter (»Future Guy«) wurde zudem von Archer ausschließlich erwähnt. Warum zur Hölle erfuhr dieser Handlungsstrang, der seit dem Pilotfilm existierte, an dieser Stelle keine Auflösung?

- Ein toller Moment zwischen Silik und Archer: »You've changed, Captain.« – »And not all for the better.« Hier ging Coto, wie in ganz wenigen Szenen, auf die Folgen der Xindi-Mission ein. Einer der wenigen bemerkenswerten Dialoge.

- Score, Effekte und Darstellerleistungen dümpelten auf dem gleichen Niveau vor sich hin wie vor einer Woche, insbesondere Jolene Blalocks überzogene Emotionalität wirkte albern. Und auch Mayweather wirkte ein weiteres Mal unerträglich laienhaft. Was zur Hölle dachte Anthony Montgomery sich, wenn er so hölzern dastand? Einkaufsliste? Urlaubsplanung?

- Das Schild des Jahres: »EINGANG VERBOTEN«. Amerikaner sollten einfach keine deutschen Schilder erstellen.

- In diesem Zusammenhang sei auch erwähnt, dass es albern war, wenn alle unwichtigen Deutschen abgehacktes, schlechtes Deutsch brabbelten, während alle wichtigen Charaktere Englisch sprachen. Sogar untereinander! Warum nicht einmal konsequent mit Untertiteln? Wäre sicher anstrengend, aber auch stimmungsvoller.

- Vosk gewann deutlich an Format. Er war ein kompromissloser Mann, der sowohl um seine eigene Macht als auch um die Macht der Verbündeten wusste. Er benutzte sie für seine Zwecke. Darin wirkte er wie eine dämonische Variante von

Annorax *(Year of Hell/Ein Jahr Hölle* aus *Star Trek: Voyager),* aber leider nicht halb so gehaltvoll. Seine Ausführungen gegenüber dem Nazi-General machten Eindruck, der kompromisslose Mord am Ende stärkte dieses Bild.

- Der Kampf über New York war, abgesehen von den gruselig unechten Comic-Flugzeugen, klasse. Diese Größe fehlte der kompletten restlichen Doppelfolge an allen Ecken und Enden.

- Die Schlussszene mit Daniels wurde hübsch gestaltet, gut durchdacht und vor allem witzig geschrieben. Fast dachte man, Archer sei Coto, und Daniels stünde für Berman & Braga: »I'm sick of your damn Temporal Cold War! Just send us home!« Bäng!

- Das Ende der Episode war dann ebenso versöhnlich. Die Enterprise, flankiert von Starfleet- und vulkanischen Schiffen auf dem Weg nach Hause. Nun standen alle Türen für den wirklichen Staffelstart offen.

- Sicherlich gelang es Coto, den zweiten Teil straffer zu gestalten; sicherlich fanden sich einige deutlich gelungenere Szenen. Am Stückwerk änderte sich jedoch wenig.

Die Doppelfolge blieb fraglos im Gedächtnis: als trauriger Versuch, eine einst interessante Idee irgendwie zu Grabe zu tragen. Manny Coto war sicherlich nicht schuldlos am Untergang seines ersten Zweiteilers. Zwar musste er mit einer vollkommen sinnfreien Situation umgehen, konnte die Wünsche der Fans (noch) nicht in Angriff nehmen, schaffte es aber auch nicht, reale Charaktere, überdurchschnittliche Dialoge, Tiefe oder Spannung zu erzeugen.

## FAZIT

Mit einer leicht verbesserten Handlungsführung verabschiedete sich Manny Cotos Eröffnungszweiteiler und machte Platz für die wirklich interessanten Geschichten. Der zweite Teil riss die Gesamtfolge nicht mehr aus ihrem Tiefgeschoss heraus, gab beim Untergang aber zumindest ein homogeneres Bild ab. Irgendwie wie beim Un-

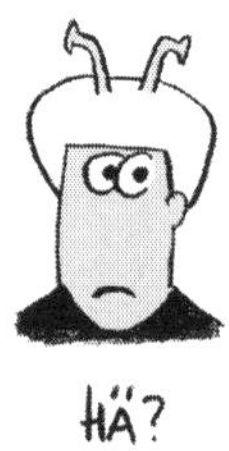

tergang der Titanic: Hauptsache bis zum Schluss mit Kammermusik. Insgesamt war der Zweiteiler das *Carpenter Street* in Spielfilmlänge, oder, um einmal die Crew der Voyager zu loben: *Year of Hell* für geistige Tiefflieger. Unterhaltsam, leicht, zackig, aber leider dünn wie andorianische Seide. Bye-bye TCW! Abhaken.

# 4.03

# HOME

## (ZUHAUSE)

*Nach turbulenten Wochen durfte die Serie endlich durchschnaufen. Das Ergebnis war dabei zwar längst nicht perfekt, jedoch eine willkommene Abwechslung für Herz und Hirn.*

### INHALT

Die Crew kommt nach ihrer Xindi-Mission und dem Umweg quer durch die Zeit endlich nach Hause und erhält ihren verdient großen Empfang, muss sich jedoch auch mit den positiven wie negativen Aspekten ihrer Mission und der Heimkehr auseinandersetzen …

### ERASE AND REWIND

Manchmal wäre es im Alltagsleben hilfreich, selektiv Erinnerungen aus dem Gedächtnis streichen zu können – das gilt mitunter auch für das Ansehen von TV-Serien. Mike Sussman übernahm hier die Aufgabe, den wirklichen Staffel-Auftakt zu realisieren und hatte dafür natürlich schon aus Prinzip alle Sympathien auf seiner Seite.

Angelegt war seine Episode wie eine Mischung aus *Two Days and Two Nights* und dem ewigen Klassiker *Family (Familienbegegnung),* der zu Beginn der vierten Staffel von *TNG* die Nachwehen des Borg-Zwischenfalls beleuchtet hatte. Dort war es hauptsächlich Picard gewesen, der sich seiner Wandlung und den Dämonen seines Daseins stellen musste.

*Home* musste man zunächst in drei einzelne Handlungsebenen unterteilen:

Da war zum einen Captain Archer, der erstens sein Debriefing mit Admiral Forrest und Botschafter Soval überstehen musste und zur Erholung einige Tage mit dem neuen Captain der NX-02, Erika Hernandez, in die Berge flüchtete. Dann folgten wir noch Phlox, Reed, Hoshi & Mayweather, die in unterschiedlichen und meist kleinen Szenen eine eher soziale und gesellschaftliche Aufarbeitung des vergangenen Jahres betrieben.

Last but not least ging es in einem größeren Segment um Trip & T'Pol, die gemeinsam nach Vulkan reisten und dort nicht nur auf die Mutter der gebrochenen Vulkanierin trafen.

## LET'S GO TO VULCAN, BABY

In der Wertigkeit ganz oben stand dabei die Geschichte um T'Pol und Trip; und das war auch gut so. Beide hatten zusammen mit Archer in den vergangenen Jahren die größte Reise zurückgelegt und uns immer wieder emotional berührt. T'Pol kehrte nun als gebrochene Frau nach Hause zurück; mit dem Mann an ihrer Seite, der ihr Stärke gab und Liebe geben könnte, ließe sie es denn zu. Dass man sich vieles bezüglich der Gefühle der beiden zusammenreimen musste, war ein klares Versäumnis der Autoren. Ließ man sich jedoch auf den hier gezeigten Status Quo ein, konnte man die Reise der beiden durchaus positiv verfolgen.

Sogar T'Pols Mutter T'Les erkannte schnell die Gefühle, die von Trip ausgingen; nur T'Pol konnte diese in ihrer aktuellen Lage nicht erwidern. Schlimmer noch, dass die schon mehrfach angesprochene und arrangierte Hochzeit mit Koss nun definitiv stattfinden sollte – und musste. Die Tatsache, dass T'Les für die Aktionen ihrer Tochter in Bezug auf P'Jem bestraft wurde, passte ins Bild und nährte das Gefühl von Kontinuität. Dass T'Pol für ihre Mutter eintrat, um ihr durch die Hochzeit verlorene Integrität zurückzubringen, war sicher verständlich, wenn auch hart in Bezug auf Trip. Der kurze Kuss kurz vor der Hochzeit sprach Bände für das Verhältnis der beiden.

Offen blieben auch die Fragen, wann und ob Trip T'Pol seine wahren Gefühle gestehen würde, wann und ob T'Les von den Drogen-Problemen ihrer Tochter erfahren würde, warum Koss die Hochzeit unbedingt durchführen wollte und dafür sogar Kompromisse einging und wie es in dieser Viererbeziehung weitergehen sollte. Das Ende ließ (vorerst) alles offen.

## LET'S GO CLIMB A ROCK, BABY

Archers Geschichte basierte ebenfalls auf den Erfahrungen des letzten Jahres. Er konnte seine Aggressionen gegenüber Soval und den Vulkaniern im Allgemeinen nicht verbergen: Die Arroganz, mit der Soval Archers Entscheidungen in der Ausdehnung sezieren wollte, musste dem Captain einfach missfallen. Keiner konnte die Last, die von seinem Kommando abgefallen war, nachvollziehen. Keiner konnte die Entscheidungen, die notwendig waren, begreifen. Seine Mission war ein Erfolg: Diesen Umstand wollte der Captain gewürdigt wissen. So einfach stellte es sich für Archer dar; und: Er hatte vollkommen recht. Gut, dass Sussman diese Thematik anging. Schade, dass es nur eine Randerscheinung blieb. Alleine das Debriefing hätte problemlos eine komplette Episode getragen. Eine vertane Chance. Sonderbar auch, dass Admiral Forrest in seiner einzigen bedeutenden Szene als verständnisloser Bürohengst erschien. Gerade er müsste die Gefühle seines Freundes verstehen können und ihm zumindest unter vier Augen beistehen; was war hier los? Es folgte, was folgen musste; ein wenig frische Luft hatte schließlich noch niemandem geschadet. War Archer schon immer eher der Kirk-Typ gewesen, ging er nun auch noch Bergsteigen. Gut, dass man aber zumindest klassisches Liedgut und die beliebten Marschmelonen zuhause gelassen hatte. Und er nahm auch keine greisen Schiffskumpane mit, sondern die attraktive Erika Hernandez, die zudem ein ehemaliger Love-Interest von ihm war.

In den besten Szenen entblößte der Captain seine Seele: Er wusste genau, was er durch seine Erfahrungen und sein grenzwertiges Verhalten verloren hatte. Er wusste, wie er sich verändert hatte. Dazu fehlte ihm das Verständnis dafür, dass seine Rolle auf die eines Helden reduziert wurde, nach dem man Dutzende von Schulen benennen würde. Dieses Gefühl von Flucht vor sich selbst passte exakt in die Entwicklung des Charakters; er trat einen Schritt zurück und realisierte, was eigentlich im vergangenen Jahr geschehen war. Archer würde für immer durch die Xindi-Mission verändert sein.

Schön, dass Soval in der abschließenden Debriefing-Szene eingestand, dass er sich in Archer getäuscht hatte und ihm die Hand reichte. Hier löschte Sussman einen Brandherd, der drei Jahre lang seit der Berufung zum Captain auf Archer gelastet hatte.

## LET'S GO AND HAVE SOME GOOD OLD BARFIGHT, HOMIES

Zu guter Letzt mussten die verbliebenen Crewmitglieder erfahren, dass Außerirdische auf der Erde nicht mehr besonders willkommen waren. Man konnte sicher nachvollziehen, dass die Angst vor den Xindi die Bevölkerung sensibilisiert hatte; und ebenfalls konnte man diesen Handlungsteil natürlich auch auf das veränderte Bewusstsein der Amerikaner nach dem 11. September verstehen; ein klischeehafter Barkampf am Ende wäre aber als Höhepunkt sicher nicht notwendig gewesen. Wie viel besser war alleine schon Phlox' Gesichtsausdruck, als er realisierte, worum es dem streitlustigen Mann ging. Deutlich wurden hier aber zumindest die negativen Auswirkungen der Raumfahrt auf die Bewohner der Erde, etwas, das bisher in der Serie nicht thematisiert wurde. Gerade der Satz darüber, dass die Enterprise allen potenziellen Feinden ja geradezu den Weg zur Erde erklärt habe, war sicher nicht von der Hand zu weisen. Ganz nebenbei stellte Phlox' Abwehrreflex natürlich ein weiteres nettes Detail am skurrilen Doktor dar und lieferte einen guten Lacher für zwischendurch.

## LET'S SEE HOW ALL THIS WORKS OUT

Alle drei Storys kamen sich zu keiner Zeit ins Gehege, basierten auf der gleichen Problematik und ergänzten somit das Gesamtbild der Episode auf eine angenehm-dezente Art und Weise.

Dazu gesellten sich die willkommenen Gastauftritte von Admiral Forrest (der ein Jahr lang schmerzlich vermisst wurde), Botschafter Soval (immer wieder gut: Gary Graham), Commander Williams (schöne Kontinuität), T'Pols Mutter T'Les, ihrem Verlobten Koss und des neuen NX-02-Captain Erika Hernandez. Überhaupt war es schön, die NX-02 kurz vor ihrer Fertigstellung zu sehen. Bald würden sich die beiden Schiffe sicher im All über den Weg fliegen. Ein erster Schritt in Richtung große Sternenflotte.

Schauspielerisch blieb alles im Rahmen. Scott Bakula gab den frustrierten und verbitterten Kriegsveteranen mit einer gesunden

Mischung aus Härte und Melancholie. Einzig seine Rede zu Beginn war etwas zu deutlich gespielt, ein regelmäßiges Problem Bakulas bei Bluescreen-Aufnahmen. Ada Maris hingegen überzeugte wie auch Joanna Cassidy auf ganzer Linie; zwei starke Frauenrollen, die durch kleine Bewegungen oder Blicke die ganze Palette an Emotionen lieferten. Klasse! Als Schmankerl gab es Jack Donner, der den vulkanischen Priester in einer kurzen Szene mit Würde und Weisheit verkörperte. Donner spielte in der Classic-Serie den romulanischen Sub-Commander Tal *(The Enterprise Incident/Die unsichtbare Falle)*. Ein hübscher Seitenhieb für langjährige Fans.

*Home* gab allen Beteiligten und auch den Zuschauern Raum zum Durchatmen. Hier kam der Xindi-Arc zu seinem Ende und barg gleich einen neuen Anfang. Viele Fragen blieben offen, viele Emotionen und Ängste waren noch weiterhin präsent. Eine gute Basis für einen Neustart der Serie unter Manny Coto.

## TECHNISCH BETRACHTET

Die Effekte bewegten sich leider noch immer nicht auf dem gewohnt hohen Niveau. Der Beginn schwankte zwischen großartig und billig. Vulkan sah grundsätzlich fantastisch aus, aber auch hier sackte das Niveau leicht ab, wenn reale Personen ins Bild kamen.

Dafür gerieten das Hauptquartier der Sternenflotte und die Kulissen im Allgemeinen sehr überzeugend; gerade das Anwesen von T'Les verdiente sich ein Extralob. Hier verband sich Atmosphäre mit verträumtem Retro-Look. Musikalisch erbrachte Velton Ray Bunch den Beweis, dass es doch noch besser ging als zum Staffelstart. Sein Score lief zwar weit von bemerkenswert entfernt in den Hafen ein, enttäuschte aber nicht.

## FAZIT

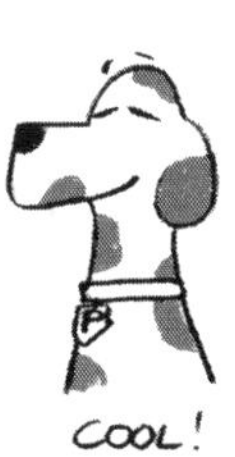


*Home* war genau das, was die junge Staffel brauchte; Ruhe, Bedacht und Emotionen. Und obwohl nicht jeder Aspekt das Optimum herausholte und verschiedene Aspekte wie gewohnt den ganz einfachen Weg nahmen, versöhnte Mike Sussmans gefühlvolles Drehbuch doch alle, denen der vorausgehende Ausflug in die Vergangenheit die Vorfreude auf ein weiteres Jahr mit der Serie gründlich verhagelt hatte.

# 4.04
# BORDERLAND
## (BORDERLAND)

*Zeit für Supermenschen! Wo ein genialer, aber durchgeknallter Wissenschaftler nach der ultimativen Waffe strebte, blieb nur noch einer, der ihn stoppen konnte: »Captain America« Archer.*

### INHALT

Als sich genetisch verbesserte Supermenschen, Überbleibsel der Eugenischen Kriege, eines klingonischen Schiffes bemächtigen, muss sich Captain Archer auf deren Schöpfer, den kriminellen Dr. Arik Soong, verlassen, um die Abtrünnigen zu finden und den möglichen Beginn eines interstellaren Krieges zu verhindern …

### DIES & DAS

Brent Spiner durfte hier nach Data, Lore und Dr. Soong einen weiteren Charakter spielen. Genauer gesagt einen direkten Vorfahren von eben jenem Dr. Noonian Soong.

Alec Newman, der den Malik spielt, ist unter Umständen aus der Miniserie *Dune* bekannt. J. G. Hertzler *(*Martok aus *DS9)* erhielt hier erneut einen Auftritt als Klingone.

### FRISCHER WIND DURCH MEHRTEILER?

Nach dem desaströsen Auftakt und der verdienten Ruhepause zuletzt startete Hoffnungsträger Manny Coto nun in den ersten Dreiteiler der Staffel und somit in den ersten Arc des vierten Jahres. Damit begab er sich auch endgültig auf freies Schussfeld; an diesem und den folgenden Abenteuern würde der neue Staffelträger des schlingernden Franchise sich messen lassen müssen.

Als Zugpferd dreimal mit dabei: Brent Spiner, der während seiner TNG-Zeit nicht nur als Data zu begeistern wusste und schnell zum

Fanliebling avancierte. Hier durfte er sich erfreulicherweise gänzlich ohne Make-up, in Würde gealtert und ohne Jumpsuit in der Rolle des Dr. Arik Soong zeigen.

Gut auch, dass Coto versuchte, eine Brücke zwischen den Serien zu schlagen: Genauer zwischen der Classic-Episode *Space Seed (Der schlafende Tiger),* dem äußerst beliebten Film *Star Trek II: The Wrath of Khan (Star Trek II: Der Zorn des Khan)* und eben der Zeit von Archer & Co., womit wir eindeutig beim Thema Eugenische Kriege landeten.

## DIE REVOLUTION MUSS NOCH WARTEN

Um es vorweg zu nehmen: Hier brach keine neue Ära an. Ob unter Berman & Braga das Thema an sich angepackt worden wäre, sei mal galant dahingestellt. Von der Umsetzung her hätte die Episode aber sicherlich auch ohne Coto größtenteils identisch so umgesetzt werden können. Es umwehte kein merklich neuer Wind die Serie; diese Qualität hatte man von den Machern schon oft (und sogar besser) gesehen.

Dennoch schaffte die Episode es, ihrer Daseinsberechtigung voll zu entsprechen. Wir hatten es hier mit einem langen Teaser zu tun, der die Charaktere (Soong & die Augments) vorstellte, grob positionierte und die Hintergrundgeschichte noch größtenteils unbeleuchtet in den Raum stellte. Dabei gelang es ohne Einschränkungen, eine spannende Handlung mit charmanten Querverweisen, griffigen Charakteren, überzeugenden Kulissen und erstaunlich guten Effekten auf die Beine zu stellen. Auch der Score konnte sich hören lassen.

## MR. TRICORDER!

Fokus des Interesses war jedoch ohne Frage Brent Spiner. Ein wenig hatte sein Spiel in den letzten Jahren dem einen oder anderen sicher ein wenig auf den Keks gehen können; seine Art, ernsthafte Charaktere immer mit einer Prise Komik zu versehen, hatte sich zu sehr verselbstständigt. Wie in *Independence Day: Wiederkehr* wurde er aber auch weiterhin fast nur noch dahingehend besetzt.

Dennoch gelang es ihm hier, auch aufgrund des Wortwitzes von Autor Ken LaZebnik, einen höchst sympathischen, dennoch verschlagenen und immer überzeugenden Charakter zu kreieren. Seine Darstellung war sicher noch nicht perfekt, konnte aber fesseln und machte Appetit auf die Fortsetzung.

Weitere Pluspunkte waren die durchweg interessanten Augments (besonders bemerkenswert: Malik und Persis), das stimmige Interieur des klingonischen Schlachtkreuzers, der opulente Sklavenmarkt und die Einbeziehung des Orion-Syndikates; endlich sahen wie die grünen Sklavinnen wieder und bekamen auch erstmals ihre Sklaventreiber zu sehen. Gaststar Big Show wirkte dabei wie eine Jahrmarktsvariante von Shrek; herrlich.

Minuspunkte verbuchte die Episode durch die erneute Entführung von Crewmitgliedern (hier allerdings zur allgemeinen Überraschung mal sinnvoll gestaltet) und durch zu viel Action als Handlungsersatz.

Insgesamt ließ sich über den Auftakt des Dreiteilers wenig mehr sagen; die Story beschränkte sich zu sehr auf Setup. Für eine Einzelfolge war das durchaus dünn, im Hinblick auf die Konstellation als erster Teil eines Dreiteilers jedoch konnte man damit für den Moment zufrieden sein.

Ken LaZebnik war es auf jeden Fall gelungen, in einem minimalen Plot vielschichtige Ebenen zu gestalten, die sowohl die Szenen mit der Crew als auch jene mit Soong und den Augments interessant hielten. Für den Moment hatten wir es daher mit einer unterhaltsamen, spannenden und sehr gut umgesetzten Auftaktfolge zu tun. Mehr nicht; weniger aber auch nicht.

## FAZIT

Der Auftakt um Dr. Soong und seine Augments bot souveräne Kost und lieferte somit den stimmigen Auftakt zu einem interessanten Mini-Arc. Für sich genommen wäre die Episode zwar kein Highlight, Zuversicht für die kommenden zwei Teile konnte sie aber mühelos anheizen und wurde retrospektiv und in der Summe zu einem angemessenen Puzzleteil des Ganzen.

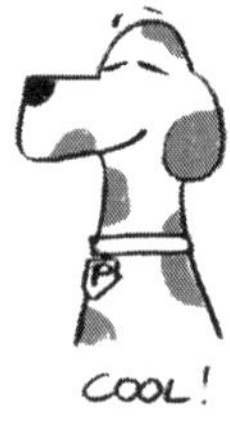

# 4.05

# COLD STATION 12

## (COLD STATION 12)

*Zwischen Folterkammer, düsteren Geheimnissen und brutalen Erkenntnissen zeigte nun auch diese Serie, dass aus großer Kraft große Verantwortung erwächst – und man dieser leider nur selten gerecht werden kann ...*

### INHALT

Dr. Arik Soong führt seine Gruppe Supermenschen zu einer medizinischen Einrichtung, in der Hunderte genetisch verbesserter Embryos seit langer Zeit gelagert werden. Sein Plan ist es, sie zu stehlen und zum Leben zu erwecken …

### DIES & DAS

Wir bekamen den durch seine Brieffreundschaft zu Phlox berühmten Dr. Jeremy Lucas hier erstmals zu sehen! Richard Riehle spielte ihn.

### TREFFER MIT LANGEM ANLAUF

Die Erwartungen an die Fortsetzung waren hoch. Nicht etwa, weil der Vorgänger so herausragend geraten war, sondern eher, weil alle bisher ungeklärten, unerwähnten und nur beiläufig behandelten Themen jetzt und nicht später auf den Tisch mussten. An dieser Episode musste sich die qualitative Richtung des Arcs entscheiden; das stand bereits im Vorwege fest.

### DIESE HOFFNUNG SCHEITERTE NICHT

Alan Brennert, der bei seiner ersten Arbeit für die Serie im Vorspann kurioserweise als Michael Bryant angegeben wurde, zog aus dem überschaubar anspruchsvollen Strickmuster des Vorgängers die richtigen Schlüsse und gab bereits in den ersten Minuten die neue Richtung vor. In Rückblenden wurde Dr. Soong gezeigt, wie er seine damals noch sehr jungen Augments unterrichtete und ihnen fatalerweise genau das eintrichterte, was letztlich zu ihrer Überheblichkeit geführt hatte: dass sie besser wären als alle anderen Menschen, dass sie die neue Herrscherrasse werden sollten, könnten und sogar müssten. Sicherlich trieb ihn zu diesem Zeitpunkt ein gewisser Stolz zu dieser gewagten und moralisch fragwürdigen Aussage; die weitreichenden Konsequenzen sollten ihm, müssten ihm aber nicht zwingend bewusst gewesen sein. Aber dazu später mehr.

Spannend waren nämlich auch die aktuellen Ereignisse um Soong und seine Truppe. Die Beziehung zwischen (metaphorisch gesprochen) Vater, Sohn und Tochter (wobei Letztere ein Paar waren) wurden endlich deutlich herausgearbeitet. Dabei zeigten sich alle drei Protagonisten den schauspielerischen Anforderungen gewachsen. Alec Newman sorgte als Malik für eine herausragende Szene, als er seinem Vater den Tod von Raakin mit einer Prise Verlogenheit unterbreitete. Spiner zog alle Register in der Rolle der sich sorgenden Vaterfigur, die nicht begriff, auf welchen Weg sich seine Kinder begeben hatten.

Deutlich wurde ihm das erst, als es schon zu spät war; und selbst in dieser Situation verschloss er die Augen vor der Realität. Überhaupt gehörten die Szenen auf der Station zum Besten, was wir innerhalb der Serie bis hier erleben durften. Soongs Druckmittel (nach einem Vorschlag von Malik) gegen Dr. Lucas, einen unschuldigen Kollegen auf brutalste Art zu foltern, funktionierte nicht: Lucas blieb hart und ließ den Mann sterben. Als Soong das erkannte, wollte er Schlimmeres verhindern, scheiterte aber an Malik, der nicht auf die Anordnung reagierte. Ein erster Anflug von Angst und Ungläubigkeit mag Soong an dieser Stelle überkommen haben.

Noch interessanter geriet hingegen die Szene, in der schließlich Phlox, geoutet als Freund von Dr. Lucas, in der Folterkammer landete. Hier brach Lucas zusammen und offenbarte eine tiefe Menschlichkeit, die einfach nur wohltuend ehrlich war. Seinen Kollegen opferte er seinen Idealen, aber seinen Freund Phlox? Nein. Er konnte es nicht, und das war jedem verständlich. Sicherlich war die Moral dieser Tat keine gute, womit sie erneut im Kontrast zum positiven Roddenberry-Universum stand; sie wirkte aber emotional greifbarer als andere Vorgänge und erschien zudem in einer Serie, die in nicht allzu ferner Zukunft spielte, nur umso passender und menschlicher.

Für diesen Handlungspunkt alleine hatte sich die Beteiligung des schon länger als Brieffreund von Phlox bekannten Dr. Jeremy Lucas bereits gelohnt, da sowohl das innige Verhältnis der beiden zementiert wurde als auch eine der besten Trek-Szenen überhaupt entstand. Richard Riehle verkörperte den Wissenschaftler mit genau der richtigen Mischung aus Würde, Trotz und Warmherzigkeit. Casting à la Carte.

## THERE'S MORE GOING ON

Weiterhin erwähnenswert war das Hinzufügen der Augment-Anomalie in der Gestalt von Udar. Dieser Augment hatte die Vorzüge seiner Brüder und Schwestern durch eine Laune der Natur nicht vererbt bekommen und wurde daher verstoßen und als unwürdig angesehen. Natürlich menschelte es hier gewaltig, und der sympathische junge Mann durfte den obligatorischen Kontrapunkt zu seinen Geschwistern setzen; für Soong aber war die Begegnung mit Udar im Hinblick auf den weiteren Verlauf des Arcs bedeutend, da er erleben musste, dass eines seiner Kinder auf Grund der Überheblichkeit der anderen verstoßen worden war.

Ein Fass, das langsam überzulaufen begann. Udars Tod führte aber leider ins Leere. Er zeigte zwar ein weiteres Mal die finstere Entschlossenheit und völlige Realitätsfremde von Malik auf und nahm zudem den nun überflüssig gewordenen Charakter aus der Handlung, verwehrte sich aber auch einer besseren Auflösung, die Udar an Bord der Enterprise hätte erfahren können. Ein typischer Fall von kurzfristig handlungsrelevantem Charakter. Ex und hopp. Auffällig war zudem die Brutalität, mit der die Augments ans Werk gingen; einige Szenen gingen definitiv über das für *Star Trek* normale Maß hinaus. Hinzu kam eine sehr erwachsene, animalische, wenngleich natürlich nur schwach angedeutete Szene zwischen Persis und Malik. In den rauen Kulissen des klingonischen Schiffes wirkte diese Szene doppelt eindringlich.

So gut vieles geraten war, das Cliffhanger-Ende wirkte dann ein wenig merkwürdig: Archer kletterte eine Treppe hinauf; und Schluss war es mit der großen Dramatik. Sicher war die Not groß, die Situation spannend, aber ein wenig Understatement stellte dieser Bruch schon dar. Dennoch blieben alle Türen für einen starken Abschluss des inzwischen auch inhaltlich angekommenen Arcs offen.

## TECHNISCH BETRACHTET

Effekte, Score, Make-up und Kulissen hatten sich alle wieder auf dem bekannt guten Niveau der bisherigen Staffeln eingependelt. Vielleicht wusste Coto um die großen inhaltlichen Schwächen von *Storm Front* und ließ das Geld lieber direkt in die relevanten Episoden fließen; das klingt zwar unrealistisch, aber verständlich wäre es schon gewesen. Einzige Ausnahmen, die aber nicht wehtaten: Die Bilder von Udars Eltern wirkten wie schlechte Photoshop-Versuche, und die Kammer mit den Föten am Ende der Episode trug wieder dieses Flair von Computerspielen mit sich herum.

Die Schauspieler legten alle noch eine Schippe drauf. Brent Spiner hatte eine einzige schwache Szene, als er Malik wegen des Mordes an Raakin tröstete. Ansonsten nahm er zunehmend Fahrt auf und wirkte als verbitterter Mann viel ausgewogener inmitten seiner regelmäßigen Zynismus-Attacken. Besonders auffällig war, wie Spiner den Spagat zwischen gespieltem Bösewicht und wahrem Selbst bewerkstelligte. Als er Lucas zu Beginn die Waffe gegen die Brust hielt und mit Erschießung drohte, war er der personifizierte schroffe und wahnsinnige Wissenschaftler. Als Archer die Situation entschärfte und den Forderungen nachgab, fiel jedoch sichtbar eine Zentnerlast von Soong ab. Großes Schauspiel! Scott Bakula gab erneut den reifen, Xindi-gestählten Captain und festigte seine Leader-Rolle. Jolene Blalock zeigte zum ersten Mal in dieser Staffel keine Schwächen.

In Sachen Episodentiteln fiel an dieser Stelle noch etwas auf: Wir waren nun definitiv und endgültig wieder bei Haltestellen-Namen angekommen. *Home, Borderland, Cold Station 12.* Nächste Ausfahrt Autobahnraststätte. Einmal Currywurst und Pommes Schranke bitte. Die Kreativität hielt an dieser Front weiter Winterschlaf.

## FAZIT

*Borderland* war der Anteil für die Schauwerte, *Cold Station 12* der inhaltsschwangere Teil. Perfekte Dialoge, unmenschliche Entscheidungen, tiefe Emotionen, Spannung zum Nägelkauen: Hier zündete das erhoffte Feuerwerk und legte die Basis für den Abschluss des Arcs. Viel besser konnte man ein Fundament nicht bauen.

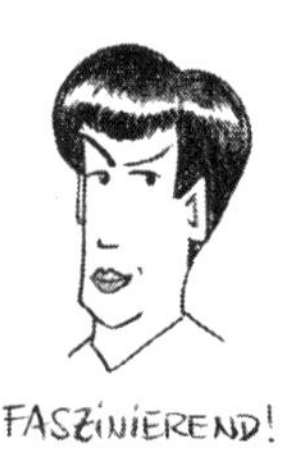

# 4.06

# THE AUGMENTS

## (DIE AUGMENTS)

*Kaum machte die Serie, was sie sollte, klappte es auch mit dem Rezensenten. Der erste Dreiteiler schloss mit Retrofeeling, Kanon-Futter und guten Charakteren in einer spannenden Inszenierung.*

### INHALT

Die Situation um Dr. Arik Soong und seine Augments spitzt sich unaufhaltsam zu. Gegen den Willen ihres konsternierten Vaters forcieren die Supermenschen voller Kalkül einen kriegerischen Plan gegen das klingonische Imperium, der zu einem interstellaren Krieg führen könnte …

### DIES & DAS

LeVar Burton (Regie) und Brent Spiner (vor der Kamera) wiedervereint im TV! Das hatte es seit dem Ende von *TNG* nicht mehr gegeben.

### DER SUSSMAN-EFFEKT

Schon die Auflösung des Cliffhangers geriet zu einem echten Hingucker: Archer ließ den Turm sprengen, wurde durch den Druckabfall hinaus geblasen (der Dank für die korrekte Darstellung dieser Szene geht heute an Data für den kompetenten Hinweis in *The Naked Now/Gedankengift)* und sofort auf die Enterprise gebeamt. Selten war eine kreativere Flucht aus einer derart schwierigen Situation zu sehen. Realismus hin oder her; unterhaltsam ist es allemal.

Das Hauptaugenmerk lag jedoch eindeutig auf den Augments und Soong (eine Tatsache, die uns der Episodentitel freundlicherweise mal wieder vorher erklären musste). Das Verhältnis zwischen Vater und Sohn Malik hatte sich bereits entschieden abgekühlt. Malik suchte förmlich nach Aufhängern, seinen Vater nicht mehr akzeptieren zu müssen. Dabei kam ihm der Versuch Soongs, die noch ungeborenen Augments weiter zu verbessern und weniger aggressiv zu gestalten, natürlich gerade recht. Soong verhielt sich hier jedoch auch sehr unklug, da er seine erste Schöpfung indirekt als fehlerhaft kennzeichnete – eine hübsche Duplizität zu den späteren Ereignissen rund um Lore und Data. Es kam in diesem Bereich also letztlich alles, wie es kommen musste; die Präsentation war jedoch unterhaltsam und spannend. Man konnte Mike Sussman zwar vorwerfen, dass hier etliche Klischees bedient wurden; die Form riss jedoch einiges heraus.

Von dem Moment an, als Soong von Malik eingesperrt wurde, wandelte sich das Bild. Persis, die Malik hinterging und dafür am Ende sterben musste, half ihrem Vater und zollte ihm die verdiente Loyalität. Soong wechselte daraufhin die Seite und versuchte Archer zum Stoppen der Augments zu bringen; eine Wandlung, die relativ schnell vor sich ging, aber als Folge seiner Erleuchtung noch gerade annehmbar war. Immerhin – sein Schmerz angesichts der Taten seiner Kinder wurde greifbar und fühlte sich echt an. Ein Tribut an Sussman und Spiner.

Die letzte Szene der Episode (mit dem Hinweis auf kybernetische Lebensformen) konnte man sicher lieben oder hassen. Ein etwas weniger deutlicher Wink hätte vermutlich auch genügt. Zudem kehrte hier auch der etwas zu spaßige Soong zurück, den man ihm nicht mehr so recht abnehmen wollte.

## DER COTO-EFFEKT

Manny Coto hatte mit seiner inhaltlichen Vorgabe in jedem Fall eines erreicht: die Kontinuität innerhalb der Serien zu erhöhen und in einem einzigen Dreiteiler eine Classic-Episode, den zweiten und neunten Kinofilm, diverse TNG-Episoden, eine DS9-Episode und eben noch *Star Trek: Enterprise* als Prequel selbst zu vereinen. Genau so hätte das im Idealfall von Beginn der Serie an aussehen dürfen und müssen. Sicher war nichts dagegen einzuwenden, wenn ab und zu Einzelepisoden anstanden, die nichts mit den folgenden Jahrhunderten zu tun hatten. Angesichts der ungeklärten Zukunft der Serie waren diese aber für den Moment verzichtbar. Schön, dass Coto diese Vakanz erkannt hatte.

Besonders hervorheben musste man dabei die vielen kleinen Zutaten, die eine Episode erst auf eine höhere Ebene hieven können. So erwähnte Soong beispielsweise den Bryar Patch. Viel später würde Captain Picard in dieser Region den sanftmütigen Ba'ku gegen die tragischen Son'a und den fehlgeleiteten Admiral Dougherty zur Hilfe kommen *(Star Trek: Insurrection/Star Trek: Der Aufstand).* Die legendäre Schlacht von Klach D'Kel Brakt wurde von Kor in *DS9* erwähnt und in der Holosuite nachgespielt *(Blood Oath/Der Blutschwur).* Daneben gab es natürlich noch diverse Querverweise auf den großen Khan Noonien Singh. In diesem Zusammenhang wurden auch dessen Flucht mit der Botany Bay erwähnt und sein aus dem zweiten Kinofilm bekannter Todeskampf visuell zitiert; eine schöne und gelungene Hommage. Zuletzt war da natürlich noch der finale Seitenhieb auf Arik Soongs Nachfahren Noonian Soong und dessen spätere Schöpfungen Data, Lore und B-4. Sussman wusste eben, wovon er schrieb; er kannte nicht nur *Star Trek: Enterprise,* sondern auch *Star Trek* insgesamt, und das merkte man an genau diesen Details.

Schauspielerisch musste man aber auch Brent Spiner erneut ganz besondere Erwähnung zukommen lassen. Er gab hier seine eindringlichste Vorstellung des Dreiteilers und brach endlich vollständig aus dem Korsett des immer etwas zu zynisch-lustigen Wissenschaftlers heraus. Höhepunkt war dabei ganz klar, als er sein Kartenhaus zusammenstürzen sah und hilflos versuchte, zu retten, was noch zu retten war. Dieses Stunt-Casting wurde somit definitiv ein Erfolg!

Der erste Dreiteiler der Serie gewann auf ganzer Linie; viele gute und frische Ideen ergänzten eine starke Story, die dem Prequelgedanken der Serie endlich wieder einmal ohne Wenn und Aber gerecht wurde. Manny Coto hatte bewiesen, dass er als Showrunner viel mehr konnte, als *Storm Front* zunächst befürchten ließ.

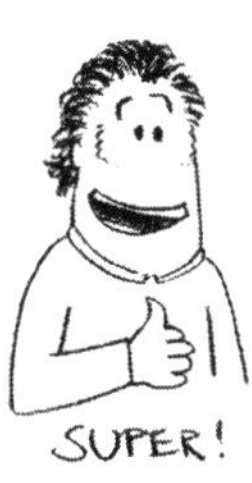


## FAZIT

Mike Sussman lieferte viele spannende Details aus verschiedenen Ecken des Trek-Kanon, und Brent Spiner traf schauspielerisch alle richtigen Töne. Gemeinsam zogen sie den dritten und abschließenden Teil (fast) auf das gleiche hohe

Level, wie es zuvor die inhaltlichen Stärken bei *Cold Station 12* geleistet hatten. Der Arc erlebte somit eine erfrischende und nie zu bärtige Auflösung und ließ Manny Cotos erste (echte) Amtshandlung als neuen Chef der Serie erstrahlen. Klasse!

# 4.07

# THE FORGE

## (DER ANSCHLAG)

*Heureka! Eine der besten Episoden der Serie brachte uns neben Schauwerten, Zitierfreudigkeit, großen Opfern, Gesten und viel Pathos eine liebgewonnene Spezies näher als je zuvor. Ganz großes Star Trek!*

### INHALT

Die Botschaft der Erde auf dem Planeten Vulkan fällt einem Bombenanschlag zum Opfer. Die nachfolgenden Untersuchungen führen Captain Archer und T'Pol auf die Spur einer religiösen Gruppierung, die sich in der Wüste versteckt hält …

### DIES UND DAS

Für die Romanautoren Judith und Garfield Reeves-Stevens war dies die erste Trek-Episode überhaupt. Sie waren davor neben anderen Romanprojekten hauptsächlich als Co-Autoren von William Shatner bei diversen erfolgreichen Erzählungen bekanntgeworden.

Robert Foxworth war aus *Babylon 5,* besonders aber natürlich auch als Admiral Leyton aus dem grandiosen DS9-Zweiteiler *Homefront/Paradise Lost (Die Front/Das verlorene Paradies)* bekannt.

### YOU AIN'T SEEN NOTHING YET

Nachdem Brent Spiner den ersten Dreiteiler der Serie veredeln durfte, präsentierte Showrunner Manny Coto den zweiten Arc der Season. Dieses Mal setzte der neue Chef jedoch nicht auf einen teuren Gaststar, sondern auf eine nähere Beleuchtung der vulkanischen Geschichte. Dabei war es natürlich eine besondere Freude, nach *Home* mehr von der Heimat der beliebtesten Spezies des Trek-Universums zu sehen. Ein Umstand, der bisher in allen Serien und Filmen erstaunlich selten zum Tragen gekommen war.

Und wie es sich für einen zünftigen Dreiteiler gehörte, bot gleich die erste Szene in verschiedener Hinsicht Bemerkenswertes: So gab Soval gegenüber Forrest zu, dass die Vulkanier vielleicht Angst vor den Menschen hatten, weil diese ihnen zu ähnlich seien. Eine interessante Sichtweise. Kurz darauf dann der Schock: Durch die Explosion in der Botschaft starb Forrest bei dem Versuch, Soval zu retten.

Das sich direkt anschließende Basketballmatch stellte zwar einen harten Bruch dar, bot jedoch auch eine willkommene Abwechslung für die Crew. Es handelte sich auch um einen extremen Kontrast zu den gezeigten Ereignissen auf Vulkan und zu der immer noch sehr präsenten und düsteren Mission der Enterprise im letzten Jahr.

Von hier an entwickelte sich die Episode jedoch fernab jeglichen Humors in ein Gemisch aus Politik, Intrigen, Geschichtsstunde und kompetenten Wortwechseln; dabei konnten jedoch gerade die Antagonisten nicht vollends überzeugen. V'Las war schlicht kein besonders authentischer Vulkanier, was man unter Umständen Darsteller Robert Foxworth ankreiden durfte. Und auch die Rolle des undurchsichtigen Assistenten Stel hatte sicherlich einen besseren Schauspieler verdient; dennoch störten die wenigen Momente mit den genannten Personen nicht. Sie taugten als informelle Szenen, mehr nicht.

Eine besonders effektive Szene ereignete sich jedoch, als Reed und Mayweather die Unglücksstelle untersuchten. Untermalt von wundervoll-melancholischen Klängen steigerte sich die Spannung Sekunde um Sekunde. Maßarbeit!

Auch danach gab es keine Verschnaufpause; erneut eingeleitet von großartiger Musikuntermalung spielten sich Scott Bakula und Gary Graham die Seele aus dem Leib. Soval erklärte Archer, dass dieser seine Unterstützung hatte; uneingeschränkt. Was für ein Schritt voran! Vielleicht hatte auch die letzte Unterhaltung mit Forrest und dessen heldenhaftes Opfer etwas im weisen Botschafter ausgelöst.

Generell galt: Keine Szene war überflüssig oder austauschbar. Diese perfekte Art des Drehbuchschreibens hatte der Serie oft gefehlt; hier zeigte sich die außergewöhnliche Klasse des Autorenpaares Reeves-Stevens.

Ein besonderer Verdienst dieses Auftakts war jedoch auch noch, dass endlich eine Erklärung geboten wurde, warum sich die Vulkanier in der Serie so stark von den uns bekannten späteren Artgenossen unterschieden; sie hatten den wahren Pfad, den Pfad Suraks, verlassen. Bereits der Auftritt von Arev, der sich später als Anführer der Syrranniten herausstellte, verdeutlichte den Unterschied. Hier hatten wir es mit einem der uns bekannten Vertreter zu tun. Gleiches galt übrigens auch für T'Pols Mutter T'Les.

Überraschend auch, dass Soval eine Gedankenverschmelzung vornahm, nachdem dieses Verhalten bisher noch als unnatürlich bezeichnet worden war. Wir wussten nun also sicher: Alle Vulkanier konnten es, vermutlich lag hier der Grund in der Abkehr von den Lehren Suraks. Erfreulich auch, dass die Problematik um T'Pol, ihre Mutter und ihren neuen Ehemann Koss aufgegriffen und weitergesponnen wurde.

Und auch der Cliffhanger funktionierte effektiv: Archer schien alles (oder zumindest mehr) zu wissen, und T'Pol musste ungläubig zuschauen, wie er sprichwörtlich ins offene Messer lief, sehenden Auges und mit Pokerface.

## OOPS, THEY DID IT RIGHT

Oberflächlich betrachtet konnte man Judith und Garfield Reeves-Steevens vorwerfen, aus ihrer ersten Arbeit für die Serie eine 43 Minuten lange Expositionsepisode gemacht zu haben, in der eine Informations-, Zitate- und Querverweisflut auf den geneigten Zuschauer einströmte. Genau hier lag jedoch auch die wahre Stärke. Keine Episode der Serie hatte den Prequelgedanken bis zu diesem Zeitpunkt in einem Maße erfüllen können wie *The Forge.* Alle Zahnräder der Trek-Historie griffen spielerisch ineinander und verknüpften die Generationen auf spannende und mitreißende Weise.

Außerdem waren es letztlich eben auch noch die besonderen Momente, die eine Episode auf Kinoniveau hoben; der Anschlag auf die Botschaft, 43 Opfer, darunter ein liebgewonnener und hinlänglich bekannter Charakter, Sandstürme, eine undurchdringliche Wüste, der Tod eines bedeutenden Anführers und die Gefahr für die Stabilität der Galaxis aus nachvollziehbaren Gründen: All das fand sich hier, all das machte diese Episode so außergewöhnlich. Einzeln betrachtet handelte es sich hier gar um eine der besten Episoden der Serie.

## TECHNISCH BETRACHTET

Doch nicht nur die Story, auch die technische Umsetzung sammelte fleißig Punkte. Gar nicht genug konnte man dabei den großartigen Score von John Frizzell loben, der sich so perfekt an bekannte Klänge aus *Star Trek VI: The Undiscovered Country (Star Trek VI: Das unentdeckte Land)* anlehnte, dass es eine wahre Freude war. Auch dort erlebte man Diplomatie in schwierigen und unsicheren Zeiten als eines der Hauptmotive, auch dort löste eine Explosion bedeutende Ereignisse aus. Frizzell klaute jedoch nicht; er interpretierte. Das tat er auf eine magische Art und Weise, die langjährigen Fans sofort durch Mark und Bein gehen musste.

Schauspielerisch verdienten sich Bakula, Graham und Nouri Bestnoten. Robert Foxworth, Larc Spies und leider auch Jolene Blalock fielen hingegen eher mit Durchschnittsleistungen auf, ein Umstand, der die Episode glücklicherweise nicht groß belastete. Bedenklich war aber schon, dass Jolene Blalock es nicht mehr schaffte, an ihre starken Leistungen der dritten Staffel anzuknüpfen.

Die Effekte der Episode gerieten größtenteils schlicht atemberaubend. Besonders die Wüstenszenen verdienten – bis auf eine Ausnahme, in der die drei einsamen Wanderer auf eine Schlucht blickten, die den Bluescreen-Test leider nicht bestehen konnte – uneingeschränktes Lob.

## FAZIT

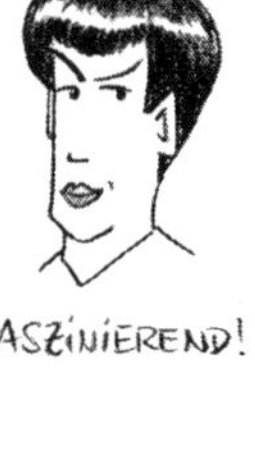


Ein furioser Auftakt in den vulkanischen Arc brachte schönstes DS9-Feeling zurück. *The Forge* zog seine Urgewalt aus einer dichten Story, liebevollen Details, der höchst interessanten Thematik, geschliffenen Dialogen und einer perfekten Umsetzung des Prequelgedankens. Religion, politische Intrigen, Mythologie und Charakterdrama bildeten eine explosive Mischung, die Judith und Garfield Reeves-Stevens virtuos zum Leben erweckten. Dazu gesellte sich eine großformatige Umsetzung durch Regisseur Michael Grossman und ein dynamischer Score von John Frizzell, der in seiner Intensität an den sechsten Kinofilm erinnerte; großes *Star Trek,* das absolut in die Klassikerriege gehört!

# 4.08

# AWAKENING

## (ZEIT DES ERWACHENS)

*Machtspielchen, Pokerfaces und noch viel mehr Gluthitze sorgten auch im schwächeren Mittelteil des Vulkan-Arcs für einen Kessel Buntes und außerdem für viele Erkenntnisse über unsere Freunde mit den spitzen Ohren ...*

### INHALT

Die Crew der Enterprise unter der Führung von Trip muss sich auf diplomatisches Geplänkel nach vulkanischer Art einlassen, während Archer und T'Pol auf die Syrranniten treffen, eine radikale Gruppe, die sich tief in der Wüste versteckt hält und zu deren Anführern auch T'Pols Mutter T'Les gehört …

### DIES & DAS

Als besonderes Bonbon erlebten wir hier die vulkanischen Ikonen T'Pau und Surak, gespielt durch Kara Zediker und Bruce Gray.

### THE BORMANIS-PARADOX

Entgegen meiner Erwartung, und auch entgegen der Erfahrung mit dem vorangegangenen Dreiteiler um Arik Soong, war dieses Mal der Mittelteil das schwächste Glied der Kette. *The Forge* hatte eine derart epische Klasse vorgelegt, dass Andre Bormanis mit seinem Skript vermutlich nur verlieren konnte. Das tat er aber natürlich nicht. *Awakening* war trotz diverser Makel eine starke Episode, die sich nur gegenüber dem großartigen Vorgänger ein wenig ducken musste. Für Bormanis-Verhältnisse konnte man am Ende sogar sehr zufrieden sein, hatte der Autor doch bisher eher durch Ware von der Stange geglänzt.

Ein wenig fehlte der Dramaturgie schlicht die Weite. So plätscherte die Hälfte der Spielzeit im Unterschlupf der Syrranniten vor sich hin. Das war alles nett anzusehen und hier und da erkenntnisreich, blieb aber auch ein wenig statisch und redundant. Highlights waren dennoch die Visionen Archers, einige Unterhaltungen zwischen Archer und T'Pol beziehungsweise T'Pol und T'Les sowie der Versuch der Katra-Übertragung durch T'Pau. Ansonsten herrschte in diesem Handlungselement eine Spur zu viel Stillstand; bis kurz vor Schluss.

An Bord der Enterprise hingegen erlebten wir mit Soval den heimlichen Star der Episode. Seine Verwandlung zum Freund der Crew und der Menschen an sich war der positivste Aspekt der Handlung. In seinen besten Szenen erreichte er fast Spock-Züge und machte deutlich, dass Jolene Blalock als Vulkanierin eben doch reichlich ungewöhnlich war. Soval hatte nun genau dieses Niedlich-Naive, das auch Spock immer ausgezeichnet hatte. Graham konnte diese Spielweise inzwischen perfektionieren und lieferte Würde, Weisheit und eben dieses zuweilen Kindliche in emotionalen Angelegenheiten.

Die politischen Ränkespielchen um V'Las hingegen wurden erneut zum schwächsten Glied in der Kette. V'Las war als Oberhaupt des Oberkommandos schlicht zu sehr der Bad Guy. Als Vulkanier blieb er wenig überzeugend und seine Motive und eventuellen Hintermänner uns gänzlich unbekannt. An dieser Stelle wirkte er wie ein viel zu eindimensionaler Charakter. Dabei wäre ein noch tieferer Einblick in die Seele der Vulkanier ein faszinierendes Element gewesen. Dieses Volk befand sich offensichtlich an der Schwelle zu einem bedeutenden Umbruch, und man konnte sich gut vorstellen, dass Individuen wie T'Pau, T'Les oder Soval Beispiele dafür waren, wie dieser Umbruch sich ausgestalten würde.

Stattdessen schusterte man als Kern des Hauptplots der Episode lieber einen Plan zusammen, der auf den zweiten Blick wenig Sinn zu ergeben schien. Warum wollte man einer Gruppe von Pazifisten den Bombenanschlag auf die Botschaft in die Schuhe schieben? Nur, um sie legal angreifen und auslöschen zu können? Das klang nach einer wenig logischen und weit hergeholten Strategie. Überzeugen hätte V'Las damit eigentlich niemanden dürfen. Gerade, weil er damit auch noch die Sternenflotte anlockte und ins Boot holte und somit noch mehr Fragen zu beantworten hatte, als ihm lieb sein durfte.

Auch die Verbindung zum geplanten Angriff auf Andoria blieb hier vage und wenig stimmig. Dennoch war es natürlich eine Freude, die Antennenträger wiederzusehen. Der Verweis auf die Verhandlungen zwei Jahre zuvor *(Cease Fire)* und die vollkommen offene Situation sorgten für einen spannenden Cliffhanger. Archer musste sich in die Hauptstadt durchschlagen, während seine Crew Kontakt zu den Andorianern aufnehmen sollte. Zwei Handlungsebenen, die darauf abzielten, einen interstellaren Krieg zu verhindern, zwei Wege, die sich gegenseitig beeinflussen würden.

Die besten Szenen blieben insgesamt Archer vorbehalten. Seine Begegnung mit Surak war beseelt von einer eindringlichen Anmut, die bisher selten erreicht wurde. Die Musikuntermalung geriet märchenhaft und reduziert, die Ausleuchtung faszinierend. Scott Bakula spielte weiterhin mit einer inneren Ruhe, die seinem Charakter sehr gut zu Gesicht stand, und Bruce Gray war eine perfekte Besetzung für die Rolle des berühmten vulkanischen Vordenkers. Doch auch Jolene Blalock erhielt mit der emotionalen Sterbeszene ihrer Serienmutter einen gewichtigen Moment, den sie schauspielerisch gut zu nutzen wusste.

*Awakening* war summa summarum eine würdige Fortführung des Dreiteilers, konnte aber, möglicherweise bedingt durch den schwächeren Autor, keine gänzlich fesselnde Wirkung entfalten, sondern taugte in erster Linie als notwendige Mitte einer großen Geschichte.

## TECHNISCH BETRACHTET

Neben Scott Bakula machten besonders Gary Graham und Joanna Cassidy diesmal viel Freude. Soval war inzwischen der am besten ausgearbeitete Nebencharakter der Serie, und Graham spielte den von Moral und Überzeugung getriebenen Botschafter mit genau der richtigen Dosis Würde und der notwendigen Distanz. Der Tod von T'Les war angesichts ihrer starken Präsenz bedauerlich; Cassidy hätte eine dauerhafte Bereicherung für die Staffel werden können.

Weitere Pluspunkte bildeten die kompetent-zurückhaltende Regie von Roxann Dawsons sowie die kreativ-verspielte Kameraarbeit. Der Score blieb bis auf die interessante Untermalung der Visionen blass; ein typischer Chattaway und in der Summe eine ganze Ecke schwächer als John Frizzells Arbeit in *The Forge.* Schade! Der Blick auf die vulkanische Hauptstadt war dafür visuell aber wieder vom Feinsten; *Star Wars* ließ schön grüßen!

Eine Sache noch zum Titel: Hier ging es im Kern natürlich primär um das Erwachen einer potenziell neuen (alten) Identität für unsere spitzohrigen Freunde und somit global betrachtet für das ganze Volk. Doch auch im Kleinen ließ sich der Titel anwenden: Für Soval stellten die Offenlegung seiner Fähigkeit, die Allianz mit der Enterprise-Crew und seine Bereitschaft zur Gedankenverschmelzung einen Neuanfang dar und zeugten ebenfalls vom Erwachen einer neuen Identität. Gleiches galt natürlich auch für T'Pol, die viel über sich und ihre Mutter lernte.

## FAZIT

Nachdem beim ersten Dreiteiler der Mittelteil das Filetstück gewesen war, erlebten wir hier nun die andere Variante: *Awakening* konnte das hohe Niveau des Auftakts nicht vollständig halten.

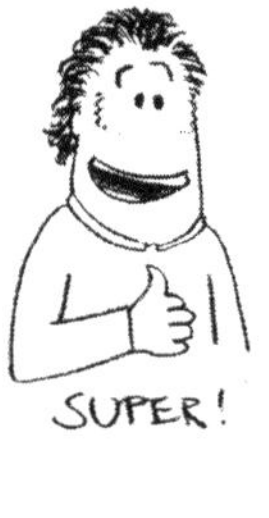


Ohne die schier unerschöpfliche inhaltliche Flut von *The Forge* blieb aber immerhin noch ein atmosphärisch dichtes und mystisches Stück *Star Trek* übrig.

Für einen Mittelteil bot die Episode zudem eine kompetente Dosis aus Information, Action und Handlung. Die bombastische Magie des Vorgängers konnte Autor Andre Bormanis jedoch leider nicht einfangen.

# 4.09
# KIR'SHARA
## (KIR'SHARA)

*Eingetütet! Mit einem starken letzten Akt toppte man den Soong-Dreiteiler am Ende noch knapp und lieferte zudem ein Lehrstück in Sachen Behandlung fremder Kulturen und Kanonbezug. Sauber!*

### INHALT

Während Archer, T'Pol und T'Pau versuchen, die Originalschriften des Surak in die vulkanische Hauptstadt zu bringen, gerät die Enterprise unter dem Kommando von Trip mitten in einen vulkanisch-andorianischen Kampf …

### TRIP, DER DRAUFGÄNGER

Auf der Enterprise ging es weiter hoch her. Trip und Reed waren sich nicht gänzlich über die korrekte Vorgehensweise einig; der Vertreter des Captains setzte sich jedoch mit seinem Plan, Shran zu warnen, durch. Schade nur, dass Shran noch viel paranoider war, als Trip es sich vorgestellt hatte. So hielt er die Sache vielmehr für einen Komplott der Menschen und Vulkanier als für eine gut gemeinte Warnung.

Für Shran gab es nur einen Weg, seine Zweifel zu zerstreuen. Er entführte Soval und folterte ihn, wobei das Wort Folter hier eine spannende Nuance hinzugewann: Es ließ Sovals Emotionen zum Vorschein kommen. Gary Graham nutzte diese schauspielerische Freiheit, um uns einen ganz anderen Soval zu zeigen, der seinen ganzen Frust und seinen aufgestauten Ärger herausließ und Tacheles redete.

Auch sein Unverständnis über Shran, angereichert mit einer schönen Geschichte über einen vulkanischen Soldaten, dessen Name als Synonym für »Dummkopf« in die Kultur der Vulkanier eingegangen war, machte Spaß. Doch Shran war eigentlich weder ein Folterer noch ein Dummkopf. Er war schlicht ein Mann, der genau wusste, dass er 100 Prozent Sicherheit benötigte, um hier eine Entscheidung zu treffen. Jeffrey Combs spielte diese Gratwanderung mit Würde und Leichtigkeit und reicherte den Andorianer somit um viele Nuancen an. Für einen zweiten Weyoun reichte es zwar noch nicht ganz, für einen wunderbar eigenständigen Charakter aber allemal.

## ARCHER, DER „NERVEPINSCHER"

Auf Vulkan setzte sich das bisher Gesehene währenddessen nahtlos fort. Gerade die Szenen rund um Kriegstreiber V'Las, der weiterhin ohne ein Eingreifen seiner Kollegen sein eigentlich kaum tragbares und wenig logisches Spiel spielte, bargen dabei eine gewisse Redundanz, die mit jeder Szene augenscheinlicher wurde. Interessanter gerieten aber ohnehin die Erlebnisse von Archer und T'Pol in der Wüste Vulkans. Ersterer war durch seine Gedankenverschmelzung nicht mehr derselbe Mann wie zuvor. Sein Verständnis für die Vulkanier an sich hatte sich grundlegend verändert und würde seine Wertschätzung für das einstige Feindbild in Zukunft sicher befeuern. Dass er zudem nun zum vulkanischen Nervengriff fähig war, reichte für einen dicken Schmunzler.

T'Pol hat derweil auch Grund zur Freude. Ihr als unheilbar eingestuftes Pa'Nar-Syndrom stellt sich als simple Nebenwirkung eines Mind Meld mit einem unerfahrenen Vulkanier heraus. T'Pau kann mit einem weiteren Meld die Schäden beseitigen und T'Pol heilen. Immerhin mal ein längerer Handlungsstrang der Serie, der effektiv auserzählt wurde. Schade nur, dass T'Pau dabei nicht auf T'Pols Suchtprobleme gestoßen ist – hier hätte sich noch manch potenter Dialog angeboten.

## DAS ENDE HAT'S EILIG

Nachdem das Drehbuch schließlich alle Dramen in Stellung gebracht hatte, fehlte für das große Finale fast die Zeit. Zu viel wurde überstürzt in den Topf geworfen, was der Glaubwürdigkeit abträglich war und alles etwas zu gehetzt erscheinen ließ. Die Kir'Shara überzeugte alle (außer V'Las); dieser wurde abgesetzt und musste sich einer Untersuchung beugen. Der Konflikt mit den Andorianern war vorerst vom Tisch, Koss half Archer und T'Pol auf ihrem Weg noch schnell mit geheimen Codes aus (was des Guten definitiv zu viel war) und gab am Ende sogar noch T'Pol frei.

Puh. Dass die Vulkanier ohne V'Las und mit der Kir'Shara nun auf den richtigen Pfad zurückkehren konnten, blieb da fast eine Randnotiz. Es bedeutete aber auch das Ende eines Handlungsstrangs, den die Serie mit dem ersten Erscheinen der Spitzohren aufgemacht hatte. Nun war der Weg geebnet für die Vulkanier, die wir aus den »späteren« Serien kannten. Viele Fans hatten sich jahrelang an der Andersartigkeit unserer Freunde gestört (und abgearbeitet) und konnten diese (eventuell sogar geplante) Entwicklung somit vermutlich an dieser Stelle kaum mehr goutieren. Schön war's trotzdem!

Ein letztes Ass hatte die Episode aber sogar nach all diesen Entwicklungen immer noch im Ärmel. Ganz zum Schluss ließ man tatsächlich noch die Romulaner von der Kette und läutete mit der Verwendung des Wortes *reunification* sogar noch eine Entwicklung ein, die erst in der Ära eines Captain Picard und von Botschafter Spock zum Tragen kommen sollte. Ein netter Verweis auf die später spielenden Serien und somit erneut gelungene Kontinuität à la Mike Sussman.

## TECHNISCH BETRACHTET

Neben den starken Kulissen, vielen guten Weltraumszenen und dem immer wieder schönen andorianischen Make-up fanden sich diesmal sogar überzeugende Greenscreen-Aufnahmen auf Vulkan. Auch der Score gefiel wieder eine Nuance besser als in *Awakening*.

## FAZIT

Der letzte Akt brachte den vulkanischen Arc zu einem sehr befriedigenden Ende, ohne dabei jedoch ganz an das große Feuerwerk aus *The Forge* heranzukommen. Das etwas überstürzte Ende, eine Spur Vorhersehbarkeit und hier und da etwas zu wenig Tiefe verhinderten eine absolute Topbewertung. Diese kleine Einschränkung sollte jedoch nicht darüber hinwegtäuschen, dass man es hier mit einer spannenden Dreiviertelstunde zu tun hatte, die nur wenige Wünsche offenließ.

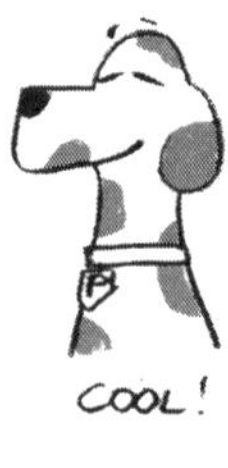

# 4.10
# DAEDALUS
## (DAEDALUS)

*Futuristische Technik und Familiendramen bildeten den Aufhänger, doch die emotionale Resonanz blieb gering. Die Stunde zum Wegdämmern zeigte, dass man auch in dieser Staffel immer noch zu viele Episoden vor der Brust hatte.*

### INHALT

Der Entwickler des Transporters, Emory Erickson, und seine Tochter Danica besuchen die Crew der Enterprise. Erickson ist jedoch nicht nur ein großer Denker seiner Zeit, sondern auch väterlicher Freund des Captains. Der Forscher plant, in Zukunft Langreichweiten-Transporter zu realisieren. Doch was ist wirklich seine Agenda?

### SLEEPYCREEPY

Der Rezensent erwachte peinlich berührt auf seiner Couch. Der Inhalt der Chipstüte war auf den Fußboden gefallen und ordnungsgemäß von den umsichtigen Hunden des Hauses verspeist worden. Die Eiswürfel im Gin-Tonic waren geschmolzen. Auf dem Fernsehschirm konnte man das Menü einer BluRay erkennen. Im Haus war es totenstill. Was hatte sich hier zugetragen?

Dieses kurze Stimmungsbild wäre vermutlich Setup für eine deutlich unterhaltsamere Episode gewesen als das vorliegende Material. Und eigentlich konnte man es auch kaum glauben: Gerade war der phantastische und großformatige vulkanische Arc zu Ende gegangen, da schafften es die Autoren LaZebnik und Brennert, die euphorisierten Zuschauer so richtig zu überraschen. Mit einer Episode, die gemächlicher, schwafeliger, bekannter, vorhersehbarer und schlichtweg langweiliger nicht hatte sein können.

Dabei lag die Krux nicht einmal ausschließlich in der dutzendfach gesehenen Story, die sich so ziemlich aus allen Trek-Serien ihre

Versatzstücke zusammenklaute. *The Visitor (Der Besuch)* hatte in *DS9* zum Beispiel mit dem Verlust einer geliebten Person und dem lebenslangen Ringen um die Rückkehr dieses Menschen ein Feuerwerk der Emotionen abgebrannt. Hier begann das Problem jedoch schon damit, dass die handelnden Personen, namentlich Emory Erickson, seines Zeichens berühmter Schöpfer des Transporters, und seine Tochter Danica zwei dermaßen schwache Darsteller abbekommen hatten, dass niemand auch nur eine Sekunde in Gefahr geriet, gefesselt zu sein.

Der durchaus renommierte Bill Cobbs schaffte es in keiner seiner Szenen, die richtigen Töne zu treffen. Die emotionale Tiefe, die ein Charakter wie Erickson erfordert hätte, kratzte er nicht einmal an. Im Gegenteil: Wirklich bedeutende Szenen erhielten durch Cobbs irritierende Darbietung einen Hauch von Lächerlichkeit, die keiner beabsichtigt haben konnte. Dagegen war Leslie Silva als seine Tochter schlicht unterbeschäftigt und in ihren wenigen gehaltvollen Szenen auch noch flach. Da es sich bei den beiden ausgerechnet noch um wichtige Menschen im Leben von Captain Archer handelte, bekamen wir es mit einem umso größeren Dilemma zu tun.

## LOB, BITTE!

Archers Verhalten, so irrational, befremdlich und deplatziert es wirken mochte, war sicherlich unter seinen persönlichen Umständen und Gefühlen verständlich menschlich. Er versuchte, seinem Ersatzvater den einzigen großen Wunsch zu erfüllen und ignorierte dabei seine Verantwortung; ein Stoff, der zu interessanten Wortwechseln mit Trip führte. Dennoch wurde sein erneut konsequenzloses Ignorieren eigener Regeln auf Dauer wirklich ermüdend.

Die Nachwirkungen der Geschehnisse auf Vulkan für T'Pol und auch ihre Beziehung zu Trip waren, so losgelöst sie hier vom Rest präsentiert wurden, der einzige wirklich interessante Aspekt der Episode. Hier wurde ein Konfliktpotential heraufbeschworen, das immerhin ausbaufähig wirkte. Nebenbei geriet die kurze Szene über Pa'Nar und die Folgen der Kir'Shara für Vulkan zu einem kleinen Highlight. Schön, dass ein wenig Kontinuität zurück bis *Stigma* in eine ansonsten vollkommen belanglose Episode eingeflochten wurde. Schade drum, wenn man nicht gerade in diesen Momenten aus dem gerechten Dösen erwacht war.

Was hätte eine Episode über den Schöpfer des Transporters nicht alles sein können? LaZebnik und Brennert hatten offenbar keine Ahnung und lieferten die beste Begründung dafür, dass sie den Autorenstab nach *Daedalus* verließen. Füllerfolgen mussten sein, keine Frage. Aber dermaßen uninspiriert vorzugehen, durfte man auch als fahrlässig bezeichnen. Die Episode gefiel sich als reine Bottleshow, die mit den bekannten Kulissen und den üblicherweise gute Effekten auskommen sollte. Der Score geriet übrigens ähnlich ermüdend wie die Dramaturgie. Alles richtig gemacht?

Noch kurz zum Titel: Warum man die Episode ausgerechnet nach einem *Stargate*-Raumschiff, einem Maxikatamaran und einem Riff im Roten Meer benennen musste, blieb ein Rätsel. Hier hätten sich doch in bester Serientradition viel eher Titel wie *The Transporter Incident, The Man Who Built the Transporter, The Search for the Son of the Man who Built the Transporter* oder gleich mit voller Wucht *The Sad Journey of a Father who Killed his Son and Wanted him Back* angeboten. Im Ernst: Daedalus war natürlich eine Gestalt der griechischen Mythologie und dort als Tüftler, Künstler und Baumeister bekannt. Mit seinem Sohn Ikarus war er in einem Turm eingesperrt und konnte nur dank seiner Erfindergabe fliehen. Aus Federn und Wachs fertigte er Flügel und entrann so dem Gefängnis. Nur war sein Sohn zu übermütig und stürzte ins Meer. Der trauernde Vater musste sich daraufhin von Perdix in Gestalt eines Rebhuhns verspotten lassen. Doch diese Anekdote rund um Perdix, den Daedalus auf dem Gewissen hatte, ersparen wir uns an dieser Stelle. Im Kontext der Episode fand dieser Teil der Geschichte ohnehin keinen Platz, wobei ein CGI-Rebhuhn vielleicht ein wenig Schwung in die Sache gebracht hätte. Als Metapher taugte der Titel aber natürlich, wenn er auch aufdringlich naheliegend war.

## FAZIT

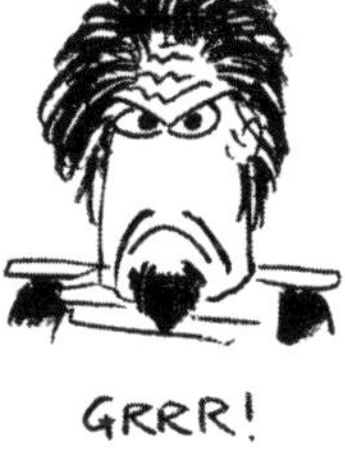


*Daedalus* bot nichts als lauwarme Luft. In diesem Dunst des Bekannten und Ermüdenden spielten die Gastdarsteller ihr Laientheater, während der Rest der Crew unangenehm berührt zusah und sich für Bruchteile auf andere, mal mehr, mal weniger interessante Dinge konzentrierte. Wer die Episode bis heute noch nicht gesehen hat, er möge ihre Existenz schlicht und ergreifend ignorieren oder sie beim Rewatch einfach auslassen. Gute Nacht.

# 4.11

# OBSERVER EFFECT

## (BEOBACHTUNGSEFFEKT)

*Die Crew watete durch einen Morast aus Depression, Todesangst und Erschöpfung und brachte dabei eine ganze Spezies dazu, Captain Kirk viel später mächtig auf die Nerven zu gehen ...*

### INHALT

Trip Tucker und Hoshi Sato kehren mit einem tödlichen Virus auf die Enterprise zurück. Getrieben von der Angst, dass sie oder alle anderen Crewmitglieder an Bord sterben könnten, entwickelt sich schnell eine bedrückende Stimmung …

### DIE FRAGE

Konnte eine Episode, die direkt nach dem Rohrkrepierer *Daedalus* angeschaut wurde, überhaupt schlecht in der Kritik wegkommen? Vermutlich nicht. Eindeutig war jedoch: Die zweite Arbeit des Ehepaares Reeves-Stevens geriet zwar um Meilen besser als die komatöse Abhandlung über den Erfinder des Transporters, versumpfte jedoch trotzdem im gerade noch erträglichen Mittelmaß. Ein wenig angelehnt an die starke Voyager-Episode *Scientific Method (Verwerfliche Experimente)* entwickelte sich das versteckte Spiel der Organier mit einer Lethargie, die der Handlung nie die notwendige Intensität verleihen konnte. Wir wussten sofort, dass etwas nicht ganz Astreines vor sich ging, waren völlig im Bilde darüber, dass Hoshi und Trip, egal was man uns mühsam suggerieren wollte, am Ende überleben würden; und schließlich, und hierbei handelte es sich um den wichtigsten Kritikpunkt, fehlte auch in Sachen Dialoge schlichtweg die emotionale Bindung. Alles lief zu glatt, zu steril ab. Viel besser wurde das Thema des Wartens auf den Tod zum Beispiel in *Shuttlepod One* umgesetzt. Hier jedoch wirkten die Betroffenen einfach zu weit weg vom Geschehen. Die einzig relevante Frage blieb die ganze Zeit, wer die Fremden waren und wie ihr kleiner Disput mit unseren Lieblingen wohl enden würde. Den Resetbutton roch man dabei zehn Lichtjahre gegen das

Vakuum des Alls; richtig zu stinken fing er aber dann spätestens mit Hoshis vermeintlichem Tod später in der Handlung an.

Zu den besten Szenen der Dreiviertelstunde gehörten sicherlich die von Phlox bemerkte Unterhaltung zwischen den Organiern, als diese die betäubten Körper von Hoshi und Trip übernahmen und zur Kommunikation nutzen (spooky!), Hoshis Aussetzer, in dem sie halluzinierend alle möglichen Sprachen benutzte, und Archers abschließende Rede über Mitgefühl (wenngleich man Archer zu diesem Zeitpunkt der Serie aufgrund seiner Wendehalseigenschaften schon keinen Standpunkt mehr wirklich glauben konnte).

Darüber hinaus reicherten die Autoren das Drehbuch mit ein paar kleinen Verweisen an, die zwischenzeitlich Freude machten. Da wäre zum Beispiel die erneute Erwähnung von Hoshis früherem Job in Brasilien, ihre Anekdote über einen Zwischenfall auf der Akademie, T'Pols Wunsch, noch einmal mit Trip sprechen zu wollen, und natürlich die Hommage an die Classic-Episode *Errand of Mercy (Kampf um Organia),* in der die Organier verhinderten, dass zwischen Menschen und Klingonen ein Krieg ausbrach.

## DIE ANTWORT

An dieser Stelle lag dann am Ende der Hund begraben. Nein, keine Sorge, auch Porthos überlebte die Krise. Es war vielmehr die feine Ironie, mit der hier gezeigt wurde, warum die Organier später in der Trek-Zeitlinie eingreifen würden. Dies hatte sicherlich den Antrieb hinter der ganzen Episode dargestellt. Umso netter war dieses Wissen, da Kirk und Kor später kein Verständnis dafür aufbringen würden, dass die Organier sich einmischten. Sie sollten mal mit Archer darüber sprechen; wenn überhaupt, war schließlich er schuld am Sinneswandel der Außerirdischen.

Manny Cotos Freude daran, die klassische Serie immer mehr in den Vordergrund zu zerren, mochte erfreulich sein; hier jedoch reichte es nur zu einer stilistisch ansprechenden Episode, die leider zu viele Versatzstücke aus anderen Serien klaute und dabei niemals die emotionale Wirkung erzielte, die vermutlich im Bereich des Möglichen gelegen hätte. Schlimmer noch: Wer die Classic-Episode gar nicht kannte, blieb eher ratlos zurück.

## FAZIT

Leider konnte auch die zweite Einzelepisode hintereinander den Arcs nicht das Wasser reichen. Auf dem Niveau der ersten beiden Enterprise-Jahre entwickelte sich somit eine gut gemeinte, letztlich aber viel zu durchschnittliche Hommage an die Classics, die sich ausschließlich über Atmosphäre, Darsteller und Wehmut definieren ließ. Dass die emotionale Resonanz jedoch gänzlich fehlte, war einer besseren Wertung nicht zuträglich.

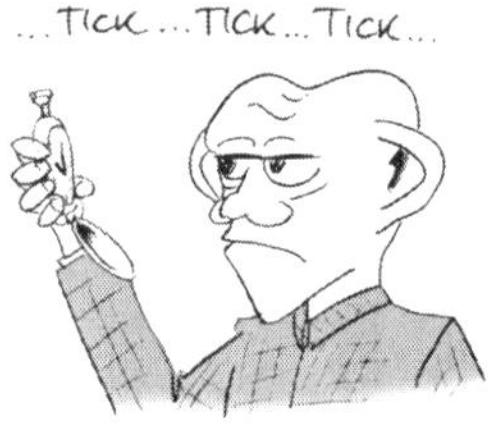


# 4.12

# BABEL ONE

## (BABEL)

*Schau dir das an, Arschgeige! Archer übte sich in liebenswerten Beleidigungen und versuchte, seinem verliebten Antennenfreund zu helfen. Dass im Hintergrund böse Buben finstere Pläne schmiedeten, war da fast obligatorisch.*

## INHALT

Die Crew der Enterprise reist zum Planeten Babel One, um den Botschafter der Tellariten zu Friedensgesprächen mit den Andorianern zu bringen. Doch ändert sich der Plan überraschend, als plötzlich ein Notruf eingeht … von Shran!

## DIES & DAS

Valdore war der Name des Schiffes in *Star Trek: Nemesis;* sicher kein Zufall. Hier trug eine romulanische Schlüsselfigur diesen Namen. Brian Thompson könnte als außerirdischer Attentäter aus *The X-Files* ein Begriff sein.

## IT AIN'T OVER TILL IT'S OVER, BABY

Es war die Woche vor der Original-Ausstrahlung dieser Episode, als die Nachricht von der Einstellung der Serie nach der vierten Staffel die Runde machte. Nachdem die Classic-Serie in den Sechzigern nur drei Staffeln überlebt hatte, konnten die drei Folgeserien allesamt mit sieben Staffeln aufwarten. *Star Trek: Enterprise* hatte man ursprünglich das Gleiche prophezeit; und doch sollte es anders kommen.

Die Serie hatte mit der dritten und vierten Staffel definitiv das Tempo aufgenommen, welches in den ersten beiden Jahren so oft gefehlt hatte. Zunächst mit einer schlichten, aber spannenden und durchaus wirkungsvollen Mission zur Rettung der Erde, hier nun durch Umsetzung des Prequelgedankens, der endlich seitens der Autoren verinnerlicht und konsequent weitergedacht wurde. Showrunner Manny Coto hatte in diesem Zuge einige Register gezogen, war letztlich aber doch gescheitert.

Dies allerdings nicht unbedingt inhaltlich, sondern wegen der Altlasten und der Politik bei Paramount und UPN. Viele vergleichbare Programme auf anderen Sendern hatten damals kaum bessere oder sogar schlechtere Quoten, trugen aber eben auch nicht die Bürde einer so langen und einst erfolgreichen Franchise-Geschichte auf ihrem Rücken. Und sie liefen nicht auf einem Sender, der sich derart verändert hatte, dass *Star Trek* wie eine Programmanomalie wirkte.

Somit endete die Serie mit einer Staffel, die sich zumindest teilweise mit den Höhepunkten der anderen Serien messen konnte, jedoch leider nicht die Chance erhielt, durch stetige Verbesserung vielleicht sogar noch zu einem herausragenden Eintrag in der Trek-Historie zu werden. Schade.

## CAN'T SAY THEY DID NOT TRY, THOUGH

*Babel One* war in diesem Kontext eindeutig Kind der Bemühungen Cotos und Auftakt zu einer intensiven Behandlung der Föderationsthematik. Die Enterprise sollte Abgesandte der Tellariten zu einem Treffen mit den Andorianern bringen und sozusagen in die undankbare Rolle des unparteiischen Beobachters rücken. Eine klassische Geschichte über Diplomatie und Fingerspitzengefühl, Ränkespiele und verborgene Intentionen erwartete uns also. Irgendwie komplett überraschungsfrei, im Zusammenhang mit den beteiligten Parteien aber sinnvoll und unterhaltsam präsentiert.

Dabei war das gewachsene Verhältnis zwischen Archer und Shran der interessanteste Part. Zwei vollkommen unterschiedliche Männer, die sich dennoch schätzten und einander halfen. Dies war einer der Punkte, die *Star Trek: Enterprise* definitiv in Hinblick auf Charakterentwicklung gelungen war. Bezogen auf die Absetzung und die Idee, Shran in einer fünften Staffel zum Hauptcast zu befördern, ein klarer Fall von verschleudertem Potenzial. Dass zudem noch die bereits bekannte Talas mit von der Partie und inzwischen sehr eng an Shrans Seite aktiv war, konnte man zudem als erfreuliches Leckerli für die Fans ansehen.

Die Tellariten waren, entgegen ihrem Auftreten in *Bounty*, dieses Mal um einiges interessanter geraten, wenngleich sie von Beginn an stark in die unsympathische und verschlagene Ecke gedrängt wurden. Das anfängliche Necken wirkte jedoch äußerst charmant, wenn auch irgendwie albern.

Das größte Fragezeichen bildeten allerdings die Romulaner. Okay, es war schon ein Vergnügen, sie intrigant wie immer die Fäden ziehen zu sehen. Ihre politischen Ränkespiele verpufften jedoch, da wir über die aktuelle Situation auf Romulus nichts wussten und auch viel zu wenig erfuhren. Sie schienen einzig die Funktion der finsteren Gestalten im Hintergrund zu erfüllen.

Die Nebenhandlung um Reed und Trip auf dem feindlichen Phantomschiff war größtenteils Standard, gewann aber immerhin durch schicke Dialoge und einige Querverweise, die fast in Vergessenheit geraten waren (T'Pols Hintern; *Shuttlepod One)*.

Auch die endgültige Auflösung der Ehe zwischen T'Pol und Koss, viele Infos über den Werdegang von Shran (der nach zwölf Jahren als Captain der Kamari zeitnah nicht mit einem neuen Kommando rechnete) und Archers und T'Pols Rückbesinnung auf die Geschehnisse in *Minefield* machten Spaß.

Alleine an Momenten dieser Art spürte man, dass Autor Mike Sussman seine Finger im Spiel hatte. Keiner außer ihm baute so geschickte Kontinuitätsbrücken innerhalb der Serie.

Dabei war die Episode aber insgesamt doch nicht in einer Liga mit den absoluten Highlights der DS9-Geschichte anzusiedeln. Es fehlte einfach die Reife, die Eleganz, die Tiefe. Vor allem auch die mangelnde Ausarbeitung der Gegenspieler machte Sorge.

*Babel One* begann gemächlich, steigerte die Taktfrequenz jedoch zusehends und enthüllte nach und nach sein spannendes Mysterium. Mit dem Twist am Ende der Episode, den man wahrlich nicht kommen sah, erreichte das Interesse an der Fortsetzung dann seinen Höhepunkt. Abträglich war der Episode somit in der Summe einzig noch, dass wir die Fortführung der Romulaner-Thematik über die Staffel hinaus nicht mehr erleben durften.

Ach ja, eine kleine Notiz am Rande: Wie in der Classic-Episode *Journey to Babel (Reise nach Babel)* erreichte auch hier die Enterprise den titelgebenden Planeten Babel One am Ende nicht.

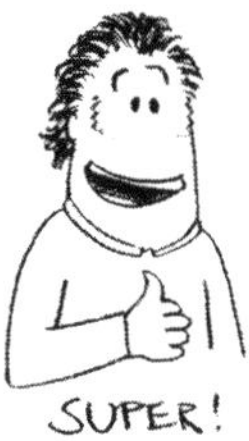


## FAZIT

*Babel One* eröffnete einen verschachtelten Arc mit geschicktem Spannungsaufbau, Suspense und guten Charakteren und lieferte somit, auch dank des gelungenen Cliffhangers, ein packendes Setup für die kommenden zwei Episoden.

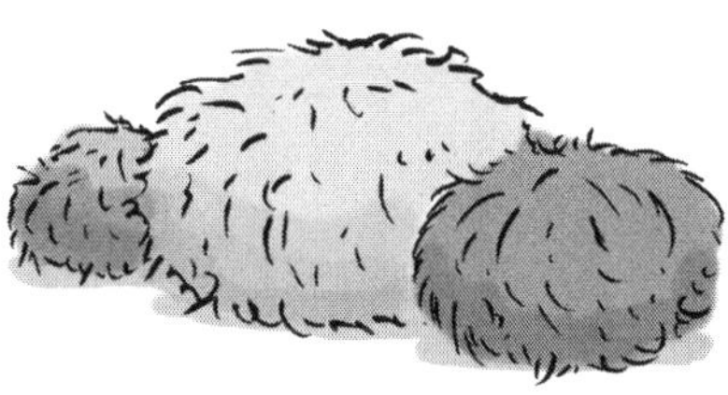

# 4.13

# UNITED

## (VEREINIGT)

*Kampf um Leben und Tod; ohne Tod. Ein undurchschaubarer Gegner; mit Hilfe eines Blinden. Dazu noch Remaner; ohne Shinzon. Viel hilft viel? Hier nur bedingt.*

### INHALT

Captain Jonathan Archer und seine Crew versuchen verzweifelt, die Andorianer, Tellariten und Vulkanier zu einen, indem sie alles daransetzen, ein getarntes Schiff zu finden, dessen Hintermänner offensichtlich die ganze Region destabilisieren wollen …

### COUNT ON THE POWER OF THE THREE

Manny Coto, Judith Reeves-Stevens und Garfield Reeves-Stevens; drei Namen, die im Vorfeld der Ausstrahlung bereits jegliche Sorge um eine kompetente Fortführung des dritten Arcs der Staffel hätten nehmen können. Dass es dennoch etwas anders kam, wollen wir uns heute einmal herleiten.

### DON'T RUSH TO COUNT ON SOMEONE WHO FOOLED YOU BEFORE

Es begann, wie es zuvor geendet hatte. Die finsteren Romulaner saßen übellaunig auf Romulus in ihrem Kontrollraum und beackerten ihren teuflischen Plan, das Mächteverhältnis im Quadranten durch Einsatz ihrer ferngesteuerten Drohne zu verschieben. Dass man als kleine Verbeugung vor den in *Star Trek: Nemesis* aus dem Drehbuchhut gerupften Remanern selbige auch hier auftreten ließ, wirkte dabei ganz charmant, schmeckte im Abgang aber auch ähnlich schal wie der ausgetauschte Anakin Skywalker in den bösen Prequel-Filmen der *Star Wars*-Reihe. Schwamm drüber, hier gab es in Sachen Content eh nicht viel zu holen.

Viel interessanter waren da schon Archers Bemühungen, mit Hilfe einer schnell zusammengezimmerten Flotte aus Menschen, Vulkaniern, Andorianern, Rigellianern und Tellariten die Drohne ausfindig zu machen. Die Frage, wie es dazu kam, warum ausgerechnet die Weltraum Newbies von der Erde die Führung übernahmen und was diese Allianz für die Zukunft bedeuten könnte, war den Autoren leider weniger wichtig als die akute Mission.

Der Fokus der Handlung sackte ein Geschoss tiefer, als Talas an ihren Verletzungen starb und Shran sich wie ein wildgewordener Klingone aufführte, der fortwährend nach Rache und Ehre krakeelte. Zugegeben: Jeffrey Combs kann jedem Zuschauer Overacting als Kunst verkaufen, und seine Darstellung des gramgebeugten, um Fassung ringenden Shran war klasse. Dennoch umspielte seine Forderung nach einem Kampf bis zum bitteren Ende gegen den verantwortlichen Tellariten der abgestandene Duft der Classic-Serie. Dass schließlich gar Archer einsprang und somit Freund gegen Freund antrat, dürfte letzte Assoziationen zur Episode *Arena (Ganz neue Dimensionen)* befeuert haben.

Archer war hier mal wieder Weltpolizist, Gutmensch, opferbereiter Schöndenker und Friedensstifter. Er war zudem bereit zu sterben, in dem glückseligen Wissen, dass auch ohne ihn die Allianz weiter Bestand haben würde und die Völker des Quadranten gemeinsam in den Sonnenuntergang reiten könnten. Hach. Vielleicht war er aber auch einfach nur lebensmüde oder ein bisschen doof.

Das alles wäre aber noch gar nicht so schlimm gewesen, hätte sich der Kampf bis zum Tode nicht als lahmer Wettstreit herausgestellt, bei dem am Ende nur einer der Beteiligten kampfunfähig sein musste. Hier implodierte das ohnehin wenig kreative oder sinnvolle Setup und entließ beide Kämpfer durch die Hintertür aus einer aufgebauschten Situation. Schade.

Der dritte Teil der Handlung befasste sich schließlich mit Reed und Trip, die gemeinsam an Bord der Drohne um Kontrolle über selbige rangen und dabei einen Phaser überluden (zu oft gesehen). Zur Strafe bekam Trip noch eine Dosis radioaktive Strahlung ab, diese schien ihn in der Folgezeit aber nicht unnötig zu belasten. Auch hier blieb es bei einem unbedeutenden Rumgehühner, um die Spielzeit der Episode voll zu kriegen.

Somit lieferte das Drehbuch zwar kompetente Unterhaltung und brachte die Handlung rasant voran, förderte aber auch ein erschreckendes Maß an mangelnder Fantasie zutage. Diese brachte das Team erst in den letzten Sekunden zum Einsatz, als man an Bord der Drohne keinen Romulaner, sondern einen Alien-Space-Nazi präsentierte; nein, Spaß. Diesmal war es ein Albino-Andorianer. Der WTF-Effekt dürfte aber vergleichbar gewesen sein.

### FAZIT

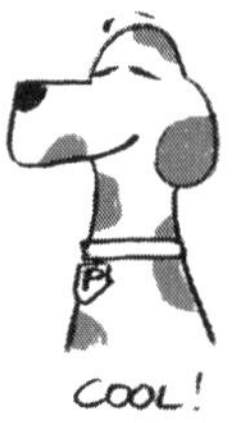


Gemächlicher und vorhersehbarer als der Auftakt, garniert mit weniger Suspense und zu viel Standard-Plotting wurde *United* zwar zu einer netten und fesselnden Episode, das Gefühl wahrer Größe wollte jedoch trotz der diversen beteiligten Parteien nicht aufkommen. Ein Versuch, sich auf den letzten Metern noch nach der Klasse von *DS9* zu strecken, scheiterte somit leider aus Zeitmangel und an zu wenig Fantasie. Was blieb, war aber fraglos gute Unterhaltung.

# 4.14

# THE AENAR

## (DIE AENAR)

*Manchmal vergisst eine Geschichte, was sie eigentlich erzählen will, und verirrt sich dann verschämt in die eisigen Welten einer fremden Kultur. Das war hier zwar immer noch irgendwie nett, barg aber auch Frustpotential.*

### INHALT

Captain Archer besucht gemeinsam mit Shran dessen vereiste Heimaltwelt Andoria, um eine mysteriöse und verdächtige Spezies namens Aenar zu treffen. Die beiden müssen versuchen, deren Verwicklung in das Komplott der Romulaner und die Zerstörung vieler Schiffe zu klären …

## TRAVELLING TO ANDORIA FOR NOTHING

Der Ansatz der vierten und letzten Staffel, Einzelepisoden mit kleinen Arcs zu kombinieren, war grundsätzlich eine spannende Idee der Produzenten. Man konnte auf diese Weise tiefer in einige Themen eintauchen und dennoch auch schnell zwischendurch eigenständige Plots abfrühstücken. Was qualitativ bei den Einzelepisoden leider bisher gar nicht geklappt hatte, gelang den Mehrteilern von Beginn an besser. Der Soong-Arc machte es dabei schon ganz gut, der Vulkanier-Arc sogar noch eine Ecke großartiger. Nun jedoch stand mit dem dritten Versuch rund um Andorianer, Romulaner und Tellariten in der Summe ein eher wackeliges Gebilde vor uns. Wie es dazu kommen konnte, klären wir ganz angemessen jetzt beim dritten und leider schwächsten Teil des Gesamtkonstrukts.

Hatte die erste Episode des vorliegenden Dreiteilers noch durchaus spannende politische Aspekte aufgeworfen und mit dem Kulturclash zwischen grundverschiedenen Völkern gepunktet, ging bereits dem Mittelteil durch die uninspirierte und unmotivierte Einbindung der Romulaner ein wenig der Sprit aus. Hier nun verschob sich der Fokus der Story erneut, so dass am Ende eigentlich gar nicht mehr wirklich ein Dreiteiler stand, sondern eine lose Abfolge von Episoden, die weniger zusammengehörten, als man vermutlich geplant hatte.

Die Verhandlungen auf Babel One spielten hier kaum mehr eine Rolle, und die plötzlichen Angriffe der Drohne führten das Interesse zu einem Nebenkriegsschauplatz, der so hemdsärmelig daherkam, dass er kaum als roter Faden gedacht gewesen sein konnte.

Man wollte im Kern offenbar eine Story über die Romulaner erzählen, stellte diese eigentlich reizvolle Spezies aber derart vage dar, dass es nur für schattenhafte Finsterlinge im Hintergrund reichte. Wir erfuhren nichts über ihre Motivation, konnten ihre Vorgehensweise kaum nachvollziehen und fanden somit keinen Zugang zu ihrer Beteiligung an den interstellaren Konflikten dieser Zeit. Für diese Darstellung hatte es keine bekannte Spezies gebraucht. Verschenkt.

Ihr Masterplan fiel zudem bei genauerer Betrachtung geradezu auseinander. Dass diese stolze Rasse zu einem derart sinnfreien Vorgehen fähig war, blieb kaum glaubwürdig. Warum überhaupt einen telepathisch begabten Piloten fernsteuern? Warum nicht direkt eine Fernsteuerung für die Drohnen entwickeln oder verwenden? Warum ausgerechnet einen Aenar benutzen? Und warum nur einen entführen und diesen an den Rand der Hirnschädigung treiben? Was wäre nach seinem Tod geschehen? Wer gab solche Befehle und entwickelte solche Pläne?

Auch das Hineinwerfen der Aenar in die Andorianer-Geschichte wirkte dabei ähnlich kreativitätsfrei wie das der Remaner in die Backstory der Romulaner in *Star Trek: Nemesis*. Hier war seitens der Autoren offenbar schlicht ein Katalysator nötig gewesen, obwohl man bei den Zuschauern viel lieber mehr über die eigentlichen Player und ihre Kultur erfahren hätte. Schade.

Somit konnte man zusammenfassen: Romulaner nicht gut ausgearbeitet und ihre Beteiligung am Ende sinnlos. Andorianer nicht gut ausgebaut und ihre Beteiligung nicht ausgereizt. Die Aenar würde man zudem vermutlich nie mehr wiedersehen, da sie als reiner MacGuffin für den vollkommen logikfreien Plan der Romulaner herhalten mussten. Ja, diese Episode hatte sicher viel Zeit, ihre Story zu erzählen, genutzt hatte man es aber in diesem Fall leider nicht.

Bauen konnte man aber immerhin auf das Team Archer/Shran, das derart unterhaltsam harmonierte, dass man sich alleine für Shrans Beteiligung eine fünfte Staffel gewünscht hätte.

Das Ende, als Trip um Versetzung auf die Columbia bat, war zudem gut gespielt und eine nette Plot-Idee, auch wenn seine emotionalen Probleme mit der unerfüllten Liebe zu T'Pol eher in den Bereich Wunschdenken seitens der Autoren fielen. Verdeutlicht hatten diese uns die Problematik, abgesehen von nacktem Popo zeigen und endlosen Massagen, leider eben nicht. Dennoch hatte man die Unterredung mit Archer kompetent geschrieben und gespielt; die Serie war nur leider auch im vierten Jahr noch nicht zu einem konsequenten Aufbau von emotionaler Resonanz fähig. Wiederum: Schade.

## TECHNISCH BETRACHTET

Rein visuell sah das Präsentierte durchaus nett aus, wenn auch die Aufnahmen von Andoria jede Weite vermissen ließen. Eiskanäle, enge Räume und ein paar nette Effektshots reichten längst nicht aus, um uns diese spannende Kultur wirklich näher zu bringen. Das Make-up der Aenar war hingegen ebenso gut wie das der anderen Spezies, und der Score streute hier und da ein paar heimelig-verträumte Töne in die Einheitssuppe ein. Verschenktes Potential allerorten also.

### FAZIT

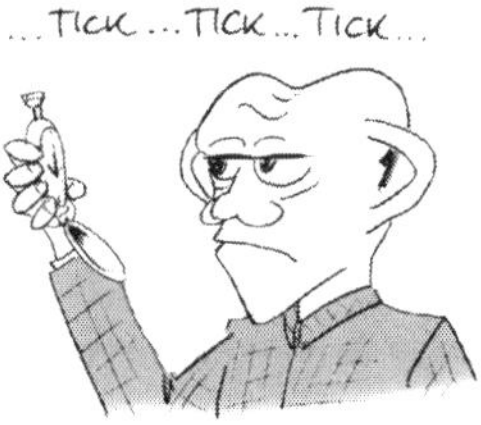


Unerwartet mystisch und inhaltlich zu holperig und unentschlossen beendete man an dieser Stelle einen am Ende wenig kohärenten und in der Summe kaum überzeugenden Arc.

Bonuspunkte gab es aber dennoch für das wohl beste Duo (Archer & Shran) der Staffel. Was übrig blieb, roch in gewisser Weise wie Dienst nach Vorschrift.

# 4.15

# AFFLICTION

## (DIE HEIMSUCHUNG)

*Mit Stirnwulst, ohne Stirnwulst. Mit Blutwein, ohne Blutwein. Mit Ehre, ohne Ehre. Egal in welcher Kombination: Die Klingonen waren keines Zweiteilers mehr wert.*

### INHALT

Während die Enterprise die Erde besucht, um den Start des neuen Schiffes Columbia zu feiern, entführt man Phlox, um den Klingonen bei der Bekämpfung einer mysteriösen Bedrohung zu helfen …

### DIES & DAS

John Schuck kehrte unter das Klingonen-Make-up zurück. Er war der Botschafter im vierten und sechsten Kinofilm gewesen.

## WENN DER KLINGONE WIEDER KLINGELT

Die Klingonen also; wieder einmal. Während der *Classics* waren sie spannend, in *TNG* jedoch schon viel zu oft eingesetzt und verheizt worden, auf der Voyager dann zum Glück nur dosiert dabei und auf *DS9* dank Worf, Martok und einigen anderen (Grilka) wieder völlig überzeugend geraten. Hier jedoch hatte ihre Beteiligung größtenteils nur noch ermüdet. Warum gegen Ende der letzten Staffel noch ein ganzer Zweiteiler rund um die totgeschriebenen Kriegstreiber sein musste, blieb ein Geheimnis. Warum nicht der Bau der ersten Sternenbasis? Warum nicht eine endgültige und zufriedenstellende Auflösung des Temporalen Kalten Kriegs? Warum nicht der versprochene Besuch auf Denobula? Es gab so viele Möglichkeiten. Hier spielte natürlich auch das Wissen um die Absetzung der Serie hinein. Somit war das Abfrühstücken von uninteressanten Handlungsansätzen schlichtweg frustrierend, je näher das endgültige Ende kam.

Zum Glück passierten aber doch noch einige interessante Dinge, so dass man die Präsenz der klingonischen Freunde ertragen konnte. So war die Verbindung des Ganzen zum Soong-Arc eine wirklich tolle Idee. Hier wäre es fast zwingend notwendig gewesen, Brent Spiner noch einmal auftreten zu lassen. Aber gut. Die Verbindung an sich verdiente bereits Lob.

Positiv anzumerken sei auch die Thematik rund um Trips Versetzung auf die Columbia. Sowohl sein Abschied als auch die schwere Eingewöhnung an Bord des neuen Schiffes überzeugten; und Ada Maris spielte einen wundervoll stillen, intelligenten und hintergründigen Captain. Kompliment!

Auch interessant war die überraschende Reed-Story. Seine Verbindung zur Sektion 31 (die aber nicht explizit benannt wurde) wäre sicherlich für einiges an Drama gut gewesen. Hier wirkte die Enthüllung jedoch unpassend, gehetzt und lächerlich. Auf einmal war der gute Malcolm also ein verschlagener Ex-Agent einer Geheimorganisation; na gut. Ein wenig merkwürdig war er ja schon immer gewesen. Schlimm wurde es jedoch erst, als er innerhalb von nur zehn Folgenminuten enttarnt und ins Gefängnis geworfen wurde. Archer hatte nur Vermutungen im Gepäck, und doch war ihm wie so oft alles klar. Warum dieses Misstrauen? Sollte Malcolm nicht genügend Kredit besitzen? Das Ganze wirkte, auf diese

Weise präsentiert, vollkommen überzogen und peinlich. Ein Kompliment geht hier einzig an Dominic Keating, der alle Register zog. Scott Bakula hingegen spielte so schwach wie lange nicht; aber wen wunderte das bei diesem Drehbuch?

Dafür bot wenigstens der Phlox-Teil ein Mindestmaß an Substanz. In Kooperation mit dem einzig erträglichen Klingonen (stark: John Schuck) gelangen die besten Dialogszenen der Folge. Schade, dass der gute Doktor seinen größten Auftritt seit langem ausgerechnet in dieser Episode erhielt.

Und schließlich: der alberne und unnötige Cliffhanger. Fünf Minuten vorher passierte rein gar nix, und dann flog die Enterprise dramatisch vorbei und explosionsgefährdet davon. Spannung? Suspense? Drama aus der Handlung heraus? Hallo, jemand Zuhause?

Die Idee, das Mysterium des wechselnden klingonischen Erscheinungsbildes über die Serien und Filme hinweg zu erklären, war aber sicher charmant und geschickt gelöst worden, wäre jedoch nicht zwingend notwendig gewesen. Hier wurde das Franchise auch ohne Not eines kauzig-niedlichen Running Gags beraubt.

Mit Episoden wie *Affliction* zeigte Coto, dass Prequel-Verliebtheit auch zu weit gehen konnte. Wenn man eine unausgegorene Geschichte nur erzählte, um sie zu erzählen, war der Punkt erreicht, an dem man aufhören musste. Weder Berman & Braga noch Coto hatten in letzter Konsequenz die wahre Identität der Serie gefunden. Beide Seiten zog es in unterschiedliche Richtungen, aber nur selten kam dabei etwas wirklich Bedeutendes heraus. Die Serie fühlte sich an dieser Stelle an wie die siebte Voyager-Staffel – ausgepowert, leer, enttäuschend und auf Autopilot. Den guten Arcs um die Augments und die Vulkanier standem Durchschnittsware wie der Andorianer/Romulaner-Arc sowie einige Rohrkrepierer gegenüber. Und selbst die Arcs bedienten sich beständig wiederkehrender Motive: Das Schiff geriet verlässlich in Gefahr, wurde verlässlich schwer beschossen, es wurde hier und da immer viel gedroht, und nur das Drumherum rettete vor dem Knockout. Keine Frage: Cotos Ideen und Einfälle waren oft recht gut, die Ausführung kam jedoch dabei dann auch oft nicht mit. Und dafür war die vorliegende Episode leider erneut ein viel zu gutes Beispiel.

### FAZIT

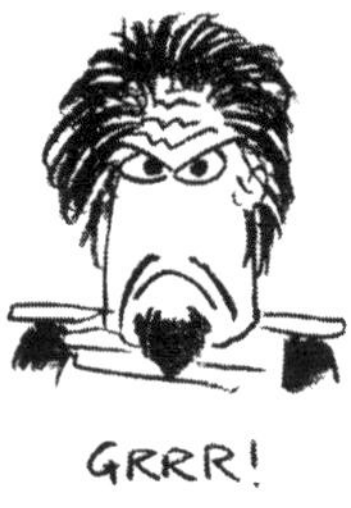


Schade. Manny Coto & Mike Sussmann erlitten mit einer eigentlich netten Idee Schiffbruch: Dank einer leidlich spannenden Inszenierung, viel heißer Luft, schwachem Storyaufbau und ausgelutschten Charakteren ruinierte die Episode den Klingonen-Arc bereits im Ansatz. Das Setup hätte für ein gutes Abenteuer reichen können. Doch so ist das eben manchmal mit Idee und Ausführung.

# 4.16

# DIVERGENCE

## (DIE ABWEICHUNG)

*Der zweite Teil führte die Stärken und Schwächen des Auftakts konsequent weiter und lieferte somit in der Summe ein Stück Erkenntnisgewinn garniert mit einem Hauch von gar nichts.*

### INHALT

Auf der Suche nach Doktor Phlox muss sich die Crew mit Hilfe der Columbia mit fieser Sabotage herumschlagen. Nicht fehlen dürfen dabei noch viel mehr Klingonen, ein abtrünniger, aber schnell rehabilitierter Sicherheitschef und ein Chefingenieur mit Heimweh.

### MEHR BLUTWEIN, DAS IST ZUM WEINEN!

Sorry, man sollte wirklich kein Exempel an Mittelmäßigkeit statuieren. Aber auch *Divergence* konnte keine ernsthaft bessere Kritik als der Vorgänger erhalten.

Der Einstieg, und somit die Auflösung des unfassbar sinnfreien Cliffhangers der vorausgegangenen Episode, war dabei noch der stärkste Part der Episode, allerdings auf einem ähnlich stumpfen Level wie die Autobahn-Verfolgungsjagd im zweiten *Matrix*-Streifen. Die Effekte waren okay, der Spannungslevel hoch, inhaltlich landete das alles aber natürlich jenseits von Eden.

Konnte es wirklich einfacher sein, exakt diesen Stunt durchzuziehen, anstatt Kelby die Prozedur mal eben kurz fernmündlich parlierend zu erklären? Tuckers Nachfolger war schließlich durchaus qualifiziert, oder? Warum hatte er den Job sonst noch gleich bekommen? Aber nein, die erstbeste Krise bedurfte der helfenden Hand des einzig wahren Trip Tucker. Logisch.

Fazit des Ganzen: Eine Sequenz zum Vergessen, die keinerlei Rücksicht auf die Charaktere nahm, sondern schlicht den Unsinn des Drehbuchs vorantrieb. Ärgerlich war das vor allem in einer Geschichte, die inhaltlich so dürftig daherkam wie dieser Zweiteiler.

## SCHWEIGEN

Was gab es also überhaupt noch zu ergänzen? Wenig. Wir bekamen die unvermeidlichen Classic-Klingonen zu sehen (Mission erfüllt), erlebten standardisierte Drohgebärden, blutleere Schusswechsel, eine Happy-End-Auflösung des Reed-Konflikts (sorry, liebe Autoren: kein Aufbau, kein emotionaler Eindruck beim Zuschauer) und viel Blabla.

Doch graben wir mal tiefer. Archers rigoroses Eingreifen am Ende passte durchaus ins Bild. Sein Verhalten war den kompletten Zweiteiler hindurch, wie so oft in den ersten beiden Jahren, schlichtweg merkwürdig. Gut, die Szene an sich war spannend und kompetent gespielt, aber diese extreme Gefahr in jeder Episode wirkte auch langweilig, ideenarm und flach.

Reeds Verbindung zu Sektion 31 schien am Ende vollkommen in Vergessenheit zu geraten. Zumindest war er wieder voll dabei, und keiner scherte sich um seinen Verrat. Nahm man Archers echauffiertes Verhalten in *Affliction* als Basis, war das kaum nachzuvollziehen. Schon witzig: In *Breaking the Ice* wurden sogar T'Pols private Briefe gelesen, weil sie vermeintlich mit Vulkaniern kommunizierte. Hier wurde ein lügender, seit Jahren von einer undurchsichtigen Geheimorganisation rekrutierter Lieutenant ohne großes Hallo wieder auf den Posten des Sicherheitschefs und Waffenoffiziers gesetzt. Happy Family? Sicher. Hirnaktivität? Leider null.

Zuletzt: die unvermeidliche Rückkehr des Trip Tucker. Er blieb nun »erstmal« wieder auf der Enterprise. Offizieller Grund: um zu helfen. Ja, klar. Kelby kriegte ja auch nichts alleine gebacken. Und schon implodierte der nächste Mini-Arc. Wenngleich man natürlich zugestehen musste, dass die Zeit einfach knapp wurde. So war das halt mit der Krux der Absetzung.

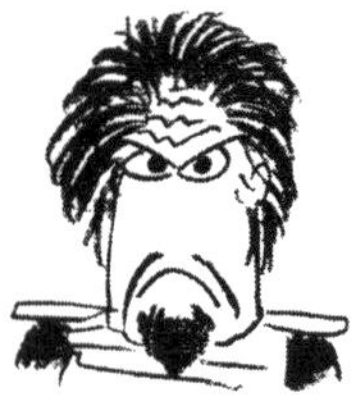


## FAZIT

Nix zu machen. Auch die talentierten Reeves-Stevens konnen den ärgerlichen Mix nicht mehr retten. Der Klingonen-Arc verlor auf ganzer Linie und blieb in der Summe nur als actionreiches Ärgernis mit Unterhaltungswert im Gedächtnis.

## EINSPRUCH, HERR KOLLEGE!

Herzlich willkommen bei einer neuen Folge unserer beliebten Serie *Wie zersäbele ich gekonnt Mythen?* Nach *George Clooney ist Batman* und *Jane Bond 007* geht es diesmal um einen weiteren Fauxpas innerhalb eines beliebten Franchises: Das menschliche Aussehen der Klingonen in der klassischen Star-Trek-Originalserie ist nämlich die Folge eines Virus …

GEHT ES EIGENTLICH NOCH? Ja, wir Star-Trek-Fans wissen, dass die Klingonen aus der Kirk-TV-Ära anders aussahen als in den Kinofilmen, *The Next Generation* und den nachfolgenden Serien. Und woran das liegt, das wissen wir auch: In den 60er-Jahren war aufwendiges Make-Up à la Commander Kruge oder General Chang eben einfach nicht machbar, und da musste es ausreichen, wenn die Feinde der Föderation aussahen wie moderne Versionen der Horden Dschingis Khans. Darüber sind sowohl in der Fan-Szene als auch im Franchise selbst schon diverse Witzchen gerissen worden, als Krönung Worfs Bemerkung in der Folge *Trials And Tribble-Ations* aus Star-Trek-Serie Numero 3, *Deep Space Nine.* Ja, es sind Klingonen. Nein, wir sprechen darüber nicht mit Außenweltlern. Wir Trekkies wollen es ja immer ganz genau wissen, und aus diesem Grund setzte sich ab den frühen 80er-Jahren eine recht schlüssige Erklärung für das Höckerstirnen-Paradox durch: Der amerikanische Rollenspielverlag FASA erklärte im Quellenbuch des allerersten Star-Trek-Pen&Paper-Games, dass die Klingonen eben nicht nur einer einzelnen Rasse entstammen, sondern ein komplettes Imperium bilden. Neben den höckerköpfigen »Imperial Klingons« gibt es unterschiedliche genetische Spezialzüchtungen, welche die Kontaktaufnahme mit zu erobernden Völkern erleichtern sollen: Neben den menschlich aussehenden »Human Fusions« gibt es spitzohrige »Vulcan Fusions«, mit Fühlern bewehrte »Andorian Fusions« und sogar schweinische »Tellarite Fusions«. Später kamen noch weitere dieser Fusions hinzu.

Schön und gut, das Ganze war kein Kanon, aber so irgendwie schienen es auch die damaligen Produzenten des Franchises zu schlucken. Jedenfalls widersprachen sie nicht, wenn diese Erklärung gar in offiziellen Publikationen für das abweichende Aussehen der Klingonen präsentiert wurde.

Nun wollten Manny Coto und seine Getreuen bei *Star Trek: Enterprise* aber päpstlicher sein als der Papst und die Kirche unbedingt aus dem Dorf holen. Anders ist die ebenso bizarre wie unglaubwürdige und schlichtweg blödsinnige Glattstirnen-sind-kranke-Klingonen-Variante aus dieser Folge nicht zu erklären. Glücklicherweise (und für gewöhnlich ist der Autor dieser Zeilen alles andere als ein Freund von der dergleichen, aber in diesem Fall bestätigte die Ausnahme die Regel!) löste die Sache unter den nicht eben wenigen Klingonen-Fans einen ordentlichen Shitstorm aus, sodass dieser schmähliche Versuch, die Klingonen wissenschaftlich erklärbarer zu machen, nie wieder irgendwo Verwendung fand. Auch nicht bei *Star Trek: Discovery* 13 Jahre später, wo am Beispiel Ash Tylers eine deutlich glaubwürdigere, nachvollziehbarere und vor allem befriedigendere Erklärung für das menschliche Aussehen der Classic-Klingonen gefunden wurde.

# 4.17

# BOUND

## (DIE VERBINDUNG)

*Warnung: In dieser Rezension wurde viel zu viel Alkohol konsumiert. Zartbesaitete sollten vom Text und der Episode in jedem Fall die Finger lassen.*

### INHALT

Es ist definitiv der Glückstag des Captains: Als Geschenk für erfolgreiche Verhandlungen mit dem Orion-Syndikat erhält Archer vollkommen kostenfrei und ohne eine Gegenleistung drei Sklavinnen. Dem geschenkten Gaul schaut er zwar nicht lange ins Maul, steht am Ende, wie die Zuschauer, aber doch mit einem sehr langen Gesicht da …

### DIES & DAS

Cyia Batten war eine der Ziyal-Darstellerinnen aus *DS9*. Hier spielte sie nun eine Sklavin.

### ALKOHOL GEFÄHRDET DIE GESUNDHEIT. SCHLECHTES TV ABER AUCH.

Sollte man dankbar sein? Dankbar, dass Manny Coto kurz vor Ende der Serie noch einmal die Chance verteilte, einer Episode so richtig in den Allerwertesten zu treten? Nein, nein. Nicht, dass Verrisse Spaß machen würden! Mitnichten! Aber sie können befreien, wenn das Gesehene einem den Tag vermiest hat.

Doch fangen wir lieber ganz langsam und auch ganz von vorne an. (Der Rezensent öffnet eine Flasche Romulanisches Ale und nippt.) Es war eindeutig, was Coto mit *Bound* versucht hatte. Nämlich eine Hommage an die Classic-Serie, die so eindeutig deren Stil zitierte, dass es jedem Fan der ersten Stunde sofort warm ums Herz werden musste.

Das Problem hierbei war nur: Man dachte eigentlich, dass *Star Trek* im Verlauf von 40 Jahren eine, na sagen wir mal, andere Sensibilität für Themen dieser Art entwickelt hätte, und vielleicht auch ein, ohne beleidigend sein zu wollen, höheres Niveaubewusstsein. Doch wovon reden wir da? Die Serie hat Perlen wie *Precious Cargo* und *Bounty* hervorgebracht, die in ihrer Peinlichkeit jedem Rumfässchen den Boden ausschlagen würden. (Der Rezensent nimmt dieses verbale Glanzstück dankend auf und nippt ein weiteres Mal.)

Schade nur, dass gerade Manny Coto, der Erlöser und Retter der wahren Fans, dieses Machwerk verzapft hatte und nicht die beiden Höllenhunde des Franchise (für alle, die nicht mehr folgen können: Bervis & Braghead alias Rick Berman und Brannon Braga). (Der Rezensent bedauert diese verbale Entgleisung und nimmt verschämt einen großen Schluck aus der Flasche).

Manny Coto schien das jedoch alles komplett anders zu sehen. Die Story war so simpel wie nur irgend nötig. Verschlagener und laut bisherigen Erkenntnissen sicher auch krimineller Orion-Händler bot ein supi-dupi-klasse Geschäft an und schenkte Archer gleich noch eine heiße Tanzdarbietung nebst seiner drei Pracht-Sklavinnen. Alles für lau und weil Johnny-Boy so ein cooler Typ war. Nee, schon klar. (Ein weiterer großer Schluck brennt den Rachen des Rezensenten hinab.)

Die drei spärlich bekleideten Damen vernebelten die Sinne der männlichen Crewmitglieder mit ihrem Sexappeal (der Rezensent muss selber lachen) und trieben auf diese Weise alle Besatzungsmitglieder nach und nach in den selbst auferlegten Wahnsinn. Nur »Magic« (T')Polly und »Natural-Cool-Guy« Trip (der immer noch auf der Enterprise aushalf und dem armen neuen Chefingenieur Kelby das Leben zur Hölle machte) waren aufgrund vulkanischer Physis und/oder eines telepathischen Links (dank Sex in Staffel 3) immun. Hoch die Tassen! Hier floss das Niveau kübelweise ins Klo.

Am Ende retteten beide die Situation, und der große Twist drückte uns in die Sitze. Die Sklavinnen waren die wahren Herrscher! Wow! Cool! Das fragte man sich schon seit fast vierzig Jahren! Wieder eines der Mysterien gelöst, die uns seit Anbeginn der Zeit um den Schlaf brachten. (Die erste Flasche ist leer; mit unsicheren Schritten holt der Rezensent eine weitere aus der Kühlung.)

Ach, was dazwischen passierte? Die drei grünen Mädels trugen ihre schlecht sitzenden Perücken durchs Schiff, wackelten musikalisch mit dem Hintern und verteidigten erfolgreich den Standpunkt, dass Models & Tänzerinnen einfach nicht schauspielern sollten. Okay, die arme Cyia Batten lassen wir mal außen vor. Sie konnte nichts retten. Und auch die ultimative Classics-Hommage am Ende, auch bekannt als der große Gruppen-Gag, konnte hier nichts mehr retten. Charmant war diese Szene sicher, aber wen kümmerte es nach dieser Farce?

Himmel! Wie viele Flaschen Romulanisches Ale müsste man trinken, um den Unterhaltungswert dieser Dreiviertelstunde zu erkennen? Noch mehr als bei jedem beliebigen Helge Schneider-Film? Was musste man tun, um zu durchschauen, was Manny Coto in diesem Tohuwabohu gesehen hatte?

Bevor endgültig alle Drähte aus der Mütze fliegen, stellen wir lieber die Flasche außer Reichweite. (Bevor er das tut, nimmt der Rezensent einen letzten, großen Schluck. Die zweite Flasche ist nun ebenfalls leer.)

Die Gags zum Schluss: Die Musik war großartig und stimmungsvoll (zumindest mit zwei Flaschen Ale in der Birne; für alles weitere übernehmen wir heute mal keine Haftung) und die abschließende Szene mit T'Pol und Trip herrlich geschrieben und gespielt. Hier vereinten sich Humor, Charakterarbeit und Handlung zu einem dieser starken Momente, die normalerweise als Highlights guter Episoden im Gedächtnis blieben. Ja, wirklich. Oder war am Ende vielleicht einfach schon zu viel Alkohol im Spiel?

*Bound* war die schlechteste Episode seit langer Zeit. Nur bereits genannte *Precious Cargo, Bounty* und die unseligen Versuche *Marauders & Chosen Realm* (auch von Coto) konnten in diesen Niederungen überhaupt noch mithalten. Vom viel gepriesenen Retter des Franchise hätte man sich irgendwie doch mehr erwartet.

## FAZIT

Hier wurde es leider nochmal richtig peinlich. Erst der qualitativ minderbemittelte Klingonen-Arc und nun das! Wenn wir es in diesen (fast) letzten Episoden der Serie mit der großen Vision Manny Cotos zu tun bekommen hatten, dann gute Nacht. Und noch ein Tipp für alle Ungläubigen: Es kann niemand schnell genug trinken, um letztlich einen akzeptablen Teil der Episode gut zu finden. Wirklich nicht. Versuch macht zwar wie so oft klug (und hier auch betrunken), in diesem Falle wäre er aber Ale-Verschwendung. Man glaube bitte dem Rezensenten nach seinem Selbsttest.

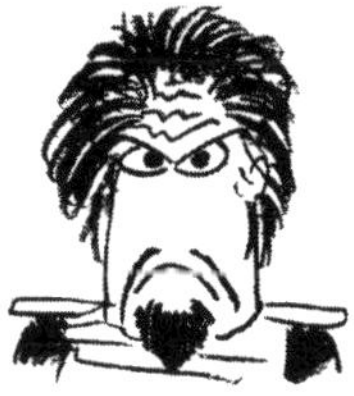


# 4.18

# IN A MIRROR, DARKLY PART 1

## (DIE DUNKLE SEITE DES SPIEGELS, TEIL 1)

*Bound, Part 2? Zum Glück nicht. In Sachen Guilty Pleasure war die Episode zwar fast ein Zwilling, begeisterte aber durch clevere Einfälle, ein grandioses Ende und garnierte das Ganze mit viel harmlos-hübschem Spaß.*

### INHALT

Die ISS Enterprise ist nach einer verlorenen Schlacht auf der Suche nach einem Schiff aus der Zukunft. An Bord geht jedoch alles bei weitem nicht seinen gewohnten Gang …

### WAS WÄRE, WENN …

… Zefram Cochrane beim ersten Kontakt nicht die Hand gereicht, sondern eine Pumpgun gezückt hätte, um den vulkanischen Botschafter mir nichts, dir nichts umzunieten? Was der Auftakt für eine Trek-typische Alternativrealität hätte sein können, war vielmehr ein Ausflug ins wohlbekannte Paralleluniversum, das wir in *Star Trek* und *Star Trek: Deep Space Nine* schon mehrmals besuchen durften. Der Teaser weckte dabei wundervolle Erinnerungen an *Star Trek: First Contact* (inklusive des tollen Soundtracks), um uns dann clever und unvermittelt die Wendung zum Desaster zu liefern. Effektiv und ein großer Spaß für Fans!

Gleiches galt auch für die veränderte Titelsequenz, die Errungenschaften der Kriegsindustrie zeigte und eine dramatische Musikuntermalung präsentierte, die zum Beispiel auch dem Xindi-Arc viel besser zu Gesicht gestanden hätte als die überarbeitete Calypso-Version des eigentlichen Titelsongs. Schwamm drüber. Spannend war noch, dass es im Bildermix sogar einen Schnipsel aus *Star Trek: Voyager (Dragon's Teeth)* und aus dem Film *Jagd auf Roter Oktober* zu sehen gab.

## WAS AUTOREN SO ALS STORY BEZEICHNEN

… nennen wir an dieser Stelle mal lieber das Abhaken von grenzdebilen Einfällen, die allesamt eine Grundstimmung gemeinsam hatten: die der Redundanz. Nicht, dass das in einer Episode über das Paralleluniversum etwas Neues wäre, oh nein. Auch *DS9* ging einige Male (besonders zu späteren Zeitpunkten) deutlich über die Grenze des Erlaubten hinaus und ließ die Episode dann eher wie ein reines Funvehikel aussehen, dem keine gute Idee zugrunde lag, sondern nur der Wille, einen weiteren Ausflug in diesen regelarmen Bereich des Universums zu unternehmen.

Das hieß nun jedoch auch nicht, dass das Ganze keinen Spaß machen würde. Das machte es! Den vollkommen auf links gedrehten Crewmitgliedern dabei zuzusehen, wie sie sich durch irre Situationen chargierten und ihre dämonische Seite herausließen, hatte auch schon bei den Vorgängerserien bestens funktioniert. So auch hier.

## CHARGIERT, IHR SCHAUSPIELER! DAS SERIENENDE NAHT!

Und wenn man eben ganz genau hinschaute, wie alle Darsteller ihre veränderten Rollen interpretierten, konnte man gar auf die Idee kommen, sie versuchten, sich noch einmal kollektiv mit völliger Überinszenierung ins Gespräch für neue Jobs zu bringen. Oder sie hatten einfach nur Spaß an dieser anarchischen Version ihrer selbst.

Ob Archer als schief grinsender Gernegroß, Trip als psychisches und physisches Wrack, der sadistische Phlox, die Kampfschweine Reed und Mayweather oder Hoshi als Dauermätresse der wechselnden Captains; jeder erhielt seine Nische und Zeit, sich zu zeigen. T'Pol war übrigens, wie seinerzeit auch Mirror-Spock, am nächsten bei sich, was ihren eigentlichen Charakter anging. Zum Glück verzichtete man an dieser Stelle aber auf den Bart. Und sogar Vaughn Armstrong alias Admiral Forrest durfte nach seinem Serientod zu Beginn der Staffel diesmal den Captain geben, wenn auch nicht allzulange. Dennoch schön für den beliebten Trek-Dauergast.

Man merkt es vielleicht; immer noch drücken wir uns um den Inhalt der Episode herum. Nun, er spielte schlichtweg keine Rolle. *Style over substance* war hier ganz klar das Motto. Aber eine Sache muss dann doch noch explizit erwähnt werden.

## DER LETZTE AKT REISST ALLES RAUS

Es war wirklich kurz vor knapp, doch zum Schluss packte die Episode dann noch die ganz große Kanone aus, feuerte einen gezielten Schuss in unsere Herzen ab und traf mit der Präzision eines Autors, der schon oft für Highlights gesorgt hat. Mike Sussman hatte es jedoch nur niedergeschrieben; was die vielen Kreativen daraus dann aber gemacht hatten, indem sie mit der Brücke der USS Defiant (nicht zu verwechseln mit der Defiant aus *DS9)* ein Abbild der Brücke der Kirk-Serien-Enterprise neu erschufen, war schlicht famos.

Als die Lichter angingen und das bekannte Zirpen der Instrumente einsetzte, rollten Wellen von Gänsehaut den Körper hinauf und hinunter. Serienkontinuität, Selbstreferenz, liebevolle Verbeugung; alles kam zusammen, als unsere Helden dieses bekannte Terrain betraten. Großartig! Und so endete eine Dreiviertelstunde Gaga-Trek mit einer magischen Sequenz. Da drückte man doch gerne mal ein Auge zu.

## FAZIT

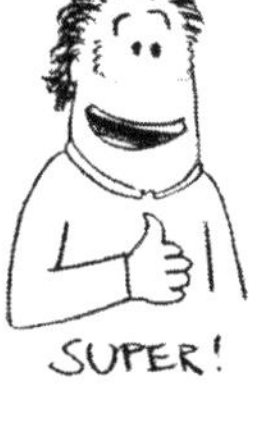


Hier durfte man niemandem böse sein. Nicht den wild chargierenden Darstellern, nicht den hirnlos dahinschreibenden Autoren. Der erste Ausflug durch den Spiegel seit *DS9* machte Spaß und bot diverse Momente, die für einen kleinen Klassiker reichten. Dass es mangels Substanz und Tiefe nicht zum ganz großen Wurf reichte, war zwar schade, sollte aber das Vergnügen nicht unnötig schmälern.

# 4.19

# IN A MIRROR, DARKLY
## PART 2
## (DIE DUNKLE SEITE DES SPIEGELS, TEIL 2)

*Einmal abwärts, bitte: Da alle guten Ideen offenbar bereits den ersten Teil veredelt hatten, fristete der zweite ein trauriges Dasein als Nummernrevue der Belanglosigkeiten. Schade, das hätte richtig toll werden können.*

### INHALT

Zwischen Festsitzen im Tholianischen Netz und fiesen Gorn-Übergriffen entspinnt sich eine Reihe aus Intrigen und Privatfehden zwischen Archer und seinen Leuten aus dem Paralleluniversum, die die handelnden Personen an den Rand von Tod und Untergang führen könnten …

### DIES & DAS

Mike Sussman wollte eigentlich keinen Zweiteiler machen; er wird geahnt haben, warum. Ein kurzer Cameo-Auftritt von ihm als Leiche wurde zudem leider geschnitten.

Majel Barrett-Roddenberry durfte nun also auch in *Star Trek: Enterprise* nochmals die Computerstimme geben; genauer gesagt die der Defiant.

### ES WAR EINMAL EIN GUTES SETUP

Der erste Teil hatte wirklich positiv vorgelegt. Mit der epischen Abschlusssequenz an Bord der Defiant schuf man zudem einen emotionalen Klimax, den es nun zu bestätigen galt. Doch war in diesem Fall das Wunderbare der Feind aller niedrigeren Qualitätsstufen. Soll heißen: Es konnte nur abwärts gehen. Also ab in den Fahrstuhl des Grauens und runter mit uns ins Tiefgeschoss.

Doch was passierte eigentlich? Evil Archer hatte nun die Defiant als ultimative Waffe in seinen Händen und wollte mit aller Macht selbige an sich reißen. Hier denke man sich ein blechernes Lachen aus dem Off. Dabei musste er sich gegen viele Intrigen wehren und sogar einen Gorn bekämpfen, der nicht wie Anno Kirk in einem Latex-Anzug steckte, sondern nun aus peinlich-schlechten CGI-Effekten direkt aus dem Asylum-Jurassic-Park bestand. Schade.

Der Rest war lahmes Tralala. Story vom Reißbrett ohne jegliche Tiefe. Krise, Lösung, Drohung, Gegendrohung, Gewalt, Gegengewalt. Da konnte man als Zuschauer fast handgreiflich werden vor Ärger ob des Gezeigten beziehungsweise Nichtgezeigten.

Ein schönes Beispiel war in diesem Zusammenhang, wie Parallel-Archer über seinen Gegenpart las. Was dieser nicht alles erreicht, geleistet und geschafft hatte. Was für ein gänzlich anderes Leben dieser lebte. Was hätte diese Information mit der Psyche eines ernsthaften Charakters doch alles anrichten können? Was für wunderbare Dialoge hätten sich mit seinen Vertrauten ergeben können? Hier jedoch verpuffte die Information, da man uns nur einen schlichten Cartoon-Hero ohne Substanz präsentieren wollte.

Überhaupt überdrehte in Sachen Darstellung niemand so sehr wie Scott Bakula. Sein Schauspiel war so dermaßen *over the top*, dass man Kate Mulgrew für ihren verrückt-wilden Ritt in *Bride of Chaotica! (Chaoticas Braut)* nachträglich heiligsprechen wollte. Overacting à la Shatner; muss wohl jeder mal machen.

## DER REZENSENT HATTE EINE VORAHNUNG

Diese Doppelepisode steht mahnend für die Entscheidung, Mehrteiler in Einzelteilen zu besprechen, um beispielsweise die jeweils beteiligten Personen (Autoren, Regisseure, Darsteller, Komponisten und andere) für ihre tatsächliche Arbeit zu würdigen und nichts in einen Topf zu werfen, was nicht zusammen dort hineingehört. Hier hatten wir den Paradefall: Ein bockstarker erster gefolgt von einem hemdsärmeligen zweiten Teil. Ein Pay-off, das dem Setup nicht würdig war. Ein Ganzes, das exakt mittig qualitativ zerbrach.

Was sich bei Mike Sussman in den ersten 45 Minuten durchaus noch Drehbuch nennen durfte, war bei Manny Coto zu einem reinen Verwaltungsakt geworden, den der arme Sussman dann auch noch in ein drehfähiges Buch hatte umarbeiten müssen. Wie presste man heiße Luft in ausreichend Seiten? Hier scheiterte auch Sussman. Gerade, weil er selbst ja gar keine Idee für eine Fortführung hatte.

Die Story des Gesamtwerkes hätte man locker in einer Episode abhandeln können oder müssen. Dann wäre aus *In a Mirror, Darkly* ein Event geworden, das man nicht so leicht vergessen und in die Klassikerriege hätte aufnehmen können. In der Summe beider Teile jedoch blieb der Ausflug ins Paralleluniversum nun immer auch eine Spur Ärgernis. Und das war wirklich schade.

Ganz auffällig wurde dieser Umstand übrigens tatsächlich, wenn man beide Episoden direkt hintereinander schaute. Wie plötzlich alles zu nerven begann, sich Intrige an Intrige kettete, die Charaktere immer wieder die gleichen, hohlen Phrasen droschen: Es war ein Elend. Dass das Ganze dann noch in wunderbaren Sets und mit tollen Kostümen und Props dargebracht wurde, konnte man fast als seelische Grausamkeit gegenüber den Fans bezeichnen. In diese Sets gehörten Forscher, keine anarchischen Brutalos mit Schnurrbart und Betthäschen.

## FAZIT

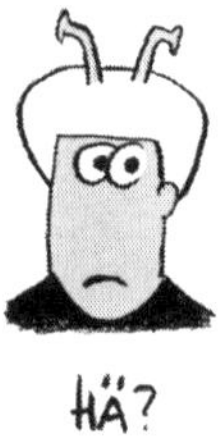


Das war nun leider gar nichts. Auf dem Niveau der unsäglichen DS9-Klamödie *The Emperors New Cloak (Die Tarnvorrichtung)* dümpelte die eigentlich gute Ausgangssituation ihrem vorhersehbaren Ende entgegen, ließ dabei weder Klischees noch Fettnäpfchen aus und segelte komatös in den Abspann. Verschenkt wäre noch untertrieben.

## EINSPRUCH, HERR KOLLEGE!

So streng sollte man mit der Doppelfolge nicht umgehen, jedenfalls meiner bescheidenen Meinung nach nicht. Natürlich, besonders viel trug sie zum weiteren Verlauf der chronologischen Gesamthandlung der 4. Staffel nicht bei, aber das hatten die Episoden aus dem Spiegeluniversum vor dem Ende der ersten Staffel von *Star Trek: Discovery* nun einmal fast immer so an sich (man verzeihe mir die bereits zweite Nennung dieses Serientitels in den Zweitmeinungen zu Episoden von *Star Trek: Enterprise).* In den Spiegeluniversum-Folgen ging es stets um Schauwerte, die nicht selten mit den schattigen Versionen unserer Helden verbunden waren. Und zumindest was das angeht, kann auch die vorliegende Episode punkten. Einer der wesentlichsten Punkte für die Erschaffung des an und für sich eher nutzlosen Spiegeluniversums war vermutlich von jeher, dass man den Schauspielern nach Staffel über Staffel der Darstellung ein- und desselben Charakters die Gelegenheit geben wollte, sich schauspielerisch einmal so richtig auszutoben. Das kann nun der eine besser als der andere, keine Frage, und dem Evil Archer nimmt man seine Bosheit besser ab als Imperatrix Hoshi, die einfach nur süß aussieht und ansonsten auch nicht wirklich etwas zu tun bekommt. Aber wie dem auch sei, es sind eben diese Schauwerte, welche die Folge bis heute sehenswert für mich machen. Und wenn Zefram Cochrane gleich zu Beginn der Episode den armen Erstkontakt-Vulkanier kurzerhand in Gangsta-Manier eliminiert (auch wenn man recht deutlich sehen kann, dass es eindeutig NICHT James Cromwell in besagter Szene war, sondern ein Double), dann hat das etwas von der schmutzigen, düsteren und unschönen Seite von *Star Trek,* die erst einige Jahre nach *Enterprise* aufkam. Und das, so finde ich, hat etwas durchaus Prophetisches.

# 4.20

# DEMONS

## (DÄMONEN)

*America First? Nein. Terra Prime! Zum Schluss hin vermengte die Serie schwelende Themen mit gesellschaftlichen Beobachtungen unserer Zeit und lieferte den Auftakt für ein inhaltlich rundes, aber qualitativ nicht immer überzeugendes Serienende.*

### INHALT

Die Enterprise kehrt zur Erde zurück, wo eine neue Koalition der Planeten entstehen soll. Doch gefährdet eine radikale Pro-Erde-Bewegung mit einem perfiden Plan die ambitionierten Ziele, an denen auch die Crew der Enterprise fleißig mitzuarbeiten versucht …

## DIES & DAS

Harry Groener kannte man als Tam Elbrun aus *TNG* oder als Magistrat aus *Star Trek: Voyager.* Peter Weller war Genrefans hingegen aus *Robocop* in Erinnerung.

## IF YOU'RE GOING TO SAN FRANCISCO

Die Crew der Enterprise kehrte nach den diversen Krisen und Abenteuern der Serie und insbesondere der vierten Staffel zurück zur Erde, um die Früchte der Arbeit (auch) ihrer Mission gemeinsam mit den Politikern der Erde zu ernten. Minister Samuels hielt dabei eine positive Rede über Völkerverständigung und die Zukunft einer Koalition der Welten. Da durfte man auch mal heftiger klatschen, meinte Archer. Da vergaß aber einer die wichtige Rolle der Enterprise, äußerte Trip. Recht hatten wohl beide.

Mit dem Auftritt einer verwirrten, schwer verletzten Frau, die zudem aussah, als würde sie unter Drogen stehen (und die einfach so in einen Raum voller Politiker, Botschafter und Offiziere spazierte), kam dann jedoch die eigentliche Story in Gang. Eine geheime Organisation namens Terra Prime (das Äquivalent zu Trumps America first?) wollte die Unterwanderung der Erde durch Außerirdische stoppen und die Welt den Menschen zurückgeben.

Ein Motiv der Xenophobie, das sich wie ein Krebsgeschwür durch die Geschichte der Menschheit frisst und auch heute traurige Relevanz besitzt. Somit war und ist es gerade für *Trek* natürlich richtig und wichtig, dieses heiße Dauereisen (immer wieder) anzupacken. Gerade wenn es im Kontext mit der anstehenden Gründung der Föderation so viel Sinn ergab wie hier.

Bei der Frage nach dem Wie galt es dann jedoch auch ein paar Abstriche zu machen. Peter Weller gab als Paxton zwar einen durchaus charismatischen Anführer ab, der sich sogar einen Moment der Selbstzweifel gönnte, blieb ansonsten aber Phrasendrescher und arroganter Widerling. Dass er zudem ein Baby in seiner Gewalt hatte, welches offenbar von Trip und T'Pol war, machte ihn auch nicht sympathischer. Eine Erklärung für die Existenz des Babys fanden an dieser Stelle übrigens weder wir noch die vermeintlichen Eltern. Nebulös, das Ganze.

Auch Paxtons Schergen boten wenig Raum für tiefergehende Analysen. Bei einer Kampfrede in den Minen des Mondes reichte es nur für hohle »das kann so nicht weitergehen«-Parolen, die aber immerhin auf den Terrorübergriff und den Xindi-Zwischenfall eingingen. Ansatz gut, Ausführung mittelprächtig.

So endete dann auch die Undercover-Mission von Trip und T'Pol zum Mond schnell und unaufgeregt in den Händen von Paxton und seinen Leuten. Angekommen, verlaufen, enttarnt, entführt; das Ganze war scheinbar eine super Idee.

Mit der ganzen Mondbasis ging es fix rüber zum Mars, der offenbar als neue Basis dienen sollte. Hier übernahm man auch gleich eine Vorrichtung zur Zerstörung von Kometen, die offenbar genug Power besaß, Mond, Erde und andere Raumschiffe zu bedrohen, aber trotzdem nicht bewacht wurde. Das wäre ungefähr so, als würde Donald Trump einen Raketenwerfer vor dem Weißen Haus auf der Straße parken, mit dem Zündschlüssel im Schloss.

Paxton hatte nun also den Mars, riesige Feuerkraft, Trip, T'Pol und deren gemeinsames Baby (von dem wir immer noch nicht wussten, warum es überhaupt existierte) unter seiner Kontrolle und hielt direkt eine Rede auf allen Kanälen. Kernpunkte: die Erde den Menschen, Aliens raus, sonst Boom! Terra Prime! Für immer! Das war zwar Comic-Stil der Extraklasse, gab aber immerhin einen schmissigen Cliffhanger ab.

## DAS IST WIE FLIEGEN, DICH EINFACH ZU LIEBEN

Was blieb, war noch die Geschichte rund um Travis Mayweather. An dieser Stelle galt es vor dem Schreiben aber noch einmal tief Luft zu holen. Bereits die Tatsache, dass der Steuermann der Enterprise von Beginn der Episode an derart viele Szenen und Dialogsequenzen bekam, dürfte viele stutzig gemacht haben. Eine eigene Storyline um eine Ex-Freundin, Gedanken zu seiner Zukunft und der Raumfahrt an sich; sollte Autor Manny Coto dem seit Jahren unterforderten Crewmitglied hier wirklich endlich mal ohne jegliche Hintergedanken einen netten, kleinen Handlungsstrang ins Drehbuch geschrieben haben?

So wie man das als wohlmeinender Drehbuchautor für die Charaktere eines Ensembles eben zu tun pflegt? Das wäre ja zu schön gewesen, um wahr zu sein! Nein! Es wäre leider zu schön gewesen, um glaubhaft zu sein. So roch man die Enthüllung, dass Genna für Terra Prime spionierte, leider bereits Meilen gegen den Wind. Nur Travis war am Ende völlig perplex und der begossene Pudel, der einer Terroristin Zugang zum Schiff gewährt hatte. Nun, immerhin hatte er aber mal wieder Sex. Und der war auch noch so gut wie Fliegen! Manche Dialoge sind einfach härter als das wahre Leben. Doch immerhin: Das war doch auch irgendwie Charakterentwicklung, oder?

## BEOBACHTUNGEN

Als Beiwerk sei noch erwähnt, dass Hoshi einen ersten Universalübersetzer mitentwickelt hatte, der nun bei den Verhandlungen zum Einsatz kam und natürlich auch storyrelevant wurde, als plötzliche Fehlfunktionen als Versuch der Spionage durch Genna enttarnt werden konnten. Regel für schlüssige Drehbücher: Keinen Charakter und kein Gadget einführen, was nicht immanenten Storynutzen besitzt! Man könnte das Publikum schließlich überfordern, wenn Dinge erst in späteren Episoden wichtig würden. Dennoch war es natürlich eine nette, wenn auch überstürzte Idee, die eine gute Brücke zu den späteren Serien schlug und Hoshis Rolle weitere geschichtliche Relevanz verlieh.

Reed wurde zudem erneut in seiner Funktion als Agent der Sektion 31 gezeigt, da Archer ein paar Insiderinfos benötigte. Dieser Handlungsstrang hätte in einer fünften Staffel durchaus noch Potenzial besessen, hier reichte es immerhin für eine nette Notiz am Rande.

Die Geschichte um das Baby wurde zwischen Trip und T'Pol ebenfalls in ein paar intimen Momenten thematisiert, kam aber nicht über Soap-Niveau (»wenn du noch irgendwelche Gefühle für mich hast …«) hinaus. Das war bei diesem Handlungsstrang aber leider ohnehin nie anders gewesen. Zudem lieferte Jolene Blalock wieder ein paar dieser Momente, die jegliches Gefühl für Schauspiel vermissen ließen; man beachte in diesem Zusammenhang einfach mal die Szene, in der Phlox enthüllte, dass es sich um ihr und Trips Baby handelte.

## TECHNISCH BETRACHTET

Die Aufnahmen aus San Francisco sahen wie auch die Landung auf dem Mars ganz gut aus, das Mondpanorama barg dagegen den Charme von *Space: 1999 (Mondbasis Alpha 1).* Viele Kulissen gerieten stimmig, die Minen auf dem Mond hingegen kamen etwas schlaff daher. Der Score dudelte obendrauf viel zu beliebig und konnte keine großen Emotionen schüren. *Mixed bag* trifft es technisch wohl am besten.

## FAZIT

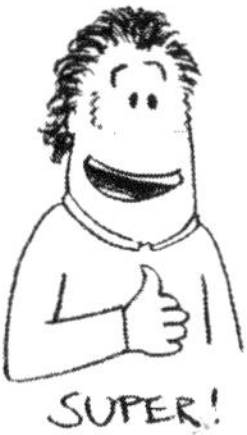


Das ganz große Drama brach zwar noch nicht aus, dennoch bot *Demons* eine stimmige Einleitung für das (eigentlich) letzte Kapitel der Serie, weil es sich richtigerweise auf die Hintergrundgeschichte der Serie, die Situation auf der Erde und die Charaktere konzentrierte, dabei spannend blieb und durchweg unterhielt. Wenn man schon mal vorsichtig auf die allerletzte Episode der Serie vorausschielte, musste man sagen: Man konnte definitiv froh sein, dass man diesen Zweiteiler überhaupt noch bekommen hatte.

# 4.21

# TERRA PRIME

## (TERRA PRIME)

*Kleines Taschentuch reichte: Nach einer inhaltlich leider nur rudimentären Hatz auf Paxton mündete die Episode in sentimentale Dialoge und eine Rede, die Star Trek durchaus Ehre machte.*

## INHALT

John F. Paxton und seine Terra-Prime-Schergen sind weiterhin gewillt, ihre finstere Agenda durchzusetzen: Alle Außerirdischen sollen umgehend das Sonnensystem verlassen, sonst droht Waffengewalt. Archer und seine Crew müssen noch mal alles geben, um den Tag und auch das Baby von Trip und T'Pol zu retten …

## ALLE GEGEN DAS ARME BABY

Während Paxtons Brandrede vom Ende der letzten Episode noch weiterlief (aber keine neuen Erkenntnisse brachte) und Archer keine Chance besaß, ihm den Saft abzudrehen, wurde klar: Das Baby von Trip und T'Pol befand sich im Zentrum seiner Argumentation. Am Beispiel des unschuldigen Säuglings wollte er verdeutlichen, wie gefährlich die Vermischung der Spezies war, vornehmlich natürlich für die Menschen. Dass die meisten beim Anblick eines Babys jedoch eher in gefühlsduseliges Schwärmen geraten, schien er dabei nicht bedacht zu haben.

Auch zeigten sich sowohl der Anführer als auch sein Hauptscherge schnell als in ihre Simpelideologie verrannte Spinner, die bar guter Gründe nur ihre populistische Soße verbreiteten. Besonders entlarvend war der Dialog mit Trip, als auf die Frage, warum der Hass auf die Vulkanier so groß sei, geantwortet wurde: weil sie keine Menschen sind! Die AfD wäre sicher stolz.

Doppelmoral und Heuchlerei offenbarte Paxton später noch, als klar wurde, dass er an einer schweren Krankheit litt und sich mit Alienmedizin behandeln ließ. Seine lapidare Entgegnung lautete sinngemäß: Auch andere große Männer hätten so was nicht ganz so genau genommen. Mag stimmen, doch an dieser Stelle zerfiel der Charakter leider und offenbarte ein gepflegtes Nichts als Antrieb oder Vision. Paxton war schlicht ein charismatischer Schaumschläger; damit ist er zwar in der Geschichte der Menschheit nicht alleine, für einen starken Antagonisten reichte das aber an dieser Stelle leider nicht aus.

Doch gab es auch noch eine Bedrohung abseits der für das Baby: Paxton plante, den Herd allen Übels, das Hauptquartier der Sternenflotte, zu vernichten, sollten seine Forderungen nicht erfüllt werden und sich die Außerirdischen von der Erde verdünnisieren. Wie immer galt: Die Uhr tickte und alles stand auf dem Spiel!

Archer schickte Reed daher mal wieder zu Sektion 31 und plante einen Angriff auf die Marsbasis. Hier lieferte die Episode Action, Rasanz und eine nette Sequenz im Schweif eines Kometen. Dass alles ein wenig wie Malen nach Zahlen wirkte, konnte man gut verschmerzen. Der Serie war zu diesem Zeitpunkt der Sprit schon beinahe ausgegangen.

Einen spannenden Aspekt erwähnte man jedoch immerhin noch nebenbei: Als den Botschaftern auf der Erde die Situation klar wurde, warf der Andorianer die Frage auf, ob die Menschen nicht vielleicht noch in sich als Volk zu zerrissen wären, um wirklich gute Gastgeber für diese Gespräche zu sein. Da dieser Gedanke jedoch nach erfolgreicher Eliminierung Paxtons zerfiel, bot sich auch an dieser Stelle wenig Chance für eine inhaltliche Beleuchtung. Die Menschen waren dann wohl doch bereit: Weiter gings!

Apropos: Der finale Showdown zwischen Archer und Paxton bot leider auch nur rhetorisches Gewäsch. Auf einmal paraphrasierte der Terra-Prime-Guru aus dem Nichts über Väter und was sie uns mitgaben oder von uns erwarten würden; ohne Vorarbeit hatte dieser Gedanke aber auch keinen wirklichen Sinn. Ein Faustkampf musste her, Archer triumphierte, die Waffe wurde dennoch gezündet (oh Schreck!), und Paxton starb mit einem pathetischen »Terra Prime für immer« auf den Lippen. Dass der Abschuss jedoch nur stilvoll neben der Golden Gate Bridge ins Meer traf, erfuhr er nicht mehr. Er starb im Glauben des Erfolges. Na, herrlich.

Archer hingegen durfte als Belohnung für sein Tun noch mal eine richtig schmissige Rede halten. Und so wandelte Scott Bakula ein letztes Mal mit kantiger Gestik durch einen Monolog, der zwar typisch *Trek* war, aber auch irgendwie an seine mehr als sonderbare Gazellenrede aus der zweiten Staffel erinnerte. Der Gute hatte einfach nie richtig viel Glück mit den Dialogschreibern gehabt. Den Tag und die Gespräche hatte er jedoch gerettet; und diesmal meinte ausgerechnet Soval: Ja, da durfte man gerne klatschen. Ein Kreis, der sich zum Beginn der Doppelfolge schloss und dem vulkanischen Botschafter einen letzten Sympathiepunkt einbrachte.

## TRAVIS ZWISCHEN LIEBE UND ÜBELLAUNIGKEIT

Sympathisch war auch Travis Mayweather immer. Doch alleine die Tatsache, dass er hier am Ende sogar noch mal eine Überschrift spendiert bekommt, zeigt, dass man den freundlichen Steuermann zumindest erneut gut eingesetzt hatte. Nachdem er in der ersten Dreiviertelstunde noch der Doofe gewesen war, wurde er hier nun zumindest teilrehabilitiert, als Genna sich als Agentin der Sternenflottensicherheit herausstellte, die den echten Terra-Prime-Terroristen an Bord fassen sollte. Dass man dafür kurzzeitig nochmals den bedauernswerten Kelby heranzog, um ihn zu verdächtigen, schmerzte jedoch einfach nur noch.

Am Ende war der Bösewicht innerhalb der Crew dann aber doch nur ein austauschbares Milchgesicht, das sich unter Tränen mit dem Phaser selbst tötete. Wie so oft: resonanzfreies Drama mangels emotionaler Grundierung. Trotz drastischer Darstellung wirkte hier leider nichts nach. Immerhin bestand bei Travis aber nun doch noch die Hoffnung, die Beziehung zu Genna wieder aufnehmen zu können. Schön für ihn. Weniger schön, dass er kurz vorher auf dem Flug über die Marsoberfläche noch mal einen richtig fiesen Kalauer raushauen musste. Unbedingt nochmal reinzappen!

## IRGENDWIE TRÖSTLICH?

Blieb noch das emotionale Zentrum der Episode: die Geschichte rund um Trip, T'Pol, das Baby und Phlox. Viel erfuhren wir zwar nicht, erlebten aber T'Pol immerhin emotional angefasst in ihrer neuen Rolle als Mutter und spürten den Schmerz, den der Tod der kleinen Elizabeth den beiden bereitete. Auch Phlox erhielt eine herzergreifende Szene, in der er Archer gestand, dass ihm der Tod des Babys naheging, als wäre es sein eigenes Kind; eben weil er in der Enterprise-Crew selbst Familie gefunden hatte.

In einer wirklich herausragenden Episode hätten solche Momente die Cocktailkirsche auf der Sahnetorte sein können. Hier fielen sie fast ein wenig aus dem Gesamtkorsett heraus, wirkten gehetzt, erzwungen und nicht gänzlich rund. Ein wenig mitnehmen konnten sie uns aber dennoch.

## TECHNISCH BETRACHTET

In dieser Disziplin gab es leider noch mal einige böse Aussetzer: Die Landung auf dem Mars sah so unecht aus wie lange nichts mehr und wurde am Ende dann sogar noch durch die reißende Scheibe in Paxtons Büro überboten. Schade.

## FAZIT

Und so endete es? Mit einer Träne im Knopfloch verarztete die Serie den abschließenden Zweiteiler und ihre vierte Staffel mit einer angemessenen Handlung, emotionalen Worten und großen Gesten.

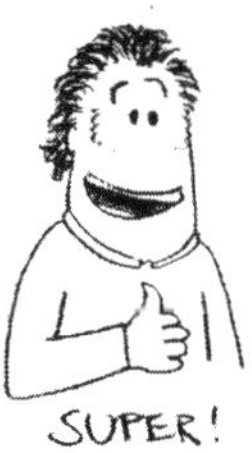


Nicht großformatig, aber erfreulich in sich selbst ruhend. Zumindest hätte dieses Statement in einer fairen Welt gegolten; doch sendete man leider direkt nach *Terra Prime* noch das wirklich richtig echte Serienfinale, das zwar die Qualität dieses Zweiteilers nicht schmälerte, der Episode aber den Status als abrundendes Element raubte.

# 4.22

# THESE ARE THE VOYAGES

## (DIES SIND DIE ABENTEUER)

*Time to say goodbye: Mit einer an sich charmanten, jedoch vollkommen fehlgeleiteten Idee beendete man zwar 18 Jahre Star Trek im TV, aber nicht die eigentliche Serie. Dass es dem Drehbuch zudem an Qualität mangelte, machte die Sache nicht besser.*

### INHALT

Commander William T. Riker hat ein Problem und sucht auf Anraten von Deanna Troi das Holodeck auf, um sich eine Simulation der Ereignisse rund um die Crew der NX-01 kurz vor einem historisch wichtigen Punkt in der Geschichte anzusehen. Dort bereitet sich Captain Archer gerade auf die vielleicht wichtigste Rede seiner Karriere vor, und Shran fordert einen Gefallen ein …

### DIES & DAS

Jonathan Frakes hat in (fast) allen modernen Trek-Serien mitgespielt. In *TNG* ohnehin, in *DS9* als Thomas Riker, in *Voyager* als William T. Riker und nun hier. Bei *Star Trek: Discovery* ist er zwar nur als Regisseur aktiv, bei *Star Trek: Picard* kehrte er aber neben dieser Position auch vor die Kamera zurück.

## LET'S DO THE TIMEWARP WITH A TWIST

Bereits *Star Trek: The Next Generation* und *Star Trek: Voyager* hatten uns in ihren jeweiligen Finals eine alternative Zukunft gezeigt, in der die beliebt-bekannten Charaktere jeweils an einem gänzlich anderen Punkt ihres Lebens gezeigt wurden. In Nebensätzen tauchten hier viele Entwicklungen auf, die zwar allesamt durch Resetbuttons am Ende negiert wurden, aber immerhin Einblicke in potenzielle Lebensverläufe gaben.

Für *Star Trek: Enterprise* wählte man ebenso den Weg, einige Jahre zu überspringen, hatte jedoch noch einen ganz besonderen Kniff im Ärmel. Schließlich beendete man hier nicht nur die Serie, sondern auch 18 Jahre *Star Trek* im TV. Nach 25 Staffeln zwischen 1987 und 2005 verabschiedete sich das Franchise aufgrund von schwächelnden Quoten in eine ungewisse Zukunft. Was lag da näher, als eine Episode zu konzipieren, die diesen Umstand würdigte? Dachten sich auch Rick Berman und Brannon Braga und schrieben ein *special valentine to the fans.*

Sie brachten zwei beliebte Charaktere der Picard-Enterprise zurück, nahmen Bezug auf eine starke Episode, in der Riker mit einem moralischen Dilemma kämpfte, und implementierten die Handlung auf der NX-01 als Holosimulation, die Riker bei seinem Problem helfen sollte. So weit, so clever. Wenn man jedoch darüber nachdachte, dass hier die eigentlich im Zentrum stehende Crew nur als Simulation auftauchte, zog sich bereits das erste Mal eine Augenbraue nach oben.

## COMMANDER, MACO, KOCH & FREUND

Wir befanden uns als Zuschauer also elf Jahre in der Vergangenheit; genauer im Jahr 1994, als *Star Trek: The Next Generation* seine siebte und letzte Staffel zelebrierte und explizit in der Episode The *Pegasus (Das Pegasus-Projekt),* die nicht nur ausgesprochen gut war, sondern auch einen Riker zeigte, der an den Geistern der Vergangenheit zu zerbrechen drohte. Ron Moore vom Feinsten.

Schauen wir einfach mal darüber hinweg, dass weder Jonathan Frakes noch Marina Sirtis hier noch aussahen wie zu Zeiten der siebten TNG-Staffel. Man gab sich redlich viel Mühe, das sollte man würdigen. Sehen wir außerdem darüber hinweg, dass die nachgebauten Kulissen hier und da Inkonsistenzen zeigten. Erfreuen wir uns lieber für den Moment daran, zwei liebgewonnene Charaktere erneut zu erleben und sogar Brent Spiner alias Data in einem (leider albernen) Voice-Cameo bewundern zu dürfen.

Riker erhielt von Troi den Rat, auf dem Holodeck nach Antworten zu suchen. Er wählte einen wichtigen Moment in der Geschichte, als die Crew der NX-01 sich auf dem Weg befand, Archer zu einer elementaren Rede zu bringen. Dabei musste man nochmals kurz Shran helfen (dem Archer natürlich wieder mal was schuldete) und den Tod von Trip hinnehmen.

In diesem Kontext spielte Riker diverse Rollen auf der Enterprise nach. Mal war er ein Brückenoffizier, mal MACO und als ganz besonderer Gag noch der oft erwähnte, aber nie gezeigte Küchenchef. Uns so plauderte Riker sich durch diverse nette Dialoge und lernte die Crew kennen. Fast erinnerte er hier ein wenig an Barclay und dessen Realitätsflucht. Doch passte das wirklich zu Riker?

Was uns von diesen Szenen überhaupt die echte Crew der NX-01 zeigte, blieb dabei vage. Einige Geschehnisse und Brückengespräche hatte man eventuell überliefert. Viele der privaten Momente musste der Computer jedoch hinzugedichtet haben, es sei denn, die Crewmitglieder hatten Derartiges in ihren Memoiren niedergeschrieben (Travis Mayweathers *Ich war nicht stumm!* gilt zum Beispiel im 24. Jahrhundert als Klassiker). Hand aufs Herz: Nach *Terra Prime* sahen wir hier nichts mehr, was wirklich real war oder sich so anfühlte. Riker spielte einen Holoroman nach, der »zum Teil auf bekannten Fakten basierte«. So oder so ähnlich müsste es zumindest im Kleingedruckten stehen. Doch was brachte das Ganze dann? Und ergab es im Kontext der alten Episode, auf die man hier so gezielt Bezug nahm, wirklich Sinn?

## RÜCKBLICK

In *The Pegasus* kämpfte Riker mit der Frage, ob er seinem aktuellen Captain (Picard) reinen Wein einschenken musste oder aus alter Verbundenheit dem Befehl seines ersten Captains (inzwischen Admiral Pressman) Folge zu leisten, also zu schweigen hatte. Vor zwölf Jahren war auf der USS Pegasus mit gefährlicher Technik experimentiert und ein Desaster ausgelöst worden. In der aktuellen Situation zeigte Riker sich lange hin- und hergerissen, wurde aber vom Auftauchen Pressmans und den sich überschlagenden Ereignissen in gewisser Weise überrollt.

Und hier begannen dann auch die Probleme: Zunächst könnte es durchaus sein, dass Riker nach der ersten Unterhaltung mit Pressman in Zehn Vorne Hilfe bei Troi suchte (die in *The Pegasus* übrigens nach der Anfangsszene gar nicht mehr auftauchte). Allerdings sah man ihn dort kurz danach mit gebrochener Rippe nach einem Bat'leth-Kampf mit Worf auf der Krankenstation. Er war also offenbar eher auf Frust ablassen aus gewesen und nicht auf Klönschnack mit Troi und Holocharakteren. An dieser Stelle ergab es also nicht wirklich Sinn, die Szenen aus *These are the voyages* zu vermuten, es sei denn, die Verletzung hatte einen Sinneswandel in ihm bewirkt. Danach gab es dann eine längere Brückenszene, ein erneutes Gespräch mit Pressman sowie eins mit Picard, bei dem dieser erstmals Zweifel äußerte und Riker unter Druck zu setzen versuchte. Riker gab hier auch bereits einiges preis. Nur zum Inhalt der Mission schwieg er sich weiter aus. Hier könnte Riker ebenfalls kurz in sein Holo-Abenteuer gestartet sein; doch wirkte er an dieser Stelle weniger nachdenklich als vielmehr angespannt und ruhelos. Dies setzte sich auch bei der anschließenden Brückenszene fort, die die Enterprise in den Asteroiden führte. Ab hier konnte die Handlung aus *These are the voyages* dann gar nicht mehr eingepasst werden, da man sich dort nur im Asteroidenfeld befand. Wie auch immer. Direkt im Anschluss beamten Riker und Pressman auf die Pegasus und fanden die verlorene Technik. Hier erwähnte Riker auch, dass er lange über die damaligen Vorfälle nachdenken konnte und jetzt eine Entscheidung treffen müsse und diese dem Admiral nicht gefallen werde. Riker wusste an dieser Stelle, dass das Vorgehen damals falsch gewesen war und es auch heute falsch wäre, die Experimente fortzusetzen. Er würde sich mit dem Abstand von zwölf Jahren anders entscheiden als damals und den Phaser direkt auf Pressman richten. Riker hatte die Zeit also genutzt und war seiner Sache sicher; er hatte schlicht gehofft, das Gerät sei nicht mehr an Bord. Es schien an dieser Stelle der Handlung keine Frage mehr zu sein, wie Riker sich entscheiden würde. Dennoch wurde die Technik mitgenommen. Kurz danach war der Eingang durch die Romulaner verschlossen, und Riker packte auf der Brücke aus.

Am Ende blieb die Frage: Hatte man Rikers Motivation in der Episode *The Pegasus* anhand des Drehbuchs nachvollziehen können?

Absolut, ja! Er hatte als junger Mann einen Fehler gemacht und war blind seinem Captain gefolgt. Zwölf Jahre hatten einen Mann aus ihm gemacht, der diesen Fehler einsehen und nun korrigieren konnte. So weit, so wunderbar.

Doch hatte man seine Herleitung zu dieser Erkenntnis durch die Geschehnisse in *These are the voyages* noch besser verstanden? Ähm, nein. Leider gar nicht. Was war es denn, das er auf dem Holodeck überhaupt gelernt hatte? T'Pol hatte ihm gesagt, man solle auch mal auf sein Gefühl hören, statt nur Befehle zu befolgen; nichts wirklich Neues für einen Mann wie Riker, oder? Und die Mission rund um Shran und der Tod von Trip? Was war hier die Message für Riker? Gutes tun bringt Leid? Übersprungshandlungen führen in den Tod? Auch schlüssige Anweisungen des Captains hinterfragen und ihn gegebenenfalls lieber k.o. schlagen lassen? Und was hatte sein persönliches Dilemma überhaupt mit just dieser Mission der NX-01 in Sachen Archers Rede zu tun? Troi sagte an einer Stelle, sie kenne das Programm nicht. Warum hatte sie es dann empfohlen? Fragen über Fragen.

Abgesehen davon, dass Riker schlichtweg die Zeit für all diese Ausflüge und Gespräche mit Troi und auf dem Holodeck nicht gehabt haben konnte, ergab das Ganze also auch inhaltlich einfach wenig Sinn. Hätte er sich schon vor dem Vier-Augen-Gespräch mit Picard entschieden, wäre diese Unterhaltung anders verlaufen. Danach passte der ganze Block aus *These are the voyages* dann aber auch einfach nicht mehr in die Chronologie. Und anzunehmen, dass er während der dramatischen Vorgänge aus *The Pegasus* ständig zwischen Brücke, Holodeck, Troi sowie den Vier-Augen-Gesprächen mit Pressman und Picard hin- und her gewetzt sei, ist doch lachhaft. Somit war direkt nach dem Gespräch mit Picard realistisch betrachtet der einzige Zeitpunkt, zu dem die Sequenzen halbwegs passen konnten.

## WO IST EIGENTLICH DIE CREW DER NX-01?

Nun dreht es sich bereits gefühlte Stunden um Riker, und noch haben wir uns kaum zu den Charakteren geäußert, um die es hier in diesem Serienfinale eigentlich gehen sollte. Nun, das hat einen guten Grund. Wenn man dem Treiben auf dem Schirm Glauben schenken durfte, hatte sich in den übersprungenen sechs Jahren (!)

nämlich so gut wie gar nichts ereignet. Trip und T'Pol hatten offenbar keinen weiteren Beziehungsversuch unternommen, und alle Crewmitglieder bekleideten immer noch die gleichen Positionen und den gleichen Rang (Mayweather löste hier also Harry Kim als Dauerfähnrich ab). Niemand hatte sich verändert, die Zeit stand still. Einzig Hoshi glänzte mit neuer Frisur (absurd, dass man sich dafür Zeit nahm), und ausgerechnet Shran bekam als Nebencharakter ein paar Entwicklungsbrocken zugeworfen, die aber auch nicht so recht zu seinem Charakter passen wollten.

Kurz vor dem Ende gab es dann obendrauf noch die lächerlichste Sterbeszene eines Trek-Hauptcharakters ever, ever, ever. Das Schiff schien völlig verlassen zu sein (alle MACOs gerade zu Tisch?), wurde (mal wieder) problemlos eingenommen, und Trip wusste keinen anderen Ausweg, als direkt seinen eigenen Tod einzufädeln, um Archer zu retten. Er rannte geradezu begeistert und wie auf Drogen in sein Verderben. Der Trip, der immer einen Ausweg fand, der nie aufgab, wählte hier ohne Zögern den Selbstmord als einziges Mittel in einer Situation, die nicht auswegloser schien als viele zuvor. Nicht erst an dieser Stelle hätte man sich als Autoren der Episode die vielzitierten *monkeys with typewriters* gewünscht. Hinzu kam, dass man sich nicht einmal die Zeit nahm, den herben Verlust irgendwie angemessen zu würdigen. Es musste ja weitergehen! Archer und T'Pol erhielten zwar einen kurzen Moment, bei dem der Captain ob des Todes seines besten Freunde jedoch nur bedingt emotional angefasst wirkte. Auch Shran hätte man durchaus zugetraut, dass er Archer sein Beileid bekunden würde. Schließlich starb Trip seinetwegen! Reed, Mayweather, Hoshi und Phlox durften gar nicht erst mittrauern. Bei der Szene im Publikum ganz zum Schluss wirkten sie dann geradezu beschwingt. Wie lange war der Tod ihres jahrelangen Kollegen noch her? Ein paar Stunden? *The show must go on* in Reinkultur.

Schön geriet jedoch die letzte Szene von Archer und T'Pol; ein Satz wie »Trip would have been proud of you.« wäre vielleicht bei der Umarmung aber noch gegangen, dann wäre der Arme nicht ganz so schnell in Vergessenheit geraten.

Und ganz am Ende drehte Riker zu allem Überfluss noch den Strom des Holodecks ab, als Archer just jene alles entscheidende Rede halten sollte, die die Zukunft verändern würde. Die Rede, die er so dringend halten musste, die Troi in der Schule auswendig gelernt hatte, eine Rede, die so wichtig war, dass auch Daniels immer wieder davon sprach, wie elementar der Captain für die Zeitlinie sei. Die Rede, um die es in den raren NX-01-Szenen dieser Episode die ganze Zeit ging. Die Rede, wegen der Trip sich so bereitwillig opferte. Erbärmlich. Wer schreibt sowas?

## SO THIS IS THE FINAL CURTAIN

In den letzten Szenen gelang der Episode dann aber zumindest noch ein emotionaler Abschied von *Trek* im TV. Die Montage der Schiffe von Kirk, Picard und Archer zusammen mit dem berühmten Trek-Mantra konnte durchaus ergreifen.

Allerdings fiel auch hier sofort wieder die absurde Fixierung auf die Enterprise auf, die dazu führte, dass *DS9* und *Voyager* nicht mal erwähnt wurden, obwohl sie mit 14 Staffeln den Großteil der 18 Jahre *Trek* im TV stellten. Klar: Beide Serien hatten (wie auch *Star Trek: Enterprise)* keinen gesprochenen Vorspanntext. Dennoch hätte es sicher Mittel und Wege gegeben, auch die Station DS9, die Defiant und die Voyager in die Montage einzubringen und statt des Trek-Mantras Aussprüche der Captains darüber zu legen oder das Mantra durch solche zu ergänzen, indem man auch Sisko und Janeway zu Wort hätte kommen lassen. Auch hier war die Idee im Kern also durchaus nett, die Ausführung jedoch schludrig und der Trek-Historie nicht angemessen.

## WAS WIR NICHT BEKOMMEN

Die Episode war definitiv kein würdiger Abschluss für *Star Trek: Enterprise.* Die Reise dieser Crew per Holosimulation zu beenden, dabei trotz Zeitsprung von sechs Jahren keine interessanten Veränderungen am Status Quo zuzulassen, einen zentralen Charakter einen sinnlosen Tod ohne emotionale Aufarbeitung sterben zu lassen und schließlich per Holodeck-beenden-Befehl den emotionalen Höhepunkt abzubrechen, war eine Ansammlung von irrwitzigen Entscheidungen, die ein Ansetzen der Episode als Serienfinale hätten verhindern müssen.

Sie war aber definitiv auch keine sinnvolle Ergänzung zur TNG-Episode *The Pegasus*, da Rikers Dilemma nicht wirklich schlüssig aufgelöst wurde und man seine Motivation am Ende keinen Deut besser verstand. Im Gegenteil: Bezüglich der Logik knarzte es gewaltig im Gebälk, was den Schluss zuließ, dass Berman und Braga sich auf ihr Gedächtnis verließen oder die Episode bei Wikipedia nachlasen. Geschaut hatten sie sie vor dem Schreiben mit Sicherheit nicht mehr. Unmöglich. Schaut man beide Episoden gar hintereinander, drängte sich der Eindruck auf, als wären die Sequenzen hier schlicht belangloses Beiwerk, das aus *The Pegasus* nur eine längere, aber sicher keine bessere Episode gemacht hätte.

## TECHNISCH BETRACHTET

Die NCC-1701-D sah in 16:9 und als CGI-Modell toll aus. Die Kulissen hatte man liebevoll, wenn auch fehlerbehaftet, nachgebaut. Frakes und Sirtis spielten eher die Charaktere, die sie über den Zeitraum von elf Jahren nach der Serie in den Filmen wurden, ganz abgesehen davon, dass man ihnen das Alter ansah und Kleinigkeiten wie Trois Frisur schlicht nicht stimmten. Die finale Montage der drei Schiffe war visuell hübsch gelungen.

## FAZIT

Eine mehr als schwierige Kiste. Die Idee war im Ansatz wirklich hübsch, einige Kleinigkeiten funktionierten sogar ganz gut, aber die generelle Ausführung steckte voller Unzulänglichkeiten und Dummheiten, die gerade für ein Serienfinale unverzeihbar sind.

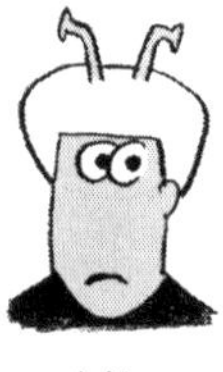


Als Special irgendwo mitten in der vierten Staffel hätte das noch funktioniert; an dieser Stelle handelte es sich jedoch um ein absolutes Ärgernis, das vor allem daran krankte, dass man bei derart vielen Entscheidungen fahrlässig und gedankenlos gehandelt hatte.

Unwürdig für die Serie und letztlich auch unwürdig als *special valentine* für die armen Trekkies insgesamt. Schade, schade.

## EINSPRUCH, HERR KOLLEGE!

Zu sagen, die aller-, allerletzte Episode von *Star Trek: Enterprise* hätte mir nicht gefallen, würde den Nagel nicht auf den Kopf treffen. Es ist eine sehr nostalgische und vielfach ergreifende Episode, keine Frage. Aber: Die Serie wäre auch ohne sie ausgekommen.

Ich bin ein echter Riker-Fan. Ich habe sogar vor 25 Jahren im Riker-Look geheiratet, ich sah ihm typmäßig einmal recht ähnlich. Bloß: Was haben Riker und seine Ex- beziehungsweise künftige Flamme in spe Deanna Troi bitte sehr in den Hauptrollen der Abschlussfolge einer anderen Star-Trek-Serie mit anderen liebgewonnenen Hauptfiguren zu suchen? Und dann auch noch in einer Episode, die zu Zeiten der letzten Staffel von *TNG* spielt? Miss Sirtis, Mister Frakes … da sahen Sie beide noch etwas anders aus. Ein ganz klein wenig jedenfalls. Und deswegen kann ich Ihnen Ihre Auftritte auch nicht so richtig abnehmen, so melancholisch die Sache auch daherkommt. Schön und gut, dafür können Sie nichts, das Drehbuch haben Sie ja schließlich nicht selbst geschrieben.

Aber hätte sich das Ganze nicht etwas glaubwürdiger gestaltet, wenn man die Geschichte eben nicht als Interim in der TNG-Episode *The Pegasus* angesiedelt hätte? So muss man leider, leider sagen, dass die beiden aussehen, als hätten sie eine wirklich schwere Nacht hinter sich. Und das nicht unbedingt im positiven Sinne. Sorry.

# STAFFELFAZIT

Zum Abschluss gibt es noch den obligatorischen Abriss der wichtigsten Trends des vierten und letzten Jahres.

### POSITIV

- Manny Coto besaß den Mut, aus der Serie endlich das Prequel zu machen, das viele Fans sich gewünscht hatten. Seine Vision in einer fünften Staffel weiterzuverfolgen, wäre eine Freude gewesen, auch wenn im vierten Jahr nicht alles gelang.

- Zwei wunderbare Arcs rund um die Vulkanier sowie Soong und seine Supermenschen, die eine neue Art der Erzählung für *Star Trek* im TV darstellten.

- Charakterentwicklung für alle Mitglieder der Stammbesetzung und der Versuch, Dialoge fair zu verteilen.

- Mit dem Zweiteiler *Demons/Terra Prime* ließ man viele Themen der Serie am Ende noch einmal in den Mittelpunkt treten und lieferte auf diese Weise ein rundes Ende.

### NEGATIV

- Auch Manny Coto gelang es nicht, den Temporalen Kalten Krieg sinnvoll zu beenden; dass man nie erfuhr, wer der Future Guy war, bleibt obendrauf als Ärgernis im Gedächtnis.

- Die Einzelepisoden funktionierten leider gar nicht. Hier ließ man viel Potenzial ungenutzt und entschied sich vielleicht schlicht für die falschen Ansätze.

- Der Tod von Trip wirkte schal, bemüht und sinnlos und verpuffte ohne Emotionen.

- Das Ende Serie geriet zum angemessenen Abgesang auf *Trek* im TV, ohne aber auf die Figuren dieser Show explizit Rücksicht zu nehmen.

## ABRUPT BEENDET

Es ist nie schön, wenn eine Serie vor ihrer Zeit gehen muss. Im Fall von *Star Trek: Enterprise* stellte die Absetzung einen besonderen Einschitt dar. *Star Trek* im TV hatte zuletzt dreimal sieben Staffeln hervorgebracht. Nun endete eine weitere Inkarnation wie auch die Ur-Serie in den 1960er-Jahren vorzeitig und unfreiwillig.

An den Quoten konnte es eigentlich nicht mehr wirklich gelegen haben. Nach der Versetzung auf den Todesslot am Freitagabend hatte die Serie sich eigentlich noch ganz gut behaupten können und nicht mehr allzuviele Fans abgeben müssen. Das Problem lag vielmehr in der Programmstruktur bei UPN. Der Sender war nie ein wirklich geeignetes Zuhause für die Serie gewesen, hatte sich in den letzten Jahren aber noch deutlich verändert. Die Macher sahen in *Star Trek* schlicht keine Zugkraft mehr. Irgendwo in diesem Disput mussten dann auich die an der Serie Beteiligten vielleicht einsehen, dass (außer vielleicht Manny Coto) viele müde und ausgelaugt waren von achtzehn Jahren *Star Trek* im TV.

So ging die Serie unvollendet von uns. Dabei hatte das Team in 98 Episoden durchaus für viele Höhepunkte und unterhaltsame Momente gesorgt. Dass es am großen Ganzen hier und da krankte und man nie ganz den Hang zu Füllerfolgen überwinden konnte, muss man schlicht zur Kenntnis nehmen. Es sollte aber nicht davon abhalten, die Serie auch heute noch als sympathische SF-Oper zu genießen.

*Star Trek: Enterprise* hat sich einen Platz in den Herzen der Fans verdient. Auch wenn es am Ende nicht gar so eine "long road" wurde, wie im Titelsong zu hören war.

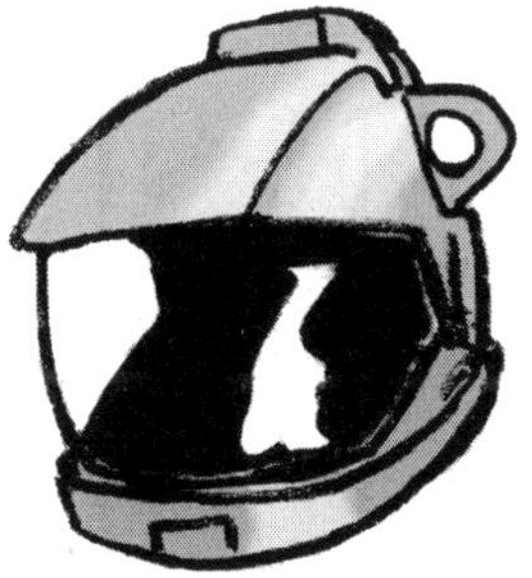

# ZWISCHENSPIEL

# VERLORENE EPISODEN

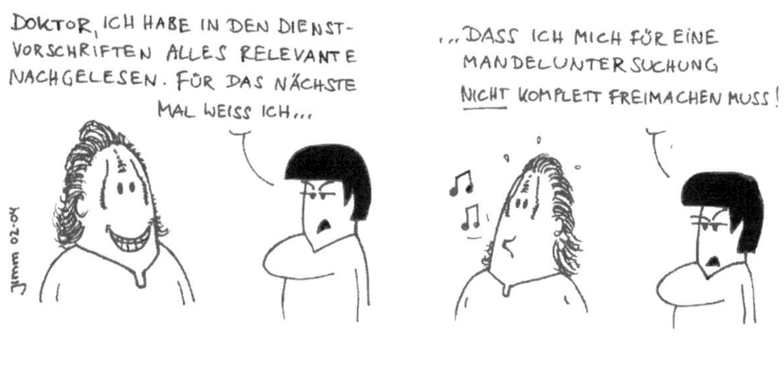
DOKTOR, ICH HABE IN DEN DIENSTVORSCHRIFTEN ALLES RELEVANTE NACHGELESEN. FÜR DAS NÄCHSTE MAL WEISS ICH...
...DASS ICH MICH FÜR EINE MANDELUNTERSUCHUNG NICHT KOMPLETT FREIMACHEN MUSS!

## GEPLANT, ABER NICHT REALISIERT

Mit dem vorzeitigen Ende von *Star Trek: Enterprise* nach der vierten Episodenstaffel konnten einige längerfristig geplante Story-Konzepte nicht angegangen werden. Andererseits gab es aber auch Episoden, die bereits während Season 1-4 geplant waren, jedoch aus verschiedensten Gründen nicht realisiert wurden. Nachfolgend eine Auswahl solcher Lost Episodes.

## WILLIAM SHATNERS RÜCKKEHR

Mehrmals berichteten damalige Newssparten von einem Gastauftritt von William Shatner in *Star Trek: Enterprise*. Der zur Entstehungszeit der Serie knapp über 70-jährige Darsteller des Captain Kirk aus der klassischen Originalserie war dem gegenüber wohl auch grundsätzlich nicht abgeneigt, allerdings stellte er sich das Ganze wesentlich anders vor als die Serien-Macher. Diese hatten eine Doppelfolge ins Auge gefasst, in der Shatner einen Vorfahren des berühmten James T. Kirk gespielt hätte, welcher der Special Guest Star besagter Episode gewesen wäre. Shatner hingegen brachte einen eigenen Story-Entwurf ins Spiel, in dem er als das gealterte Selbst von Kirk aus dem Spiegeluniversum, der Imperator Tiberius, via Zeitreise in das 22. Jahrhundert zurückgekehrt wäre. Den Produzenten wiederum behagte diese Idee überhaupt nicht, und es kam bekanntermaßen nicht zu einer Einigung. Auch nicht ganz von der Hand zu weisen ist übrigens die Version, die auf deutlich unterschiedliche Vorstellungen bezüglich der Entlohnung hinwies. Das Spiegeluniversum hingegen, das erstmals in der Folge *Mirror, Mirror (Ein Parallel-Universum)* in der klassischen Originalserie thematisiert wurde und später der Schauplatz mehrerer Folgen von *Deep Space Nine* war, griff man trotzdem auch bei *Enterprise* auf: In der Doppelfolge *In A Mirror, Darkly Part I & II (Die dunkle Seite des Spiegels, Teil I & II)* in der 4. Episodenstaffel nämlich.

## DOPPELROLLE FÜR VAUGHN ARMSTRONG

Vaughn Armstrong, Darsteller des Admiral Forrest in *Star Trek: Enterprise*, war auch als der Klingone Korath in der ersten Hälfte der Abschlussepisode von *Star Trek: Voyager, Endgame (Endspiel)* zu sehen. Hier hatte er eine Zeitmaschine entwickelt, die Janeway dann an sich brachte. Armstrong schlug den Machern von *Enterprise* eine Episode vor, in der Korath diese Zeitmaschine von Janeway zurückgeholt hat und mit ihr ins 22. Jahrhundert reist; hier will er Admiral Forrest daran hindern, Menschen an Bord der Enterprise in den Weltraum zu entsenden. Dabei hätte Armstrong dann die besagte Doppelrolle gespielt. Seine Idee stieß zwar auf Interesse, doch wurde sie niemals verwirklicht.

## HAUPTROLLE FÜR PORTHOS

Man dachte über gleich mehrere Episoden nach, in denen Captain Archers Beagle Porthos im Mittelpunkt gestanden hätte. Da es Fans immer wieder aufgefallen war, dass der Rüde Porthos von einer Hündin gespielt wurde, hätte er in einer dieser Episoden durch einen Transporter-Unfall das Geschlecht gewechselt … (Ähnlich wie Datas Katze/Kater Spot, die/der während der Laufzeit von *The Next Generation* auch mehrmals das Geschlecht wechselte, Anm. d. Verf.) In einem weiteren Entwurf ist Porthos das einzige Lebewesen an Bord des Schiffes, das mit einem hundeartigen Alien kommunizieren kann, in wieder einem anderen erlangt der Hund die Intelligenz eines Menschen.

## EINE ERDGROSSE BILLARDKUGEL

Story Editor André Bormanis lieferte die Idee zu einer sehr ungewöhnlichen Folge: Die Enterprise entdeckt darin einen Planeten von der Größe der Erde, dessen Oberfläche so eben wie eine polierte Billardkugel ist. Allerdings hatte wohl auch Bormanis keine Idee für eine schlüssige Geschichte, die auf dieser Welt gespielt hätte, weshalb man das Ganze nicht weiter ausbaute.

## EINE EPISODE ÜBER DIE BOOMER

Als »Boomer« wurden bei *Star Trek: Enterprise* Menschen bezeichnet, die im Weltraum an Bord von Raumschiffen geboren wurden und dort aufgewachsen sind. Der bekannteste Boomer in der Serie war der junge Ensign Travis Mayweather. Nach der Episode *Fortunate Son (Familienbande)* aus der ersten Staffel von *Enterprise* waren zunächst weitere Folgen über die Weltraumgeborenen geplant. Man verwarf die Idee, da man der Meinung war, durch das zu häufige Auftauchen von Menschen in der Serie werde der Eindruck erweckt, dass sich die Enterprise nicht allzuweit von der Erde entfernt befinde. Auch war Brannon Braga der Ansicht, dass die Idee letztlich nicht fruchtbar genug war. Er vertrat den Standpunkt, dass man mit dem Gezeigten eigentlich alles gesagt hatte, was es über die Boomer zu wissen gäbe.

## DIE ERSTE STARBASE

Es gab Pläne für eine Episode, in der es um den Bau der ersten Starbase der Sternenflotte gehen sollte, welche im Berengaria-System errichtet wurde und bei deren Bau die Enterprise Unterstützung leistet.

## DER ERSTE AUFTRITT DER BORG-QUEEN

Nachdem die Borg in der Episode *Regeneration* (deutsch dito) bereits auf eine überraschende Art und Weise neu ins Star-Trek-Universum eingeführt worden waren, dachten die Autoren Judith & Garfield Reeves-Stevens darüber nach, in einer weiteren Episode die Entstehung der Borg Queen zu schildern. Hierfür hatten sie bereits recht schlüssige Vorstellungen: Original-Darstellerin Alice Krige hätte in der Episode eine Starfleet-Medizintechnikerin gespielt, die in Kontakt mit den Borg tritt und schließlich zur Borg Queen (gemacht?) wird.

## T'POLS VATER

Ideen gab es auch für eine Episode, in der T'Pol ihren totgeglaubten Vater wiedertrifft. Dieser entpuppt sich allerdings als romulanischer Spion, der seinen vermeintlichen Tod lediglich inszeniert hat. Dadurch wäre aus T'Pol eine halbe Romulanerin geworden, was man in ihre charakterliche Entwicklung miteinbezogen hätte.

## DIE RÜCKKEHR VON FLINT

Angedacht war auch ein Auftritt des 4000 Jahre v. Chr. geborenen unsterblichen Erdenmenschen Flint aus der Episode *Requiem For Metuselah (Planet der Unsterblichen)* aus der klassischen Originalserie, damals gespielt von James Daly. Flint war in der Menschheitsgeschichte in Gestalt vieler herausragender Persönlichkeiten wie Alexander der Große oder Leonardo da Vinci aufgetreten. In *Star Trek: Enterprise* hätten Captain Archer und seine Crew ebenfalls den von Flint gekauften Planeten Holberg 917G im Omega-System erreicht, auf den sich der Unsterbliche in seiner neuesten Identität als Mister Brack zurückgezogen hat.

## SHRAN ALS CREWMITGLIED IM KRIEG GEGEN DIE ROMULANER

In der leider nicht zustande gekommenen 5. Staffel von *Star Trek: Enterprise* wäre es als übergeordnete Story-Line um den verheerenden Krieg der Sternenflotte gegen die Romulaner gegangen. Hierfür wäre der andorianische Thy'lek, d.h. Commander Shran, dargestellt von Jeffrey Combs, zu einem Besatzungsmitglied der Enterprise geworden und hätte von dieser Zeit an zum regulären Seriencast gehört, statt als wiederkehrende Gastrolle zu fungieren.

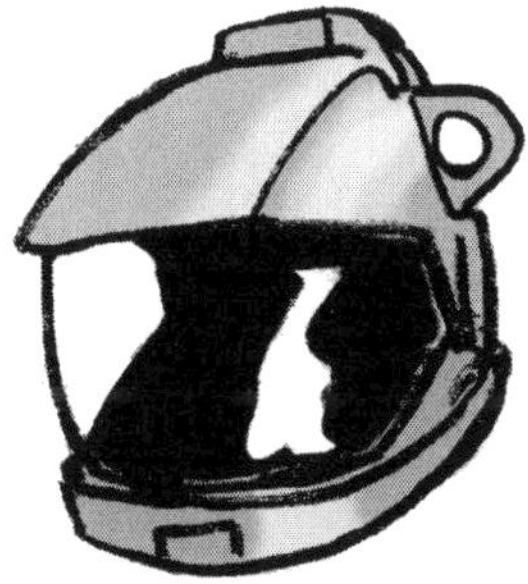

# KAPITEL 5
# WAS WURDE AUS DEN STARS?

## DER CAST NACH SERIENENDE

Mit dem Ende von *Star Trek: Enterprise* nach Ausstrahlung der letzten Episode *Dies sind die Abenteuer/These Are The Voyages* am 13. Mai 2005 in den USA beziehungsweise am 9. Juli 2006 hier bei uns in Deutschland begann eine düstere Zeit für die Trekkies dieser Welt. Mehr als vier Jahre (hier bei uns »nur« drei Jahre) sollte es von da an dauern, ehe *Star Trek* im Frühsommer 2009 in Form eines neuen Kinofilms auf die Leinwände zurückkehrte. Ursprünglich hatte es in *Star Trek: Enterprise* den in der Originalserie mehrmals zitierten Krieg gegen die Romulaner zu sehen geben sollen, und am Ende wollte man die Gründung der Föderation zeigen. Letzteres geschah dann sozusagen im Schnellverfahren am Ende der vierten Staffel. Doch der aufmerksame Zuschauer erkannte recht deutlich, dass auch die fünfte (beziehungsweise sechste, wenn man die Zeichentrickserie mitrechnet) Serie aus dem Star-Trek-Universum ursprünglich ebenso auf 7 Staffeln ausgelegt war wie die drei vorherigen Reihen. Zumindest anfänglich gab es Gerüchte – insbesondere im Internet – darüber, dass es eine Fortsetzung der Serie eventuell in Form von TV-Filmen geben könnte, doch wie wir alle wissen, wurde daraus niemals etwas. Es erscheint sogar ziemlich fraglich, ob dergleichen seitens der Produzenten tatsächlich jemals geplant gewesen ist. Wie dem auch immer sei, jedenfalls wurde es für die Hauptdarsteller der Serie Zeit, sich neue Jobs zu suchen. Die meisten von ihnen, wenn nicht gar alle, traten natürlich auch nach dem Serien-Ende auf verschiedensten internationalen *Star Trek*- und auch anderweitigen Science-Fiction- bzw. Phantastik-Cons als Gaststars auf, gaben Autogramme und standen den Fans in Panels Rede und Antwort auf deren Fragen. Doch das Wichtigste für einen Schauspieler sind und bleiben nun einmal Rollen in Film, Fernsehen und auf der Bühne, und diese galt es zu finden.

Die wenigsten Probleme hiermit dürfte sicher Scott Bakula alias Captain Archer gehabt haben. Bereits vor dieser Rolle war er ja bekanntlich sowohl im Kino als auch im Fernsehen recht gut im Geschäft gewesen, da er durch *Zurück in die Vergangenheit* ziemlich bekannt geworden war. Zwischen 2006 und 2010 war Bakula in einem wiederkehrenden Gastpart in der feministischen Sitcom *The New Adventures Of Old Christine* als »Papa Jeff« Hunter zu sehen. Die Serie gab es unter ihrem Originaltitel auch hierzulande, und zwar beim Sender Comedy Central Deutschland. 2008 traf er in einer Episode der vierten Staffel von *Boston Legal* auf seinen Vorgänger bzw. Nachfolger auf dem Kommandosessel der Enterprise, William Shatner, sowie auf »Odo« René Auberjonois. Im gleichen Jahr war er in vier Episoden der kurzlebigen Comedy-Sketch-Show *Tracey Ullman's State Of The Union* (hierzulande nicht gezeigt) mit von der Partie. Zwischen 2009 und 2010 wirkte Bakula dann in sieben Folgen von Staffel 2 und 3 der nerdigen Agentenserie *Chuck* in der Rolle des Stephen J. Bartowski, dem Vater des verschrobenen Protagonisten, mit. 2009 schließlich erhielt Bakula die neben Matt Damon zweite Hauptrolle in Steven Soderberghs auf Tatsachen beruhenden Verschwörungs-Thriller *Der Informant* als FBI Special Agent Brian Shephard; allerdings hatte der Film nur sehr mäßigen Erfolg in den Kinos. Zwischen 2009 und 2011 folgte weiterhin eine neue Serienrolle: In der Dramedy-Serie *Men Of A Certain Age* (ebenfalls nicht in Deutschland ausgestrahlt) spielte er in den 22 Episoden die Rolle des ehemaligen Schauspielers Terry Elliot, der sich nun als Manager eines Appartementhauses verdingen muss und vergangenen Zeiten nachtrauert. 2011 war er im Thriller *Source Code* zwar nicht zu sehen, dafür aber zu hören, als er dem Film-Vater von Hauptdarsteller Jake Gyllenhaal für eine Telefon-Szene seine Stimme lieh. In der achten Staffel der damals sehr erfolgreichen Dramedy-Serie *Desperate Housewives* spielte Scott Bakula danach 2012 in 5 Folgen den windigen Trip Weston, ferner war er in einer Folge der Crime-Show *Law & Order: Special Victims Unit* als Gaststar dabei. 2013 stand Bakula erneut unter Regisseur Steve Soderbergh vor der Kamera, und zwar für das aufwendige TV-Bio-Pic *Liberace – Zu viel des Guten ist wundervoll* über den bekannten Show-Bühnenkünstler. Hier spielte er die Rolle des Bob Black. Im gleichen Jahr hatte er einen Gastauftritt in der Sitcom *Two And A Half Men. Looking* war eine weitere Dramedy-Serie, in der Scott Bakula zwischen 2014 und 2015 in der Rolle des Lynn einen 8 Folgen umfassenden wiederkehrenden Gastpart spielte. Scott Bakulas Auftritt in einer Folge der populären Krimiserie *Navy CIS* im Jahre 2014 stellte gleichzeitig den Beginn seiner neuesten festen Serienrolle dar, die er seit dem späteren gleichen Jahr spielt: Im *Navy CIS*-Ableger *Navy CIS: New Orleans,* dem zu dieser Zeit bereits dritten Spin-Off der Originalserie, ist Scott Bakula seitdem als Special Agent Dwayne Cassius »King« Pride zu sehen. Die Serie ist wie ihre beiden Vorgängerreihen ein großer Erfolg und geht 2020 bereits in ihre siebten Staffel.

Nicht ganz so viel Glück wie ihr Serien-Vorgesetzter hatte Jolene Blalock, die Darstellerin der Sub-Commander T'Pol. Nach dem

Ende von *Star Trek: Enterprise* wechselte sie 2003 und 2004 zunächst für drei Folgen zur Serien-Konkurrenz *Stargate Kommando SG-1:* In den drei Folgen der siebten und achten Serienstaffeln spielte sie die Rolle der Ishta, die den rebellischen Hak'tyl-Kriegern angehörte und ferner die ehemalige Flamme Teal'cs, eines der Serien-Protagonisten, war. Es blieb allerdings bei diesen beiden Auftritten in der Serie. Gleichfalls 2005 sah man sie im Kinothriller *Slow Burn: Verführerische Falle* als die zwielichtige Nora Timmer. Der Film wurde ein zwar leidlicher Erfolg, doch reichte es leider dennoch nicht für die ganz große Filmkarriere. 2007 folgte der Horror-Thriller *Shadow Puppets*, wo Jolene in der Rolle der Kate zu sehen war und der als Direct-To-DVD-Produktion entstand. Gleiches galt für *Starship Troopers 3: Marauders* von 2008, einer weiteren Fortsetzung des umstrittenen Space-Horror-Streifens von 1997. Jolene Blalock spielte hier die toughe Lola Beck. Trotz ihrer und auch anderweitiger prominenter Mitwirkung konnte der Streifen dem Original nicht einmal ansatzweise das Wasser reichen. Im gleichen Jahr wirkte Jolene Blalock in Episoden der Fernsehserien *CSI: Miami* und *First Fear* in Gastauftritten mit, 2009 in einer Episode von *Dr. House.* 2010 spielte sie in zwei Folgen der zweiten Staffel der Fantasy-Serie *Legend Of The Seeker – Das Schwert der Wahrheit* die Rolle der Nike bzw. Nicci. Diese Figur wurde bei weiteren Auftritten in der Serie von einer anderen Darstellerin gespielt. Im gleichen Jahr hatte die Schauspielerin die eher kleinere Rolle der Stacy im harten Thriller *Sinners & Saints.* Lediglich eine kleine Nebenrolle war auch der Part der Catalina in der Filmkomödie *Sex Tape* von 2014. Gleiches gilt für die unabhängig produzierte Komödie *Killing Frisco* von gleichfalls 2014, in dem Jolene Blalock ohne einen Rollennamen auftrat. Ihre letzte Arbeit bisher war die Mitwirkung im 2017 entstandenen TV-Film *A Man For Every Month.* In der Romantik-Komödie ist sie in der weiblichen Hauptrolle als Brenda zu sehen.

Erheblich besser wiederum erging es Connor Trinneer, dem Darsteller von Commander Trip Tucker. Sein Charakter starb bekanntlich als einziger den Serientod am Ende der letzten Staffel von *Star Trek: Enterprise*, doch schaffte es der Schauspieler, sich bis heute im amerikanischen Fernsehen beziehungsweise dem immer mehr konkurrierenden Streaming-Bereich zu etablieren. Zwar kann er damit nicht ganz Scott Bakula das Wasser reichen, doch ist auch Connor Trinneer seit dem Ende von *Star Trek: Enterprise* durchaus präsent geblieben. Den Anfang machte 2005 eine Episode der

Krimiserie *Numbers: Die Logik des Verbrechens,* in der Trinneer in einer Folge der damals zweiten Staffel auftrat. Danach tat er es seiner Serienkollegin Jolene Blalock gleich und wechselte in ein Konkurrenz-Universum über, nämlich das der Serie *Stargate Atlantis,* dem ersten Ableger von *Stargate Kommando SG-1.* Ab der dritten Serienstaffel im Jahr 2006 spielte Trinneer bis 2008 in zehn Episoden den wiederkehrenden Gastcharakter Michael Kenmore, hinter dessen menschlichem Erscheinungsbild sich in Wahrheit ein äußerlich angepasster Wraith (eine Rasse von menschlicher Energie saugenden Weltraum-Vampiren) verbirgt. Die Rolle des Michael wurde bei Fans des *Stargate*-Universums beinahe ebenso populär wie die des Trip Tucker bei den Trekkies. Währenddessen war Trinneer im Jahr 2006 auch als Gaststar in den Serien *Navy CIS, Without A Trace: Spurlos verschwunden* sowie *Close To Home* zu sehen. 2007 lieh er seine Stimme seinem Zeichentrick-Alter Ego in einer Folge der populären Animationsserie *Family Guy* und war 2008 in einer Episode von *Criminal Minds* zu Gast. Es folgte 2009 ein Auftritt in einer Doppelfolge der kontroversen Krimi-Serie *Lincoln Heights* sowie einer Episode der Serienadaption von *Terminator: The Sarah Connor Chronicles.* Ebenfalls 2009 wirkte Trinneer in einer Episode der siebten Staffel von *24* mit. Im gleichen Jahr zog es ihn dann zurück in die Unendlichen Weiten: In dem Fernsehfilm *Star Runners* (vom damals noch Sci-Fi Channel benannten Spartensender, heute SYFY, produziert) spielte er den Weltraumschmuggler Ty Johns. Es schlossen sich Auftritte in Folgen der Serien *The Closer* (nochmals 2009), *The Mentalist* (2010), *Pretty Little Liars, Navy CIS: L.A.* (beide aus 2011), *Suits* und *Fairly Legal* (beide 2012) an. 2015 spielte er im Neo-Western *Prey For Death* die Rolle des gejagten Verbrechers Chamberlain und wirkte im gleichen Jahr in vier Folgen der Militärserie *American Odyssey* als Michael Banks mit. 2016 folgte der Horrorthriller *Exorcist: House Of Evil*, in dem Connor Trinneer den Polizisten Gordon darstellte. Der angeblich auf Tatsachen beruhende Film wurde übrigens damit beworben, dass er in dem Original-Spukhaus der geschilderten Ereignisse gedreht worden und ein Teil der in ihm gezeigten paranormalen Aktivität »echt« sei. Dies wäre definitiv eine Frage an den Mimen bei einem seiner Convention-Auftritte wert. 2016 lieh Connor Trinneer der Figur des Dr. Thomas Adams im Computerspiel *ReCore* seine Stimme und wirkte 2017 in fünf Folgen der Webserie *Riley Parra* als Samael mit. Eine wahrhaft prominente Rolle spielte Trinneer dann ebenfalls 2017 in der Abenteuerkomödie *Barry Seal: Only In America* mit Tom Cruise, nämlich die des ehemaligen

US-Präsidenten George W. Bush. Aus dem gleichen Jahr stammt die Tragikomödie *Take It From The Top*, in der Connor Trinneer als Bob zu sehen war. 2018 schließlich kehrte Connor Trinneer zurück ins Serien-Universum von *Stargate,* allerdings nicht in seiner bekannten Rolle als Michael. In der zehnteiligen, eigens für den von *MGM* betriebenen Streamingdienst *Stargate Command* produzierten Webserie *Stargate Origins* spielte er die Rolle von Professor Paul Langford, dessen Tochter Catherine das berühmte titelgebende Sternentor im Jahr 1938 im ägyptischen Wüstensand findet und es dabei natürlich mit den Nazi-Besatzern des Landes zu tun bekommt. Die Folgen wurden kurz nach ihrer Ausstrahlung zu einem Film mit dem Titel *Stargate Origins: Catherine* zusammengeschnitten. Weder die Serie noch der Zusammenschnitt konnten übrigens die Fans begeistern. Nach zwei Folgen der Serie *9-1-1* in den Jahren 2018 und 2019 war Connor Trinneer zuletzt 2019 in zehn Folgen der zweiten Staffel der Serienadaption von *The Purge* bei Amazon Prime als der Überwachungsbeamte Curtis zu sehen.

Was wurde aus Dominic Keating, dem Darsteller von Waffenoffizier Lieutenant Malcolm Reed? Leider konnte auch er sich nicht mit dem gleichen Erfolg in der Film- und Fernsehbranche behaupten wie seine Serienkollegen Bakula und Trinneer. Nach *Star Trek: Enterprise* sah man ihn zunächst in einer Episode der dritten Staffel der Serie *Las Vegas* im Jahr 2006. 2007 schlossen sich mehrere neue Projekte des Mimen an: zum einen der wiederkehrende, allerdings eher kleine Gastpart als Will in vier Folgen der Mystery-Serie *Heroes;* anschließend war Keating dann in der Rolle des Forbes McGuire in *Species IV: Das Erwachen* zu sehen, einer für den Spartensender Syfy produzierten Fortsetzung des SciFi-Horror-Kinofranchises aus den 90er-Jahren. Danach wirkte er erstmals seit zehn Jahren wieder in einem Kinofilm mit: In Robert Zemeckis' aufwendigem Animationsfilm *Die Legende von Beowulf* diente er als das menschliche Vorbild des kriegerischen Cain. Schließlich wirkte er in diesem Jahr noch in zwei Folgen der populären Gefängnis-Serie *Prison Break* in der Rolle des Andrew Tyge mit. Erst 2010 sah man Dominic Keating danach in drei neuen Rollen: Zum einen im Mockbuster *Sherlock Holmes* (als »Mockbuster« bezeichnet man Billig-Nachahmungen bekannter Kinofilme, Anm. d. Verf.), wo er Thorpe, den Bruder des Titelhelden, spielte, zum anderen in zwei Folgen von Staffel 3 der Rocker-Serie *Sons Of Anarchy* als Luther Barkwill. Außerdem war er in einer Episode der sechsten Serienstaffel von *CSI: NY* zu sehen. Allerdings gelang es ihm, in einem anderen Bereich Fuß zu fassen. Er ist unter amderem als Sprecher für *Blizzard Entertainment* tätig und spricht Rollen in den sehr erfolgreichen Videospielen *Diablo III* und *World of Warcraft*. 2014 sprach er außerdem mehrere Figuren im von Bungie entwickelten und von Activision vertriebenen Multiplayer-First-Person Shooter *Destiny*. Seit 2019 ist der umtriebige Brite auch wieder als Schauspieler aktiv, so unter anderem in *Once Upon A Time in London* (2019), *The Host* (2020) Und *Unbelievable!!!* (2020), in dem viele Star-Trek-Stars wie Nichelle Nichols, Robert Picardo, Tim Russ, Garrett Wang und Walter Koenig zu sehen sind.

Linda Park, die die junge Fähnrich Hoshi Sato darstellte, ist bis zum heutigen Tag in der Serien- und mitunter auch Filmwelt präsent geblieben. Zwar nicht in neuen festen Serienrollen, dafür jedoch immer wieder durch Gastauftritte in unterschiedlichsten Reihen, hier teilweise auch in wiederkehrenden Gastparts. Im Anschluss an *Enterprise* sah man sie zwischen 2007 und 2008 in insgesamt zehn Episoden der leider kurzlebigen Krimiserie *Women's Murder Club,* in denen sie in der Rolle der Denise Kwon zu sehen war. 2009 folgten die Mitwirkung in einer Folge der zweiten Staffel der Serie *Life,* einer Episode aus der zehnten Staffel von *Law & Order: Special Victims Unit* sowie die nächste wiederkehrende Gastrolle: In den dreizehn Folgen der zweiten Staffel der Drama-Serie *L.A. Crash* war Linda Park als Maggie Cheon zu sehen; leider war die zweite auch die letzte Staffel der Serie. Ebenfalls von 2009 stammt die erfrischende Horror-Komödie *Infestation – Nur ein toter Käfer ist ein guter Käfer,* in dem Linda Park die gewitzte Leechee spielte. 2011 folgten zwei Folgen der damals populären Serien *The Mentalist* (Staffel 3) und *Dr. House* (Staffel 7). 2012 wirkte Linda Park dann in einer Folge der zehnten Staffel von *Navy CIS* mit. 2014 war sie in zwei Folgen der ebenfalls nur kurzlebigen Krimiserie *Legends* zu sehen, 2015 schloss sich eine Folge von Staffel 7 der erfolgreichen Crime-Show *Castle* an. Zwischen 2017 und 2018 schließlich sah man Linda Park als Jun Park in neun Folgen der ungewöhnlichen Krimiserie *Bosch,* die bei Amazon Prime gestreamt werden kann. Angesichts dieses konstant stabilen Erfolges dürfte es nicht allzu lange dauern, bis der Zuschauer sie in einer neuen Serienrolle zu sehen bekommen wird.

John Billingsley, der Darsteller des witzig-hintergründigen denobulanischen Enterprise-Bordarztes Dr. Phlox, gehörte noch Jahre nach dem Ende der Serie zu den beliebtesten Convention-Gaststars.

Hier war er wegen der ungemein spaßigen Showeinlagen während seiner Panels von vielen Fans geschätzt. Manche davon absolvierte er zusammen mit seiner ebenfalls unglaublich showbegabten Ehefrau Bonita Friedericy, die auf eine lange Liste von TV-Gastauftritten zurückblicken kann. Doch auch anderweitig blieb der Schauspieler gut beschäftigt, genau genommen kann er die meisten Auftritte auch nach *Star Trek: Enterprise* verbuchen: 2001 hatte er einen kurzen Auftritt im Kino-Thriller *The Glass House* sowie in der Komödie *Crocodile Dundee in Los Angeles.* 2002 wechselte auch »Dr. Phlox« kurzzeitig ins Konkurrenz-Universum von *Stargate SG-1,* allerdings nur für eine Folge in der sechsten Staffel, wo er die Rolle des Simon Coombs spielte. Im gleichen Jahr spielte er die kleine Rolle eines Lügendetektor-Coaches im Thriller *High Crimes: Im Netz der Lügen* und war in diesem Jahr ebenfalls in einer kleinen Rolle im Filmdrama *Weißer Oleander* zu sehen. Danach folgte 2003 ein Aufritt in einer Episode der vierten Staffel von *Angel: Jäger der Finsternis* sowie die Nebenrolle des Chae im Thriller *Out Of Time: Sein Gegner ist die Zeit.* Zwischen 2004 und 2005 folgte ein kurzer Gastpart in der Serie *Cold Case: Kein Opfer ist je vergessen,* 2005 gab es weiterhin einen Gastauftritt in Staffel 3 der Serie *Nip/Tuck: Schönheit hat ihren Preis.* Im Jahr 2006 fanden Billingsleys sämtliche Gastauftritte in der dritten Staffel von *CSI: NY,* der zweiten Season der Krimiserie *The Closer* und Staffel 2 von *Prison Break* statt. Ebenfalls 2006 erhielt John Billingsley eine neue Serien-Hauptrolle: In den dreizehn Folgen der kurzlebigen Psychothriller-Serie *The Nine: Die Geiseln* spielte er den labilen Egan Foote. 2007 wirkte Billingsley im vielbeachteten, unabhängig produzierten Science-Fiction-Film *The Man From Earth* mit, der seine Premiere in den Heimkinos erlebte. Ansonsten war Billingsley auch 2007 sehr häufig im TV zu sehen: Seine Credits umfassten die Science-Fiction-Serie *Journeyman: Der Zeitspringer,* eine Folge aus Staffel 2 der Mystery-Show *Ghost Whisperer: Stimmen aus dem Jenseits,* eine Staffel-5-Folge von *Navy CIS,* eine Episode aus der 8. Staffel von *CSI: Vegas* sowie eine Folge der 3. Staffel der Krankenhaus-Serie *Grey's Anatomy.* 2008 sah man ihn dann in einer der ersten Folgen der damals neuen Krimiserie *Eli Stone.* Ab 2008 erhielt John Billingsley auch die bis zur 5. Serienstaffel unregelmäßig wiederkehrende Gastrolle des (später) untoten Bestatters Mike Spencer in der ungewöhnlichen Vampir-Horror-Serie *True Blood* und wirkte ferner in einer Folge der 6. Staffel von *Without a Trace: Spurlos verschwunden* mit. 2009 war er neben Auftritten in Folgen der siebten Staffel von *24,* der achten

Staffel der Arzt-Sitcom *Scrubs: Die Anfänger* sowie der 5. Season von *Criminal Minds,* außerdem in der Nebenrolle des Prof. West in Roland Emmerichs Katastrophenfilm *2012* zu sehen. Es folgten weitere Serien-Gastauftritte in den Krimiserien *The Mentalist* (Staffel 3, 2010) und *Leverage* (Staffel 3, 2010), der Familienserie *90210* (Staffel 4, 2011), der damals neuen Justizserie *Harry's Law* (2011), der Dramaserie *Suits* (Staffel 1, 2011), der ebenfalls ins Drama-Genre gehörenden Serie *Revenge* (Staffel 2, 2012), der sarkastischen Fantasy-Serie *Drop Dead Diva* (Staffel 4, 2012) sowie der Spionageserie *Nikita* (Staffel 4, 2013). 2013 sah man ihn auch nochmals im Kino: Im unabhängig produzierten Katastrophen-Thriller *U-Bahn: Nächster Halt: Terror* spielte er den zwielichtigen Sam. Ab 2014 war Billingsley erneut in einer Serien-Hauptrolle zu sehen: In den lediglich dreizehn Folgen der Actionserie *Intelligence* spielte er die Rolle des Shenendoah Cassidy. Nach wie vor ist John Billingsley in einer Vielzahl aktueller TV-Serien in Gastrollen zu sehen: in Folgen von *Navy CIS* (Staffel 6, 2014), *Bones – Die Kochenjägerin* (Staffel 10, 2014), *Hawaii Five-0* (Staffel 5, 2014), *Turn: Washington's Spies* (Staffel 2, 2015), *Extant* (Staffel 2, 2015), *Code Black* (Staffel 2, 2016), *Castle* (Staffel 8, 2016) sowie in der Fortsetzung von David Lynchs Mystery-Serienklassiker *Twin Peaks* von 2017, wo Billingsley die Rolle des Arztes Dr. Bennett verkörperte. Der bisher letzte TV-Auftritt von John Billingsley fand in der zweiten Staffel von *The Orville* statt, welches nach wie vor als aktuell schärfste Konkurrenz zu *Star Trek* angesehen wird. Er spielt dort den verbitterten Xelayaner Cambis Borrin, dessen Todfeind der zur gleichen Rasse gehörende Ildis Kitan ist. Dieser wird von Robert Picardo gespielt, dem Darsteller der holographischen Bordarztes aus *Star Trek: Voyager.*

Anthony Montgomery schließlich, der Darsteller von Fähnrich Mayweather, blieb ebenfalls gut im Geschäft, wenngleich er seit 2007 seinen Wirkungskreis veränderte beziehungsweise erweiterte: Beim Label AGR Television Records wurde er als Hip-Hop-Interpret unter Vertrag genommen und brachte im Herbst 2008 sein Debüt-Album *A.T.* mit Songs dieser Musikrichtung heraus. Doch blieb er auch weiter als Schauspieler aktiv: Nach *Enterprise* war er 2008 in einer Folge aus der sechsten Staffel von *Navy CIS* dabei, 2009 folgte eine Episode aus Season 6 von *Dr. House.* Die Sicherung seiner Existenz als Schauspieler gelang ihm im Jahr 2011: Anthony Montgomery übernahm die Rolle des Assistenzarztes Dr. Andre Maddox in der seit 1963 (!!!) laufenden US-Krankenhausserie *General Hospital* und war bis 2018 in insgesamt 114 Folgen zu sehen. Außerhalb davon hatte er lediglich einen Gastauftritt in der neunten Staffel von *Grey's Anatomy* sowie einer Episode der zweiten Staffel der Neuauflage von *Magnum P.I.* (2019).

Vaughn Armstrong, der Darsteller des Admiral Forrest, zog sich nach dem Serien-Ende von *Star Trek: Enterprise* aus persönlichen Gründen weitgehend aus dem Schauspielgeschäft zurück und war seitdem eher selten im Fernsehen zu sehen: 2002 sah man ihn kurzzeitig in der seit 1965 laufenden Soap Opera *Zeit der Sehnsucht;* 2011 folgten eine Episode der zweiten Staffel der Krimiserie *Law And Order: LA* sowie eine Folge der letzten Staffel von *Desperate Housewives.* 2012 sah man ihn in einer Episode der dreizehnten *CSI: Vegas*-Staffel, 2015 schließlich in Season 11 von *Criminal Minds.*

Bei Weitem noch spärlicher sind die Auftritte von Gary Graham, dem Darsteller von Botschafter Soval: Neben der semi-professionellen Fanfilm-Produktion *Star Trek: Of Gods And Men* von 2008, in der er die Rolle des Ragnar spielte, sowie der skandalumwitterten und daher bisher nicht zustande gekommenen Produktion *Axanar* (in der er erneut als Botschafter Soval zu sehen gewesen wäre) gibt es leider keine weiteren neuen Filme oder Episoden von TV-Serien mit ihm.

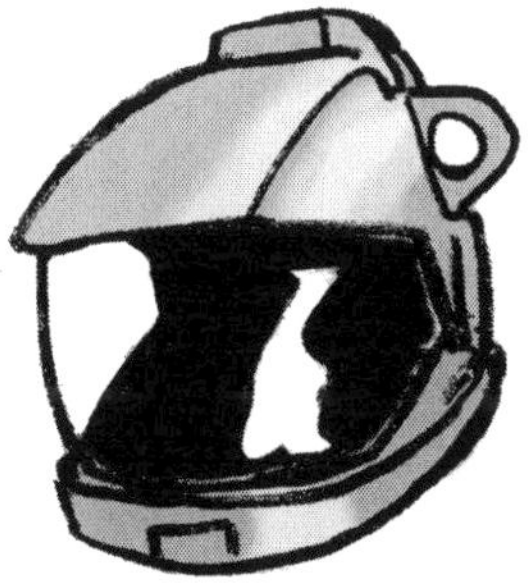

KAPITEL 6

# ALIEN-VÖLKER DER SERIE

»Back to the roots – Zurück zu den Anfängen!«, könnte ein Motto des Showrunners und der anderweitigen Serienverantwortlichen gelautet haben, als man über die Alien-Völker in der neuen Star-Trek-Serie *Enterprise* nachzudenken begann. Zwar sollte die Serie natürlich einen eigenständigen Touch erhalten, doch wollte man sie stilistisch auch wieder näher an die Zeit ansiedeln, in der Captain Kirk und seine Crew ihre Abenteuer in der klassischen Originalserie erlebten. Für viele Fans war die Originalserie noch immer das exemplarischste *Star Trek* von allen, obwohl die drei vorherigen Serien allesamt rund 100 Jahre nach ihr im 24. Jahrhundert stattgefunden hatten. Das schlug sich acht Jahre später auch in der Tatsache nieder, dass es im 2009er Reboot des Franchises ebenfalls um die Enterprise dieser Epoche ging. Sowohl in *Star Trek: The Next Generation* als auch in *Deep Space Nine* und *Voyager* hatte es in weiten Teilen neue Aliens zu sehen gegeben. Die Außerirdischen aus den Classics spielten nur noch am Rande eine Rolle, oder aber sie wurden in weiterentwickelter Form gezeigt, wie etwa die Klingonen. Dafür gab es nun plötzlich die Bajoraner und die Cardassianer, die Völker des kriegerischen Dominion oder aber die Kazon-Stämme aus dem Delta-Quadranten. In *Enterprise* wollte man nunmehr dahin zurückkehren, wo die Sternenreise einst begonnen hatte, und dazu gehörten freilich die Aliens dieser Zeit. Und eine wichtige Rolle sollten ganz erwartungsgemäß die spitzohrigen und vermeintlich emotionslosen Vulkanier spielen, von jeher sicherlich eines der bekanntesten Alien-Völker aus *Star Trek;* allein schon wegen des ikonischen Mister Spock.

## DIE VULKANIER

Obwohl einer von ihnen, genaugenommen ein Halb-Vulkanier, eine der Hauptrollen in der klassischen Originalserie spielte, erfuhr man in deren 3 Staffeln dennoch vergleichsweise wenig über dieses geheimnisvolle Volk. Mittels einer komplizierten geistigen Disziplin hatten sie Jahrhunderte zuvor gelernt, ihre starken und überschäumenden Emotionen unter Kontrolle zu bringen (jedoch spaltete sich eine beträchtlich große Fraktion von ihnen ab, woraus sich die Romulaner entwickelten – weitere Informationen über sie im nächsten Absatz). Anscheinend verwendeten die Vulkanier Technik nur in einem eher geringen Maß, wie man in der Folge *Weltraumfieber (Amok Time)* in der Originalserie sehen konnte. Dabei handelt es sich um die einzige Episode, in der die Zuschauer den Heimatplaneten von Mister Spocks Vater Sarek sehen konnten. Dafür hatten die Vulkanier ein gerüttelt Maß an Hang zum Mystizismus, der an die verschiedenen Ausprägungen des Buddhismus erinnerte. Dessen wurde man in der Anfangssequenz von *Star Trek: Der Film* (1979) sowie während des Showdowns in *Star Trek III: Auf der Suche nach Mister Spock* (1984) ansichtig. Es handelte sich also um ein ebenso diszipliniertes wie logisches als auch spirituelles Volk. Und daran wollte man bei *Star Trek: Enterprise* anknüpfen.

Bereits fünf Jahre vor *Enterprise,* im achten Kinofilm *Star Trek: Der erste Kontakt* (1996), war zu erfahren, dass die Vulkanier als erstes außerirdisches Volk mit der durch einen Atomkrieg gebeutelten Menschheit Kontakt aufnahmen. Der Raketenwissenschaftler Dr. Zefram Cochrane unternahm am 5. April des Jahres 2063 von einer Startbasis in Bozeman/Montana aus den ersten Warp-Flug an Bord seiner umgebauten Kontinentalrakete Phoenix. Dabei wurde die Besatzung des vulkanischen Forschungsraumschiffes T'Plana-Hath auf die nunmehr im Warp-Zeitalter angekommene Erde aufmerksam und nahm gemäß der strengen Richtlinien des Volkes den offiziellen Erstkontakt auf. In Wahrheit kam es (im Star-Trek-Universum) bereits in früheren Jahren zu allerdings inoffiziellen Kontakten mit verschiedenen Alien-Rassen, unter anderem 1947 mit den Ferengi *(Kleine, grüne Männchen,* Staffel 4 von *Star Trek: Deep Space Nine)* und auch den Vulkaniern selbst im Jahr 1957 *(Carbon Creek,* Staffel 2 von *Star Trek: Enterprise).* Nach dem offiziellen Erstkontakt nahmen sich die Vulkanier der Menschen an und halfen ihnen bei der Weiterentwicklung der Warp-Technologie, neigten dabei jedoch recht offen zur Bevormundung der in ihren Augen enorm rückständigen Erdbewohner. Es sollte fast ein Jahrhundert vergehen, ehe sich die Menschen voll und ganz aus dem strengen Einflussbereich ihrer Mentoren herauslösen und ihren eigenen Weg zur Erforschung des Weltraums gehen konnten.

Vulkan, der Heimatplanet der telepathisch begabten Vulkanier, liegt im 16 Lichtjahre von der Erde entfernten 40-Eridani-System mit dem deutlich heißer als die Erdensonne strahlenden 40 Eridani A als Zentralgestirn. Einen Mond besitzt dieser Planet nicht.

Die Vulkanier sind Humanoide, also dem Menschen auf den ersten Blick recht ähnlich. Das deutlichste äußerliche Unterscheidungsmerkmal sind ihre spitz zulaufenden Ohren. Anatomisch sind diese darin begründet, dass ihre Form dabei hilft, die Luft in der wesentlich dünneren Atmosphäre ihres wüstenartigen Heimatplaneten zu filtern und somit ihr Gehör zu verbessern. Ihre je nachdem stärker oder schwächer nach oben geschwungenen Augenbrauen dürften hingegen keinen wirklich praktischen Zweck erfüllen.

Anders verhält sich jedoch mit ihrem »inneren Augenlid«: Ähnlich den Nickhäuten mancher Tierarten schützt dieses durchsichtige innere Lid die Augen der Vulkanier vor Strahlung, Staub und Hitze, welche allesamt verstärkt auf Vulkan auftreten. Vulkanier schließen dieses innere Augenlid meist reflexartig und unwillkürlich.

Da Vulkan klimatisch überaus heiß ist, sind seine Bewohner dementsprechend angepasst: Erst bei etwa 77 Grad Celsius beginnen Vulkanier zu schwitzen; ferner kommen sie deutlich länger ohne Wasser aus als Menschen. Das Blut von Vulkaniern ist von grüner Farbe, da es anders als das menschliche nicht auf Eisen, sondern auf Kupfer basiert, und ansonsten unterscheiden sich die Vulkanier von den Menschen durch einen deutlich höheren Pulsschlag, der durchschnittlich bei 242 pro Minute liegt, sowie einem kaum messbaren Blutdruck. Die Körperkraft eines Vulkaniers ist etwa dreimal so hoch wie die eines Menschen, und ihre natürliche Lebenserwartung liegt mit über 200 Erdenjahren deutlich über jener der Menschen. Trotz ihrer hohen Körperkraft sind die Vulkanier strenge Pazifisten. Wenn die Situation Verteidigung erfordert, geschieht dies sehr häufig durch den berühmten vulkanischen Nervengriff, mit dem sie Angehörige der allermeisten Spezies in einen Zustand vorübergehender tiefer Bewusstlosigkeit versetzen können. Nur in äußersten Notfällen wenden Vulkanier die tödliche Tal-Shaya-Kampftechnik an, durch die anderen Lebensformen auf schmerzlose Weise das Leben genommen werden kann. Die Physiologie der Vulkanier ermöglicht ihnen das Essen und Verdauen von für andere Lebensformen ungenießbarer oder gar giftiger Nahrung, allerdings verbietet der Ehrenkodex der Vulkanier ihnen, Fleisch zu sich zu nehmen. Da die allermeisten Vulkanier in strenger Kontrolle ihrer Emotionen leben, wirkt sich dies natürlich auch auf ihre Sexualität aus. Alle 7 Jahre kommt es allerdings zu einem Pon Farr genannten Zyklus, in dessen Verlauf erwachsene Vulkanier dazu gezwungen sind, sich zu paaren. Dies ist ihnen jedoch – zumindest theoretisch – auch außerhalb des Pon Farr möglich. Die geistige Disziplin der Vulkanier geht übrigens zurück auf den Philosophen und Lehrmeister Surak, der nach menschlichem Maßstab um das Jahr 300 nach Christus lebte und das damals hochemotionale und kriegerische Volk auf seinen nach wie vor anhaltenden Weg der Logik und Selbstbeherrschung brachte. Bemerkenswert ist auch, dass Vulkanier im Gegensatz zu anderen Spezies nachgewiesenermaßen eine unsterbliche Seele besitzen, die Katra genannt wird.

Vulkanier können ihre Katra kurz vor ihrem Tod auf den Körper eines anderen Humanoiden übertragen (so geschehen im Falle von Mister Spock und Dr. McCoy in *Star Trek II* und *III)* oder aber in die sogenannten Katra-Schreine, in denen sie bis zu 1000 Jahre lang als Geistwesen weiter existieren können.

Dem Volk der Vulkanier steht eine planetare Zentralregierung vor; dennoch gibt es auch hier verschiedene politische Richtungen, unter anderem eine als »Logik-Extremisten« bezeichnete Fraktion, die den Kontakt mit anderen Rassen noch im 23. Jahrhundert überaus kritisch betrachtet.

Vulkanier können sich mit den Angehörigen mehrerer anderer humanoider Rassen vermischen; berühmtestes Beispiel ist natürlich Mister Spock. Der berühmte Astronomieprofessor Carl Sagan (1934-1996) schrieb in seinem 1982 erstmals in deutscher Übersetzung herausgegebenen Buch *Aufbruch in den Kosmos* (Erstveröffentlichung 1973) allerdings, dass eine Mischung zwischen Mensch und Vulkanier genetisch besehen so wahrscheinlich sei wie eine Kreuzung aus Mensch und Petunie. Allerdings blieb er der Welt den genauen Grund für diese Aussage schuldig, da er wohl kaum über die dafür nötigen Hintergrundinformationen verfügt haben dürfte: Anfang der 70er-Jahre gab es nur vergleichsweise wenig Material über *Star Trek.*

## DIE ROMULANER

Da die Romulaner in der Serie *Star Trek: Enterprise* zwar eine wichtige Rolle spielen, dabei jedoch meistens nur aus dem Hintergrund heraus agieren, soll an dieser Stelle nur in Kürze auf sie eingegangen werden. Vermutlich wären sie eine wichtige Komponente in den leider niemals realisierten Staffeln 5 bis 7 der Serie geworden, da der Krieg gegen sie eines der wichtigsten Ereignisse in der Geschichte der noch jungen Föderation im 22. Jahrhundert war. Die Romulaner sind das Brudervolk der zuvor behandelten Vulkanier und weisen die gleichen physiologischen Eigenschaften wie diese auf. Nachdem der Philosoph Surak vor etwa 2000 Erdenjahren die aggressiven Vulkanier von seiner Lehre der Emotionskontrolle überzeugt hatte, spaltete sich eine große Gruppe von ihnen ab und siedelte sich auf dem Klasse-M-Planeten (d.h. erdähnliche Bedingungen) Romulus an, dem zweiten von vier Planeten eines Systems unweit des Sektors Z-6. Die fledermausartig aussehenden Remaner, die den Zwillingsplaneten Remus bewohnten, wurden von den Neuankömmlingen bald darauf versklavt und für niedere Arbeiten eingesetzt. Die Romulaner, wie sich die Vulkanier-Abkömmlinge mit der Zeit nannten, erschufen daraufhin das von einem meist diktatorischen Praetor regierte Romulanische Imperium. Anfangs fungierten die Romulaner als Meister der Intrige und hätten es gleich mehrmals um ein Haar geschafft, Kriege zwischen der Sternenflotte und verschiedenen anderen Völkern zu provozieren. Noch lange Zeit nach der Gründung der Föderation agierte das romulanische Imperium eher im Verborgenen und entwickelte sich erst im 23. Jahrhundert zu einer ausgesprochenen Bedrohung. Mehr über die Romulaner und ihre wechselvolle Kultur und Geschichte wird es in den kommenden Bänden der *Star-Trek-Chronik* zu lesen geben.

## DIE KLINGONEN

Zwar spielen die Klingonen in *Star Trek: Enterprise* keine so große Rolle wie in *Deep Space Nine* einige Jahre zuvor, wo Angehörige dieses Volkes tragende Rollen in insgesamt 31 Episoden innehatten. Doch da sich die »wilden Kerle der Galaxis« nach wie vor großer Beliebtheit beim Star-Trek-affinen Publikum erfreuten und erfreuen, sollten sie auch in der Prequel-Serie ausreichend vertreten sein. So wurde im Pilotfilm *Aufbruch ins Unbekannte* die allererste Begegnung der Menschen mit ihnen geschildert, während in der Doppelfolge *Die Heimsuchung/Die Abweichung* die Erklärung dafür geliefert wurde, warum die ursprünglich höckerköpfigen Klingonen in den Episoden der klassischen Originalserie ein eher menschliches Aussehen besaßen. Diese Erklärung (die Folge einer Seuche) wurde von den Fans jedoch sehr zwiespältig aufgenommen. Insgesamt gab es in den 4 Serienstaffeln 10 Episoden, in denen es um die Klingonen ging. Im Gegensatz zu den Vulkaniern, über die während der ersten 35 Bestehensjahre des Star-Trek-Franchises eher häppchenweise Informationen durchgesickert waren, war über die Klingonen bereits vieles bekannt, als *Star Trek: Enterprise* im Jahr 2001 seine Premiere feierte. Vor *Deep Space Nine* hatten die Klingonen schließlich auch eine große Rolle in *Star Trek: The Next Generation* gespielt, und der letzte Kinofilm mit der klassischen Crew um Captain Kirk, *Star Trek VI: Das unentdeckte*

*Land,* hatte sie bekanntlich gar komplett zum Thema. Bis heute jedenfalls dürften sich die Klingonen unter Star-Trek-Fans ein Kopf-an-Kopf-Rennen um den Titel des beliebtesten Franchise-Volkes mit den Vulkaniern liefern.

Ihren ersten Auftritt in *Star Trek* hatten die Klingonen in der Episode *Kampf um Organia* aus der 1. Staffel der Originalserie, danach waren sie noch sechs weitere Male zu sehen. Hier trugen sie noch ihr menschliches Aussehen zur Schau, das sich lediglich durch buschige Augenbrauen und ungewöhnliche Bärte, teilweise braungrüne Hautfarbe und einen an die klassischen Mongolen angelehnten Look unterschied. In ihrer neuen Optik mit den höckerköpfigen Stirnen sah man sie erstmals in der Eröffnungssequenz von *Star Trek: Der Film* im Jahr 1979, wobei sie hier noch mit ausgesprochenen Raubtiergebissen gezeigt wurden. Ihr später geläufiges Aussehen, das bis zu *Star Trek: Enterprise* weitestgehend unverändert blieb, erhielten sie schließlich 1984 in *Star Trek III: Auf der Suche nach Mister Spock.* Bis zur genannten Doppelfolge von *Star Trek: Enterprise* gab es übrigens eine zwar nicht kanonische, bei Fans jedoch äußerst beliebte Erklärung für das später veränderte Aussehen der Klingonen. Im 1983 vom US-Verlag FASA als Quellenbuch für das Pen & Paper-Rollenspiel zu *Star Trek* herausgegebenen Band *The Klingons* präsentierten die Autoren folgende Erklärung: Um andere Völker besser erobern zu können, haben die Klingonen mittels genetischer und chirurgischer Manipulationen unterschiedliche »Fusions« gezüchtet. Neben den menschlich aussehenden »Human Fusions« gibt es unter anderem auch spitzohrige »Vulcan-« beziehungsweise »Romulan Fusions« oder mit Fühlern versehene »Andorian Fusions« (in den späteren Aktualisierungen gab es auch »Bajoran Fusions«). Die Aufgabe dieser Fusions ist es, zunächst mit den ihnen ähnlichen Völkern in Kontakt zu treten und sich ihr Vertrauen zu erschleichen, damit die spätere Invasion durch die »Imperial Klingons« genannten »Höckerköpfe« leichter durchgeführt werden kann. Einer der Autoren dieses Quellenbuches war übrigens der Science-Fiction-Autor John M. Ford (1957-2006), dessen Star-Trek-Roman *Der letzte Schachzug* ein ausgesprochenes Kultbuch insbesondere unter Klingonen-Fans wurde. Die »Fusion«-Erklärung wurde von den Machern der nachfolgenden Serien und Filme zwar nicht offen propagiert, zumindest aber mit Wohlwollen betrachtet, bis hier die umstrittene »Seuchen-Erklärung« aufkam. In der Serie *Star Trek: Discovery* hat man 2017 übrigens einen Teil der Erklärung aus dem Rollenspiel wieder aufgegriffen.

Die Heimatwelt der trotz ihrer anderweitigen Fremdartigkeit humanoiden Klingonen ist der Planet Qo'noS (gesprochen »Kronos«), der sich im galaktischen Beta-Quadranten befindet und bei Warp 4,5 4 Tagesreisen von der Erde entfernt liegt. Im Gegensatz zum durchgehend wüstenartigen Klima Vulkans gibt es auf Qo'noS verschiedene Klimazonen, die allesamt gemäßigt bis warm sind und in denen sich ebenso Wüsten- und Waldgebiete befinden wie Gebirge.

In der Ersten Stadt, die als zentrale Hauptstadt nicht allein des Planeten, sondern des ganzen Reiches gilt, befindet sich die Große Halle. Hier kommt der klingonische Hohe Rat zusammen, dem ein meist durch Kampf bestimmter Kanzler vorsteht. Das klingonische Reich wurde im 9. Jahrhundert n. Chr. irdischer Zeitrechnung von dem legendären Krieger und Philosophen Kahless gegründet, der zuvor den Tyrannen Molor im Kampf getötet hat. Kahless war es auch, der den bis in die relative Gegenwart des 23. und 24. Jahrhunderts bestehenden strengen klingonischen Ehrenkodex etablierte. Nach der Entdeckung des Warp-Antriebs an einem unbekannten Zeitabschnitt beginnt die Expansion des klingonischen Reiches, das eine zahlenmäßig nicht bekannte Anzahl an Planeten umfasst. Im 14. Jahrhundert n. Chr. irdischer Zeitrechnung wird das klingonische Imperium von den geheimnisvollen Hur'q (dies ist das klingonische Wort für »Außenseiter«) aus dem Gamma-Quadranten angegriffen. Unter anderem stehlen die Plünderer das legendäre Schwert des Kahless, das erst im 24. Jahrhundert wieder zurück in das Reich geholt werden kann. Während des 22. und 23. Jahrhunderts waren die Klingonen sowie die ihrerseits mit ihnen verfeindeten Romulaner die erbittertsten Feinde der Föderation und insbesondere der Menschen – im 23. Jahrhundert fand ein gnadenloser Krieg zwischen der Föderation und dem klingonischen Imperium statt, der lediglich durch einen fragilen Waffenstillstand beendet wurde. Zu vom Föderationsoffizier Mister Spock aufgenommenen Friedensverhandlungen kam es erst, nachdem der klingonische Mond Praxis infolge übermäßigen Raubbaus bei der Gewinnung von Ressourcen vernichtet wurde und die Hauptenergieversorgung des Imperiums dadurch zusammenbrach. Nach einer Phase der Unsicherheit und des Misstrauens wurden die Klingonen schließlich zu Verbündeten der Vereinten Föderation der Planeten.

Die Klingonen selbst sind körperlich größer und auch stärker als etwa Menschen, was sowohl für Männer als auch für Frauen gilt, welche gleich aggressiv und kampfkräftig sind und auch keine

Geschlechtertrennung im klassischen Sinn praktizieren. In ihrer ursprünglichen Form sind ihre Köpfe mit einem höckerbewehrten Knochenkamm versehen, welcher empfindungslos zu sein scheint. Die Streitfrage, ob Vulkanier Klingonen kräftemäßig überlegen sind, konnte niemals befriedigend beantwortet werden. Klingonen besitzen keine Tränendrüsen und haben rotes, zuweilen rosafarbenes Blut. Ihr Puls ist höher als der von Menschen, dafür ist ihre Körpertemperatur niedriger. Aufgrund der klimatischen Bedingungen auf ihrer Heimatwelt sind sie an recht hohe Temperaturen gewöhnt und neigen zu erhöhtem Kälteempfinden, was sie jedoch niemals zeigen würden. Da ihre gesamte Kultur auf den ehrenhaften Kampf hin ausgerichtet ist, sind sie exzellente Kämpfer. Dabei bevorzugen sie Hieb- und Stichwaffen wie etwa das berühmte Bat'leth gegenüber Strahlern. Ihre Physiologie ist ihrer kämpferischen Natur angeglichen: Klingonen verfügen unter anderem über drei Lungenflügel, je zwei Mägen und zwei Lebern, ein Herz mit acht Kammern, ein doppeltes Nervensystem sowie zwei Penisse beziehungsweise zwei Gebärmuttern bei Frauen. Da Medizin nur eine untergeordnete Rolle in ihrer Kultur spielt und die meisten von ihnen es als ehrenvoll empfinden, während des Kampfes zu sterben, gibt es vergleichsweise wenige alte Klingonen. Diese können jedoch durchaus über 100 menschliche Jahre alt werden.

Die guttural klingende klingonische Sprache, welche auch in *Star Trek: Enterprise* wiederholt zu hören ist, hat sich seit ihrem Aufkommen in den späten 70er-Jahren zu einem beliebten Wissensgebiet in der Star-Trek-Fanszene entwickelt. Ursprünglich vom US-Sprachwissenschaftler Dr. Marc Okrand ins Leben gerufen, wurde sie von den Mitarbeitern des *Klingon Language Institute* (KLI) erweitert. Einer der weltweit führenden Experten für die klingonische Sprache ist der gebürtige Belgier Lieven Litaer, der die Sprache nicht nur fließend beherrscht, sondern auch kontinuierlich an ihrer Weiterentwicklung arbeitet. Litaer hat mehrere Lehrbücher über die klingonische Sprache verfasst und hält alljährlich ein entsprechendes Sprachseminar in seiner Heimatstadt Saarbrücken ab. Im Jahr 2019 wurde die von ihm erstellte klingonische Übersetzung von Antoine de Saint-Exupérys Kinderbuch-Klassiker *Der kleine Prinz* (erschienen im *Verlag In Farbe und Bunt*) mit dem *Deutschen Phantastik Preis* ausgezeichnet.

## DIE ANDORIANER

Auch die blauhäutigen, meist weißhaarigen und mit Fühlern bewehrten Andorianer sind bereits seit der klassischen Star-Trek-Originalserie im Franchise bekannt. In der Episode *Reise nach Babel* findet der erste Auftritt eines Angehörigen dieser Rasse statt, doch erfährt man auch in den drei weiteren Folgen, in denen Andorianer auftauchen, nichts über ihre Hintergründe (außer der flüchtigen Erwähnung, dass sie eins der vier Gründervölker der Föderation gewesen sind). Sowohl in den Kinofilmen als auch in den Serien *Star Trek: The Next Generation, Deep Space Nine* und *Voyager* agieren die Andorianer zumeist im Hintergrund, doch ging man auch hier nicht konkreter auf sie und ihr Volk ein. Dies geschah erst in *Star Trek: Enterprise.*

Die Heimatwelt der Andorianer ist Andoria, der fünfte Mond des Gasriesen Andor im 11,4 Lichtjahre von der Erde entfernten Prokyon-System. Die Atmosphäre Andorias ist auch für Menschen atembar, doch sind die Durchschnittstemperaturen für irdische Verhältnisse eher lebensfeindlich: Selbst im Sommer steigen diese auf dem permanent eisbedeckten Mond selten über -30 Grad Celsius.

Die Andorianer selbst sind von hell- bis dunkelblauer Hautfarbe und haben weißes bis weißblondes Haar. Gelegentlich wurde angedeutet, dass sie einer Spezies von Mollusken entstammen. Bei ihrer Geburt ist die Haut andorianischer Kinder übrigens grün. Sie wechselt ihre Farbe erst mit Beginn des Erwachsenenlebens. Charakteristisch sind die antennenartigen Fühler der Andorianer, die entweder aus dem Vor- oder Hinterkopf herauswachsen können. Bei ihnen handelt es sich um ein Sinnesorgan, mit dem ihre Träger unter anderem Hindernisse erkennen können, ihre Orientierung verstärken sowie ihr körperliches Gleichgewicht halten. Ferner lassen sich an ihnen häufig die Emotionen ihres Trägers ablesen: Sind diese etwa verärgert, legen sie ihre Fühler unwillkürlich und reflexartig dicht nach hinten an den Kopf an. Verlieren die Andorianer einen oder gar beide ihrer Fühler, wachsen diese in einem Zeitraum von etwa neun Erdenmonaten wieder nach. Bis es soweit ist, kann es jedoch zu Gleichgewichtsstörungen kommen. Einer nicht kanonischen Aussage zufolge versteifen sich die Fühler bei älteren Andorianern und verlieren ihre Beweglichkeit; es ist sehr wahrscheinlich, dass man dadurch erklären will, warum die in der Originalserie gezeigten Andorianer ihre Fühler nicht bewegen (dies war in der Entstehungszeit der Serie tricktechnisch nicht realisierbar). Das Blut der Andorianer hat aufgrund ihrer Heimatwelt einen erheblich niedrigeren Gefrierpunkt als etwa der von Menschen. Die Körperkraft von Andorianern bewegt sich im etwa gleichen Bereich wie die von Menschen. Andorianer erreichen normalerweise ein höheres Alter als Menschen, doch kein so hohes wie Vulkanier. Eine Subspezies der Andorianer sind die Aenar, die sich durch eine wesentlich hellere, fast weiß scheinende Hautfarbe von ihnen unterscheiden. Die äußerst zurückgezogen lebenden und streng pazifistischen Aenar sind starke Telepathen, allerdings sind ihre Angehörigen ausnahmslos blind.

Die Andorianer leben in aus meistens vier Personen bestehenden Gruppenehen, wobei in den Episoden von *Star Trek: Enterprise* stets zwei Geschlechter gezeigt werden. Dies führte jedoch zur Vermutung, dass es bei ihnen vier verschiedene Geschlechter gibt, welche allesamt am Reproduktionsprozess beteiligt sein müssen. Obwohl hierauf insbesondere in den neueren Star-Trek-Romanen eingegangen wird und das bedrohliche Schwinden der andorianischen Bevölkerungszahlen ein wichtiges Thema in diesen ist, gelten diese Angaben als nicht serien-kanonisch.

Die Entwicklung der Andorianer verlief ähnlich wie die der Menschen, allerdings überwanden sie deutlich früher die Warp-Flug-Schwelle. Ähnlich wie bei den Klingonen ist auch ihre Kultur großteils auf das Militär hin ausgerichtet, und Ehre und Gerechtigkeit spielen eine große Rolle für sie. Allerdings hat sich daraus niemals kultisches Verhalten wie bei den Klingonen entwickelt. Obwohl Andorianer einen großen Familiensinn besitzen und insbesondere ungeheure Opferbereitschaft gegenüber ihren Kindern zeigen, können sie im Kampf äußerst brutal und rücksichtslos sein. Auch sie beherrschen gleich mehrere Kampfdisziplinen, die sie zu gefährlichen Gegnern machen. Mit den Vulkaniern verbindet sie zwar keine offene Feindschaft, doch ist die Lage zwischen den beiden Völkern zu Zeiten des 22. Jahrhunderts äußerst angespannt. Den Menschen stehen die Andorianer zunächst überaus misstrauisch gegenüber, und erst nach einer Reihe von Vertrauensbeweisen sind sie zur Zusammenarbeit bereit. Dennoch bezeichnen sie die Menschen noch lange Zeit abfällig als »Pinky-Haut«. Die Andorianer gehörten schließlich, wie schon eingangs erwähnt, im späten 22. Jahrhundert zu den Gründungsvölkern der Föderation.

# DIE DENOBULANER

Die Denobulaner – wie bereits in einem anderen Kapitel kurz angemerkt – gelten bei einigen Star-Trek-Fans als eines der größten Prequel-Paradoxa der damals neuen Serie. Das Volk, dem Dr. Phlox angehört, der neue Bordarzt der Enterprise, wird im Verlauf der Handlung als eines der ersten Mitgliedschaftsvölker der Föderation bezeichnet, doch hat man vor der Serie niemals einen Angehörigen dieser Rasse im Star-Trek-Universum zu Gesicht bekommen.

Die gleichfalls humanoiden Denobulaner stammen vom Planeten Denobula, welcher sich im 36 Lichtjahre von der Erde entfernten Sternensystem Denobula Triaxa befindet. Denobulaner haben eine charakteristische Stirnfurche, und ihr Gesicht ist von bis an das Kinn reichenden Hornplatten bedeckt, was auch bei ihnen eine reptiloide Herkunft nahelegt. Die Gesichtsmuskeln von Denobulanern sind überaus dehnbar, was ihnen ein extrem breites Lächeln ermöglicht. Wenn sie sich bedroht fühlen, können sie ihren Kopf ähnlich wie der irdische Kugelfisch um ein Vielfaches aufblähen. Die höchst beweglichen Zungen von Denobulanern sind erheblich länger als die der meisten anderen Spezies und können auch zum Aufnehmen von Nahrung eingesetzt werden. Denobulaner müssen ihre Zunge täglich mit einem speziellen Schaber reinigen. Der Energiebedarf von Denobulanern ist erheblich höher als der menschliche, sie benötigen daher eine vielfache Nahrungsmenge. Besonders beliebt bei ihnen ist die asiatische Küche. Die Fußnägel von Denobulanern wachsen sehr schnell und müssen mindestens einmal wöchentlich geschnitten werden. Möglicherweise sind sie auch der Grund dafür, dass Denobulaner selbst senkrechte Wände in hoher Geschwindigkeit hinauflaufen können. Denobulaner benötigen nur sehr wenig Schlaf, doch sind sie gezwungen, einen 6-tägigen Winterschlaf pro Jahr zu halten. Wird dieser unterbrochen, kann es zu Desorientierung und anderweitiger Verwirrung kommen. Stehen Denobulaner unter Stress, kommt es nicht selten zu Halluzinationen, die von den Betroffenen jedoch meist positiv aufgenommen und umgesetzt werden. Das Immunsystem von Denobulanern ist sehr robust und kann problemlos mit vielerlei Erregern fertig werden, die für andere Spezies hochgefährlich oder tödlich sind. Die genaue Lebenserwartung von Denobulanern ist unbekannt, doch leben möglicherweise auch sie länger als Menschen.

Denobulaner meiden allzu große physische Nähe zu anderen Personen, egal welcher Spezies oder welchen Geschlechts. Der Grund dafür sind die recht komplizierten Paarungsgewohnheiten des Volkes: Die Frauen geben Pheromone ab, um die von Natur aus eher zurückhaltenden Männer anzulocken. Besteht eine engere Beziehung, ersetzt das gegenseitige Beriechen des Gesichts den menschlichen Kuss. Auch Denobulaner führen keine Zweierbeziehungen: Jeder Denobulaner ist gleichzeitig mit drei anderen Partnern des zumeist anderen Geschlechtes verheiratet, mit denen sie sich unabhängig voneinander fortpflanzen. Diese Partner kommen nur sehr selten in vollständiger Zahl zusammen. Eifersucht ist Denobulanern fremd, und es bereitet ihnen keinerlei Probleme, ihre Partner mit anderen Personen zu teilen oder sich ihrerseits Partnern anderer zu nähern. Trotz ihrer Reserviertheit gegenüber Berührungen sind Denobulaner nur äußerst ungern allein.

Zu Zeiten von *Star Trek: Enterprise* gelten die Denobulaner als friedlich und umgänglich, doch ist ihre Geschichte ähnlich von Gewalttätigkeit geprägt wie die der Menschheit. Ursprünglich hielten sich die Denobulaner für die einzige intelligente Spezies im Universum. Dies änderte sich erst, als es zum Kontakt mit der Spezies der B'Saari kam, wodurch die Denobulaner ihrerseits in das Raumfahrtzeitalter eintraten. Die wenigsten ihrer Kontakte zu anderen Spezies im Verlauf ihrer frühen Raumflüge gestalteten sich unproblematisch. So kam es zum Beispiel aus längst vergessenen Gründen zu einem langanhaltenden erbitterten Konflikt mit den ebenfalls humanoiden Antaranern, in dessen Verlauf eine ganze Reihe grausamer Kriege mit hohen Opferzahlen geführt wurden. Diese wurden schließlich durch einen fragilen Waffenstillstand beigelegt, doch blieb das Verhältnis zwischen den beiden Spezies bis ins 22. Jahrhundert hinein angespannt: Obwohl sich die Denobulaner in der Folgezeit zu einer friedliebenden und offenen Gesellschaft entwickelten, gab es auch danach noch Fraktionen, die vom Hass auf die Antaraner erfüllt waren.

Die denobulanische Medizin-Ethik schreibt vor, dass ein Arzt grundsätzlich auf die Wünsche des Patienten eingeht und unter anderem auch akzeptiert, wenn ein solcher eine lebenswichtige Behandlung ablehnt und stattdessen den Tod vorzieht.

## DIE SULIBAN

Auch die Suliban gehören zu jenen Alien-Völkern, die in *Star Trek: Enterprise* erstmals Erwähnung fanden und daher in den Augen mancher Franchise-Fans als Paradox gelten, da sie sowohl im 23. als auch im 24. Jahrhundert kein weiteres Mal mehr in Erscheinung traten.

Die humanoiden Suliban, deren Haut von unebenen Erhebungen bedeckt ist, stammen von einem unbekannten Heimatplaneten, der durch Angriffe einer feindlich gesonnenen Spezies unbewohnbar geworden ist. Dies zwang seine Bewohner zu einem galaxisweiten Exodus. In dessen Verlauf siedelten sich die Suliban auf verschiedensten Planeten des bekannten und unbekannten Raums an, errichteten jedoch auch eine zentrale Raumstation mit der Bezeichnung »Helix«, welche sich im Inneren eines Gasriesen befindet. Ansonsten ist über die Suliban kaum etwas bekannt; weder über ihre ursprüngliche Kultur noch ihre individuelle Lebensweise gibt es Informationen.

Die ursprünglich ähnlich weit wie die Menschheit dieser Zeit entwickelten Suliban erlangten im 22. Jahrhundert große Überlegenheit gegenüber fast sämtlichen anderen Völkern. Der Grund hierfür war, dass eine »Cabal« genannte Gruppierung von ihnen in Kontakt mit einer unbekannten zeitreisenden Spezies aus der Zukunft trat. Die Zeitreisenden setzten die Suliban als Kämpfer im durch mehrere parallele Zeitlinien stattfindenden Temporalen Kalten Krieg ein, mit dessen Auswirkungen auch Captain Archer und seine Crew mehrmals konfrontiert wurden. Für ihre Einsätze erhielten die Suliban unterschiedliche genetische Veränderungen, wie etwa eine Erhöhung von Sehvermögen oder der Lungenleistung bis hin zu einer immens gesteigerten Beweglichkeit und Dehnbarkeit, dank der manche Suliban sich unter anderem unter verschlossenen Türen hindurchzwängen konnten.

Mehrmals waren die Suliban massiven Angriffen der Na'kuhl ausgesetzt, einem aus dem 29. Jahrhundert stammenden ebenfalls zeitreisenden Volk. Die Na'kuhl strebten danach, die Entwicklung der Suliban aufzuhalten, was jedoch von deren anderen zeitreisenden Verbünden verhindert wurde. Unbestätigten Gerüchten zufolge steckten die dämonenhaft aussehenden Na'kuhl auch hinter der Verwüstung der Suliban-Heimatwelt.

Schon seit dem Jahr 2144 befinden sich die Suliban im Krieg mit den menschenähnlichen, in einer totalitären Gesellschaft lebenden Tandaranern. Nach Beginn des Krieges nahmen diese genetisch unveränderte Suliban, die in ihrem Raumsektor lebten, gefangen und steckten sie in Internierungslager.

Die Suliban zogen sich nach der relativen Beendigung des Temporalen Kalten Krieges aus dem galaktischen Geschehen weitestgehend zurück und spielten fortan keine große Rolle mehr. Was letztlich aus ihrem Volk wurde, ist unbekannt, doch ist anzunehmen, dass sie zu ihrem nomadischen Lebenswandel zurückkehrten und nach einem neuen Heimatplaneten suchten.

## DIE XINDI

Bei den Xindi handelt es sich nicht um ein einheitliches Alien-Volk, sondern um gleich sechs verschiedene Spezies, welche jedoch allesamt vom gleichen Heimatplaneten stammen, dem Planeten Xindus in der Delphischen Ausdehnung. Bei dieser handelt es sich um ein etwa 2000 Lichtjahre umfassendes Raumgebiet, das einen etwa 7-wöchigen Raumflug mit Warp 5 von der Erde entfernt liegt und für eine Vielzahl ungewöhnlichster Anomalien berüchtigt ist. So verschwanden etwa mehrere Forschungsraumschiffe der Vulkanier in der Delphischen Ausdehnung. Captain Archer und die Crew der Enterprise fanden heraus, dass die Anomalien in der Delphischen Ausdehnung durch riesige, von einem transdimensional existierenden Volk aus dem 26. Jahrhundert erbaute Sphären verursacht wurden, und konnten diesem Umstand letztlich Abhilfe schaffen (siehe entsprechende Episodenguides in diesem Buch).

Die sechs verschiedenen Spezies der Xindi führten einen erbitterten Krieg gegeneinander, der zur Vernichtung des Planeten Xindus führte. Die vogelartigen Xindi-Avianer schafften es nicht rechtzeitig, den Planeten zu verlassen, und gelten als ausgelöscht. Die restlichen fünf Xindi-Spezies verteilten sich auf die Delphische Ausdehnung und gründeten den Xindi-Rat, um weitere Katastrophen dieser Art zu verhindern. Hierzu waren sie von der bereits genannten transdimensionalen Spezies aus der Zukunft angeleitet worden.

Alle Xindi-Spezies besitzen zwei längliche, dornenbewehrte Erhebungen mit einer zusätzlichen Körperöffnung im Gesicht sowie eine stark in Falten aufgeworfene Stirn. Es gibt die wasserbewohnenden Xindi-Aquarianer, die Xindi-Insektoiden, die Xindi-Reptiloiden, die baumbewohnenden Xindi-Arborealen sowie die den Menschen am ähnlichsten Xindi-Primaten. Zwar sind die Xindi-Aquarianer die technisch höchstentwickelte Spezies von allen fünf, doch besitzen die Insektoiden und die Reptiloiden die fortschrittlichsten Waffentechnologien und sind in ihrer angeborenen Aggression die weitaus gefährlichsten Xindi-Spezies. Diese beiden Spezies waren auch für die Vernichtung des Heimatplaneten verantwortlich. Abgesehen hiervon ist auch über die Xindi nur sehr wenig bekannt.

Die Xindi entwickeln sich im 22. Jahrhundert zu einer massiven Bedrohung für die Erde, als sie eine waffentechnisch hoch überlegene Sonde zur Erde schicken. Diese richtet dort eine verheerende Katastrophe an, als ein breiter Gebietsstreifen auf dem nordamerikanischen Kontinent förmlich aus dem Planeten herausgeschnitten wird.

## DIE TELLARITEN

Die schweineartig aussehenden, humanoiden Tellariten gehören zusammen mit den Menschen, den Vulkaniern und den Andorianern zu den vier Gründungsvölkern der Föderation der Vereinten Planeten im Jahr 2161. Gelegentlich werden sie auch als »Tellurier« bezeichnet, was jedoch ein eher veralteter Begriff sein dürfte. Ihre Heimatwelt ist Tellar beziehungsweise Tellar Prime, der 11 Lichtjahre entfernt in relativer Nähe zur Erde im System des Doppelsterns 61 Cygni im Sternbild des Schwans liegt. Tellar Prime verfügt über zwei Monde namens Kera und Phinda. Die Planetenoberfläche weist zu etwa gleichen Teilen Festland und Meere auf. Auf dem Festland gibt es eine Vielzahl an heißen Sümpfen, die ein fester Bestandteil der tellaritischen Kultur und Lebensart sind: Hierher ziehen sich Tellariten mit großem Vergnügen zu ausgedehnten Schlammbädern zurück.

Der Erstkontakt zwischen Menschen und Tellariten fand im Jahr 2152 statt, als die Enterprise unter dem Kommando von Captain Archer in einem romulanischen Minenfeld beschädigt und daraufhin von der Besatzung eines tellaritischen Schiffes zu einer nahegelegenen Reparaturstation gelotst wurde. Bei diesem Kontakt fand jedoch lediglich Audio-Kommunikation statt. Den ersten visuellen Kontakt nahm Captain Archer auf, als er 2153 vom tellaritischen Kopfgeldjäger Skalaar gefangengesetzt wurde; dieser wollte sich den Preis sichern, den die Klingonen auf den Kommandanten der

Enterprise ausgesetzt hatten, doch die beiden verbündeten sich schließlich, was die freundschaftlichen Bande zwischen ihren beiden Völkern begründete.

Bereits seit dem frühen 22. Jahrhundert sind die Tellariten mit den Andorianern verfeindet, deren Heimatsystem auf der gegenüberliegenden Seite des Alpha-Quadranten liegt. Es finden mehrere erbitterte Kriege zwischen Tellariten und Andorianern statt. Als es 2154 aufgrund von Handelsstreitigkeiten zu einem neuen Krieg zu kommen droht, schaltet sich die Sternenflotte in das Geschehen ein und arrangiert die erste Konferenz auf dem neutralen Planeten Babel. Diese jedoch wird von den Romulanern im Zuge der Marodeur-Krise sabotiert. Doch gerade aufgrund der Notsituation können die Tellariten und die Andorianer ihre Streitigkeiten beilegen und schließlich eine erste Allianz gründen.

Tellariten sind für gewöhnlich ein wenig kleiner als Menschen und meist von stämmigem und kräftigem Wuchs. Fast alle männlichen Angehörigen der Spezies tragen Bärte, da Tellariten eine starke Körperbehaarung besitzen. Neben den bereits erwähnten Schlammbädern bevorzugen sie eine recht hohe Raumtemperatur. Sie gelten als streitlustig (was in ihrer Kultur als eine Art Sport betrachtet wird) und unhöflich und pflegen ein Verhalten, das von vielen anderen Völkern als inakzeptabel betrachtet wird. Der Grund dafür ist, dass Tellariten höfliches Verhalten kulturell bedingt als Beleidigung empfinden. Eine besondere Delikatesse auf ihrer Heimatwelt ist eine Art von Wildhunden, was dazu geführt hat, dass Tellariten auch andere Hunderassen mit einiger Vorliebe verzehren.

Trotz der Tatsache, dass die Tellariten 2162 zu den Gründungsvölkern der Föderation der vereinten Planeten gehörten und als loyale Verbündete gelten, ist der Kontakt zu ihnen aufgrund ihrer kulturellen Eigenheiten eher schwieriger Natur. Zwar geriet dadurch die Allianz niemals in wirkliche Gefahr, doch ist der bevorstehende Kontakt mit Tellariten stets ein Anlass für Sternenflotten-Personal, sich mit den ungewöhnlichen Eigenheiten dieses exzentrischen Volkes gründlich auseinanderzusetzen.

## DIE ORIONER

Die Orioner sind grünhäutige Humanoide vom heißen, sumpfigen Planeten Orion, der zum gleichnamigen Sternensystem gehört. Dieses liegt 243 Lichtjahre von der Erde entfernt. Die Orioner kontrollieren das sogenannte Borderland, bei dem es sich um einen gesetzlosen Raumsektor handelt, der zwischen dem Territorium des klingonischen Reiches und den vom verbrecherischen Orion-Syndikat kontrollierten Gebieten liegt.

Männliche Orioner sind fast ausnahmslos kahl und erreichen eine höhere Körpergröße als die meisten anderen Spezies, ferner verfügen sie über große Körperkraft und einen Hang zur Brutalität. Sie tragen gern Körperpiercings, Ohrringe sowie in die Schädel eingelassene Metallplatten. Orionische Frauen dagegen sind wesentlich kleiner und zierlicher und haben zumeist langes, dunkles, lockiges Haar. Orionische Frauen werden von den Männern ihrer Rasse häufig als Sklavinnen verkauft, da sie aufgrund der Ausschüttung starker Pheromone unglaubliche sexuelle Anziehungskraft auf die meisten Männer anderer Spezies ausüben (Frauen anderer Spezies bekommen von den Pheromonen vielfach Kopfschmerzen). Orioner haben das kulturell bedingte Recht, sich von ihren Ehefrauen scheiden lassen und diese dann als Sklavinnen verkaufen zu können. Dies wird von den Frauen nur auf den ersten Blick stillschweigend akzeptiert: Da sie mittels der besagten Pheromone Männer kontrollieren und manipulieren können, handelt es sich bei diesen um die eigentlichen Sklaven, was den Frauen absolut bewusst ist.

Der Großteil des orionischen Geschäftslebens basiert auf dem Orion-Syndikat, einer intergalaktischen Verbrecherorganisation, die für vielerlei hauptsächlich illegalen Handel verantwortlich zeichnet und dennoch beispielsweise von den Klingonen durchaus toleriert wird. Das Orion-Syndikat ist bis in das 24. Jahrhundert hinein bekannt und gefürchtet und bestand bereits zu den Zeiten von Captain Archer seit geraumer Zeit. Insbesondere orionische Frauen treten immer wieder in Erscheinung und gelten als bevorzugte Kandidatinnen für den Posten gedungener Intrigantinnen.

## DIE GORN

Zu den reptilienartigen Gorn gab es während der Wirkenszeit von Captain Archer im 22. Jahrhundert lediglich überaus sporadische Kontakte. Dies führte teilweise gar dazu, dass die Gorn als Legende angesehen wurden. Der erste offizielle Kontakt der Sternenflotte fand erst im 23. Jahrhundert statt, als Captain James T. Kirk zusammen mit einem Angehörigen der Gorn auf einem ansonsten unbewohnten Planeten strandet.

Die Gorn stammen vom Planeten Gornar, der sich im Beta-Quadranten befindet und der Gorn-Hegemonie untersteht, einer schwer durchschaubaren politischen Regierungsform, der allem Anschein noch weitere Planeten und ganze Sternensysteme angehören: Wiederholt ist die Rede von den »Fünf Systemen«, deren genaue Definition jedoch nicht geklärt ist. Gerüchten zufolge gehört die Gorn-Hegemonie zum klingonischen Reich, was jedoch gleichfalls niemals zuverlässig bestätigt werden konnte. Zum inoffiziellen Erstkontakt mit der Sternenflotte kommt es im Jahre 2155, als Captain Archer während eines Ausfluges in das »Spiegeluniversum« erstmals den Gorn-Saboteur Slar trifft.

Gorn sind von grüner, schuppiger Haut bedeckt und besitzen ein riesiges Maul mit einer Reihe messerscharfer Reißzähne; ihre Hände und Füße sind mit Krallen bewehrt. Gorn können über zwei Meter groß werden, und ihre Körperkräfte übersteigen die eines Menschen um ein Vielfaches. Ihre Ohren sind einfache Öffnungen an den Schädelseiten, und je nach Subspezies besitzen sie Facettenaugen, die jenen von Insekten ähneln, oder aber Reptilienaugen mit sich seitlich öffnenden Lidern, die sie zu schmalen Schlitzen verengen können. Für gewöhnlich bewegen Gorn sich auch im Kampf vergleichsweise langsam, da sie für andere Spezies tödliche Angriffe überstehen können. Doch sind ihnen durchaus auch sehr schnelle Bewegungen möglich.

Abgesehen von ihrer kriegerischen Art gelten die Gorn als Brauer des besten Meridor in der Galaxis. Meridor ist ein blaues, stark berauschendes Getränk, mit dem das verbrecherische Orion-Syndikat bevorzugt Handel treibt.

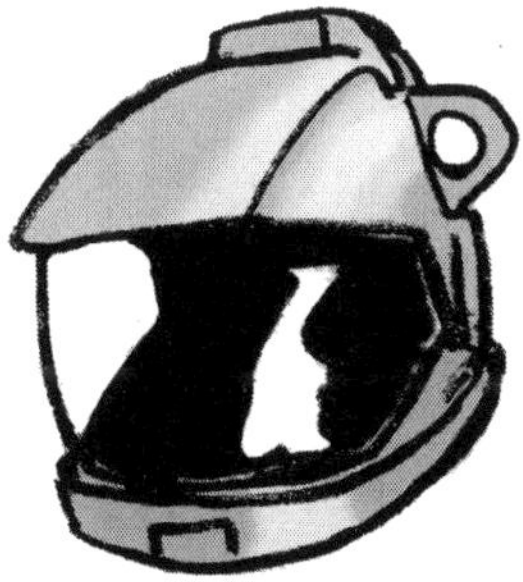

# KAPITEL 7
# KONTROVERSEN

## PREQUEL ODER SEQUEL

*Star Trek: Enterprise* gehört heute zu den Serien im großen Star-Trek-Franchise, über die viele Fans mit einer gewissen nostalgischen Begeisterung sprechen. Man erinnert sich gerne an die letzte der klassischen Star-Trek-Shows und trauert darum, dass nach nur vier Staffeln Schluss war. Anders als bei *Star Trek: Discovery* stellt sich die Frage nicht, ob die Abenteuer der Crew der NX-01 Enterprise »echtes« *Star Trek* sind oder nicht. Man mag es sich kaum vorstellen können, doch als *Enterprise,* wie die Show zunächst hieß, im Jahr 2000 angekündigt wurde, löste sie eine mindestens ebenso große Kontroverse im Fandom aus, wie es heute Michael Burnham und ihren Crewkameraden widerfährt. Als bekannt wurde, dass es kein weiteres Spin-off der *Next Generation*-Ära geben würde, reagierten nicht wenige Stammzuschauer geschockt. Noch unverständlicher erschien es, dass die neue Serie nicht wenigstens einen Blick in eine noch weiter entfernte Zukunft gewähren würde, sondern im Gegenteil ein Prequel sein sollte. Man wollte wissen, was aus Picard, Janeway und den anderen Figuren, die man in drei Serien mit insgesamt 526 Episoden und (seinerzeit noch) weiteren drei Kinofilmen liebgewonnen hatte, geworden war. Wie war es der Föderation nach den schweren Zeiten des Dominion-Krieges, den Angriffen der Borg und zahlreichen anderen Feinden von außen und innen ergangen? Dies waren nur einige der drängenden Fragen, mit denen sich die Fans in den Foren und immer beliebter werdenden sozialen Medien beschäftigten. Niemanden schien hingegen das Schicksal der Menschheit vor Captain Kirk zu interessieren – außer Rick Berman und Brannon Braga. Kein Produzent hatte das Gesicht von *Star Trek* seit 1987 so geprägt wie Berman. Und daher vertraute das Studio ihm trotz einiger Bedenken, als er die Idee, seine neue Serie nicht nur im Jahr 2151 beginnen zu lassen, sondern ihr auch einen Titel ohne die ikonischen Worte *Star Trek* zu geben, an die Studiobosse herantrug.

Kein Wunder, der gebürtige New Yorker wusste schließlich, was er tat. Von 1987 bis zu Gene Roddenberrys Tod 1991 hatte Rick Berman an dessen Seite für *Star Trek: The Next Generation* als Produzent gedient. Ab 1991 übernahm er den wichtigen Posten des Executive Producer und behielt den Job bis 2004 bei. Erst nachdem 2002 *Star Trek: Nemesis* fürchterlich gefloppt war und die Quoten, die sich schon seit *Star Trek: Voyager* im stetigen Sinkflug befanden, mit *Star Trek: Enterprise* immer weiter abrutschten, übergab er das Ruder mit einiger Verbitterung an Manny Coto, der die letzte Staffel als Showrunner begleitete. Dies konnten aber im Jahr 2000 weder Berman noch Brannon Braga wissen. Allerdings hingen die zahlreichen negativen Vorabberichte und Kommentare, in denen die Fans ihrem Unmut über ein Prequel im Internet, in Leserbriefen und in Form von Artikeln freien Lauf ließen, bereits drohend wie ein Damoklesschwert in der Luft.

## DIE NX-01 ENTERPRISE: ALLES NUR GEKLAUT?

Die Ankündigung, dass Scott Bakula die Rolle des Captain Archer übernahm, besänftigte die aufgeheizten Gemüter vorübergehend. Doch das nächste Ärgernis ließ nicht lange auf sich warten und betraf den heimlichen Star der Serie, die Enterprise selbst. Den aufmerksamen Star-Trek-Experten unter den Zuschauern fiel schnell negativ auf, dass das Schiff eine gewisse Ähnlichkeit zu einem Raumschifftypus aufwies, der bereits in *Star Trek: First Contact (Star Trek: Der erste Kontakt)* zu sehen gewesen war, nämlich der Akira-Klasse. Ursprünglich von Alex Jaeger im Auftrag der Special-Effects-Schmiede ILM (Industrial Light and Magic) entworfen, kann man dem schnittigen Kriegsschiff, das übrigens auch noch in den Deep Space Nine- und Voyager-Episoden *Sacrifice of Angels (Sieg oder Niederlage?), Message in a Bottle (Flaschenpost)* und *Endgame, Part II (Endspiel)* zu sehen war, die optische Verwandtschaft zur NX-01 nicht absprechen. Der Designer des ersten Warp-5-Raumschiffes der Erde, Doug Drexler, hat allerdings aus der Tatsache, woher seine Inspiration stammte, auch nie ein Geheimnis gemacht. Dennoch ist es nicht ganz so einfach. Wie vielen anderen Entscheidungen zuvor ging auch dieser ein langer und steiniger Entwicklungsprozess voraus. Die ersten Konzeptzeichnungen stammten von John Eaves im Auftrag von Herman Zimmerman. Egal welches Konzept der Zeichner jedoch auch vorlegte, immer lag es zu nah an der Original-Enterprise der 60er Jahre und wurde abgelehnt. Die Idee, sich schließlich an der Akira-Klasse zu orientieren, bezog sich auf die Tatsache, dass hier die Untertassensektion sowie beide Warpgondeln zu sehen waren, aber der Sekundärrumpf fehlte. Das klassische Sternenflottendesign blieb also erhalten, während das Schiff selbst martialischer, kleiner und ursprünglicher wirkte. Nachdem Drexler die Warpgondeln versetzt, die Untertassensektion runder gestaltet und noch einige weitere Details hinzugefügt hatte, erstrahlte das Flaggschiff der jungen Sternenflotte in einem neuen, glaubwürdigen Glanz. Es folgte noch ein wenig Feintuning, beispielsweise um das reale Raumfahrtprogramm zu ehren. So schlug der bekannte *Next Generation*-Designer Mike Okuda beispielsweise vor, dass sich die Gestaltung der Luftschleusen an denen der Internationalen Raumstation ISS orientieren sollten. Im Endeffekt war und ist Drexler sehr stolz auf seinen Entwurf und sagte über seine Arbeit in einem Interview, dass es keine überflüssige Linie gebe und jedes noch so kleine Teil eine durchdachte Funktion habe.

Mehr kann man von einem Raumschiffdesign eigentlich nicht erwarten, oder doch? So sehr sich Doug Drexler auch bemüht hatte, das Aussehen der NX-01 Enterprise löste unter den Fans erneut, noch vor der eigentlichen Premiere, eine hitzige, aber völlig unverständliche Debatte aus. Die Ähnlichkeit zum NCC-63549-Typ, wie das bekannte Star-Trek-Wiki Memory Alpha die Akira-Klasse nennt, spielte für einige Fans eine größere Rolle als Glaubwürdigkeit, Schönheit und Funktionalität. Rückwirkend betrachtet erscheint die Diskussion um dieses Thema wie die Suche nach dem berühmten Haar in der Suppe, die sich langsam, aber sicher zur Suche nach einer ganzen Perücke entpuppte. Letztlich war und ist es doch egal, welches Design dem endgültigen Entwurf zugrunde lag. Wichtig ist einzig und allein, dass sich das Schiff nahtlos in die Tradition des typischen Sternenflottendesigns einreihte und der Crew um Captain Archer die richtige Bühne für ihre Abenteuer bot.

Allerdings zeigen sich hier gewisse Parallelen zu den späteren Streitereien, die *Star Trek Discovery* auslöste und auslöst, denn auch um Form und Aussehen der USS Discovery wird bis heute in den sozialen Netzwerken und Medien ohne Helm und Visier heftig gestritten. Das Schiff der Crossfield-Klasse basiert ebenfalls auf einem bereits bekannten Design. Nach dem Ende von *Star Trek: The Original Series* sah es zunächst düster um das Franchise aus, bis die Serie ins Network kam und mit einem Mal die Beliebtheitsskala sprengte. 1976 begann Gene Roddenberry schließlich mit den ersten Entwürfen zu *Star Trek: Planet of the Titans,* einem abendfüllenden TV-Film rund um Captain Kirk und seine Crew, der nach der Fünfjahresmission ansetzen und die Geschichte um den geheimnisvollen Planeten der mythischen Titanen erzählen sollte.

Der Konzept-Künstler Ralph McQuarrie entwarf für das Projekt eine neue Enterprise, deren Design wiederum dem bereits erwähnten John Eaves als Ausgangspunkt für seine Entwürfe der USS Discovery diente. Aus *Planet of the Titans* wurde bekanntermaßen die ebenfalls nie verwirklichte Serie *Star Trek: Phase II,* die dann in den ersten Kinofilm *Star Trek: The Motion Picture* mündete. McQuarries Raumschiff selbst war niemals in einer Serie oder einem Film zu sehen. Diese Ehre wurde dafür aber einigen seiner Re-Designs zuteil, beispielsweise in *Star Trek III* und *Star Trek: The Next Generation.* Auch im Falle der USS Discovery warfen übereifrige Fans John Eaves Ideenlosigkeit vor, wobei wenig Rücksicht auf das gelungene Endergebnis genommen wurde. Wie sehr sich doch die Geschichten ähneln.

## FAITH OF THE HEART, ODER WHERE MY HEART WILL TAKE ME?

Es sei an dieser Stelle einmal darauf hingewiesen, dass sich die bisher angesprochenen Dispute auf die Zeit vor der eigentlichen Premiere beziehen und lediglich auf Trailer und Vorberichte in Print- und Onlinemedien zurückzuführen waren. Das war allerdings noch eher harmlos gegen das, was noch folgen sollte. Als die Serie startete, rissen die negativen Kritiken kaum noch ab, und sie sollten die Serie über ihre gesamte Laufzeit hinweg begleiten. Erst in der vierten Staffel, die heute gerne als beste der Show angesehen wird, verstummten die Kritiker allmählich. Zu diesem Zeitpunkt hatten allerdings bereits so viele Zuschauer das Segel gestrichen, dass die Absetzung im Grunde nur noch eine logische Konsequenz war. Dabei ist *Star Trek: Enterprise* vielleicht nicht die innovativste aller Star-Trek-Serien, kann aber dennoch auf eine ganze Reihe guter Ideen und Episoden verweisen. Eine dieser Ideen war ein gelungener und überaus stimmiger Vorspann mit einem rockigen Titelsong namens *Where My Heart Will Take Me,* der aber bei vielen Fans leider nicht auf große Gegenliebe stieß. Das hat vornehmlich zwei Gründe. Zum einen war man an die grandiosen Instrumental-Openings von Komponistengrößen wie Alexander Courage *(Star Trek: The Original Series),* Jerry Goldsmith *(Star Trek: The Next Generation* und *Star Trek: Voyager)* und Dennis McCarthy *(Star Trek: Deep Space Nine)* gewöhnt, die allesamt mit einem Primetime Emmy gewürdigt worden waren. Zum anderen monierte man einen Umstand, der in Deutschland nicht ganz so bekannt war wie in den USA. Das Lied stammt von Diane Warren, die allerdings für das neue vermeintliche UPN-Zugpferd gar keinen neuen Song komponierte, sondern lediglich einen ihrer älteren umarrangiert und mit einem neuen Text versehen hatte. Das Original aus dem Jahr 1998 trug den Titel *Faith of the Heart* und wurde von Rod Stewart für den Film *Patch Adams* aufgenommen. So sehr der im Übrigen grandios von Russel Watson gesungene Titel mit seinem leicht veränderten Text auch zur Aufbruchstimmung des Intros passte, so wollte sich bei vielen Fans doch nicht dasselbe Gefühl einstellen. Der typische Star-Trek-Sound hatte die Zuschauer bis dato stets mit seinen orchestralen, zwischen sphärisch und episch schwebenden Tönen mit auf die Reise nehmen können. *Where My Heart Will Take Me* war dieser Erfolg leider nicht vergönnt. Da spielte es keine Rolle, dass auch dieses Intro einen Primetime Emmy gewann. Zum Start der vierten Staffel schickte man sich noch einmal an, den Song neu abzumischen und das Tempo ein wenig zu erhöhen. Etwas Ähnliches hatte man bereits bei *Star Trek: Deep Space Nine* versucht. Auch hier dokterte man an der eigentlich perfekten Titelmelodie herum. Hüben wie drüben war das Endergebnis eine unnötige Verschlimmbesserung, die keinerlei Effekt auf den Erfolg oder Misserfolg der Serie hatte.

## DER ZWIST UM T'POL: SEX SELLS - MEISTENS JEDENFALLS

Spätestens seit mit der grandiosen Doppelfolge *Scorpion I* und *II* die von Jeri Ryan gespielte Borg-Sexbombe Seven of Nine *in Star Trek: Voyager* eingeführt worden war, war Rick Berman klar geworden, dass sich eine hübsche, großbusige Frau in einem knallengen Spandex-Anzug durchaus positiv auf die Einschaltquoten auswirken konnte. Zumindest glaubte er dies anscheinend. Dass die Figur an und für sich allerdings auch ohne diesen billigen Sex-Sells-Trick ein großes Potential barg, das von Ryan sicher genau so gut in einer Sternenflottenuniform hätte vermittelt werden können, sah er wohl nicht. Bis zum Ende der Serie gab es so viele starke Folgen rund um Sevens Reintegration in die menschliche Gemeinschaft, dass ein wenig mehr Vertrauen in die Fähigkeiten von Writers Room und Cast vielleicht keine schlechte Idee gewesen wäre. Was auch immer die Gründe dafür waren, Fakt ist, dass es die Serie, trotz sinkender Einschaltquoten, über die Zielgerade geschafft hatte und Berman offenbar der Meinung war, sich in *Enterprise* selbst zitieren zu müssen. Statt einer gefühlskalten Borg, die nach und nach unter dem Einfluss ihrer überwiegend menschlichen Schiffskameraden auftaute, pressten die ausführenden Produzenten Rick Berman und Brannon Braga nun eine gefühlskalte Vulkanierin in ein eng anliegendes Kostüm, damit sie unter dem Einfluss ihrer … Sie wissen schon.

Die Unterschiede beider Schauspielerinnen überwogen allerdings gegenüber ihren Gemeinsamkeiten bei weitem. Ähnlich wie Jolene Blalock konnte auch Jeri Ryan einige Erfolge als Model vorweisen. So hatte sie etwa 1989 die Wahl zur Miss Illinois gewonnen und erzielte kurze Zeit darauf immerhin den vierten Platz bei den Wahlen zur Miss America. Anders als Blalock, die seit ihrem siebzehnten Lebensjahr hauptberuflich als Model arbeitete, verfügte Ryan aber über einen Bachelor in Theaterwissenschaften, als die Produzenten sie für *Star Trek: Voyager* casteten. Blalock hatte zum Zeitpunkt ihres Castings hingegen lediglich in wenigen Werbespots mitgewirkt und einige kleine Rollen in Serien wie *The Love Boat* und *CSI: Den Tätern auf der Spur* ergattert. Entsprechend differieren retrospektiv betrachtet die schauspielerischen Leistungen im direkten Vergleich. Nicht, dass die Rolle der T'Pol in den ersten beiden Staffeln eine große darstellerische Bandbreite zugelassen hätte. Doch das traf auf Seven of Nines Part zunächst auch nicht zu. Während es der blonden Schauspielern jedoch gelang, neben ihrem ansprechenden Äußeren auch schauspielerische Qualität zu demonstrieren, bewegte sich Blalocks Darbietung auf einem gleichbleibend mittelmäßigen bis schlechtem Niveau. Statt die Rolle der Figur zu vertiefen, verlegte man sich im Autorenteam schließlich mehr und mehr auf das Zeigen von nackter Haut. Passende und unpassende Gelegenheiten konnte man sich ja genügend ausdenken, warum also nicht aus dem Vollen schöpfen? So verfielen die Autoren auf einige teils recht dümmliche Ideen. Einmal musste Trip Tuckers Schlaflosigkeit herhalten, die auf den traumatischen Verlust seiner Schwester durch den terroristischen Anschlag der Xindi zurückzuführen war. Trips Trauma konnte nämlich nur dank einer speziellen vulkanischen Massagetechnik gelindert werden. Wer kann, der kann. Warum jedoch T'Pol Trip zunehmend unbekleidet in ihrer Kabine erwartete, bleibt wohl auf ewig ein ungelöstes Rätsel. Ein anderes Mal schmachteten sich die beiden, nur mit knapper Unterwäsche bekleidet, auf einer Quarantäne-Station an. Der Plot kulminierte darin, dass die sexy Vulkanierin nur wenig verhüllt auf der Suche nach einem Sexpartner durch die Gänge der Enterprise irrte. Doch so sehr man Jolene Blalocks körperliche Vorzüge auch auszuspielen versuchte, beim Publikum stieß der Writers Room damit bestenfalls auf ein geteiltes Echo, das in dem teilweise nicht ganz unberechtigten Vorwurf endete, schlechte Drehbücher mittels mehr oder weniger deutlich erotischer Anspielungen aufpeppen zu wollen.

Im Nachhinein darf man sich durchaus die Frage stellen, wieso es den Verantwortlichen nach eigenen Aussagen so schwerfiel, die Rolle der T'Pol zu besetzen. Rick Berman erwähnt in einem Interview von 2012, dass die Figur die letzte war, die von der Liste abgehakt wurde und man bereits zahlreiche Kandidatinnen aussortiert hatte, bevor Jolene Blalock zu ihrer Audition erschien. An zu wenigen hübschen Frauen, die bereit gewesen wären, für *Star Trek* blankzuziehen, kann es kaum gelegen haben. Und auch der schauspielerische Anspruch an die Rolle war nicht so hoch, dass nur eine gut ausgebildete, erfahrene Darstellerin infrage gekommen wäre. Die Entscheidung fiel im Gegenteil auf eine unerfahrene Jungschauspielerin ohne Ausbildung. Insofern erscheinen die Vorwürfe seitens der Community durchaus berechtigt.

## GUTE VULKANIER, BÖSE VULKANIER

Dass das vulkanische Volk mit seiner Philosophie der Logik auf andere Spezies bisweilen nicht nur unnahbar, sondern regelrecht arrogant wirkt, ist für Star-Trek-Fans kein Geheimnis. Doch egal, wie wir es drehen und wenden: Unser Bild von den Spitzohren wurde bis 2001 nun einmal hauptsächlich vom ersten Offizier der USS Enterprise, Spock, und seinem Pendant auf der USS Voyager, Tuvok, geprägt. Die Logik beider Individuen ist nicht nur bestechend, sondern auch stets darauf ausgerichtet, das moralisch Richtige zu tun. Die Philosophie lehrt uns allerdings, dass eine Argumentation zwar in sich logisch, aber dennoch moralisch und ethisch betrachtet falsch sein kann. Dieses Paradoxon machte sich das Autorenteam für *Enterprise* zunutze. Wenn die Vulkanier, wie es bereits zu Zeiten der Originalserie festgelegt worden war, ursprünglich ein kriegerisches Volk gewesen waren, warum sollten Krieg und Eroberungswillen dann nicht auch im 22. Jahrhundert immer noch eine zentrale Rolle in ihrem Denken spielen? Natürlich sollte dieser Umstand nicht von Anfang an erkennbar sein. Vielmehr nahm mit der Episode *The Andorian Incident (Doppeltes Spiel)* eine sehr interessante Geschichte ihren Anfang, die mit *Shadows Of P'Jem (Im Schatten von P'Jem)* großartig weitergeführt wurde. Plötzlich waren die Vulkanier nicht mehr die friedliebenden Bannerträger der Vernunft, sondern ebenso fehlerbehaftet wie jede andere Spezies im Alpha-Quadranten.

Was des einen Freud, ist des anderen Leid, wie man so schön sagt. Natürlich zeigten sich nicht wenige Zuschauer enttäuscht darüber, dass ihre Lieblingsspitzohren (abgesehen von Tolkiens Elben vielleicht) eine so radikale Änderung in der Darstellung erfuhren. Vorbei schien die Zeit, in der der männliche Vulkanier nur alle sieben Jahre seinen niederen Instinkten freien Lauf ließ – und das auch nur, um sich der potentiellen Partnerin als strahlender Sieger über einen Kontrahenten präsentieren zu können. Stattdessen dominierte die Abscheu vor dem Andersartigen das Handeln der Grünblüter. T'Pols Abneigung gegen die Menschen war in der Pilotfolge so groß, dass sie sie im wahrsten Sinne des Wortes nicht einmal riechen konnte. Die blauhäutigen Andorianer erklärte man kurzerhand zum Erzfeind und die Gedankenverschmelzung zum abscheulichen Verbrechen. Als ob diese Pillen nicht schon bitter genug zu schlucken gewesen wären, dichtete man dem vulkanischen Oberkommando auch noch nationalistisches Gedankengut an. Diese falsche Logik basierte auf einer massiven Fehlinterpretation von Suraks Lehren. Erst Jonathan Archer sollte es in der von Mike Sussman geschriebenen Episode *Kir'Shara* gelingen, diesem Treiben ein Ende zu bereiten. Der Plot war durchaus innovativ und brachte einige starke Folgen hervor. Leider wurde die Geschichte aber so sehr in die Länge gezogen, dass viele Zuschauer das Interesse an der Auflösung verloren hatten, als der viel zu spät an Bord geholte Manny Coto als Showrunner die Kastanien aus dem Feuer zu holen versuchte.

Hatte man sich zu weit aus dem Fenster gelehnt und dem Zuschauer zuviel zugemutet? Eigentlich nicht. Denn andererseits lautet einer der meistgenannten Vorwürfe, dass *Enterprise* eben viel zu wenig gewagt habe und zu sehr in festgefahrenen Bahnen verlaufen sei. Diese Kritik ist durchaus korrekt. Rick Berman ging vermeintlich kein Risiko ein. Die Figurenauswahl orientierte sich am bereits seit *Star Trek: The Original Series* von Gene Roddenberry festgelegten Grundkonzept. Ebenfalls gab es bis zur dritten Staffel keinen Superplot, der sich wie ein roter Faden durch die Episoden zog.

Dies war allerdings inzwischen für Science-Fiction-Serien gängig, während der moderne Zuschauer die episodale Erzählweise als Relikt der Vergangenheit empfand. Zudem trafen sich sowohl im eigentlichen Produktionsstab als auch im Writers Room und im Regiestuhl viele altbekannte Namen wieder, die wussten, wie man Rick Berman zufriedenstellte. Wenn man andererseits dann aber storytechnisch und dramaturgisch versuchte, neue Pfade zu erkunden, geriet dieser Vorstoß ins Unbekannte konsequenterweise ebenfalls zu einem Streitthema. Es schien, dass alles, was immer man auch versuchte, stets auf Kritik stoßen würde.

## SULIBAN = TALIBAN?

Bereits mit dem Pilotfilm *Broken Bow (Aufbruch ins Unbekannte)* führten Rick Berman und Brannon Braga den Temporalen Kalten Krieg in die Geschichte um die Enterprise NX-01 ein. Diese Idee beruhte auf Wünschen seitens Paramount, die mit dem Gedanken an eine Serie einhundert Jahre vor der Kirk-Ära nie wirklich warm geworden waren. Eine Serie um »jeanstragende Raumfahrer«, wie Rick Berman es einmal nannte, war der Chef-Etage schlicht nicht sciencefictionlastig genug. Dort hatte man von Anfang an eine Serie favorisiert, die zeitlich nach *Star Trek: Voyager* angesiedelt war. Es ist schon eine Ironie des Schicksals, dass es fast 20 Jahre dauern sollte, bis endlich eine Star-Trek-Serie den Sprung in eine weit entfernte Zukunft wagen sollte, doch dies ist eine andere Geschichte, der wir uns vielleicht an anderer Stelle noch einmal näher widmen werden. Wie dem auch sei: Als Kompromiss dachten sich Berman und Braga jedenfalls den Temporalen Kalten Krieg aus, obwohl Berman stets betonte, selbst nie wirklich überzeugt von der Prämisse gewesen zu sein.

In dieser Analogie zum Wettrüsten zwischen den USA und der ehemaligen UDSSR ging es um einen spezies- und zeitübergreifenden Konflikt, in dem diverse Zeitagenten und deren Handlanger versuchten, Einfluss auf die Mächte des Alpha- und Betaquadranten des 22. Jahrhunderts auszuüben. Ziel der einzelnen – aus dem sechsundzwanzigsten, neunundzwanzigsten und sogar einunddreißigsten Jahrhundert stammenden – Parteien war es, Chaos zu stiften und die Quadranten der Galaxie zu destabilisieren. So wollte man die Zeitlinie zu den eigenen Gunsten zu verändern. *Star Trek* war und ist seit jeher ein Spiegel der Gesellschaft, den auch *Enter-*

*prise* den Menschen nur allzu gerne vorhalten wollte. Seit am 26. Februar 1993 ein Anschlag islamistischer Terroristen auf das World Trade Center in New York verübt worden war, der ein fast dreißig Meter hohes Loch in vier der sechs Untergeschosse gerissen hatte, war der Name Taliban in den USA in aller Munde. Als nur fünfzehn Tage vor der Ausstrahlung von *Broken Bow* ein erneuter Anschlag des Terrornetzwerks al-Qaida, das seinerzeit als Verbündeter der Taliban galt, das World Trade Center zerstörte, fielen zahlreichen Zuschauern natürlich sofort gewisse unangenehme Parallelen auf. Denn die Enterprise wird im Film von einer Terrorgruppe namens Suliban heimgesucht, ein Name, der nicht ganz zufällig dem Wort Taliban ähnelt.

Man warf Brannon Braga und Rick Berman daraufhin Effekthascherei auf Kosten der Toten vor, eine, wie sich zeigte, völlig unhaltbare und sogar unverschämte Anschuldigung. Wahr ist zweifelsohne, dass der Begriff Suliban von Rick Berman stammt. Richtig ist auch, dass der Produzent den Namen Taliban (zu Deutsch etwa: Schüler oder Suchender) im Hinterstübchen hatte. Die Unterstellung, er hätte dies in Anlehnung an die schrecklichen Anschläge vom 11. September 2001 getan, sind und waren jedoch mit großer Sicherheit Unsinn. Zunächst einmal waren die Dreharbeiten zum Pilotfilm lange vor den feigen Angriffen beendet; Rick Berman hätte also selbst ein Zeitagent sein müssen, um die Geschehnisse vorhersagen zu können. Zudem ist bekannt, dass er vor seiner Karriere als Produzent für *Star Trek* als unabhängiger Filmemacher Dokumentationen drehte und dafür über 90 Länder bereist hatte. Eines dieser Länder war Afghanistan, wo er unter anderem Dokumentationen über die Taliban drehte. Seinerzeit fand er, wie er 2002 in einem Interview mit TV-Guide angab, den Namen schlicht exotisch. So wurde Suliban zu einer unglücklichen Verballhornung, die eigentlich keine ist.

## HILFE, RAUMPIRATEN!

Wie wir sehen, gab es über *Star Trek: Enterprise* sowohl bereits im Vorfeld als auch im Verlauf der ersten Staffel genug zu streiten. Der erste echte Community-Streit um den heißgeliebten und von vielen als unumstößlich angesehenen Star-Trek-Kanon haben wir aber der Episode *Acquisition (Raumpiraten)* zu verdanken. Wie bereits in der entsprechenden Rezension ausgeführt, ging ein Aufschrei durch die Fangemeinschaft, als Archer plötzlich auf Ferengi-Piraten stieß, die seine Mannschaft kurz vorher außer Gefecht gesetzt hatten. Der Grund dafür ist simpel, denn schließlich datiert der erste echte Kontakt mit den großohrigen, koboldartigen Ferengi auf das Jahr 2364, als die USS Enterprise 1701-D in der Folge *The Last Outpost (Der Wächter)* ein Schiff der Marauder-Klasse verfolgt, um einen gestohlenen Energie-Konverter zurückzuergattern. Sowohl die Enterprise als auch der Ferengi-Kreuzer werden auf einem geheimnisvollen Planeten festgehalten, der einst zu einem riesigen interstellaren Imperium namens TKon gehörte. Einem Zitat Rikers aus den Lehren des chinesischen Generals Sun Tsu ist es schließlich zu verdanken, dass beide Schiffe befreit werden und der Erstkontakt friedlich endet. Also alles schon bekannt? Nicht unbedingt, denn mit dem Kanon eines Franchise ist das so eine Sache. Keines der wirklich großen Franchises schafft es, niemals eine der Regeln zu verletzten, die sich über viele Jahrzehnte ergeben haben. *Star Trek* ergeht es da nicht anders. Denn bereits vier Folgen nach der oben erwähnten klärt uns die Episode *The Battle (Die Schlacht von Maxia)* darüber auf, dass es bereits im Jahr 2355 einen Zusammenstoß zwischen der USS Stargazer, auf der Picard als erster Offizier diente, und den Ferengi gab. Freilich wusste er zu diesem Zeitpunkt noch nicht, wem das Schiff gehörte, das er da soeben zerstört hatte. Um der Geschichte mehr Glaubwürdigkeit zu verleihen, argumentierten die Autoren Larry Forrester und Herbert Wright, dass es keinen visuellen Kontakt zwischen den Spezies gegeben hätte.

Soweit, so gut, könnte man meinen. Doch wieder weit gefehlt. Noch verwirrender wird das Ganze, wenn man sich die Folge *Little Green Men (Kleine, grüne Männchen)* anschaut, die immerhin acht Jahre nach dem offiziellen Erstkontakt beginnt. In dieser witzigen *Deep Space Nine*-Folge ist Quark für den Roswell-Zwischenfall verantwortlich, der, die UFO-Fans unter Ihnen werden es sicherlich wissen, auf das Jahr 1947 zurückgeht. Wo da nun das Problem an Bermans und Bragas Idee lag, die Ferengi auf Captain Archer und seine Crew treffen zu lassen, weiß einzig der große, unbarmherzige Gott des Kanons. Natürlich sahen es die beiden Star-Trek-Veteranen als lustigen Fanservice an, die Ferengi zurückzubringen, und erhofften sich davon wahrscheinlich einen Stopp der sinkenden Zuschauerzahlen. Und natürlich kann man über Sinn oder Unsinn einer solchen Episode streiten und sich, wie bereits in der Rezension zur Folge geschehen, die Frage stellen, ob man nicht einfach eine andere Spezies hätte erfinden können. Dennoch: Ein echtes Kanon-Problem gab es hier nicht wirklich, und wer *Star Trek* gut genug kennt, weiß, dass die Autoren es nicht immer so ganz genau mit ihrer eigenen Serienbibel nahmen. Der kreative Prozess der Entwicklung einer Serie verlangt den Machern eben ein gesundes Maß an Flexibilität ab, was bisweilen auch bedeutet, dass sich der Kanon ändert. Und wenn es so dezent und mit freiwilligem Hintertürchen wie hier geschieht, warum eigentlich nicht?

## DIE BORG – ZURÜCK AUS DER ZUKUNFT?

In der zweiten Staffel legte sich der große Kanon-Zwist zunächst einmal, doch nur für ein Jahr. Eine insgesamt unterhaltsame, wenn auch mit einigen Nieten durchzogene Season lenkte von den Fachsimpeleien ab und verschaffte der leider weiterhin sinkenden Zuschauerzahl den einen oder anderen »Omox-Moment«. Alles hätte so schön sein können, wäre mit Folge neunzehn nicht ein weiterer alter Bekannter auf den Plan getreten, den viele Fans wahrscheinlich lieber in einem Sequel als in einem Prequel gesehen hätten. *Regeneration* brachte den vielleicht schrecklichsten und beängstigendsten Feind der Föderation zurück: die Borg. Nun gut, die Föderation gab es im Jahr 2153 noch nicht. Das ändert aber nichts daran, dass wir in der TNG-Folge *Q Who (Zeitsprung mit Q)* gelernt haben, dass der erste Kontakt zwischen den Borg und der Föderation auf das Jahr 2365 datiert. Addiert man die Ereignisse aus dem 1996 erschienen Kinofilm *Star Trek: First Contact (Star Trek: Der erste Kontakt)* hinzu, weiß der geneigte Nerd, dass die kybernetische Lebensform 2373 die Erde angriff – und während des Kampfes mit der USS Enterprise 1701-E in das Jahr 2063 zurückkatapultiert wurde. Der Umstand, dass der Erstkontakt aber nun bereits mehr als zweihundert Jahre vor dem ursprünglich im Kanon festgelegten stattgefunden haben sollte, entrüstete Teile der Fangemeinde dann doch ungemein. Der bereits erwähnte große Kanon-Gott forderte ein weiteres Opfer, und die Gläubigen tanzten um das goldene Kalb herum.

Aber was genau gab es denn nun eigentlich an der Rückkehr der Borg zu meckern? Eigentlich gar nichts, denn Mike Sussman und Phyllis Strong gelang hier, wie wir bereits ausführten, ein meisterhaftes Gedankenspiel, das mit dem Thema Zeitreise virtuos und in sich völlig logisch umgeht. Rekapituliert man die Zeitlinie, kommt man auf folgendes Ergebnis: Die USS Enterprise 1701-D trifft 2365 auf die Borg, Check. 2373 kommt es zum Kampf um die Erde zwischen der Enterprise 1701-E und den Borg. Check. Einer Borg-Sphäre gelingt es, sich in das Jahr 2063 zu retten, verfolgt von der Enterprise. Hier kommt es zum Showdown, aus dem die Enterprise siegreich hervorgeht. Check. Da nun zwischen dieser Auseinandersetzung und den Geschehnissen aus der *Enterprise*-Folge *Regeneration* knapp achtzig Jahre liegen, besteht durchaus die Möglichkeit, dass die Sphäre in der Arktis abgestürzt war und dort auf ihre Entdeckung harrte. Doppel-Check.

Um dieser Logik weiteren Ausdruck zu verleihen, entschieden sich Sussman und Strong klugerweise, zwar die ikonischen Worte: »Resistance is futile« (»Widerstand ist zwecklos«) zu verwenden, nicht aber den ersten Teil der furchterregenden Grußfrequenz: »We are the Borg. You will be assimilated.« (»Wir sind die Borg. Sie werden assimiliert werden.«) Um ganz genau zu sein, fällt der Name der gegnerischen Spezies, der die Enterprise mehr oder weniger hilflos ausgeliefert ist, in der gesamten Episode nicht ein einziges Mal. Punkt, Satz und Sieg für die Autoren. Das eigentliche Problem lag also weder im Drehbuch noch in der Inszenierung, sondern darin, dass viele Fans einfach nicht richtig hingeschaut hatten. Die daraus resultierenden Forumsdiskussionen, Dispute und gegenseitigen Angriffe auf das Fansein – oder eben Nicht-Fansein, sofern man die Folge mochte – hallen sicherlich heute noch manchem Mitleser im Gedächtnis nach.

## DIE XINDI - ZUVIEL IST ZUVIEL

Als klar geworden war, dass sich die Abwärtsspirale der Einschaltquoten in *Enterprise* so nicht aufhalten ließ, griffen Rick Berman und Brannon Braga auf eine Änderung in der Erzählweise zurück, die schon bei *Star Trek: Deep Space Nine* und *Star Trek: Voyager* funktioniert hatte. Sie etablierteren den bekannten staffelübergreifenden Handlungsbogen um die Delphische Ausdehnung und die Xindi, die zuvor einen verheerenden Anschlag auf die Erde ausgeübt hatten. Die Erzählung nimmt ihren Anfang mit der Episode *Die Ausdehnung (The Expanse)* und zieht sich, bis auf wenige Lückenfüller, durch die gesamte Season. Dies war grundsätzlich die richtige Entscheidung, um der Serie eine entscheidende Wendung in eine modernere Richtung zu geben, und die 24 Folgen funktionieren insgesamt gesehen in sich entsprechend gut. Doch allen Bemühungen zum Trotz gelang es nicht wirklich, das Publikum mit dem Plot um die Xindi zu begeistern. Wo vielen Fans bislang zu wenige neue Ideen präsentiert worden waren, monierte man hier das Gegenteil. Vor allem das Volk der Xindi geriet zu einem allgegenwärtigen Reibungspunkt. Dass sich nämlich auf einem einzigen Planeten sechs so unterschiedliche Spezies – Aquarianer, Insektoiden, Reptilianer, Arboreale, Primaten und Avianer – entwickelt haben sollten, schluckten viele Zuschauer einfach nicht. Was zuviel war, war einfach zuviel. Dabei bot gerade dieser eigentlich geniale Einfall viele Möglichkeiten, die Geschichte visuell und narrativ reizvoll zu entwickeln. Und dies geschah auch. Während die Insektoiden und Aquarianer CGI-gerendert wurden, durfte sich *Star Treks* Haus-und-Hof-Maskenbildner Michael Westmore bei den anderen drei Spezies richtig austoben, was mit den Arborealen und Reptiloiden auch hervorragend gelang. Die Geschichte um die Delphische Ausdehnung geriet zwar nicht überaus tiefsinnig, aber doch unterhaltsam und actiongeladen. Was nun die Kritik an so vielen unterschiedlichen intelligenten Lebensformen auf einem Planeten angeht, an denen sich wissenschaftsaffine Zuschauer so störten, lässt sich entgegnen, dass *Star Trek* niemals reine Hard-SciFi war. Seit *Star Trek* das Laufen auf dem kleinen Screen lernte, bemühten sich die Autoren zwar um wissenschaftliche Plausibilität, scherten sich im Sinne eines guten Plots aber auch bei weitem nicht immer um ihre Genauigkeit. Sogar das eine oder andere Fantasy-Element hielt Einzug in die Serie, und warum auch nicht? Andererseits mag es manchen Leser dieses Kapitels verwundern, dass auf der Erde zwar nie Reptiloide oder Insektoide lebten, unser Planet aber noch vor nur 40.000 Jahren von mindestens drei verschiedenen Menschenarten bevölkert wurde, nämlich den Neandertalern, den Flores-Menschen und uns, den Homo sapiens. Zwar handelt es sich bei allen dreien um Vertreter der Gattung Homo (was lateinisch Mensch oder Mann bedeutet), doch ihre Entwicklungswege verliefen immerhin so unterschiedlich, dass man sie als Homo neanderthalensis, Homo floresiensis und Homo sapiens klassifiziert.

## DIE AUGMENTS

Einen der vielleicht interessantesten Dreiteiler der vierten Staffel von *Star Trek: Enterprise* in Sachen Fanservice stellen die drei Episoden *Borderland, Cold Station 12* und *Die Augments (The Augments)* dar. Der Plot ist im Grunde nichts anderes als die Vorgeschichte zur beliebten *TOS*-Episode *Der schlafende Tiger (Space Seed),* die ohne den fantastischen Ricardo Montalbán als genetisch verbesserten Despoten Khan wahrscheinlich niemals so im Gedächtnis haften geblieben wäre. Eigentlich war das eine tolle Idee, doch offenbar übertrieben es die drei Autoren Ken LaZebnis *(Borderland),* Alan Brennert *(Cold Station 12)* und Michael Sussman *(The Augments)* hier ein wenig, um es den Fans recht zu machen. Denn man hatte es sich in den Kopf gesetzt, eine der im Fandom am heißesten diskutierten Fragen überhaupt zu klären: Wie, um Kahless' Willen, kommen die Klingonen an ihre Schädelplatten? Natürlich lässt sich über Sinn und Unsinn dieser Frage an sich diskutieren, und nicht ganz zu Unrecht wird Star-Trek-Fans bisweilen vorgeworfen, doch ein wenig zu tief in ihr Universum einzutauchen. Die Antwort ist nämlich so simpel wie nachvollziehbar: Budget. Punkt, aus, Ende. Die erste Star-Trek-Serie hatte von Anfang an mit großen Ambitionen, aber geringen finanziellen Mitteln zu kämpfen. Als man sich mit der Episode *Errand of Mercy (Kampf um Organia)* entschloss, die Klingonen als hinterlistige und schlagkräftige Gegner der Föderation ins Spiel zu bringen, stellte sich so die Frage nach einer aufwendigen Maske erst gar nicht. Ein wenig dunkle Schminke, angeklebte Augenbrauen und ein kriegerisches Ziegenbärtchen, was den Außerirdischen den Look von mongolischen Reiterkriegern gab, musste da reichen. Erst für den Kinofilm *Star Trek: Der Film (Star Trek: The Motion Picture)* von 1979 wurde ein neues, martialischeres Aussehen kreiert, das Michael Westmore dann für *Star Trek: The Next Generation* aufgriff und immer weiter verfeinerte. Es ist nachvollziehbar, dass diese Erklärung für kanonbegeisterte Trekkies nicht unbedingt befriedigend ist, und so war es seit vielen Jahren zu einem Spaß für viele Hobby-Autoren geworden, sich eigene Geschichten rund um die im Film wundersam aufgetauchten klingonischen Stirnplatten auszudenken.

Heute kennen wir den wahren Grund. Dr. Arik Soong, der Vorfahr von Noonien Soong, der später die Androiden B4 und Data konstruierte, ist schuld. Der Genetiker spielte bekanntermaßen eine tragende Rolle in der sogenannten Augment-Krise, in der die Klingonen an genetisch veränderte Embryonen aus der Zeit der irdischen Eugenischen Kriege gelangt waren. In der Folge fanden Versuche mit dem Genmaterial an klingonischen Freiwilligen statt, in der Hoffnung, sie stärker und klüger zu machen. Stattdessen setzten sich die menschlichen Gene durch, woraufhin die Probanden ihre Stirnplatten verloren. Das ist nun selbst für den gestandenen Science-Ficton-Fan zugegebenermaßen starker Tobak und eine vollkommen an den Haaren herbeigezogene Erklärung. Entsprechend reagierten viele Fans in den Foren darauf mit hämischen Bemerkungen, während andere sich darüber freuten, endlich eine Antwort auf die vielleicht wichtigste Frage des Star-Trek-Universums erhalten zu haben.

## DIES SIND DIE ABENTEUER: EIN UNGLÜCKLICHER ABSCHIED

Nachdem bereits mit den katastrophalen Quoten zu Beginn der vierten Staffel klar wurde, dass *Star Trek: Enterprise* definitiv nicht in eine fünfte Runde gehen würde, entschlossen sich Rick Berman und Brannon Braga, noch einmal den Stift in die Hand zu nehmen, um den Fans einen würdigen Abschied von der langen Star-Trek-Ära zu schenken. Denn mit der eindeutig gefloppten Serie und den enttäuschenden Einspielergebnissen aus *Star Trek: Nemesis* war das Eisen *Star Trek* den Verantwortlichen bei Paramount/CBS endgültig zu heiß geworden. Man hielt den Markt für übersättigt und wollte nicht noch mehr Geld im Pazifik versinken sehen, was seinerzeit durchaus eine verständliche Entscheidung war. Zumindest wollte man aber die verprellten Altfans mit ihrem Lieblings-Franchise versöhnen, indem sich die beiden Produzenten und Autoren einen vermeintlich innovativen Kniff ausdachten. Berman und Braga ließen die Geschichte auf der Enterprise D spielen, kurz vor den Ereignissen der Episode *The Pegasus (Das Pegasus-Projekt),* dessen Dreh zum Zeitpunkt der *Enterprise*-Abschlussfolge schon über zehn Jahre zurücklag. Man verwertete zum Teil alte Szenen und Sets und lud die inzwischen merklich gealterten Jonathan Frakes und Marina Sirtis ein, noch einmal in ihre alten Rollen zu schlüpfen. An Bord des wohl berühmtesten Flaggschiffs der Sternenflotte erlebte Commander Riker auf dem Holodeck die Ereignisse auf der Enterprise NX-01 und die Gründung der Föderation mit. Das Wiedersehen mit zwei der beliebtesten Figuren der gesamten Star-Trek-Ära kam allerdings nicht bei jedem Fan gut an. Viele *Enterprise*-Anhänger konnten sich des Gefühls nicht erwehren, dass man Captain Archer, Malcom Reed und den anderen liebgewonnenen Crewmitgliedern nicht den verdienten Respekt erwies und Rick Berman sich stattdessen vielmehr mit einem Paukenschlag von der ehemals erfolgreichsten Zeit seiner Karriere verabschiedete.

An diesem Vorwurf ist durchaus etwas dran. In einem Interview der Ausgabe Nummer 324 des britischen Magazins *Starburst* erzählte Berman freimütig, dass ihm von Anfang an der Gedanke vorschwebte, die *Enterprise*-Figuren in der letzten Folge aus »einer historischen Perspektive« zu zeigen. Die Gründung der Föderation sei hierfür die richtige Wahl gewesen. Rikers Dilemma in *The Pegasus,* nicht zwei Herren dienen zu können und sich entscheiden zu müssen, ob er Captain Picard oder Admiral Pressman die Treue hält, schien Berman ein guter Ansatzpunkt zu sein. Als die Pläne bekannt wurden, äußersten viele Fans bereits im Vorfeld ihre Skepsis über dieses Vorhaben und befürchteten, dass der Fokus eher auf den TNG-Figuren denn auf jenen von *Star Trek: Enterprise* liegen würde. Berman entgegnete, dass er keineswegs glaube, dass »*Enterprise* verloren« ginge. Vielmehr sei es eine Art, »die Serie zu ehren« und auf die Figuren einzugehen, die »die vergangenen 18 Jahre *Star Trek* ermöglichten.« Die Absicht, nicht die Serie, sondern das gesamte Franchise zu beerdigen, ist mehr als deutlich aus diesem Statement herauszulesen. Am Ende des Interviews beschwerte sich Berman dann auch noch über die vielen unfairen kritischen Stimmen, die hauptsächlich im Internet zu finden seien. Nun, offensichtlich sah das ein nicht unerheblicher Teil der Zuschauer anders.

Im selben Interview äußerte sich Rick Berman übrigens auch kritisch zu dem – seiner Meinung nach wohl unverdienten – Lob, das Manny Coto erhielt. Gemeinhin gilt die vierte Season, wie eingangs erwähnt, nämlich als beste der Serie, und viele Fans wünschten sich im Nachhinein recht lautstark, dass Coto schon früher im Chefsessel gesessen hätte. Dieser habe den Posten des Showrunners aber ja nicht plötzlich, wie aus dem Nichts heraus, übernommen, konterte Berman. Vielmehr hätte er bereits in der dritten Staffel zu den besten Leuten gehört und sei daraufhin von ihm überhaupt erst als Executive Producer engagiert worden. Bragas und sein Einfluss auf die Geschichten und Drehbücher sei aber nicht wesentlich geschwunden, und so sei es »unsinnig«, Coto die Richtung der vierten Staffel zuzuschreiben. Bleibt nur eine Frage: Wenn Berman und Braga das Ruder niemals wirklich aus der Hand gegeben haben, wozu hat man dann eigentlich Manny Coto an Bord geholt?

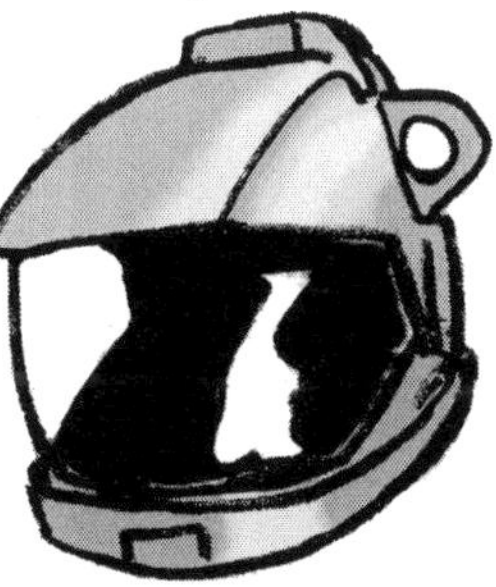

# ZWISCHENSPIEL

# ERINNERUNGEN EINES MAGIERS

## IM GESPRÄCH MIT RONALD B. MOORE

Mr. Moore, Sie haben als Visual Effects Coordinator und Supervisor an *Star Trek: The Next Generation, Star Trek: Treffen der Generationen, Star Trek: Voyager* und *Star Trek: Enterprise* mitgewirkt. Was genau waren Ihre Aufgabengebiete, und was unterscheidet einen Coordinator von einem Supervisor?

**Bei *Star Trek: Enterprise* hatte der Supervisor die Aufgabe, das Drehbuch bezüglich der Effekte aufzuschlüsseln und die kommenden Shots mit dem Regisseur und den Produzenten durchzusehen und zu besprechen. Anschließend budgetierte er die Arbeit und entwarf gemeinsam mit seinem Team die Aufnahmen. Der Coordinatior übernahm eher den Job eines Producers. Er verfolgte alle Aufnahmen und achtete darauf, dass das Budget eingehalten wurde. Allerdings verschwammen beide Jobs oft miteinander.**

Ihr Job verlangt vielfältige Kenntnisse in Videotechnik, Computergrafik, aber auch Produktionsmanagement und Teamführung. Wie gestaltete sich da der typische Arbeitsablauf eines Special Effects Supervisor?

**Bei Enterprise haben wir in zwei Teams gearbeitet, die je eine Episode gemacht haben. Allerdings arbeiteten wir auch immer an mehreren Shows gleichzeitig. Der eine kümmerte sich um die Vorproduktion einer Serie, der andere um die laufende Produktion. Ein weiterer Kollege war mit der Postproduktion irgendeiner anderen Serie oder eines Films befasst. Wir waren also ziemlich viel unterwegs. Es konnte vorkommen, dass wir morgens ein Budget aufteilten und anschließend für eine andere Show in einem Produktionsmeeting saßen. Danach stand man an der Bühne und überwachte die Shots. Dann ging es wieder ab ins Auto und ins Studio, um Aufnahmen herzustellen. Zum Glück konnten wir die jeweiligen Notwendigkeiten eigenverantwortlich abwägen, so dass wir nie in die Bredouille kamen.**

Wie stark waren Sie in die Pre-Produktion des Pilotfilms zu *Star Trek: Enterprise* eingebunden? Waren Sie schon bei der Erstellung des Drehbuchs mit an Bord?

**Ich war schon sehr früh in der Pre-Produktion dabei, als sich die Entwicklung des Drehbuchs noch in einer sehr frühen Phase befand, und ich blieb, bis die letzte Szene gedreht und nachbearbeitet war. Mein Team war insgesamt sehr stark in die Vorproduktionsphase eingebunden. Wir erlebten die Entstehung dieses wundervollen Pilotfilms von den ersten Schritten bis zur Erstausstrahlung im Fernsehen hautnah mit.**

Was würden Sie als größte Unterschiede zwischen Ihrer Arbeit an *Star Trek: The Next Generation* und *Broken Bow,* dem Pilotfilm zu *Star Trek: Enterprise* sehen? Wie sehr hatte sich die Filmbranche durch die Digitalisierung verändert?

**Die Filmindustrie hatte sich in den 15 Jahren zwischen *TNG* und Enterprise total gewandelt, vor allem auf dem Gebiet der Spezialeffekte. *TNG* war seinerzeit eine der ersten Shows, in der wir die Entwicklung mit der Arbeit auf One-Inch Video Tape vorantrieben. Wir filmten sehr detaillierte Modelle im Motion-Control-Verfahren. Zu Zeiten von Enterprise gab es diese Art von Handarbeit bereits nicht mehr. Die Show wurde digital aufgenommen, und auch die Special Effects entstanden nahezu zu 100% am Rechner.**

In Ihrem Job als VFX Supervisor hatten Sie sicherlich sehr häufig mit Rick Berman und Brannon Braga zu tun. Wie gestalteten sich die Meetings mit den beiden? Was für Menschen sind sie?

**Ich habe vor ihnen sehr großen Respekt und mag beide persönlich sehr. Rick war immer sehr freundlich zu mir, und ich liebe seinen Sinn für Humor. Er hat uns immer unterstützt und hörte zu, wenn wir etwas zu sagen hatten. Brannon ist für mich ein sehr talentierter Autor, er hat meine Lieblingsfolge geschrieben. Er stand immer zur Verfügung, wenn es etwas zu besprechen gab, und holte das Beste aus uns raus. Er hat großartige Arbeit geleistet, sowohl als Skriptautor, als auch als Executive Producer. Auch Brannon hat einen feinen Sinn für Humor, und es machte wirklich Spaß, mit ihm zu arbeiten. Wie bei den meisten Jobs waren wir uns natürlich nicht immer einig, aber am Ende fanden wir immer zusammen und haben das Kind dann geschaukelt.**

Sie waren an insgesamt 134 Episoden der *Next Generation*-Ära beteiligt, aber nicht an *Deep Space Nine.* Warum eigentlich nicht?

**Als *Deep Space Nine* startete, war ich gerade zum VFX-Supervisor für *TNG* ernannt worden, während Rob Legato und Gary Hutzel zu *DS9* wechselten. Als *TNG* endete, arbeitete ich an *Star Trek: Treffen der Generationen* und kehrte dann zu *Voyager* zurück, an der ich inzwischen ebenfalls beteiligt war. *DS9* war deshalb nie wirklich eine Option für mich.**

Rückblickend betrachtet: Die Arbeit an welchem Star-Trek-Projekt hat Ihnen am meisten Spaß gemacht?

**Oh, ich habe an allen Trek-Shows sehr gerne gearbeitet, aber Enterprise war für mich schon etwas Besonderes. Wir alle kannten uns seit Jahren und waren es gewohnt, miteinander zu arbeiten. Das Team und der Cast waren toll. Ich hätte nur gewünscht, die Serie hätte volle sieben Seasons geschafft. Ich glaube, die Show hätte noch großes Potenzial gehabt. Manny Coto schlug als neuer Executive Producer die richtige Richtung ein, um noch jahrelang tolle Geschichten erzählen zu können, und er stand eigentlich noch ganz am Anfang, als *Star Trek: Enterprise* abgesetzt wurde.**

In der Next-Generation-Episode *The Outrageous Okona* hat man einen Standup-Comedian auf dem Holodeck nach Ihnen benannt. Erzählen Sie uns ein wenig darüber, wie Sie zu dieser Ehre kamen?

**Das ist eine witzige Geschichte. Das Drehbuch sah ursprünglich den Namen von Joe Piscopo vor, aber aus unerfindlichen Gründen entschied man kurz vor Drehbeginn, seinen Namen nicht zu verwenden. Als ich also im Büro saß und an der Show arbeitete, erhielt ich einen Anruf mit der Bitte, den Namen zu ändern, aber nicht wie und warum. Also setzte ich kurzerhand »Ronald B. Moore« ein. Letztes Jahr traf ich übrigens Joe Piscopo auf einer Convention und dankte ihm noch einmal dafür, wie würdig er mich vor der Kamera vertreten hatte. Er hat bis heute auch nicht den leisesten Schimmer, warum sein Name geändert wurde.**

Sie verbindet offensichtlich eine große Liebe zu *Star Trek*. Sie haben nicht nur an drei Serien und einem Kinofilm mitgewirkt, sondern auch an zwei Videospielen und der Fanserie *Star Trek: New Voyages*. Wie kam es zu der Zusammenarbeit mit James Cawley? Hatte die Produktion im Gegensatz zu Ihrer sonstigen Arbeit nicht ein wenig den Touch einer »Underground-Produktion«?

**James Cawley ist ein prima Mensch, und er ist vom ganzen Herzen bei der Sache. Ich wünschte, ich hätte mehr Zeit mit ihm verbracht, aber Zeit ist in meinem Job immer knapp. Außerdem bin ich gut mit George Takei befreundet und liebe es, mit ihm zu arbeiten. Als wir *World Enough And Time* drehten, musste ich also dabei sein, und ich fand das Skript außerordentlich gut. Was an Geld fehlte, machte das Team mit großer Leidenschaft wett. Die Leute waren bereit, ohne Bezahlung so viel Zeit und Mühe in das Projekt zu stecken, wie immer nötig war. Ich bewundere das und habe es sehr genossen, ein Teil davon zu sein.**

2011 und 2012 waren Sie als Visual Effects Coordinator für den Erfolgs-Zweiteiler *The Twilight Saga: Breaking Dawn* tätig. Nachdem Sie jahrelang Space Operas gemacht hatten, wie spaßig war es da, die Effekte für liebestolle Teenager, heiße Vampire und rachelüsterne Werwölfe zu machen?

**Ich habe im Laufe meiner Karriere an vielen Film- und Serienprojekten jeder Art gearbeitet. Einer meiner ersten Jobs war übrigens ein Muppets-Film. Ich war aber auch bei *Ghostbusters* mit dabei. *Breaking Dawn* hat Spaß gemacht, vor allem, weil ich mit einigen Freunden zusammenarbeiten durfte, die ich bereits seit den Ghostbusters-Zeiten kenne und mit denen ich auch *Rush Hour 3* gemacht hatte. Aber ich war doch immer ein Star-Trek-Fan, und für mich war die Arbeit daran ein unvergessliches Erlebnis. Alleine an *TNG* habe ich fast sieben Jahre lang mitgearbeitet. Da entstehen Freundschaften für das Leben. Der Job an *Breaking Dawn* dauerte dagegen nur ein paar Monate. Das ist kaum vergleichbar.**

Vielen Dank für das interessante Gespräch, Mr. Moore.

**Es war mir ein Vergnügen, danke auch.**

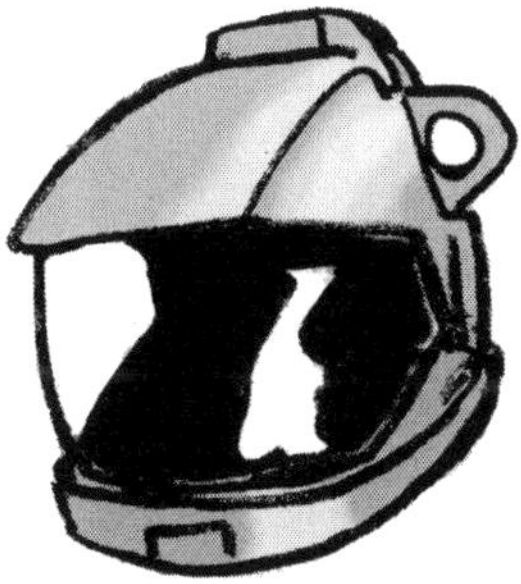

# KAPITEL 8
# RETTUNGSKAMPAGNE

Seit *The Next Generation* zwischen 1987 und 1994 war *Star Trek* ein ausgesprochener Erfolgsgarant im US-Fernsehen, was sich auch mit der Veröffentlichung der Nachfolgeserie *Deep Space Nine* ab 1993 fortsetzte. Als die insgesamt vierte neue Star-Trek-Serie *Voyager* im Jahr 1995 herauskam, befand sich das Franchise auf einem Höhepunkt seines Bestehens, der selbst den Nachhinein-Erfolg der klassischen Originalserie Anfang der 70er-Jahre übertrumpfte. *Star Trek* im Fernsehen, im Kino, auf Video und im Bereich der Computerspiele gleichzeitig, weltweite Conventions, die ausschließlich Star-Trek-Prominenz als Gaststars einluden, private Fan-Treffen und auch Stammtische überall … *Star Trek* boomte. Doch da alle guten Dinge irgendwann einmal enden müssen, wie schon der omnipotente Q einst Captain Picard lehrte, blieb es auf Dauer nicht dabei. Sicherlich bedingt durch den Erfolg von *Star Trek: The Next Generation* und *Deep Space Nine* hatte man in der Medienwelt das Erfolgspotential fantastischer Stoffe erkannt und entsprechend aufgegriffen. Und so sah sich das Star-Trek-Franchise mit Konkurrenz durch einmal mehr, einmal weniger langlebige Serien wie *Babylon 5* oder *Space 2063* und nicht zuletzt auch *Akte X* konfrontiert. Anfänglich konnte man den Konkurrenten noch auf ganzer Linie die Stirn bieten. Doch bereits zu Zeiten der 3. Serienstaffel von *Star Trek: Voyager* im Jahr 1997 begann es im Franchise zu kriseln. Die Einschaltquoten waren im Vergleich zu denen der 1. und 2. Staffel merklich zurückgegangen, und es tauchten im damals noch relativ exotischen Internet gar Gerüchte darüber auf, dass *Voyager* die obligatorischen 7 Staffeln der beiden Vorgängerserien eventuell nicht erreichen würde. Wie diese Geschichte letztlich endete, ist allen Trekkies bestens bekannt: Mit Beginn der 4. Staffel von *Voyager* führte man die Borg in die etwas schal gewordene Handlung ein und mit ihnen Jeri Ryan als Seven Of Nine, was der Serie einen enormen Vorausschub verschaffte und doch noch zu insgesamt 7 Staffeln verhalf.

*Enterprise* kam ab Herbst 2001 auf dem damals schon seit einigen Jahren existierenden Paramount-Haussender UPN (für United Paramount Network) erstmals ins US-Fernsehen. Der ganz große Star-Trek-Boom war zwar vorüber, aber das Publikum erwartete die neue Serie dennoch mit Spannung, und zumindest zu Beginn ging die Rechnung der Produzenten auch auf. Leider blieb es jedoch nicht bei den recht stabilen Quoten der ersten Serienstaffel: Bereits zu deren Ende im Frühjahr 2002 hatte die Serie einen großen Prozentsatz der anfänglichen Zuschauer eingebüßt. Dieser Trend setzte sich auch mit der zweiten Staffel fort, obwohl die Qualität der Episoden gleichbleibend gut war. Mit Beginn der 3. Staffel im Jahr 2003 setzte man dem bisherigen Serientitel das zugkräftige *Star Trek* voran, was jedoch keine nennenswerten Resultate erbrachte, und erstmals war die konkrete Rede von Showrunner Rick Berman davon, *(Star Trek:) Enterprise* nach der 3. Staffel einzustellen. Über die Gründe hierfür kursieren bis heute Spekulationen: Eine beliebte Fan-Theorie lautet, dass die bereits 1997 gestartete, aber erst im neuen Jahrtausend so richtig erfolgreiche Kinofilm-Adaption *Stargate Kommando SG-1* die neue Star-Trek-Serie nur vermeintlich weit überragt habe. *Stargate Kommando SG-1* war in den USA auf dem später in Syfy umbenannten Pay-TV-Sender Sci-Fi Channel zu sehen, dem sie phantastische prozentuale Einschaltquoten bescherte, während UPN eine frei empfangbare, wesentlich weiter verbreitete TV-Station war. Dies soll zu einer Milchmädchenrechnung geführt haben, die immer wieder zitiert wurde: Hohe Quoten auf einem bei weitem nicht überall verfügbaren Bezahlfernsehsender brachten es in Wahrheit auf weit niedrigere faktische Zuschauerzahlen als eine prozentual quotenschwächere Serie auf einem Sender, der hingegen überall empfangen werden konnte.

Wie dem auch immer sei: An diesem Punkt trat erstmals die weltweite Trekkie-Fangemeinde mit einer Kampagne zur Serienrettung auf den Plan, wie es sie seit den Zeiten der klassischen Originalserie nicht mehr gegeben hatte. Als diese nach der ersten Staffel im Jahr 1967 eingestellt werden sollte, rief die amerikanische Fan-Legende Bjo Trimble zu einer Briefkampagne auf, die den *Classics* schließlich eine 2. und sogar eine 3. Staffel bescherte. Briefe waren es nicht, mit denen die Verantwortlichen bei Paramount und UPN diesmal förmlich geflutet wurden: Die Kampagne zur Rettung von *Enterprise* gestaltete sich wesentlich zeitgemäßer. Auf Internetseiten, von denen eine der bekanntesten SaveEnterprise.com war, riefen deren Betreiber zu Anrufen und E-Mails sowohl bei Paramount als auch bei UPN auf, die anschließend wie ein Dauerregen auf die Verantwortlichen beziehungsweise deren Bedienstete herabprasselten. Auch hier in Deutschland gab es einen entsprechenden Ableger der Kampagne, obwohl auch die hiesigen Einschaltquoten von *Star Trek: Enterprise* bei Sat.1 nicht die besten waren.

Im Mai 2004 schließlich kam die zunächst erlösende Nachricht von Paramount/UPN, dass man eine 4. Staffel von *Star Trek: Enterprise* produzieren würde. Hierfür wollte man eine Reihe konzeptioneller Änderungen in der Handlung vornehmen. Daneben gab man auch bekannt, dass die Serie von ihrem bisherigen Sendeplatz am Mittwoch auf den Freitag verlegt werden würde, wo bereits die Krimiserie *Miami Vice* in den 80er-Jahren sowie einige Jahre zuvor *Akte X* zu großen Erfolgen geworden waren. Allerdings machte man seitens der Produzenten auch unmissverständlich deutlich, dass es zur Einstellung von *Star Trek: Enterprise* kommen werde, wenn sich die Einschaltquoten durch die Neuerungen nicht verbessern würden. Zwar erhielt die 4. Staffel sehr gute Kritiken für ihre großteils gelungenen Episoden, und auch die Quoten stiegen bei den anvisierten Zielgruppen durch den Wechsel des Sendeplatzes deutlich an. Doch leider blieben sie dennoch unter dem erforderlichen Niveau. Es kam, wie es kommen musste: Obwohl die Rettungskampagne für *Star Trek: Enterprise* auch in dieser Zeit voll im Gange blieb, verkündete Paramount/UPN Anfang 2005, dass es nach dem Ende der 4. Staffel im darauffolgenden Frühjahr keine weitere Staffel mehr geben werde. Dies rief eine weitere große Rettungskampagne auf den Plan, die unter dem Vorsitz der Website TrekUnited.com stattfand. Die auch in Deutschland aktiven Mitglieder der Kampagne boten unter anderem an, Geldspenden von den Fans zu sammeln und damit die Serie auf einem günstigeren Niveau, etwa in Kanada, weiter zu produzieren. UPN/Paramount blieb jedoch hartnäckig, und so musste TrekUnited im Frühjahr 2005 seine Bemühungen offiziell einstellen. Allerdings gab es noch geraume Zeit nach dem Ende von *Star Trek: Enterprise* Gerüchte darüber, dass man eine Reihe von anderthalbstündigen TV-Filmen plane, in denen es unter anderem um den Krieg gegen die Romulaner und schließlich die Gründung der Föderation gehen solle. Ob es sich dabei um tatsächliche Pläne der Produzenten handelte oder ob der Wunsch vieler Fans Vater des Gedankens war, ist 15 Jahre später nur noch schwer zu ermitteln. Allerdings kam es im Frühjahr 2013 noch einmal zu einer weiteren »Save Enterprise«-Kampagne, diesmal sogar von recht prominenter Seite aus: Produktionsdesigner Doug Drexler, der einst die Enterprise NX-01 entworfen hatte, und Drehbuchautor Robert J. Bolivar, Verfasser eines Scripts zu einer Episode von *Deep Space Nine,* machten sich für die Produktion einer 5. Staffel von *Star Trek:Enterprise* stark, nachdem die Serie beim Streaming-Dienst Netflix veröffentlicht worden war. Leider konnte die Kampagne den beiden vorhergehenden Aktionen in Sachen Erfolg nicht annähernd das Wasser reichen und blieb weitgehend unbeachtet. Es darf auch als höchst unwahrscheinlich gelten, dass die Schauspieler, insbesondere der sehr gut beschäftigte Scott

Bakula, zu diesem Zeitpunkt wieder in ihre alten Rollen zurückgekehrt wären.

Somit ist *Star Trek: Enterprise* nach der klassischen Originalserie die zweite Serie des Franchises, die aufgrund mangelnden Erfolges eingestellt wurde. Der Grund liegt vermutlich irgendwo zwischen allen Theorien. Ganz sicher dürfte die übergroße Konkurrenz durch andere erfolgreiche Franchises hier eine Rolle gespielt haben. Dennoch erging es den Abenteuern von Captain Archer & Co. in gewisser Weise ähnlich wie einst jenen von Captain Kirk: Trotz ihrer frühzeitigen Einstellung erlangten sie verdientermaßen einen bis heute anhaltenden Kultstatus unter den Fans.

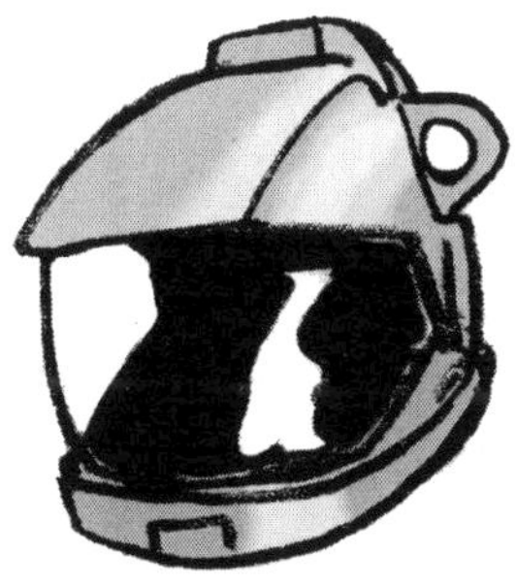

# KAPITEL 9
# EXTENDED UNIVERSE

## DIE ROMANE ZUR SERIE

Wie zu allen Star-Trek-Serien erschienen und erscheinen auch zu *Star Trek: Enterprise* Romane rund um Jonathan Archer und seine Mannschaft in Deutschland. Während aber die Geschichten aus der Zeit von Kirk bis Picard sehr beliebt sind, scheinen sich die Leser in Bezug auf die Gründungsphase der Föderation ein wenig schwerer zu tun. In Deutschland sind bei Cross Cult bislang insgesamt nur sechs *Enterprise*-Romane erschienen, die die TV-Serie fortsetzen. Es handelt sich um die drei Einzelbände *Das höchste Maß an Hingabe (The Last Full Measure,* April 2011), *Was Menschen Gutes tun (The Good That Men Do,* November 2011) und *Kobayashi Maru* (Februar 2014) sowie eine Trilogie rund um den romulanischen Krieg. Auffällig ist, dass zwischen dem Erscheinen von Band zwei und drei in deutschen Landen satte zweieinhalb Jahre vergingen. Markus Rohde, seines Zeichens verantwortlicher Redakteur bei Cross Cult für die deutschen Übersetzungen aller Star-Trek-Romane, begründet dies mit geringen Absatzzahlen. Dieses Problem scheint auch den Herausgebern in den USA nicht fremd zu sein. Insgesamt wurden dort zwischen 2001 und 2011 nämlich nur vierzehn Romane publiziert, wovon drei Adaptionen des Pilotfilms *Broken Bow (Aufbruch ins Unbekannte),* der Doppelepisode *Shockwave* I und II *(Die Schockwelle I und II)* und des Zweiteilers *The Expanse (Die Ausdehnung)* beziehungsweise *The Xindi (Die Xindi)* sind. Hinzu kommt die Trilogie *Daedalus* (Dezember 2003), *Daedalus's Children* (Mai 2004) und *Rosetta* (Februar 2006) von Dave Stern, die die Rahmenhandlung der Serie ebenfalls fortsetzt, ihren Weg aber nicht in die heimischen Buchläden fand.

## DER ROMULANISCHE KRIEG

Vor allem die Trilogie um den irdisch-romulanischen Krieg, die in Amerika ursprünglich als Zweiteiler erschienen war, erweist sich als lesenswert. Zwar haben CBS und Paramount, die seit 2019 glücklicherweise wieder geeinte Wege gehen, stets betont, dass kein Roman oder Comic zum Kanon gehört; das tut der Spannung aber keinen Abbruch. In *Beneath* the *Raptor's Wing (Unter den Schwingen des Raubvogels I)* steht die noch junge Koalition der Planeten mit dem Romulanischen Sternenimperium ihrem bisher schrecklichsten Feind gegenüber. Die Romulaner haben es sich zum Ziel gesetzt, die aus Erde, Andoria, Tellar und Vulkan bestehende Föderation so zu besiegen, dass sie sich nie wieder aus den Trümmern des Krieges erheben wird. Im zweiten Teil *(Unter den Schwingen des Raubvogels II)* erleben wir, wie die Romulaner unerbittlich vorrücken und Welt um Welt attackieren. Die Vulkanier ziehen sich zurück, die Andorianer und Tellariten können den Angriffen nicht mehr standhalten. Als Archer seine Truppen sammelt, kommt es zu einer unvorhergesehenen Wendung. Der dritte Roman, *To Brave the Storm (Die dem Sturm trotzen),* treibt die Geschichte auf einen spannenden Höhepunkt zu, der zunächst die Föderation mit wehenden Fahnen untergehen lässt. Die drei Verbündeten kündigen den Vertrag zur gegenseitigen Unterstützung mit der Erde auf und ziehen sich in ihre eigenen Territorien zurück. Die feindlichen Streitkräfte nähern sich hingegen mit ihren furchterregenden Bird of Preys unerbittlich der Erde. Die Sternenflotte steht alleine da, und nur der unbändige Wille, nie wieder einen Angriff auf die Erde zuzulassen, veranlasst die Menschen, weiterzukämpfen.

## NEUES SPIEL, NEUES GLÜCK: RISE OF THE FEDERATION

Im Mai 2017, einige Monate vor der Veröffentlichung des ersten Star-Trek-Discovery-Romans *Gegen die Zeit,* brachte Cross Cult den ersten Band einer neue Miniserie heraus, deren Handlung im Jahr 2162 angesiedelt ist. Christopher L. Bennett, der unter anderem die beiden beliebten Star-Trek-Titan-Romane *Die Hunde des Orion* (Band 3) und *Stürmische See* (Band 5) verfasst hat, zeichnet für die Reihe verantwortlich. Mit *Star Trek: Rise of the Federation* behandelt die fünfteilige Reihe sowohl die Nachwehen des Krieges, greift aber auch einige Episoden der TV-Serie als Ausgangspunkt für neue Geschichten auf.

Die Teile 1 und 2 heißen *Choice of Futures (Am Scheideweg)* und *Tower of Babel (Turm zu Babel)* und warten mit einem starken Agenten-Plot um die Malurianer auf, die uns bereits aus der *Star Trek: Enterprise*-Episode *Civilization (Die Saat)* bekannt sind. Gemeinsam mit den Orionern und einigen anderen zwielichtigen Spezies versuchen die Verwandlungskünstler, den Quadranten zu destabilisieren, um die Föderation zu Fall zu bringen. Band 3 bis 5 vertiefen die Geschichte um einen lange tot geglaubten Freund Archers und greifen zusätzlich die Geschehnisse aus der TV-Folge

*Dead Stop (Todesstation)* wieder auf, in der die Enterprise nach einem Zwischenfall in einem romulanischen Minenfeld schwer beschädigt an einer vollautomatischen Reparaturstation andockt. Außerdem beschäftigt sich Roman Nummer 3, *Uncertain Logic (Zweifelhafte Logik)* noch mit den Nachwirkungen aus der neunten Folge der vierten Fernsehstaffel, in der Archer zeitweise das Katra des großen vulkanischen Philosophen Surak in sich aufnimmt, um dessen *Kir'Shara* genannte Schriften zu finden. *Live by the Code (Prinzipientreue)* und *Patterns of Interference (Interferenz)* bilden den Abschluss und führen den Plot um die Todesstation, die im Quadranten allgemein unter der Bezeichnung »Die Ware« bekannt ist, weiter. Außerdem löst Bennett die Geschichte rund um Trip Tucker auf, dessen Tod bereits im ersten Teil der Reihe negiert wird und ihn zu einem Agenten der Sektion 31 erklärt.

Im Gegensatz zu den anderen *Enterprise*-Romanen hat Cross Cult die sehr lesenswerte Pentalogie übrigens mit dem fantastischen Heiko Greuel als Sprecher vertonen lassen. Hörbuchfans können die Mini-Reihe bei Audible beziehen.

## IM GESPRÄCH MIT MARKUS ROHDE

Hallo Herr Rohde, Sie sind seit vielen Jahren für die Redaktion und das Lektorat der bei Cross Cult erscheinenden Star-Trek-Romane verantwortlich. Erzählen Sie uns ein wenig darüber, was Sie mit *Star Trek* verbindet.

**Ich bin, seitdem ich ein kleines Kind war, großer Star-Trek-Fan. Ich kann mich noch gut daran erinnern, wie meine Oma früher immer sagte: »Schaust du schon wieder die Sendung mit den Leuten mit den komischen Köppen?« Verstanden hat sie es nicht, aber erlaubt. Gott sei Dank. In den 90ern war ich dann jahrelanger Leser der Star-Trek-Romane und fand es sehr schade, als Heyne damals die Veröffentlichung schrittweise einstellte. Andreas Mergenthaler, den Verlagsleiter von Cross Cult, kannte ich von einer anderen Geschichte, und so entspann sich Mitte 2008 per Mail der legendäre Dialog zwischen uns. »Mal was anderes … ihr bringt doch nur Comics, oder macht ihr auch Romane? Ich hätte da eine verrückte Idee.« – »Ja, wir veröffentlichen nur Comics! Aber was ist denn die verrückte Idee?« Verlagsleiter Mergenthaler, selbst Star-Trek-Fan, gefiel**

**die Idee, die Romane zurück nach Deutschland zu bringen, sehr gut. Nun, und der Rest ist dann irgendwie Geschichte. Aus der Leidenschaft war plötzlich der Beruf geworden.**

Während es zu *Star Trek: The Original Series*, *The Next Generation, Deep Space Nine* und *Voyager* oft Dutzende ins Deutsche übersetzte Romane zu kaufen gibt, brachte es *Star Trek: Enterprise* zwischen April 2011 und August 2014 gerade einmal auf sechs Titel. Was glauben Sie, woher dieser Misserfolg rührt? Haftet *Star Trek: Enterprise* noch immer das Manko einer gescheiterten Serie an?

**Ich fürchte, ja. Selbst in den USA erschienen nicht allzu viele Romane, und die Fortsetzung der TV-Serie, mit der wir bei uns im zehnjährigen Jubiläumsjahr starteten, war leider auch bei uns sehr verkaufsschwach. So mussten wir sie sogar nach Band 2 erst einmal für zwei Jahre auf Eis legen. Generell versuchen wir aber, so gut es irgendwie für einen doch so kleinen Verlag geht, Reihen nicht unvollendet zu lassen, und brachten schließlich die noch fehlenden Bände der Serienfortsetzung.**

Seit 2017 erscheint im Verlag Cross Cult die Romanreihe *Rise of the Federation*, die die Abenteuer um (jetzt) Admiral Archer, Captain Malcom Reed und die anderen ehemaligen Besatzungsmitglieder der Enterprise NX-01 fortsetzt. Wie kam es zu der Entscheidung, die Serie ins Verlagsportfolio aufzunehmen?

**Wir waren generell auf der Suche nach einer neuen Reihe, die wir starten konnten. Die Anfänge der Föderation klangen nach einer spannenden Sache. In den USA war die Reihe als *Star Trek: Enterprise: Rise of the Federation* erschienen. Ein ganz schönes Titelmonster. Da *Star Trek: Enterprise* bei uns eben nicht so gut gelaufen war und zudem die Serie auch deutlich mehr als das war – eben nicht nur die Enterprise, sondern die ganze Föderation und zahlreiche Planeten und Akteure –, entschlossen wir uns als Reihentitel nur das Rise of the Federation zu wählen. Erstaunlicherweise kam sie auch besser an als *Star Trek: Enterprise*.**

Welche Art Star-Trek-Roman bevorzugen Sie als Leser, die Fortsetzungen zu den TV-Serien oder eher eigenständige Reihen wie *Star Trek: Titan* oder *Star Trek: Vanguard*?

**Ich persönlich mochte eigentlich schon immer sehr die eigenständigen Reihen. Als vor etwa 20 Jahren *Star Trek: New Frontier* (damals noch *Star Trek: Die neue Grenze*) in Deutschland erschien, mauserte sie sich sehr schnell zu meiner liebsten Serie. Daher war es auch eines meiner liebsten Projekte, sie 2011 bei uns fortzusetzen. Und mit *Vanguard* haben wir ja bei Cross Cult überhaupt erst unser Programm gestartet. Besonders gefreut habe ich mich aber auch, als wir die »achte Staffel« von *Deep Space Nine* bringen konnten. Hach, irgendwie liebe ich sie doch alle …**

Betreiben wir ein wenig Kaffeesatzleserei: Wie sehen Sie die Zukunft des Extended Star-Trek-Universe in Deutschland?

**Ehrlich gesagt kann ich das gerade – im Prinzip zum ersten Mal seit langer Zeit – gar nicht absehen. Jahrelang gab es kein *Star Trek* mehr auf dem kleinen Schirm. Diese Zeit nutzte die Romanwelt Star Treks, um die einzelnen Serien fortzusetzen bzw. sie mit eigenen Reihen aufzufüllen (z. B. *Star Trek: Titan* oder *Star Trek: Prometheus*). Vor allem durch *Star Trek: Picard* ist die Zukunft ein wenig ungewiss. Aber wie sagte vor einer Weile der Autor David Mack in etwa, als er dazu befragt wurde: Wir haben eine Lösung.**

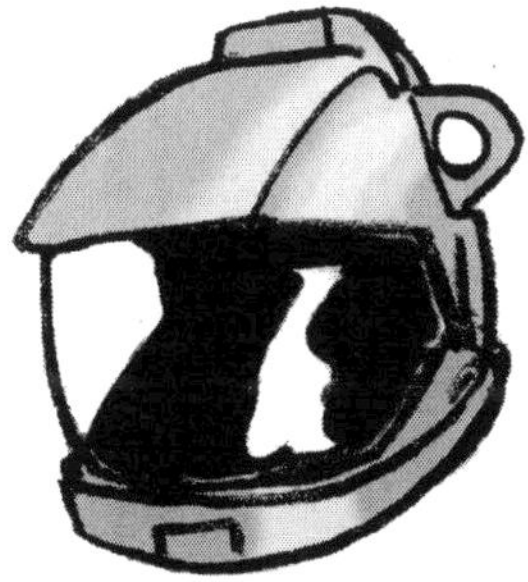

# KAPITEL 10
# KLINGONISCH!

*Gastbeitrag von Klingonischlehrer Lieven L. Litaer*

In der Entwicklungsgeschichte von *Star Trek* können die Klingonen überhaupt nicht weggelassen werden, denn in jeder Serie spielten sie eine wichtige Rolle.

So war es sicher kein Zufall, dass in der Pilotfolge von *Enterprise* das Kernstück der Geschichte ein Klingone war, der zudem das Gerücht bestätigt, dass in US-amerikanischen Science-Fiction-Filmen die Aliens immer in den USA landen. Dieser Alien war ein Klingone, der zu seiner Schande nicht im Kampf sterben durfte, sondern von der ach so nervigen und ehrlosen Föderation gerettet und auch noch von Captain Archer nach Hause kutschiert wurde. Peinlicher kann es für einen Klingonen wohl nicht werden, für den Pilotfilm bot es aber eine gute Geschichte.

Trotz der Freude über den geschickten Einsatz der bekanntesten und beliebtesten Alienrasse der Science-Fiction-Geschichte als Eröffnung einer neuen Serie schwingt zugleich die Enttäuschung darüber mit, dass man sich nicht die Mühe gegeben hatte, richtiges Klingonisch einzusetzen – gerade im Pilotfilm. Genau dies ist nämlich eins dieser Details, auf welche die echten Trekkies achten. Wenn irgendwann mal behauptet wird, der Flug zu einem bestimmten Planeten dauere x Stunden, dann muss dies in der folgenden Staffel genau dieselbe Zahl sein. Ebenso verhält es sich mit der klingonischen Sprache: Wenn ein Klingone den Befehl zum Feuern gibt und dabei »baH« sagt, kann er nicht drei Jahre später ein anderes Wort benutzen.

Darüber hatte man sich bei *Enterprise* scheinbar keine Gedanken gemacht. Jetzt könnte man natürlich argumentieren, dass man hier Klingonen aus einer anderen Region sieht, die einen unbekannten Dialekt sprechen. Das Problem hierbei ist aber, dass der Klingone offensichtlich Wörter verwendet, die zwar aus dem offiziellen Wörterbuch stammen, in der Situation jedoch überhaupt keinen Sinn ergeben. Falls man hier und da mal ein Wort erkennt, stimmt die Grammatik nicht, und die Aussprache weicht so stark ab, wie es nur gehen kann. Es klingt, als hätte jemand willkürlich Wörter aus dem Wörterbuch zusammengesetzt, nur weil sie sich gut anhörten. Ironischerweise würde ein Versuch der Übersetzung des gesprochenen Klingonisch genau denselben Quatsch erzeugen wie das, was Hoshi auf ihrem Gerät abliest. Wenn wir aber »im Spiel« bleiben, muss man an dieser Stelle natürlich auch Hoshi in Schutz nehmen, die zum ersten Mal mit dieser Sprache konfrontiert wird und einen Universalübersetzer verwendet, der noch lange nicht so ausgereift ist, wie wir ihn aus einer späteren Generation kennen.

Trotz allem war bei *Enterprise* nicht das gesamte Klingonisch unbrauchbar. In den Folgen *Die Augments* und *Affliction/Die Heimsuchung* der vierten Staffel, in denen es um den Augment-Virus geht, wollte der erfahrene Star-Trek-Drehbuchautor Mike Sussman dafür sorgen, dass hier richtiges Klingonisch gesprochen wird. Dafür kontaktierte er kurzerhand den Entwickler der Sprache, Marc Okrand, höchstpersönlich. Dieser übersetzte alle klingonischen Zeilen für diese Geschichte. Die sehr gute Aussprache der Schauspieler lässt vermuten, dass man sich hier auch intensiv damit befasst und vorbereitet hatte. Leider war dies ein großartiger Einzelfall, denn in den anderen Folgen ist das Klingonisch kaum verständlich.

So kann man also zusammenfassen, dass sowohl die haarsträubende Geschichte des Augment-Virus, die unter Klingonenfans nicht gerne als sinnvolle Lösung akzeptiert wird, als auch die klingonische Sprache nur am Rande für voll genommen wird, was natürlich zwar einerseits im einen Moment ganz schön war, aber andererseits auch schade, dass es nicht ausgearbeitet wurde. Trotz allem war es dennoch sehr erfreulich, dass die Klingonen auch bei *Enterprise* eine wichtige und wiederkehrende Rolle spielen durften, wenn auch nicht mit derselben Tragweite wie in anderen Serien.

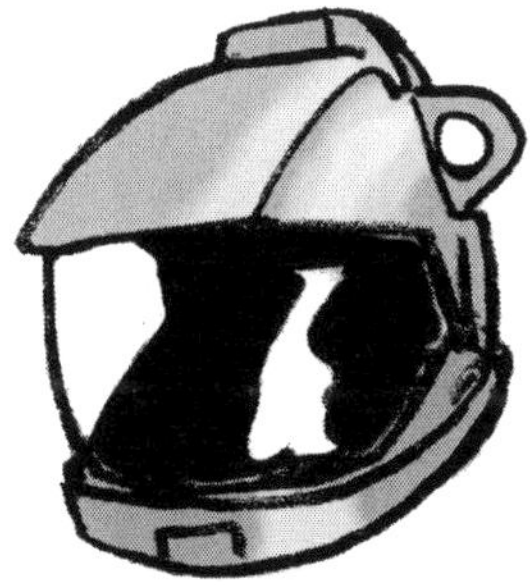

# DANKSAGUNGEN

# VON REINHARD PRAHL

Danke zu sagen ist eine der schönsten, aber vielleicht auch schwierigsten Aufgaben, die ein Autor zu erfüllen hat. Wen nennt man zuerst, wen zuletzt, und wen hat man nun schon wieder vergessen und ungewollt vor den Kopf gestoßen? Vom Pitch über die Konzeption bis hin zur Auslieferung es finalen Werks sind so viele Menschen an der Arbeit an einem Buch beteiligt, dass es unmöglich erscheint, jeden einzelnen zu nennen. Deshalb schicke ich an dieser Stelle vom Herzen ein Dankeschön in die Runde.

Was mich persönlich und meine Arbeit als Autor und Medienjournalist angeht, fallen mir allerdings einige Namen sofort ein, die ich auf keinen Fall unerwähnt lassen möchte. Meine Frau Kerstin und mein lieber Sohn Felix sind mein ganzes Glück und mein Lebensinhalt, auch wenn ich viel zu oft in fremden Sphären schwebe, um an Büchern wie diesem mitzuarbeiten. So sehr ich meinen Beruf auch liebe, ohne sie wäre mein Leben trist und leer. Ich liebe euch mehr als alles andere auf der Welt, das dürft ihr nie vergessen.

Björn Sülter ist nicht nur mein Kollege, Verleger und Chefredakteur, sondern auch ein guter und treuer Freund. Danke für dein Vertrauen, die Idee zu diesem Buch und für die Einladung, am Projekt mitzuarbeiten, lieber Björn. Mögen wir die geplante Serie als Freunde beenden und uns in vielen Jahren bei einem guten Wein gemeinsam an die tolle Zeit erinnern.

Mit einem Freund an einem Buch zu arbeiten, macht Spaß, mit zweien noch mehr. Die Freude und der Spaß, den ich mit Thorsten Walch an allen unseren zahlreichen gemeinsamen Projekten habe, lässt sich kaum in Worte fassen. Auf noch viele gemeinsame Jahre als Kollegen und Freunde, lieber Thorsten.

Ein großer Dank gebührt darüber hinaus Markus Rohde von Cross Cult und Chefredakteur des Geek! Magazins, nicht nur für das Interview, sondern auch für die Möglichkeit, damals ein Teil des großen Geek!-Teams werden zu dürfen. Ohne dich wäre ich heute nicht da, wo ich bin, lieber Markus.

Ralph Sander, Mike Hillenbrand und Christian Humberg: Ihr seid sozusagen meine deutschen Star-Trek-Helden. Ich habe immer davon geträumt, Artikel und Bücher über *Star Trek* schreiben zu dürfen wie ihr. And here we are.

Last but not least danke an John G. Hertzler und Ronald B. Moore, die sich die Zeit nahmen, unsere Fragen zu beantworten und dieses Buch durch ihre Erzählungen aus erster Hand aufzuwerten. It was an honor, thank you so much.

# VON THORSTEN WALCH

Dieser Abschnitt ist bei jedem Buch etwas ganz Besonderes. Und gerade bei einem Dreierprojekt wie dem vorliegenden wird es gewiss zu Überschneidungen kommen. Doch wie sagt das alte Kindersprichwort: »Doppelt gemoppelt hält besser!«

Erneut möchte ich mich bei meiner Frau Sabine und meinen Freunden für das anhaltende Verständnis für und das Interesse an meiner Arbeit bedanken. Ebenso bei Freund und Kollege Reinhard Prahl für eine weitere gute Zusammenarbeit. Und natürlich bei Captain Björn Sülter, der mich an Bord seines Schiffes namens *Star-Trek-Chronik* geholt hat und mir die Gelegenheit dazu gab, neben Büchern über *Star Wars* und *Captain Future* nun auch an einem über das von mir ebenfalls hoch geschätzte Roddenberry'sche Universum mitgearbeitet zu haben.

Ganz besonderen Dank aber möchte ich diesmal meiner geistigen Heimat aussprechen und der Vielzahl wunderbarer Menschen, die sie bevölkern: Die Rede ist von der Star-Trek- und der benachbarten Science-Fiction-Media-Fanszene. In über 40 Jahren ist mir das »Fandom«, wie viele auch kurz sagen, stets ein Zufluchtsort von der realen Welt gewesen, die auf Dinge wie die Phantasie und so vieles andere keine Rücksicht nimmt. Natürlich auch hier nicht frei von Konflikten (die überall dort, wo Menschen einander begegnen, nun einmal zwangsläufig auftreten). Doch fand ich dort immer Gleichgesinnte, die mich wenigstens für kurze Zeit auf Conventions, bei Trek-Dinnern und anderen Gelegenheiten vergessen ließen, dass es ja ach so viel wichtigere Dinge im Leben gibt als *Star Trek* und andere Idealwelten zum Sich-hinein-träumen. Sicherlich nicht nur allein, aber auch für euch schreibe ich meine Bücher und freue mich darüber, dass sie euch gefallen. »Wo kämen wir hin, wenn alle Menschen Trekkies wären?«, wurde ich einmal gefragt. »In eine bessere Zukunft!«, war meine Antwort.

Walk The Line, dann werden wir vielleicht irgendwann in einer Welt leben, die wenigstens ein bisschen so ist wie die von Captain Archer.

## VON BJÖRN SÜLTER

Als 2018 mein *Es lebe Star Trek* auf dem Markt kam, hatte sich für mich alles erfüllt, von dem ich im Bereich des Schreibens über *Star Trek* immer geträumt hatte.

Und doch schreibe ich nun eine Danksagung für mein zweites, erneut über 500 Seiten dickes, Star-Trek-Sachbuch.

Dies wäre ohne zwei Männer nicht möglich gewesen, die ich inzwischen nicht nur als Kollegen schätzen gelernt habe, sondern die mir menschlich auch so sehr ans Herz gewachsen sind, dass ich sie Freunde nenne. Es handelt sich um Reinhard Prahl und Thorsten Walch, die dieses Buch mit mir zu dem gemacht haben, was es ist: eine Liebeserklärung an *Star Trek*, insbesondere natürlich an *Star Trek: Enterprise* und unsere Leidenschaft für das Schreiben. Ich freue mich auf viele weitere Projekte mit euch, meine Herren.

Dann danke ich Mike Hillenbrand, der nicht nur mein *Es lebe Star Trek* damals gekauft hat, mich später als Verlagsleiter in seinen Verlag holte, sondern von dem ich Ende 2019 den Verlag in Farbe und Bunt auch noch komplett übernehmen konnte. All diese Dinge versetzen mich heute in die Lage, Bücher wie dieses überhaupt anzugehen. Danke für alles, Mike!

Großer Dank gilt auch Telma Vahey, die auch dieses Buch mit ihrem Lektorat und Korrektorat auf viele Weisen verbessert hat. Nebenbei: Ich liebe es, deine Anmerkungen zu lesen, dein Humor ist wirklich einmalig!

Auch Weggefährten wie Moritz Wolfart, Christian Humberg und Claudia Kern, die seit Jahren meinen Podcast *Planet Trek fm* veredeln, Torben Kessler von SYFY, Markus Rohde von Cross Cult und der GEEK!, Dirk Bartholomä von der FedCon, sowie Gerhard Raible, Patric Knittel, Ralph Sander, Manuel Weis oder die Kollegen von *Robots & Dragons, FedCon Insider, TV-Klassiker, Quotenmeter* und *Serienjunkies* spielen alle große Rollen in dem, was in den vergangenen Jahren geschehen ist.

All das wäre nicht möglich ohne die unermüdliche Unterstützung meiner Familie, von meinen Eltern über meine Frau Juliane bis zu meiner Tochter Leni-Seleya stehen alle hinter mir und ermöglichen mir damit, Träume nicht nur zu träumen, sondern auch zu leben.

Danke, dass es euch alle gibt! *Live long and prosper!*